工程法律实务培训丛书

律师评析：实际施工人
诉讼精选案例

林叔权　张佳郡　胡文新　孙鹏辉　编著

中国建筑工业出版社

图书在版编目（CIP）数据

律师评析：实际施工人诉讼精选案例／林叔权等编
著．— 北京：中国建筑工业出版社，2023.6（2025.6重印）
（工程法律实务培训丛书）
ISBN 978-7-112-28610-2

Ⅰ．①律… Ⅱ．①林… Ⅲ．①建筑工程-民事诉讼-
案例-中国 Ⅳ．①D922.297.5

中国国家版本馆 CIP 数据核字（2023）第 065161 号

本书通过 36 个诉讼精选案例对实际施工人身份认定标准、诉讼程序、工
程价款等问题进行解析，并提供相似案例供读者查阅。本书共十篇，包括第一
篇 身份认定篇；第二篇 工程价款篇；第三篇 借用资质（挂靠）篇；第四篇 工
程质量篇；第五篇 程序篇；第六篇 刑事犯罪篇；第七篇 其他篇；第八篇 各省
（市）人民法院关于实际施工人裁判规则；第九篇 大数据报告；第十篇 高频法
条。本书可供建筑行业法务人员、律师们学习参考。

责任编辑：周娟华
责任校对：芦欣甜

工程法律实务培训丛书
律师评析：实际施工人
诉讼精选案例
林叔权　　张佳郡　　胡文新　　孙鹏辉　编著
*
中国建筑工业出版社出版、发行（北京海淀三里河路 9 号）
各地新华书店、建筑书店经销
北京鸿文瀚海文化传媒有限公司制版
建工社（河北）印刷有限公司印刷
*
开本：787 毫米×1092 毫米　1/16　印张：25¼　字数：564 千字
2023 年 7 月第一版　　2025 年 6 月第八次印刷
定价：88.00 元
ISBN 978-7-112-28610-2
（41099）

序 一

初识林叔权律师是在 2020 年 11 月 28 日，林律师从广东赶到山西太原参加第五届无限量建工法律论坛。林律师谦逊好学，长期从事建设工程与房地产及相关法律研究，将其新著的《业主撤销权纠纷精选案例——律师评选》赠予我。

几年来我们一直不断联系，成为同行好友。 2022 年 6 月 20 日，在广东融聚律师事务所与林律师一起分享"青年律师如何成为建工专业律师"； 2022 年 9 月 30 日，应林律师邀请参加广州律师协会房地产与城市更新专委会主办的"工抵房"法律问题研讨并进行交流； 2023 年 1 月 26 日，在广东融聚律师事务所与林律师讨论如何加强跨区合作，并筹划在 2023 年 5 月下旬，本人的建工团队至珠海与林律师团队再进行交流。

律师是一个终生学习的职业，更是一个终生实践的职业。法律的生命不在于逻辑，而在于经验，律师通过代理大量的案件获取经验并将经验予以总结，建工律师更是如此。建工案例可以让律师、公司法务、建造师、造价师学习工程法律专业问题，开阔思路，同时让法律充满鲜活而生动的力量。实务积累经验，经验生成实力。

"实际施工人"并非一个专业的法律词语，首创于《最高人民法院关于审理建设工程施工合同纠纷案件适用法律问题的解释》（法释 〔2004〕 14 号）的第一条、第四条、第二十五条、第二十六条。相对于合同有效的施工人，而创设的无效合同的实际施工人，通常是指建设工程领域中，无效合同的承包人，如转承包人、违法分包合同的承包人、没有资质借用有资质的建筑企业的名义与他人签订建设工程施工合同的承包人。"实际施工人"这一概念创设以来，为保护农民工合法权益，弥补突破合同相对性在法理上的缺陷及促进社会和谐稳定，起到了积极的作用。

从法释 〔2004〕 14 号司法解释出台至今近 20 年，关于实际施工人法律纠纷的诉讼主体、工程价款结算、是否享有建设工程价款优先受偿权等问题的争论从未停止。实际施工人制度是建设工程领域颇具特色的、独具创造性的一项制度，但实际施工人制度毕竟是特定时期、特定背景下为解决拖欠农民工工资问题的权宜之计，不免存在着"头痛医头脚痛医脚"的硬伤，以致制度"冲撞"时有发生，特别是作为转包人、违法分包人的承包人进入破产程序后，由此产生的一系列程序及实体问题值得特别关注。也可以说，实际施工人的问题一直是实务中的难点。

　　林律师精选了大量案例，从实际施工人的身份认定、工程价款结算、资质借用（即挂靠）、工程质量责任、诉讼程序、相关刑事犯罪等方面进行研究并加以"律师评析"，出版了《律师评析：实际施工人诉讼精选案例》。可以说该书花费了林叔权律师大量心血，为建工企业和建工律师提供了有益的学习和参考价值。

王　忠

2023 年 4 月 22 日草于蚌埠

　　注：王忠，安徽径桥（蚌埠）律师事务所主任、首批安徽省律师协会建筑房地产专业律师、安徽省律师协会工程投资建设与房地产专业委员会委员、蚌埠律师协会第四届建设工程与房地产专业委员会主任委员、常设中国建设工程法律论坛观察员、中国行为法学会培训合作中心客座教授、全国三十多地仲裁员。

序 二

（一）

林叔权是一位令人尊敬的资深律师。案例分析和案例教学无论对法律实务还是法学教育，都具有十分重要的意义。如果能够根据真实案例，对于如何开展案件审查分析、如何准确理解法律规范、如何掌握和提高诉讼技能知识等进行解读、分析和总结，这不仅对法科学生了解"真实的法律"会有所帮助，对年轻律师、法官和企业法务提升执业能力也会有更大的启发和帮助。所以，我一直希望能有这样一批高水平、高素质的实务专家参与案件编撰和案例研究的队伍中，并期望出现一批高质量、高水准的研究成果。

林叔权毕业于厦门大学，作为国信信扬律师事务所资深律师和合伙人，从业经验非常丰富，是华南地区有影响力的"大咖"级律师，所经办的重大、疑难、新类型案件不仅数量多，而且质量高，在业界享有崇高威望。他在繁忙工作之余，不辞辛劳地写出了《律师评析：实际施工人诉讼精选案例》一书，将自己的执业经验、办案所得及对建设工程纠纷疑难法律问题的见解观点系统整理并与大家分享，非常难能可贵。在中国的法律界，业务精湛和经验丰富的资深律师不在少数，但少有资深法律界人士会像林叔权这般有心，持之以恒去做一件需要投入大量时间和精力、为年轻一代法律人引领方向和指引未来的事情。对于法科学生和年轻法律人来说，这既是真诚的指导、支持和鼓舞，更是可贵的知识传承。

（二）

在我国，建筑业一直在国民经济中起着至关重要的作用，成为国民经济的支柱产业之一。同时，建筑业的发展也关系着千家万户的生命和财产安全，乃是百年大计。但是，建设施工合同的法律关系又是经济领域最复杂的法律关系，主要表现在：一是涉及的部门法众多。建设工程合同不仅涉及《中华人民共和国民法典》，还涉及《中华人民共和国招标投标法》《中华人民共和国建筑法》以及数量庞杂的行政规章和行业规范等。建设工程合同同时受《中华人民共和国招标投标法》《中华人民共和国建筑法》及行政规章中对合同订立程序、合同主体资质和资格的管理等诸多强制性规定的限制，这些不同的规定导致了对合同效力的认识的不同争议。二是涉及的专门性问题复杂。建设工程领域专业性、实务性极强，涉及造价、质量、工期、设计等专业问题，解决建设工程中的法律问题时还涉及事实认定、专业判断等难题，两者通常纠葛在一起，难于区分。三是建设施工合同形式与内容往往不一致、违法形态多。建设施工合同大量存在签订黑白合同、挂靠或出借资质、私自转包分包等违法形态或法律空白地带，这导致建设施工法律关系在实务中愈加混乱和复杂，法律适用困难。

鉴于建设工程合同的特殊性和实务性，最高人民法院于 2004 年 10 月 25 日发布了《关于审理建设工程施工合同纠纷案件适用法律问题的解释》，于 2018 年 12 月 29 日颁布了《关于审理建设工程施工合同纠纷案件适用法律问题的解释（二）》，对统一法律适用、保证工程质量、规范建筑市场、服务和保障建筑业健康发展，发挥了重要作用。但建设工程领域新的热点、难点问题不断涌现，现行法律规范以及司法解释难以应对实务中出现的新问题和满足法律实务中新的需要，各级审判机关在很多争议问题上也难于达成统一的意见，甚至出现许多截然相反的做法和观点。林叔权律师根据自己的执业经验和专业判断，搜集整理了近年来人民法院审理的建设工程纠纷典型案件，就建设工程合同中最具争议性的问题——实际施工人的身份认定、权利义务、责任承担等进行了条分缕析的梳理和深入讨论，不仅归纳了人民法院已经形成共识的裁判观点，而且针对很多最高人民法院没有定论的难点案件，也提出许多鞭辟入里的专业意见。

（三）

面对具体的法律争议，法律人应如何去思考解决，这需要专业知识、执业经验多方面的积淀。林叔权把多年对建设工程纠纷案件的执业经验、知识储备和心得体会凝聚在这本书中，对建设施工合同中实际施工人所涉复杂的法律问题做了全面、系统的梳理和分析。本书最大的亮点就是将法律、理论和实践三者相结合，不但具有极强的实务性，而且书中的观点也将对建设工程法律规范的完善起到积极参考作用。

我在广东一所大学法学院从事法学教育工作，恰好也在林叔权律师所在律所担任兼职律师，与他既是同事，也是朋友，书稿完成后，我得先睹为快，对林叔权律师深感欣慰，为其点赞！我也希望有更多这样的作品问世。是为序！

曾祥生
广东财经大学法治与经济发展研究所教授
国信信扬律师事务所兼职律师

前　言

　　掐指一算，我从 2003 年参加全国第二次统一司法考试获得"门票"进入律师业到今年 2023 年，有二十年了。在整整二十年期间，专业化一直是我在律师业的立足之本，而建筑业则是我首选并长期耕耘的专业领域之一。

　　关于律师如何专业化，近年来业界讨论很多。我甚至为此专门组织律师同行们讨论过。我以为，讲课、写文章、出书是律师专业化的"三斧头"，讲专业领域的课，写专业领域的文章，出专业领域的书，持之以恒，终有一日便成为某专业领域名副其实的专家。

　　2020 年，我出了第一本书——《业主撤销权纠纷精选案例——律师评析》，晋升为有书一族。 2021 年，我出了第二本书——《会展业诉讼精选案例——律师评析》。这两本书都是案例评析。业主撤销权是一个案山，会展业是一个行业，说明我的专业化研究是定向于某一行业，聚焦于某一细分领域。

　　而在建筑业， 2006 年我加入了珠海市建筑业协会，之后获聘为该协会法律顾问及评优专家，现在的头衔是协会法律工作委员会副主任。讲课、写文章、办案，在建筑工程领域法律服务上深耕。然而，在这个领域我至今没有出过书。不是不想写，是不知道选什么样的主题写。因为建筑业方面的法律书籍确实太多了，我想写的好像都被写完了，而宁缺毋滥是我出书的原则，所以之前一直没有写。《民法典》的出台则成为契机，我对建设工程领域的关注和研究更多了。自然而然地，我发现了对于实际施工人这个特定的群体，法律和司法解释仍然有相当的留白。而有留白就有研究的空间。因此，我最终确定编写一本以实际施工人诉讼案例研究为主题的书。

　　这本书的出版，首先我要感谢同行杨嘉雯律师的贡献！她帮助我搜集了大量案例，与我共同精心选择，并协助我完成了本书初稿。其次，我要感谢广东融聚律师事务所建工律师团成员张佳郡律师、胡文新律师、孙鹏辉律师对本书的参与。最后，我要特别感谢中国建筑工业出版社周娟华老师及编辑们的悉心指导和帮助！感谢大家！

林叔权

2023 年 6 月 10 日

目 录

第三篇　借用资质（挂靠）篇 / 144

第四篇　工程质量篇 / 193

第八篇　各省（市）人民法院关于实际施工人裁判规则 / 344

第九篇　大数据报告 / 379

第十篇　高频法条 / 385

第一篇 身份认定篇

尽管《中华人民共和国建筑法》（以下简称《建筑法》）、《建设工程质量管理条例》均禁止承包人转包、违法分包或出借资质，但由于建筑工程通常具有建设周期长、人员流动性大等特点，转包、分包、出借资质的现象在建筑工程领域十分普遍，这就导致实际投入资金、材料、劳动力并完成工程建设的施工主体（譬如我们俗称的"包工头"）往往并非合法的承包人。一方面，这类主体与发包人没有直接的合同关系，另一方面，其与承包人签订的合同又因违反法律的强制性规定而无效，因此，在承包人逃避履行工程款给付义务时，这类主体很难直接向发包人主张工程款，进而影响农民工的工资发放。

在这一背景下，为了整治工程欠款问题，保护广大农民工群体的合法利益，最高人民法院于2004年出台了《关于审理建设工程施工合同纠纷案件适用法律问题的解释》（法释〔2004〕14号，以下简称《2004年建工解释》），首次创设"实际施工人"概念，并赋予实际施工人突破合同相对性直接起诉发包人的权利。综合《2004年建工解释》第四条、第二十五条、第二十六条的规定来看，"实际施工人"是指在建设工程施工合同无效的情形下，实际投入资金、材料、劳动力完成工程建设的单位或个人。

最高人民法院民事审判第一庭（以下简称最高法民一庭）认为，实际施工人具有以下几个特点：第一，实际施工人是实际履行承包人义务的人；第二，实际施工人与发包人没有直接的合同关系或者名义上的合同关系；第三，实际施工人所签订的建设工程施工合同无效；第四，实际施工人同与其签订转包合同、违法分包合同的承包人或出借资质的建筑施工企业之间不存在劳动人事关系或劳务关系。在数次转包的情形下，最终投入资金、材料、劳动力完成工程建设的单位或个人为实际施工人。但是，应当注意的是，追索欠付工资或者劳务报酬的建筑工人不是实际施工人。建筑工人在工程建设中属于受雇佣的人员，应适用劳务关系的相关规定。

尽管《2004年建工解释》所创设的实际施工人诉权制度完成了一项法律史上的重大突破，但在建设工程领域，施工主体的合同签订情况、履行情况复杂多变，实际施工人向承包人、发包人行使诉权追索工程款时，承包人、发包人往往以起诉方并非实际施工人为由进行抗辩。在此情形下，实际施工人应当如何顺利实现自身的身份认定，进而保障自身诉权的行使，是值得我们重视和研究的问题。

本篇五个案例主要围绕实际施工人的举证责任及实际施工人诉权的行使进行讨论。

案例 1：实际施工人应当举证证明其对施工工程的人工、机器设备、材料等投入相应物化成本，并最终承担该成本

【引言】

对于实际施工人身份认定的问题，司法实践存在较大争议，原因是实际施工人囿于与承包人之间复杂的依赖关系，在对外签订合同时往往需要借用承包人名义，所提供的其自行组织施工的证据通常被认定证明力不足。本案中，法院认为应结合当事人是否签订转包、挂靠或者其他形式的合同承接工程，是否对施工工程的人工、机器设备、材料等投入相应物化成本，并最终承担该成本等综合因素确定其是否为实际施工人。姚某提交的证据已经证明了其对工程存在实际支出，且相较于承包人，姚某更加了解工程情况，尽管对案涉工程的支出其没有提供对应的合同凭证等证据，但就对工程的实际投入而言，姚某提交的证据在证明力上已经大于承包人，故法院最终对姚某实际施工人的身份予以确认。

【案例来源】

（2020）最高法民再 176 号

【诉讼主体】

姚某：一审原告、二审上诉人、再审申请人

A 公司：一审被告、二审上诉人、再审被申请人

A 分公司：一审被告、二审上诉人、再审被申请人

B 公司：一审被告、二审被上诉人、再审被申请人

【原告起诉请求】

一、判令 A 公司、A 分公司与姚某进行工程价款结算，并支付余下的工程款暂计 2858 万元（以 A 公司、A 分公司双方结算为准）及利息（从本案立案之日起计算至付清全部工程款时止，按年利率 24％计算）；二、判令 A 分公司向姚某支付工程进度款利息 849 万元；三、判令 A 分公司向姚某支付停工损失费 3948 万元及利息（从 2015 年 3 月 1 日起计算至本案生效判决确定的履行期限届满时止，按年利率 24％计算）；四、判令姚某就其承建的案涉工程项目折价或变卖所得的价款享有优先受偿的权利；五、判令 A 公司与 A 分公司承担连带责任；六、判令 B 公司在未付工程款范围内承担支付责任；七、本案的诉讼费用全部由三被告承担。

【争议焦点】

一、姚某是否为案涉工程的实际施工人；二、姚某的诉请应否得到支持；三、B 公司

是否应当在欠付工程款范围内承担责任。

【基本案情】

一、A公司、A分公司与B公司之间的合同签订及履行情况

2012年10月25日，A公司与B公司签订《建设工程施工协议书》，将案涉项目发包给A公司承包施工，合同就工程的承包范围、工期、合同价款及调整、履约保证金、工程款（进度款）支付、可得利益损失等相关事宜进行了约定。

2012年11月28日，A公司与B公司签订《项目补充协议》，2012年12月5日签订《项目补充协议（二）》。

A公司于2012年12月4日支付履约保证金3647万元，于2013年1月9日支付履约保证金522万元，共计4169万元。

2013年12月，A公司与B公司签订《建设工程施工合同》及《建设工程施工合同》（GF—1999—0201）通用条款，就合同工期、价款、进度款支付等作出进一步约定。

2015年6月19日，各种原因导致案涉项目基坑支护及其周边楼房出现一定的险情，当地住房和城乡规划建设委员会召开案涉项目基坑边坡抢险加固协调会，约定由A公司负责垫付工程款。之后，A公司接受B公司委托，支付案涉项目抢险检测费9.6万元；项目监测费14.4万元，合计24万元。

2014年7月25日，A公司向B公司发送《关于案涉项目工程施工的函》，内容主要为：工程相关报建手续尚未完备，A公司同意B公司提前展开本工程施工作业。在施工过程中，因B公司未按约定向A公司支付工程款等，A公司与B公司协商同意，案涉工程于2015年3月1日全面停工。

2015年8月12日，A公司（乙方）与B公司（甲方）签订《案涉项目停工问题处理确认书》，该确认书主要内容如下。（1）停工前的已完工情况：甲乙双方一致确认截至本确认书的签订日，乙方在停工前完成本工程的情况。（2）已完工程的结算事项：根据甲乙双方2015年5月5日签订的补充协议，双方经中间结算后，确定已完工程总价合计48100554.06元。详见关于已完工程的工程造价结算书。协议签订之后，B公司并未按照协议履行，A公司以B公司为被告诉至一审法院，一审法院于2017年5月17日就A公司与B公司之间建设工程施工合同纠纷一案作出判决，由B公司支付A公司案涉工程款48100554.06元，及利息、工程停工损失等。

二、A分公司与姚某之间的合同签订情况

2014年7月9日，A分公司（甲方）与姚某（乙方）签订《承包工程项目施工管理责任书》（以下简称《责任书》），该责任书约定建设单位为B公司，工程名称为案涉项目，工程地点为某市，承包范围为经双方确认的土方、土建、水电等设计图纸中的工程内容，合同工期为800天，工程总价（指按合同额）暂定2.5亿元人民币。承包方式：……2.甲方在收到本项目工程款后，除扣留管理费6.5%外，还应缴纳包括"三税"在内的各项税

费……4. 项目所需的工程周转资金或需融资施工的资金，由乙方自行筹集解决，因此所产生的利息由乙方支付且项目实施过程中所发生的经济纠纷由乙方自行解决。甲方责任：(1) 甲方根据该项目施工的进度情况，不定期地派出质量安全检查人员对该项目进行检查，并对存在问题提出整改意见和措施（派出检查人员的往返及住宿费由甲方负责，检查期间的膳食由乙方负责）；(2) 甲方负责根据乙方的要求，为乙方提供派驻工地的管理人员及财务人员（派驻人员在现场期间的工资、津贴奖金、住宿费用、膳食费用由乙方负责支付）；(3) 甲方所委派的项目管理人员将依据国家法律及有关规范，依据该项目的合同要求，依据甲方制定的项目管理制度及规定，全力为乙方服务，在满足上述要求的前提下，项目管理人员应为乙方着想，为乙方提高工程质量和创造更大效益而尽职尽责。乙方责任：……2. 乙方作为本项目的直接承包人，对本项目负全部经济责任……5. 乙方必须尊重甲方委派的检查人员在现场进行施工管理的权利，支持其工作，与其共同完成本项目的施工；6. 在保证工程质量、工期、安全竣工的情况下，乙方结清本项目所发生的人工费、材料费及有关费用，并办理完财务手续后，甲方将其承包所得的费用一次性拨给乙方。7. 该项目大宗材料（包括半成品、成品设备）的购销合同、用工合同及用款计划由公司审核后，以乙方名义签订（需要甲方签订的，由财务部门同意后交给公司办理）……12. 乙方在本工程验收后 5 日内办理人工费、材料费的结算，结算材料经确认后上报甲方的工程部和财务部；13. 乙方承包本工程所应缴的税金及当地政府部门收取的有关费用，不计入乙方工程成本，本工程营业税及其他应缴纳费用直接由甲方代扣代缴，缴纳税费的材料、发票原件必须由甲方保管。财务管理：建设单位每支付一笔工程款，均由甲方派出的项目经理根据实际产值作用款申请报告，甲方领导审批同意后，财务办理手续；甲方首先扣留应缴纳的税金、管理费等费用款项；财务人员按照乙方审核的用款计划进行支付，大宗材料费由财务人员通过银行办理转账。

三、姚某、A 公司、A 分公司与案外人 C 混凝土公司之间的合同签订及履行情况

2014 年 7 月 20 日，姚某委托案外人姚某甲向 C 混凝土公司支付混凝土款 250760 元，案外人姚某甲于 2014 年 7 月 29 日支付，记载用途为工程货款。

2014 年 7 月 25 日，A 分公司与 C 混凝土公司签订《商品混凝土销售合同》，约定 C 混凝土公司向 A 公司承包的案涉工程供应混凝土。

2016 年 5 月 13 日，案外人 C 混凝土公司（甲方）与 A 分公司（乙方）签订《债务处理协议》，主要约定有，经财务核实后，甲乙双方一致确认甲方向乙方提供的混凝土数量为 16096.5m³，合计总货款为 5371668.78 元，其中还包括税金 176631.28 元，扣除乙方已向甲方支付的货款 250760 元后，乙方尚拖欠甲方混凝土货款 5120908.78 元。

2016 年 6 月 16 日、6 月 22 日，A 公司向 C 混凝土公司支付混凝土货款合计 512 万元。

四、姚某、A公司、A分公司与案外人D物资公司之间的合同签订及履行情况

2014年7月10日，D物资公司（甲方）与A分公司（乙方）签订《钢材购销合同》，向A分公司提供钢材，钢材款合计860.1033万元，扣除已向甲方支付的钢材款100万元后，乙方尚拖欠钢材款共计766.9662万元。

姚某向案外人D物资公司支付100万元，姚某分别于2014年7月11日通过银行向D物资公司转账50万元，记载用途为转账存入；于2014年10月15日向D物资公司银行账户汇入20万元，记载用途为支付钢材款；于2014年10月15日向D物资公司银行账户汇入30万元，记载用途为支付货款。

2016年3月28日，案外人D物资公司（甲方）与A公司、A分公司（乙方）签订《调解协议》，主要约定有，经财务核实后甲乙双方一致确认：（1）甲方向乙方共提供钢材2546.504t，钢材货款合计860.1033万元，扣除已向甲方支付的钢材款100万元后，乙方尚拖欠钢材款共计766.9662万元；（2）乙方应向甲方支付逾期付款利息等费用共计204.0338万元，上述两项费用合计后，乙方最终尚应向甲方支付的款项共计971万元。某基层法院就案外人D物资公司与A公司、A分公司买卖合同纠纷一案，于2016年4月7日作出民事调解书，由A公司、A分公司向案外人D物资公司支付共计971万元。

2016年4月25日，A公司支付971万元给D物资公司。

五、A分公司与案外人E劳务公司之间的合同签订及履行情况

2014年4月29日，A公司与案外人E劳务公司签订《建设工程施工劳务分包合同》。

2015年8月10日，E劳务公司向A公司出具委托付款函，委托A公司代发放案涉项目工人工资劳务款项。A公司支付"外架队组（8-12）"20万元，支付"砖胎模队组"20万元，支付"汤贱生混凝土队组"10万元，支付"许小平杂工队组"3万元，支付"管理队组"5万元，支付"汤春阳队组"5万元，支付"木工队组"25万元，支付"钢筋队组"10万元，支付"混凝土队组"2万元，以上款项共计100万元。

姚某在庭审中陈述其要求支付的工程款应扣除A公司、A分公司支付的210万元劳务费和B公司支付的150万元劳务费。

六、姚某与案外人李某、蔡某之间的合同签订及履行情况

2019年3月5日，姚某与案外人李某、蔡某签订《结算协议书》，就案涉小区2号楼、3号楼土石方款项结算达成协议，确认姚某应付土石方结算款1459880元，姚某已付658200元，尚欠801680元，并约定了付款进度。

【一审裁判观点】

姚某系案涉项目实际施工人，A公司系该工程的承包人，B公司系该工程的发包人，A公司应当参照A分公司与姚某签订的《责任书》的约定向姚某支付工程款，并按照中国人民银行同期同类贷款利率计付利息，A分公司以其管理的财产对上述债务承担责任。

《责任书》为无效合同，对于无效合同姚某仅有主张支付已经完成工程的工程款的权利，而无权要求对方承担违约责任等，故驳回姚某的其他诉讼请求。

【一审裁判结果】

一、由A公司、A分公司向姚某支付工程款26543109.2元，并从2017年9月5日起，以26543109.2元为基数，按照中国人民银行同期同类贷款利率计付利息；二、B公司在欠付上述工程款范围内承担责任；三、驳回姚某的其他诉讼请求。

【二审裁判观点】

2014年7月9日，A分公司（甲方）与姚某（乙方）签订《责任书》将案涉工程项目交给姚某承包。姚某主张其已按《责任书》的约定对案涉工程进行施工，其是案涉工程的实际施工人，应提供其施工期间人、财、物等成本的支出证据。

姚某提交了支付水泥砖、砂石、红砖等货款及运费等的现金支付凭证及支付检测费、水电费的收费收据、发票，提交了其与案外人张某签订的《建筑施工劳务分包合同》及相关人工费汇总表、工人工资确认书等证据，主张其已支付了案涉工程的费用，并对案涉工程进行实际施工、管理。但姚某所提交的现金支付凭证是其单方制作，没有相关的证据印证，A公司和A分公司不予认可；其提交的支付检测费、水电费的收费收据、发票上的付款单位是A公司，与姚某的主张相悖。姚某虽然与案外人张某签订有《建筑施工劳务分包合同》，却没有相应的支付工人工资的证据。而A公司与案外人E劳务公司签订了《建设工程施工劳务分包合同》，并向相关工人支付了相应的劳务费。故姚某所提交的上述证据不足以证实其支付了案涉工程相关的工人费用。

二审期间，姚某提交了案涉项目工程施工质量文件包括2号楼和3号楼的基础工程部分施工及质量控制资料、安全功能检验报告、施工质量验收记录等文件，但该证据只能证明案涉的部分工程质量经检验合格，不足以证实姚某是案涉工程的实际施工人。从双方对外处理案涉工程事务看，合同签订后，A公司与C混凝土公司、D物资公司签订《商品混凝土销售合同》和《钢材购销合同》，并分别向该二公司支付了混凝土款512万元、钢材款971万元，共计1483万元。姚某没有按合同约定以其名义对外签订合同，其支付混凝土款25.076万元、钢材款100万元的事实，不足以证明施工材料成本由其支出。姚某提出，其与案外人张某签订《建筑施工劳务分包合同》，将案涉工程分包给案外人张某承包，并与案外人张某共同对其完成的工程量进行核算的，但姚某在该结算中是以工地主管人员的身份与对方进行结算的，且亦无证据证明姚某向案外人张某支付过劳务费或工程款。在案涉工程出现险情后，A公司参加了当地住房和城乡规划建设委员会召开的案涉项目基坑边坡抢险加固协调会，组织施工队对出现险情的基坑支护进行加固，并支付抢险检测费、项目监测费共计24万元。姚某主张其作为实际施工人，但在上述活动中，均未以施工人身份出现。案涉工程已完工部分工程造价为48100554.06元，姚某作为实际施工人只支出成本125.076万元，与实际施工人的身份明显不符。

综上，姚某在本案中没有与供货方、用工方签订相关合同，不承担案涉项目混凝土、钢材等货款的主要支付责任，也没有证据证明其支付了工人工资、劳务费，姚某主张自己是案涉工程的实际施工人，证据不充分，不予支持。

【二审裁判结果】

一、撤销一审判决；二、A公司、A分公司返还姚某支付的混凝土款及钢材款共计1250760元及利息（利息计算：以250760元为基数，从2014年7月20日起计至实际付清之日止；以50万元为基数，从2014年7月11日起计至2014年10月15日止；以100万元为基数，从2014年10月16日起计至实际付清之日止；按中国人民银行同期同类贷款利率计算）；三、驳回姚某的其他诉讼请求。

【再审申请理由】

一、A公司、A分公司已在另案中自认其并非案涉项目的实际施工人。

案外人D物资公司与A公司、A分公司买卖合同纠纷一案判决中，A公司承认其自身及A分公司并非项目的实际施工人，并承认姚某通过案外人雇佣人员提供劳务。A公司、A分公司在本案一、二审庭审中推翻其在先的自认，违反诚实信用原则及诉讼禁反言原则。

二、二审判决认定姚某为A公司、A分公司聘用的是工地主管人员而非实际施工人，缺乏证据证明。

A公司、A分公司与姚某无劳动合同，亦无支付工资、缴纳社保的记录，且姚某已为案涉工程垫付巨额款项。A分公司的案涉项目结算单落款处有"工地主管签名姚某"字样，仅能证明姚某事实上负责项目施工，不能证明其只是工地主管。《关于案涉项目工程分包方与劳务方进行人工工资对数结果的说明》中，姚某以分包方名义、案外人张某以劳务方名义签字，说明姚某是以实际施工人的身份委托张某及其雇佣的劳务人员提供劳务。

三、二审法院以公平合理原则及不当得利返还规则裁判，适用法律错误。

《责任书》虽因违法而无效，但姚某提交的证据可证明姚某是案涉工程实际施工人，故本案应适用《2004年建工解释》第二条、第二十六条，计算姚某应得款项。

1. 《责任书》与B公司和A公司签订的《建设工程施工合同》，在施工内容、工程造价、承包范围上完全重合，且《责任书》约定A分公司将工程交由未取得资质的姚某施工。

2. 从劳务提供的角度看，姚某通过案外人雇佣了劳务人员进行施工，并垫付了部分工资，且相关劳务费用也是与姚某进行结算。因A公司、A分公司拖欠姚某款项，导致姚某无力支付劳务费用，所以才由A公司、A分公司直接支付给相关劳务人员。

3. 从材料提供的角度看，姚某垫付物料费及运费等款项共计近800万元，而A公司直接向供应商支付款项，是在项目全面停工一年多后。

4. 项目工程质量检测及机械检测均由姚某组织，且姚某掌握截至项目全面停工前的全部项目工程施工质量文件原件、质量检测材料原件及施工日志原件。

5. 案涉项目工程施工过程中所产生的工程联系单、签证单，B公司制作的工程预算表，水电费支付凭证，施工过程中需要的砂石、水泥砖，工程试验材料报告、试验费用支出材料，机械台班作业情况、台班费用材料，工程劳务分包、工人工资支付情况材料，工程管理人员借支生活费、油费材料等的全部原件均由姚某掌握和管理，反映了姚某实际负责并组织项目施工的事实。

6. 因B公司资金链断裂，导致姚某无法严格履行《责任书》，但这并不意味着《责任书》完全没有履行。至少在停工前，A公司、A分公司没有履行任何付款义务。相关文件由A公司、A分公司员工签字，系因姚某没有资质，挂靠于A公司，不能因此否认姚某实际施工人的地位。

四、一审判决在认定A公司、A分公司已支付的工程款项时，扣除了A公司向D物资公司支付的逾期付款违约金2040338元，实质是将A公司、A分公司因自身逾期付款行为所承担的违约责任转嫁给姚某，违反合同的相对性原则。

五、一审判决认定停工损失费不属于项目工程款范围，缺乏证据证明。

根据《责任书》约定，A分公司在扣除6.5%的管理费及税费后，应将剩余部分支付给姚某。《责任书》未对作为计算基数的"项目工程款"范围进行明确定义，应参照A公司与B公司关于项目合同价款的约定执行。

六、因《责任书》为无效合同，其约定的以B公司支付工程款和保修期满为支付条件亦为无效条款，不能适用。

七、姚某与A公司在案涉工程之前的多次合作也采用"责任书"模式，并未以发包方实际付款完毕作为向姚某支付的前提条件。

综上，姚某请求撤销一、二审判决，判令A公司、A分公司共同连带向姚某支付包括停工损失费在内的工程款、利息，B公司在未付工程款范围内承担支付责任。

【被申请人答辩】

A公司、A分公司辩称：

一、《责任书》并未实际履行，姚某并非案涉工程的实际施工人。

1. 姚某未按照《责任书》第二条第四款、第四条第七款的约定筹集项目所需资金，也未以自己的名义签订采购合同。而A公司、A分公司履行了相关义务：A公司、A分公司向B公司支付履约保证金4169万元；与E劳务公司签订《建设工程施工劳务分包合同》并支付210万元的劳务费；与C混凝土公司签订《商品混凝土销售合同》并支付512万元货款；与D物资公司签订《钢材购销合同》并支付971万元钢材款及违约金；案涉工程出现险情后进行抢险，支付抢险工程款1482519元，支付抢险检测费13.5万元、抢险监测费24万元。

2. 案涉工程有关的施工管理、停工、协调、结算等事宜均是由A公司实施并完成：双方提交的材料签证单、会议纪要、工程施工质量文件、质量检验材料等材料的施工单位一栏签名均是A公司员工，并加盖公司公章；案涉工程导致周围建筑出现险情时，A公司与当地政府相关部门协调处理；工程停工后，亦是由A公司与B公司协商达成《案涉项目停工问题处理确认书》。

3. 相关方就案涉工程因B公司资金不到位发生诉讼时，A公司自行启动诉讼程序并参与诉讼，出资解决纠纷。

二、姚某提交的 D 物资公司与 A 公司、A 分公司买卖合同纠纷一案判决书不足以证明姚某为实际施工人。

另案判决并非生效判决，A 公司仅承认将案涉项目的劳务合法分包给了 E 劳务公司，且该案所涉的劳务费均是由 A 公司直接支付或由 E 劳务公司支付，姚某未提供证据证明其"向案外人张某等劳务人员借支生活费"。

三、姚某陈述其"在施工过程中，垫付物料费以及运费 800 多万元"，与事实不符。

1. 姚某用以证明其支付 800 多万元款项的主要证据为现金支出凭证、收据、发票、送货单、出库单、发货清单、结算单等材料，均是姚某单方制作的，且其未提供过银行转账凭证予以佐证。

2. 姚某既没有对外签订采购合同，也没有提供支付货款的银行凭证，却主张其采购混凝土和钢材，与事实不符。

四、根据《责任书》第五条第三款约定，A 公司收到 B 公司工程款之后，才应履行相应的付款义务，而在 A 公司起诉 B 公司追讨工程款一案的判决作出后，A 公司未收到 B 公司的任何款项，A 公司有权不向姚某支付工程款。

五、A 公司、A 分公司和姚某并未按照《责任书》约定的结算条款进行结算，而 A 公司起诉 B 公司追讨工程款一案的判决是以 A 公司与 B 公司所签订的施工合同以及双方的结算情况为依据作出的，且《责任书》并无付款期限的约定，姚某无权向 A 公司、A 分公司主张工程进度款利息及逾期支付工程进度款造成的经济损失。

B 公司同意 A 公司、A 分公司的答辩意见，并辩称：B 公司只与 A 公司存在建设工程施工合同关系，应当依据双方签订的合同履行合同义务。B 公司不清楚 A 公司在承包该工程后进行分包或交由他人施工的情况，B 公司不应当在未付工程款范围内向姚某承担支付责任。

综上，应当驳回姚某的再审请求。

【再审裁判观点】

一、姚某系案涉工程的实际施工人。

2012 年 10 月 25 日，A 公司与 B 公司签订《建设工程施工协议书》，B 公司将案涉项目发包给 A 公司承包施工。2014 年 7 月 9 日，A 分公司与姚某签订《责任书》，约定姚某作为案涉项目的直接承包人，对项目负全部经济责任，A 分公司扣留管理费 6.5%。经查，《建设工程施工协议书》和《责任书》在工程名称、工程地点、合同工期、工程造价方面的约定均一致，可初步证明 A 公司将全部案涉工程，而非部分案涉工程交由姚某承包施工。A 公司、A 分公司主张，因姚某未按照《责任书》约定筹集项目所需资金，也未以自己的名义对外签订合同，关于案涉工程的人工、主要材料的采购事宜均由 A 公司、A 分公司与供应方签订合同并付款，《责任书》并未实际履行。

在判断当事人是否属于实际施工人时，应视其是否签订转包、挂靠或者其他形式的合同承接工程，是否对施工工程的人工、机器设备、材料等投入相应物化成本，并最终承担该成本等综合因素确定。A 公司、A 分公司主张其自行组织施工并完成案涉工程的施工管理、停工、协调、结算，并举证证明其与E劳务公司、C混凝土公司、D物资公司签订合同，分别支付了210万元劳务费、512万元混凝土款和971万钢材款、违约金等。经查，案涉工程于2015年3月1日停工，而A公司、A分公司主张其支付的各项费用，均发生在案涉工程停工之后。根据建设工程施工需要前期大量投资的常识判断，在案涉项目停工前应当存在大量支出，该事实与姚某关于案涉项目停工之后，A公司、A分公司因作为合同签订主体，因涉诉才支付材料款、工程款的主张相印证，且A公司、A分公司支付的款项并不能涵盖案涉工程的整体施工费用，不足以证明案涉工程由A公司自行组织施工。

从案涉工程的实际支出情况看：在工程劳务方面，D物资公司与A公司、A分公司买卖合同纠纷一案判决查明，姚某以A公司的名义与案外人张某签订了《建筑施工劳务分包合同》，将案涉工程的部分劳务分包给张某，并与张某作为劳务队签订了结算单。在工程材料方面，姚某向供货商C混凝土公司支付混凝土款250760元，该款项在A分公司与C混凝土公司签订的《债务处理协议》中被确认；姚某向D物资公司支付100万元，该款项在A公司、A分公司与D物资公司签订的《调解协议》中被确认。本案再审期间，姚某还提交了其与案外人李某、蔡某2019年签署的《结算协议书》，确认姚某尚欠土石方款801680元。如姚某不是案涉工程的实际施工人，其无理由为案涉工程支付上述款项。A公司、A分公司辩称D物资公司与A公司、A分公司买卖合同纠纷一案所涉劳务部分仅为案涉工程项目的一项分包工程，不能证明姚某为案涉项目的实际施工人，但对姚某除劳务费之外的支出，A公司、A分公司未提出反驳证据。值得注意的是，一、二审期间，姚某提供了案涉工程施工质量全部验收材料的原件以及案涉项目工程施工过程中所产生的工程联系单、签证单、工程预算表、水电费支付凭证，施工过程中需要的砂石、水泥砖、试验费用支付凭证，机械台班费用支付凭证等材料的原件，而A公司、A分公司称因发生农民工打砸抢事件，相关资料被抢夺，但其未提供证据证明。另外，姚某的委托诉讼代理人、姚某之子姚某乙能清楚地说明项目栋数、各栋楼房施工的具体进度、项目所涉及的相对方主体情况及相关资料内容，而A公司、A分公司对工程施工情况表述模糊。以上可为姚某为案涉工程的实际施工人提供佐证。

建设工程施工合同纠纷案件中，普遍存在实际施工人以违法违规或者不规范的形式对外签订合同及付款的情形，致使实际施工人支出的款项无法准确查明。根据《最高人民法院关于适用〈中华人民共和国民事诉讼法〉的解释》（以下简称《民诉法解释》）第一百零八条第一款的规定，"对负有举证证明责任的当事人提供的证据，人民法院经审查并结合相关事实，确信待证事实的存在具有高度可能性的，应当认定该事实存在"。根据《最高人民法院关于民事诉讼证据的若干规定》（以下简称《证据规定》）第七十三条第一款的规定，"双方当事人对同一事实分别举出相反的证据，但都没有足够的依据否定对方证据的，人民法院应当结合案件情况，判断一方提供证据的证明力是否明显大于另一方提供证据的证明力，并对证明力较大的证据予以确认"。综合考虑各方当事人提交的证据并结合案件相关事实，根据高度盖然性的证明标准来看，尽管对于姚某提交的关于案涉工程支出的款项的证据，无相关合同等证据进行印证，但其提供的证据证明力仍明显大于A公司、A 分公司提供的证据。在 A 公司、A 分公司无证据证明案涉工程系其自行组织施工以及本案还有其他实际施工人的情况下，姚某系案涉工程实际施工人的事实具有高度盖然性。综上，一审判决认定姚某为案涉工程的实际施工人，并无不当，再审法院予以维持。

二、姚某主张的工程款及利息、停工损失应得到支持。

因 B 公司未按照约定向 A 公司支付工程款等，案涉工程于 2015 年 3 月 1 日全面停工。2015 年 8 月 12 日，A 公司与 B 公司签订《案涉项目停工问题处理确认书》，对停工前的已完工情况进行了确认，并约定了已完工程的造价和结算事项。A 公司起诉 B 公司追讨工程款一案判决亦对该约定的工程造价进行了确认。本案再审期间，B 公司出具《案涉项目情况说明》，表明"该项目已于 2015 年全面停工，项目停工后所涉及的各方单位并未对已建工程做有任何的验收工作。"根据《2004 年建工解释》第二条的规定，"建设工程施工合同无效，但建设工程经竣工验收合格，承包人请求参照合同约定支付工程价款的，应予支持"。尽管案涉工程因停工未经验收，但 A 公司和 A 分公司在再审庭审中均认可已完工部分的工程质量合格，B 公司亦无证据证明已完成的工程质量不合格。在发包人与承包人确认已完工部分的工程造价，且有生效裁判文书对此进行确认的情况下，实际施工人姚某有权就已完工部分的工程主张工程款。

A 公司、A 分公司主张，A 公司起诉 B 公司追讨工程款一案判决依据的合同是其与 B 公司之间签订的合同，姚某不是上述合同的当事人，不能依据 A 公司起诉 B 公司追讨工程款一案判决的结果主张权利。如前所述，《责任书》和《建设工程施工协议书》在案涉工程的造价、工期等方面的约定均一致。根据《责任书》的约定，A 公司与姚某之间的结算事项主要是扣留相应的税金、管理费等费用，对工程计量与计价等有关价款计算的事项并未另行约定。因 A 公司起诉 B 公司追讨工程款一案判决确认了已完工程的造价，一审判决依照《民诉法解释》第九十三条之规定，已为人民法院发生效力的裁判所确认的事实，当事人无须举证证明，认定 A 公司起诉 B 公司追讨工程款一案判决可以作为本案工程款结算的依据，并无不当。

A 公司、A 分公司还主张《责任书》第五条第三款约定的付款条件尚未成就，其有权不支付案涉工程的工程款。经查，《责任书》第五条第三款约定，建设单位每支付一笔工程款，均由甲方（A 公司）派出的项目经理根据实际产值作用款申请报告，甲方领导审批同意后，财务办理手续……财务人员按照乙方（姚某）审核的用款计划进行支付，大宗材料费用由财务人员通过银行办理转账。该约定属于财务管理方面的内容，并不是以 B 公司向 A 公司支付工程款作为 A 公司向姚某支付工程款的条件，也无其他证据证明 A 公司向姚某支付工程款需以 B 公司向 A 公司支付工程款为条件。

关于姚某再审主张的工程进度款利息、停工损失问题。根据《2004 年建工解释》第一条第一项和第二条的规定，"承包人未取得建筑施工企业资质或者超越资质等级的"，建设工程施工合同无效；"建设工程施工合同无效，但建设工程经竣工验收合格，承包人请求参照合同约定支付工程价款的，应予支持"。因 A 分公司与姚某签订的《责任书》系无效合同，姚某仅有权主张已完工程的工程款，而无权主张对方承担违约责任。且根据《责任书》第四条第六款的约定，A分公司和姚某对工程款采取的是总承包及 次性支付方式，双方并未约定按期支付工程进度款，也未对工程进度款利息及停工损失作出约定。据此，一审法院认为，A公司起诉B公司追讨工程款一案判决关于工程进度款利息和停工损失的内容对姚某不产生法律效力，具有事实和法律依据。

关于姚某主张其不应承担钢材款逾期付款违约金2040338元的问题。根据《责任书》的约定，姚某作为案涉工程的实际施工人，应当承担案涉工程的全部经济责任。因姚某未按照《责任书》的约定支付钢材款，A公司、A分公司根据其与D物资公司签订的《调解协议》，向D物资公司支付了逾期付款违约金。一审判决在认定A公司、A分公司应向姚某支付的款项时，扣除了A公司、A分公司已支付的该笔逾期付款违约金，并无不当。

综上，一审判决在A公司起诉B公司追讨工程款一案判决认定的已完工程造价基础上，扣除案涉工程停工后A公司、A分公司已支付的工程款项、《责任书》约定的管理费、姚某自认A公司已支付的210万元劳务费和B公司已支付的150万元劳务费，认定A公司、A分公司应向姚某支付的工程款为26543109.2元，并从姚某起诉之日起，以中国人民银行同期同类贷款利率计付利息，具有事实和法律依据，再审法院予以维持。

另，关于《责任书》约定应当由A分公司扣留的应缴税款问题，因A公司、A分公司未提出相应抗辩，也未提交相关证据，一审判决未予扣除并无不当。相关税费如实际发生，双方当事人可另循法律途径解决。

三、B公司应在欠付工程款范围内承担责任。

根据《2004年建工解释》第二十六条之规定，"实际施工人以发包人为被告主张权利的""发包人只在欠付工程价款范围内对实际施工人承担责任"。本案再审期间，B公司提供声明称其未按照A公司起诉B公司追讨工程款一案判决履行义务，即其自认仍欠付案涉工程的工程款，故其应在欠付工程款范围内承担责任。

综上，再审申请人姚某的再审请求部分成立，二审判决适用法律错误，应予纠正。一审判决认定事实清楚，适用法律正确，应予维持。

【再审裁判结果】

一、撤销二审判决；二、维持一审判决；三、驳回姚文广的其他诉讼请求。

【律师评析】

建筑市场经常发生非法转包与违法分包，甚至多次转包、多层分包的不规范现象。在这种情况下，实际施工人作为工程建设的实际组织者和投入者，其投入的资金、材料、劳动力已转化为工程建设的成果，理应得到相应的报酬。但实际施工人由于与发包人并未建立合同关系，难以直接向发包人主张权利，而依附于实际施工人的农民工群体更是求助无门。广大农民工群体的利益如果无法得到保护，将引发严重的社会问题。因此，司法解释创设了实际施工人诉权制度，允许实际施工人突破合同相对性，向承包人、发包人主张工程价款。

如果实际施工人选择向承包人、发包人行使诉权，那么其首先应当对自己具有诉讼主体资格负证明责任，证明自己是"实际施工人"。实际施工人是在建设工程施工合同无效的情况下，对工程建设最终实际投入资金、材料、劳动力的主体。但是，实际施工人往往不具有合法资质，对外签订合同、签署单证往往借助承包人名义，故而很难收集其自身对工程建设进行实际投入的证据。此时，承包人又可凭借以其名义签订的合同等证据主张其实际参与了工程建设，并据以否认实际施工人的身份和诉权。本案的情况正是如此。

因此，本案中，法院指出，应结合当事人是否签订转包、挂靠或者其他形式的合同承接工程，是否对施工工程的人工、机器设备、材料等投入相应物化成本，并最终承担该成本等综合因素确定其是否为实际施工人。在司法实践中，应当充分考虑到转包、违法分包情形的普遍性，以及实际施工人证据收集的困难性，不应当对实际施工人课以过重的举证责任。当实际施工人对其实际组织、参与工程建设的举证达到高度盖然性标准时，应当对其身份进行确认。

【相关案例索引】

① 中国云南路建集团股份公司、余某建设工程施工合同纠纷一案

案号：（2020）最高法民申 1603 号

裁判观点：实际施工人是指没有资质的个人或公司借用有资质的建筑施工企业名义参与建设工程的施工，具体表现应当包括为实际投入了资金、材料和劳动力等。本案中，根据当事人于原审中提交的证据材料，在项目部的印章被中国云南路建集团股份公司（以下简称云南路建公司）收回之前，余某掌握项目部印章，并对案涉工程施工活动进行了管理。工程竣工后，因工程款支付问题，余某多次与云南路建公司发生冲突，并因此导致公安机关介入，公安机关介入后所作的询问笔录，印证了余某对案涉工程施工的事实。云南路建公司在项目部的负责人于 2016 年 1 月 16 日与余某等人签订了《关于指挥部拨款的分配》、于 2016 年 1 月 13 日与余某等人开会协商作出《会议纪要》，余某于 2016 年 3 月 24 日作出《承诺书》，项目部于 2016 年 3 月 26 日作出《关于办理国道 214 线香德二级公路改建工程第十六合同段债权债务清算的通知》，上述材料中，云南路建公司承诺向余某支付工程款，间接认可了余某的实际施工人地位。从工程施工的过程和工程款支付情况看，余某确有参与案涉工程施工，并就具体工程项目与第三人签订相关合同，在合同竣工之后又向云南路建公司主张工程款，故一、二审判决认定其为实际施工人并无不当。

② 张某、江西省弘毅建设集团有限公司建设工程施工合同纠纷一案

案号：（2019）最高法民申 364 号

裁判观点：张某与江西省弘毅建设集团有限公司签订挂靠《协议书》，约定由张某承担经济责任承包上饶中学建设工程，即张某是该合同的一方当事人。在该合同的实际履行中，张某依约在工程中投入了资金、人员、材料、设备等，参与工程管理及竣工验收，上饶中学筹建办公室支付的工程款也是经由江西省弘毅建设集团有限公司支付给张某。据此，无论是从形式上还是实际履行上，案涉工程的实际施工人应认定为张某。

③ 乐某、福建四海建设有限公司、淮安明发房地产开发有限公司、彭某及明发集团南京房地产开发有限公司劳务合同纠纷一案

案号：（2019）最高法民申 5594 号

裁判观点：乐某作为受彭某雇佣从事泥水劳务的人员，并非前述法律意义上的实际施工人，二审判决认定本案不具备适用《2004 年建工解释》第二十六条规定的前提条件，有相应的事实依据，不属于法律适用错误。乐某依据该规定请求案涉工程项目发包人淮安明发房地产开发有限公司在欠付工程款范围内承担偿付责任，缺乏相应的事实基础和法律依据。

案例 2：实际施工人的身份确认是事实问题，无须单独提起确认之诉

【引言】

确认之诉，是指要求法院确认法律关系存在或不存在的诉讼，该诉讼以确认一定权利义务关系是否存在为对象，事实问题不能成为确认之诉的对象，因此实际施工人向发包人、承包人追索工程价款时，无须先行通过确认之诉认定其身份，人民法院在审理实际施工人追索工程款的给付之诉中会首先查明关于其身份的事实问题。

【案例来源】

（2021）最高法民申 1724 号

【诉讼主体】

杨某甲：一审原告、二审上诉人、再审申请人

A 市政府：一审被告、二审被上诉人、再审被申请人

B 公司：一审被告、二审被上诉人、再审被申请人

C 公司：一审第三人（有独立请求权）、二审被上诉人、再审被申请人

【原告起诉请求】

一、请求确认杨某甲为履行 A 市政府与 B 公司签订的《园林绿化建设工程施工合同》的实际施工人；二、判令被告支付杨某甲工程款 18745364.5 元，并按中国人民银行同期同类贷款利率及交易习惯支付原告利息损失至债务清偿完毕（暂计算至 2017 年 6 月 20日，为 11415118 元）；三、依据责任分担原则判令二被告支付违约金 937268 元。

【争议焦点】

杨某甲与 C 公司何者是案涉项目的实际施工人。

【基本案情】

一、A 市政府与 B 公司之间的合同签订及履行情况

2009 年 5 月 11 日，A 市政府成立指挥部，负责案涉工程项目的建设。

2009 年 9 月 9 日，指挥部与招标代理机构向 B 公司发出《中标通知书》，告知 B 公司接到通知后 30 天内与招标人洽谈合同事宜。《中标通知书》载明，经公开招标，于 2009年 8 月 31 日开标、评标，确定 B 公司中标案涉工程项目，项目经理杨某乙，质量等级要

求为合格，A 市建设工程招标投标管理办公室在《中标通知书》招标投标管理部门鉴证意见栏签署"同意备案"的意见并加盖公章，落款日期为 2009 年 9 月 11 日。

2009 年 8 月 4 日，在 B 公司办理的农村信用合作社印鉴卡的印鉴式样中盖有 B 公司的公章及法定代表人杨某乙的私人印鉴、C 公司法定代表人吴某的私人印鉴，该账户为双控账户，账号为 80××××12。2009 年 9 月 17 日，C 公司以 B 公司的名义支付了招标代理机构中标服务费 50000 元。

2009 年 9 月 10 日，指挥部与 B 公司签订《园林绿化建设工程施工合同》，合同约定，B 公司承包施工案涉工程项目，资金来源为 A 市政府出资，工程款分五次拨付：第一次拨付时间为竣工验收后的第一个月，拨付合同额的 20%；第二次拨付时间为竣工验收后的第七个月，拨付至合同额的 30%；第三次拨付时间为竣工验收后的第十二个月，拨付至合同额的 50%；第四次拨付时间为竣工验收后的第十八个月，拨付至审定额的 70%；第五次拨付时间为竣工验收后的第二十四个月，全部付清经审计部门审核认可的余额。合同约定了本工程不允许中标单位进行分包。B 公司向指挥部提供履约担保，担保方式为 B 公司向指挥部汇入的履约保证金自动转为该工程施工质量保证金。合同还对施工组织设计和工期、质量与检验、隐蔽工程的中间验收、工程量的确认、竣工验收与结算、质量保修、违约与争议等作了约定。合同尾部承包人加盖 B 公司合同专用章，杨某甲在委托代理人一栏签名"杨某甲"。

2009 年 9 月 12 日，B 公司制作案涉工程项目施工组织设计方案，主要涵盖组织机构、施工部署、主要分部工程施工方案及质量保证措施、施工进度计划说明、施工劳动力机械进场计划、主要管理措施等内容，其中行政组织机构图明确了项目经理人是杨某甲，项目副经理是李某甲，总工程师是黄某，技术负责人是喻某等内容。

工程施工过程中，项目经理杨某甲与项目副经理李某甲等人组织人员、施工机械设备、材料完成了案涉工程项目的施工内容。

《案涉工程项目竣工验收备案表》显示，该工程的备案日期为 2010 年 6 月 1 日，开工日期为 2009 年 9 月 20 日，竣工验收日期为 2010 年 4 月 20 日，施工单位为 B 公司，工程质量监督机构为 A 市建设工程质量监督站，设计单位、施工单位、监理单位、建设单位、纪检监察局、审计局、财政局均签署同意验收的意见。

2010 年 11 月 18 日，B 公司通过 A 市林业局向 A 市政府送达结算书、签证单、竣工图等审计资料。

2011 年 7 月 5 日，工程移交竣工验收，杨某甲、李某乙以 B 公司的名义参加竣工验收会议，王某以 C 公司的名义参加竣工验收会议，林业局、审计局、财政局等部门派人参加了此次会议。

2014 年 12 月 25 日，A 市审计局审定案涉工程项目结算金额。A 市政府通过 A 市交通运输局、A 市城市建设投资有限责任公司向 C 公司指定并实际控制的账户支付案涉工程款人民币 1750 万元（含管理费用/电费 44837.2 元）。

C 公司以 B 公司名义向指挥部开具了已收工程款的发票，并承担了已开具工程款发票的税金。杨某甲、B 公司没有收取工程款。B 公司由于没有收到工程款且获知 C 公司已经收取部分工程款，于 2011 年 3 月 4 日致函指挥部，要求将工程款汇入其基本账户（开户单位为 B 公司）；于 2012 年 1 月 15 日致函 A 市政府、A 市林业局要求支付工程款；于 2012 年 6 月 8 日分别致函 A 市林业局、A 市审计局、A 市财政局、A 市城市建设投资开发有限公司、A 市纪律检查委员会要求将工程款付至其指定的基本账户。

二、B 公司与杨某甲之间的合同签订及履行情况

2009 年 9 月 6 日，B 公司委托杨某甲作为 B 公司的代理人，以 B 公司的名义办理案涉工程项目相关事宜。同日，B 公司作为甲方与作为乙方的杨某甲签订《项目工程责任制协议书》，甲方同意乙方在案涉工程项目中组织相关技术管理人员组建项目部，乙方及项目部需服从甲方的管理，乙方按本工程中标金额的 1% 向甲方缴纳利润款，《项目工程责任制协议书》还对其他事项作了约定。

三、C 公司、杨某甲与 D 公司之间的关系

D 公司成立于 2008 年 6 月 24 日，股东为 C 公司和杨某甲，注册资本 1198 万元，C 公司认缴 958.4 万元，杨某甲认缴 239.6 万元。2008 年 6 月 24 日至 2010 年 4 月 18 日，杨某甲任 D 公司法定代表人。2010 年 4 月 19 日 D 公司进行变更登记，法定代表人变更为吴某（C 公司法定代表人）。

黄某、喻某、李某甲、李某乙均于 2009 年 9 月 1 日与项目部签订《劳务合同》，并于当月开始至 2010 年 5 月在项目部领取工资，杨某甲亦在项目部领取了该时间段的工资，上述工资由 C 公司予以支付。

四、B 公司与 C 公司之间的关系

2009 年 8 月 7 日，C 公司分别向 B 公司及其他两公司转账 350 万元，用途记载为"往来"。该 1050 万元打到指挥部指定的账户后，用于 B 公司及其他两家公司参与案涉工程项目竞标。B 公司中标后，该 1050 万元中的 1000 万元先是转作履约保证金，后又转为质量保证金。2009 年 9 月 29 日，B 公司向 C 公司转账 50 万元，2009 年 12 月 31 日、2010 年 1 月 20 日、2011 年 1 月 28 日，指挥部向 C 公司指定的账户转账 600 万元，2010 年 2 月 8 日指挥部向 B 公司账户转账 400 万元，2010 年 2 月 11 日 B 公司向 C 公司指定的账户转账 400 万元。

五、另案诉讼情况

C 公司与 B 公司、A 市政府、某园林公司、杨某甲建设工程施工合同纠纷一案，某基层法院已作出判决，杨某甲不服，并已提出上诉，上一级人民法院作出裁定，撤销原判，发回重审。该案重新立案审理后，C 公司撤回了起诉。

【一审裁判观点】

一、案涉建设工程施工合同系无效合同。

本案中，无论是杨某甲还是 C 公司均没有相应的施工资质，本案工程系由当事人借用

具有法定资质的建筑施工企业 B 公司的名义进行实际施工。根据《2004 年建工解释》第一条的规定，没有资质的实际施工人借用有资质的建筑施工企业名义与他人签订的建设工程施工合同无效。因此，本案《园林绿化建设工程施工合同》应为无效合同。

二、C 公司是案涉项目的实际施工人。

本案系当事人借用具有法定资质的 B 公司的名义进行实际施工，杨某甲和 C 公司均主张自己是实际施工人。《2004 年建工解释》多个条款表述了实际施工人的权利和义务，但该解释及其他法律也未明确实际施工人应当如何界定。实际施工人作为合同相对人之外的第三人，得以主张工程价款的基础是其所投入的资金、材料、劳动力已经物化于建筑工程本身，对于实际施工人的确认，应当结合"合同的订立""合同的实际履行""施工的实际支配权"和"其他相关资料"等综合考虑。

就形式而言。首先，杨某甲和 C 公司与 B 公司均未订立转包、分包合同，也没有挂靠的相关协议或约定。B 公司既不认可杨某甲与其有挂靠关系，也不认可 C 公司与其有挂靠关系。其次，杨某甲与 B 公司签订了《项目工程责任制协议书》，B 公司向指挥部出具了《授权委托书》委托杨某甲为其公司代理人，杨某甲出面签订了《园林绿化建设工程施工合同》，并作为项目经理参与了工程的设计、施工和管理，并作为 B 公司的代表参与了案涉项目竣工验收，在形式上具有一定程度的实际施工人的特征。C 公司未以自己的名义与 B 公司签订相关书面协议，未提交证据证明其向 B 公司缴纳了管理费或利润，也未提交充分证据证实杨某甲是受 C 公司委托或履行其在 C 公司的职务而与 B 公司订立案涉项目协议及参与工程施工管理等。在此层面，杨某甲主张其是实际施工人的证据相对具有优势。最后，通过借用资质成为的实际施工人系建设工程的承包人，是无效建设工程合同的真正相对方，其被发包人接受并与发包人达成合意是必要的前提条件，但作为发包人的 A 市政府只认可 C 公司是实际施工人，明确否认杨某甲为实际施工人，在此层面，C 公司主张其是实际施工人的证据相对具有优势。综上，从形式上无法确认谁是实际施工人。

就实际投入案涉项目的资金而言。首先，B 公司用于参与竞标的保证金、中标服务费、案涉工程建设中投入的费用系 C 公司支付，案涉工程发生安全事故的赔偿金亦由 C 公司支付，杨某甲表示其本人支付了部分建设费用，但未提交证据证实。杨某甲称 C 公司是代为支付，其与 C 公司之间构成债权债务关系，但 C 公司不予认可，杨某甲亦未提交证据证明其与 C 公司有代为支付的约定。其次，杨某甲称其与 C 公司共同利用某园林公司作为融资平台进行筹资，对筹得的资金双方可以共享使用权，且其本人也向某园林公司注入了部分资金，杨某甲使用上述筹集的资金来支付案涉项目费用。依杨某甲此主张，则杨某甲是资金使用人，C 公司是依杨某甲指示代为支付项目资金，资金的支配权在杨某甲，不在 C 公司，即每笔资金支付的数额、时间、对象等应当由杨某甲决定或者至少经杨某甲确认，但本案 C 公司为案涉项目支付的资金并未经杨某甲审批或确认。再次，若杨某甲是实际施工人，则案涉项目的损益均归于杨某甲，盈亏均与 C 公司无关，C 公司仅充当资金代付人，依一般财务常识，C 公司财务记账须将案涉项目支付的费用单列科目，载明系杨某甲的往来账，以明确杨某甲与 C 公司之间的债权债务，且杨某甲为案涉工程项目的经营权和利益享有者，项目费用支出直接影响其利益，不应与非项目之外的费用混同。然而C公司就案涉项目的支出费用并未单列科目，均计入C公司收支，杨某甲本人亦在质证时表示C公司将其他项目的支出列入案涉项目，有违一般常理。最后，杨某甲称其于案涉工程施工期间的2009年9月和11月无偿出借给某园林公司共计400余万元，在其为实际施工人的情况下，其自有资金不直接用于支付项目费用，而无偿出借给某园林公司，再由某园林公司代付项目费用，有违一般常理。综上，杨某甲关于案涉项目系由其本人出资的主张不能成立，应当认定系由C公司实际出资。

就实际投入案涉项目的人力而言。首先，杨某甲主张项目部人员由其聘请，且黄某、喻某、李某甲、李某乙均于2009年9月与项目部签订劳务合同，但其并未提供支付项目部人员工资的证据，相反，现有证据显示案涉项目开工至竣工期间，C公司支付了项目部人员的工资，且杨某甲本人也领取了部分工资。其次，项目部人员中有三人系C公司员工，杨某甲未提交证据证实该三人在项目建设期间由其承担工资福利等，不足以排除该三人是履行C公司职务。综上，杨某甲提交的证据不足以证实其对案涉项目有人力投入。

就工程款收取而言。发包人A市政府将已付工程款全部支付给了C公司，B公司亦将其曾收到过的部分款项，随后支付至C公司指定的账户。杨某甲从未收到过案涉工程的工程款，表明杨某甲对收入亦未掌控。综上所述，C公司提交的证据显示其为案涉工程投入了资金和人工工资，缴纳了税款，收取了工程款，虽然没有转包、分包合同，但形成了较完整的证据锁链，能够证明其从A市政府处承接了案涉工程项目并进行了实际施工，A市政府向其支付工程款，基本可以证实其与A市政府形成了事实合同关系，比较双方提交的证据，C公司提供的证据较杨某甲具有优势。根据《证据规定》第七十三条的规定，"双方当事人对同一事实分别举出相反的证据，但都没有足够的依据否定对方证据的，人民法院应当结合案件情况，判断一方提供证据的证明力是否明显大于另一方提供证据的证明力，并对证明力较大的证据予以确认"，故认定C公司为案涉工程项目的实际施工人，杨某甲提供的证据不足以证实其实际施工人身份，对其请求确认实际施工人身份的诉讼请求不予支持。

C公司支付了案涉工程的投标保证金以及投标服务费，并承担了工程的各项费用开支，工程开始时即与B公司共同开设了双控账户，工程款均支付至C公司指定的账户中，由C公司掌控。A市政府作为发包人，仅认可C公司系本案工程的实际施工人，因此对C公司请求确认其为实际施工人的诉讼请求予以支持。

【一审裁判结果】

一、驳回原告杨某甲的诉讼请求。二、被告A市政府在本判决生效后十五日内向第三人C公司支付工程款1245364.5元。三、被告A市政府按未按期拨付的工程款额（第一次拨付时间为竣工验收后的第一个月，拨付合同额的20%；第二次拨付时间为竣工验收后的第七个月，拨付至合同额的30%；第三次拨付时间为竣工验收后的第十二个月，拨付至合同额的50%；第四次拨付时间为竣工验收后的第十八个月，拨付至审定额的70%；第五次拨付时间为竣工验收后的第二十四个月，全部付清经审计部门审核认可的余额）向第三人C公司支付相应的利息（按中国人民银行同期同类贷款利率计算至款项全部付清之日止）。四、驳回第三人C公司的其他诉讼请求。

【二审裁判观点】

一、当事人不能就某一事实提起确认之诉，对杨某甲和C公司关于确认其是案涉工程的唯一实际施工人的诉讼请求，均不应支持。

根据民事诉讼理论，民事诉讼分为确认之诉、给付之诉、形成之诉三种类型。其中确认之诉是指当事人请求法院确认某种民事法律关系是否成立、存在或有效的一种诉讼类型。理论通说认为，民事法律关系的事实不能成为民事诉讼确认之诉的确认对象，当事人不能就某一事实提起确认之诉。实际施工人是《2004年建工解释》创设的一个概念，是指建设工程施工领域中的建筑资质借用合同关系、转包合同关系、违法分包合同关系等合同法律关系之下的一方合同主体。即使当事人自认为是某建设工程的实际施工人，其能提起的确认之诉也只能是请求确认资质借用合同关系、转包关系、违法分包关系是否成立、是否有效。工程由谁实际施工完成，是基于签订并履行资质借用合同、转包合同、分包合同所形成的客观事实，需要根据相关证据作出判断，属于事实认定；而双方当事人之间构成何种合同法律关系，该法律关系是否成立、是否有效则是在查明事实的基础上根据法律规定作出的法律性质判断。事实是法律关系产生的基础，法律关系是对事实在法律性质上的判断。认定事实是民事诉讼裁判的基础和前提，原告的诉讼请求是否成立是裁判的结果。因此，一审原告杨某甲请求确认其为履行案涉《园林绿化建设工程施工合同》的实际施工人，一审有独立请求权的第三人C公司请求确认其为案涉工程项目的唯一实际施工人，均不符合民事诉讼法的规定，其相应诉讼请求均应驳回。

二、杨某甲和C公司各自主张其为实际施工人的理由均不能成立。

如前分析，杨某甲和C公司虽不能提出确认其为实际施工人的诉讼请求，但其可以提出相应的事实主张，且在本案中为证明自己是实际施工人各自都提出了相应的证据材料予以证明。根据双方的证据，判定如下。

1. 从发包人与承包人之间的承包合同关系来讲，B公司是案涉工程的合法承包人。《建筑法》第二章第二节对从事建筑活动规定了严格的从业资格，即在我国从事建筑活动的只能是经合法登记取得建筑资质的建筑企业。杨某甲和C公司均没有建筑施工资质，依法不能从事建筑活动；B公司具有合法建筑资质，可以从事相应的建筑施工活动。案涉工程由指挥部发包，B公司投标并中标，双方签订了书面《园林绿化建设工程施工合同》，加盖了指挥部和B公司的公章。因此，根据《建筑法》的规定，案涉工程的建设工程承包合同关系的主体是指挥部（发包人）与B公司（承包人）。除案涉《园林绿化建设工程施工合同》外，杨某甲、C公司均没有与指挥部直接签订其他承包合同。杨某甲和C公司均不是案涉《园林绿化建设工程施工合同》的合法承包主体。即使B公司出借资质或将工程转包、分包给他人实际施工，B公司仍然应当依照《建筑法》的规定对发包人指挥部承担承包人的法定责任和合同责任。虽然在本次诉讼中，A市政府只认可C公司是实际施工人，但双方并没有提供证据证明其存在直接合同关系。且在C公司就本案所涉合同纠纷提起的前一次诉讼中，A市政府的一审答辩状、庭审陈述和辩论、代理词明确陈述其与C公司"没有合同关系，也没有其他权利义务关系"，"在履行合同过程中，指挥部与B公司依合同约定履行了各自约定的义务"，"C公司是否是本案的实际施工人与A市政府无关，A市政府按照我国法律的规定依据合同付款给B公司"。《证据规定》第七十四条规定："诉讼过程中，当事人在起诉状、答辩状、陈述及其委托代理人的代理词中承认的对己方不利的事实和认可的证据，人民法院应当予以确认，但当事人反悔并有相反证据足以推翻的除外。"A市政府在前一次诉讼中的上述事实陈述构成民事诉讼上的事实自认。在本次诉讼中其作出相反的事实陈述，又没有提供任何证据予以推翻，严重违反民事诉讼诚信原则，对其在本次诉讼中认可C公司是实际施工人，应不予采信。

2. 从与B公司的合同关系来看，杨某甲是与B公司签订《项目工程责任制协议书》的形式主体。无论是杨某甲还是C公司，均没有合法的建筑工程施工资质。C公司主张其是实际施工人，但没有提供任何证据证明其与B公司签订了资质借用合同或工程转包、分包合同；B公司在前一次诉讼和本案中均抗辩认为其与C公司没有任何法律上的权利义务关系。因此，C公司与B公司之间不存在任何形式上的合同关系。杨某甲主张其是实际施工人，提供了《项目工程责任制协议书》《授权委托书》予以证明。对《项目工程责任制协议书》《授权委托书》的真实性、合法性各方质证时均无异议。该协议书前部明确了合同主体，甲方是B公司，乙方是"杨某甲"；尾部甲方处加盖了B公司公章，乙方处是"杨某甲"签名，并注明了杨某甲的身份证号码。协议书的内容上没有出现"C公司"或相关的文字，也没有任何文字体现出杨某甲是受他人委托与B公司签订该协议。杨某甲还作为B公司的委托代理人参与了案涉工程的投标过程，并在B公司与发包人签订的《建设工程施工合同》上以"委托代表人"的名义签名。2012年6月8日B公司向A市政府、林业局、审计局、财政局、城市建设投资开发公司、纪委等单位发送有关案涉工程的《结算及付款事项的声明函》（财政局、城市建设投资开发公司、纪委等单位已签收），声明"我司只授权项目经理杨某甲同志全权负责就该项目与贵方的衔接与结算配合工作，其他任何未经我司书面特别授权的人员或单位以我司名义与贵方就该项目进行衔接的，我司均不予认可"。A市审计局2014年12月11日关于案涉工程的《工程造价审计定案表》是由杨某甲签署"同意审计结论"的意见，并加盖B公司公章。在前一次诉讼和本案中，B公司一直认可是与杨某甲签订《项目工程责任制协议书》。因此，从与B公司的合同关系来讲，杨某甲是资质借用合同关系的合同相对方。杨某甲不是B公司的职工，《项目工程责任制协议书》签订于工程投标之前，协议书约定乙方组织相关技术管理人员组建项目部，组织苗木、材料及民工等，完成该工程的建设和后期保修，工程前期投标、施工垫资及竣工后的结算等发生的费用由乙方自行承担，乙方按本工程中标金额的1‰向甲方缴纳利润款，工程利润盈亏等均由乙方承担。以上事实说明该协议名义上是目标责任制协议，但实质上是建筑资质借用协议，B公司主张其与杨某甲是合作关系的理由不能成立。

《建筑法》第二十六条规定："承包建筑工程的单位应当持有依法取得的资质证书，并在其资质等级许可的业务范围内承揽工程。禁止建筑施工企业超越本企业资质等级许可的业务范围或者以任何形式用其他建筑施工企业的名义承揽工程。禁止建筑施工企业以任何形式允许其他单位或者个人使用本企业的资质证书、营业执照,以本企业的名义承揽工程。"《2004年建工解释》第一条规定,没有资质的实际施工人借用有资质的建筑施工企业名义签订的建设工程施工合同应当被认定为无效。根据上述法律规定,案涉《项目工程责任制协议书》和《园林绿化建设工程施工合同》均应被认定无效。

3. 从杨某甲与C公司的关系来看,C公司主张杨某甲与B公司签订《项目工程责任制协议书》并组织案涉工程施工的行为属于代表C公司的职务行为,证据并不充分。首先,C公司没有提供劳动合同证明其与杨某甲之间存在劳动关系。C公司主张施工期间向杨某甲发放了工资,其与杨某甲之间存在劳动关系。但现有证据证明杨某甲是在项目部而非C公司领取的工资,项目部是以B公司名义成立的,C公司没有证据证明项目部是其成立的。因此,杨某甲在项目部领取工资不能证明其与C公司存在劳动关系。因此,本案无法适用《中华人民共和国民法总则》(以下简称《民法总则》)第一百七十条"执行法人或者非法人组织工作任务的人员,就其职权范围内的事项,以法人或者非法人组织的名义实施民事法律行为,对法人或者非法人组织发生效力"的规定,直接认定杨某甲的行为属于执行公司工作任务的职务行为。其次,C公司没有提供委托代理合同或授权委托书等任何证据证明其与杨某甲之间存在委托代理关系,杨某甲签订合同并履行合同的行为是代理行为。再次,C公司虽是案外人D公司的控股股东,两家公司系关联公司,但两家公司是独立的法人,杨某甲是D公司的股东和法定代表人,不是C公司的法定代表人。《民法总则》第六十一条第一款规定:"依照法律或者法人章程的规定,代表法人从事民事活动的负责人,为法人的法定代表人。"因此,杨某甲作为D公司的法定代表人,其依法只能代表D公司实施民事法律行为,而不能代表C公司签订并履行合同。因此,C公司主张杨某甲与B公司签订资质借用合同的行为属于代表C公司的职务行为,没有事实依据。

4. 从案涉《园林绿化建设工程施工合同》的实际履行情况来看,杨某甲主张其实际履行施工义务的证据并不充分。(1)案涉工程施工合同系借用B公司建筑资质签订的,与B公司签订《项目工程责任制协议书》的合同一方是杨某甲,案涉工程施工期间均是以项目部的名义进行组织管理。项目部是经B公司同意,由杨某甲负责组建成立的,杨某甲任项目部经理,项目部主要工作人员黄某(总工程师)、喻某(技术负责人)、李某甲(项目副经理)、李某乙(预结算员)四人的劳务合同由杨某甲代表项目部签订,加盖项目部印章。施工及结算过程中,杨某甲代表项目部签署施工资料,采购施工材料,参与工程结算并在工程造价审计定案表上签名。从这些证据及事实的表面特征来看,杨某甲签订了案涉工程施工合同并组织了施工,以项目部的名义对案涉项目实施了"管理自主权""人、财、物支配权""利益分配权",C公司不是案涉工程施工合同的签订者和施工组织者。但是,案涉工程施工合同签订及组织施工期间,杨某甲具有自然人和D公司股东兼法定代表人的双重身份,其既可以以自然人身份也可以以D公司法定代表人身份签订资质借用合同,并组织施工。在此情形下，不能仅依据以上证据及事实的表面特征，当然地判定杨某甲是以自然人身份签订并履行合同，是案涉工程的实际施工人。（2）案涉工程施工需要大量资金，确定这些资金是杨某甲个人投入还是其任法定代表人的 D 公司或其关联公司投入，是判断杨某甲签订并履行合同的身份性质的关键。从现有证据来看，杨某甲的举证不足以证明其对案涉工程进行了实际投资。①杨某甲没有提供从其个人账户转款给项目部账户的银行转账凭证等直接证据证明其对案涉工程实际投入了资金，其主张提供现金用于项目部发放工资，也没有提供相应的银行取款凭证予以证明。②杨某甲提供银行进账单、交款单、收款收据等证据证明其夫妇出资、出借 658.6 万元给 D 公司，通过 C 公司划转。C 公司对这些证据不予认可。即使这些证据的真实性、合法性得到确认，能证明杨某甲向 D 公司出资和出借了款项，在杨某甲作为 D 公司的股东向公司出资后，该出资也成为公司法人财产；杨某甲夫妇作为借款合同关系的出借人也丧失了出借款项的所有权，这些出借款项成为 D 公司的财产。如果这些款项被用于案涉工程项目，恰恰说明是 D 公司而不是杨某甲个人在对案涉工程项目进行投资。杨某甲一方面主张个人实际承包案涉工程，一方面又将个人资金出借给公司后再用于工程项目，而不是将自有资金直接转入工程项目部使用，显然自相矛盾。③C 公司提供证据证明案涉工程的投标保证金 1050 万元均是其支付的，其中 1000 万元转作了案涉施工合同约定的履约保证金，杨某甲对此事实并无异议。杨某甲没有提供证据证明其与 C 公司之间存在资金借贷、垫付等法律关系以及偿还了该笔资金。如案涉工程属杨某甲个人承包，则作为营利法人的 C 公司或 D 公司长期提供巨额资金供杨某甲个人使用而不偿还，杨某甲主张其与 C 公司之间构成资金使用关系应当另行处理，显然不合常理。④杨某甲主张 C 公司先后从 D 公司划转统筹资金（包括银行贷款、杨某甲个人出借款注册资金）累计 6000 万元，C 公司调配到案涉项目的 1000 万元即为 D 公司的银行贷款。杨某甲的该事实主张恰恰证明案涉项目的资金来源于 D 公司而不是杨某甲个人。⑤C 公司提供案涉项目费用报销单据以证明案涉项目的相关费用在 C 公司财务上进行了报销，杨某甲对部分单据的真实性并不否认，而这些单据上不仅有项目部副总李某甲（杨某甲主张系其个人聘请的）的签字，更有 C 公司的副总蔡某及财务经理、财务总监等人员签字，但没有杨某甲的签字。在案涉项目属于杨某甲个人承包的情形下，案涉工程所发生的所有费用的报销，显然无须项目部之外的其他人签字同意。由此可以反证案涉项目不是杨某甲个人承包施工的。《民诉法解释》第一百零八条规定："对负有举证证明责任的当事人提供的证据，人民法院经审查并结合相关事实，确信待证事实的存在具有高度可能性的，应当认定该事实存在。对一方当事人为反驳负有举证证明责任的当事人所主张事实而提供的证据，人民法院经审查并结合相关事实，认为待证事实真伪不明的，应当认定该事实不存在。"综合以上证据分析，杨某甲所举证据不足以使二审法院确信其主张自己是案涉工程的实际施工人的待证事实的存在具有高度可能性，而 C 公司提供的反驳证据足以使二审法院认为杨某甲主张其是案涉工程的实际施工人的待证事实处于真伪不明状态。因此，对于杨某甲主张其是案涉工程实际施工人的事实，应不予认定，杨某甲应承担举证不能的不利后果。

5. 从杨某甲、C公司、D公司三者的关系及案涉工程的资金投入来看，C公司主张其为实际施工人的证据也不充分。如前第3、4部分分析，杨某甲与C公司没有劳动关系，C公司也没有与杨某甲形成委托代理合同关系，因此，杨某甲的行为不能认定为C公司的职务行为或代理行为；杨某甲具有自然人与D公司的法定代表人双重属性，而没有证据证明案涉工程所需资金系杨某甲个人投入，因此，杨某甲的行为也不能认定是其个人行为。杨某甲在案涉施工合同签订及施工期间系D公司法定代表人，其有权代表D公司签订并履行合同，而C公司与D公司是关联公司，杨某甲提供的证据也证明C公司用于交付投标保证金的1000万元来源于D公司的金融借贷，因此，C公司在没有证据证明杨某甲系代表其与B公司签订资质借用合同，且两关联公司之间有资金往来的情况下，仅以案涉工程资金来源于该公司，不足以证明其为案涉工程的实际施工人。

【二审裁判结果】

一、撤销一审判决；二、驳回原审原告杨某甲的诉讼请求；三、驳回原审第三人C公司的诉讼请求。

【再审申请理由】

一、二审法院判定杨某甲、C公司均不是案涉项目实际施工人，该判决使得建设单位A市政府无须支付案涉项目工程款，致使产生了长达六年的诉讼，导致了A市政府竟成为案涉工程款合法不当得利人的结果。

二、《项目工程责任制协议书》的签订与《园林绿化建设工程施工合同》的履行，均系杨某甲个人所为。二审法院因杨某甲具有自然人和D公司法定代表人双重身份，对其以自然人身份签订并履行合同不予认可，是认定事实错误。《项目工程责任制协议书》作为直接证据，与《园林绿化建设工程施工合同》及其履行等其他证据相互印证，应该作为认定杨某甲是实际施工人的主要证据，予以完整、客观、肯定的认定，而非主观赋予"形式主体"；二审法院最终以推理作为否定杨某甲自然人实际施工人身份的"事实和理由"，该认定未穷尽"也可以不以"的事实而显失公平，且无法可依。案涉项目均系杨某甲完成，自2009年5月11日立项，2010年4月20日竣工验收，至2014年12月《审计报告》审定工程款结算金额之事实，与杨某甲主张的项目周期为67个月的事实一致；根据工商公示信息，杨某甲任职D公司法定代表人截至2010年4月19日，即2010年4月20日至2014年12月25日期间，杨某甲完全不具有作为D公司法定代表人身份履行《园林绿化建设工程施工合同》的可能性。C公司对杨某甲以D公司法定代表人身份签订并履行合同不予认可。D公司在另案辩论意见中阐明了其不是案涉工程实际施工人，D公司明知杨某甲具有法定代表人身份，却断然否决二者的关联性，否定D公司在案涉项目中具有实际施工人地位。

三、没有证据证明C公司对案涉项目的资金支付，具有关联D公司投资出资性质，且D公司对投资案涉项目不予认可；二审法院认为C公司支付的案涉项目资金因来源于C公司的关联公司D公司，并以此否定杨某甲实际施工人身份，是认定事实错误。二审法院对于资金来源这一事实没有采取同一认定标准，存在显失公平的情况。以项目资金来源否定杨某甲的实际施工人身份，实际上是否定了货币资金属于种类物的特性和资金流动时各流通环节不同民事主体之间法律关系存在的事实；以资金来源论证项目归属，没有法律依据。

四、杨某甲以项目部名义所支付的项目资金，均应认定为杨某甲对案涉项目的出资。其与C公司共享D公司融资平台，杨某甲或项目部是C公司支付案涉项目资金的结算单位。杨某甲向融资平台D公司出借资金，与该出借款没有直接转入项目部使用不相矛盾。杨某甲为项目部最终责任人，项目部所收取并支出给各施工班组的款项，包括但不限于C公司代付和直接支付的资金，均为其出资。杨某甲以其本人或项目部名义对外融资用于案涉项目的资金，其本质是杨某甲为项目对外举债、对内出资，C公司的支付资金因此归属于杨某甲或通过项目部归属于杨某甲，成为杨某甲的财产并作为杨某甲对项目的出资，而其与C公司的资金往来关系是二者清算后的债权债务关系。杨某甲本身没有进行财务记账和鲜有保存完整的项目支付凭证，符合其个体经营实际施工人在案涉项目中的日常生活经验法则。另外，存在两种可以得出杨某甲直接出资的推测：其一，C公司提供的支付单据中，仅约650万元属实，其余款项为C公司在A市的其他建设项目费用，而经A市审计局审定的项目结算金额为1875万元，如以C公司实际支付金额计算，假设没有杨某甲的直接出资，则项目利润高达1225万元，如此高昂的利润显然不可能是事实；其二，以《审计报告》据以结算的各项资料综合列表列示的金额，减去C公司综合列表列示的金额的差额，即为杨某甲直接出资。综上，无论杨某甲有无直接来源于自己银行账户或手头现金支付证据，并不妨碍杨某甲作为案涉项目实际施工人以个人名义或项目部名义对外融资借款用于项目出资。

【再审裁判观点】

一、杨某甲具有自然人和D公司股东兼法定代表人的双重身份，不能当然地判定杨某甲就是案涉工程的实际施工人。

根据原审法院查明的事实，杨某甲与C公司共同出资设立D公司，杨某甲曾担任该公司法定代表人，杨某甲亦陈述其与C公司共享D公司融资平台，案涉工程施工合同系借用B公司建筑资质签订，与B公司签订《项目工程责任制协议书》的合同一方是杨某甲，案涉工程施工期间均是以项目部的名义进行组织管理，项目部由杨某甲负责组建成立，杨某甲任项目部经理，项目部主要工作人员的劳务合同由杨某甲代表项目部签订并加盖项目部印章等；原审法院据此认为，杨某甲具有自然人和D公司股东兼法定代表人的双重身份，其既可以自然人身份也可以D公司法定代表人身份签订资质借用合同，并组织施工。故在此情形下，不能仅依据以上证据及事实的表面特征，当然地判定杨某甲就是案涉工程的实际施工人，并无不当。

二、杨某甲对其系案涉工程项目实际施工人的待证事实提供的证据没有达到高度可能性的证明标准，应承担举证不能的不利后果。

事实上，案涉工程项目施工需要大量资金，确定这些资金是杨某甲个人投入还是其任法定代表人的D公司或其关联公司投入，是判断杨某甲签订并履行合同的身份性质的关键。经查，杨某甲没有提供从其个人账户转款给项目部账户的银行转账凭证等直接证据证明其对案涉工程实际投入了资金，其虽主张提供现金用于项目部发放工资，但未提供相应的银行取款凭证予以证明。另一方面，杨某甲主张个人实际承包案涉工程，但又称其将个人资金出借给公司后再用于工程项目，而不是将自有资金直接转入工程项目部使用，其与本案所述内容，逻辑难以自洽。而C公司提供证据证明案涉工程的投标保证金1050万元均是其支付的，其中1000万元转作了案涉施工合同约定的履约保证金，杨某甲对此并无异议，C公司亦提供了案涉项目费用报销单据以证明案涉项目的相关费用在C公司的财务上进行了报销等案件事实。杨某甲虽主张C公司向案涉项目工程支付的资金实际系其与C公司的借款，与案涉项目无关，但未提交证据予以证明。因此，原审法院根据《民诉法解释》第一百零八条的规定认为，杨某甲对"其系案涉工程项目实际施工人"的待证事实提供的证据没有达到高度可能性的证明标准，而C公司提供的反驳证据令该部分待证事实处于真伪不明状态，故对杨某甲主张其是案涉工程实际施工人的事实，不予认定，杨某甲承担举证不能的不利后果，理据充分。杨某甲主张另外两种推测其直接出资的方式，但未提供证据予以证明，对此再审法院不予认可。

三、民事法律关系的事实不能成为民事诉讼确认之诉的确认对象，当事人不能就某一事实提起确认之诉，对于杨某甲确认实际施工人身份的诉讼请求应予驳回。

一般认为，民事法律关系的事实不能成为民事诉讼确认之诉的确认对象，当事人不能就某一事实提起确认之诉。故原审法院认为，当事人如认为其系某建设工程项目的实际施工人，可向人民法院提起诉讼，请求确认资质借用合同关系、转包关系、违法分包关系是否成立、是否有效等。故原审法院经对案件证据予以综合审查并结合全部案件情况后认为，杨某甲请求确认其为履行案涉施工合同的实际施工人，没有事实和法律依据，遂驳回其诉讼请求，并无不当。

四、二审判决不存在使发包人不当得利的情形。

此外，A市政府提交书面意见称，会向D公司支付欠付的工程款。因此，本案不存在A市政府无须支付剩余工程款情形，杨某甲关于二审判决使得A市政府成为"合法不当得利"人的主张，与本案实际情况不符。杨某甲于本案申请再审期间提交一份再审新证据目录（包括辩论意见、工商信息、调查取证申请书、D公司原财务会计工作底稿）及相关证据材料，根据《民诉法解释》第三百八十七条、第三百八十八条的规定，杨某甲不仅未证明其逾期提供证据材料的理由，且前述证据材料也无法证明原判决的裁判结果错误，故再审法院对此不予采信。

【再审裁判结果】

驳回杨某甲的再审申请。

【律师评析】

确认之诉是指原告请求人民法院对双方当事人之间存在或不存在某种法律关系进行确认的请求。根据《中华人民共和国民事诉讼法》（以下简称《民事诉讼法》）的相关规定，当事人不能就某一事实提起确认之诉，案件事实不能成为民事诉讼确认之诉的确认对象。

在建设工程施工合同纠纷中，实际施工人是《2004 年建工解释》创设的概念，实际施工人诉请相对方给付工程价款，属于给付之诉。在案件审理过程中，法院可以根据司法解释的相关规定审查合同是否有效，如果法院认为存在使施工合同无效的情形，其必然需要审查原告的身份是否为该工程的实际施工人，进而判断原告是否有权请求给付工程价款。因此，对实际施工人身份的认定属于对案件事实的认定，并非对法律关系的认定。而且，如果允许当事人对案件事实提起确认之诉，既浪费司法资源也不利于案件的审理，更不符合实际施工人制度保护农民工权益的立法背景，故对于实际施工人身份的认定不得单独提起确认之诉。

【相关案例索引】

① 吴某、衡阳市珠晖区建设工程公司等建设工程施工合同纠纷一案

案号：（2022）湘 04 民终 204 号

裁判观点：吴某的第一项、第二项诉讼请求性质为确认之诉。对于确认之诉，除应符合《民事诉讼法》第一百一十九条规定的起诉条件之外，还应符合确认之诉的特别诉讼要件，即提起确认之诉，须具有确认利益，须以吴某的权利或权利状况面临现存的不确定风险为前提，且有提起确认之诉消除风险的必要性。吴某、衡阳市珠晖区建设工程公司对吴某系实际施工人的事实无异议，且案涉执行款系法院执行中的款项，对该款项的争议可另行通过执行异议予以解决。故吴某所提两项确认之诉，不具有确认利益，不具备确认之诉的特别诉讼要件，二审法院对此不予采纳，裁定驳回起诉。

② 湖北兴龙水利水电工程有限公司南宁分公司、南昌市第一建筑工程公司建设工程施工合同纠纷一案

案号：（2020）桂 03 民终 354 号

裁判观点：一审法院裁定驳回上诉人（原审原告）湖北兴龙水利水电工程有限公司南宁分公司的起诉，理由是该公司要提起本案诉讼，首先必须确认其为本案唯一的实际施工人，但从庭前会各方的陈述及湖北兴龙水利水电工程有限公司南宁分公司于 2019 年 3 月 27 日向南昌市第一建筑工程公司发出的《请求将桂林市人民医院门诊综合楼基坑支护工程结算款暂缓支付函》，无法得出该结论。如金某秀认为其为共同实际施工人，则金某秀应为共同原告，如金某秀认为其为唯一实际施工人，则金某秀应为有独立请求权的第三人，相当于原告，本案其他第三人为被告。而民事诉讼"不告不理"原则表示诉讼系原告主动提起，之后才是法院依法受理、审理。本案中，法院无权决定金某秀的诉讼地位。故湖北兴龙水利水电工程有限公司南宁分公司提起本案诉讼的前提条件为应当先就其与金某秀之间的合同效力、实际履行情况等双方之间的关系提起确认之诉，确认其为本案唯一的实际施工人。否则，其作为本案原告主体不适格。

但是，二审法院认为，上诉人以实际施工人身份，将发包人、分包人等列为共同被告向人民法院提起诉讼符合法律规定，人民法院依法应当受理。故裁定撤销一审裁定，指定基层法院重审。

案例 3： 实际施工人的权利可由其继承人继承并行使

【引言】

根据《中华人民共和国民法典》（以下简称《民法典》）继承编的相关规定，遗产是自然人死亡时遗留的个人合法财产，工程款债权属于实际施工人生前的合法财产，可以由实际施工人的继承人合法继承，实际施工人的继承人有权提起诉讼主张未付工程款。

【案例来源】

（2021）粤 01 民终 16028 号

【诉讼主体】

徐某：一审原告、二审被上诉人

A 公司：一审被告、二审上诉人

B 公司：一审被告、二审被上诉人

刘子：一审第三人

刘女：一审第三人

【原告起诉请求】

一、判决 A 公司、B 公司连带向徐某支付工程进度款 949921.33 元；二、本案诉讼费用由 A 公司、B 公司共同承担。

【争议焦点】

一、徐某是否为诉请本案工程款的适格主体；二、一审法院认定 A 公司应偿付工程款 865473.32 元是否有误。

【基本案情】

一、徐某的家庭关系情况

刘某于 2019 年 3 月 8 日死亡，死亡前已离异，父亲先于其死亡，第一顺序继承人有母亲徐某、儿子刘子、女儿刘女。

二、A 公司与 B 公司之间的合同签订及履行情况

（一）主合同签订情况

2015 年 12 月 15 日，B 公司（发包人）与 A 公司（承包人）签订了《建设工程施工合同》，约定 A 公司承包案涉工程，工程地点在某工业园；工程承包范围为建设三栋单层厂房，每栋建筑面积为 5184m²，总建筑面积为 15552m²；合同工期总日历天数为 320 天，拟从 2016 年 1 月 1 日开始施工，至 2016 年 11 月 15 日竣工完成，工期的正式期间以拿到

施工许可证为准；暂定合同总价为21395009.1元，其中安全文明施工费为1388663.73元；等。其中，合同第三部分专用条款约定，进度款支付以季度为单位，具体为：工程进度达到50％时支付合同总价的20％；工程进度达到80％时支付合同总价的20％；工程进度达到100％时支付合同总价的15％；工程完工并通过竣工验收备案后30天内完成结算，工程结算完毕后付至经终审结算总金额的95％。案涉工程保留工程结算价的5％作为保修金，在竣工验收满一年后15天内结算完毕，余款退还A公司，不计利息。承包人还须按《工程质量保修书》有关质保期的约定承担保修义务……43. 竣工结算与结算款43.1 结算的程序和时限：不按合同通用条款的规定，办理结算程序和时限为：按招标人规定的结算程序和时限办理。44. 质量保证金44.1 质量保证金的金额及扣留（1）质量保证金的金额为结算价5％；（2）质量保证金的扣留为结算造价扣留。44.2 质量保证金的返还：余下5％质保金至竣工验收后满一年，承包人提交《工程质量意见书》，如无质量问题，发包人在15个日历天内全额无息退还；如有质量问题，在发包人下达的修复令后，而承包人未在保修期内进行修复，由发包人自行修复的，在扣除相关修复费用后，无息退还剩余部分的质保金。

落款日期为2015年12月18日的《中标通知书》载明，A公司被确定为案涉工程施工总承包的中标单位，承包内容为招标文件所规定的发包内容，中标价为2139.50091万元，其中：人工费为819.564282万元，安全防护、文明施工措施费为138.866373万元。项目负责人为陈某。

（二）补充合同签订情况

2016年3月3日，某区建设工程质量安全监督站作出《建设工程质量安全整改通知书》，限3月7日前将案涉工程A14、A15、A16厂房存在的问题整改完毕。

某区住房和城乡建设局作出的《建设工程监督执法通知书》显示，区住房和城乡建设局建设工程监督组于2016年6月21日对A公司承接的A14厂房、A15厂房、A16厂房工程进行督查，发现该工程存在现场安全资料不齐全，无企业自查自纠记录，无定期巡查记录等问题，并责令A公司于2016年6月25日前将工程整改落实情况上报区住房和城乡建设局建筑业监督管理科。

2016年6月28日，B公司（甲方）与A公司（乙方）签订《补充协议》，约定双方在2015年12月15日签订的《案涉工程施工总承包》合同的基础上，补充增加碎石垫层的工程量，因B公司对A14厂房、A15厂房、A16厂房地面垫层增加15cm厚的碎石及5cm厚的石粉稳定层，以增强A14厂房、A15厂房、A16厂房地面垫层稳定性；增加工程造价为560000元（含税），该造价为一次性大包干的价格，包工、包料、包质量、包验收及工人保险等费用。

2016年10月23日，B公司（甲方）与A公司（乙方）签订《补充协议》，约定双方在2015年12月15日签订的《案涉工程施工总承包》合同的基础上补充A14厂房基础处理工程，A14厂房地基开挖到基底部下500mm时，持力层没达到设计要求的，经设计方、

B公司、监理方、施工方现场确认，采用施打松木桩的方式进行地基处理，持力层达到设计要求的，采用换填级配3：7（砂：石）进行处理；增加的工程造价为460000元（含税），该造价为一次性大包干的价格，包工、包料、包质量、包验收及工人保险等费用；付款方式为完成工程量的100％时，一次性付至该造价的95％，余5％为质保金，总工程完成验收一年后付清。

2017年9月1日，B公司（甲方）与A公司（乙方）签订《增加工程补充协议书》，约定双方就《案涉工程施工总承包》合同中的39亩东边空地硬底化及东门拓宽工程的增加工程达成协议。①《增加工程补充协议书》为2015年12月25日双方签订的《案涉工程施工总承包》合同的补充协议书。②现经友好协商，双方就39亩东边空地硬底化及东门拓宽工程的增加工程的费用达成一致，增加工程费用为70万元。③付款方式：工程进场开工时支付合同价的50％；工程完工后支付合同价的47％；保修期满支付合同价的3％。④结算计价办法：土建工程计价标准套用2010年《某省建筑工程综合定额》，安装工程计价标准套用2010年《某省安装工程综合定额》，装饰工程计价标准套用2010年《某省装饰装修工程综合定额》；施工过程中检验、实验费按有关规定执行；施工过程中双方来往的文件、会议纪要、图纸会审等一并作为工程结算的依据，设计变更、现场签证必须经B公司代表签字盖章，否则结算时不予认定；《增加工程补充协议书》为《案涉工程施工总承包》合同的补充协议，若二者有相互矛盾的条款，则以补充协议为准。

落款日期为2018年3月26日、合同主体为B公司（发包方）与A公司（承办方）的《补充协议》显示，该补充协议仅由A公司盖章，B公司并未盖章。协议内容为在《案涉工程施工总承包》合同的基础上，就有关39亩厂房金刚砂地面处理工程的增加工程达成补充协议，增加造价为153万元（含税），工程进场施工完成一半时支付合同价的50％，工程完工验收后支付合同价的47％，保修期满支付合同价的3％。

（三）竣工验收情况

徐某提交的落款时间为2017年3月9日的《基础与主体结构分部工程总结》载明，案涉工程位于某工业园，工程总建筑面积为15552m²，地基面积共15552m²。工程由B公司投资兴建，A公司承建；地基于2015年12月30日开工，2016年9月16日完工。主体工程于2015年3月开工，2016年12月完工，土建控制在12个月内完成，质量控制目标为达到合格等级标准。根据地基施工进度，及时收集、整理技术资料。本工程天然地基子分部各分项工程资料齐全有效，各分项工程经自检符合设计及施工规范的要求，资料及安全功能检测（检测）报告齐全有效，验收手续符合要求，工程质量评定为合格。A公司在落款处加盖公章。

验收日期为2017年7月28日的《工程竣工验收报告（建筑工程）》载明，工程名称为A14厂房、A15厂房、A16厂房，工程地点为某工业园，建筑面积为15552m²，工程造价为2139.5万元，结构类型为框架结构，层数为地上一层。竣工验收结论为与会单位同意工程一次通过验收。

2018 年 5 月 23 日，B 公司和 A 公司在 A14 厂房、A15 厂房、A16 厂房地面金刚砂处理工程的《单位工程竣工验收报告》上盖章确认。庭审中，B 公司确认该项金刚砂工程已经完成，没有盖章是因为主合同工程出现质量问题，B 公司对案涉工程总量有异议，认为该项金刚砂工程不是增加工程，而是返修工程。

徐某提交的没有落款日期，但 A 公司在承包单位处加盖公章的《工程项目结算汇总目录》载明，工程名为案涉工程施工总承包，项目工程分别为：（1）建设工程施工合同约定的工程，工程造价为 21395009.1 元；（2）补充协议增加的 A14 厂房、A15 厂房、A16 厂房碎石垫层工程，工程造价为 560000 元；（3）补充协议约定的 A14 厂房地基处理打松木桩工程、3∶7 砂石换土工程，工程造价为 460000 元；（4）补充协议约定的 39 亩东边空地硬底化及东门拓宽工程，工程造价为 700000 元；（5）现场签证单载明的工程，工程造价为 2569447.36 元。工程造价合计 25684456.46 元。

庭审中，各方确认案涉工程包含：（1）主合同工程（合同价 21395009.1 元）；（2）2016 年 6 月 28 日补充协议增加的工程（合同价 56 万元）；（3）2016 年 10 月 23 日补充协议增加的工程（合同价 46 万元）；（4）2017 年 9 月 1 日补充协议增加的工程（合同价 70 万元）；（5）2018 年 3 月 26 日金刚砂工程（合同价 153 万元）。各方确认上述主合同工程以及 3 个增加工程于 2017 年 7 月 28 日验收，金刚砂工程于 2018 年 5 月 23 日验收。

（四）付款情况

A 公司提交的 2016 年至 2018 年期间 B 公司向 A 公司支付工程款的付款凭证及 B 公司提交的 2 张《案涉工程开票及收款情况表》显示，B 公司共向 A 公司支付工程款 22165087.77 元。

2020 年 3 月 4 日，A 公司开具 2 张金额分别为 928921.33 元、21000 元的发票给 B 公司，合计发票金额为 949921.33 元，但 B 公司并未实际支付该款项给 A 公司，因本案进行了诉讼保全，B 公司将上述款项汇至一审法院代管款账户。

案件审理过程中，一审法院向 B 公司发出《加快工程结算进度通知书》，要求其加快与 A 公司就 2015 年 12 月 15 日签订的《建设工程施工合同》所涉工程及增加工程的结算进度。庭审中，B 公司与 A 公司确认双方争议在于逾期竣工违约金及金刚砂工程属于新增工程还是返修项目问题，B 公司希望尽快与 A 公司就案涉工程进行结算。

三、A 公司与刘某之间的合同签订情况

2015 年 12 月 23 日，A 公司（甲方）与刘某（乙方）签订《建设工程项目承包经营管理协议书》，约定刘某承包案涉工程，承包范围为建设三栋单层厂房，每栋建筑面积为 5184m²，总建筑面积 15552m²；工程造价为 21395009.1 元；项目承包工期为 320 日历天，自 2016 年 1 月 1 日开工至 2016 年 11 月 15 日竣工验收为止，实际开工日期自 A 公司能将场地交付给刘某进场施工之日起计算。合同第七条关于双方责任的条款约定，A 公司责任：（1）协助办理建设工程施工报建审批手续；（2）协助刘某方在从开工到竣工的施工全过程中与建设单位、设计单位及有关单位联系工作；（3）派出质量安全管理人员到工地指导检查，以加强施工现场规范管理工作，质量安全管理人员负责监督工程质量、安全生产、文明施工，发现问题及时指出，并帮助解决和处理相关问题；（4）及时将建设单位的工程进度款转付给刘某方使用，确保工程按期完成。刘某方责任：（1）在项目从开工到竣工的施工全过程中代表Ａ公司与建设单位、设计单位等与工程相关的单位（部门）进行联系，刘某对Ａ公司负责，树立和维护Ａ公司的形象和信誉，使案涉工程在验收时达到合格、优良或样板工程标准；（2）及时缴纳应上缴国家和地方的税金，办理工商合同签证、税务登记、城监施工标牌手续及其他有关部门的收费事务，案涉工程项目实行独立核算、自负盈亏；（3）刘某必须做到对工程款专款专用，当建设方预付工程款时，必须将款项按施工承包合同约定划入Ａ公司的开户银行、账户，如刘某违反合同约定和财务制度付款，即个人擅自将工程款挪作他用，则刘某承担一切经济、法律责任。第八条约定，刘某按项目工程总造价的 2％ 向 Ａ 公司缴纳管理费，上缴国家和地方的税金按相关规定（造价的 6.89％）缴纳，在建设主管部门办理施工许可证时需由施工单位（总承包）按规定缴付的费用由刘某缴付，工程印花税在签订合同时由刘某负责缴纳。第九条约定案涉工程项目所发生的所有相关费用（如管路费、合同印花税、工商合同签证费、税金等）均出刘某负责缴付。第十条约定案涉工程质量保修金按建设工程施工合同执行，如建设工程施工合同未约定质量保修金，应由刘某在案涉工程验收前按合同总造价的 5％ 汇入 Ａ 公司账户，在各分部工程保修期内，无出现质量问题或出现的质量问题已按要求保修，则各部保修期满后十五天内按各分部占保修金比例退还给刘某。协议书备注：（1）带资工程款由刘某自行解决；（2）如有增加工程，2％ 上缴管理费给 Ａ 公司；（3）所需上缴款项缴清后合同失效。协议书附件二《承诺书》载明，案涉工程施工总承包由 Ａ 公司签约承建，由刘某负责组织民工施工，承诺人为刘某（落款处有刘某亲笔签名）。协议书附件三《承诺书》载明，因案涉工程施工总承包工程需要，需使用 Ａ 公司陈某项目经理（建造师），经双方协商，刘某同意按 3000 元/月 向 Ａ 公司支付项目经理费用，专职安全员邓某、朱某费用 500 元/月，费用自 2015 年 12 月 18 日起计算，至工程竣工验收合格之日止。建造师出场费用为 500 元/次。承诺人为刘某（落款处有刘某亲笔签名）。

【一审裁判观点】

一、刘某为案涉工程的实际施工人，有权就工程进度款提起代位权诉讼，故刘某的继承人有权提起本案诉讼，Ａ公司与刘某之间的其他债权债务纠纷可另循法律途径解决。

根据Ａ公司与刘某签订的《建设工程项目承包经营管理协议书》，Ａ公司虽承包案涉工程，但刘某为实际施工人。案涉工程含主合同工程、3个增加工程以及金刚砂工程，均已竣工验收，故发包方Ｂ公司与承包方Ａ公司应根据《建设工程施工合同》及相关补充协议的约定对工程进行结算。案件审理过程中，一审法院亦督促双方加快结算进度，但因双方争议较大，故无法进行结算。自2018年5月案涉工程竣工验收以来，双方本应及时结算，其中，作为承包方的Ａ公司更应加快推进结算进度，若有争议亦可通过诉讼、仲裁方式对工程进行结算，一直拖延结算进度将损害各方当事人的利益，尤其是实际施工人的利益。《最高人民法院关于审理建设工程施工合同纠纷案件适用法律问题的解释（二）》（法释〔2018〕20号，以下简称《2018年建工解释（二）》）第二十四条规定："实际施工人以发包人为被告主张权利的，人民法院应当追加转包人或者违法分包人为本案第三人，在查明发包人欠付转包人或者违法分包人建设工程价款的数额后，判决发包人在欠付建设工程价款范围内对实际施工人承担责任。"第二十五条规定："实际施工人根据合同法第七十三条规定，以转包人或者违法分包人怠于向发包人行使到期债权，对其造成损害为由，提起代位权诉讼的，人民法院应予支持。"上述规定，均是对实际施工人权利的维护。因此，实际施工人刘某的继承人有权提起本案诉讼。即使案涉工程并未最终结算，也并不影响实际施工人主张其中的工程进度款。在案涉工程结算后，A公司仍可与刘某一方就已付工程款进行结算。至于A公司与刘某之间的其他债权债务纠纷可另循法律途径解决。

二、扣除税费和管理费的剩余工程款属于刘某，应由A公司支付给刘某的继承人，B公司对该款项承担连带责任。

本案中，根据A公司与刘某签订的《建设工程项目承包经营管理协议书》，就案涉工程，A公司仅向刘某收取2%的管理费及代刘某缴纳6.89%的税金。因此，在扣除相应的税费后，A公司应将工程款的余款支付给刘某。现A公司已经向B公司开具两张金额合计为949921.33元的工程款发票，按照协议，该款项扣除了A公司收取的管理费及代缴的税金共计84448.01元（949921.33元×2%＋949921.33元×6.89%），余款为865473.32元（949921.33元－84448.01元）应支付给刘某。徐某对此扣减亦无异议。因此，A公司应将工程款865473.32元支付给刘某的继承人，根据《2018年建工解释（二）》第二十四条之规定，B公司对该款项承担连带责任。对于徐某超出上述范围的诉讼请求，一审法院不予支持。

【一审裁判结果】

一、A公司应自判决发生法律效力之日起10日内向徐某支付工程款865473.32元；二、B公司对判决第一项确定的A公司之债务承担连带责任；三、驳回徐某的其他诉讼请求。

【上诉理由】

A公司上诉称：

一、一审认定事实不清，适用法律错误。

1. 一审未审查A公司向刘某支付工程款的情况。

根据《建设工程施工合同》、两份《补充协议》及《增加工程补充协议书》的约定，案涉工程的合同约定总工程款为23115009.1元。而B公司向A公司已支付的工程款为22165087.77元，还有949921.33元工程余款未支付。由于工程施工过程中需要用到大量资金，刘某本人没有足够的流动资金投入工程施工，A公司自2016年3月起陆续向刘某预支付工程进度款，用于工程施工的资金周转。一审审理过程中，A公司已提供充分证据证明其向刘某支付了23622082.20元，超出了刘某应取得的工程款金额，A公司无须向刘某的法定继承人徐某支付任何工程款。同时，A公司已提前将案涉工程款949921.33元中属于刘某的部分支付给了刘某，刘某的继承人徐某无权主张该工程款。然而，一审法院对A公司提交的支付给刘某的工程款的证据未进行审查而认定错误。A公司已提前将工程款支付给了刘某，刘某的继承人无权再向A公司及B公司主张工程款。

2. 案涉款项性质未查明，应当支付的数额也未确定，支付期限是否届满也未查明。

A公司与B公司无法达成一致的结算意见，B公司是否应当支付案涉款项不明确。首先，本案一审未明确徐某诉讼请求中的款项是何种款项，款项是如何构成，应当何时支付。起诉状中所称该款为质保金，在本案一审第二次开庭时徐某又改为进度款，但具体是何种进度款，徐某对此未能说明，也未能提供相关证据。对于该款项的属性未查明，也就是对于本案的基本事实未查明，属性未明确，金额也未明确，支付期限是否届满也未明确。一审法院不应在基础事实未查明的情况下，作出支持徐某的诉讼请求的判决。其次，A公司与B公司之间的工程款项未结算完成，B公司应向A公司支付的工程款数额未确定，甚至可能出现结算价低于B公司已支付给A公司款项的情况，如果出现这种情况，则B公司不仅无需支付徐某诉讼请求中的款项，甚至会出现B公司向A公司、徐某主张退回多支付的工程款的情况。

二、案涉工程款并非刘某的遗产，徐某无权取得该工程款的所有权。

本案中，案涉工程款并非刘某的个人收入。由《建设工程施工合同》及《建设工程项目承包经营管理协议》可知，案涉工程为A公司承包的项目，再由刘某内部承包，A公司对外享有《建设工程施工合同》的合同权利，承担合同义务，同时《建设工程施工合同》也约定了款项由A公司收取。而刘某是内部承包人，其个人收益应由A公司与其进行内部分配确定，具体分配金额需待A公司与B公司最终结算确定并在A公司收取工程余款后才能确认，此外，案涉工程还涉及工人工资、材料费等支付问题，工人工资、材料费等都不属于刘某所有，因此案涉工程款不属于刘某的遗产。对于此类情况，已有类似的生效判决予以认定。另外，A公司如今已超额向刘某支付了费用，徐某对A公司已没有债权请求权。因此，案涉工程款并非刘某的收入，不属于徐某可以继承的刘某的遗产范围，徐某无权取得该工程款。

三、不厘清A公司与刘某在案涉工程中的债权债务关系，则无法判断徐某是否对A公司具有债权请求权，一审判决简单地将工程款判给徐某，严重损害A公司的合法权益，违背了公平原则。

A公司已在一审中提交了向刘某支付工程款的情况，徐某抗辩称刘某与A公司除案涉工程项目外，还存在其他工程项目及债权债务关系，但未能指出A公司具体支付给刘某的哪一笔款项与案涉工程无关。至此，双方之间在案涉工程中的债权债务关系仍未厘清。徐某对A公司有权起诉的前提为徐某对A公司有债权请求权，但从目前法院查明的事实当中，无法判断徐某是否对A公司具有债权请求权，既然徐某是否具有债权请求权这一关键事实仍未确认，则一审法院判决A公司向徐某支付工程款的结论并没有事实和法律依据，该判决是错误的。其次，一审法院未对A公司向刘某支付工程款的情况进行任何审查认定，仅要求A公司另循法律途径解决，这将导致A公司在实际上丧失了请求权。A公司在一审中提供的向刘某支付工程款的情况均是与案涉工程有关的，若在本案中不处理，因一事不再理原则，A公司无法就案涉工程问题向徐某主张权利，而一审判决中又未认定该款项与案涉工程无关，A公司就该款项另行以其他债权债务关系向徐某主张权利，则其将抗辩该款项为本案工程款，已在本案中处理完毕，这会最终导致A公司在实际上丧失了对该部分款项的请求权，严重损害了A公司的合法权益，违背了公平原则。最后，由于刘某负债累累，若A公司日后再向其法定继承人主张权利，则即使最终认定其应当向A公司返还多支付的款项，也无任何财产可以执行。因此，既然A公司向刘某支付的款项系案涉工程产生的，就应当于本案中一并处理，通过双方举证等途径厘清双方之间的债权债务关系，维护双方的合法权益，也避免司法资源的浪费。

【被上诉人答辩】

徐某答辩称：

一审法院认定事实清楚，适用法律准确，恳请二审法院驳回上诉，维持一审判决。

B公司答辩称：

金刚砂工程为返修工程，并非徐某及A公司主张的增加工程，对该部分工程不应重复计算工程量。B公司已经将案涉工程款交付至一审法院代管账号，对该部分案款已经支付完毕。

【二审裁判观点】

一、刘某有权利追索案涉工程款，鉴于徐某是刘某遗产的唯一行权人，其可作为本案的适格诉讼当事人。

依据B公司与A公司所签的《建设工程施工合同》，以及A公司与刘某所签的《建设工程项目承包经营管理协议书》，案涉工程的承建法律关系可谓明确，A公司既已将案涉工程转包给刘某，则刘某作为案涉工程的实际施工人，当有权利追索案涉工程款。徐某为刘某遗产的唯一行权人，《中华人民共和国继承法》（以下简称《继承法》）第三条规定："遗产是公民死亡时遗留的个人合法财产，包括……（七）公民的其他合法财产。"该合法财产当然包含待偿的建设工程款项。综上，二审法院认为徐某是本案的适格诉讼当事人，当有资格追索案涉工程款项。

二、A公司向B公司开具发票的行为应被视为双方就工程进度款达成了结算的合意，一审判决确定的偿付金额无误。

关于一审判令偿付865473.32元是否有误的问题。虽然案涉工程款未经结算，但A公司既已向B公司开具两张金额共计949921.33元的发票，应当视为A公司与B公司之间就工程进度款达成了结算的合意。进一步来说，案涉工程自2018年5月竣工验收至今四年有余，A公司仍未积极结算，不排除具有主观上迟延履行的过错，一审在扣除相关费用的基础上，判决A公司向徐某支付工程进度款，是结合事实与当事人意思的正确裁判，亦不影响在案涉工程结算后与刘某一方就已付工程款进行结算，故二审法院对此予以支持。

三、A公司无法举证已支付款项与本案的关联性，且自认与刘某之间存在其他工程关系，无法证明其已支付工程款超出刘某应取得工程款的主张。

A 公司主张其已向刘某支付了 23622082.20 元，超出了刘某应取得的工程款，但其亦明确与刘某存在其他工程关系，无法具体举证已支付款项与本案存在关联性，且其所称的先支付的款项的付款程序亦与常理不符，二审法院不予采纳。至于 A 公司上诉要求彻查刘某与 A 公司之间的全部债权债务，本案兴讼事由为徐某代刘某追索案涉工程款，本就应围绕徐某的一审诉请进行审查，况且 A 公司自认刘某与其还有其他工程承包关系，相关工程款结算亦处于僵局，如依照 A 公司所请全面扩大审查范围，在上述多项工程款拖延结算的前提下，难以定纷止争。如 A 公司认为刘某欠付其他款项，可在上述工程款结算完毕之后另行主张。

【二审裁判结果】

驳回上诉，维持原判。

【律师评析】

实际施工人是指在建设工程施工合同无效的情形下，实际完成工程建设施工的主体，包括转包、违法分包及借用资质签订无效施工合同情形下实际施工的承包人。主要特征是实际施工人与发包人没有直接建立合同关系，但实际履行合同承包人的义务。

《最高人民法院关于审理建设工程施工合同纠纷案件适用法律问题的解释（一）》（法释〔2020〕25 号，以下简称《2020 年建工解释（一）》）第四十三条明确规定，实际施工人可以直接向发包人主张权利，发包人只在欠付工程价款范围内对实际施工人承担责任。尽管司法解释赋予实际施工人突破合同相对性原则向发包人主张工程款的权利，但也明确规定了因建设工程质量发生争议的，发包人可以以总承包人、分包人和实际施工人为共同被告提起诉讼。

本案中，法院认为刘某作为案涉工程的实际施工人，有权利追索案涉工程款。而原告作为刘某遗产的唯一行权人，依据《继承法》的相关规定，属于适格的诉讼当事人，有权利追索工程价款。

【相关案例索引】

① 湖南建景工程建设有限公司、国网湖南省电力有限公司凤凰县供电分公司等建设工程施工合同纠纷一案

案号：（2022）湘 31 民终 386 号

裁判观点：关于转承包人的继承人是否需要承担清偿债务责任的问题，《民法典》第一千一百二十四条规定："继承开始后，继承人放弃继承的，应当在遗产处理前，以书面形式作出放弃继承的表示；没有表示的，视为接受继承。"第一千一百六十一条规定："继承人放弃继承的，对被继承人依法应当缴纳的税款和债务可以不负清偿责任。"本案中，张某去世后，刘某、张某甲、张某乙作为张某的第一顺序法定继承人均以书面形式作出放弃继承的表示，且原告亦没有证据证实刘某、张某甲、张某乙继承了张某的遗产，故刘某、张某甲、张某乙不承担清偿债务的责任。

② 林某甲、林某乙、潘某与海天建设集团有限公司、沈某甲、赵某甲、沈某乙、赵某乙建设工程施工合同纠纷一案

案号：（2022）苏 02 民终 248 号

裁判观点：根据法律规定，承包人与发包人订立建设工程施工合同后，又将建设工程转包或者违法分包给第三人的，第三人就是实际施工人。因建设工程转包、违法分包导致建设工程施工合同无效，实际施工人要求转包人、违法分包人对工程欠款承担连带责任的，应予支持。前手转包人、违法分包人举证证明其已付清工程款的，可以相应免除其给付义务。本案中，赵某丙为违法分包人，其本人及其法定继承人均未举证证明自己已经与林某丙结算完工程款，故应当认定其仍欠林某丙工程款 35 万元。因赵某丙在诉讼中死亡且其法定继承人沈某甲、赵某甲、沈某乙未表示放弃继承赵某丙遗产，故沈某甲、赵某甲、沈某乙应当在继承赵某丙遗产范围内对该 35 万元承担偿还责任。

案例 4：实际施工人通过书面约定方式进行身份确认，应当避免与其就同一工程签订的其他合同产生意思冲突，且仍应补充提供其实际投入施工的证据

【引言】

实际施工人是指筹集资金、组织人员机械等进场施工，在工程竣工验收合格后，与业主方、被挂靠单位、转承包人进行单独结算的自然人、法人或其他组织。根据《民诉法解释》的规定，主张法律关系存在的当事人，应当对产生该法律关系的基本事实承担举证证明责任，对负有举证证明责任的当事人提供的证据，人民法院经审查并结合相关事实，确信待证事实的存在具有高度可能性的，应当认定该事实存在。实践中需要实际施工人举证证明其是筹集资金并组织施工的主体，仅凭书面协议中的"实际施工人"字样无法达到证明目的。

【案例来源】

（2019）最高法民终 1837 号

【诉讼主体】

A 公司：一审原告及反诉被告、二审被上诉人

B 公司：一审被告及反诉原告、二审上诉人

【原告起诉请求】

一、判令 B 公司立即支付工程款 10975 万元；二、判令 B 公司支付迟延付款利息：（1）以本金 1500 万元为基数，按中国人民银行同期同类贷款逾期罚息利率（6.525%），支付自 2018 年 12 月 1 日起至款项付清之日止的利息（截至 2019 年 3 月 1 日暂计 24.47 万元）；（2）以本金 2000 万元为基数，按中国人民银行同期同类贷款逾期罚息利率（6.525%），支付自 2019 年 2 月 1 日起至款项付清之日止的利息（截至 2019 年 3 月 1 日暂计 10.87 万元）；（3）以本金 7475 万元为基数，按中国人民银行同期同类贷款逾期罚息利

率（6.525％），支付自起诉之日起至款项付清之日止的利息；三、判令A公司就位于案涉项目地点的工程拍卖、变卖或折价的价款优先受偿；四、判令B公司承担本案诉讼费、保全费、律师费（一审中A公司放弃了律师费请求）等实现债权的费用。

【被告反诉请求】

一、确认《案涉工程建安工程施工总承包合同》《案涉工程桩施工合同》《案涉工程土方开挖及渣土清运合同》《工程退场协议》及附件无效；二、判令A公司向B公司支付工程质量缺陷修复费用损失8560000元。

【争议焦点】

一、赵某是否为实际施工人及案涉相关合同的效力；二、B公司支付前三期工程款的条件是否成就；三、A公司应否支付工程质量缺陷修复费用；四、A公司是否享有建设工程价款优先受偿权。

【基本案情】

一、A公司与B公司之间的合同签订及履行情况

A公司系具有建筑工程施工总承包特级资质的建筑施工企业。B公司开发建设的案涉工程发包给A公司承建。双方于2013年11月22日签订《案涉工程土方开挖及渣土清运合同》，2014年4月25日签订《案涉工程桩施工合同》及《案涉工程建安工程施工总承包合同》。合同签订后，A公司进场施工。

施工中，双方因工程款支付发生争议，A公司停工退场。双方于2018年11月8日签订《工程退场协议》，协议载明，鉴于：（1）B公司（甲方）系具有房地产开发及经营资质的企业，是案涉工程的建设单位，依法对案涉工程进行开发经营；（2）A公司（乙方）系具有房屋建筑工程施工总承包特级资质的企业，是案涉工程的总承包人，对案涉工程的部分工程进行了施工；（3）乙方已完成土方工程挖运施工、工程桩工程施工，主体建安工程施工至主体工程封顶断水；（4）目前，甲方就案涉工程共计向乙方支付工程款项4525万元。第二条约定，经甲乙双方协商一致，《案涉工程建安工程施工总承包合同》《案涉工程桩施工合同》及《案涉工程土方开挖及渣土清运合同》自本协议及相关附件签订之日起终止，乙方终止案涉工程一切尚未完工工程的施工作业。第三条约定：（1）经甲方审核，本项目建安工程施工总承包金额为10672万元、工程桩施工金额为2665万元、土方开挖及渣土清运金额为663万元，甲乙双方一致确认，前述三个合同项下乙方实际施工部分的工程款项结算金额为14000万元；（2）甲乙双方一致确认，前述三个合同项下乙方的合理损失补偿款项为1500万元，乙方无权就本项目再向甲方主张任何其他损失或补偿；（3）质量保修金为14000万元×3％＝420万元。

当天，双方签订《工程退场协议》附件。其中附件一《补充协议》约定，第一笔款项在2018年11月20日前支付，甲方支付该款项前，乙方应配合甲方完成以下事项：（1）甲乙双方签署完成主协议《工程退场协议》及相关附件；（2）乙方向甲方移交完成案涉工程施工场地和已完成部分工程并得到甲方确认，乙方及与乙方相关的任何第三方人员全部撤出施工场地；（3）乙方向甲方提供前期所欠425万元工程款的发票。上述工作乙方应在2018年11月10日前全部完成，后甲方向乙方支付工程款项1500万元。甲方向乙方支付该1500万元后10日内，乙方应完成以下事项：（1）乙方向甲方提供与应付工程款金额对应的发票；（2）乙方确保协调C劳务公司向某区人民法院撤销对B公司的起诉，取得人民法院准许撤诉的法律文书；（3）甲乙双方应在3个工作日内签订本协议附件七。第二笔款项在2019年1月30日前支付，甲方支付该笔款项前，乙方需配合甲方完成以下事项：（1）乙方配合甲方完成办理案涉工程建筑工程施工许可证所需的全部相关工作，甲方实际取得案涉工程建筑工程施工许可证；（2）乙方向甲方提供与应付工程款金额对应的发票。上述工作乙方应在2019年1月20日前全部完成，甲方向乙方支付工程款项2000万元。第三笔款项在2019年7月30日前支付，甲方支付该笔款项前，乙方应配合甲方完成以下事项：（1）甲方取得案涉工程商品房预售许可证明；（2）乙方按照《工程资料移交清单》向甲方移交案涉工程剩余全部工程资料；（3）乙方向城市建设档案馆提交桩基础工程资料，完成交档工作并取得交档回执单，乙方向甲方提交上述交档回执单原件；（4）乙方配合甲方完成已完工程单位、分部、分项工程验收；（5）乙方向甲方提供与应付工程款金额对应的发票。上述工作乙方应在2019年7月15日前全部完成，甲方向乙方支付工程款项3000万元。第四笔款项在2019年12月30日前支付，甲方支付该笔款项前，乙方应该配合甲方完成以下事项：（1）乙方按《工程退场协议》及附件约定配合甲方开展相关工作；（2）乙方向甲方提供与应付工程款金额对应的发票。上述工作乙方应在2019年12月15日前全部完成，甲方向乙方支付工程款项3000万元。第五笔款项在2020年6月30日前支付，甲方支付该笔款项前，乙方应配合甲方完成以下事项：（1）乙方按《工程退场协议》及附件约定配合甲方开展相关工作；（2）案涉工程全部完工，乙方配合甲方完成项目各专项验收和竣工验收，乙方配合签章，甲方取得合格的《竣工验收备案表》；（3）乙方向甲方提供与应付工程款金额对应的发票。上述工作乙方应在2020年6月15日前全部完成，甲方向乙方支付1055万元和工程质量保修金420万元，工程质量保修金不计利息。上述各笔款项支付的前提条件是乙方积极配合甲方项目复工各项工作，补办各项前期手续。若乙方尽到配合义务且按照相应节点完成各项配合工作，非乙方原因造成项目复工未达到预定节点（包括场地移交、人员退场、已建工程移交、资料移交、施工证办理、预售证办理、分部分项验收、专项验收、规划验收、竣工备案等），甲方仍需按上述付款计划支付款项。对于上述各笔款项，乙方必须满足支付条件，甲方才进行支付，优先支付工程款项，在工程款项付足后支付合理损失补偿款项。至约定的拟付款时间，乙方原因导致未满足付款条件的，则付款时间顺延。乙方无权在未满足支付条件或付款条件未成就时向甲方主张付款或提前付款。第六条约定，乙方必须按《工程退场协议》及本补充协议的约定严格履行全部义务，不得违反本补充协议约定的分期付款条件、时限及金额要求，或向甲方主张提前按结算标准一次性支付全部或部分款项。附件二《承诺书》载明，案涉工程施工过程中，赵某参与了实际施工。我司保证，将与赵某积极沟通、协调，确保其严格遵守《工程退场协议》约定，杜绝赵某避开我司直接向贵司提出任何主张。十、我司保证按照

《工程退场协议》及相关附件的约定严格履行全部义务，不违反《补充协议》约定的分期付款条件、时限及金额要求，绝不向贵司主张提前按结算标准一次性支付全部或部分款项。

签订上述协议后，A公司将工程及相关施工资料移交给B公司。A公司分别于2018年11月30日、2018年12月24日、2019年1月24日向B公司发出《付款申请函》，请求B公司支付第一期工程款。2019年3月14日，A公司在公证处的见证下，向B公司发出通知，催促支付到期的第一期工程款。

2018年12月29日，B公司取得案涉工程建筑工程施工许可证。

2019年3月29日，B公司向A公司发出的《工作联系函》载明，首先感谢A公司在签署《工程退场协议》后对案涉工程复工和办理施工证给予的支持。目前，该项目已全面复工，计划2019年实现销售……目前，我司重点工作是集中全力进行增量，盘活项目、盘活资产，同时现阶段没有任何销售回款，无能力支付各施工单位工程欠款。针对我司与贵司签订的《工程退场协议》中的问题，我司提出以下解决方案：（1）4月30日前，我司支付贵司800万元；（2）9月20日前，我司支付贵司1550万元；（3）12月30日前，我司支付贵司2500万元；（4）剩余工程款，贵我双方协商以案涉工程别墅进行抵销；（5）我司建议派专人尽快到贵司沟通协商，确定相关事宜。

二、案涉工程质量情况

经B公司委托，2018年8月9日，D检测公司对案涉工程主体结构出具《检验检测报告》。2018年9月14日，E检测公司出具《案涉工程质量评估鉴定报告》，检测鉴定结论部分载明，关于地基与基础部分工程，根据委托方提供的桩基工程相关检测报告，该项目单桩竖向抗压承载力满足设计要求，低应变桩身质量达到合格要求。本次检测鉴定通过对该项目主体建筑物进行倾斜和沉降速率观测，认定沉降速率满足相关规范要求，已完工部分地基基础分部工程质量基本满足《建筑地基基础工程施工质量验收规范》GB 50202—2002要求。关于主体结构分部工程，通过对建筑物混凝土强度、钢筋间距、楼层净高、轴线尺寸、构面截面、混凝土构件挠度进行现场检测，确认结果均能满足设计及规范要求，已完工主体结构分部工程施工质量基本满足《混凝土结构工程施工质量验收规范》GB 50204—2015要求。A公司对以上资料予以认可。此后，在A公司、B公司、设计单位的共同参与下，出具《案涉工程参建五方施工图设计与施工情况说明》，该说明未指出案涉工程存在质量问题。

【一审裁判观点】

一、《工程退场协议》"鉴于"部分"A公司对案涉工程部分工程进行了施工"的表述与《工程退场协议》及附件二《承诺书》"实际施工人赵某"的表述存在矛盾，无法据此认定赵某是实际施工人。案涉合同均合法有效。

A公司认为，自身具备建筑业企业施工资质，系签订案涉合同的承包方，进行施工并完成案涉工程的建设，其签订的合同合法有效。B公司认为，A公司提交的资质证明是

2017 年 5 月 12 日后取得的，A 公司未提交其签订合同时的资质证明，不具备施工资质；其签订案涉合同后，便通过出借资质的方式，将工程交由实际施工人赵某施工，违反法律的禁止性规定，案涉合同均无效。

关于 A 公司的资质，首先，A 公司提交的建筑业企业资质证书为主管部门 2017 年 5 月 12 日颁发的，之前的建筑业企业资质证书仅提交了复印件，对此其解释为因 2017 年经过换发证书的过程，此前的资质证书原件已被主管部门收回，虽然 B 公司对此不予认可，但 A 公司已对其不能提交原件作出合理解释，尽到举证义务。其次，B 公司自 2013 年开始便与 A 公司陆续签订案涉合同，至双方于 2018 年 11 月 8 日签订《工程退场协议》时，B 公司仍认可 A 公司系具有房屋建筑工程施工总承包特级资质的企业，在此过程中，B 公司从未就 A 公司的资质问题提出异议，故 B 公司认为 A 公司不具备施工资质的抗辩主张不能成立，法院对此不予支持。关于 A 公司是否存在出借资质给实际施工人赵某的问题，案涉合同均由 A 公司与 B 公司签订，A 公司陈述赵某系其公司员工，且在合同中表述的赵某身份为 A 公司的项目经理，B 公司主张赵某与 A 公司之间系借用施工资质的关系仅依据《工程退场协议》及附件二《承诺书》中载明的"实际施工人赵某"的字样，该主张与同样系《工程退场协议》的"鉴于"部分的"A 公司是案涉工程总承包人，对案涉工程部分工程进行了施工"的表述存在不一致。故 B 公司关于赵某与 A 公司之间系借用施工资质的关系的主张依据不足，法院对此不予支持。A 公司具备建筑业企业施工资质，其与 B 公司签订的《案涉工程土方开挖及渣土清运合同》《案涉工程桩施工合同》《案涉工程建安工程施工总承包合同》《工程退场协议》及附件系双方真实意思表示，并不违反法律规定，均为合法有效的合同，双方应按合同约定履行各自义务。

二、根据双方签订的《工程退场协议》附件一《补充协议》的约定，B 公司向 A 公司支付第一、第二、第三笔工程款的条件已经成就，B 公司合计应支付 6500 万元。

根据《工程退场协议》约定，《案涉工程土方开挖及渣土清运合同》《案涉工程桩施工合同》《案涉工程建安工程施工总承包合同》自该协议及相关附件签订之日起终止，故 A 公司关于合同已经解除的主张成立，法院对此予以支持。A 公司按照合同约定有权就其已完工部分主张工程价款。A 公司施工的案涉工程总结算价款为 14000 万元（含质保金 420 万元），合理损失补偿款为 1500 万元，合计 15500 万元。扣除双方认可的已付款 4525 万元，B 公司仍应向 A 公司支付工程款 10975 万元（15500 万元－4525 万元）。

根据双方签订的《工程退场协议》附件一《补充协议》的约定，B 公司应分期向 A 公司支付前述工程款，但 A 公司应配合 B 公司履行相应义务。第一笔款项应于 2018 年 11 月 20 日前支付，B 公司认为虽然支付时间已届满，但 A 公司未全面撤场、未开具 425 万元发票、另案并非撤诉而是判决结案，付款条件不成就，不应支付。作为《工程退场协议》的附件，《承诺书》及《退场声明》均表明 A 公司已按约定退出施工场地，并将案涉工程及工程相关资料移交给 B 公司，B 公司予以接收确认。现 B 公司主张 A 公司未全面撤场依据不足。425 万元工程款的发票虽然由 A 公司于 2018 年 11 月 23 日开具，晚于合同约定的开具发票时间，但并不因此导致其构成根本违约，B 公司以此作为不支付工程款的抗辩理由不能成立。另案虽经人民法院判决生效，A公司并未撤诉，但因系A公司在收到B公司支付第一笔工程款后才履行的义务，B公司以此作为不应支付工程款的条件不能成立。故B公司向A公司支付第一笔工程款的条件已经成就，B公司应按约定向A公司支付第一笔工程款1500万元。第二笔款项应于2019年1月30日前支付，B公司抗辩称A公司未开具发票，付款条件不成就。一审法院认为，因B公司并未按期支付第一笔工程款，故A公司主张其行使不安抗辩权，未向B公司出具第二期工程款发票，但在一审审理过程中，A公司已将发票复印件提交一审法院，表示愿意随时履行向B公司出具发票的义务。因B公司未按约定履行第一期付款义务，违约在先，A公司为避免损失扩大，暂不向B公司开具发票的行为并不构成阻却B公司支付工程款的事由，故B公司支付第二笔工程款2000万元的条件已成就。第三笔款项应于2019年7月30日前支付，B公司抗辩称A公司提起诉讼时尚未到付款时间，且A公司提起诉讼，案涉工程已被人民法院查封，即A公司的行为导致商品房预售许可证明无法办理，且A公司同样未开具发票，付款条件未成就。一审法院认为，一审审理时，已临近第三笔款项的付款时间，为避免当事人的诉累，本诉讼可将第三笔款项的支付事宜一并处理。关于A公司尚未出具发票的情况，A公司同样将发票收据复印件交至一审法院，不再赘述。此外，案涉项目虽然已被人民法院查封，目前无法办理商品房预售许可证明，但A公司作为案涉项目的承包方，在B公司未按约定支付工程款时，向法院提起诉讼并申请财产保全是其行使权利的正当方式。根据《工程退场协议》第2.6条的约定，虽然A公司配合B公司完成各项工作（含办理商品房预售许可证等）系支付工程款的前提条件，但非由A公司原因造成商品房预售许可证无法办理的，B公司仍应按约定支付工程款。故在A公司未按约定向B公司支付工程款引发诉讼的情况下，案涉项目被查封导致无法办理商品房预售许可证明的过错并不在A公司，第三笔款项的付款条件已经成就，B公司应向A公司支付该笔3000万元款项。第四笔、第五笔款项的支付时间尚未届满，A公司主张因B公司已无履约能力，其已在2019年3月29日发出的《工作联系函》中表示将要变更《工程退场协议》中约定的工程款支付方式，A公司有权行使不安抗辩权，要求B公司提前履行尚未到期的第四笔、第五笔债务。一审法院认为，B公司虽然未按约定履行《工程退场协议》中的支付工程款义务，但根据第六条的约定，A公司不得主张提前按结算标准一次性支付全部或部分款项。《工作联系函》仅是B公司的单方意思表示，并不构成对《工程退场协议》约定内容的变更。故A公司因B公司已丧失履行支付工程款义务的能力，主张享有不安抗辩权，以期提前获得尚未到期的工程款项，该主张缺乏事实及法律依据，一审法院对此不予支持。因工程质保金包含在第五笔款项中，故案涉款项不包含工程质保金。综上，B公司应向A公司支付第一笔、第二笔、第三笔款项，合计6500万元。

三、B公司应当从应付工程价款之日起向A公司计付利息。

关于工程款利息，根据《2004年建工解释》第十七条"当事人对欠付工程价款利息计付标准有约定的，按照约定处理；没有约定的，按照中国人民银行发布的同期同类贷款利率计息"，以及第十八条"利息从应付工程价款之日计付"的规定，第一笔款项1500万元的付款时间为 2018 年 11 月 20 日前，但 A 公司自其向 B 公司发出《付款申请函》的第二天即 2018 年 12 月 1 日开始计付利息，这属于其对自己权利的处分，一审法院对此予以支持。第二笔款项 2000 万元的付款时间为 2019 年 1 月 30 日前，A 公司自 2019 年 2 月 1 日起计付利息，一审法院对此予以支持。第三笔款项 3000 万元的付款时间为 2019 年 7 月 30 日前，虽然 A 公司的诉讼请求中未单列该笔款项的利息计付时间，但鉴于其诉讼请求的第三项已经涵盖了对第三笔款项的利息主张，故根据前述原则，一审法院支持自 2019 年 7 月 31 日起计付的该笔款项利息。至于 A 公司主张的利息按照中国人民银行同期同类贷款罚息利率计算，没有合同及法律依据，一审法院对此不予支持。应依照中国人民银行同期同类贷款利率对 A 公司诉讼款项利息予以支持。

四、B 公司主张由 A 公司支付工程质量修复费用无事实及法律依据。

B 公司主张工程在"混凝土楼面板厚度""混凝土钢筋保护层厚度""楼层净高"方面存在质量问题，应由 A 公司承担修复费用。一审法院认为，经 B 公司委托，D 检测公司于 2018 年 8 月 9 日对案涉工程主体结构出具《检验检测报告》，E 检测公司于 2018 年 9 月 14 日出具《案涉工程质量评估鉴定报告》，并在 A 公司、B 公司、设计单位的共同参与下，出具《案涉工程参建五方施工图设计与施工情况说明》，未指出案涉工程存在质量问题，在此情况下，双方签订《工程退场协议》。虽然在"混凝土楼面板厚度""混凝土钢筋保护层厚度""楼层净高"方面确实存在需要整改的地方，但该整改与工程质量问题并非同一范畴。B 公司在未提交证明 A 公司所施工工程存在质量问题的初步证据的情况下，提出工程质量鉴定的申请，一审法院对该申请不予准许。关于修复费用，在签订《工程退场协议》后，A 公司已将案涉工程移交给 B 公司，B 公司主张工程已进行维修，既未提交其通知 A 公司进场修复被拒的证据，亦未提交其进行工程修复而产生修复费用的证据。相反，直至 2019 年 3 月 29 日，B 公司仍向 A 公司发出《工作联系函》，协商变更支付工程款方式及期限的事项，并未提出工程质量及修复问题。施工过程中的工程瑕疵系常见现象，且 B 公司尚未向 A 公司退还工程质保金。故 B 公司以工程存在质量问题要求 A 公司承担修复费用的主张没有事实及法律依据，一审法院对此不予支持。

五、A 公司在付款条件已成就的 6500 万元的范围内享有工程价款优先受偿权。

根据《2018 年建工解释（二）》第二十条"未竣工的建设工程质量合格，承包人请求其承建工程的价款就其承建工程部分折价或者拍卖的价款优先受偿的，人民法院应予支持"，第二十一条第二款"承包人就逾期支付建设工程价款的利息、违约金、损害赔偿金等主张优先受偿的，人民法院不予支持"，第二十二条"承包人行使建设工程价款优先受偿权的期限为六个月，自发包人应当给付建设工程价款之日起算"的规定，虽然案涉工程未经竣工验收，但 B 公司已接收 A 公司移交的工程，且 B 公司未提交证据证明案涉房屋存在质量问题，故 A 公司有权主张就工程价款优先受偿权。双方于 2018 年 11 月签订《工程退场协议》时确定了应付款数额，A 公司提起诉讼时主张工程价款优先受偿权并未超过法定六个月的时限，因一审法院支持 A 公司主张支付的前三期工程欠款，共计 6500 万元，故 A 公司目前在付款条件已成就的该 6500 万元的范围内享有工程价款优先受偿权。A 公司主张的 B 公司应付的 10975 万元工程款中包含了 1500 万元补偿款及 420 万元质保金，该款项并不在享有工程价款优先受偿权的范围内。鉴于目前 B 公司向 A 公司支付第四笔、第五笔工程款项的付款条件未成就，故一审对于在工程价款优先受偿权的范围内扣除 1500 万元补偿款及 420 万元质保金的问题，暂不作处理。

【一审裁判结果】

一、B 公司于判决生效后十五日内向 A 公司支付工程款 6500 万元及利息（以 1500 万元为基数，自 2018 年 12 月 1 日起计算至款项清偿之日止；以 2000 万元为基数，自 2019 年 2 月 1 日起计算至款项清偿之日止；以 3000 万元为基数，自 2019 年 7 月 31 日起计算至款项清偿之日止。以上利息均以中国人民银行同期同类贷款利率为标准计算）；二、A 公司就案涉工程拍卖、变卖所得款项在工程欠款 6500 万元范围内享有优先受偿权；三、驳回 A 公司的其他诉讼请求；四、驳回 B 公司的反诉请求。

【上诉理由】

一、赵某挂靠 A 公司并借用后者资质施工，系案涉工程的实际施工人，案涉施工合同无效。一审以赵某系 A 公司员工为由认定案涉合同有效，明显错误。

二、案涉工程款的支付条件尚未成就，B 公司尚无支付义务，一审判决认定前三笔工程款付款条件成就并判令 B 公司支付，属于认定事实严重错误，进而导致判决结果错误。

1. 关于第一笔款项，双方约定但尚不具备的条件如下：第一，A 公司全面完成退场；第二，移交项目施工场地和已完成工程并得到 B 公司确认；第三，完成全部备案手续；第四，双方与新总承包单位签订《三方质量认定》，对案涉工程已完工程界面、质量责任等进行判断；第五，双方约定移交资料共计 76 项，A 公司举证证明移交的只有 12 项，且部分资料残缺不全。

2. 关于第二笔款项，A 公司未完成提交发票的前置义务。

3. 关于第三笔款项，双方约定但尚不具备的条件如下：第一，B 公司取得案涉项目商品房预售许可证；第二，向 B 公司移交剩余全部工程资料；第三，向城市建设档案馆提交基础工程资料；第四，提供与应付工程款金额对应的发票。正是 A 公司在不具备付款条件的情况下擅自提起诉讼并申请查封了工程项目，才导致了案涉工程无法取得商品房预售许可证，过错在 A 公司。

三、一审判决认定案涉工程不存在工程质量问题缺乏依据，系认定事实错误。

B 公司所提交证据能够证明案涉工程存在质量问题，一审法院不准许 B 公司提出的工程质量鉴定申请缺乏依据，不支持 B 公司反诉主张的工程质量缺陷修复费用损失存在错误。案涉工程的整改与修复费用应全部由 A 公司承担，且在工程竣工验收前 B 公司不应支付工程款。

四、由于案涉工程质量不合格，A 公司无权主张建设工程价款优先受偿权，一审判决认定 A 公司享有建设工程价款优先受偿权，属于适用法律错误。

【被上诉人答辩】

一、案涉合同是有效合同，不存在无效事由。B 公司并未提供证据证明赵某为实际施工人，且 B 公司在上诉状中已明确，《承诺书》中有关赵某为实际施工人的表述，是 B 公司为防止出现实际施工人主张工程款而要求 A 公司所写。

二、前三笔款项付款期限已到，付款条件也已成就，部分条件未成就非由 A 公司造成。根据《工程退场协议》第 2.6 条的约定，应当视为 A 公司已完成己方义务。

三、案涉工程质量没有问题，一审认定事实清楚。根据 B 公司一审提交的鉴定报告，案涉工程并不存在质量问题。该鉴定报告也对资料进行了核查，结论是资料基本齐全。

四、案涉工程质量合格，A 公司有权主张工程款，并享有建设工程价款优先受偿权。

【二审裁判观点】

一、《工程退场协议》和《承诺书》中的"实际施工人"字样均是为了避免他人绕过 A 公司向 B 公司主张权利，无法认定赵某是案涉工程的实际施工人，因此 B 公司关于合同无效的上诉主张不能成立。即便案涉合同无效，A 公司仍可请求参照合同约定支付工程价款。

经查明，《案涉工程建安工程施工总承包合同》《案涉工程桩施工合同》《工程退场协议》《补充协议》均是 B 公司与 A 公司签订的，无赵某签字；《案涉工程土方开挖及渣土清运合同》也是 B 公司与 A 公司签订的，赵某只是在经办人处签字。虽然《工程退场协议》和《承诺书》中出现了"实际施工人""实际施工"的字样，但从相关条款内容看，均是为了避免他人绕过 A 公司向 B 公司主张权利，且无法分辨所谓的"实际施工人"究竟是 A 公司的施工班组，还是法律意义上的实际施工人。B 公司二审中提交的赵某作为"实际施工人"参与其他工程建设的材料，亦无法认定赵某是案涉工程的实际施工人。故 B 公司关于 A 公司出借资质将案涉工程交由赵某施工导致合同无效的上诉主张，不能成立。退一步讲，即便合同无效，根据《2004 年建工解释》第二条"建设工程施工合同无效，但建设工程经竣工验收合格，承包人请求参照合同约定支付工程价款的，应予支持"之规定，A 公司仍可根据《工程退场协议》《补充协议》约定的结算条款，向 B 公司主张付款。

二、B 公司支付前三期工程款的条件已经成就。

B 公司与 A 公司签订的《补充协议》约定工程款分五期支付，同时约定了每期款项支付的条件与时间。A 公司一审起诉主张全部款项，一审判决支持了前三期工程款。B 公司上诉主张前三期工程款的支付条件皆不成就。二审法院认为，B 公司的此项上诉主张不能成立。第一，对于作为第一笔工程款支付条件的"工程资料移交"，双方在《补充协议》中约定的是"移交具备移交条件的工程资料"，并非全部工程资料。第二，第一期工程款支付逾期后，A 公司三次向 B 公司催款，B 公司回复了《工作联系函》，但其中并未提到付款条件不具备的问题。第三，客观上双方约定的第二期、第三期工程款的付款条件并不完全具备，但这是 B 公司违反第一期工程款支付义务、A 公司行使先履行抗辩权的结果，并不构成违约。同时双方当事人在《补充协议》中也约定了出现非由 A 公司导致的项目复工未达到预定节点如商品房预售许可证办理等情形，不影响 B 公司履行支付工程款义务。其余理由一审判决已作阐述，二审法院不再赘述。

三、没有证据证明案涉工程存在质量问题，A公司无需支付工程质量缺陷修复费用。

B公司在一审中提交的D检测公司出具的《检验检测报告》和E检测公司出具的《案涉工程质量评估鉴定报告》均未明确指出案涉工程存在质量问题；加盖有B公司印章的《案涉工程参建五方施工图设计与施工情况说明》也未明确指出案涉工程存在质量问题，B公司在与A公司签订的《工程退场协议》《补充协议》中，同样未指出案涉工程存在质量问题；B公司也未提供证据证明其向A公司提出过工程质量异议并要求进行修复，对自己主张的修复费用同样未提供证据证明。故B公司关于案涉工程存在质量问题的上诉主张不能成立。

四、B公司没有证据证明案涉工程存在质量问题，A公司享有建设工程价款优先受偿权。

B公司主张A公司不享有建设工程价款优先受偿权的理由是案涉工程质量不合格。如前所述，B公司关于案涉工程存在质量问题的主张缺乏事实基础，故其关于A公司不享有建设工程价款优先受偿权的主张不能成立。

【二审裁判结果】

驳回上诉，维持原判。

【律师评析】

"实际施工人"概念的创设是为了解决在工程项目中真正的施工企业或个人由于处于"层层转包"的建设施工关系中的最后一环，其作为弱势群体的合法权益无法得到保障的问题。从这一目的出发，最高人民法院曾多次在各种意见及复函中表明，认定实际施工人的身份要从"实际"出发，"结合合同的实际履行情况、施工的实际支配权、其他相关资料等因素综合审查确认"，而不能仅凭工程项目中各阶段文字材料、签章反映出的表面信息就草率认定。因为所谓的实际施工人，本身就是转包、分包合同的承包人，借用资质的承包人，以及挂靠施工人，既然是转包、分包，为了规避法律风险，自然不可能在相关材料上明确体现出实际施工人的主体身份，这在法律上属于典型的"不具备合理可期待性"的情况。

在大量涉及实际施工人身份认定的案例中，施工企业与实际施工人为了掩盖转包、违法分包的情形，往往将实际施工人"隐藏在幕后"，很少在文字材料等证据中明确指出实际施工人的真实身份，也正因为这种情况，人民法院在确认实际施工人身份时，才需要切实了解案涉工程的实际情况，综合判断分析后得出结论，而不能仅凭工程材料表面的签章等证据就草率认定。

【相关案例索引】

① 凯某、六盘水盘南产业园区管理委员会建设工程合同纠纷一案

案号：（2020）黔民终1092号

裁判观点：虽然《工程项目内部承包经营合同》约定，凯某是合同项目的经济责任人，全部承担项目施工及合同履行中的所有责任，且凯某和重庆市德感建筑安装工程有限公司（以下简称重庆德感公司）均认可凯某是案涉工程的实际施工人，但从现有证据来

看,《工程项目内部承包经营合同》已实际履行、凯某系实际施工人的依据不足。实际施工人是指对相对独立的单项工程,通过筹集资金,组织人员、机械等进场施工,在工程竣工验收合格后,与业主方、被挂靠单位、转承包人进行单独结算的自然人、法人或其他组织。主要表现为:挂靠其他建筑施工企业名下或借用其他建筑施工企业资质并组织人员、机械进行实际施工的民事主体;层层转包、违法分包等活动中最后实际施工的民事主体。虽然《工程项目内部承包经营合同》就凯某与重庆德感公司之间对于案涉工程如何投资、管理、结算等作出约定,但凯某未提交证据证明其已经履行了实际出资,组织人员、机械进行案涉工程施工的事实。同时,缴纳保证金、签订合同、与施工班组进行结算等事宜均是以重庆德感公司的名义进行,数份法院生效判决亦认定重庆德感公司应就案涉工程引发的多起纠纷向案外人承担相应款项的支付责任,故在根据现有证据无法认定凯某系案涉工程实际施工人的情况下,凯某与本案不具有直接利害关系,不具有原告主体资格。

② 佳木斯兴盛房地产开发有限公司、王某建设工程施工合同纠纷一案

案号:(2021)最高法民再 46 号

裁判观点:本案中,2010 年 9 月 5 日签订的《建设工程施工合同》不包含消防工程,一审鉴定意见亦无消防工程造价。王某作为原告主张对案涉消防工程进行了实际施工,根据以上司法解释的规定,其对案涉消防工程由其施工的"法律关系存在"负有举证证明义务,并应达到"高度可能性"标准。本案中,王某并未提供消防工程签证单或消防工程交接验收手续等核心客观证据,其提交的证据均未能达到直接证明或间接形成链条证明其主张成立的高度可能性。王某未完成举证证明义务,依法应当承担举证不能的不利后果。

另外,佳木斯兴盛房地产开发有限公司(以下简称兴盛公司)在本案中举证证明案涉消防工程另由他人施工,系欲从反面否认王某对案涉消防工程进行了施工,即该事实至少为"真伪不明"。王某以兴盛公司提交的证据不能直接证明案涉消防工程是程某等案外人施工为由,反推案涉消防工程系王某施工,规避己方初始举证义务,无法律依据。二审法院以兴盛公司未能举证证明其自行施工完成或委托他人完成的该部分工程的工程价款,而王某对此自认为 582967.56 元为由,判令兴盛公司给付王某工程价款 3238743 元,属举证责任分配错误,应予纠正。

案例 5: 实际施工人可以在其他合伙人不主张权利的情况下单独提起诉讼

【引言】

在建设工程领域的实践中,数个自然人合伙承包工程进行施工的情况十分常见。而根据《民事诉讼法》的相关规定,在诉讼中,未依法登记领取营业执照的个人合伙的全体合伙人为共同诉讼人,故部分合伙人起诉主张合伙债权的,时常会遭遇原告主体不适格的抗辩。

【案例来源】

（2021）豫 03 民终 3715 号

【诉讼主体】

陈某：一审原告、二审上诉人

A 公司：一审被告、二审被上诉人

B 公司：一审被告、二审被上诉人

李某：一审第三人、二审被上诉人

【原告起诉请求】

一、判令 A 公司向陈某支付工程款 15750000 元以及逾期支付的利息（利息以 15750000 元为基数，按中国人民银行同期同类贷款利率计算，从 2015 年 5 月 1 日起计算至实际付清全部款项之日止），利息暂计至起诉日为 1000000 元；二、判令 B 公司对 A 公司所欠陈某的工程款及利息在未支付工程款范围内承担连带清偿责任；三、本案诉讼费用由 A 公司、B 公司承担。

【争议焦点】

陈某是否是本案的适格原告。

【基本案情】

一、A 公司与 B 公司之间的合同签订情况

2012 年 10 月 20 日，A 公司与 B 公司签订《建设工程施工合同》一份，约定工程名称为案涉工程，工程地点为某市，工程内容为工程量清单范围内的所有内容。开工日期为 2012 年 10 月 30 日，竣工日期为 2015 年 6 月 16 日，合同工期总日历天数 986 天。合同价款为 235100687 元。

2013 年 4 月 24 日，发包人 B 公司（甲方）与承包人 A 公司（乙方）签订《案涉工程施工合同补充协议》一份，双方在签订《建设工程施工合同》的基础上，达成补充协议，就承包范围、工程分包、工期等进行了约定。证实案涉工程建设单位为 B 公司，即发包方，建设单位为 A 公司，即承包方。

二、A 公司与陈某之间的合同签订情况

2013 年 3 月 13 日，陈某作为承包人（乙方）与发包人（甲方）A 公司案涉工程项目部签订《案涉工程项目部工程施工内部承包协议书》，主要约定：项目名称为案涉工程 2-7 号、2-8 号楼住宅楼，项目地址为某市；建筑面积约为 16821m²；承包方式为乙方对该工程实行项目承包，自负盈亏，组建成立工程施工部（费用由工程施工承包人承担）；承包人负责该项目承包范围内的全面工作，负责技术员工作安排和施工管理工作，进行建设单位的工程款回收和结算，进行施工人员调配，负责工程施工协调、监督和材料采购等该项目工程施工的其他工作，并承担工程施工质量、安全等事故的经济责任和法律责任，对该项目工程负全部责任。该协议还对双方的其他权利义务进行了约定。该协议由 A 公司案涉

工程项目部在甲方处加盖印章，李某在委托代理人处签字，陈某在乙方处签字。

三、陈某与案外人朱某的关系

依据 A 公司的申请，案外人朱某以证人身份到庭陈述，其与陈某是亲戚关系，与陈某合伙施工了案涉 7 号楼、8 号楼。并且出资 1200000 元购买钢筋、石子，并支付前期机械费。朱某与陈某没有签订合伙协议，口头约定，投资一人一半，盈利一人一半，亏损也是一人一半。实际施工中朱某组织人员并参与施工，但是与 A 公司的合同仅由陈某一人签字。案涉工程前期和后期购买材料的票据都在朱某手中，并且 2013 年时 A 公司向朱某支付了案涉工程的工程款。以上事实有当事人出具的协议、当事人陈述等证据在卷佐证。

【一审裁判观点】

陈某与朱某是共同诉讼人，陈某一人提起诉讼，无法查清案情，并有可能损害朱某的合法权益，因此依法应当驳回起诉。

《民事诉讼法》第一百一十九条规定："起诉必须符合下列条件：（一）原告是与本案有直接利害关系的公民、法人和其他组织；（二）有明确的被告；（三）有具体的诉讼请求和事实、理由；（四）属于人民法院受理民事诉讼的范围和受诉人民法院管辖。"本案中，案涉工程的实际施工人为陈某和朱某，虽然内部承包协议上仅有陈某一人的签名，但是有证据证明对于案涉工程朱某进行了投资并且接收过工程款，其与案涉工程有利害关系，应当为原告身份。现陈某一人提起诉讼，不承认与朱某存在合伙关系，也不承认与朱某共同施工案涉项目，双方不能协商一致，共同提起诉讼。现陈某一人提起诉讼，主体不适格，无法查清案涉项目的施工内容、已收工程款数额等问题，并且有可能损害共同参与施工的朱某的合法权益，因此依法应当驳回起诉。

【一审裁判结果】

驳回陈某的起诉。

【上诉理由】

首先，一审法院认定原告主体不适格，裁定驳回起诉是错误的，根据我国《民事诉讼法》第一百一十九条的规定，陈某提起诉讼符合法律规定。而且，一审法院仅依据庭审中 A 公司提供的证人朱某所作的虚假陈述就认定陈某与朱某是合伙关系而裁定驳回起诉明显错误。

其次，一审法院的主审法官曾审理过多起他人起诉陈某、A 公司、B 公司以索要劳务费的案件，认定陈某是案涉工程分包合同施工人，并判决陈某和 A 公司、B 公司共同承担义务。本案中一审法官认定朱某和陈某是合伙关系，但是却未曾在其他案件中追加朱某为共同被告，自相矛盾。

综上，陈某的起诉行为完全正确，请求二审法院予以纠正。

【被上诉人答辩】

A 公司辩称：

经过一审法院庭审质证发问，可以确认朱某的证言是真实的，足以证明朱某和陈某是合伙关系。在施工过程中，朱某针对案涉楼栋购买过施工材料，参与过管理，支付过相关费用，A公司针对案涉楼栋支付工程款给朱某和其儿子朱某龙，陈某从未提出过异议，这也从侧面证明朱某和陈某的合伙关系。陈某在程序上违背诚实信用原则，一审中拒不提交在起诉中承认的对己不利的证据，在实体上，不仅不承认A公司支付的工程款，而且拒不承认其姐夫的合伙人身份，企图侵占别人的合法利益。原来的案件中，原告只起诉陈某，没有起诉朱某，起诉谁是原告的权利，况且那些案件中也不是法院必须追加被告的情形。综上，一审法院认定事实清楚，适用法律正确，我方请求驳回陈某的上诉请求。

B公司辩称：

我方将案涉工程发包给A公司，合同明确约定本工程不得转包、分包，故我方对A公司与陈某、朱某之间的转包、分包关系不清楚，其关系应以A公司陈述为准，但一审法院在庭审中详细地询问了朱某关于案涉工程的情况，且朱某提供了相关证据，证明了其参与了案涉工程，购买材料，接受A公司支付的工程款，与A公司陈述一致，陈某在一审中的陈述有违事实及常理，其陈述案涉工程款共计2190万，A公司仅支付616万，支付部分不足30%，完全不符合常理，为保护实际施工人利益，我方恳请法庭驳回陈某的上诉请求。

【二审裁判观点】

根据合同相对性，陈某作为原告主体适格，经释明后朱某不申请参加诉讼的，可依法追加其为第三人。

根据查明的事实，陈某作为案涉工程的实际施工人，在案涉工程完工后有权向A公司、B公司主张相应的工程款。案涉合同系陈某签订，依据合同的相对性，其作为原告起诉主体适格。如果朱某主张其与陈某系合伙关系，且有证据证明，可以向其说明是否参加诉讼，是否提出诉讼请求。如果朱某不申请参加诉讼，依据证据认为其与本案有利害关系，可依法将其追加为第三人，根据各方提交的证据查清事实，准确认定当事人之间的法律关系，针对陈某的诉讼请求依法判决。

【二审裁判结果】

撤销一审裁定，指令其他基层法院审理本案。

【律师评析】

《民事诉讼法》规定："起诉必须符合下列条件：（一）原告是与本案有直接利害关系的公民、法人和其他组织；（二）有明确的被告；（三）有具体的诉讼请求和事实、理由；（四）属于人民法院受理民事诉讼的范围和受诉人民法院管辖。"本案中，内部承包协议虽然仅有一人的签名，但证据证明工程实际施工人为陈某和朱某，一审法院认为应由二人一起作为原告提起诉讼，任何一人提起诉讼均属于主体不适格。但一审法院忽略案涉合同系陈某签订，依据合同的相对性原则，其作为原告起诉主体适格，二审法院对此予以改判，即实践中，不能因实际施工人有其他合伙人而据此认定原告诉讼主体不适格，在审查原告主体资格时，仍然应当坚持按民事诉讼法的规定予以审查，对于实体部分的内容，可以立案后在庭审中予以核实。

【相关案例索引】

① 赵某、刘某、余某、刘某等与中铁十五局集团第一工程有限公司、成贵铁路有限责任公司合同纠纷一案

案号：（2020）黔0521民初1539号

裁判观点：纵观本案审理过程中各方当事人提交的证据，没有一份有效证据能够证明刘某、余某与被告中铁十五局集团第一工程有限公司、贵州悯农沅公司以及案涉施工工程之间存在法律上和事实上的利害关系。根据《民事诉讼法》第一百一十九条"起诉必须符合下列条件：（一）原告是与本案有直接利害关系的公民、法人和其他组织；（二）有明确的被告；（三）有具体的诉讼请求和事实、理由；（四）属于人民法院受理民事诉讼的范围和受诉人民法院管辖"的规定，刘某、余某未提交证据证明与本案有法律上的利害关系，不具备本案原告的诉讼主体资格，对其起诉应予驳回。

在本案审理中，原告方主张的法律关系的性质与根据查明的事实作出的认定并不一致，且在经一审法院释明后，原告方拒绝变更诉讼请求，根据《证据规定》第五十三条"诉讼过程中，当事人主张的法律关系性质或者民事行为效力与人民法院根据案件事实作出的认定不一致的，人民法院应当将法律关系性质或者民事行为效力作为焦点问题进行审理。但法律关系性质对裁判理由及结果没有影响，或者有关问题已经当事人充分辩论的除外。存在前款情形，当事人根据法庭审理情况变更诉讼请求的，人民法院应当准许并可以根据案件的具体情况重新指定举证期限"的规定，对原告赵某、刘某的起诉应当予以驳回。

② 王某与张某、史某、中城华安建设集团有限公司建设工程施工合同纠纷一案

案号：（2021）豫03民终1565号

裁判观点：《民事诉讼法》第一百一十九条规定："起诉必须符合下列条件：（一）原告是与本案有直接利害关系的公民、法人和其他组织；（二）有明确的被告；（三）有具体的诉讼请求和事实、理由；（四）属于人民法院受理民事诉讼的范围和受诉人民法院管辖。"本案中王某与张某共同与史某签订《工程分包合同》，与本案有直接利害关系。王某起诉的被告明确，有具体的诉讼请求和事实、理由，本案亦属于人民法院受理民事诉讼的范围及受诉人民法院的管辖范围。因此，一审法院驳回王某起诉属于适用法律不当，应对王某的诉讼请求进行实体审理。

第二篇 工程价款篇

    根据民事活动的一般原则，合同无效后，各方当事人对于原基于合同已经取得的对方财产（利益），没有继续占有的法律依据，故应当各自返还或折价补偿，如有损失，各方根据过错各自承担。诚如上篇所述，"实际施工人"是指在建设工程施工合同无效的情形下，实际投入资金、材料、劳动力完成工程建设的单位或个人。建设工程施工合同无效，但实际施工人为工程投入了资金、材料、劳动力并物化为工程实体，已经不适于返还，故只能折价补偿。法律、司法解释除支持实际施工人向其合同相对方主张折价补偿的权利外，额外赋予其突破合同相对性向发包人主张工程价款的权利。《2020年建工解释（一）》第四十三条并未对"建设工程价款"的范围和数额计算标准作出明确规定。而《2020年建工解释（一）》第二十四条亦仅规定折价补偿可"参照实际履行的合同关于工程价款的约定"。因此司法实践中对于"建设工程价款"如何构成和计算这一问题尚无统一的判决标准，有以下几个问题需要重点关注。

    第一，关于工程价款的计价依据。实际施工人与其合同相对方签订的施工合同约定的工程款结算标准是实际施工人的真实意思表示，因此该约定应为实际施工人主张工程款的依据。实践中有一种观点是，实际施工人投入资金并组织施工，其要求按照按承包人与发包人之间的合同约定结算工程价款具有合理性。但是，承包人将工程进行转包、违法分包本身就是为了赚取差价，实际施工人与承包人约定的工程价款一般低于承包人与发包人约定的工程价款。如果允许实际施工人按照承包人与发包人之间的合同约定结算，无疑将使实际施工人从无效合同中获取超出合同有效时可取得的利益，具有鼓励转包、违法分包的嫌疑，违反了实际施工人诉权制度的立法目的。

    第二，关于工程价款的利息。关于实际施工人是否有权向发包人主张工程价款利息的问题，在当前的司法实践中分歧较大，支持的观点认为利息属于法定孳息，是发、承包人拖欠工程款造成的资金占用损失，因此应当纳入到实际施工人有权请求发包人承担责任的范围内。反对的观点则认为利息属于损失的补偿，发包人与实际施工人之间本无直接的合同关系，因此不应适用《民法典》关于合同无效的规定由各方当事人按照过错承担损失责任。此外，实际施工人的利息损失也往往并非由发包人的过错造成。实际施工人在向发包人追索工程款时，可以一并诉请发包人对欠付工程款利息承担责任，以实现自身利益的最大化。

第三，关于停工、窝工损失。要解决实际施工人是否有权向发包人主张停工、窝工损失的问题，其实是要解决停工、窝工损失是否属于"建设工程价款"范围的问题。尽管《民法典》第七百九十八条将停工、窝工造成的费用称为"损失"，但是《建设工程施工合同（示范文本）》GF—2017—0201 第 7.5.1 条则采用了"增加的费用"和"利润"的说法。根据《住房城乡建设部、财政部关于印发〈建筑安装工程费用项目组成〉的通知》（建标〔2013〕44 号），停工、窝工损失并未被明确载入建筑安装工程费费用构成要素中，但是停工、窝工损失事实上也是由劳务费、保管费、赶工费等具体项目构成的，这些项目都可以在建筑安装工程费费用构成中找到。从这一角度来看，停工、窝工损失实际上属于工程价款的一部分。

第四，关于工程进度奖励金和违约金。实际施工人所签订的建设工程施工合同无效，一般情况下该合同的整体无效（除非存在合同无效不影响部分条款效力的法定情形），包括合同约定的主要条款和实质内容，工程进度奖励金、违约金当然也是这些条款和内容的组成部分，故应一同无效。即便承包人与发包人之间的合同约定了工程进度奖励金和违约金，由于实际施工人与发包人并无直接的合同关系，根据合同相对性原则，其无权以自己的名义主张违约金和奖励金。

尽管司法解释赋予了实际施工人突破合同相对性向发包人追索工程价款的权利，但并不意味着合同相对性原则在与实际施工人相关的司法实践中完全失效。在具体案件中，人民法院仍然强调严守合同相对性原则，这一裁判理念对实际施工人主张权利的影响是双面的，例如，发、承包人之间"背靠背条款"的效力无法及于实际施工人，这对实际施工人是有利的，相反，多次转包、层层分包的实际施工人则由于与承包人没有直接的合同关系，无法适用《2020 年建工解释（一）》第四十三条向发包人追索工程款，只能向与其订立合同的相对方主张权利，这也是最高人民法院民一庭的观点。

司法解释同时也对实际施工人的权利作出了限制，譬如《2020 年建工解释（一）》第三十五条就规定"与发包人订立建设工程施工合同的承包人"有权"请求其承建工程的价款就工程折价或者拍卖的价款优先受偿"，否定了实际施工人的优先受偿权。

本篇十个案例将对实际施工人请求发包人、承包人支付工程价款过程中所遇到的上述重点问题进行展示和分析。

案例 1: 实际施工人主张工程款的依据为与其合同相对方签订的施工合同，只有口头约定且无证据佐证的，应根据鉴定结论确定工程款数额

【引言】

《2020 年建工解释（一）》第二十四条规定，当事人就同一建设工程订立的数份建设工程施工合同均无效，但建设工程质量合格，一方当事人请求参照实际履行的合同关于工程价款的约定折价补偿承包人的，人民法院应予支持。但是，实践中存在实际施工人与承包人之间就全部或部分工程价款只有口头约定的情况。本案中，在一个整体工程中，实际施工人与承包人之间仅就部分工程之价款进行了书面约定，但就结构不同的其他部分工程之价款，双方只有口头约定，且无其他证据可予佐证，法院据此认为应当依据鉴定结论确定该部分工程的价款，而不能参照其他部分的书面约定折价补偿。

【案例来源】

（2021）陕民终 536 号

【诉讼主体】

张某：一审原告、二审被上诉人

任某：案外人（一审撤回起诉）

A 公司：一审被告、二审上诉人

【原告起诉请求】

一、依法确认原被告签订的《某省建设工程施工合同》无效；二、依法判令被告立即支付原告工程款 20550996.76 元及利息（从 2012 年 12 月 5 日起至起诉之日止，利息计算至偿还完全部工程款之日止）；三、本案的一切费用由被告承担。

一审审理过程中，张某申请将第二项诉讼请求中的标的额变更为 21776443.36 元，但未在法院规定的期限内补交诉讼费。

【争议焦点】

案涉工程价款是否应当按照鉴定意见确定。

【基本案情】

一、A 公司与张某之间的合同签订及履行情况

案涉工程 1 号楼、2 号楼和地下停车场规划为框架结构，其余部分包括 8~13 号楼、幼儿园、会所、公厕等，为剪力墙或砖混结构。

2011 年 1 月 22 日，A 公司与张某及任某签订《9 号、11~14 号楼施工合同补充条款》《案涉工程 10 号、15~17 号楼施工合同补充条款》，将案涉工程 9~17 号楼的建设施工工

程发包给张某及任某，9 号、11～14 号楼的合同总价为 2046 万元，10 号、15～17 号楼的合同总价为 2637.1 万元。2011 年 6 月 25 日，A 公司与任某签订了《3 号、4 号、8 号楼施工合同补充条款》，合同总价为 2879.39 元。

张某完成了前述合同约定的 8～13 号楼、公厕、消防水池的施工工程。除合同约定工程外，还完成了 1 号楼、2 号楼、3 号车库 20～37 轴、幼儿园、会所的施工工程。前述工程于 2013 年年底交付 A 公司使用。

张某提供的《案涉工程结算》中，8～13 号楼及公厕、消防水池、变更签证单的工程价款扣除水费后为 31328367.18 元。A 公司共计支付张某工程款 56160000 元。

二、鉴定情况

（一）鉴定机构

一审审理过程中，张某申请就其完成的 1 号楼、2 号楼、3 号车库 20～37 轴、幼儿园、会所工程的工程总价款进行鉴定。一审法院司法技术室委托 C 司法鉴定所进行了鉴定。

一审法院司法技术室出具情况说明一份，载明：（1）《关于严格审查对外委托专业机构的通知》中强调从 2018 年 7 月 23 日起各中院不得再委托下列机构，其中工程类司法鉴定机构包括 C 司法鉴定所，可说明 C 司法鉴定所在某省高级人民法院名册中；（2）在鉴定机构确定后，现场勘验前双方当事人并未对该机构提出回避也未提及该机构鉴定资质。

（二）鉴定结论

C 司法鉴定所出具了陕中司鉴字〔2019〕24 号鉴定意见书及陕中司发〔2020〕10 号回复函、〔2020〕11 号回复函、〔2020〕13 号回复函、〔2020〕14 号《关于张某、任某与 A 公司建设施工合同纠纷一案补充鉴定意见及陕中司鉴字〔2019〕24 号〈司法鉴定意见书〉调整说明的函》、〔2020〕17 号《关于张某、任某与 A 公司建设工程施工合同纠纷一案询问鉴定事宜回复及补充鉴定意见的函》。

根据双方当事人就〔2019〕24 号鉴定意见书（以下简称 24 号鉴定意见书）提出异议后 C 司法鉴定所的回复，本案以 C 司法鉴定所最后出具的陕中司发〔2020〕17 号《关于张某、任某与 A 公司建设施工合同纠纷一案询问鉴定事宜回复及补充鉴定意见的函》（以下简称 17 号函）为依据确定工程价款。17 号函中的鉴定意见为：案涉工程 1 号楼、2 号楼、3 号车库 20～37 轴、幼儿园、会所等已完工程造价（不含甲供材）为人民币肆仟陆佰叁拾肆万壹仟玖佰壹拾贰圆陆角玖分（46341912.69 元），其中人工调差费用为 3062270 元。17 号函补充鉴定意见记载，签证土建工程中土方外运费用共计 381914.44 元，土建工程土方外运费用为 897097.83 元，共计 1279012.27 元。双方于 2011 年 4 月 2 日签订的《A 公司材料认质认价单》记载，A 公司案涉工程室内及基础回填采用现场开挖砂土回填。

【一审裁判观点】

一、A 公司与张某签订的合同无效。

《2004 年建工解释》第一条规定："建设工程施工合同具有下列情形之一的，应当根据合同法第五十二条第（五）项的规定，认定无效：（一）承包人未取得建筑施工企业资质或者超越资质等级的。"本案中原告张某未提供其取得的完成建筑施工的资质，故其与A公司之间签订的书面施工合同及补充协议以及双方之间达成的口头施工协议均无效。

二、对于双方之间签订书面协议的工程的价款，按照约定结算，对于双方之间未签订书面施工协议的工程，根据鉴定结论确定工程价款。

双方就案涉工程中的一部分工程签订了书面协议，未就另一部分工程签订书面协议，仅有口头协议。

对于双方之间签订书面协议的工程的价款，原告提供的《案涉工程结算》，被告予以认可，故对于8~13号楼及公厕、消防水池、变更签证单的工程价款应依据该结算单进行认定，8~13号楼及公厕、消防水池、变更签证单的工程价款扣除水费后为31328367.18元。

对于双方之间未签订书面施工协议的工程，原告不认可结算单价款，被告辩称双方达成了协议，按照建筑面积 1000 元/m² 计算的理由无证据佐证，一审法院应原告的申请，委托专业的司法鉴定机构进行了鉴定，故应依据C司法鉴定所出具的鉴定意见确定案涉工程1号楼、2号楼、3号车库20~37轴、幼儿园、会所等已完工程的造价。对于被告对C司法鉴定所及鉴定人员的资质提出的异议，根据一审法院司法技术室出具的情况说明，在本案委托鉴定时C司法鉴定所在省高级人民法院确定的司法鉴定机构名录中，被告以C司法鉴定所在出具鉴定意见时不在省高级人民法院确定的司法鉴定机构名录中，主张该鉴定机构不具有鉴定资格的理由不能成立。两鉴定人具有省司法厅颁发的执业资格证书，具有鉴定资质。关于被告对鉴定意见提出的从双方签订的合同时间以及各类签证、付款时间可以看出实际施工在 2011 年，鉴定意见按照 2012 年文件、政府信息价计算价款的问题，经审查，鉴定机构依据一审法院转交的原告提供的1号楼施工质量技术资料通用表（地基与基础分部工程质量验收记录1份、主体工程质量验收记录1份、模板安装分项工程质量验收记录2份）、2号楼施工质量技术资料通用表（地基与基础分部工程质量验收记录1份、主体工程质量验收记录1份）、地下车库幼儿园会所工程质量控制资料表（石子检验报告1份、预拌混凝土、现场拌制混凝土配合比报告1份、预拌混凝土、现场拌制混凝土配合比报告3份、混凝土抗压强度检验报告1份）等证据确定的施工日期及政府信息价，并无不当。对于被告提出的中净砂价格问题，鉴定机构进行核查并回复计算无误。关于被告提出的17号函补充鉴定意见比24号鉴定意见书的项目多出三项，多出金额157442.86元的问题，鉴定机构核查发现系材料价格调整所致，并未发现多出项目的问题。关于被告提出的甲供材价格中应当计算税金、措施费后扣除的问题，因被告仅提供材料，施工由原告完成，鉴定意见中只扣甲供材所占价值并无不当。关于被告提出的鉴定意见多计算土方外运费用1279012.27元的问题，经审查，根据《A公司材料认质认价单》记载，案涉工程室内及基础回填采用现场开挖砂土回填，原告未能提供土方外运的证据，故土方外运费用应当在鉴定意见中予以扣除。关于双方当事人争议的人工费是否应当调整的问题，《某省住房和城乡建设厅关于调整房屋建筑和市政基础设施工程工程量清单计价综合人工单价的通知》颁发于案涉工程施工期间，是在建筑劳务市场人工单价普遍上涨后，省住房和城乡建设厅颁发的人工费指导价，故案涉工程人工费应当依据施工期间政府颁发的人工费指导价进行调整。综上，案涉工程1号楼、2号楼、3号车库20～37轴、幼儿园、会所等已完工程造价（不含甲供材）应为46341912.69元－1279012.27元＝45062900.42元。案涉工程总价款为76391267.6元，被告已付56160000元，剩余20231267.6元。依据《2004年建工解释》第十七条"当事人对欠付工程价款利息计付标准有约定的，按照约定处理；没有约定的，按照中国人民银行发布的同期同类贷款利率计息"，第十八条"利息从应付工程价款之日计付。当事人对付款时间没有约定或者约定不明的，下列时间视为应付款时间：（一）建设工程已实际交付的，为交付之日；（二）建设工程没有交付的，为提交竣工结算文件之日；（三）建设工程未交付，工程价款也未结算的，为当事人起诉之日"之规定，原告陈述案涉工程于2013年9月交付被告，但未提供证据予以佐证，应以被告认可的时间即2013年年底确定工程交付使用的时间，即应从2013年12月31日开始至2019年8月19日按照中国人民银行发布的同期同类贷款利率计算利息，因自2019年8月20日起，中国人民银行贷款基准利率标准已取消，故2019年8月20日至剩余工程款付清之日应按照全国银行间同业拆借中心公布的贷款市场报价利率计算利息。

三、张某是本案适格的原告，其起诉未超过诉讼时效。

本案中原告就双方未签订书面协议的工程不认可被告提供的结算价款，双方并未就未签订书面协议的工程的价款达成一致结算意见，即双方并未确定剩余工程款的支付期限，依据《最高人民法院关于审理民事案件适用诉讼时效制度若干问题的规定》（法释〔2008〕11号，以下简称《2008年诉讼时效规定》）第六条规定，"未约定履行期限的合同，依照合同法第六十一条、第六十二条的规定，可以确定履行期限的，诉讼时效期间从履行期限届满之日起计算；不能确定履行期限的，诉讼时效期间从债权人要求债务人履行义务的宽限期届满之日起计算，但债务人在债权人第一次向其主张权利之时明确表示不履行义务的，诉讼时效期间从债务人明确表示不履行义务之日起计算"之规定，被告辩称原告起诉时超过诉讼时效的理由不能成立。

根据本案审理情况，就案涉工程中的部分工程虽然是张某与任某共同与A公司签订施工合同，但该合同均由张某实际履行，张某作为合同相对方，向A公司主张剩余工程款并无不当。被告辩称张某无权一人提起诉讼主张工程款的理由不能成立。依据《2004年建工解释》第十三条"建设工程未经竣工验收，发包人擅自使用后，又以使用部分质量不符合约定为由主张权利的，不予支持"及第二条"建设工程施工合同无效，但建设工程经竣工验收合格，承包人请求参照合同约定支付工程价款的，应予支持"之规定，被告所称案涉施工合同无效，案涉工程未经验收，原告无权主张工程款的理由不能成立。

【一审裁判结果】

一、张某与A公司签订的《某省建设工程施工合同》及补充条款、双方之间达成的口头施工协议无效；二、本判决生效之日起十五日内，由A公司支付原告张某20231267.6元工程款及利息（从2013年12月31日开始至2019年8月19日按照中国人民银行发布的同期同类贷款利率计算利息，2019 年 8 月 20 日至剩余工程款付清之日按照全国银行间同业拆借中心公布的贷款市场报价利率计算利息）；三、驳回原告张某的其他诉讼请求。

【上诉理由】

一、A 公司与张某、任某签订固定单价的书面施工合同，达成口头施工协议，并进行了结算，一审法院依据鉴定意见认定本案工程价款明显违法。

首先，双方对于案涉的 8～13 号楼书面约定了固定单价，对于 1 号楼、2 号楼、3 号车库 20～37 轴、幼儿园、会所部分口头约定了 1000 元/m² 的固定单价。一审判决第一项亦判决双方之间达成的口头施工协议无效，足以说明上诉人与被上诉人间存在口头施工协议，口头施工协议必然约定了施工内容、承包价格等。一审法院未按照双方达成的口头协议判决，违反了《2004 年建工解释》第十六条第一款"当事人对建设工程的计价标准或者计价方法有约定的，按照约定结算工程价款"之规定。

其次，张某某所举的《案涉工程结算》确定了双方共同结算的工程价款，一审法院不应委托鉴定。上诉人认可《案涉工程结算》，一审法院对其也予以认定，从该结算表出具到起诉四年多来，被上诉人从未向上诉人提出异议，但诉讼后仅凭被上诉人单方面不认可结算表中的未签订书面合同的 1 号楼、2 号楼、3 号车库 20～37 轴及幼儿园会所等部分的结算价款，一审法院就按照被上诉人提出的不符合常理的理由不认定已经结算的部分工程价款，采纳鉴定意见，明显违反了《2018 年建工解释（二）》第十二条"当事人在诉讼前已经对建设工程价款结算达成协议，诉讼中一方当事人申请对工程造价进行鉴定的，人民法院不予准许"之规定。

二、一审法院错误采纳了不具有鉴定资质、鉴定资格的鉴定机构和鉴定人出具的鉴定意见，将被上诉人认可的预算不作为鉴定基础，而采纳比有效合同都有利的政府定价鉴定意见。

1. 一审法院委托的鉴定机构、鉴定人既不在省高级人民法院的鉴定名录中，又不具有国家标准《建设工程造价鉴定规范》GB/T 51262—2017 第 1.0.2 条和第 3.1.1 条所规定的工程造价资质，两名鉴定人不具有工程造价师资质，且出具鉴定意见时不在该鉴定机构工作。故一审法院采纳的最后一份鉴定意见是一份不具有鉴定资质和资格的鉴定机构、鉴定人所出具的鉴定意见。

2. 一审法院未向鉴定机构移交上诉人所举、被上诉人认可真实性的工程造价预算，即《案涉工程 8 号、9 号、11 号、12 号、15 号、1 号、2 号楼工程工程量清单计价表》《案涉工程 3 号车库 20～37 轴土建工程投标总价、幼儿园工程投标总价、会所工程投标总价》，这些文件所记载的造价与《案涉工程结算》中"原预算造价"的数字完全一样，可相互印证该预算造价是双方约定的造价，实际是以此造价进行结算的。

3. 一审将没有时间的案外人 B 公司的《施工质量技术资料》移交鉴定机构，按照 2012 年第三期政府信息价作出不符合实际施工时间 2011 年的鉴定意见，双方所签订合同中明确约定在 2011 年 11 月 15 日封顶，被上诉人所举的鉴定意见采用的就是 2011 年第一期政府信息价，上诉人提交双方所签的钢筋、砂等签证上的时间是 2011 年，恰恰是上诉人对该鉴定机构提出不具有鉴定资质、价款中包括了甲供材钢筋等后，鉴定机构就以一审法院移交的没有时间的《施工质量技术资料》为由，依据三年内钢筋价格最低其余材料价格均高的 2012 年第三期政府信息价作出第二次、第三次鉴定意见。一审法院将不确定与本案是否有关联性、没有时间的资料移交鉴定机构，鉴定机构以此为由作出严重对上诉人不利的鉴定意见。

4. 一审法院对于双方未约定、未协商的人工费调差进行了认定，未核减第三次鉴定意见中明显多出的材料项目造价，不予核定鉴定意见中出现的甲供材钢筋预算价、市场价两个价格。《某省住房和城乡建设厅关于调整房屋建筑和市政基础设施工程工程量清单计价综合人工单价的通知》是政府指导性文件，文件和鉴定意见中明确说明只有双方协商一致才可以以此文件调整人工费。本案中没有任何证据证明双方有约定，双方更没有协商一致，但一审法院对人工费调差 3206364.9 元予以认定。鉴定机构对上诉人质证时指出的两次鉴定意见中多出了多孔砖和生石灰等 3 项材料的累计价款 157442.86 元的意见回复为系材料价格调整所致，明显答非所问。甲供材出现两个价格，不符合常理，但一审法院未予核实核减。

5. 鉴定意见中的变更签证造价 868373.77 元与《案涉工程结算》中变更签证单造价 5222364.04 元重复计算。

6. 鉴定意见中未扣除书面合同明确约定的管理费及营业税，并且错误地计算了管理费、税金、利润、劳保费等。一审法院明知被上诉人为无任何资质的实际施工人，不可能产生管理费、营业税，本应将其从约定的价款中扣除；虽然劳保费作为建设单位应缴纳的费用，是造价的一部分，但被上诉人并非建筑企业，不可能为职工缴纳社会保险；合同无效情况下关于工程价款支付的处理原则为折价补偿，被上诉人不应从折价补偿的款项中获得利润。

7. 建设工程施工合同无效，建设工程经验收合格的对于承包人才参照约定工程价款进行折价补偿，但一审法院参照了明显较高的政府信息价，从而使被上诉人在合同无效情况下获利。该工程虽已交付使用，但至今未进行验收，作为承包人不仅要完成施工本身，而且要按照《建设工程资料管理规程》规定提交相关资料才能使工程验收合格。根据《2004 年建工解释》第十三条的规定，建设工程未经竣工验收，发包人擅自使用，不能主张质量不符合约定，但不是将建设工程视为验收合格。《省高级人民法院关于审理建设工程施工合同纠纷案件若干问题的解答》（以下简称《高院解答》）第一条也明确了建设工程施工合同无效，就建设工程对当事人进行折价补偿时可参照合同的哪些约定。建设工程施工合同无效，建设工程经验收合格的，承包人和发包人均可主张参照关于工程价款的约定折价补偿承包人。合同中关于工程价款计价方法、计价标准等与工程价款数额有关的约定可以作为折价补偿的依据。被上诉人认可的上诉人提交的预算造价和《案涉工程结算》，与被上诉人的共同施工人任某的录音可以相互印证，证明双方对于所鉴定的工程已经进行了结算，一审法院采信依据政府信息价作出的高于双方实际结算价 11630385.1 元的第三次鉴定意见错误。

三、一审法院以双方未确定剩余工程款为由否定上诉人就被上诉人的请求超过诉讼时效提出的抗辩，明显与双方已结算，认为应自应付款时间即 2013 年 12 月 31 日起计算利息相互矛盾。

被上诉人所举《案涉工程结算》就是双方的结算，该结算一直到 2014 年 3 月 7 日之前上诉人是付款的，被上诉人应在上诉人未付款之日两年内主张权利。一审法院引用《2004 年建工解释》第十八条，认定交付工程之日作为应付款时间，即 2013 年 12 月 31 日开始计算利息，那么 2013 年 12 月 31 日就是上诉人应履行给付义务的起点，也是被上诉人应保护自己权利的开始。即使未结算，被上诉人直到 2017 年的主张也明显超过两年的诉讼时效。

综上所述，一审法院未按照双方约定的固定单价、结算价款认定案涉工程价款，采信不具有鉴定资质和资格的鉴定机构、鉴定人出具的明显不合理的鉴定意见认定工程价款，致使被上诉人获得远远超过合同有效的工程价款，严重违背建设工程施工合同无效折价补偿的基本精神，支持了被上诉人超过诉讼时效的主张。恳请纠正一审判决，改判驳回被上诉人诉讼请求。

【被上诉人答辩】

一、上诉人称对案涉工程双方已经进行了结算不能成立。

答辩人提交的《案涉工程结算》系 A 公司加盖 D 公司印章单方出具，答辩人认可其中 8～13 号楼的结算款是依据上诉人与答辩人双方签订的书面合同确定的，对于其他由答辩人实际施工完成的部分，双方并未明确约定价款，对该部分按照 1000 元/m² 的固定单价进行结算不符合客观情况，答辩人对此不予认可，且答辩人对该结算结果也未签字认可。基于上述原因，答辩人对双方未采用书面合同进行约定部分的工程造价申请进行司法鉴定，符合《2004 年建工解释》第二十三条，"当事人对部分案件事实有争议的，仅对有争议的事实进行鉴定，但争议事实范围不能确定，或者双方当事人请求对全部事实鉴定的除外"，原审法院启动鉴定程序合法，上诉人称双方已经作出结算而不应该委托鉴定的上诉理由不能成立。

二、关于上诉人提出鉴定机构资质的问题，答辩人认为原审法院已经查明该鉴定机构具备鉴定资质，业务范围中包含工程造价纠纷，故其所出具的鉴定意见可以作为定案证据。

根据原审法院查明的事实及司法技术室出具的情况说明，原审法院在委托鉴定时 C 司法鉴定所在省高级人民法院确定的司法鉴定名册中，2018 年 7 月 23 日《关于严格审查对外委托专业机构的通知》中载明工程类的鉴定不应当再委托 C 司法鉴定所，但是该鉴定机构在接受委托时尚在省高院确定的名册中，对于其鉴定资格、资质确认问题，原审法院在选定该机构时并不存在任何过错，被上诉人对此更不存在过错，且在鉴定机构勘查现场时上诉人亦未对该鉴定机构提出异议，故原审法院对于该鉴定机构出具的鉴定意见予以采纳。且该鉴定机构从法院鉴定名录中排除后，根据被上诉人从省司法厅官网上查询的情况，该鉴定机构在《某省司法厅 2020 年度司法鉴定机构和司法鉴定人名册公告》公布的名单中，也能够说明其是具有资质的合法的鉴定机构。上诉人以鉴定机构不具有鉴定资质为由提出不应当采纳鉴定意见的上诉理由不能成立。

三、对于上诉人所认为的鉴定意见存在的问题，原审法院在"本院认为"部分均充分论理予以说明，一审法院采纳鉴定意见并无不当，上诉人的上诉理由不能成立。

关于上诉人提出原审法院未移交《案涉工程 8 号、9 号、11 号、12 号、15 号、1 号、2 号住宅楼工程工程量清单计价表》《案涉工程 3 号车库 20 轴-37 轴土建工程投标总价、幼儿园工程投标总价》的问题。首先，对于未签订合同的工程，工程量清单计价表和投标总价并不在双方约定范围内，答辩人并不认可以此计价，鉴定机构不能据此作为计价依据。其次，根据《建设工程造价鉴定规范》GB/T 51262—2017 第 5.3.4 条的规定，鉴定项目合同对计价依据、计价方法没有约定的，鉴定人可向委托人提出参照鉴定项目所在地同时期适用的计价依据、计价方法和签约时的市场价格信息进行鉴定的建议，鉴定人应按照委托人的决定进行鉴定。因此鉴定人依据同时期的计价依据进行鉴定符合鉴定规范。关于变更签证造价问题，并不存在重复计价的问题，1 号楼、2 号楼土方开挖及碎石砂垫层有签证单，因而应按照签证单进行鉴定。对于人工差、甲供材、管理费及税金问题，原审法院均已充分论理说明，鉴定意见并无不当。关于上诉人提出的答辩人因无效合同获利的理由，根据《2004 年建工解释》第二条、第十三条规定，案涉工程虽未进行竣工验收，但上诉人已占有使用，在长达数年的使用时间内并未对验收事宜提出异议，答辩人参照合同约定及鉴定意见要求支付工程价款符合《2004 年建工解释》的规定，原审判决正确。综上所述，原审法院认定事实清楚，适用法律正确，答辩人与上诉人并未约定剩余工程款支付的期限，答辩人提起本案诉讼并未超过诉讼时效，对于原审判决应当予以维持，请求依法驳回上诉，维持原判。

【二审裁判观点】

一、A 公司与张某签订的书面施工合同及补充条款均无效。由于 A 公司已经实际使用案涉工程，张某有权主张工程价款。就本案争议的部分工程双方没有书面合同约定，因此对该部分工程不能参照合同约定折价补偿。

《2004 年建工解释》第一条规定："建设工程施工合同具有下列情形之一的，应当根据合同法第五十二条第（五）项的规定，认定无效：（一）承包人未取得建筑施工企业资质或者超越资质等级的……"本案被上诉人张某并无建筑施工的资质，故其与上诉人 A 公司之间签订的书面施工合同及补充条款均无效。

《2004 年建工解释》第二条规定："建设工程施工合同无效，但建设工程经竣工验收合格，承包人请求参照合同约定支付工程价款的，应予支持。"本案工程虽未经竣工验收，但根据《2004 年建工解释》第十三条的规定，"建设工程未经竣工验收，发包人擅自使用后，又以使用部分质量不符合约定为由主张权利的，不予支持"，在 A 公司已实际使用案涉工程的情况下，张某主张工程款合乎法律规定。《高院解答》第一条明确的是建设工程施工合同无效，工程经验收合格的，承包人和发包人双方均可主张参照关于工程价款的约定折价补偿承包人，合同中关于工程价款计价方法、计价标准等与工程价款数额有关的约定可以作为折价补偿的依据。因本案双方对于争议部分没有合同约定，不能参照适用该解答内容。

二、本案双方对未签订书面合同部分的工程价款未达成一致意见，没有形成结算协议，工程价款尚未确定，剩余工程款付款期限未定，故张某的起诉未超过诉讼时效。

《2008年诉讼时效规定》第六条规定："未约定履行期限的合同，依照合同法第六十一条、第六十二条的规定，可以确定履行期限的，诉讼时效期间从履行期限届满之日起计算；不能确定履行期限的，诉讼时效期间从债权人要求债务人履行义务的宽限期届满之日起计算，但债务人在债权人第一次向其主张权利之时明确表示不履行义务的，诉讼时效期间从债务人明确表示不履行义务之日起计算。"由于本案双方对未签订书面合同部分的工程价款未达成一致意见，没有形成结算协议，工程价款尚未确定，剩余工程款付款期限未定，上诉人称本案被上诉人起诉超过诉讼时效的理由于法不合，不能成立。

三、无合同约定部分的工程与有合同约定部分的工程结构不一致，不能参照有合同约定部分工程计算价款，本案司法鉴定具有必要性、合理性。

诉讼中，双方当事人均认可对于部分工程没有书面约定，上诉人认为对于未签订合同部分的工程价款双方口头约定 1000 元/m²，被上诉人对此不予认可，称双方并未约定具体价款，也未达成最终结算协议，根据查明的事实，该部分涉及的房屋结构并不相同，不能按照有合同约定部分的工程计算价款，并提供了某市建设规划许可证证明案涉 1 号楼、2 号楼与双方有合同约定的其他房屋的结构完全不一致。在此情况下，一审法院根据被上诉人申请，依法对双方没有书面合同约定的部分工程，即 1 号楼、2 号楼、3 号车库 20～37 轴、幼儿园、会所部分进行工程造价鉴定，是合理必要的程序，亦符合《2004年建工解释》第二十三条的规定"当事人对部分案件事实有争议的，仅对有争议的事实进行鉴定"，于法有据，并无不当。

四、原审法院委托的鉴定机构及其鉴定人员符合法律规定。

C 鉴定机构具有中华人民共和国司法鉴定许可证，业务范围包括工程造价纠纷，具备鉴定资质。2018 年 7 月 23 日《关于严格审查对外委托专业机构的通知》中虽载明工程类的鉴定不应当再委托 C 司法鉴定所，但该鉴定机构接受委托时间为 2018 年 4 月 16 日，其时该机构尚在法院确定的名册中，且在鉴定机构勘查现场时上诉人亦未对该鉴定机构提出异议，该鉴定机构接受委托作出鉴定符合法律规定。鉴定人陈某、王某均有鉴定执业资格证书，具有鉴定资质，且执业资格证书记载二人的执业机构均为 C 司法鉴定所。故原审法院委托的鉴定机构及其鉴定人员符合法律规定。

五、鉴定结论恰当，可予使用。

就案涉工程中部分工程双方未签订书面合同或协议，关于双方签订书面合同或协议部分的工程价款，A 公司对张某提供的《案涉工程结算》予以认可，故有对于书面约定的 8～13 号楼及公厕、消防水池、变更签证单的工程价款原审判决据此进行认定并无不当；对于双方未签订书面合同或协议的工程部分的价款，即 1 号楼、2 号楼、3 号车库 20～37 轴、幼儿园、会所已完工程部分，一审法院依法通过司法鉴定进行确定正确。对有关鉴定结论所涉具体费用问题，进一步评析如下。

1. 鉴定机构以 2012 年第三期政府信息价作为鉴定依据是否适当。A 公司提出，从双方签订合同约定的工程封顶时间以及签证等各类材料记载的时间可以看出，工程实际施工时间为 2011 年，鉴定意见按照 2012 年政府信息价计算价款错误。根据查明的事实，2012年案涉工程尚在建设中，2013 年年底方才交付 A 公司，A 公司亦认可工程于 2013 年年底交付，鉴定机构以 2012 年第三期政府信息价作为鉴定依据，符合《建设工程造价鉴定规范》GB/T 51262—2017 第 5.3.3 条的规定，在鉴定项目工程合同对计价依据、计价方法约定不明或没有约定的情况下，当事人之间发生争议，鉴定人可参照鉴定项目所在地同时期适用的计价依据、计价方法进行鉴定，原审判决对鉴定机构以张某提供的 1 号楼、2 号楼施工质量技术资料通用表，地下车库幼儿园会所工程质量控制资料表，上诉人认可的工程交付时间等确定的施工日期及政府信息价作为鉴定计价依据予以认可，有事实和法律依据，并无不当。

2. 人工费调整是否适当。2010 年以来，建筑劳务市场人工单价普遍上涨，为客观反映建设工程人工单价水平，某省住房和城乡建设厅根据相关规定，在内外调研的基础上，对现行建设工程的综合人工单价进行调整，2011 年 11 月 28 日制定印发了《某省住房和城乡建设厅关于调整房屋建筑和市政基础设施工程工程量清单计价综合人工单价的通知》，2011 年 12 月 1 日起执行，并规定，2011 年 12 月 1 日以前未办理竣工结算的工程，合同约定执行国家调价政策的，对于 2011 年 12 月 1 日以后完成的工程量，执行调整后标准；合同未约定的，是否调整及调整幅度由双方商定。该通知对双方协商后无法达成一致意见的情况未作规定。因案涉工程施工期间上述通知已开始执行，且本案司法鉴定部分是针对双方没有任何书面约定的工程部分，鉴定机构鉴于建筑劳务市场人工单价普遍上涨的实际，参考工程所在地政府建设工程主管部门新颁发的指导价，对人工费指导价进行调整，符合《建设工程造价鉴定规范》GB/T 51262—2017 第 5.6.3 条规定的委托人决定的精神，符合公平等价原则，一审法院予以确认并无不当。

3. 管理费、税金、利润、劳保费等应否全部计入工程造价的问题。建设工程施工合同无效时，依法应当按照折价补偿的方式处理，故《2004 年建工解释》第二条规定："建设工程施工合同无效，但建设工程经竣工验收合格，承包人请求参照合同约定支付工程价款的，应予支持。"劳保统筹费本身并未包含在原判决认定的工程造价中。税金是否计入工程造价，具体要看双方如何约定。至于管理费和利润部分，无论承包人是个人还是建筑企业，均属于承包人进行建设工程施工支出的必要成本或应得利益，应当计入工程造价。本案双方对于鉴定部分工程并无任何书面约定，上诉人认为税金等不应计入工程造价的理由缺乏充分事实和法律依据，不能成立。

4. 变更签证的造价是否存在重复计算的问题。A 公司上诉提出，一审对鉴定意见中变更签证造价 868373.77 元与《案涉工程结算》中变更签证单造价 5222364.04 元存在重复计算。对此，鉴定机构人员在二审中说明，868373.77 元是针对双方间没有合同约定的部分涉及的签证，案涉两个变更签证造价是由两个平台的两个人作出的，与《案涉工程结算》中的变更签证单造价无法比对。被上诉人认为，鉴定意见中的变更工程计价是对于未签订合同部分的工程量的变更计价，系鉴定机构依据施工图纸中的增量进行的鉴定，而《案涉工程结算》中的变更造价则是对于双方签订合同部分的工程变更造价，与鉴定意见中的变更工程造价并不重复。故关于变更签证是否存在重复计算，因上诉人未能提供《案涉工程结算》中"14变更签证单"项下的具体签证单，无法将其与鉴定意见中的具体签证单进行具体比对，上诉人提出本案存在变更签证造价重复计算的证据不足，该上诉理由不能成立。

5. 鉴定机构的17号函与24号鉴定意见书相比是否多计算多孔砖和生石灰等3项材料累计价款157442.86元问题。对此鉴定机构一审作出回复，根据法院转来的《2020年10月21日函》，两次鉴定中的主要调整为材料价格的调整，原来是根据合同签订时间采用2011年第一期政府信息价进行鉴定，后根据法院转来资料可看出施工时间为2012年，因此材料价格调整为2012年第三期政府信息价。二审期间法院询问了鉴定人员并由鉴定机构出具了《回复函》，鉴定机构说明，因在审理过程中原被告陆续提供鉴定材料至法院，包括甲供材、认质认价等材料，17号函根据鉴定材料进行了调整，前后两次鉴定造价发生了变化；主要材料表是由计价软件默认造成，在所有人材机里面自动选择20项主要材料形成报表，造价不一样两次报表不一样属于正常现象，不代表主要材料表里面没有的材料就没有发生，更不能说明17号函多出的材料就是增加，每个单位工程的主要材料价格表报表中一共体现20项材料，如两次鉴定对比的话报表中体现材料有增加就应该有减少，例如3号车库土建工程在17号函中主要材料价格表就没有钢筋直螺纹连接套Φ20这项材料，而软件默认体现了生石灰，其中多孔砖部分在24号鉴定意见书中1号、2号楼土建工程正负零以上工程清单的第4条均可查看，生石灰部分在24号鉴定意见书中3号车库土建工程第35、39、40条清单中可查看，A公司所提3项材料数量无任何变化。综合本案一、二审期间的鉴定人员说明、鉴定机构回复，本案鉴定不存在对多孔砖、生石灰多计算材料累计价款157442.86元问题。上诉人该上诉理由不能成立。

6. 甲供材钢筋是否应予预算价、市场价两个价格核实核减问题。本案鉴定材料《甲供材料表》中出现甲供材钢筋预算价和市场价，是计价软件的设置，但材料预算价不应当作为鉴定依据，鉴定结论已按照市场价进行计算并予以扣减。对此鉴定机构一审已明确回复称，原来是根据合同签订时间采用2011年第一期政府信息价进行鉴定，后根据法院转来资料可看出施工时间为2012年，故材料价格调整为2012年第三期政府信息价。上诉人该上诉理由亦不能成立。

【二审裁判结果】

驳回上诉，维持原判。

【律师评析】

《民法典》第七百九十三条规定，建设工程施工合同无效，但是建设工程经验收合格的，可以参照合同关于工程价款的约定折价补偿承包人。本案中，法院查明案涉工程由张某实际进行施工建设，在发包人已经占有并使用工程，且未对工程质量提出任何异议的情况下，实际施工人如约履行了合同义务，应当享有参照合同约定请求支付工程价款的权利。故就双方有明确书面约定的部分，法院认可参照合同约定计算工程价款，但是对于未有明确书面约定的部分，法院认为该部分工程与已有书面约定部分的工程结构不同，因此不可参照已有的书面约定计算工程价款，而应当采纳鉴定结论。由此可见，"参照合同约定"的前提是"合同"存在并有证据佐证。

【相关案例索引】

① 涟水和誉房地产开发有限公司与刘某、江苏明远建设工程有限公司建设工程施工合同纠纷一案

案号：（2020）苏 08 民终 440 号

裁判观点：刘某借用江苏明远建设工程有限公司（以下简称明远公司）资质与涟水和誉房地产开发有限公司（以下简称和誉公司）签订桩基施工合同，违反法律强制性规定，双方因此形成的施工合同及补充协议均为无效合同。因刘某系借用明远公司名义承建工程，刘某系实际施工人，明远公司也明确工程上的权利义务由刘某享有和承担，且案涉工程经和誉公司验收合格，故刘某有权参照合同约定，要求和誉公司支付工程价款。

② 福建合德轻工有限公司、苏某建设工程施工合同纠纷一案

案号：（2019）闽民再 468 号

裁判观点：苏某不具有从事建设工程的施工资质，其与福建合德轻工有限公司（以下简称合德公司）订立的施工合同违反相关法律的效力性强制性规定，本案建设工程施工合同应被认定无效。对于合同无效，双方均有过错，应各自承担相应的过错责任。鉴于苏某所投入的劳动或财产已物化为建设工程，不适用返还方式，所以只能适用折价补偿方式处理。合德公司已对案涉工程投入使用，虽双方未对完成的施工项目的工程款进行结算，但苏某按合同价款 242 万元主张权利，低于合德公司在原一审中自认的工程价款 2424620 元（即 $220 元/m^2 \times$ 被告自认的厂房面积 $11021m^2$），该处分行为符合法律规定，予以支持。

案例 2：实际施工人有权向发包人主张工程款利息

【引言】

根据《2020 年建工解释（一）》的规定，转包的合同属于无效合同，但是如果工程竣工验收合格，实际施工人可以起诉要求发包人与承包人参照合同约定支付报酬。但如果承包人一直未能支付工程款，实际施工人同样可以要求发包人与承包人承担工程款利息，但是发包人只需在其给付责任范围内给付利息。关于利息标准，如发包方与承包方对利息有约定，参照约定；未约定利息计算标准的，一般按银行贷款利率进行计算。

【案例来源】

（2020）最高法民终 1008 号

【诉讼主体】

逯某：一审原告、二审被上诉人

A公司：一审被告、二审上诉人

B公司：一审被告、二审上诉人

【原告起诉请求】

一、A公司给付逯某工程款34606196.69元；二、A公司给付上述工程款的利息（自2013年11月23日起计算至实际给付之日止，按照中国人民银行同期同类贷款利率计算）；三、B公司在欠付工程款本金及利息范围内对逯某承担给付责任；四、诉讼费用、保全费、鉴定费由A公司、B公司负担。

【争议焦点】

一、A公司尚欠逯某工程款数额；二、B公司对逯某给付责任的范围及给付数额。

【基本案情】

一、A公司与B公司之间的合同签订及履行情况

2011年5月1日，B公司与A公司签订《建设工程施工合同》，约定：工程名称为案涉工程；工程内容（建筑规模、结构特征等）见承揽工程项目一览表，即6-8号楼、6-9号楼、6-10号楼、6-11号楼、6-12号楼、6-13号楼、6-14号楼、6-15号楼、6-16号楼、6-18号楼、6-20号楼、6-22号楼、6-24号楼、6-26号楼、6-27号楼、6-29号楼及6区地下车库工程共计17个单体工程；承包范围为土建、水、电、暖；工期为2011年5月1日至2012年10月30日，日历天数549天，合同价款暂定为15906万元，最终以工程结算为准。合同专用条款第6.1款约定："指定分包工程，本工程不得转包、违法分包。"第40.1款约定："发包人供应材料设备。"并约定"发包人供应材料设备一览表"，作为本合同的附件。第40.6款约定："发包人供应材料设备的结算方式，按照发包人有关结算规定执行。"第50.2款约定："合同价款的确定方式详见补充条款。"第64.1款约定："竣工结算按通用条款64.2款至64.7款的规定办理。"第65.5款约定："质量保证金的金额及扣留，质保金数额为合同价款的5%……结算时一次性扣留5%。"补充条款约定："一、工程结算。以竣工图纸、设计变更、施工组织设计、现场经济签证、工程竣工资料为结算依据进行结算。定额执行现行施工年度《某省建设工程计价依据》各分册某市单价表；人工单价为65元/工日（装饰工程：75元/工日）；取费定额日工资标准为53元/工日，人工单价65元/工日（装饰工程：75元/工日）与定额日工资标准53元/工日之差结算列入费用计算程序'其他费用'内。二、材料价差调整方法。由发包人统一组织招标、谈判采购的物资材料，结算材料（含构件及设备）价格按发包人招标的中标价格或谈判价格的预算价格执行；由承包人按发包人规定自行采购的材料（含构件及设备），结算材料价格按发包人施工年度工程结算文件规定执行。三、其他费用的计取。不计取总承包服务费，其他费用结算时，按发包人施工年度工程结算文件规定执行。安全生产通用措施费及规费均按评价及核定的标准执行；规费中的养老保险费，根据庆政办发〔2007〕33号文件的要求由

发包人代扣代缴。内部施工企业，集中供暖费、住房公积金等费用均按定额标准执行，不另行计算。四、工期。2011年5月1日至2012年10月30日……五、支付方式。以形象进度为准，合同签订后，工程开工时，拨付合同金额的30%（扣除甲供材料费用）；总体工程量完成50%时且工程质量验收合格，拨付至合同金额的40%，总体工程量完成70%时且工程质量验收合格，拨付至合同金额的60%；工程竣工且工程质量验收合格，拨付至合同金额的70%；结算完毕后，预留工程总造价的5%作为工程保修款，其余部分一次性支付（发包人在拨付工程进度款时，按相应比例扣除发包人采购的材料、构件及设备费用）……十二、为了保证小区整体施工质量、确保整体功能，部分专业性较强的分项工程由发包人统一组织招标，确定施工队伍，由发包人直接管理。"通用条款第59.2款约定："如果发包人支付延迟，则承包人有权按专用条款约定的利率计算和得到利息。利息从应支付之日算起直到该笔延迟款项支付之日止。专用条款没有约定利率的，按照中国人民银行发布的同期同类贷款利率计算。"第64.6款约定："发包人未按第64.5款规定支付竣工结算价款的，承包人有权依据第59.2款规定取得延迟给付的利息，并可催告发包人支付结算价款。竣工结算报告生效后28天内仍未支付的，承包人可与发包人协商将该工程折价，也可直接向人民法院申请将该工程依法拍卖，承包人就该工程折价或拍卖价款优先受偿。"专用条款"六、工程造价"中第59条为"支付事项"，其中，第59.2款"约定利率"中有两个备选项，第一项为"按照中国人民银行发布的同期同类贷款利率"，第二项为"约定为：按照中国人民银行发布的同期同类存款利率"，双方在合同中勾选了第二项。

2012年8月12日，B公司案涉工程第二项目经理部召开会议，并形成《三方共管备忘录》，参加会议人员为建设单位人员，施工单位A公司办事处徐某，A公司项目部逯某、张某，各相关楼号的负责人。会议宣布：（1）即日起，由A公司承建的案涉工程各单体及地库工程由三方共管，第一方为B公司，第二方为A公司，第三方为逯某，三方共同合作推进工程建设；（2）通报对案涉工程各单体及地库工程的审计情况。由于各方对工程拨付款情况提出质疑，第二项目经理部委托会计事务所、审计事务所进行了突击审计。审计表明：公司如期拨付了工程款；徐某并未足额提取管理费，且未计提保修费、税费、超投资将工程款拨付逯某；逯某往来账亦反映出其并未扣留工程款，且垫资1000万元以上。会议认为，由于各方对工程均有资金投入，因此各方均为非既得利益者，为合作方。

二、A公司与逯某之间的合同签订及履行情况

2011年5月24日，A公司与案涉工程项目部签订《拨款协议书》，约定："一、建设单位根据工程进度下拨工程款，工程款进入A公司账户后，A公司每次拨付总额的1%扣除管理费后，依据案涉工程项目部工资表及时发放员工工资。在上缴各项费用后将余款在3个工作日内一次性全额转入项目部指定的账户。二、A公司每次转款所缴纳的银行管理费，由项目部全额承担。三、拨款到达A公司账户后，因无法克服的因素，耽误向项目部转款，A公司应及时说明原因，并说明转款时间。四、A公司向项目部账户转款时，不得擅自提高扣款额度和员工工资。因转款发生纠纷影响施工造成损失，由A公司承担责任。

五、如项目部不履行工程合同，出现拖欠工资，拖欠材料款以及租赁费用，A公司有权代扣代付……八、本协议至工程质量保证金全部返还项目部、协议条款全部履行完毕后自行废止。"A公司在该协议甲方处签章，逯某在该协议乙方处签字。上述合同及协议签订后，逯某以项目部的名义进行施工。B公司将工程进度款拨付至A公司，A公司又将款项拨付给逯某。

2013年10月至11月20日，案涉各项工程的《竣工验收报告》相继出具。对于案涉工程及其他工程，由B公司委托工程造价公司进行工程总造价审计，逯某代表A公司报送总造价314157445.34元，审计金额为258776143.03元。逯某对审计结论不认可，一审法院组织三方当事人对审减的不符合形式要件的部分予以补强，经B公司及其审核机构确认，增加造价为7384148.54元（补强各方签章的工程量3942601.53元＋经监理单位签章的工程量3441547.01元）。逯某又申请对剩余的审减部分进行司法鉴定，一审法院准许后，对逯某有证据证实已经实际发生的工程量进行司法鉴定。司法鉴定及补充鉴定确定价款为16995291.59元。由于该价款中含有与审计部分重复的内容，经逯某与B公司及其聘请的审计机构协商，第一次核减了853多万元，之后，各方在包含原补强各方签章的工程量3942601.53元的基础上，再次核减重复部分价款4625705.31元。由于经监理单位签章的工程项目与鉴定机构认定的工程项目不存在重复计价的情形，故一审法院认定案涉工程总造价为274587276.32元（258776143.03元＋3441547.01元＋16995291.59元－4625705.31元）。

B公司提交的工程付款情况表载明其已经支付工程款241687143.16元，逯某认可其中的234741638.08元（甲供材料151558064.34元＋实付工程款78638060.93元＋住户赔偿9000元＋维修扣款640862.19元＋执行款668533元＋意外伤害险71040元＋养老保险3156077.62元），A公司认可B公司向其付款78638060.93元。逯某对甲供材税金6328605.08元、农民工返乡路费165200元、工程罚款451700元有异议，认为定额取费中税款应按照3.48%的税率计算，应扣税款为5274220.63元（甲供材151558064.34元×3.48%），B公司多扣了1054384.45元，而农民工返乡路费由B公司直接支付给农民工，其不认识领款签字的农民工，罚款属于施工中存在问题，逯某已经改正且工程已经验收合格，不应计取罚款。

2019年11月7日，A公司与逯某对拨付工程款进行了核对，双方认可A公司向逯某实际支付工程款79023000.96元。之后，逯某向一审法院提交的对账明细中含有2012年8月18日李某收取的40万元对应的收据复印件，该收据载明款项数额为4万元，为此逯某主张双方对账的已付工程款数额应调整为78663000.96元。A公司向一审法院邮寄《对账说明》，认可李某的40万元为4万元的情况，同时提出2012年8月25日吴某收取的5万元，2012年9月29日李某的借款10万元，2012年8月15日代付给张某的2万元，2012年8月19日代付给学某的2万元，均应计入A公司向逯某支付的工程款。逯某向一审法院明确表示其自愿按照《拨款协议书》第一条约定，给付A公司拨款总额1%的管理费即786630元，给付律师代理费、差旅费75万元。

三、案涉工程涉诉情况

1.C公司诉A公司买卖合同纠纷案中，C公司以A公司尚欠建筑材料货款105万元及利息为由将其诉至人民法院，法院于2017年6月20日作出判决，判决A公司支付C公司材料款105万元及自2015年9月12日至判决生效之日按中国人民银行同期同类贷款利率计算的利息，缴纳案件受理费、保全费、鉴定费共计33850元；A公司不服提出上诉，法院于2017年11月22日作出判决，判决驳回上诉，维持原判，二审案件受理费14250元由A公司负担。法院根据该案生效民事判决及C公司申请对该案予以执行，执行中，法院作出执行裁定书，以C公司撤回执行申请为由，裁定终结执行。

2.周某诉B公司、A公司建设工程施工合同纠纷案，该案中逯某为第三人。周某以B公司、A公司拖欠工程款为由将其诉至人民法院。法院于2016年11月14日作出判决，判决A公司支付周某劳务费2824129.9元、利息169447.79元；A公司不服，提出上诉，法院于2017年7月4日作出判决，改判A公司向周某支付工程款2658309.9元、利息169447.79元，并负担一审、二审案件受理费各29422.06元。法院于2018年4月17日制作执行通知书，责令A公司支付欠款2658309.9元及利息、迟延履行期间加倍债务利息、两审案件受理费58844元及执行费。

3.邹某诉A公司、D劳务公司劳动争议纠纷案中，邹某以其已与A公司建立事实劳动关系、D劳务公司未履行用人单位安全防护义务致使邹某发生劳动工伤为由，诉请二者赔偿，法院于2014年8月28日作出判决，判决A公司给付邹某198743元，负担案件受理费10元、鉴定费2700元。对于其中的216053元该院已实际执行到位。

【一审裁判观点】

一、A公司与B公司之间的合同有效，A公司与逯某之间的合同无效。

B公司与A公司签订的《建设工程施工合同》系合同双方的真实意思表示，不违反法律、行政法规的效力性强制性规定，又无导致合同无效的其他情形，应认定为有效合同。而A公司将其承包的工程全部交由逯某施工，属转包行为，根据《2004年建工解释》第四条的规定，应认定该行为无效。

二、逯某作为实际施工人，有权请求支付工程款及利息。

本案中，通过《三方共管备忘录》载明的情况可以看出，B公司为案涉工程的建设单位，A公司为案涉工程的施工单位，A公司将工程转包给逯某后，由逯某实际施工完成案涉工程，逯某应为案涉工程的实际施工人。由于案涉工程经竣工验收并实际使用，根据《2004年建工解释》第二条的规定，对逯某作为实际施工人请求参照《建设工程施工合同》约定支付工程款应予支持。经审计、司法鉴定及各方当事人核对，最终确定案涉工程总造价为274587276.32元。B公司认为其已支付工程款241687143.16元，逯某不认可B公司按照实际缴税情况扣除甲供材税金6328605.08元，由于案涉《建设工程施工合同》约定发包人供应材料设备的结算方式为"按照发包人有关结算规定执行"，而B公司在开发案涉项目过程中所执行的结算方式即为定额结算，在定额结算中材料费的税费计取标准系按比例取费，非按 B 公司自行缴纳税金的标准计取，故一审法院未将两种标准差额部分的 1054384.45 元认定为已付工程款。关于 B 公司已经支付的农民工返乡路费 165200 元，因该项支出的发生为施工人发放款项不及时所致，故该费用应由逯某承担。对于工程罚款451700 元，因该款为施工中违反现场管理规定所发生的款项，逯某又在庭审后认可该款，故一审法院不予调整。因此，一审法院认定 B 公司已支付工程款 240632758.71 元（241687143.16 元－1054384.45 元）。

根据《2004 年建工解释》第二十六条第二款"实际施工人以发包人为被告主张权利的，人民法院可以追加转包人或者违法分包人为本案当事人。发包人只在欠付工程价款范围内对实际施工人承担责任"的规定，B 公司应在欠付工程价款 33954517.61 元（274587276.32 元－240632758.71 元）范围内承担支付工程款的责任。A 公司收到 B 公司拨付的工程款 78638060.93 元，已向逯某支付工程款 78663000.96 元，其将案涉工程转包逯某后，未参与施工，其称对案涉工程进行了管理，亦未举示有力的证据予以证实，原则上其无权依据无效的转包协议向逯某收取管理费，应将收到 B 公司的款项支付给逯某。现逯某自愿给付 A 公司管理费 786630 元及律师代理费等 75 万元，合计 1536630 元，属对自身权利的处分，一审法院予以认可。

对于 A 公司提出的向吴某等支付的款项应计入已付工程款的问题，鉴于其与逯某在2019 年 11 月 7 日对账时，上述款项已经发生，是否计入已付工程款，应包含在双方对账时的意见里，不属于对账后应更正的笔误问题，一审法院不再审查。

因此，A 公司应向逯某支付工程款 32392947.58 元（33954517.61 元＋78638060.93 元－78663000.96 元－1536630 元）。又因案涉工程最迟部分在 2013 年 11 月 20 日竣工验收，故具有给付工程款义务的 A 公司、B 公司，对未付的工程款（除留取的质保金部分）均应自 2013 年 11 月 20 日起给付工程款的利息，质保金部分 13729363.82 元（274587276.32元×5%）自 2015 年 11 月 20 日起给付工程款的利息，按照中国人民银行同期同类贷款利率计息。

【一审裁判结果】

一、A 公司于判决生效十五日内给付逯某工程款 32392947.58 元及利息（以18663583.76 元为基数，自 2013 年 11 月 20 日起计息，以 13729363.82 元为基数，自2015 年 11 月 20 日起计息，上述利息共同计算至 2019 年 8 月 19 日，均按中国人民银行同期同类贷款利率计算；自 2019 年 8 月 20 日起至实际给付之日止，按全国银行间同业拆借中心公布的贷款市场报价利率计算）；二、B 公司在欠付工程价款 33954517.61 元及利息（以 20225153.79 元为基数，自 2013 年 11 月 20 日起计息，以 13729363.82 元为基数，自2015 年 11 月 20 日起计息，上述利息共同计算至 2019 年 8 月 19 日，均按中国人民银行同期同类贷款利率计算；自 2019 年 8 月 20 日起至实际给付之日止，按全国银行间同业拆借中心公布的贷款市场报价利率计算）范围内对逯某承担给付责任；三、驳回逯某的其他诉讼请求。

【A 公司上诉理由】

一、一审法院对 A 公司与逯某之间的工程款项进行认定时，未将下列款项予以扣除。

1. 与案涉工程所涉及的纠纷相关的款项包括：周某诉 A 公司的建设工程施工合同纠纷案案款 2658309.9 元及利息 169447.79 元、C 公司诉 A 公司的买卖合同纠纷案案款 105 万元及利息、A 公司因以上诉讼案件支出的费用，市城乡建设局对 A 公司及法定代表人的行政处罚款项及滞纳金 3499320 元以及 A 公司为此进行行政诉讼支出的费用。上述几项款项还应包含但不限于案款、案件受理费、鉴定费、保全费、执行费、违约金及利息等。此外，还有就工人邹某诉 A 公司案，人民法院从 A 公司执行扣划的款项 216053 元。

2. 应扣除管理费 443370 元，一审最后一次庭审时逯某认可应向 A 公司支付管理费 123 万元，一审法院仅提及逯某自愿给付 A 公司管理费 786630 元。

3. 应扣除案涉工程逯某未缴纳的税款。

二、A 公司与案涉工程项目部并未签订《拨款协议书》，双方只是就拨款事项进行了口头约定，认可相关内容而已。

三、A 公司未参与签订《三方共管备忘录》，一审判决提及的参加会议人员徐某、张某均是逯某一方人员，具体签订事项，A 公司并不清楚。

四、一审法院遗漏了 2018 年 2 月 9 日 A 公司与逯某签订的《结算协议书》，一审中各方已对该证据进行质证。

【被上诉人答辩】

A 公司主张的诉请款项类别是其与第三人的诉讼纠纷而产生的判决款、诉讼费、执行款、滞纳金、律师费、管理费、税款，以及行政罚款及滞纳金。上述费用均是以 A 公司为主体而产生，与逯某并无直接关系，且大部分费用未实际发生。而 A 公司提及的《结算协议书》已经被逯某撤回，不发生法律效力，在 A 公司未盖章的情况下，逯某发出撤回通知书，一审中逯某已提交该证据。逯某与 A 公司多次对账，形成多份结算书，最后一份结算书的形成时间为 2019 年 11 月 7 日，该结算书是在本案诉讼过程中形成的对账明细，各方均签字确认对此予以认可。因此，A 公司主张从工程款中扣除上述款项并无事实及法律依据，一审法院认定事实清楚，适用法律正确，应予维持。

【B 公司上诉理由】

一、关于欠款利息。

1. 利息从应付工程款之日计付，B 公司对迟延结算和未付工程尾款没有过错。《建设工程施工合同》专用条款中的补充条款第五项约定："结算完毕时，预留工程总造价的 5% 作为工程保修款，其余部分一次性支付。"该条约定表明，结算完毕是支付工程尾款的前提条件，而案涉工程于 2013 年 11 月 20 日竣工验收后并没有完成结算。一方面，根据《建设工程施工合同》专用条款第 64.8 款关于"发包人对工程结算的特殊要求是，承包人必须提供完整的工程结算及竣工文字资料"的约定可知，提交完整、真实、有效的竣工结算资料是完成结算不可缺少的前提条件，也是 A 公司必须履行的合同义务。另一方面，作为实际施工人的逯某，实际掌控着施工中形成的资料，也负有积极配合 A 公司提交的义务，但其未提交满足结算所需的全部有效资料，导致结算无法进行。最终，工程总造价是由一审法院协调各方当事人结算对账并部分委托鉴定后判决确定。因此，在一审判决没有生效前不应给付工程尾款，也不应支付利息。

2. 关于利息计算标准，即使 B 公司应承担利息损失，也不应按照银行贷款利率承担。根据《建设工程施工合同》专用条款第 59.2 款对利息计算标准的约定，应当按照中国人民银行发布的同期同类存款利率执行。上述约定系双方对结算付款和利息支付内容的真实意思表示，同时，根据《2004 年建工解释》第十七条的规定，本案合同专用条款按银行存款利率标准计付利息的约定应得到优先适用。而且，B 公司与逯某之间不存在合同关系，其起诉 B 公司主张权利已突破合同的相对性，实际施工人对合同相对性的突破只是合同主体身份上的突破而不是合同权利义务的突破。作为发包人的 B 公司在本案中对逯某承担的是有限的给付责任，即基于与 A 公司之间的合同约定在欠付 A 公司利息范围内承担利息给付责任，而不是在逯某辩称的在利息损失范围内承担责任。

3. 部分质保金计息时间错误，《建设工程施工合同》合同附件 3《工程质量保修书》第 2 条第 2 款质量保修期约定："屋面防水工程、有防水要求的卫生间、房间和外墙面的防渗漏期限为 5 年"，即保修期从竣工验收合格的 2013 年 11 月 20 日开始到 2018 年 11 月 20 日。第 6 条约定："（1）保修期间内，如未发生返修项目，自工程保修开始满二年后，发包人向承包人支付预留保修款的 60%；保修期满后，发包人将剩余保修款返还给承包人。"质保期依工程内容不同分为 2 年和 5 年，质保金分两期支付，第一期支付 60% 的质保金，于保修期开始两年后支付，第二期支付 40% 的质保金，于质保期满支付，即应于 2018 年 11 月 20 日支付，相应的利息也从该日开始计算。本案一审判决确认的质保金总额为 13729363.82 元。按照合同约定，剩余 40% 的质保金 5491745.53 元应于 5 年质保期满后的 2018 年 11 月 20 日支付，利息也应从该日起计算。

二、关于甲供材税金，案涉工程是 2013 年之前的工程，应适用当时的法律规定。

一方面，根据原《中华人民共和国营业税暂行条例》第一条和第十六条的规定，提供建筑工程劳务的单位是营业税的纳税义务人，并且营业额中包括工程所用材料。营业税改征增值税后，根据该暂行条例，提供建筑工程劳务属于提供销售服务，提供单位是增值税的纳税义务人。因此，作为案涉工程承包单位的 A 公司是法定的纳税义务人，应承担包括甲供材在内的工程款的纳税义务。而且 B 公司作为发包方，将采购的材料用于自身的工程项目，材料所有权并未发生转移，既不属于《中华人民共和国增值税暂行条例》规定的销售货物，也不属于视同销售货物，B 公司不是纳税义务人。B 公司提供甲供材，实质上是在代替 A 公司购买材料，实际缴纳的税金应由 A 公司承担。另一方面，根据《中华人民共和国营业税暂行条例实施细则》第十六条的规定，从事建筑、修缮、装饰工程作业，无论与对方如何结算，其营业额均应包括工程所用原材料及其他物资和动力的价款在内。即施工时无论是甲方供料还是包工包料，材料款都由施工单位计入工程造价，施工单位按工程决算缴纳营业税。案涉工程约定包工、部分包料。甲方供料相当于 B 公司代 A 公司购买材料，购买原材料税费 B 公司已承担。A 公司承担的是将材料款作为工程造价款的一部分，相应税款为建筑工程发票的税款，这和 A 公司自行购买原材料要进入工程结算，并给

B公司开具建筑工程发票缴税后果等同。并且，在结算中，规费、企业管理费、利润和税费等各种费用是以人工费、机械费、材料费（包括甲供材费用）等作为基础进行计算。一审判决未将1054384.45元甲供材税金认定为B公司已付工程款，实际上是认定该笔税金由B公司承担，既没有合同依据，也没有法律依据。

综上，请求纠正一审判决错误之处，支持B公司的上诉请求。

【被上诉人答辩】

一、一审法院认定利息的计算时间、计算标准、计算范围正确。

1. 工程款利息起算时间为竣工之日。《2004年建工解释》第十八条规定："利息从应付工程价款之日计付。当事人对付款时间没有约定或者约定不明的，下列时间视为应付款时间：（一）建设工程已实际交付的，为交付之日；（二）建设工程没有交付的，为提交竣工结算文件之日；（三）建设工程未交付，工程价款也未结算的，为当事人起诉之日。"本案中，逯某与B公司之间并无书面合同，而案涉工程于2013年11月20日全部完工，并通过A公司验收，完成交付使用。此外，自交付后逯某多次代A公司向B公司提交结算材料，故工程款付款时间应为2013年11月20日，且逯某对结算事宜并无过错。

2. 关于质保金的计算时间，《工程质量保修书》第2条第2款关于质保期限的约定，与绝大部分工程均是2年质保期且质保期满后应当返还质保金的约定相冲突，B公司片面理解合同，要求所有预留质保金的比例均为40％的主张没有合同及事实依据。

3. 关于工程款利息计算标准，通用条款第59.2款约定的内容实为最低按照贷款利率计算利息的意思表示，即如专用条款有约定可按照高于贷款利率的标准计算。该专用条款为B公司提供的文本，其内容与通用条款的语义相冲突，仅约定了进度款按存款利率计息，未约定结算款按存款利率计息，故应以通用条款的约定作为计算利息的标准。而根据《2004年建工解释》第十七条的规定，即使逯某作为实际施工人与B公司无直接施工合同，仍应按照贷款利率标准计算利息。

4. 关于可支持的利息范围，案涉房屋于2013年验收合格后投入使用，B公司销售房屋后已收取房款，但至今逯某仍有三千多万元工程款未得到支付。B公司恶意拒绝进行结算，工期被拖延一年之久，故B公司应承担与其过错相当的责任。

二、一审法院认定的甲供材税金的承担主体正确。一审法院并非将税金全额判定由B公司承担，而是按定额取费税率的3.48％计算，扣除的1054384.45元是超出该税率范围之外的部分。

【二审裁判观点】

本案为建设工程施工合同纠纷。B公司与A公司签订的《建设工程施工合同》系合同双方的真实意思表示，不违反法律、行政法规的效力性强制性规定，合法有效。A公司将其承包的工程全部交由逯某施工，属转包行为，但不影响上述《建设工程施工合同》本身的效力。

一、关于本案中A公司尚欠逯某的工程款数额。

A公司上诉主张应在尚欠工程款中扣除以下款项：（1）因本案工程导致的A公司另

三个案件的判决及执行款项；（2）A公司及法定代表人被行政处罚的款项及就此进行诉讼的支出；（3）逯某自认的管理费差额；（4）案涉工程未缴的税款。对于以上几项，二审法院逐项分析认定如下。

1. 因本案工程导致的案外人诉A公司建设工程施工合同纠纷案、劳动争议纠纷案的判决款项应在A公司应付工程款中扣除。

关于另案判决及执行款项，A公司在二审中提出三个案件的款项应予抵扣，具体情况如下。（1）C公司诉A公司买卖合同纠纷案，生效民事判决认定A公司为承包人，合同相对方虽然为逯某，但逯某系由A公司授权委托，其行为后果由委托人A公司负担，故判令A公司支付C公司材料款105万元，以及自2015年9月12日至判决生效之日的中国人民银行同期同类贷款利息，并负担一、二审案件受理费、保全费、鉴定费共计48100元。（2）周某诉B公司、A公司建设工程施工合同纠纷案，生效民事判决判令A公司支付周某工程款2658309.9元、利息169447.79元，负担一、二审案件受理费各29422.06元。该案中，人民法院认定实际施工人为周某，A公司应支付工程款。A公司在该案中主张应由逯某支付工程款，人民法院基于逯某系A公司项目负责人的认定，未判决其承担直接支付工程款的责任，但亦未支持逯某在该案中作为第三人提出的不应支付工程款的理由。逯某在本案中关于该笔款项的抗辩理由为：该案中逯某为第三人，逯某在该案中已主张周某未能完成的工程量，周某主张的工程款数额依据不足。另外，判决履行义务的主体并非逯某，现不能证明逯某负有给付义务，作为第三人的逯某无法通过申请再审寻求司法救济。（3）邹某诉A公司、D劳务公司劳动争议纠纷案，该案中，人民法院认定邹某与A公司形成了事实上的劳动关系，判令A公司支付赔偿款，负担诉讼费、鉴定费，并实际执行了A公司款项216053元。该案中，虽然人民法院认定A公司将案涉工程劳务分包给D劳务公司，但该标段实际由逯某组织施工，逯某对此并无异议。其在本案中的抗辩理由为：邹某并非由其直接雇佣，系由逯某组织的施工队的负责人雇佣，且A公司未追加逯某为该案被告，具有过错，致使已经给邹某购买人身保险的逯某无法向保险公司或施工队负责人行使追偿权，应由A公司自行承担后果。逯某的抗辩理由为：逯某已经与C公司达成和解，以房抵顶了该工程款。二审法院认为，关于以上三笔款项，对应的工程均为逯某施工范围，相关付款问题均为逯某施工遗留问题，均由人民法院生效判决确认数额，虽判决履行义务的主体为A公司，但本案中，各方均认可A公司未参与实际工程建设，仅收取管理费，实际施工人、权利义务方均为逯某，A公司责任的产生均由逯某依据A公司授权委托书组织施工所致，因此，人民法院认定由A公司承担责任。并且，逯某没有成为三个案件被告系各案中原告未主张所致，A公司被列为被告，不能认定A公司对此存在主观过错。特别是，逯某在2011年5月1日出具的《担保书》，已明确案涉工程内产生的经济、安全等问题均由逯某负责。因此，以上三个案件的判决认定的法律责任在A公司与逯某之间发生，应由逯某承担。其中，买卖合同纠纷案判决生效后，C公司撤回执行申请，执行法院制作执行裁定书确认执行终结，逯某提交了其与C公司的《还款协议书》及C公司出具的《证明》，证实其与C公司达成抵债协议，由逯某履行给付义务。虽A公司对此不予认可，但现亦不能证明该案对其已产生义务，故本案中对该案款项不再理涉。另外，A公司主张三个案件的执行等费用亦应扣除，但A公司本可及时履行判决义务后再行向逯某主张，其未及时履行导致产生额外费用支出，不能认定该费用为逯某应承担的责任范围。综上，A公司关于在尚欠工程款中扣除上述部分民事判决款项的上诉主张成立，二审法院对此予以支持。以上部分判决确定A公司应给付案外人款项及缴纳案件相关费用总计3088054.81元（198743元＋10元＋2700元＋2658309.9元＋169447.79元＋29422.06元＋29422.06元），应在A公司尚欠工程款中予以扣除。

2. 行政处罚理由为非法转包，处罚对象为A公司及其法定代表人孟某，罚款应由A公司自行负担。

关于行政处罚罚款，A公司主张市城乡建设局对A公司处罚1590600元、对法定代表人孟某处罚159060元，以及以上罚款的滞纳金、行政诉讼费用应在尚欠逯某的工程款中扣除。二审法院认为，该行政处罚明确责任主体为A公司、孟某，并非逯某，处罚事由为"存在非法转包的行为"，该处罚主体、事项明确，属于行政机关直接针对A公司转包行为的罚款，不能认定为逯某应负担的范围。一审中，逯某已提供证据证明市城乡建设局亦已对逯某进行罚款且逯某已履行完毕，B公司对逯某提交的处罚决定书并无异议，A公司虽主张其真实性无法确定，但未能提供证据反驳，可以印证本案前述的对A公司、孟某的罚款亦属于其自行负担范围。因此，A公司该项上诉理由不能成立，对其该项上诉请求二审法院不予支持。

3. 逯某在判决前对其自愿认可支付的管理费数额进行了变更并作出合理解释，故在应付工程款中扣减的管理费应以其最终认可的数额为准。

关于管理费差额，A公司主张逯某一审中已自愿认可支付管理费123万元，一审法院仅认定786630元，对其余管理费443370元亦应一审法院予以支持。A公司该主张主要以一审法院2020年1月8日庭审笔录中逯某"原告认可从A公司应付款项中扣减75万元各项费用、123万元管理费"的自认为依据。二审法院认为，首先，本案中A公司与逯某的转包行为无效，双方基于无效行为产生的"管理费"并不属于人民法院应予强制判决的款项；其次，逯某参照约定的1%标准自愿给付款项，处分自身权益，应以其最终自愿认可数额为准。逯某虽在2020年1月8日自认给付123万元，但在2020年1月16日向一审法院出具说明，明确否定之前自认、变更数额，该说明已归入一审卷宗，一审法院将逯某在判决前最终确认的自愿给付数额，在尚欠工程款中予以扣减有所依据。二审中，逯某亦对第一次自认和最终自认的变化作出了解释，即第一次自认系对通过A公司账户收取的数额认定有误，最终自认系与各方确认该数额后，参照《拨款协议书》关于"建设单位根据工程进度下拨工程款，进入A公司账户后，A公司每次拨款总额的1‰扣除管理费"的约定所作出的最终处分行为，该解释较为客观合理，二审法院基于此对扣减金额不再予以调整。

4. A公司主张扣减的税款已包含在A公司与逯某均认可之《案涉工程A公司拨付工程款情况明细》所确认的A公司实际付款金额中，故A公司的该项主张不能成立。

关于税款，A公司主张其2012年实际开具发票缴纳的1030919.4元，未包含在会计师事务所出具的审计报告中，即未包括在一审法院认定的已付工程款中，应予纠正。经二审法院核查，一审法院认定A公司与逯某均认可的A公司实际付款78663000.96元，系以2019年11月7日的《案涉工程A公司拨付工程款情况明细》为依据，该明细已付款78663000.96元的组成中已包括A公司前述主张的2012年税款1030919.4元，故A公司该项上诉理由不能成立，二审法院对其该项上诉请求不予支持。

5. A公司在《结算协议书》上盖章前，逯某已明确撤回该协议，该协议未对双方发生法律效力。

A公司前述的几项上诉主张均提及以2018年2月9日《结算协议书》为基础，《结算协议书》对双方发生效力，在该《结算协议书》中逯某已认可以上部分款项。二审法院认为，《结算协议书》中逯某签字时注明了"甲方以盖章为准"，在A公司盖章前，逯某已明确表示撤回该协议书，并提交了双方因此发生纠纷公安机关参与调解的录像资料，较为客观。因此，该《结算协议书》中约定的内容并未对双方发生法律效力，不能直接作为定案依据，对该协议书中的合理之处，二审法院前述论理部分已予以评述并予以相应调整，不再赘述。

综上，一审法院认定A公司尚欠逯某工程款32392947.58元，有所不当，对于该数额有误之处二审法院予以纠正，应扣减两案民事判决确定的3088054.81元，剩余款项29304892.77元（32392947.58元－3088054.81元）为A公司在本案中尚欠逯某的工程款数额。

二、关于B公司对逯某给付责任的范围及数额问题。

B公司主要针对利息和甲供材税金差额提起上诉。关于利息，B公司上诉集中在利息负担主体、起算时间、计息标准以及质保金利息。二审法院认为，根据《2004年建工解释》第二十六条第二款关于"实际施工人以发包人为被告主张权利的，人民法院可以追加转包人或者违法分包人为本案当事人。发包人只在欠付工程价款范围内对实际施工人承担责任"的规定，本案中，B公司对逯某的给付责任，应以其对A公司欠付工程款范围为限，对该前提二审法院予以明确。

1. 就案涉工程已于2013年11月20日形成《竣工验收报告》并完成竣工验收且立即投入使用，故应于交付之日（2013年11月20日）起算利息。

关于利息负担主体和起算时间，B公司主张未完成结算不符合支付工程款条件，A公司、逯某不配合提交结算材料，应由其自行负担利息损失；主张结算未完成，应自判决之日计算利息。但是，B公司在本案中认可就案涉工程已于2013年11月20日最终形成《竣工验收报告》并竣工验收，且立即投入使用。因此，根据《2004年建工解释》第十八条关于"利息从应付工程价款之日计付。当事人对付款时间没有约定或者约定不明的，下列时间视为应付款时间：（一）建设工程已实际交付的，为交付之日；（二）建设工程没有交付的，为提交竣工结算文件之日；（三）建设工程未交付，工程价款也未结算的，为当事人起诉之日"的规定，案涉工程欠款利息应自2013年11月20日起算，一审法院对此认定并无不当。

2. 逯某无权突破合同相对性要求适用《2004 年建工解释》第十七条规定计算利息，本案应以 A 公司与 B 公司之间约定的利率计算利息。

关于利息计算标准，B 公司主张应按《建设工程施工合同》专用条款约定以存款利率计算；逯某主张依据《建设工程施工合同》通用条款约定，应按贷款利息计算。二审法院认为，《建设工程施工合同》是 B 公司与 A 公司关于工程款利息利率的约定，逯某与 B 公司并对于结算款利息利率并无直接合同约定。逯某主张按《2004 年建工解释》第十七条关于"当事人对欠付工程价款利息计付标准有约定的，按照约定处理；没有约定的，按照中国人民银行发布的同期同类贷款利率计息"的规定以贷款利率计息，系将逯某与 B 公司作为签订合同时直接权利义务方，突破了合同相对性，忽视了 B 公司在欠付 A 公司工程款范围内承担责任的限制。在本案中，B 公司已与 A 公司在专用条款中约定利息的利率标准为存款利率，其在本案给付责任范围内的利息应为依据中国人民银行同期同类存款利率计算的利息，一审法院对此认定有误，二审法院予以纠正。

3. 保修期 2 年届满后开始计算质保金利息符合 A 公司与 B 公司之间的约定。

关于质保金计息起算时间，经二审法院审核，《建设工程施工合同》附件 3《工程质量保修书》"质量保修期"的约定中，除防水外其他工程保修期均为 2 年，一审法院在工程竣工验收后 2 年始计算质保金利息，符合《工程质量保修书》关于"保修期满后发包人将剩余保修款返还给承包人"的约定，B 公司主张全部质保金中 40% 的款项的利息自竣工验收 5 年后开始计息，但该主张与前述约定矛盾，其亦不能证明单独防水项目对应的款项数额，故其该项上诉理由不能成立。

4. 税费的数额并不能由当事人或鉴定机构、审计机构自行确定，B 公司实际提供甲供材，甲供材价款计入工程造价，B 公司仅为代付税款主体，并非实际义务人，一审法院以定额计算比例认定税款，造成代付主体不当负担了税金差额。因此，甲供材税金差额应计入 B 公司已付工程款。

另外，关于甲供材税金差额 1054384.45 元的负担主体，该差额是 B 公司实际缴税数额与按定额结算方式计算税款的差额。一审法院认为 B 公司在开发案涉项目过程中所执行的结算方式为定额结算，在定额结算中材料费的税费计取标准系按比例取费，非 B 公司自行缴纳税金的标准，故该院未将两种标准差额部分的 1054384.45 元认定为已付工程款。但是，首先，税费属于国家依法予以征缴的法定款项，数额由税务机关依照相应法律法规等确定，并不能由当事人通过意思自治确定或由鉴定机构、审计机构自行确定；其次，《建设工程施工合同》通用条款第 74.1 款明确约定了"发包人、承包人及其分包人应按照国家现行税法和有关部门现行规定缴纳合同工程需缴的一切税费"，并未将承包人 A 公司及非法转包后的主体排除在外，亦未约定税款负担按定额结算；再次，《建设工程施工合同》签订及实际履行时，尚未失效的《中华人民共和国营业税暂行条例》第一条规定了提供劳务的单位和个人为营业税的纳税人，缴纳营业税，《中华人民共和国营业税暂行条例实施细则》第十六条规定了纳税人提供建筑业劳务的，其营业额应当包括工程所用原材料、设备及其他物资和动力价款在内，即当时的法律法规确定了劳务提供者的纳税义务人的地位。因此，在 B 公司将工程发包给 A 公司、A 公司转包给逯某的情况下，B 公司已实际提供了甲供材，甲供材价款计入工程造价，B 公司仅为代付税款主体，并非实际义务人，一审法院以定额计算比例认定税款，造成代付主体不当负担了税金差额，属于适用法律有误，二审法院对此予以纠正，该甲供材税金差额 1054384.45 元应计入 B 公司已付工程款。综上，B 公司已付工程款应为 241687143.16 元（一审判决认定的 240632758.71 元 ＋1054384.45 元），欠付工程款应为 32900133.16 元（274587276.32 元－241687143.16 元）。另外，如前所述，B 公司对逯某的给付责任，应以其对 A 公司欠付工程款范围为限。A 公司、B 公司其中一方全部或部分承担本判决第二项确定的工程价款以及利息，另一方相应减免逯某的给付责任。

【二审裁判结果】

一、撤销一审判决；二、A 公司于本判决生效十五日内给付逯某工程款 29304892.77 元及利息（利息以 15575528.95 元为基数，自 2013 年 11 月 20 日起计算至实际给付之日止；以 13729363.82 元为基数，自 2015 年 11 月 20 日起计算至实际给付之日止。上述利息自起算日至 2019 年 8 月 19 日均按中国人民银行同期同类贷款利率计算；自 2019 年 8 月 20 日起至实际给付之日均按全国银行间同业拆借中心公布的贷款市场报价利率计算）；三、B 公司在欠付 A 公司工程价款 32900133.16 元及利息（利息以 19170769.34 元为基数，自 2013 年 11 月 20 日起计算至实际给付之日止；以 13729363.82 元为基数，自 2015 年 11 月 20 日起计算至实际给付之日止。上述利息均按中国人民银行同期同类定期存款基准利率计算）范围内就本判决第二项确定的工程款及利息对逯某承担给付责任；四、驳回逯某的其他诉讼请求；五、驳回 A 公司的其他上诉请求；六、驳回 B 公司的其他上诉请求。

【律师评析】

本案为建设工程施工合同纠纷。B 公司与 A 公司签订的《建设工程施工合同》系合同双方的真实意思表示，不违反法律、行政法规的效力性强制性规定，合法有效。A 公司将其承包的工程全部交由逯某施工，属转包行为，但不影响上述《建设工程施工合同》本身的效力。一审法院关于本案合同效力的认定正确。

根据《2020 年建工解释（一）》第四十三条第二款关于"实际施工人以发包人为被告主张权利的，人民法院应当追加转包人或者违法分包人为本案第三人……发包人在欠付建设工程价款范围内对实际施工人承担责任"的规定，本案中，B 公司对逯某给付责任，应以其对 A 公司欠付工程款范围为限。

关于利息计算标准，实际施工人与发包人间并无直接合同关系，如果允许按实际施工人主张的利息标准计息意味着实际施工人可以从因转包而无效的合同中获益，忽视了发包人在欠付承包人工程款范围内承担责任的限制。如果发包人与承包人签订的施工合同中明确约定了利息标准，应按合同约定计息。如果没有合同依据，则可以按中国人民银行同期同类贷款利率或者全国银行间同业拆借中心公布的贷款市场报价利率计息。

【相关案例索引】

① 王某与宁夏第五建筑公司、宁夏京源房地产开发有限公司建设工程施工合同纠纷一案

案号：（2017）最高法民申 1590 号

裁判观点：《2004 年建工解释》第二十六条规定："……实际施工人以发包人为被告主张权利的，人民法院可以追加转包人或者违法分包人为本案当事人。发包人只在欠付工程价款范围内对实际施工人承担责任。"虽然宁夏京源房地产开发有限公司（以下简称京源公司）与实际施工人王某之间并未签订合同，但其应在欠付工程款的范围内对实际施工人承担责任。案涉工程系于 2014 年 10 月 30 日起被京源公司实际使用，自交付之日起京源公司就应将尚未支付的工程款支付给宁夏第五建筑公司，但京源公司未支付剩余工程款，其欠付工程款的事实是清楚的。因此，京源公司应当支付的工程款既包括自工程交付之日起尚未支付的工程款本金，也包括该部分工程款的正常孳息损失。一、二审判决京源公司在欠付工程款的范围内对实际施工人王某承担责任并无不当。需要说明的是，一、二审判决并未认定京源公司需要承担逾期付款的违约责任，因为合同约定的违约利息系按中国人民银行同期同类贷款利率的三倍进行计算，而一、二审判决系按中国人民银行同期同类贷款利率计算利息，相应理由也在判决中进行了阐述。京源公司的该项再审申请理由不能成立。

② 中国十五冶金建设集团有限公司与安徽省交通投资集团有限责任公司建设工程施工合同纠纷一案

案号：（2013）民一终字第 70 号

裁判观点：一审判决主文确定的安徽省交通投资集团有限责任公司（以下简称安徽交投集团）向中国十五冶金建设集团有限公司（以下简称十五冶建设公司）支付的工程款 1390914.02 元，是以双方当事人依照合同约定并共同确认的第一册决算报表的数额（122089834.29 元）为基础，自安徽交投集团送交审计的数额（122089836.53 元）中扣减安徽交投集团已经支付的金额（119662986.45 元）及审计过程中十五冶建设公司无异议的扣减数额（1035936.06 元）得出的，对十五冶建设公司在审计过程中提出异议的 443415 元并未扣减。一审判决主文确定的金额并无错误，十五冶建设公司关于该金额有误、应为 1390914.02 元＋443415 元＝1834329.02 元的主张，无事实依据，二审法院对此不予支持。

关于十五冶建设公司主张应按照同期银行贷款利率计算利息的问题，二审法院认为，根据双方合同的约定，未付款额的利率应按照银行同期活期存款利率加手续费（不计复利）计算。一审法院判决安徽交投集团按照银行同期活期存款利率支付工程款的利息符合合同约定，十五冶建设公司的此项主张，无事实依据，二审法院对此不予支持。

③ 青海三一机械有限公司、中兴建设有限公司建设工程施工合同纠纷一案

案号：（2017）最高法民终 577 号

裁判观点：青海三一机械有限公司（以下简称三一公司）主张应当按照银行同期活期

存款利率计算利息，并且利息开始计算的时间应当是 2015 年 11 月 10 日。因为工程进度款未支付，即存在欠付工程款的情况，合同中约定应当适用银行同期活期存款利率；而且，直到 2015 年 11 月 10 日，案涉工程勘察单位、设计单位、施工单位中兴建设有限公司（以下简称中兴公司）、建设单位三一公司才共同参与验收并形成竣工验收意见，完成竣工验收。经查，双方当事人在合同中确实约定：若甲方（三一公司）不能及时支付工程款，乙方（中兴公司）应给予一定的宽限时间（一个月），超过宽限期的，甲方可以支付相应的基本利息损失（按同期银行活期利率计算），施工单位不得以工程款未支付为由停止施工或闹事。但此约定是在合同的"合同价款调整"部分，而非对于工程移交后仍然未按照约定支付工程款而产生违约责任的约定。而在 2014 年 9 月 17 日，三一公司、中兴公司及监理单位已经共同签订《竣工移交证书》，案涉工程已经实际竣工并交付给了三一公司。所以，一审判决认定双方关于按同期银行活期利率计息的约定针对的是工程进度款，并非欠付工程款，是正确的。在双方当事人未对欠付工程款利息计算标准进行约定的情况下，一审判决依照《2004 年建工解释》第十七条"当事人对欠付工程价款利息计付标准有约定的，按照约定处理；没有约定的，按照中国人民银行发布的同期同类贷款利率计息"和第十八条"利息从应付工程价款之日计付。当事人对付款时间没有约定或者约定不明的，下列时间视为应付款时间：（一）建设工程已实际交付的，为交付之日"的规定，认定三一公司应当向中兴公司支付的 9389924.91 元欠付工程款的利息自 2014 年 9 月 17 日起至 2016 年 5 月 5 日止按中国人民银行同期同类贷款利率计算，具有事实和法律依据，二审法院予以维持。

案例 3：实际施工人有权主张因发包人原因导致的停工损失

【引言】

在施工过程中因发包人原因而导致停工、窝工，致使实际施工人遭受经济损失，如发包人存在未按约定时间和要求提供原材料、设备、场地、资金、技术资料等违约情形，实际施工人是否可以向发包人或承包人主张损失赔偿呢？

【案例来源】

（2020）最高法民申 5265 号

【诉讼主体】

马某：一审原告、二审上诉人、再审申请人

A 公司：一审被告、二审上诉人、再审被申请人

A 子公司：一审被告、二审被上诉人、再审被申请人

B 公司：一审第三人

B 分公司：一审第三人

【原告起诉请求】

一、A 子公司、A 公司赔偿窝工损失 21257630 元（包括人工、机械窝工损失，材料损失，设备费用）；二、A 子公司、A 公司承担从 2018 年 10 月至机械交付、损失结清之日的窝工损失，如机械丢失、损坏，应折价赔偿。

【争议焦点】

一、一、二审判决 A 子公司、A 公司向马某赔偿人工、机械窝工损失，材料损失，设备损失共计 110 万元是否适当；二、一、二审判决未支持马某关于机械丢失损坏由 A 子公司、A 公司折价赔偿的诉讼请求是否正确。

【基本案情】

一、马某承接案涉工程及施工、停工情况

2009 年，A 公司拟成立子公司 A 子公司，A 子公司在筹建过程中，拟建设案涉工程。马某经人介绍承接了案涉工程，因其不具备施工资质，遂借用 B 公司的资质对该工程进行施工。2009 年 6 月 11 日，B 分公司下发《关于成立 B 分公司案涉工程项目部及人员的职务聘任通知》，任命马某为 B 分公司案涉工程项目部经理。2009 年 6 月，马某组织人力、物力进场施工。2009 年 11 月 30 日，A 公司（发包人）与 B 公司（承包人）针对马某施工的工程签订《案涉工程施工合同》，约定 A 公司将案涉工程发包给 B 公司施工，合同同时对工期、合同价款等内容进行了约定。2009 年 11 月底，案涉工程进入冬季停工期。

2010 年 1 月 5 日，A 公司与 C 监理公司补充签订一份《建设工程委托监理合同》，约定 A 公司委托 C 监理公司进行工程监理，工程名称为案涉工程；合同期限为 2009 年 9 月 1 日至工程竣工移交生产完成；合同附表载明总监理工程师为张某。

2010 年 3 月，马某申请复工未获准许。之后 A 公司再未通知马某复工，亦未通知马某撤离施工现场。

2010 年 8 月 16 日，B 分公司向 A 公司提交《关于妥善安排案涉工程施工队伍的报告》，该报告后附有项目部报告，主要内容为马某要求 A 公司补偿其损失。

2011 年 11 月 4 日，A 子公司成立。

2012—2013 年期间，A 子公司已经另行选址建设，施工单位是案外人 D 公司。

二、案涉工程结算情况

2013 年，经马某多方上访，在当地政府工作人员主持下，A 公司与马某对已完工程量进行结算后确认价款为 2217164.59 元。A 公司先后向 B 分公司支付工程款 2217164.59 元。B 分公司收到 A 公司支付的工程款，扣除 10% 税金 221716.46 元，应向马某付款 1995448.13 元，实际付款 2001435.05 元，超付 5986.92 元。2013 年 5 月 22 日，马某向 B 分公司出具的承诺书载明：承诺已决算完的工程量中的人工工资部分不再纳入双方争议范围，上述工程施工中涉及的因逾期产生的施工队人员的误工费及机械租赁费和剩余材料赔偿费等遗留问题，由马某同 B 分公司及 A 公司另行协商。2014—2017 年期间，马某先后

向 B 分公司、A 公司、当地政府反映要求解决案涉工程的窝工损失赔偿问题，在协商未果的情形下，其于 2018 年 10 月 22 日向一审法院提起诉讼。诉讼期间，A 子公司于 2019 年 1 月 14 日向 B 公司送达《关于将施工设备撤出临时用地的告知函》。要求 B 公司将施工临时用地中遗留的工程材料及时清理搬离。2019 年 1 月 21 日，A 子公司申请当地公证处对其临时工地上需拆除的彩钢房内存放的物品现状进行事实证据保全后出具的公证书载明，现场物品：铁皮柜 50 个、木桌子 10 个、铁床架 5 个、单人床 7 个、办公桌 1 张、木柜 1 个、椅子 2 把、桌子 3 张、铁椅子 3 把、木茶几 3 张、水泵 1 个、木箱 1 个、钢绳 1 捆、电视机 1 个、电机 1 个、沙发 3 个、木床 1 张、床垫 2 个、铁床架 16 个、高低床 5 个、分镐 1 个、锚杆扒 2 个、钻杆若干、铁支架 2 个、水管若干、钢管若干、旧配件若干、杂物若干。现场设备：×××号货车 1 辆、奔马自卸三轮汽车 1 辆、锅炉 1 个。A 子公司主要负责人谭某介绍锅炉为其公司财产，货车和三轮车为 B 公司所有。

【一审裁判观点】

一、马某与 B 公司之间的法律关系符合借用资质承揽工程的法律特征，马某系借用资质的实际施工人，是本案适格的原告。

双方当事人均认可案涉工程的发包人为 A 公司，承包人为 B 公司，马某是实际投入人力、物力施工的工程施工人，一审法院对双方均无异议的事实予以确认。马某认为其为借用 B 公司资质施工案涉工程的实际施工人，B 公司、B 分公司认可该事实，A 子公司、A 公司不认可该事实。经审查，马某与 B 公司、B 分公司之间不存在合法的劳动合同关系，亦不存在财务上的隶属关系；B 公司任命马某为案涉工程的项目经理，马某以 B 公司的名义进行施工；案涉工程施工过程中，马某的经营方式为自筹资金、自负盈亏；B 分公司收到 A 公司支付的款项扣除固定比例的税金后将剩余款项转付给马某。综合上述事实，马某与 B 公司之间的法律关符合借用资质承揽工程的法律特征，马某系借用资质的实际施工人。从履行合同的情况看，马某 2009 年 6 月进场施工，而 A 公司与 B 公司针对马某施工的工程于 2009 年 11 月 30 日才补充签订施工合同，B 公司、B 分公司亦认可其并未参与工程。因此，马某与 A 公司之间虽然并未签订合同，但双方之间围绕订立、履行建设工程施工合同而形成实质性的法律关系，马某基于该法律关系而产生债法上的请求权，其作为本案原告主体适格。

二、马某提供的证据不足以证明其人员、机械的窝工损失以及设备、材料的损失费用数额，一审法院对马某主张的损失数额不予采信。

《民诉法解释》第九十条规定："当事人对自己提出的诉讼请求所依据的事实或者反驳对方诉讼请求所依据的事实，应当提供证据加以证明，但法律另有规定的除外。"在作出判决前，当事人未能提供证据或者证据不足以证明其事实主张的，由负有举证证明责任的当事人承担不利的后果。本案中，马某主张 A 子公司、A 公司向其赔偿人员及机械设备的窝工损失的依据主要是租赁合同、自行制作的工资表、自行制作并加盖监理单位公章的《机械租赁费和库存材料、办公设施盘点表》以及证人证言。经审查，马某提供的租赁合同无其他证据相佐证，不能证明马某实际支出了该费用。马某提供的《机械租赁费和库存材料、办公设施盘点表》虽然加盖了监理单位公章，但并无监理人员签字，且该盘点表中不仅载明了机械、设备、物品的数量，还载明了购买价及租赁设备的单价。因监理人员并未参与设备物品的购买，其无权对设备及物品的单价作出确认，因此，该盘点表不能作为认定本案事实的依据。马某提供的工资表系其自行制作，不能有效证明其实际支出了该费用。马某提供的书面证明材料不符合证据的形式要件，不具备证明效力。马某提供的证人证言亦不足以证明机械、设备及物品的数量及损失数额。综上，马某提供的证据不足以证明其人员、机械的窝工损失以及设备、材料的损失费用数额，一审法院对马某主张的损失数额不予采信。

三、A子公司、A公司对马某受到的损失具有过错，马某自身亦未合理止损，双方对停工损失的发生均应承担相应责任。

根据《2004年建工解释》第四条的规定，承包人非法转包、违法分包建设工程或者没有资质的实际施工人借用有资质的建筑施工企业名义与他人签订建设工程施工合同的行为无效，人民法院可以根据《民法通则》第一百三十四条规定，收缴当事人已经取得的非法所得。本案中，马某系不具备施工资质的个人，其借用B公司名义与A公司签订的建设工程施工合同违反了法律的强制性规定，属无效合同。根据《中华人民共和国合同法》（以下简称《合同法》）第五十八条的规定，合同无效或者被撤销后，因该合同取得的财产，应当予以返还；不能返还或者没有必要返还的，应当折价补偿。有过错的一方应当赔偿对方因此所受到的损失，双方都有过错的，应当各自承担相应的责任。本案中，案涉工程停工后，A子公司、A公司作为发包方，未明确向马某告知工程不再施工，亦未告知马某撤离现场，导致马某产生人工及机械设备窝工损失，明显存在过错，对于由此给马某造成的损失理应承担相应的赔偿责任。另一方面，马某作为实际施工人，在工程应复工而未复工的情况下，应积极采取应对措施减少损失，但马某并未尽到审慎注意义务及合理的止损义务，导致遗留现场的物品搁置多年，马某对于损失的扩大亦有明显的过错，应承担相应的责任。根据本案查明的事实，马某的损失确实存在，在马某提供的证据不足以证明其实际损失数额的情况下，应根据实际情况酌情认定其损失数额，对其合理部分应予支持。案涉工程于2009年11月底停工，按照本地区的实际情况，建设工程一般于来年的3月至4月复工，在建设方未准许复工又未明确终止合同的情况下，施工方为了继续施工会继续等待，案涉工程停工后合理期限内的人员、机械、设备的窝工损失属于合理损失。在合理的期限之后，如果工程复工遥遥无期，施工方即应及时疏散工人，将设备撤离现场，避免损失进一步扩大。马某主张其损失应自2010年计算至2018年10月，并由A子公司、A公司承担从2018年10月至损失结清之日的窝工损失，明显超出了合理的范围，对超出合理范围的损失一审法院不予支持。一审法院综合考虑马某2009年施工期间的工程量造价、案涉工程的实际情况、合理的等待期间以及双方当事人的过错程度，本着保护农民工及弱势群体合法权益的原则，酌情认定A子公司、A公司向马某赔偿人工、机械窝工损失，材料损失，设备损失共计110万元。马某还主张丢失、损坏的机械由A子公司、A公司照价赔偿，经审查，除A子公司、A公司提供的公证书中载明的物品外，马某未提供有效证据证明尚有其他机械、设备及物品遗留在 A 子公司处，对于公证书中载明的现场遗留物品中属于马某的机械、设备、物品，马某应尽早搬离。马某辩称其未及时撤离设备是因为 A 子公司、A 公司将矿洞封堵，导致其无法搬离，但并未就此提供有效证据予以证明，A 子公司、A 公司亦不认可，马某未举证证明丢失、损坏的设备或物品的价值，亦未举证证明 A 子公司、A 公司存在损坏其设备、物品的过错行为，一审法院对其该项主张不予支持。

【一审裁判结果】

一、A 子公司、A 公司于判决生效后十五日内向马某赔偿人工、机械窝工损失，材料损失，设备损失共计 110 万元；二、驳回马某的其他诉讼请求。

【二审裁判观点】

一、A 公司对其怠于履行及时解除合同及通知义务的违约行为而产生的损失有法定的赔偿义务。

《合同法》第二百八十四条规定："因发包人的原因致使工程中途停建、缓建的，发包人应当采取措施弥补或者减少损失，赔偿承包人因此造成的停工、窝工、倒运、机械设备调迁、材料和构件积压等损失和实际费用。"本案中，马某挂靠 B 公司对 A 公司的案涉工程实际履行了施工义务，A 公司就马某施工的工程支付了相应的价款。根据本案合同的实际履行情况，A 公司与马某之间实际存在建设工程施工合同法律关系，马某向 A 公司主张权利。马某起诉索赔是因 A 公司给其造成了停工、窝工损失，该损失与工程造价不是同一债权。案涉工程自 2009 年冬季停工后，A 公司再未通知马某复工，亦未通知其撤离施工现场。根据上述法律规定，A 公司对其怠于履行及时解除合同及通知义务的违约行为而给施工人马某带来的损失有法定的赔偿义务。对于 A 公司关于其不应向马某承担赔偿责任的上诉请求，二审法院不予支持。

二、马某对其主张未能提交有效证据证明，其主张的为履行合同投入的资金过分高于其完成的工程量及工程价值，且其未采取适当的措施避免损失的扩大，一审判决酌情认定马某损失并无不当。

马某作为实际施工人，首先，其索赔的依据应是实际发生的费用。马某一审提交的租赁合同、自行制作的工资表、自行制作并加盖案涉工程监理单位公章的《机械租赁费和库存材料、办公设施盘点表》以及证人证言等证据均不能直接证明马某实际发生损失的具体数额；其二审提交的褚某出具的证明材料及《机械设备租赁费和库存材料、办公设施盘点表》亦不能证明马某存在明确具体的且已实际发生的损失及费用，二审法院均不予采信。其次，马某作为索赔方主张的损失应当是其为履行合同所必需的费用，其承接工程后安排及准备的施工人员及设备应当与工程量大体相符。本案工程仅施工五个月后即停工，马某实际施工的工程造价 2217164.59 元，其主张 A 公司赔偿损失 21257630 元接近工程造价的10 倍，马某为履行合同投入的资金过分高于其完成的工程量及工程价值，与常理不符。最后，马某作为施工人在长期未得到发包人发出的复工通知的情形下，在窝工期间也应当采取适当的措施避免损失扩大。综上，一审法院在马某对其主张未能提交有效证据证明的基础上，综合考虑案涉合同的履行情况、工程施工内容及价值、当事人的过错程度等因素，依据公平及诚实信用原则，从保护施工人利益的角度出发，酌情判决由 A 公司支付马某主张的人工、机械窝工损失，材料损失，设备损失 110 万元符合本案客观事实。关于马某向 A 子公司、A 公司主张就机械丢失、损坏折价赔偿的请求，既无该机械设备的具体数量及价值的证据，亦无机械设备丢失、损坏与 A 子公司、A 公司之间存在因果关系的相应事实依据，一审对马某该主张未予支持并无不当，二审法院对此予以维持。2014—2017 年期间，马某先后向 B 分公司、A 公司、当地政府提出解决案涉工程窝工损失的请求，诉讼时效从提出请求之日起中断，马某于 2018 年 10 月 22 日提起本案诉讼并未超过诉讼时效，对于 A 公司主张本案已过诉讼时效的上诉意见，二审法院对此不予支持。

【二审裁判结果】

驳回上诉，维持原判。

【再审申请理由】

一、马某主张的各项窝工损失均有完整的证据链条加以证明，足以证实窝工损失客观存在，一、二审判决酌情确定窝工损失 110 万元明显过少，属认定事实错误。

二、一、二审判决未支持马某主张的机械丢失损坏无法返还，应予折价赔偿的诉讼请求错误。机械丢失损坏均系 A 子公司封锁山洞导致，其应承担相应的法律责任，具体数量、品种及价格应依据监理公司出具的《机械租赁费和库存材料、办公设施盘点表》及马某在一审中提交的证据确认。

【再审裁判观点】

一、A 子公司、A 公司及马某应当各自就人工、机械窝工损失，材料损失，设备损失承担相应的责任，马某提供的证据不足以证明其损失的具体数额，一、二审法院酌情认定并无不当。

根据查明的事实，2009 年马某借用 B 公司的资质，承包了案涉工程，并于 2009 年 6 月开始组织人工机械进场施工。2009 年 11 月底案涉工程进入冬季停工期，2010 年 3 月马某申请复工未获准许，之后 A 子公司再未通知其复工。2013 年在政府主持下，各方就马某已完工程进行结算，相关工程款 A 公司已支付完毕。马某认为其于 2009 年 6 月已进场施工，在冬季停工期后申请复工未获准许，之后 A 子公司再未通知其复工，亦未通知其撤场，其组织人力、机械设备等在现场等待复工通知，存在相应损失，该损失应由 A 子公司、A 公司承担。因案涉工程停工后，A 子公司、A 公司未告知马某工程不再施工，亦未通知其撤离现场，导致马某组织的人员、机械设备等长期处于窝工状态，A 子公司、A 公司具有过错，应承担相应的赔偿责任。同时，马某作为工程实际施工人，在案涉工程应复工未复工的情况下，应及时采取措施减少损失，但其未尽审慎注意义务，导致遗留现场的物品搁置多年损失扩大，对此马某亦应承担相应的责任。关于各项损失的具体数额问题，虽然马某提交了监理单位盖章的《机械租赁费和库存材料、办公设施盘点表》、证明材料、劳动合同、工资表等证据予以证明，但是无证据证明上述证据所涉费用已实际发生，《机械租赁费和库存材料、办公设施盘点表》上虽加盖了监理单位项目部的公章，但缺少具体监理人员的签字，其部分内容亦超出监理工作范围，据此马某提供的证据不足以证明其损失的具体数额。在马某损失客观存在的情况下，综合考虑其 2009 年施工期间的工程量造价、案涉工程的实际情况、合理的等待期间以及各方的过错程度，一、二审法院酌情判决A子公司、A公司赔偿马某人工、机械窝工损失，材料损失，设备损失共计 110 万元，符合本案实际情况，并无不妥。马某申请再审认为各项损失数额确认错误、赔偿的计算期间错误的理由不能成立，再审法院对此不予支持。

二、马某提供的机械丢失损坏的证据不足，无法证明其损失。

根据《民诉法解释》第九十条的规定，当事人对自己提出的诉讼请求所依据的事实应当提供证据加以证明，否则应承担不利后果。本案中，马某认为其向案涉工程投入机械设备等，在机械设备丢失损坏的情况下，A子公司、A公司应当赔偿，但其提供的证据不足以证明机械设备的具体数量及价值，亦与A子公司经公证对现场物品清点的数量不一致，一、二审判决未支持马某的该项诉讼请求并无不妥。

【再审裁判结果】

驳回马某的再审申请。

【律师评析】

本案中，法院经过审理查明，实际施工人在冬季停工期后申请复工未获发包人准许，之后发包人再未通知实际施工人复工，亦未通知其撤场，实际施工人组织人力、机械设备等在现场等待复工通知，存在相应损失，最终法院认定该损失由发包人和承包人承担。但实践中，针对实际施工人是否可以向发包人索赔停工、窝工损失是存在争议的，很多案例均表明不应当支持实际施工人的该项主张，理由是：《2020 年建工解释（一）》第四十三条所规定的"欠付工程价款"是指发包人欠付总承包人的工程款，而非欠付实际施工人的工程款，发包人并不对实际施工人所有的债务承担责任，停工损失是否属于工程价款的一部分也存在争议，实际施工人无权突破合同相对性主张停工、窝工损失。

但从另一角度考虑，停工、窝工问题在实践中较为常见，发包人应当按约定为承包人的建设工作提供必要的条件，保证工程建设顺利进行。发包人未按照约定的时间和要求提供原材料、设备、场地、资金、技术资料的，承包人可以顺延工程日期，并有权要求赔偿停工、窝工等损失。故即便实际施工人无法直接向发包人主张，承包人亦有权向发包人进行主张，同样的，实际施工人也有权向承包人进行主张。

【相关案例索引】

吉林市华泰房地产开发经营有限责任公司与陈某、吉林市组兴建筑工程公司建设工程施工合同纠纷一案

案号：（2015）民抗字第 36 号

裁判观点：在本案中，依据 1997 年 11 月 12 日作出的（1997）第 82 号《司法技术鉴定书》，当时陈某的停工损失数额为 338393 元。吉林市华泰房地产开发经营有限责任公司（以下简称华泰公司）虽然主张陈某并无实际的停工损失，该鉴定意见因根据陈某单方提供材料作出而不应采信，即使存在损失也是由于陈某自身原因所致，但是并未提供充分的

证据，故其主张不能成立，再审法院对此不予支持。陈某的停工损失是由案涉工程延期造成的，原因包括规划变更、施工时材料供应不足，以及直到 1997 年才通知施工人撤离施工场地，上述原因出现并非陈某过错所致。即使陈某与吉林市组兴建筑工程公司（以下简称组兴公司）就案涉工程签订的建设工程施工协议属于无效合同，但依据《合同法》第五十八条"合同无效或者被撤销后，因该合同取得的财产，应当予以返还；不能返还或者没有必要返还的，应当折价补偿。有过错的一方应当赔偿对方因此所受到的损失，双方都有过错的，应当各自承担相应的责任"的规定，陈某仍然有权要求组兴公司对其损失承担赔偿责任。

虽然案涉的 3 号楼项目工程是陈某由组兴公司处分包而来，工程材料也约定由组兴公司负责提供，但是 3 号楼项目工程系组兴公司通过与华泰公司签订建设工程施工合同承包而来，工程材料按照约定也应当由华泰公司负担。原判决考虑到案涉工程规划变更、施工时材料供应不足以及直到 1997 年才通知施工人撤离施工场地等问题均由发包人华泰公司造成，依照《合同法》第二百八十三条"发包人未按照约定的时间和要求提供原材料、设备、场地、资金、技术资料的，承包人可以顺延工程日期，并有权要求赔偿停工、窝工等损失"和第二百八十四条"因发包人的原因致使工程中途停建、缓建的，发包人应当采取措施弥补或者减少损失，赔偿承包人因此造成的停工、窝工、倒运、机械设备调迁、材料和构件积压等损失和实际费用"的规定，再结合本案中组兴公司早已被吊销营业执照，且一直没有向陈某进行过赔偿，也未向华泰公司要求赔偿等实际情况，直接判令华泰公司与组兴公司对陈某 338393 元损失及利息承担赔偿责任，并不存在抗诉书中提出的适用法律错误问题。

案例 4：实际施工人无权向发包人主张工程进度奖励金

【引言】

根据《民法典》的相关规定，无效或被撤销的民事法律行为自始没有法律约束力，合同中约定的奖励条款自始无效，因此实际施工人无权向发包人主张工程进度奖励金，并且实际施工人与发包方无直接的合同关系，即使合同有效，实际施工人也无权以自己的名义主张奖励金。

【案例来源】

（2019）粤 0606 民初 15880 号

【诉讼主体】

马某：原告

程某：原告

A 公司：被告

【原告起诉请求】

一、被告向两原告支付劳务款及奖励金 1647138.02 元,并按中国人民银行逾期贷款年利率 6% 计付利息,从 2017 年 12 月 30 日起计至清偿日止,暂计至起诉日 2019 年 6 月 18 日为 147150 元(该项变更为被告向两原告支付劳务款及奖励金 1552441.12 元,利息计算的本金变更为 1552441.12 元,按中国人民银行逾期贷款年利率 6% 计付利息);二、被告向两原告退回履约保证金 10000.00 元并按中国人民银行逾期贷款年利率 6% 计付利息,暂计至起诉日 2019 年 6 月 18 日为 872 元(变更后合计为 1693060.82 元);三、被告承担本案诉讼费用及律师费(该项变更为被告承担诉讼费用)。

【争议焦点】

被告拖欠两原告款项的金额。

【基本案情】

2016 年 3 月 22 日,原告马某与被告签订《油漆班施工队长管理目标责任书(劳务分包合同)》,约定如下内容:工程名称为案涉工程;施工过程中如有增加或减少部分,须经双方协商确认单价签字后生效;如原告马某在施工过程中积极配合被告,保证足够的人力、材料投入,按照被告要求的时间节点及进度顺利完成施工,被告将按照实际施工工程量给予 1 元/m² 的奖励,该款项在工程完工,双方验收及确认工程量后支付;工程全部完工,经被告验收合格后,双方办理好人工结算手续后 7 天内支付工程造价的 90%,工程竣工验收,工程结算经有关部门(业主、监理等相关部门)审核后一个月内支付至本合同价款的 97%,剩余 3% 作为保修金,该款项分两次支付,第一年付一半,保修期满无息付清余款(保修期按照中标单位与招标单位签署的建设工程施工合同相关约定确定);双方合同签订后,原告马某应向被告缴纳 3 万元作为履约保证金,工程完成验收后,保证金无息退还,若施工过程中,原告马某由于自身原因中途退场或存在劳资纠纷问题,被告有权不退还保证金。

2019 年 1 月 18 日,原告马某在(马某油漆)班组已收款明细表中签名确认合计收款 191.1 万元。

1.2019 年 1 月 26 日,原告马某与被告的人员签订了(马某油漆)班组结算单,结算单中包含已有的工程量、工程合价,签证单的工程量、合价,审核后金额(不含 1 元/m² 奖励)为 2319168.89 元,在审核后金额的下一列中注明了赶工奖励为 150296.9 元,在备注中注明合同价为 15 元/m²,此 1 元/m² 为奖励单价,报公司审批。原告马某签名确认并注明同意审核后金额。

2.2016 年 5 月 3 日,原告马某与被告签订《木工班施工队长管理目标责任书(劳务分包合同)》,约定如下内容:工程名称为案涉工程;施工过程中如有增加或减少部分,须经双方协商确认单价签字后生效;工程全部完工,经被告验收合格后,双方办理好人工结算手续后 7 天内支付工程造价的 85%,工程竣工验收,工程结算经有关部门(业主、监理等相关部门)审核后一个月内支付至本合同价款的 95%,剩余 5% 作为保修金,该款项分两次支付,第一年付一半,保修期满无息付清余款(保修期按照中标单位与招标单位签署的建设工程施工合同相关约定确定）；双方合同签订后，原告马某应向被告缴纳 5 万元作为履约保证金，工程完成验收后，保证金无息退还，若施工过程中，原告马某由于自身原因中途退场或存在劳资纠纷问题，被告有权不退还保证金。

2016 年 8 月 4 日，原告马某与被告的工作人员签订了《承诺书》，约定原告马某施工的木工、油漆工程完成的时间点，施工现场达不到项目部要求的施工人数，按人数差额处以 1000 元/人/天的罚款；若班组按时完成各项工作，项目部将给予 5 万元奖励，若不能按时完成，则处以 5 万元罚款，同时每延误一天追加罚款 2000 元。

2019 年 1 月 18 日，原告马某在（马某木工）班组已收款明细表中签名确认合计收款 2073985 元。

2019 年 1 月 26 日，原告马某与被告的人员签订了（马某木工）班组结算单，结算单中包含已有的工程量、工程合价，签证单的工程量、合价，并包含了 2017 年 3 月 4 日至 2017 年 4 月 17 日木工维修费 54000 元，审核后金额（不含 5 万元奖励）为 2296089.19 元，在审核后金额的下一列中注明了赶工奖励为 5 万元，在备注中注明承诺奖励，报公司审批。原告马某签名确认并注明同意审核后金额。

3. 2016 年 5 月 3 日，原告程某与被告签订《泥水班施工队长管理目标责任书（劳务分包合同）》，约定如下内容：工程名称为案涉工程；施工过程中如有增加或减少部分，须经双方协商确认单价签字后生效；工程全部完工，经被告验收合格后，双方办理好人工结算手续后 7 天内支付工程造价的 85％，工程竣工验收，工程结算经有关部门（业主、监理等相关部门）审核后一个月内支付至本合同价款的 95％，剩余 5％作为保修金，该款项分两次支付，第一年付一半，保修期满无息付清余款（保修期按照中标单位与招标单位签署的建设工程施工合同相关约定确定）；双方合同签订后，原告马某应向被告缴纳 5 万元作为履约保证金，工程完成验收后，保证金无息退还，若施工过程中，原告马某由于自身原因中途退场或存在劳资纠纷问题，被告有权不退还保证金。

2016 年 8 月 4 日，原告程某与被告的工作人员签订了《承诺书》，约定原告程某施工的泥水工程在 2016 年 8 月 30 日前完成 98％以上工程量，在 2016 年 9 月 10 日前完成所有项目施工工作等，施工现场达不到项目部要求的施工人数，按人数差额处以 1000 元/人/天的罚款；若班组按时完成，项目部将给予 3 万元奖励，若不能按时完成，则处以 3 万元罚款，同时每延误一天追加罚款 2000 元。

2019 年 1 月 17 日，原告程某在（程某）班组已收款明细表中签名确认合计收款 934000 元。

2019 年 1 月 18 日，原告马某在（马某）班组已收款明细表中签名确认合计收款 33.8 万元。

4. 2019 年 1 月 25 日，原告程某与被告的人员签订了程某班组结算（审核稿），结算单中包含已有的工程量、工程合价，对于时间节点前完成施工奖励 3 万的项目，在核减金额一栏注明为 "-30000"，在备注中注明承诺书奖励，报公司审批，待丁总审核，合计金额为 1078588 元。

2019 年 1 月 26 日，原告马某与被告的人员签订了（马某泥水）班组结算单，结算单中包含已有的工程量、工程合价，签证单的工程量、合价，审核后金额为 420347.04 元。原告马某签名确认并注明同意审核后金额。

2019 年 1 月 25 日，原告马某签名确认已收到全部维修款 533685 元并且于 2019 年 1 月核对了原件，该表格中维修费包含了马某木工班、油漆班 2017 年 3 月 4 日至 2017 年 4 月 17 日的进度款 85600 元。

两原告与被告均确认被告在 2019 年 2 月 3 日替马某向他人直接支付的款项分别为 6.5 万元、3.5 万元、6.5 万元，合计 16.5 万元。两原告与被告均陈述案涉装修工程于 2017 年 12 月底验收及交付使用。

【起诉理由】

1. 两原告合伙经营劳务分包工程。2016 年 3 月 22 日原告马某与被告签订《油漆班施工队长管理目标责任书（劳务分包合同）》及《安全生产奖罚制度》《单价表》，约定原告班组承接案涉工程，工程范围包括工程清单及施工图纸范围内的扇灰乳胶漆工程，承包方式为包工包料，工程价款及单价详见《人工单价表》，综合单价为 15 元/㎡，合同签订并完工后以 16 元/㎡ 的单价结算，乙方向甲方缴纳人民币 1 万元作为履约保证金，合同附件《安全生产奖罚制度》《技术要求施工部分》与合同同时生效；甲方按进度支付 75% 的价款，工程全部完工一月内按规定办理工程结算，验收合格付至价款的 90%；质保期为 2 年，验收完毕后 1 年内支付 50% 的保修金，第二年支付余下的 50%。原告完成了全部合同工程，工程已竣工验收，双方对工程款已进行结算；原告班组已提前完工依约应奖励；被告未依约付款已构成违约；欠付油漆班组工程款 2319168.89 元，赶工奖励 150296.90 元合计 2469465.79 元。

2. 2016 年 5 月 3 日原告马某与被告签订《木工班施工队长管理目标责任书（劳务分包合同）》《安全生产奖罚制度》《人工单价表》各一份，约定原告承接案涉工程木工工程施工，约定乙方按图纸施工，甲方按合同约定支付人工进度款，当月按实际工程量甲方支付 75% 的合同价款，甲方验收合格结算后 7 天内向乙方支付至造价的 85%，工程竣工验收审核后一个月内向乙方支付至合同价款的 95%；剩余 5% 为保修金，分两次支付，质保期为 2 年，第一年支付 50% 的保修金，第二年支付余下的 50%；乙方向甲方缴纳 1 万元作为履约保证金；合同签订后，原告完成了约定的全部施工任务，2019 年 1 月 26 日被告与原告签署《马某木工班组结算单》，木工班组核定金额为 2296089.19 元，奖励金为 5 万元，合计 2346089.19 元。

3. 2016 年 5 月 23 日原告程某与被告签署《泥水班施工队长管理目标责任书（劳务分包合同）》《人工单价表》各一份，约定原告就被告承接的案涉工程中的泥水工程进行劳务分包；甲方按合同约定，当月向乙方支付 75% 的劳务款，甲方验收后 7 天内付至合同价款的 85%，工程竣工验收审核后一个月内付至合同价款的 95%，剩余 5% 为保修金，竣工验收后 1 年内付一半，第二年付清余款；合同签订后，原告完成了合同约定的劳务分包工程；2019 年 1 月 26 日双方签署《马某泥水班组结算单》确认泥水班组劳务分包款总额为

1078588 元。

4. 2016 年 8 月 4 日被告项目主管与两原告分别签订《承诺书》，承诺若两原告按期施工则奖励 5 万元和 3 万元，未按《承诺书》履行则予以处罚，每天罚款 2000 元；现两原告已依《承诺书》按期完工，在结算时奖励了木工班组 5 万元，但泥水班组的奖励 3 万元，公司负责人已签字同意没有将其加在总结算款项中。

5. 除上述约定的劳务分包工程款以外，两原告还与被告签订三份《补充协议书》增加工程款 538948 元＋80000 元＋420347.04 元，合计 1039295.04 元。此外，被告还临时签证，增加施工任务，临时签证单劳务分包款为 192700 元；

6. 被告支付的工程款为 5549000.00 元，应付款为 7216138.02 元，欠付款为 1657138.02 元。另：三份小班组施工队管理目标责任书实为劳务分包合同，合同虽约定履行过程中发生争议，向某市劳动仲裁委员会申请仲裁，但本案不是劳动争议，本案不属于劳动仲裁委员会仲裁范围，故本案合同履行地人民法院有管辖权。在本案合同履行中，被告并未完全依约履行双方订立的劳务分包合同，案涉工程已竣工验收并已交付业主使用，被告却未完全履行付款义务，存在违约行为，被告应承担未付款项自应付之日起的银行贷款利息，同时为避免讼累，原告请求被告一并支付质保金。

【被告答辩】

一、关于应付工程款数额，针对原告提交的起诉状中的"事实与理由"所列，逐一回应如下。

1. 原告主张欠付油漆班组工程款 2319168.89 元、赶工奖励 150296.9 元，合计 2469465.79 元。对此，双方在 2019 年 1 月 26 日的共同结算单中确认油漆班组的工程结算金额为 2319168.89 元，并同时明确"赶工奖励"这一项不成立。

2. 原告主张欠付木工班组工程款 2296089.19 元、赶工奖励 5 万元，合计 2346089.19 元。对此，双方在 2019 年 1 月 26 日的共同结算单中确认木工班组的工程结算金额为 2296089.19 元，并同时明确"赶工奖励"这一项不成立。

3. 确认程某泥水班组的工程结算金额为 1078588 元，并非起诉状所称的马某泥水班组的结算款。

4. 原告主张的赶工奖励 8 万元不成立。其一，项目主管无权代表公司作出此承诺，其二，被告也没有在约定的时间内完成施工任务，其三，双方在 2019 年 1 月 25 日、2019 年 1 月 26 日的结算单中已确认"赶工奖励"这一项不成立。

5. 分项回应如下：（1）2016 年 4 月 16 日签署的补充协议（施工范围为 2 号楼 2~5 层、7 层）项下的工程结算已经纳入双方在 2019 年 1 月 26 日共同确认的木工班组工程结算金额 2296089.19 元中，原告不应该重复主张，所谓的"增加工程款 538948 元"不成立；（2）关于 2017 年 11 月 28 日签署的两份补充协议（9 号楼和 1 号楼维修工程款）项下的 8 万元维修款，被告对此无异议；（3）原告主张的"增加工程款 420347.04 元"实为马某泥水班组工程结算款，双方在 2019 年 1 月 26 日已签署结算单，被告对此无异议；（4）原告主张"临时签证单劳务分包款 192700 元"，被告对此不予确认，合理的签证项目已经纳入总结算中，不合理的在总结算时已剔除，部分签证单重复。

综合以上，就案涉工程应付两原告工程款为：油漆班组 2319168.89 元＋木工班组 2296089.19 元＋程某泥水班组 1078588 元＋马某泥水班组 420347.04 元，另加维修工程款 533685 元，合计 6647878.12 元。已付工程款数额如下：（1）油漆班组（马某）1911000 元；（2）木工班组（马某）2073985 元；（3）泥水班组（程某）934000 元；（4）泥水班组（马某）338000 元；（5）维修工程款 533685 元；（6）代付款（2019 年 2 月 3 日转廖某、刘某、黄某）165000 元。综合以上，已付工程款合计 5955670 元，尚未付的工程款为 692208.12 元。

二、原告诉请的履约保证金 1 万元不存在，被告并未收取该款项。

三、双方约定的付款条件尚未成就，原告暂无权要求支付，也无权要求计付利息。

《油漆班施工队长管理目标责任书》第 7.2 条约定进度款按工程款的 75% 计付；第 7.3 条约定"工程并经相关部门（业主、监理）验收合格，并甲方收到业主按合同付至工程款的 90%，甲方 7 天内付至乙方的 90%"；第 7.7 条约定，质保期为 2 年，自验收结算完毕之日起计，第一年付 50% 质保金，第二年付余下 50%。油漆工程款为 2319168.89 元，已付 1911000 元，占比为 82.4%，已达到约定的进度款支付比例（即 75%）。目前甲方（即答辩人）收到的业主工程款尚不足 85%，且案涉双方的验收结算日为 2017 年 12 月 18 日，质保金退还期限尚未届至。《木工班施工队长管理目标责任书》和《泥水班施工队长管理目标责任书》第 7.2 条约定进度款按工程款的 75% 计付；第 7.4 条约定，工程竣工验收，工程结算经有关部门（业主、监理等相关部门）审核后一个月内付至本合同价款的 95%，剩余 5% 作为保修金，该款项分两次支付；第 7.6 条约定，质保期为 2 年，自验收结算完毕之日起计，第一年付 50% 质保金，第二年付余下 50%。目前案涉工程款还在业主的审核进程中，双方约定的付款条件尚未成就。综上所述，原告诉讼请求不成立，应予以驳回。

【裁判观点】

一、在合同无效的情形下，对两原告请求工程进度奖励金不予支持。

首先，如果认定无效合同中约定的工程进度奖励金条款有效，实质上等同于对这种合同约定予以积极肯定，这既不利于建设工程施工市场的规范和管理，也不符合立法精神。其次，根据《合同法》第五十八条的规定，合同无效或者被撤销后，因该合同取得的财产，应当予以返还；不能返还或者没有必要返还的，应当折价补偿。鉴于案涉三份劳务分包合同无效，原则上双方应负责返还财产，恢复原状。但鉴于两原告的劳务成果已附着于建筑物，如果双方负责返还并恢复原状，既不符合经济原则，也不利于对当事人利益的保护。故《2004 年建工解释》第二条规定："建设工程施工合同无效，但建设工程经竣工验收合格，承包人请求参照合同约定支付工程价款的，应予支持。"该条规定合同无效情况下可以参照合同约定的"工程价款"予以支付，该条规定的基础在于对于竣工验收合格的工程可以根据据实结算的原则来保护施工人的利益，并没有规定实际施工人可以请求支付工程进度奖励金。再者，工程进度奖励金并不属于据实结算的基础范围，也不具有上述功能和精神，对其不予支持从根本上符合国家对该类合同无效的价值判断。综上，在合同无效的情形下，对两原告请求工程进度奖励金不予支持。

二、本案应当按照两原告及被告确认的结算结果计算工程价款。

（马某油漆）班组结算单、（马某木工）班组结算单、程某班组结算（审核稿）、（马某泥水）班组结算单经过原告马某或原告程某与被告的人员确认，故法院对上述结算单中的金额予以确认。对于2019年1月25日的结算单中的维修工程款，原告马某已经签名确认，故法院以此确认维修工程款。（马某木工）班组结算单中已包含了2017年3月4日至2017年4月17日的木工维修费54000元，该部分与2019年1月25日的结算单中的维修工程款重合，故应当予以扣减。综上，总工程款为6593878.12元（2319168.89元＋2296089.19元－54000元＋1078588元＋420347.04元＋533685元）。对于两原告主张的临时签证装修款192700元，首先，结算单中已注明了签证部分的费用，其次，结算单的出具时间为2019年1月，该时间迟于两原告所提交的签证时间，假若尚存在部分签证未进行结算，两原告可在结算阶段提出，但在结算书中没有体现，且两原告也签名确认同意结算的金额。故对两原告该部分主张不予支持。

三、根据现有收款明细表等证据，确认两原告已收款项为5955670元。

两原告对于（马某油漆）班组已收款明细表、（马某木工）班组已收款明细表、（程某）班组已收款明细表、（马某）班组已收款明细表以及代付款项16.5万元均无异议，故法院对上述已收款项进行确认。对于2019年1月25日的结算单中的维修工程款，两原告认为有部分工程款尚未实际收取，该表格已明确注明马某确认已收到上面全部维修款533685元，且原告马某确认为其本人签名，被告提交的该份证据已能证明其支付维修款533685元的事实，两原告主张该份证据不属实，应当提交证据予以证明，若无法提交证据应当承担举证不能的责任。法院确认已收款项包含191.1万元、2073985元、934000元、33.8万元、16.5万元、533685元，合计5955670元。

四、因双方对付款时间约定不明，确认利息起算时间为交付时间。

《2004年建工解释》第二条规定："建设工程施工合同无效，但建设工程经竣工验收合格，承包人请求参照合同约定支付工程价款的，应予支持。"案涉三份劳务分包合同均为无效合同，且根据两原告及被告的陈述，案涉装修工程已经过验收并被实际使用，故两原告参照合同约定要求支付工程价款6593878.12元，法院对此应予支持，扣减被告已支付的款项，被告尚应支付638208.12元（6593878.12元－5955670元）。对于利息，其属于法定孳息，应予以支持，因双方未约定欠付利息的计付标准，故按照中国人民银行发布的同期同类贷款利率计息。两原告及被告均未提交证据证明工程结算经有关部门（业主、监理等相关部门）审核的时间，视为付款时间约定不明，故将交付之日视为应付款之日，结合双方的陈述，交付之日不迟于2018年1月1日，故利息从2018年1月1日起计算。

五、没有证据证明被告实际收取履约保证金，对原告的返还主张不予支持。

首先，两原告提交的收据为复印件，假使该收据属实，在经手人处仅签署了一个

"李"字，也无法确认实际收取款项的人员为何人，与被告为何关系。另外，收据所涉的金额为 1 万元，与三份合同中约定的保证金的金额不一致，无法确定其关联性。故对两原告该主张不予支持。

【裁判结果】

一、被告 A 公司应于本判决发生法律效力之日起十日内向原告马某、程某支付装修款 638208.12 元及利息（利息计算方式为：以 638208.12 元为本金从 2018 年 1 月 1 日起按照中国人民银行发布的同期同类贷款利率计算至清偿之日止）；二、驳回原告马某、程某的其他诉讼请求。

【律师评析】

首先，建设工程施工合同无效，合同中关于工程进度奖励的条款亦不产生效力，国家对于违法分包、转包、挂靠等行为明文禁止，允许实际施工人通过无效合同的约定获得工程奖励金，实质上是对该类合同的肯定，这不利于建设工程市场的规范管理，也不符合我国的立法精神；其次，工程奖励金并非工程价款，《建设工程施工发包与承包价格管理暂行规定》第五条第二款规定："工程价格由成本（直接成本、间接成本）、利润（酬金）和税金构成"。工程价款的组成并未包含奖励金，奖励金是对承包人积极完成工程进度的激励，不属于工程价款，加之实际施工人并未完全取代承包人地位，其无权主张工程进度奖励金。

《2020 年建工解释（一）》第四十三条第二款规定，发包人承担责任的范围为"欠付工程价款范围内"，即发包人欠付总承包人的工程款，而非欠付实际施工人的工程款。故实际施工人能突破合同相对性向发包人主张的款项范围应限定为工程价款。而关于建设工程价款的组成部分的相关规定可见于住房和城乡建设部、财政部印发的《建筑安装工程费用项目组成》和原建设部印发的《建设工程施工发包与承包价格管理暂行规定》。根据《建筑安装工程费用项目组成》第一条和《建设工程施工发包与承包价格管理暂行规定》第五条第二款的规定，可确定建设工程价款的组成部分包括：人工费、材料费、施工机具使用费、企业管理费、利润、规费和税金。

当然，实践中如果实际施工人与承包人签订补充协议，约定了符合工程质量的赶工计划或形成相关会议纪要，对于增加的提前工期奖励，在证据材料充足的情况下，可以认定其属于施工人增加赶工工程成本的合理收益，应当参照工程价款的规定予以支持。

【相关案例索引】

① 冼某、广西正鑫房地产有限责任公司等建设工程施工合同纠纷一案

案号：（2021）最高法民申 6434 号

裁判观点：关于广西正鑫房地产有限责任公司（以下简称正鑫公司）与湛江市第一建筑工程公司（以下简称湛江一建）是否应向冼某支付工程款、违约金和奖励金的问题。首先，发包方正鑫公司不存在拖欠湛江一建案涉工程款的情形。经查，已生效的（2015）西民一初字第 268 号民事判决已就案涉工程造价、正鑫公司已付工程款等事实审理查明，认定正鑫公司向湛江一建已多付工程款 6287713.47 元，并判决湛江一建应向正鑫公司退

还多付的工程款。其次，湛江一建已将发包方正鑫公司支付的工程款拨付给冼某。冼某与湛江一建签订的《建设工程项目施工分包合同》约定工程造价以工程竣工后审定的造价为准，故冼某与湛江一建之间的工程造价结算应以发包方正鑫公司与湛江一建之间的工程造价结算为准，案涉工程的最终结算主体应为正鑫公司和湛江一建。而且冼某与湛江一建均认可，湛江一建已将正鑫公司支付的工程款拨付给冼某。故，湛江一建并未欠付冼某工程款。最后，冼某以自己的名义主张违约金和奖励金缺乏事实和法律依据。本案中，冼某与发包方正鑫公司无直接的合同关系，根据合同相对性原则，其无权以自己的名义主张违约金和奖励金。据此，原判决未支持冼某关于正鑫公司与湛江一建承担工程款、违约金和奖励金的主张，并无不当。

② 肖某、刘某建设工程施工合同纠纷一案

案号：（2019）最高法民申 1901 号

裁判观点：逾期付款利息和临时设施费损失系违约损失赔偿性质，保证金属于履约担保性质，均不属于《2004 年建工解释》第二十六条规定的实际施工人可以突破合同相对性原则向发包人追溯的工程款范围，肖某、刘某作为多层转包关系的最后实际施工人，不能援引该司法解释第二十六条规定向与其没有直接合同关系的方泰公司、盛豪公司主张非工程款性质的损失赔偿和保证金返还，而应当遵循合同相对性原则，向与其有合同关系的中间转包人主张权利。因此，肖某、刘某主张逾期付款利息、赔偿临时设施费和返还保证金的请求，缺乏法律依据。

③ 杨某、青海宜化化工有限责任公司建设工程施工合同纠纷一案

案号：（2020）最高法民终 549 号

裁判观点：工程奖励金并非工程价款，杨某作为实际施工人主张该笔费用并无法律依据，故对于杨某的该主张，不予支持。

案例 5：实际施工人应按合同约定承担的或发、承包人已实际支付的水电费应在欠付工程价款中扣除

【引言】

建设工程水电费用是施工企业必然发生的施工成本，在发生工程价款纠纷时如何抵扣呢？实践中一般通过发包人提供的明细进行确认，在明细存疑时依据政府指导文件予以确定，如仍无法确定金额则由法官酌情裁量。

【案例来源】

（2021）豫 03 民终 3481 号

【诉讼主体】

罗某：一审原告、二审被上诉人

孟某：一审原告、二审被上诉人

毛某：一审原告、二审被上诉人

A公司：一审被告、二审上诉人

B公司：一审第三人

【原告起诉请求】

一、判令被告支付拖欠原告的工程款 2039330 元及利息（利息以全国银行间同业拆借中心发布的一年期贷款市场报价利率上浮 30% 为准，从 2020 年 8 月 20 日起计算至欠款付清为止）；二、被告承担本案的诉讼费。

【争议焦点】

被告应支付款项的金额。

【基本案情】

一、原被告、第三人之间的合同签订情况

2019 年 11 月 2 日，第三人 B 公司（甲方）与原告罗某（乙方）签订《劳务作业合同》，载明案涉工程"上部现浇梁箱工程主要由乙方承办"，乙方以甲方名义享有工程劳务合同中总承包方的权利并承担总承包方的义务；乙方承包项目为自负盈亏项目，乙方负责资金筹集和施工全过程管理。

2019 年 11 月 2 日，被告 A 公司（甲方）与第三人 B 公司（乙方）签订《劳务分包合同》，第二条工程概况之 2.1 写明，分包工程名称为案涉工程"上部现浇箱梁"；2.3 写明，工作范围为上述施工范围内的钢筋、现浇混凝土、桥面系及附属的钢筋安装和混凝土浇筑及与此有关的附属工作，乙方承担除甲方提供外的其他所有工作内容，包括钢筋制作、场内运输、钢筋绑扎安装、支架搭设、木板安拆、浇筑混凝土、混凝土养生、钢绞线安装张拉、压浆及锚固、支架安装及钻孔、预埋件埋设均有施工队伍负责，乙方负责乙方生活区及施工现场电费。第九条乙方驻工地代表之 9.1 写明，乙方委派的驻工地履行合同的代表为罗某，负责组织实施本合同工作内容，处理施工中的收方结算、材料领用、签订补充协议及其他书面往来文件、结算领取工程款等；9.3 写明，甲方出具的经甲方程序审核及负责人亲笔签字并加盖甲方项目部公章的结算单，作为施工期间和最终结算、付款的唯一依据，除此之外乙方持有的任何证明、收条、欠条、信函等，都不得作为结算付款的依据，甲方其他人员的任何签字、签认都不具有该事项最终确认的效力。第十条工程价款的结算与支付之 10.2 写明，工程价款支付方式为，"甲方每月 5 号支付乙方上月完成工程量 70% 的进度款，主体完工后，甲方支付乙方已完成工程量 95% 的款项，剩余 5% 在乙方完成合同内工程量后 5 个月内结清"；10.4 写明，遵循"先开票，后付款"的原则，乙方应提供税率为 3% 的增值税专用发票，甲方收到乙方发票后，按约定付款，甲方承担 1% 的增值税；10.7 写明，付款时甲方支付给出具发票方。《劳务分包合同》由甲方公司、乙方公司加盖印章，委托代理人签名，甲方公司代理人签名处有韩某签名，乙方委托代理人签名处有乙方罗某、毛某、孟某签名。

2019年12月27日，A公司（甲方）、B公司（乙方）签订《补充合同》（乙方签名日期为2019年12月26日，甲方签名日期为2019年12月27日），内容为，双方就案涉工程劳务在原合同的基础上增加以下协议内容：（1）乙方向甲方缴纳保证金70万元，保证乙方按时、按甲方要求及时进场，进场后，乙方所施工工程的工程款达到20万元以后，退还20万元，达到70万元以后，全部退清；（2）由于甲方要求的工期较紧，乙方成本及人工投入加大，甲方在原单价基础上增加150万元以奖代补款，乙方必须按甲方的计划完成施工（不可抗力除外）如果不能完成，甲方将按以奖代补款的双倍予以300万元罚款。若乙方机械、人员、材料等满足不了施工要求，甲方通知乙方三次以上，有权安排第三方进入施工现场施工，乙方不得干扰。《补充合同》由甲方公司、乙方公司加盖印章，双方公司代表签名，甲方公司代表签名处有张某签名，乙方公司代表签名处有毛某、孟某签名。

之后，A公司（项目部）、叶某、张某、孟某、毛某形成《会议纪要》。《会议纪要》记载了2020年3月16日在案涉工程项目部的会议内容。朱总提议：（1）所有施工队克服困难加快施工，按期完成业主要求的计划节点任务；（2）三工区于2020年3月25日前展开9个作业面……提前完成给予奖励，未按期完成进行罚款。会议指出：经过项目部和结构三工区协商，截至2020年3月24日必须达到上部施工9个作业面；具体节点……奖罚情况：（1）会议决定补助三工区100万元用于同时展开9个作业面；（2）以上9个作业面节点要求全部完成，奖励三工区30万元；（3）前6项作业面少一项处1万元罚款，并取消30万元奖励；（4）前6项作业面全部完成，3项作业面少一项处1万元罚款，并取消30万元奖励。会议决定：经过项目部和结构三工区协商，截至2020年3月24日完成9个现浇梁作业面架体搭设节点目标要求，A公司将对三工区（B公司）陆续分批补偿各种费用共计70万元。《会议纪要》"执行决议签字"栏加盖A公司（项目部）印章，叶某、张某、孟某、毛某签名，叶某、张某签名在印章处。

2020年4月14日，A公司（甲方）、B公司（乙方）签订《补充协议》。内容为，经甲乙双方协商，就案涉工程九都路以北现浇箱梁（EO-E3ZLO-ZL6东侧拼宽ZRO-ZR3西侧拼宽、C匝道剩余工程量）以及配套的未施工的承台、墩柱、背墙、桥面附属等工程达成以下协议：（1）就北侧施工内容甲方共计给予乙方73万元架体、模板、人工等补助，协议延续原合同约定的施工内容、单价、双方责任、其他条款等，就今后北幅施工内容乙方不得再提出任何增加费用的要求；（2）根据现场实际情况和双方协商决定施工分为两个阶段，第一阶段完成匝道（EO-E3）及东侧拼宽桥的施工，第二阶段完成西侧拼宽桥剩余工程及C匝道剩余工程量的施工；（3）按照业主的节点要求按时完成施工。《补充协议》由甲方公司、乙方公司加盖印章，双方公司代表签名，甲方公司代表签名处有王某签名，乙方公司代表签名处有毛某、孟某签名，乙方签名日期为2019年12月26日，甲方签名日期为2019年12月27日。

2020年5月15日，A公司（甲方）、B公司（乙方）签订《补充协议》。内容为，ZR14-15现浇梁支架预压费用：（1）70t吊车21000元；（2）25t吊车7天，配合施工人工

29000元；（3）1-2项预压合计费用5万元。工人现在住的板房：（1）当时约定，板房由孟某代为购买、安装，所有权归项目部；（2）所有费用合计110元/m²；（3）合计49060元。生活区硬化场地：（1）生活区硬化费用由项目部承担；（2）共计硬化面积556m²，（3）每平方米13元；（4）合计7228元。因疫情人工包车进场补助：共两车，每车补助3000元，共计6000元。春节借7天工人工资补助：（1）春节7天，每天24人；（2）每人每天补助300元；（3）合计50400元。墩柱、承台、支座等单价：（1）合同中未约定下部施工内容，参照万某合同约定单价；（2）承台、墩柱的钢筋加工费用均为620元/t；（3）承台混凝土100元/方，墩柱混凝土260元/方；（4）破桩头费用如下，1.5m为500元/个，1.2m为400元/个，1m为300元/个；（5）地梁（人行道下）已完成3跨共计106800元，支座自己施工的墩柱按合同执行，其他墩柱垫石浇筑、钻孔、安装按照1100元/个（4孔），1340元/个（8孔）。架体补助：（1）架体补助共323万元（150万元＋100万元＋73万元），其中150万元是2019年12月27日签订的补充协议约定的，乙方投入基本满足甲方要求，甲方采用以奖代补的方式向乙方支付，约定150万元在乙方具备浇筑最后一联箱混凝土前支付完；（2）173万元在6月20日前支付完；（3）乙方承诺防撞护栏、桥面铺装按照业主、甲方的工期要求，保质保量地完成，特别是要保证护栏的顺直度和铺装的平整度，若整改后还达不到质量及工期要求，甲方给予乙方每处每次5000元罚款。质量保证金：（1）质量保证金总额按30万元扣除；（2）桥梁通车后5个月内支付完。工伤：如工地出现工伤，工伤费用单人单次在2万元以内的由乙方负责，超出2万元甲方负责80％，乙方负责20％。《补充协议》由甲方公司、乙方公司加盖印章，双方公司代表签名，甲方公司代表签名处有叶某签名，乙方公司代表签名处有毛某、孟某签名，乙方签名未写日期，甲方签名日期为2020年5月15日。

二、案涉工程建设及竣工情况

原告提交《案涉工程项目部处理意见》（以下简称处理意见）8页，为2020年4月20日2份，2020年5月17日、5月20日、5月24日、7月5日各1份，无日期2份，内容均为确认施工内容，均有叶某签名。2020年4月20日处理意见确认硬化道路为900m²（420m²＋480m²）、钢筋场为（1200＋320）m²，2020年5月17日处理意见写明5月17日至5月22日每日进行墩柱满堂架下沉防护的人工，2020年5月20日处理意见确认墩柱挂网防护、浇筑砂浆人工，2020年5月24日处理意见确认桩基接桩支模工作，2020年7月5日处理意见确认从一工区倒钢筋人工，无日期2份处理意见分别确认完成破桩头工费、租吊车费用。

原告提交《民事上诉状》，为A公司不服本案一审法院驳回其管辖权异议的民事裁定提起上诉，其中有"被上诉人及第三人除过完成劳务外，未对工程实施任何投资……"的内容。

原告提交洛阳网新闻报道，日期为2020年8月5日，标题为"案涉工程九都路互通立交桥工程主体完工"，内容包括A公司的"工人正在加紧进行匝道、辅道施工"，确保该立交桥按期全面建成通车。

被告提交罚款通知2份，拟证明案涉工程劳务未按照计划完工，建设方对A公司通知罚款180万元。

第三人主张在案涉分包工程中三原告是对被告履行《劳务分包合同》的主体，第三人未参与工程的施工及管理；《补充合同》《会议纪要》《补充协议》以及《工程量汇总表》，可以证实原告与被告的合同相对关系；冀1102民初4392号民事调解书（以下简称4392号调解书）中的租赁费是因原告以被告及第三人名义签订合同而发生，责任主体应为原告。

三、原被告之间的结算情况

原告提交《B公司完成工程量汇总表》，载明日期为2020年6月20日，由甲方代表叶某、乙方代表罗某签字，确认乙方完成工程量价款共计20830642元，具体为：箱梁混凝土（17149.5m³），14062590元；箱梁钢筋（4470.499t），3263464元；钢绞线（505.45t），758175元；防撞护栏（2703.2m），662284元；护栏钢筋（297.851t），226367元；铺装（18883.19m²），434313元；铺装网片（281.735t），126781元；支架垫层（19092.8m²），286392元；支座4（88孔），96800元；支座8（47孔），62980元；支座（合同内，44），14080元；承台混凝土（457.6m³），45760元；墩柱（桥台）混凝土（505.19m³），131349元；下部钢筋（承台、桥台、墩柱，194.13t），120359元，（为一工区加工，与三工区交接，6.96t），2089元；破桩头（24），10800元；住房，49060元；生活区硬化，7220元；疫情车费补助，6000元；春节工人加班，50400元；地梁补助5联，17800元；预压补助，50000元；合同外，55100元；C0-C2奖金，100000元；支架垫层挡墙（697.63m³），52322元；预制挡块扣除2496元；预制挡块钢筋扣除18415元；主筋套筒扣除1142元；合同内备注甲方承担1%的增值税；注明材料、电费、油费、奖罚费用、质量缺陷修补费用及与其他队伍交接费用本次未统计。

被告提交支付凭据96份，拟证明被告超额支付工程劳务费，其附具的付款统计情况为，向B公司转账支付1958万元，向B公司代理人孟某支付90万元，案件执行款2337449元，加油款58387元，罚款13200元，电费258991.17元，合计23148027.17元。

四、案涉工程涉诉情况

原告提交的4392号调解书载明，2020年8月14日，某基层人民法院立案受理了案外人C公司诉A公司、B公司追索物资租赁费一案，经法院主持调解，2020年10月29日各方达成调解协议。调解协议确认，A公司、B公司应付租赁费230万元，负担受理费18858元、保全费5000元中的11929元，支付方式为由法院划拨A公司存款。

【一审裁判观点】

一、对原被告提交之证据的真实性均予以认可，结合《劳务分包合同》《劳务作业合同》《工程量汇总表》，应认定原告为实际施工人。

原被告均出示的《劳务分包合同》《工程量汇总表》，第三人对真实性未提出异议，对其真实性应予认定。原告出示的 4392 号调解书、处理意见、上诉状、洛阳网新闻报道，被告、第三人对真实性未提出异议，对其真实性应予认定。原告出示的《补充合同》《会议纪要》《补充协议》，被告虽声称对真实性有异议，但其质证意见的实质是否定其奖励、补助原告的内容，而被告没有否定这些证据真实性的证据和理由，对《补充合同》《会议纪要》《补充协议》的真实性应予认定。原告、第三人均出示的《劳务作业合同》，被告不认可其真实性，但并无相应证据，对《劳务作业合同》的真实性应予认定。被告出示的支付凭证，原告及第三人对真实性均未提出异议，对支付凭证的真实性应予认定。第三人出示的开票信息、收款明细，原被告均未提出异议，对开票信息、收款明细的真实性应予认定。被告出示的付款凭证，原告和第三人对真实性未提出异议，对付款凭证的真实性应予认定。根据《劳务分包合同》中约定的工作范围、工作内容，该《劳务分包合同》的实质为工程分包合同，结合《劳务作业合同》《工程量汇总表》，应认定原告为实际施工人。被告否定原告的主体资格，不符合事实。

二、原告提供的《补充合同》《会议纪要》《补充协议》《工程量汇总表》相互印证，其中约定的补助款 323 万元，被告应当支付。

原告以乙方代表的身份在《补充合同》《会议纪要》《补充协议》上签名，被告否定原告持有这些资料的合法性，理由不充分。《补充合同》《会议纪要》《补充协议》载明因赶工期、增加工程量等而给予原告补助、奖励的事实。2020 年 5 月 15 日《补充协议》确定的场地硬化费、疫情包车补助、春节工人工资补助、工人住房作价补偿，与《工程量汇总表》的相关项目相对应，原告并未另行主张。2020 年 5 月 15 日《补充协议》确定的架体补助 323 万元的表述清楚，明确了支付时间（条件），而且明确了其中 150 万元与《补充合同》的以奖代补款相对应，乙方工作"满足甲方要求"；虽然未明确另外 73 万元、100万元的来由，但该数额与会议纪要"决定补助三工区 100 万元用于同时展开 9 个作业面"的内容相吻合，与 2020 年 4 月 14 日《补充协议》中就北侧施工内容甲方给予乙方 73 万元架体、模板、人工等补助的内容相吻合；被告出示的 2020 年 7 月 6 日洛阳银行网银业务凭证的付款数额，以及同日孟某、毛某的借据数额也与之相吻合，而且借据上写明用途为"案涉工程架体、方木、模板、补助款"；《工程量汇总表》注明"材料、电费、油费、奖励费用、质量缺陷修补费用及与其他队伍交接费用本次未统计"；《补充协议》确定的补助款为 323 万元，被告应当支付。被告主张该《补充协议》的架体补助款中的 150 万元属重复标记，但原告并未另外主张《补充合同》中的 150 万元。被告主张其中的 100 万元没有补助约定及事实依据，不符合事实。

三、被告主张电费 258991.17 元，无法确定相应电量完全系原告施工队伍所用；结合原告陈述有五六个施工队伍同时在施工，被告陈述是三至四家、258991.17 元已经是减半的数额，法院酌定原告分担该数额电费的 1/2。

被告主张向 B 公司转账支付 1958 万元，原告、第三人无异议，对该事实予以认定。被告主张向 B 公司代理人孟某支付 90 万元，原告承认，但主张其中的 2020 年 1 月 22 日的 20 万元付款,是被告退给原告的部分保证金,与支付工程款无关,结合《补充合同》有乙方缴纳 70 万元保证金的约定,对原告该主张予以采信。孟某领取款项认定为 70 万元。被告主张案件执行款 2337449 元,原告出示的 4392 号调解书的记载与该数额不一致,被告出示了法院划拨存款的银行凭证,应以银行凭证为准。原告主张 2020 年 5 月 6 日的 10 万元付款是"抢工期的补助款",是应付工程款之外被告另行给付的补助,不应包括在已付工程款内,缺乏证据支持,对该主张不予采信。

被告主张加油款 58387 元,原告表示认可,对该数额予以认定。被告主张电费 258991.17 元,无法确定相应电量完全系原告施工队伍所用;结合原告陈述有五六个施工队伍同时在施工,被告陈述是三到四个、258991.17 元已经是减半的数额,一审法院酌定原告分担该数额电费的 1/2。被告出示的罚款通知单均无原告或者第三人签收,对被告罚款的主张,本案不予支持。根据上述事实,被告应支付原告工程款 23872759.42 元(20830642 元+3230000 元−58387 元−258991.17 元÷2),加上约定应负担的 1%增值税,应付款 24111487.01 元。扣减已付 2028 万元(1958 万元+70 万元)、替原告支付的案件款 2337449 元,欠付 1494038.01 元。案涉工程已实际交付使用,应推定原告起诉时已超过原被告 2020 年 5 月 15 日《补充协议》约定的 5 个月保证金期限,被告应当支付欠款。

四、被告拖欠工程款,原告要求支付利息,对此应予支持,应以全国银行间同业拆借中心发布的一年期贷款市场报价利率计息。

被告拖欠工程款,原告要求支付利息,对此应予支持。但原告主张以全国银行间同业拆借中心发布的一年期贷款市场报价利率上浮 30%为准计算利息没有依据,可以全国银行间同业拆借中心发布的一年期贷款市场报价利率计息。《劳务分包合同》及《补充协议》约定有保证金,而且根据现有证据,无法明确双方变更的工程量的完工日期、桥梁通车日期,原告要求从 2020 年 8 月 20 日起计算利息,对此不予支持,酌定自原告起诉之日起计算。

五、第三人为名义上的合同相对方,亦收取过款项,但现有证据不能证明第三人拖欠原告款项,原告也没有要求第三人付款,本案不考虑第三人的责任问题。

【一审裁判结果】

一、被告 A 公司应支付原告工程款 1494038.01 元,限于本判决发生法律效力之日起十日内给付;二、被告 A 公司应支付原告欠付工程款 1494038.01 元的利息,以全国银行间同业拆借中心发布的一年期贷款市场报价利率为准,从 2021 年 1 月 22 日起计算至欠款付清之日止;三、驳回原告的其他诉讼请求。

【上诉理由】

一、我公司与第三人签订本案施工劳务合同,而与罗某等三人之间不存在本案劳务合同关系,在劳务合同上清楚地载明罗某等三人是第三人的委托代理人,根据合同相对性原则,罗某等三人起诉明显错误,一审法院认定罗某等三人为实际施工人并支持其请求明显错误。

二、一审法院认定我公司应付款24111487.01元明显错误。

1. 该数额中的323万元不应当计入应付款项。该323万元系以奖代补性质，我公司出具的建设单位罚款通知足以证明罗某等三人未按照施工计划要求完成施工，323万元中的173万元也根本没有支付的事实依据，故该323万元不存在计付可能。

2. 该数额中的1‰增值税部分不应当计入应付款项。合同中约定1‰增值税由我公司承担，但这是在双方在履行合同中不得以任何理由要求调整合同单价，乙方不得将劳务分包、转包他人等严格遵守合同约定内容的前提下形成的，与罗某等三人之间并不存在该约定，况且截至目前第三人仍有近170万元未开具发票，故一审法院将1‰增值税额计入我公司应向罗某等三人支付的款项明显错误。

3. 一审法院对我公司已经支付本案258991.17元电费酌定减半扣除，对我公司支付孟某的90万元只认可70万元严重缺乏事实依据，明显错误。

三、一审法院判决我公司向罗某等三人支付利息，缺乏事实与法律依据，明显错误。

【被上诉人答辩】

罗某等三人共同辩称：

一、我三人是案涉工程的实际施工人，A公司的上诉理由不能成立。

施工过程中支付工程款时，A公司曾将款项支付给孟某个人，我三人以个人名义在案涉工程施工过程中领款的事实大量存在。A公司与B公司签订的《案涉工程劳务施工分包合同》约定，委派的驻工地履行本合同的代表为罗某，负责本合同工作内容组织实施，处理施工中的收方结算、材料领用、签订补充协议及其他书面往来文件、结算领取工程款等相关事宜。在实际施工过程中也将大量的工程款支付给了孟某、毛某。保证金也是以个人的名义缴纳给A公司指定的周某的银行卡，A公司退保证金时也是通过周某的银行卡退回孟某的银行账户及我三人的工地管理人员银行账户，足以说明A公司明知我三人是案涉工程的实际施工人。B公司的诉辩意见也足以说明我三人是A公司的合同相对方，及我三人的实际施工人身份。

二、A公司认为不应当支付323万元的观点不能成立。

A公司在原审时出示的证据中就有2020年7月6日，孟某、毛某以自己的名义给A公司出具的借款323万元的借条，结合《补充合同》《案涉工程项目部会议纪要》《补充协议》，证明我三人与A公司达成协议，A公司应当分别支付我三人150万元（在原单价基础上增加的以奖代补款）、100万元（补助我三人施工的三工区）、73万元（架体、模板、人工补助），共计323万元。同时，在2020年5月15日《补充协议》中，进一步明确了应当支付323万元及其构成明细，A公司在协议中承诺了150万元的支付时间以及173万元的支付时间。证实了A公司为了抢工期、赶进度与我三人协商一致支付奖励、补助款323万元的事实，该323万元是双方协商一致的结果。

三、关于A公司上诉所称90万元，A公司收取的保证金为70万元，另外20万元系A公司退还孟某的保证金，与支付工程款无关。原审法院已经告知A公司庭后核实，A公司既不核实，亦不回复原审法院。因此，该20万元不认定为支付工程款，符合本案事实及合同约定。

四、关于电费问题，当时在工地上施工的队伍有五到六家，而A公司在工地上没有给具体每一个施工队伍安装相应电表，因此，原审法院在综合考虑施工周期、施工队伍数量等的情况下，酌情判决，公正公平。

五、我三人与A公司在合同中约定的甲方承担1%的增值税是双方的真实意思表示，并没有附加任何条件，A公司的上诉理由不能成立。请求驳回公司上诉，维持原判。

B公司辩称：

一审判决认定我方为名义上的合同相对方，是正确认定，本案实际权利义务关系主体为本案原被告，我方未拖欠任何款项，故不应承担责任。

【二审裁判观点】

一、二审审理已查明，2019年11月2日，罗某与B公司签订《工程项目劳务分包施工作业合同》，约定由罗某借用B公司名义与A公司签订《工程项目劳务分包施工作业合同》，承接案涉工程上部现浇梁箱工程，并以B公司的名义承担权利义务，向B公司缴纳4.4%的管理费。同日，B公司与A公司签订《案涉工程劳务施工分包合同》，约定由B公司承建A公司分包的案涉工程上部现浇梁箱工程，本合同为综合固定单价合同。该合同加盖了B公司的合同专用章，罗某等三人在委托代理人处签名。以上合同签订后，罗某等三人进场施工。

在施工过程中，罗某等三人与A公司又签订以下文件：（1）2019年12月27日，签订《补充合同》，约定为了加快工期，在原单价的基础上增加150万元的以奖代补款，同时约定罗某等三人必须按照计划完成施工；（2）2020年3月16日，签订《案涉工程项目部会议纪要》，约定补助罗某等三人工区100万元；（3）2020年4月14日，签订《补充协议》，约定补助罗某等三人工区73万元；（4）2020年5月15日，签订《补充协议》，约定架体补助共323万元，并约定了分期支付的方式；（5）2020年6月20日，签订《B公司完成工程量汇总表》与《案涉工程项目部处理意见》，确认工程量价格为20830642元。在一审中，罗某等三人自认A公司已付工程款1840万元、B公司代付155万元、A公司另案垫付2311929元，认为A公司尚欠2039330元未付。

关于A公司的上诉事项分析如下。（1）关于罗某等三人与A公司的法律关系问题。2019年11月2日B公司与A公司签订的《案涉工程劳务施工分包合同》虽然加盖B公司的合同专用章，但罗某等三人在委托代理人处签名，之后施工过程中的多份《补充合同》与《会议纪要》等文件均是由罗某等三人签订，且A公司多次向罗某等三人提出施工要求与支付款项的要求，且B公司亦述称本公司未参与施工，工程由罗某等三人完成。一审法院根据以上查明事实认定罗某等三人系案涉工程的实际施工人，并无不当。（2）关于工程款的计算问题。关于323万元的性质，一审中经过质证的证据《补充合同》《案涉工程项目部会议纪要》《补充协议》等文件，充分证明A公司同意支付323万元，并且约定了分期支付的内容，A公司上诉提出其中173万元不应当支付的观点，无法否定其在施工过程中签订的一系列文件的法律效力，且由A公司承担1%的增值税是双方合同约定条款，A

公司单方拒绝承担，没有合同依据；关于保证金 90 万元问题，A 公司主张 90 万元系 70 万元保证金＋20 万元工程款，但在一、二审审理过程中，A 公司在两级法院限定的合理期间内均未举证，对该上诉观点，二审法院不予采信；关于电费的承担，A 公司出示罗某等三人在实际施工中消耗的电费清单，无具体明细数额。（3）关于利息的支付问题。A 公司在 2020 年 6 月 20 日通过《B 公司完成工程量汇总表》对工程量价格进行了确定，但未支付余款，构成拖欠，一审法院确定从起诉之日起计算拖欠工程款的利息，并无不当。

【二审裁判结果】

驳回上诉，维持原判。

【律师评析】

本案中，多个实际施工人同时施工，施工现场没有安装独立的水电表区分各个实际施工人具体的用水用电量，尽管合同约定了由实际施工人承担水电费用，但在无法确认具体金额时要求全部费用由被告承担明显不公平，法官可以依据公平原则酌情认定。

实践中，若发包人或承包人能够举证证明其支付了水电费用，且实际施工人无法举证证明其已经缴纳水电费时，发包人或承包人有权要求实际施工人支付或在结算款中扣除该部分费用，如果发包人或承包人无法举证，还可以套用定额或政府文件进行认定，但如果因此导致对一方不公平，法官可以根据其自由裁量权进行裁判。

【相关案例索引】

南京嵘鼎置业发展有限公司与江苏禾田建设有限公司建设工程施工合同纠纷一案

案号：（2019）苏民再 164 号

裁判观点：本案中，建设单位在现场安装了水表、电表，且案涉工程全部水电费由其缴纳，故承包人施工过程中使用的水电费，依据双方合同约定及相关法律规定，理应据实计算支付给发包人。发包人主张按定额计算扣除水电费 728399.89 元，无合同依据，再审法院对此不予支持。双方对发包人实际缴纳了水电费 615536.35 元，以及该数额系包含承包人进场前、退场后、施工中其他单位使用的水电费在内的全部水电费并无异议，但双方对承包人实际使用的水电具体数量均不能举证证明。尽管承包人实际使用的水电量的举证责任在发包人，但承包人施工中实际使用水电并产生了水电费，而该费用已由发包人代为缴纳，故仅以发包人未能举证证明该事项，认定承包人实际使用的水电费不返还给发包人，有违公平。根据双方的诉辩主张及全案事实，再审法院对此作如下处理。首先，双方最早签订合同的时间为 2012 年 4 月 29 日，且发包人无证据证明在签订合同前承包人已进场施工，故对发包人于 2012 年 4 月缴纳的水电费，视为承包人进场前发生的水电费，排除在承包人应支付给发包人的费用范围外；案涉工程最迟竣工验收的时间为 2014 年 12 月 11 日，且发包人无证据证明承包人的退场时间发生在该时间之后，故对发包人于 2014 年 12 月以后缴纳的水电费，视为承包人退场后发生的水电费，排除在承包人应支付给发包人的费用范围外。综上，发包人于 2012 年 4 月、2015 年 1 月、2015 年 3 月缴纳的水电费合计 11553 元，排除在承包人应支付给发包人的费用范围外。其次，关于发包人缴纳的水电费 603983.35 元（615536.35 元－11553.00 元）中，承包人应支付给发包人的数额问题。双方对案涉工程中存在发包人分包给其他单位施工的项目无异议，但具体是哪些项目，双方各执一词。发包人陈述，案涉工程中，仅消防、绿化由其分包，其余由承包人总承包。承包人对此予以否认，陈述绿化、煤气、广电、供电等均由发包人分包。考虑到上述事实，再结合承包人实际施工的项目系案涉工程的土建、水电安装、小区室外附属工程（排水、道路、景观、土方等）等因素，再审法院酌情认定承包人应支付给发包人的水电费数额为 301991 元。

案例 6：实际施工人为不具备资质的个人，无权获得企业管理费等费用

【引言】

《住房和城乡建设部、财政部关于印发〈建筑安装工程费用项目组成〉的通知》（建标〔2013〕44 号）规定，建筑安装工程费用项目按费用构成要素组成划分为人工费、材料费、施工机具使用费、企业管理费、利润、规费和税金。其中，企业管理费包括：管理人员工资、办公费、差旅交通费、固定资产使用费、工具用具使用费、劳动保险和职工福利费、劳动保护费、检验试验费、工会经费、职工教育经费、财产保险费、税金、其他费用（包括但不限于技术转让费等）。建设工程的实际施工人往往为不具备施工资质的个人，那么其是否有权从发包人、承包人处取得企业管理费呢？

【案例来源】

（2021）豫 03 民终 1058 号

【诉讼主体】

严某：一审原告、二审上诉人

张某：一审被告、二审上诉人

A 公司：一审被告、二审被上诉人

【原告起诉请求】

一、依法判令 A 公司、张某连带支付拖欠严某的工程款 2970902.26 元以及拖欠工程款期间的利息（按照中国人民银行同期同类贷款利率 4 倍进行计算，计息期间自工程竣工验收之日即 2011 年 12 月 28 日起至实际履行完毕之日止）；二、依法判令 A 公司、张某共同退还严某工程押金 20 万元整以及占用 20 万元资金期间的利息损失（按照中国人民银行同期 5 年以上贷款利率进行计算，自 2011 年 3 月 8 日起计至实际退还之日止）；三、本案诉讼费、保全费、鉴定费由 A 公司、张某共同承担。

【争议焦点】

企业管理费是否应当从欠付工程价款中扣除。

【基本案情】

一、A公司与张某之间的合同签订情况

2011年3月17日，A公司与××医院签订一份餐饮文化活动中心建设工程施工合同。工程承包范围是土建、水电安装工程。开工日期为2011年3月3日，竣工日期为2011年9月3日。合同价款包括合同价加变更签证价款，合同价为442.90万元。该工程的实际承包人是张某，A公司和张某之间系借用资质的挂靠关系。

二、张某与严某之间的合同签订情况

2011年3月7日，张某（甲方）与严某（乙方）签订一份协议书，主要内容：甲方将合同内所属工程按950元/m²交乙方施工；乙方在合同期内按照合同要求组织施工，服从甲方管理；乙方向甲方交20万元押金；甲方负责施工协调，保证乙方顺利施工；双方比照业主合同执行。次日，严某转账支付给张某20万元，张某给严某出具一份收据，载明收到××医院大礼堂、餐厅工程押金。

2011年9月9日，严某和张某签订一份认价单，载明经双方协商，××医院餐饮中心外墙石材干挂工程由严某施工，单价为450元/m²，不含异形石材。

2011年11月25日，严某和张某签订材料认价单，确认××医院餐饮中心浮雕石材和楼梯过道石材的品牌、规格、单价等，在张某签字处加盖了A公司××医院项目部技术专用章。

2011年12月6日，严某和张某签订协议，确认××医院餐饮工程部分楼梯间石材干挂单价为575元/m²。

2011年12月15日，严某和张某签订协议，确认××医院餐饮工程南立面装饰部分蘑菇石干挂单价为536元/m²。

2011年12月19日，严某和张某签订一份协议，确认××医院工程南立面装饰部分浮雕固定主钢架单价为383元/m²，基础部分共计4331元。

2011年12月13日，严某和张某签订一份施工增项单，确认××医院餐饮中心东边雨棚增加项目费用为1352.06元。

2012年9月8日，李某（张某委派的管理人员）和于某、王某（严某委派的管理人员）签订一份××医院餐饮活动中心外墙干挂工程量确认单，载明：粉红麻石材工程量2355.66元/m²，内墙米黄石材工程量702元/m²，砂岩浮雕工程量118.638元/m²，蘑菇石工程量175.4元/m²，石线工程量140.32元/m²。

三、严某与夏某之间的口头协议情况

严某与夏某达成口头协议，以900元/m²的价格将土建部分工程转包给了夏某，夏某带人进场进行了土建施工，实际施工过程中，张某存在垫付施工所用原材料款、支付劳务费的情形。张某向夏某支付了部分工程款，但双方均不能确认已付工程款的准确数额，也

始终没有进行结算。严某与夏某之间也没有进行结算。

四、案涉工程竣工验收及造价鉴定情况

2011年12月28日，案涉工程通过竣工验收。严某自认收到张某支付干挂石材项目工程款363000元，严某称张某另支付给土建项目严某方工人夏某等人工程款2190790元。

严某在本次诉讼中申请：（1）对浮雕描金及底色按照严某提供的浮雕外饰报价单所含工程量，依据国家同期装饰工程造价定额进行造价鉴定；（2）对浮雕主连接钢架（钢架基础工程）按照双方签字确认的工程量，依据国家同期装饰工程造价定额进行造价鉴定；（3）对异形石材柱子按照双方签字确认的工程量，依据国家同期装饰工程造价定额进行造价鉴定。

一审法院委托B工程顾问公司对前述严某申请事项进行鉴定，B工程顾问公司回复：对前述第（1）项、第（2）项鉴定申请无法进行鉴定，予以退回。2020年12月18日，B工程顾问公司针对前述第（3）项鉴定申请作出鉴定结论：异形柱子石材装饰工程造价为218753.72元。该鉴定意见书《工程费用汇总表》中载明直接费小计199277.24元、间接费（含企业管理费、社会保障费、住房公积金、意外伤害保险）7771.69元、利润4354.3元、税金7350.49元。

【一审裁判观点】

一、张某与严某之间、严某与夏某之间签订的合同违反法律禁止性规定，均为无效合同。鉴于案涉工程已验收合格，严某可参照合同约定请求张某支付工程款。现有证据证明案涉工程土建部分并非全部由夏某施工完成且夏某并未交付完工部分且并未与严某、张某结算，故案涉工程的土建部分工程款，严某无权主张。

张某借用A公司资质承包建设工程，之后又将其承包的建设工程转包给没有建设工程施工资质的严某，双方所签协议书的内容违反法律禁止性规定，为无效合同。严某与夏某口头约定按单位面积单价计算价款，该单价低于严某与张某之间约定的单价，说明严某是将其承包的建设工程又转包给了夏某，该口头协议的内容同样违反法律禁止性规定，为无效合同。鉴于案涉工程已经竣工验收合格，依法张某应当按照双方之间的约定向严某支付工程款。但是，现有证据显示案涉工程的土建部分工程并非全部由夏某施工完成，夏某在施工结束后并未向严某交付其完工的工程部分，夏某与严某、张某均未进行结算，现有证据不能证明夏某实际完工工程部分的工程量，张某与夏某就已支付过的工程款数额亦陈述不一，综上，对于严某主张的案涉施工协议土建部分工程款，一审法院不予支持。

二、依据现有证据推定石材装饰工程不在严某与张某所签协议书约定的施工范围内，属于另行转包的施工项目。

严某和张某所签协议仅约定按业主合同执行，以及按面积计算的单价，对本案涉及的石材装饰工程是否属于严某与张某所签协议约定的施工范围的约定并不明确。但是，如果该协议书约定的施工范围包括石材装饰工程，协议也约定有计算单价，就没必要再签订多份石材认价单并对石材面积进行核算确认，更没必要在2011年9月9日所签的认价单中

对石材装饰工程的施工问题再次进行约定。综上，可以确认石材装饰工程不在严某与张某所签协议书约定的施工范围内，属于另行转包的施工项目。

三、案涉《工程造价鉴定意见书》计取的包括企业管理费、社会保障费等间接费用缺乏事实依据，应在工程款中扣除。

按照双方认可的石材单价及面积计算，能够核算确认的工程价款为：粉红麻石材部分为1060047元（450元/m²×2355.66m²），内墙米黄石材部分为403650元（575元/m²×702m²），砂岩浮雕部分为249139.80元（2100元/m²×118.638m²），蘑菇石部分为94014.40元（536元/m²×175.4m²），外浮雕主钢架部分为60506.34元（383元/m²×157.98m²），浮雕基础部分为4331元。关于《工程造价鉴定意见书》，鉴定相关图纸等证据在原审庭审中已经进行质证，并无证据证明该鉴定意见书存在无效的情形，一审法院对其予以采信。由于该鉴定意见书是以具备施工资质的单位作为施工人的前提下所进行的鉴定，工程费用包含企业管理费、社会保障费等相关费用，但本案严某作为个人，并未取得建设工程施工资质，鉴定意见书中为其计取包括企业管理费、社会保障费等间接费用缺乏事实依据，严某并不能证明其产生了上述间接费用或缴纳税费，故严某主张工程价款时应当扣除企业管理费、社会保障费等间接费用及税金，严某可主张的异形柱子装饰工程价款为203631.54元。综上，严某可主张的工程款总额为2075320.08元。严某认可张某已付款2553790元中有363000元系施工外挂石材相关项目的工程款，对该部分工程款应从2075320.08元中予以扣除，张某应向严某支付的工程款为1712320.08元。关于严某交付给张某的工程押金问题，张某并未提交其已将该款项退回严某妻子的证据，故对其辩称内容一审法院不予采信。张某提出严某存在违约行为应当赔偿损失的问题，但未提出反诉请求，故本案对此不予处理，可另行依法处理。综上，张某应当返还已收取的押金200000元。张某收取押金的行为发生在建设工程施工合同签订之前，且押金条并无被告A公司的印章，说明该行为系张某的个人行为，故A公司对此不应承担法律责任。A公司违法出借施工资质，存在过错，但严某主张A公司应对其主张的工程款承担连带责任无法律依据，一审法院对此不予支持。严某不具备建设工程施工资质，违法承包建设工程，对合同无效亦存在过错，依法也应承担相应责任，故对其诉请的工程款及工程押金利息，一审法院不予支持。

【一审裁判结果】

一、张某于本判决生效后七日内向严某支付工程款1712320.08元；二、张某于本判决生效后七日内向严某退还工程押金200000元；三、驳回严某的其他诉讼请求。

【严某上诉理由】

一、一审法院对案涉工程室外装饰部分工程款不予支持的理由错误。

浮雕描金及底色一项严某计价13500元，A公司与发包方的结算价是44580元，浮雕主连接的钢架价款为19990.14元。上述两项的造价完全可以按照合同约定比照A公司与发包方的结算价格确定，原审法院依据该两项无法进行司法鉴定不予支持是不正确的。

二、原审认定案涉工程土建部分已由严某转包给夏某是错误的。

严某与张某、A公司签订协议书后，安排夏某进驻工地负责土建工程的建设与管理，安排于某、王某配合夏某工作。夏某本人坚持认为自己是严某派往工地的土建负责人，严某才是案涉工程的实际施工人。

三、原审认定案涉工程土建部分工程付款数额双方陈述不一，现有证据不能证明夏某实际完成的工程量是错误的。

案涉工程协议约定工程按 950 元/m² 计算，建筑面积为 3615m²，工程款总计 3434250 元，这一点应当是非常清楚的。张某、A公司向法庭提供的支付凭证清楚地显示严某以及夏某共计收到土建部分工程款 2220790 元，原审法院对此已经予以认定。按照证据规则要求，要想否认严某的施工工程量，张某、A公司应向法庭提交严某没有按照协议约定的工程量进行施工的有效证据，或者向法庭证明与任何第三方签署的施工协议重合于严某的施工协议并支付了工程款。夏某施工的部分就是严某协议的全部工程，张某、A公司支付的工程款数额也正是严某协议所约定的施工工程全部价款。

四、张某、A公司应当共同承担支付严某工程款、退还押金的义务。

张某与A公司是企业内部承包挂靠关系，依据法律规定，挂靠人与被挂靠单位应当承担连带责任。

五、原审法院对严某主张工程款以及工程押金利息不予支持的判决错误。

根据相关司法解释的规定，合同无效，工程经竣工验收合格，承包人可以请求参照合同约定支付工程价款。对欠付工程利息没有约定的，按照中国人民银行发布的同期同类贷款利率计算。对于无效合同的签订者应当依照法律规定公平、公正地进行惩罚，本案应当惩罚转包的张某。

六、原审法院对鉴定结论拆分适用错误，对严某收到的装饰款项数额认定错误。

严某申请鉴定的异形柱子石材装饰工程造价鉴定的结论是 218753.72 元，原审法院却故意把工程造价整体结论分为直接费用与间接费用区别认定，对间接费用不予支持极其错误。严某收取的款项分别是装饰工程款 333000 元，土建工程款 30000 元，原审法院将 363000 元全部认定为严某收取的装饰工程款是非常错误的。张某、A公司在答辩、法庭调查时存在多次、多处虚假陈述，破坏社会诚信，依法应当给予制裁。

【被上诉人答辩】

A公司辩称：

对严某的上诉理由应予驳回。严某并非本案的适格诉讼主体，其并非实际施工人，无权提起本次诉讼要求支付工程款。严某在上诉状中否认其与夏某之间的转包行为的理由不应当被支持。一审法院认为严某与夏某口头约定按面积单价计算价款，该单价低于严某与张某之间约定的单价，且因张某与夏某之间、严某与夏某之间均未进行结算，基于此为支持严某主张的土建部分的工程款，而严某在上诉状中称其与夏某结算的方式而否定转包的行为，这个理由不应当被支持。本案未判决A公司承担责任是正确的。根据《民法典》第一百七十八条的规定，连带责任应由法律规定或当事人约定，严某主张A公司对其工程款承担连带责任，没有明确的法律依据，且结合严某在 A 公司与××医院签订合同前向张某个人缴纳押金并与张某个人签订合同的实际情况说明，然后在承接工程时就明知其合同相对方是张某个人，而非 A 公司，其要求 A 公司承担责任更无依据。

张某辩称：

同意 A 公司的答辩意见。夏某是以证人身份出庭，其在庭审中说明严某是以 900 元/m² 转包给夏某，实际施工中，其实是张某直接与夏某进行结算，且认可了张某向其付了 253 万余元，严某不具备适格主体。

【张某上诉理由】

严某不是适格的原告，应依法驳回其诉讼请求，严某没有投入资金、材料和劳动力进行施工，最终的承包人夏某才是实际施工人，严某不是本案的适格原告。一审法院在认定施工部分时存在重复计算的事实。法院认定粉红麻石材为面积 2355.66m²，价格 1060047 元，应扣除合同内的 1978m²，合同外增加面积为 377.66m²，实际应付 169947 元。砂岩浮雕部分 249139.80 元，单价为 2100 元/m²，共 118.638m²。该 2100 元的单价已包含外浮雕主钢架部分 60506.34 元及浮雕基础部分 4331 元。法院认定事实存在重复计算。张某已付工程款为 3568924 元，严某未干工程量价款为 994325 元，严某已干工程量价款为 4219487 元，两者相减后，张某多付 343762 元，该证据大部分在原一审和发回重审后提交法庭。

【被上诉人答辩】

严某辩称：

张某认为严某不是实际施工人错误。张某与严某签订了施工协议书，严某按照协议书履行了交付押金以及施工义务。协议书约定的土建工程由严某指派夏某进行具体施工，于某、土某等在现场进行管理。严某不仅履行了协议书约定的施工义务，还完成了协议书外的装饰工程。严某的合同外装饰部分施工的工程量由张某指派的李某签字确认，工程单价由张某签字确认，该项合同外装饰部分没有进行工程结算，何来重复计算。张某所述石材等与严某施工的部分没有任何关系，事实上××医院实际结算案涉工程款 7880038.77 元（最终实际结算价格为 1200 多万元），这说明协议约定的施工工程以外还有相当于案涉工程几倍的工程在同时施工，这些建筑材料与严某施工的部分没有任何关系。张某主张多付了工程款没有事实依据。严某与土建负责人夏某共收到案涉工程款 25537790 元。案涉工程协议约定工程按 950 元/m² 计算，建筑面积为 3615m²，土建工程款总计 3434250 元，合同外室外装饰工程价款 2075320.08 元，不存在多付工程款的事实。从张某提供的支付凭条中可以清楚地看到其支付的所谓工程款多付的部分与严某没有任何关系，相关款项均是与严某毫不相干的人收取的，而且，这些所谓的收款人是否真实存在都需要张某提供转账凭证予以印证，即便属实，也只能证明张某支付的是另外的工程款而已，与严某无关。

A 公司辩称：

张某的上诉理由中的关于本案数额的问题系张某与严某之间的问题，与公司无关。

【二审裁判观点】

一、A公司与张某、张某与严某之间签订的合同均为无效合同，严某与张某之间形成真实的建设工程施工合同关系，严某是实际施工人，夏某是严某在工地的负责人。严某有权请求张某支付工程款，但A公司无需承担连带责任。

2011年3月7日张某与严某签订协议，张某将案涉工程转包给严某。2011年3月17日A公司与××医院签订施工合同，案涉工程由A公司承包施工，但实际上案涉工程由张某承包。因此，张某是借用A公司资质，张某与A公司之间是挂靠关系，严某系案涉工程的实际施工人。张某与严某签订的协议因违反法律强制性规定而成为无效协议，但是案涉工程已竣工验收合格，因此，严某有权主张案涉的工程款。严某与张某事先签订合同，押金亦交付给张某，A公司才与发包方签订合同，故严某对于张某借用资质应当是明知，严某与张某之间形成真实的建设工程施工合同关系。严某请求A公司与张某承担连带责任没有法律依据，也没有相关的约定，一审法院未予支持正确，二审法院对此予以确认。关于严某与案外人夏某的关系，双方没有书面合同，二审中，夏某明确表示其是严某在工地的负责人，其施工部分是严某承包的工程，张某应将工程款支付给严某，其不向张某主张工程款。因此，严某与案外人夏某不是转包关系，夏某完成的工程应视为严某完成的工程。

二、现有证据不足以证明严某完成案涉工程土建部分，故严某无权主张该部分工程款。

严某与张某于2011年3月7日签订《协议书》，约定张某将合同内所属工程按950/m²交严某施工。该协议签订时，A公司（张某）与××医院还未签订合同。严某主张其已完成案涉工程全部土建部分，张某应当支付工程款3434250元（950/m²×3615）。张某主张严某没有按照合同约定完成全部工程，有994325元的工程没有施工，该部分对应的工程款应当扣除。针对张某主张的未施工的工程，二审法院组织双方进行质证，严某认为张某提出的网架工程等5项工程均不包含在双方签订的合同内。二审法院认为，关于案涉工程土建部分工程价款，双方《协议书》并没有明确所谓的"土地建程"，更没有约定工程范围，双方在A公司（张某）与××医院之间的合同签订后亦没有明确将哪些工程转包给严某，在工程竣工后，张某与严某亦没有对工程量进行确认。因此，关于案涉工程的土建部分工程价款双方提交的证据均不能证明其各自主张，对于严某关于应当按3434250元支付工程款的主张，张某关于应当扣减有994325元的主张，二审法院均不予支持。

三、认定石材装饰工程不属于张某与严某签订的《协议书》约定的施工范围内的工程正确。

关于石材装饰工程的价款，一审法院依据双方约定及鉴定意见，认定工程价款为2075320.08元正确。对于严某主张的企业管理费、社会保障费及税金等间接费用，因严某系个人，不产生上述费用，因此，一审法院未予支持正确。严某认可其已收到石材装饰工程款363000元，因此，一审法院认定张某欠付严某工程款1712320.08元正确，二审法院对此予以确认。张某主张其除了向严某和夏某支付款项外，还有部分款项直接支付给材料商或工人，但是对于该部分款项严某不予认可，相关单据亦没有严某或夏某签字，因此，对于张某关于其已经超付工程款的上诉理由二审法院不予认可。

四、司法解释并没有规定合同无效不应支付欠付工程款利息，欠付的工程款利息在性质上属于法定孳息，与合同效力无关。因此，严某关于支付欠付工程款利息的请求成立。

关于严某主张的欠付工程款及押金利息问题，《2020年建工解释（一）》第二十六条规定："当事人对欠付工程价款利息计付标准有约定的，按照约定处理。没有约定的，按照同期同类贷款利率或者同期贷款市场报价利率计息。"第二十七条规定："利息从应付工程价款之日开始计付。当事人对付款时间没有约定或者约定不明的，下列时间视为应付款时间：（一）建设工程已实际交付的，为交付之日；（二）建设工程没有交付的，为提交竣工结算文件之日；（三）建设工程未交付，工程价款也未结算的，为当事人起诉之日。"上述司法解释并没有规定合同无效不应支付欠付工程款利息，欠付的工程款利息在性质上属于法定孳息，与合同效力无关。因此，严某关于支付欠付工程款利息的请求成立，二审法院对此予以支持。二审中，张某称案涉的食堂于2012年8月1日进行了验收，因此，张某应当以欠付工程款为基数，自2012年8月1日起至实际付清之日止按中国人民银行同期同类贷款利率支付利息。关于押金利息问题，由于双方没有约定，因此一审法院对此未予支持正确，二审法院对此予以确认。

【二审裁判结果】

一、维持一审判决第一项、第二项；二、撤销一审判决第三项；三、张某于本判决生效后七日内向严某支付工程款利息（以1712320.08元为基数，自2012年8月1日至2019年8月19日按照中国人民银行同期贷款利率计算，自2019年8月20日起至实际返还完毕之日止按照全国银行间同业拆借中心公布的贷款市场报价利率计算）；四、驳回严某的其他诉讼请求。

【律师评析】

《民法典》规定建设工程经验收合格时，实际施工人可以参照合同关于工程价款的约定要求折价补偿，但如果是因为实际施工人个人原因（包括不具备施工资质等）导致合同无效，实际施工人能否获得工程造价中针对建筑施工企业计取的企业管理费，在司法实践中存在不同观点。本案中，法院认为企业管理费缴纳义务人是企业而非自然人，实际施工人没有施工资质和取费资格，不应将规费与企业管理费支付给实际施工人，但也有法院认为，实际施工人因组织施工的需要，必然会产生支付给项目部管理人员的工资、工程资料制作费用等必要的办公费用。故在工程质量合格，发包人的合同目的已实现的情形下，对工程价款中本就无法明晰的企业管理费予以核减，对实际施工人不公平，亦将使各方权利失衡，故应支持实际施工人取得企业管理费。每个案件实际情况不一致，需要结合案情具体分析。

【相关案例索引】

① 马某、宁夏华尊立达房地产开发集团有限公司、宁夏润森工程机械租赁有限公司、甘肃省建设投资（控股）集团总公司建设工程施工合同纠纷一案

案号：（2019）最高法民申 5453 号

裁判观点：马某与宁夏润森工程机械租赁有限公司并未签订书面合同约定工程价款的支付范围，亦未提交证据证明规费、企业管理费实际产生。原审判决根据《住房和城乡建设部、财政部关于印发〈建筑安装工程费用项目组成〉的通知》的规定，认定规费、企业管理费的缴纳义务人是企业而非自然人，马某没有施工资质和取费资格，不应支付规费与企业管理费给马某并无不当。

② 周某、重庆玉屏建筑工程有限公司新疆分公司、新疆得华丰投资有限公司建设工程施工合同纠纷一案

案号：（2017）最高法民申 161 号

裁判观点：本案中，周某作为个人，并未取得建设工程施工资质，在鉴定结论中为其计取包括企业管理费、各种规费及保险费等间接费用缺乏事实依据。再者，经再审法院审查查明，周某本人亦并未实际产生上述间接费用或缴纳税费。因此，二审法院在计算周某的工程价款时，从鉴定报告中扣除企业管理费、规费、保险费等间接费及税费等，只计取工程直接费和人材机价差调整部分的费用作为工程价款，并无不当。

③ 盛某、湖南日兴房地产开发有限公司与湖南日兴房地产开发有限公司、长沙黎托建筑工程有限公司建设工程施工合同纠纷一案

案号：（2016）最高法民申 1755 号

裁判观点：《2004 年建工解释》第二条规定，建设工程施工合同无效，但建设工程经竣工验收合格，承包人请求参照合同约定支付工程价款的，应予支持。盛某作为实际施工人，在工程验收合格的情况下，可以取得其应得的工程款。本案工程款的确定是依据当事人申请，经人民法院委托，各方当事人质证后得出的结论，程序合法，内容合理。湖南日兴房地产开发有限公司（以下简称日兴公司）称本案存在应当收缴的非法所得，没有事实依据。其关于利润应在工程款中予以扣除，以及工程款中不包括企业管理费、利润、工程安全防护及文明措施费、规费、工伤保险、税金等费用的主张，均无法律依据。再审法院对此不予支持。税金扣缴的问题是与本案不同的法律问题，并不影响本案当事人之间的民事权利义务的履行。日兴公司如认为盛某有逃税行为，可依法向税务机关检举反映。

案例 7：实际施工人有权在转包人破产时要求发包人支付工程款

【引言】

当转包人发生破产、下落不明、资信状况恶化等导致其缺乏履行能力的情形时，更加应当为作为弱势群体的实际施工人提供救济途径。因此，转包人破产时应当允许实际施工人向发包人主张欠付的工程款，实际施工人在转包人进入破产程序后向发包人主张权利，与《中华人民共和国企业破产法》的相关原则不冲突。

【案例来源】

（2019）浙民终 1104 号

【诉讼主体】

A 公司：一审原告、二审上诉人

B 街道办事处：一审被告、二审被上诉人

袁某：一审第三人（有独立请求权）、二审被上诉人

【原告起诉请求】

一、判令 B 街道办事处支付 A 公司工程款 4728894 元；二、判令 B 街道办事处支付逾期付款利息损失 628327.49 元（利息以应付工程款为基数，按照中国人民银行同期同类贷款利率 4.75％计算，自 2016 年 3 月 31 日暂计算至起诉之日即 2019 年 1 月 16 日，要求计算至实际履行之日止）；三、确认 A 公司对案涉工程折价或者拍卖的价款在 B 街道办事处应付工程款范围内享有优先权；四、本案诉讼费用由 B 街道办事处承担。

【第三人诉讼请求】

一、判令 B 街道办事处在欠付工程款 4728894 元范围内向袁某承担付款责任并支付该工程自 2016 年 4 月 5 日起至全部付清之日为止的银行同期贷款利息（暂计至 2019 年 2 月 12 日的利息为 650157.25 元）；二、确认袁某对案涉工程享有工程价款优先受偿权；三、本案诉讼费用由 B 街道办事处、A 公司承担。

【争议焦点】

B 街道办事处在欠付工程款 4728894 元范围内对袁某承担责任是否合法。

【基本案情】

一、A 公司与 B 街道办事处之间的合同签订及履行情况

2013 年 10 月 25 日，B 街道办事处（发包人）与 A 公司（承包人）签订《施工合同》，约定由 A 公司承建案涉工程。《施工合同》约定如下主要内容：工程名称；开工日期为 2013 年 10 月 25 日（以开工报告为准），竣工日期为 2015 年 2 月 25 日；合同价款为 3982.21 万元；合同采用固定综合单价合同方式确定工程款；工程竣工验收合格后，经财政部门确认了进度款金额后，付至经业主及监理确认的工程结算价的 80％（原则上不得超过合同价的 80％），经决算审核及财政部门确认了进度款金额后，付至审定金额的 94％，余 1％待竣工资料及竣工图（须符合城建档案馆要求）按要求完成归档后予以支付；预留 5％费用作为工程保修阶段质量保证金，保修期满经验收合格后无息一次性付清（扣除违约处罚）；整体工程保修 2 年，自工程竣工验收合格之日起计算。合同还就其他事项进行了约定。

2015 年 6 月 5 日，案涉工程通过单位工程质量竣工验收。

2016 年 3 月 2 日，A 公司出具了《结算书》。C 工程咨询公司审计工程造价并出具协审结果表，确定案涉工程审定造价为 40900870 元，B 街道办事处、A 公司先后对审计结论予以确认。

2018 年 3 月 15 日，某基层人民法院向 B 街道办事处发送协助执行通知书，要求 B 街道办事处协助冻结 A 公司在 B 街道办事处的工程款 7623589 元。

本案审理过程中，各方均认可 B 街道办事处已支付工程款 36171976 元；B 街道办事处陈述其对协审表结果签字确认的时间是 2018 年 9 月至 10 月期间，A 公司、袁某陈述其盖章、签字确认的时间是 2018 年 10 月。

二、袁某与 A 公司之间的合同签订情况

袁某与 A 公司签订了《单位工程联营协议书》，约定案涉工程由 A 公司提供管理及技术服务，袁某组织经济经营，在保证工程质量的前提下按时完成工程施工任务。

三、A 公司破产清算情况

一审法院于 2018 年 5 月 29 日作出民事裁定书，裁定受理申请人 D 混凝土公司对被申请人 A 公司的破产清算申请，并于 2018 年 6 月 5 日作出决定书，指定 E 律师事务所担任 A 公司的管理人。

【一审裁判观点】

一、《2004 年建工解释》第二十六条是为保护农民工的合法权益作出的特别规定，应优先适用，故本案应当由 B 街道办事处向实际施工人袁某支付工程价款。

B 街道办事处将案涉工程发包给 A 公司，A 公司又将工程转包给无施工资质的袁某，故袁某为案涉工程的实际施工人。现 A 公司依据《施工合同》的约定，而袁某根据《2004 年建工解释》第二十六条第二款的规定，均要求 B 街道办事处向己方承担责任。

A 公司、袁某的主张均有其法律依据，但在本案中应优先适用《2004 年建工解释》第二十六条的规定。因为，该条是为保护农民工的合法权益作出的特别规定，其目的在于实际施工人的合同相对方出现破产、履行不能等严重影响实际施工人权利实现的情形时，对于实际施工人权益予以特别保护。并且，从实际情况看，承包人将建设工程转包、分包后，建设工程施工的合同义务都是由实际施工人履行的，由实际施工人取得工程款也更符合实质公平的要求。因此，对袁某要求 B 街道办事处在欠付工程款 4728894 元范围内向其承担责任的诉讼请求，予以支持，而对 A 公司要求 B 街道办事处支付工程款 4728894 元的诉讼请求，不予支持。

二、B 街道办事处并不存在逾期付款的违约行为，袁某亦并非《施工合同》的合同相对方，A 公司和袁某主张 B 街道办事处支付逾期付款利息损失的诉讼请求，均无事实和法律依据。

B 街道办事处与 A 公司签订的《施工合同》第三部分专用条款第六条就合同价款与支付进行了约定，其中第 3 项约定："工程竣工验收合格后，经财政部门确认了进度款金额后，付至经业主及监理确认的工程结算价的 80%（原则上不得超过合同价的 80%）。经决算审核经财政部门确认了进度款金额后，付至审定金额的 94%，余 1% 待竣工资料及竣工图（需符合城建档案馆要求）完成归档要求后予以支付。"根据已经查明的事实，B 街道

办事处已支付工程款 36171976 元，超过合同价款或审定造价的 80%。而根据各方当事人的陈述，确定案涉工程造价的工程造价协审结果表最终的确认时间是在 2018 年 10 月。同时，现有有效证据也无法证明 B 街道办事处单方阻碍了工程造价审计的进程。因此，一审法院认为，B 街道办事处支付剩余工程款的条件至少要到各方在工程造价协审结果表上签字确认后才得以成就。并且，根据法院向 B 街道办事处发送的协助执行通知书，B 街道办事处亦不能向 A 公司支付剩余工程款。因此，B 街道办事处并不存在逾期付款的违约行为，A 公司主张 B 街道办事处支付逾期付款利息损失的诉讼请求，无事实和法律依据，对此不予支持。至于袁某，其并非《施工合同》的合同相对方，其要求 B 街道办事处根据该合同约定向其承担利息损失，显然于法无据，故对此亦不予支持。

三、案涉工程属于事业单位、社会团体以公益目的建设的教育设施，不宜进行折价、拍卖，故不支持 A 公司、袁某对案涉工程折价或拍卖的价款享有优先受偿权。

案涉工程属于事业单位、社会团体以公益目的建设的教育设施，不宜进行折价、拍卖，故对 A 公司、袁某请求确认对案涉工程折价或者拍卖的价款享有优先受偿权的诉讼请求，不予支持。

【一审裁判结果】

一、B 街道办事处在欠付工程款 4728894 元范围内对袁某承担责任；二、驳回 A 公司的全部诉讼请求；三、驳回袁某的其他诉讼请求。

【上诉理由】

一、依据《中华人民共和国企业破产法》（以下简称《企业破产法》）第三十条之规定，A 公司对案涉工程款依法享有债权，原审法院对此未予认定，属于适用法律错误。

1. 案涉工程款在权利类型上属于债权，A 公司与 B 街道办事处存在合法有效的建设施工合同及相应工程款债权债务关系，相反，袁某与 A 公司的转包合同才属无效合同。

2. 退一步讲，即使袁某可以依据《2004 年建工解释》第二十六条的规定，突破合同相对性向 B 街道办事处主张权利，但不改变权利性质及请求权基础，特别是在破产情况下，考虑到全体债权人的公平受偿，该请求更应被限制。

3. A 公司对 B 街道办事处的权利主张也可以从《企业破产法》第三十条的规定中直接找到依据，应认定为债务人（A 公司）财产。A 公司于 2018 年 5 月 29 日被人民法院裁定进入破产清算程序。《企业破产法》第三十条规定："破产申请受理时属于债务人的全部财产，以及破产程序受理后至破产程序终结前债务人取得的财产，为债务人财产。"据此，A 公司对 B 街道办事处的工程债权应认定为债务人财产。

二、原审法院依据"实质公平原则"判决 B 街道办事处对袁某承担责任且驳回 A 公司全部诉请，将造成 A 公司只承担义务而不享有权利的极不公平后果，也对 A 公司的其他债权人不公平，有违公平原则。

三、袁某可以依据《2004 年建工解释》第二十六、《2018 年建工解释（二）》第二十四条等规定提起诉讼，但原审一审据此判决 B 街道办事处对袁某承担责任且驳回 A 公司全部诉请，属于对上述条款的法律后果作不当扩大解释，适用法律错误。

1. 原审判决B街道办事处对袁某承担责任，同时驳回A公司全部诉请，实质上产生由实际施工人直接取得工程款的后果，这并非立法本意。根据上位法优于下位法、特别法优于普通法的法律适用基本原则，本案中应优先适用《企业破产法》的规定。

2. 原审判决将随意扩大突破合同相对性的法律适用后果，不符合立法价值取向。破产程序承载着A公司全体债权人公平清偿的法律要求，在A公司破产的情况下，实际施工人对发包人的权利主张应让位于破产程序中其他债权人的公平清偿权利。即使依据《2004年建工解释》第二十六条得以请求发包人给付，在破产程序中，该给付方式也不应当是直接受偿，而应当先纳入破产财产，后按破产清偿顺序进行清偿；更不应当判决驳回A公司的诉请。

3. 原审判决引发了实际施工人代位诉讼、突破相对性诉讼与破产程序之间的冲突和矛盾。

四、原审法院作出的判决与既有生效判决直接冲突，进而引发法律适用上的混乱，让上诉人无所适从。

1. 原审判决与此前已生效的判决书相冲突，违反既判力原则。该判决书确认袁某对A公司所享有的债权范围为参照联营协议约定价格条款确定的价款扣除管理费及企业所得税后的剩余工程款，确认袁某对A公司享有债权总额为7114637元，其中就包括本案欠付的工程款4728894元。该生效判决不仅确认了袁某的债权范围，也确认了袁某的债权相对人，即A公司。然而，原审法院直接判决袁某享有对B街道办事处的工程款债权，并且认为A公司不享有债权，应予以纠正。

2. 原审"实际施工人直接获偿工程款"的判决结果与最高人民法院关于转包情况下工程款支付顺位（能否优先受偿）的类案判决结果背道而驰。

3. 案涉工程的相关执行及债权申报程序均明确A公司是最终的责任人，原审判决驳回A公司诉请，显然与其存在冲突。

【被上诉人答辩】

袁某辩称：

一、原审判决认定事实清楚、适用法律正确，上诉人以原判适用法律错误为由要求撤销原判、依法改判的上诉请求不应得到支持。

1. 合同以相对性为原则，以突破相对性为例外，建设工程司法解释之所以作出突破合同相对性的规定，赋予实际施工人可以直接向发包人主张其所欠付工程款的权利，目的就是为了通过保护实际施工人来保护农民工的合法权益，这是对实际施工人权益保护所作的一个特殊规定，即在"合同相对性"这一"一般原则"下的"例外规定"，原审据此作出判决，符合立法目的。

2. 《2004年建工解释》第二十六条及《2018年建工解释（二）》第二十四条的规定，是在已经考虑了实际施工人的合同相对方破产、下落不明、资信状况恶化等缺乏履行能力的情况下所作出的规定，是对实际施工人的利益、破产企业及其他债权人利益进行衡量之后所作的司法政策选择，有利于实现"实质公平"。

3. 原审法院的判决，也符合司法实务中处理此类案件的主流观点。

二、上诉人所提出的具体的上诉理由也不成立。

1. 对上诉人第一大点第 1、2 项的上诉理由进行梳理、概括后可见，上诉人认为案涉工程款是债权，债权具有相对性，存在于施工合同发、承包双方之间，其基于合法有效的施工合同取得债权，而被上诉人作为实际施工人仅能根据无效的转包合同要求其返还工程价款，故案涉工程款应当支付给上诉人，再由上诉人结算后支付给被上诉人，而非直接支付给被上诉人即实际施工人。对于上述观点和理由，被上诉人认为是完全错误的。

2. 上诉人在第一大点第 3 项的上诉理由中认为，根据《企业破产法》第三十条的规定，案涉工程款应当属于上诉人的破产财产，并认为联营协议中存在"债权转让"行为，该债权转让行为无效。同时其认为原审法院既然判决发包人在欠付工程款范围内承担责任，该"欠付"的对象应当是 A 公司，但又将款项直接判决给实际施工人，属于自相矛盾。

3. 上诉人认为，原审法院将工程款判决给实际施工人，将导致其只承担义务而不享有权利，有违公平。该观点也是完全错误的，相关理由也是不成立的。首先，上诉人所称的"工程质保责任、维修责任、对分包商及供应商的责任等均由 A 公司承担"与客观事实及联营协议约定均是不符的。其次，原审法院并没有不顾转包人 A 公司是否尚欠实际施工人袁某工程款，就直接判决发包人对其承担给付责任，而是在查明 A 公司扣除已垫付的分包款、材料款及扣除管理费、税金后尚欠袁某工程款 7075119 元的基础上，判决发包人在尚欠的工程尾款 4728894 元的范围内对其承担付款责任，并未加重发包人和 A 公司的债务负担，也未损害其合法权益。

4. 上诉人的第三大点理由认为原审判决对《2004 年建工解释》《2018 年建工解释（二）》作了不适当的扩大解释。对此观点及相应的理由，被上诉人认为也是完全错误的。首先，本案中不存在"上位法优于下位法，特别法优于普通法"这一法律冲突规则的适用余地。其次，上诉人所谓的一般情况下可以适用《2004 年建工解释》第二十六条，而破产情形却未必能适用该条的观点及理由也是极其荒谬的。最后，原审判决并未引发实际施工人代位权诉讼、突破合同相对性直接诉讼与破产程序之间的冲突和矛盾。

5. 上诉人认为原审判决与生效判决存在冲突，违反既判力原则也是完全错误的。

6. 上诉人认为原审判决认定实际施工人取得工程款，是支持了实际施工人对案涉工程款享有工程价款优先受偿权。该观点完全无视本案客观事实，更是对原审判决的弯曲理解。故被上诉人认为原判认定事实清楚，适用法律正确，上诉人的上诉理由均不能成立，请求依法驳回上诉，维持原判。

B 街道办事处辩称：

目前 B 街道办事处欠付的工程款数额为 4728894 元，各方均无争议，至于支付给 A 公司还是袁某，请求法院依法裁判。

【二审裁判观点】

根据《2004 年建工解释》第二十六条第二款的规定，实际施工人以发包人为被告主张权利的，人民法院可以追加转包人或者违法分包人为本案当事人。发包人只在欠付工程价款范围内对实际施工人承担责任。此外，《2018 年建工解释（二）》第二十四条还规定，实际施工人以发包人为被告主张权利的，人民法院应当追加转包人或者违法分包人为本案第三人，在查明发包人欠付转包人或者违法分包人建设工程价款的数额后，判决发包人在欠付建设工程价款范围内对实际施工人承担责任。本案 A 公司、袁某及 B 街道办事处对就案涉工程 B 街道办事处尚欠工程款 4728894 元的事实均无异议，原审据此判决 B 街道办事处在欠付工程款 4728894 元范围内对袁某承担责任，并无不当。且《2004 年建工解释》第二十六条第二款系为保护农民工的合法权益作出的特殊规定，原审基于司法解释规定的特殊性优先予以适用并无不当。A 公司提出应优先适用《企业破产法》的理由不能成立。

【二审裁判结果】

驳回上诉，维持原判。

【律师评析】

针对建设工程施工合同纠纷案件中如果遇到转包人破产的特殊情形，实际施工人是否有权要求转包人支付工程款这一问题，有观点认为，根据《企业破产法》的相关规定，如果转包人已经破产，应当优先适用破产法禁止个别清偿的规定，不应由发包人绕过转包人向实际施工人支付工程款，否则会损害转包人的其他债权人的合法利益。但实践中，更多的观点认为，司法解释赋予实际施工人突破合同相对性原则正是考虑到转包人可能存在资产恶化的情况，此时如坚持合同相对性，建筑工人的合法权利将难以保障。在转包人破产时，更应该允许实际施工人突破合同相对性直接向发包人主张权利。

另外，本案还涉及在承包人已经起诉的情况下，实际施工人如何参加诉讼的问题，最高人民法院民一庭 2021 年第 21 次专业法官会议纪要明确："承包人已起诉发包人支付工程款的，实际施工人可以在一审辩论终结前申请作为第三人参加诉讼，其另诉请求发包人在欠付工程款范围内承担责任的，不应受理。"

【相关案例索引】

① 杨某与宿迁市振苏建设工程有限公司、大庆油田房地产开发有限责任公司建设工程分包合同纠纷一案

案号：（2020）苏 13 民终 3835 号

裁判观点：司法解释规定实际施工人突破合同相对性向发包人主张权利，系司法解释为保护农民工权益而作出的特殊制度安排。转包人或者违法分包人破产等原因导致支付能力欠缺，本身就是司法解释赋予实际施工人突破合同相对性向发包人主张权利的前提之一，不应以转包人或者违法分包人的破产来否定实际施工人向发包人主张工程价款的权利。从实际情况看，承包人将建设工程转包、分包后，建设工程施工的合同义务由实际施工人履行，由实际施工人取得工程款也更符合实质公平的要求。

② 辽宁金庆建设集团有限公司、康平县西关屯蒙古族满族乡人民政府对外追收债权纠纷一案

案号：（2020）辽民终 1057 号

裁判观点：辽宁金庆建设集团有限公司（以下简称金庆公司）取得案涉工程后，违反法律规定及合同约定将工程转包给案外人高某，由高某组织人员施工，高某为案涉工程的实际施工人。金庆公司仅提供了银行账户、配合办理申报工程款手续等，金庆公司未能举证证明其存在履行施工合同的行为，并未对工程的实际施工投入相应成本。在金庆公司未进入破产程序前，康平县西关屯蒙古族满族乡人民政府将工程款支付至金庆公司，金庆公司支付给高某。但是金庆公司已经进入破产清算程序，如支持金庆公司的诉请，将会出现该款项是金庆公司破产财产还是实际施工人财产的争议。建设工程的相关司法解释及《最高人民法院关于建设工程价款优先受偿权问题的批复》均在保护实际施工人权益的基础上保护农民工的利益，如果将实际施工人组织施工获得的相应工程款纳入破产财产，则实际施工人背后的广大农民工的利益无从保护。

案例 8：实际施工人在多层转包、分包的情况下无权突破合同相对性主张工程款

【引言】

最高人民法院民一庭 2021 年第 20 次法官会议纪要已经明确可以突破合同相对性原则请求发包人在欠付工程款范围内承担责任的实际施工人不包括借用资质及多层转包和违法分包关系中的实际施工人。实践中，仍然有部分裁判文书结合案件事实认为多层转包和违法分包的实际施工人有权突破合同相对性主张工程款。但在最高人民法院民一庭明确裁判方向后，未来涉及该问题的裁判必然从严把握，倘若允许多层转包和违法分包关系中的实际施工人主张工程款，无疑是对多层转包、违法分包行为的支持，扩大了实际施工人的范围，亦违背了设置实际施工人制度的目的。

【案例来源】

（2021）豫 03 民终 4593 号

【诉讼主体】

赵某：一审原告、二审上诉人

王某：一审被告、二审被上诉人

史某：一审被告、二审被上诉人

A 公司：一审被告、二审被上诉人

【原告起诉请求】

一、判令王某支付工程款、保证金、补助费用 345800 元，并从 2017 年 8 月 8 日起按照中国人民银行同期同类贷款利率计算支付利息至本息还清之日止；二、史某、A 公司对王某的支付义务承担连带责任。

【争议焦点】

被告王某、史某、A公司中，谁是案涉工程款的支付义务主体。

【基本案情】

B公司作为发包方，将案涉工程发包给承包方A公司，史某作为A公司的案涉工程实际控制人，将工程违法分包给王某等多人，造成大量的诉讼案件在法院审理。其中王某又将案涉工程违法分包给赵某。王某认可赵某主张的欠付款项数额总共为345800元（其中含工程款95800元、保证金20万元、病养补助金50000元）。A公司辩称不欠王某工程款，提供了相关证据，并称超付了工程款。赵某及王某不认可A公司的主张及证据。

【一审裁判观点】

一、原告赵某与被告王某签订的合同因违反法律强制性规定而无效。基于王某认可原告赵某主张的事实及请求，王某应当履行给付实际施工人赵某工程款、保证金、补助费用345800元的义务，并支付工程款、保证金的利息。

法律规定承包人不得将其承包的全部建设工程转包给第三人或者将其承包的全部建设工程支解以后又以分包的名义分别转包给第三人，禁止承包人将工程分包给不具备相应资质的单位，禁止分包单位将其承包的工程再分包。基于多次分包或者转包的实际施工人，向与其无合同关系的人主张因施工而产生的工程款没有依据。本案引起诉讼的原因在于A公司承包案涉工程后，该公司案涉工程实际控制人史某将工程违法分包给王某，王某又转包给赵某施工。赵某与王某签订的合同违反上述法律强制性规定，合同本身无效。对于赵某主张的事实及请求，王某认可，王某应当履行给付实际施工人赵某工程款、保证金、补助费用345800元的义务。关于赵某主张的利息，案涉工程已于2017年8月8日竣工验收合格，依据法律规定，赵某主张的工程款95800元的利息应分段计算，2017年8月8日至2019年8月19日的利息按照中国人民银行发布的同期同类贷款利率计算，2019年8月20日至实际清偿之日止的利息按照全国银行间同业拆借中心公布的一年期贷款市场报价利率计算。赵某主张的保证金20万元的利息，因双方均未提供合同，法院无法确认保证金应当返还的时间，故自王某向法院主张权利之日（2021年4月19日）起，按照全国银行间同业拆借中心公布的一年期贷款市场报价利率计算至实际清偿之日止。赵某主张的5万元病养补助的利息，因其出具的支付证明中并未承诺该款项的支付时间，且该款项的性质为病养补助，赵某主张利息于法无据，一审法院不予支持。

二、实际施工人仅可以突破合同相对性向发包人主张工程款，司法解释并未规定其可以向转（分）包人主张工程款。被告王某未能举证证明A公司欠付王某工程款，A公司在本案中不承担连带责任。史某系A公司参与案涉工程的实际控制人，系职务行为，其在本案中不承担责任。

人民法院审理建设工程合同纠纷案件，依据裁判规则，在工程多次转包或违法分包的情况下，实际施工人向所有转（分）包人主张工程款的，审判实践中应严格适用《2004年建工解释》第二十六条第二款的规定，实际施工人仅可以突破合同相对性向发包人主张工程款，并未规定其可以向转（分）包人主张工程款。因此，在法律没有特别规定的情况下，应严守合同相对性，实际施工人只能向与其有合同关系的当事人主张权利。对 A 公司是否拖欠王某工程款，王某没有充分证据予以证明，对 A 公司是否超付王某工程款，各方存在争议，该争议不是本案应处理的事项。A 公司在本案中不承担连带责任，史某系 A 公司参与案涉工程的实际控制人，其行为系职务行为，其在本案中不承担责任，王某与 A 公司的纠纷应另案处理。

【一审裁判结果】

一、王某于判决生效之日起 30 日内给付赵某工程款、保证金、补助费用 345800 元；二、王某于判决生效之日起 30 日内给付赵某上述款项的利息（其中工程款 95800 元的利息应分段计算，2017 年 8 月 8 日至 2019 年 8 月 19 日的利息按照中国人民银行发布的同期同类贷款利率计算，2019 年 8 月 20 日至实际清偿之日止的利息按照全国银行间同业拆借中心公布的一年期贷款市场报价利率计算；保证金 20 万元的利息，自 2021 年 4 月 19 日起按照全国银行间同业拆借中心公布的一年期贷款市场报价利率计算至实际清偿之日止）；三、驳回赵某其他诉讼请求。

【上诉理由】

王某和赵某于 2018 年 6 月 22 日结算完毕。结算完毕后，王某当日给赵某出具"结算单"一份、收到 927000 元的"收条"一份，2018 年 7 月 12 日向 A 公司出具"支付证明"一份，同意从其工程款中支付 5 万元病养补助费给赵某。上述文件交给了 A 公司的项目经理史某，同意 A 公司从王某的工程款中直接向赵某支付上述款项。A 公司接受了王某的上述文件，赵某也于 2018 年 7 月 10 日向 A 公司出具"收据"，该"收据"中载明的应付数额是 927000 元。A 公司不仅接受了赵某出具的收据，并且支付了其中的 631200 元，特别是在接受收据后支付了 124200 元。赵某认为，以上事实是三方就支付数额、支付义务主体、收款主体达成的工程款支付协议，A 公司应当履行三方达成的支付协议。2018 年 7 月 10 日之后 A 公司从王某工程款中支付的行为证明三方达成支付协议之前，王某还有工程款暂存在 A 公司，因此 A 公司应当履行协议，从王某的工程款中向赵某支付上述款项。

【被上诉人答辩】

史某、A 公司共同辩称：

一审判决认定事实清楚，判决结果正确。A 公司不应当承担对赵某的任何支付义务，史某作为 A 公司的人员，其行为系职务行为，史某也不应当承担法律责任。A 公司将案涉工程分包给王某，王某又分包给赵某，与赵某形成合同关系的是王某，赵某依法只能向王某主张合同权利。在整个工程进行过程中，A 公司向赵某支付部分款项的基础是 A 公司欠王某工程款，而且王某要同意向赵某支付工程款。A 公司支付的是欠王某的工程款，而非欠赵某的工程款。在王某同意、A 公司确实欠付王某工程款的情况下，基于王某的请求，A 公司才将部分工程款支付给赵某。上述行为并不能产生 A 公司应付赵某工程款的法律义务。本案事实是 A 公司已经不欠王某任何工程款，王某和赵某之间的债权债务关系，应当由其自行解决，赵某要求 A 公司承担支付义务不成立。

王某未到庭答辩。

【二审裁判观点】

二审法院认为，合同具有相对性，依法成立的合同，仅对当事人具有法律约束力。当事人应当依照合同约定向合同相对方行使权利并履行义务。本案中赵某与王某签订《建设工程劳务承包合同书》，双方形成合同关系，赵某应当依据该合同向王某主张权利。A公司是从B公司处承包工程，又分给王某等人。史某及A公司在本案中既不是发包人，也与赵某没有合同关系，赵某主张史某、A公司承担连带支付工程款的责任没有事实和法律依据，不能成立。关于赵某上诉认为A公司尚欠王某工程款的主张，没有证据支持，且A公司对此亦予不认可，因此一审法院对赵某的诉讼请求不予支持，处理并无不当。

【二审裁判结果】

驳回上诉，维持原判。

【律师评析】

关于《2020年建工解释（一）》第四十三条规定中的"实际施工人"是否包含借用资质及多层转包和违法分包关系中的实际施工人的问题，最高人民法院民一庭2021年第20次专业法官会议纪要认为：可以根据《2020年建工解释（一）》第四十三条规定的突破合同相对性原则，请求发包人在欠付工程款范围内承担责任的实际施工人，不包括借用资质及多层转包和违法分包关系中的实际施工人。换言之，《2020年建工解释（一）》第四十三条规定的"实际施工人"不包含两种情况：一是不包括借用资质的实际施工人；二是不包括多层转包及违法分包关系中的实际施工人。

最高人民法院院民一庭的意见是，本条解释涉及三方当事人两个法律关系：一是发包人与承包人之间的建设工程施工合同关系；二是承包人与实际施工人之间的转包或者违法分包关系。原则上，当事人应当依据各自的法律关系，请求各自的债务人承担责任。本条解释为保护农民工等建筑工人的利益，突破合同相对性原则，允许实际施工人请求发包人在欠付工程款范围内承担责任。对该条解释的适用应当从严把握。该条解释只规范转包和违法分包两种关系，未规定借用资质的实际施工人以及多层转包和违法分包关系中的实际施工人有权请求发包人在欠付工程款范围内承担责任。因此，可以依据《2020年建工解释（一）》第四十三条突破合同相对性原则的规定，请求发包人在欠付工程款范围内承担责任的实际施工人，并不包括借用资质及多层转包和违法分包关系中的实际施工人。

【相关案例索引】

① 张某与中天建设集团有限公司、汪某建设工程施工合同纠纷一案

案号：（2016）最高法民申3339号

裁判观点：《2004年建工解释》第二十六条第一款规定："实际施工人以转包人、违法分包人为被告起诉的，人民法院应当依法受理。"本案中，中天建设集团有限公司（以下简称中天公司）与汪某签订《木工分项工程承包合同》，汪某与张某达成口头协议，由张某负责汪某承包工程中的部分工程。张某与中天公司之间并无合同关系，对于张某而言，其合同相对方为汪某。张某可以向违法分包人汪某主张工程款。《2004年建工解释》

第二十六条第二款规定："实际施工人以发包人为被告主张权利的，人民法院可以追加转包人或者违法分包人为本案当事人。发包人只在欠付工程款范围内对实际施工人承担责任。"本案中，中天公司是案涉工程的总承包人，各方当事人在庭审中，对此事实均无异议。中天公司并非案涉项目的发包人，原审法院认定本案不应适用《2004年建工解释》第二十六条第二款的规定，并无不当。综上所述，中天公司既不是案涉工程发包人，与张某之间也无合同关系，张某申请再审要求中天公司承担支付款项的连带责任的请求，缺乏法律依据，再审法院对此不予支持。

② 辽河石油勘探局有限公司与朱某、江西省交通运输厅昌铜高速公路项目建设办公室、江西省天路工程建设有限公司建设工程合同纠纷一案

案号：（2018）赣民终210号

裁判观点：关于辽河石油勘探局有限公司（以下简称辽河公司）应否承担连带责任问题。辽河公司作为案涉工程的总承包人，将中标的B2合同段部分工程项目转包给不具备高速公路施工资质的江西省天路工程建设有限公司（以下简称天路公司），天路公司又将其中的部分土建工程分包给无施工资质的朱某施工。因此，朱某将辽河公司列为被告后，一审法院比照《2004年建工解释》第二十六条第二款"实际施工人以发包人为被告主张权利的，人民法院可以追加转包人或者违法分包人为本案当事人。发包人只在欠付工程价款范围内对实际施工人承担责任"的规定，判令辽河公司对天路公司欠付朱某的工程款本息承担连带付款责任具有法律依据，二审法院对此予以支持。

关于江西省交通运输厅昌铜高速公路项目建设办公室（以下简称昌铜项目办）应否在欠付辽河公司工程款范围内承担连带责任问题。实际施工人朱某已将案涉工程的发包人昌铜项目办列为被告，根据《2004年建工解释》第二十六条第二款有关"发包人只在欠付工程价款范围内对实际施工人承担责任"的规定，其应在欠付辽河公司工程价款范围内对朱某承担责任。昌铜项目办一审中自认未付辽河公司的工程款为10539801.81元，故一审法院判令其在该范围内承担连带付款责任正确。

案例9：实际施工人通常不受"背靠背"条款的约束

【引言】

在建设工程领域，承包人基于转移风险的目的，往往会在转包或分包合同中设置"背靠背"条款，即约定向实际施工人支付工程价款的条件是在总承包人收到建设单位支付的工程价款之后。如果转包、分包合同无效，"背靠背"条款是否还能约束实际施工人呢？关于该问题，司法实践中存在争议。一般情况下，合同无效时，"背靠背"条款也应无效，但也有少数观点认为存在参照适用该等条款的可能，需要具体结合相关证据进行综合认定。

【案例来源】

（2021）甘民终 184 号

【诉讼主体】

赵某：一审原告、二审被上诉人

A 公司：一审被告、二审上诉人

B 设计院：一审第三人

【原告起诉请求】

一、判令 A 公司给付赵某工程款 12193577.95 元，承担违约金 294748 元、逾期付款利息 3249588.5 元（实际付款利息计算至 A 公司履行完毕之日），依法确认赵某对案涉工程价款享有优先受偿权；二、判令 A 公司返还赵某工程保证金 670000 元。

【争议焦点】

一、本案案涉工程款总额及已付工程款数额如何认定；二、上诉人主张工程款支付条件未成就及要求第三人承担连带付款责任的理由是否成立；三、关于增值税发票、管理费、利息的问题。

【基本案情】

一、A 公司与 B 设计院之间的合同签订情况

2015 年，A 公司与 B 设计院签订《案涉工程施工合同》，约定 A 公司施工案涉工程第一标段内所有建筑安装工程；工程总价款以竣工结算数为准，初审结算数为在双方核对结算额基础上，乙方让利 1% 后的数额。后 A 公司与 B 设计院又签订《建筑装饰工程施工合同》，约定 A 公司对上述工程项目办公楼二次装修进行施工。

二、A 公司与赵某之间的合同签订及履行情况

A 公司将《案涉工程施工合同》《建筑装饰工程施工合同》约定的土建施工及装饰装修工程全部交由赵某进行施工，双方于 2015 年 6 月 4 日签订《案涉工程施工分包协议书》，约定 A 公司与 B 设计院（业主）签订的施工合同（以下简称主合同）为双方协议的组成文件；A 公司按工程最终结算价款的 4.1% 收取管理费用等。

合同签订后，赵某按约施工，于 2016 年 5 月 1 日将上述合同约定的全部工程施工完毕交付使用。2016 年 11 月 1 日，案涉工程竣工验收。2019 年 4 月 9 日，赵某、A 公司案涉工程项目部、B 设计院签订《工程结算初审定案表》，结算案涉工程价款为 29574848.85 元。赵某向 A 公司支付履约保证金 670000 元。A 公司已支付工程款 17503349.04 元。

【一审裁判观点】

一、A 公司与赵某签订的合同应属无效合同，赵某施工完成案涉工程，该工程竣工验收合格并交付使用，赵某有权要求支付其完成工程价款。

赵某不具有建筑施工企业资质，A 公司将其承包的案涉工程转包给赵某进行施工，根据《2004 年建工解释》第一条第一项的规定，双方签订的建设工程施工合同应属无效合

同。赵某施工完成案涉工程，该工程竣工验收合格并交付使用，对赵某要求支付其完成工程价款的请求，予以支持。

二、A公司应付工程价款以A公司、B设计院、赵某三方签订的《工程结算初审定案表》为依据，并应从价款中扣除赵某认可的管理费。

A公司与B设计院签订的施工合同中约定"初审结算数为在双方核对结算额基础上，乙方让利1%后的数额"，A公司与B设计院在《工程结算初审定案表》中签名盖章，足以证明经三方最终结算赵某完成的工程造价为29474848.85元是经乙方让利1%后的工程造价数额。A公司主张案涉工程造价在该结算价款的基础上再让利1%，对此不予支持。A公司已支付工程款17503349.04元，赵某认可按最终结算价款的4.1%扣除管理费用1208468.80元，A公司应支付赵某工程欠款10763031.01元（29474848.85元－17503349.04元－1208468.80元）。

三、工程欠款利息应自案涉工程交付使用之日起分段计算。

逾期支付应承担工程欠款利息。A公司认可案涉工程于2016年5月1日交付业主使用，根据《2004年建工解释》第十八条的规定，A公司应于2016年5月1日即交付之日起按照中国人民银行发布的同期同类贷款利率支付赵某欠款利息，至2019年8月19日利息为1711247.19元（10763031.01元×4.75%÷360天×1205天），自2019年8月20日起至赵某主张的2019年11月1日止，按照中国人民银行授权全国银行间同业拆借中心发布的贷款市场报价利率支付利息，利息为92756.40元（10763031.01元×4.25%÷360天×73天），以上利息共计1804003.59元。

四、案涉工程已施工完毕并竣工验收交付使用，A公司应返还履约保证金。

案涉工程已施工完毕并竣工验收交付使用，赵某要求A公司返还其交付的履约保证金670000元，予以支持。A公司与赵某签订的建设工程施工合同无效，其关于合同约定的业主未将工程款全部拨付到位，向赵某支付工程款的条件未成就的主张，及不同意返还赵某工程保证金的理由，均不能成立。对赵某要求A公司承担违约金的请求，不予支持。赵某与发包人B设计院没有直接合同关系，其要求对案涉工程的价款优先受偿的请求，与《2018年建工解释（二）》第十七条的规定不符，对此不予支持。综上所述，赵某的部分诉讼请求成立，对该部分请求予以支持。

【一审裁判结果】

一、A公司于本判决生效后30日内给付赵某工程款10763031.01元，利息1804003.59元，共计12567034.60元，并承担自2019年11月2日起至付清之日止按全国银行间同业拆借中心发布的贷款市场报价利率计算的欠付工程款利息；二、A公司返还赵某履约保证金670000元，于本判决生效后30日内付清；三、驳回赵某的其他诉讼请求。

【上诉理由】

一、一审判决对以下事实认定不清，二审法院应当在查明事实的基础上依法判决。

（一）本案案涉工程款总价为29180100.36元，并非一审判决认定的29474848.85元。2015年6月4日，A公司与赵某签订《案涉工程施工分包协议书》（以下简称《分包协议书》）第五条第二款明确约定 A 公司与 B 设计院签订的主合同为协议的组成部分，而主合同第 8.3.2 条约定合同总金额为在实际结算基础上让利 1% 后的数额，本案初审结算定案价为 29474848.85 元，按照合同约定，应当以终审价格定案，按照合同约定减去让利部分的合同总金额为 29180100.36 元，故本案案涉工程总金额为 29180100.36 元。赵某主张《工程结算初审定案表》中 29474848.85 元的定案价是已经按照主合同让利 1% 后的金额，但未提交证据证明该主张，赵某应当承担举证不能的不利后果。

（二）A 公司已向赵某支付工程款合计 22846160.64 元，而非一审判决认定的 17503349.04 元。

1. A 公司派驻案涉工程项目部的劳务人员工资合计 272541.79 元，并非一审判决认定的 170000 元。双方签订的《分包协议书》第十条约定，关于 A 公司派驻工程项目部的财务、技术及项目管理人员等，若派驻 8 个月以上，则向赵某收取费用的标准为 85000 元/年，管理人员因办理工程的有关业务而发生的差旅费、交通费等费用由赵某承担，A 公司一审提交的 2015 年 12 月份第 41 号财务凭证、2016 年 12 月份第 50 号凭证及 2016 年（案涉工程）项目监管人员工资明细表足以证明实际劳务人员工资为 272541.79 元，一审判决仅凭赵某自认金额认定劳务人员工资，合同约定劳务工资为 85000 元/年，亦明确约定管理人员因办理工程的有关业务而发生的差旅费、交通费等费用由赵某承担，故 A 公司派驻案涉工程项目部的劳务人员工资合计为 272541.79 元。

2. A 公司代赵某支付的担保贷款利息 352187.56 元应当从剩余工程款中扣除。一审庭审中，A 公司提交的《承诺书》中明确载明，A 公司可从所欠赵某的工程款中扣除其支付的担保贷款利息，该《承诺书》由 A 公司及赵某双方签章认可，证明双方协商一致可将案涉工程款与贷款利息予以抵消，虽然名为承诺书，但其内容是赵某同意 A 公司扣除工程款的意思表示，相当于赵某向 A 公司提供了反担保，因此，A 公司代赵某支付的担保贷款利息 352187.56 元应当从剩余工程款中扣除。

3. A 公司一审提交的《案涉工程赵某施工队账务明细》第 37～68 项、第 72～75 项、第 77～78 项金额 7493232.36 元及履约保证金 1639000 元，合计 9132232.36 元，为 A 公司实际支付给赵某的工程款及依照合同约定扣除的各项税费，应当从 A 公司未付的工程款中扣减。

（三）本案涉及的剩余工程款支付条件未成就，A 公司不应当支付。

《分包协议书》第八条第 2 款、第 3 款约定，工程竣工验收合格，赵某在 7 天内向 A 公司提供完整的符合档案馆要求的竣工图纸及技术资料（含电子版），双方完成结算工作，结算价经业主委托的审计部门确认，业主拨付款项全部到位后，一次性付清，支付双方认可的总结算价款（扣除业主扣留的保证金及乙方应缴纳的各项税费后的余额），待赵某将工程结算书及完整的竣工资料（含电子版）交于 A 公司。工程竣工保修期满后，将工程其余价款一次性付清。施工过程中所发生的业主罚款（例如工程质量罚款、施工进度罚款等）、与银行相关的费用（如利息、手续费等）等承包人相应施工部分的费用均由承包人全额承担。本案中，承包人未按约定向 A 公司提交竣工图纸及技术资料，且本案工程业主方案外人C公司、案涉工程发包人B设计院未将工程款全部拨付到位，A公司已向赵某支付的工程款全部由A公司垫付，故赵某主张的工程款支付条件未成就。

（四）赵某应当依法向A公司出具金额为22846160.64元的增值税普通发票。

二、一审判决适用法律错误。

（一）A公司与赵某签订的《分包协议书》未对利率进行约定，赵某主张利息无事实依据。

依据《2004年建工解释》第一条的规定，承包人未取得建筑施工企业资质或者超越资质等级的，合同无效。本案中，作为承包人的赵某，未取得建筑施工企业资质，与A公司签订的《分包协议书》属于前述法律规定的合同无效情形，依据《合同法》第五十八条的规定，一审判令A公司支付利息属于适用法律错误。

（二）《2004年建工解释》第二十六条规定："实际施工人以转包人、违法分包人为被告起诉的，人民法院应当依法受理。实际施工人以发包人为被告主张权利的，人民法院可以追加转包人或者违法分包人为本案当事人。发包人只在欠付工程价款范围内对实际施工人承担责任。"

本案一审阶段，A公司书面申请将业主案外人C公司、案涉工程发包人B设计院追加为本案被告，因B设计院未向A公司支付案涉工程款，A公司亦请求发包人承担连带清偿责任，但一审法院仅将发包人追加为本案第三人，且违反法律规定，判令B设计院不承担连带清偿责任，属于法律适用错误。

（三）一审判决违反"不告不理"的民事诉讼原则。

赵某一审诉请A公司返还工程保证金，但一审判决超出诉请范围，判令A公司返还赵某履约保证金，而工程保证金不等同于履约保证金，赵某诉请的工程保证金实则为主合同第4.9条约定的质量保证金。

【被上诉人答辩】

赵某辩称：

一、A公司的上诉请求没有事实和法律依据，应予驳回。

《工程结算初审定案表》关于案涉工程总价款的报审值为36165855元，双方结算让利后，A公司支付赵某工程款29474848.85元，故不能重复让利。一审认定的17503349.04元是经法庭主持双方认可的已付工程款，A公司派驻管理人员工资应当以实际参与工程管理的人员及A公司提供的证据认定，但A公司未提交证据证实其主张。担保贷款利息352187.56元与本案没有法律上的关系。财务明细表中的7493232.36元既没有合同依据也没有事实依据，是莫须有名称。对于履约保证金，因本案合同无效，工程已实际履行完毕验收合格A公司理应返还。

二、本案合同无效不具有约束力，合同约定的也不是付款条件。

主合同有效，本案合同无效，主合同严禁转包。赵某作为自然人承包的3000万的工程验收合格，被拖欠工程款1000多万元长达5年。A公司恶意拖欠工程款，既不向赵某付款也不向业主单位催要工程款，怠于行使权利，亦没有证据证明工程款付款情况，损害了实际施工人的利益。

三、税款税票不是人民法院审理范围，该问题是税务纠纷，纳税是法定义务，若赵某不纳税，可向税务部门投诉举报。

四、一审法院适用法律错误，合同无效，不能扣除 1208468.80 元管理费。甲方单位合同约定禁止转包获利。

B 设计院辩称：

一、B 设计院与赵某无合同关系，无需对 A 公司欠付工程款承担连带清偿责任。

案涉施工合同由 A 公司与赵某签订，合同约定的付款主体也是 A 公司，B 设计院并非合同相对方。根据合同相对性原则，案涉合同对 B 设计院无约束，B 设计院不向赵某付款，也不应对 A 公司的付款义务承担连带责任。

二、A 公司是转包人而非实际施工人，实际施工人赵某在一审中未以发包人 B 设计院为被告提起诉讼，B 设计院不应被追加为被告。

A 公司援引的《2004 年建工解释》规定已被废止失效，且根据《2020 年建工解释（一）》第四十三条的规定，赵某只以发包人 B 设计院为被告提起诉讼，才可以追加转包人或违法分包人为被告，而本案赵某以转包人 A 公司为被告，B 设计院作为第三人参与案情调查，无需对 A 公司欠付工程款承担连带清偿责任，一审程序未违反法律规定。

【二审裁判观点】

一、《工程结算初审定案表》中总承包单位核定值应为已经让利 1% 的竣工结算数。

关于案涉工程款总额。A 公司与赵某就本案案涉工程签订《分包协议书》，约定 A 公司与 B 设计院（业主）签订的主合同为双方协议的组成文件。《分包协议书》第六条第 2 项约定："合同总价暂定 2000 万元整，总价款以竣工结算书为准。"主合同第 8.3.2 条约定："本工程的暂定合同总价 2000 万元（含税），总价款以竣工结算数为准，初审结算数为在双方核对结算额基础上，乙方让利 1% 后的数额……"赵某转包的本案案涉两项工程施工内容施工完成后，已经进行了竣工验收，并于 2019 年 4 月 9 日由 A 公司案涉工程项目部与 B 设计院签订《工程结算初审定案表》。根据双方签订的初审定案表中载明的内容，施工单位（A 公司）报审值为 36165855.22 元，总承包单位（B 设计院）核定值为 29474848.85 元。主合同约定初审结算数为在双方核对结算额基础上，乙方让利 1% 后的数额，故应当认定总承包单位（B 设计院）核定值为双方核对结算额基础上已经让利 1% 的数额。另，在双方进行初审结算时已经对工程进行了竣工验收，《工程结算初审定案表》中总承包单位核定值应为竣工结算数，即本案工程款结算总额。

二、A 公司认为应从应付工程款中扣除的劳务费用、担保贷款利息、税费无相应证据证明，A 公司应当承担举证不能的后果；赵某支付的 670000 元应认定为履约保证金，在案涉工程竣工后应当返还给赵某。

关于 A 公司已付工程款数额。一审认定已付工程款数额为 17503349.04 元。A 公司认为一审对于项目部劳务人员的工资认定有误；代为偿还的担保贷款利息、履约保证金和合同约定扣除的各项税费应当从未付工程款中扣减。

第一，关于项目部劳务人员工资。根据《分包协议书》第十一条的约定，甲方（指A公司）派驻的专职管理人员（包括财务、技术及项目管理人员等）在此项目工程上工作8个月以上，甲方按85000元/年向乙方（指赵某）收取费用，若甲方技术管理人员在乙方项目上工作8个月以内（不足8个月也按8个月计算），则甲方每月按[85000元/（人×年）÷12月]×1.5倍标准向乙方收取费用，管理人员因办理此工程的有关业务而发生的差旅费、交通费等费用由乙方承担。赵某认可A公司派驻管理人员李某的劳务费用按85000元/年计算，同意支付170000元。A公司提交的财务记账凭证、工资明细表无其他有效证据印证，不能证明其公司还有其他派驻人员及其支付了相应差旅费等因案涉施工项目支出的劳务费用，应当承担举证不能的不利后果，对其主张的超出170000元劳务费的部分不予支持。

第二，关于代为偿还的担保贷款利息。A公司提交贷款人赵某、周某，担保单位A分公司出具给小额贷款公司的《承诺书》，其中载明若贷款人不能按期归还借款本息，则从A公司所欠赵某的工程费中扣除相应款项以归还本息。该《承诺书》由贷款人、担保人共同出具，且担保人有向贷款人支付的应付款项，《承诺书》内容既符合担保法律关系，也符合民事法律中债权转让和债务承担的特征，故《承诺书》对赵某也具有约束力。审理中，借款本金200万元由A公司代为偿还并在应付工程款中扣除，双方认可该事实。A公司如代为偿还了利息，应当从工程款中扣除，但A公司在审理中未提交有效付款凭证，数额无法确定，应当承担举证不能的后果，其代为支付的利息可通过保证担保法律关系向主债务人追偿，本案不作处理。

第三，关于履约保证金。双方签订《分包协议书》后，赵某按约定向A公司支付履约保证金670000元。履约保证金是为了保证一方按约定履行合同，赵某已经将案涉工程施工完毕且竣工交付，履行完了合同义务，赵某支付的履约保证金在其履行合同义务后理应退还。A公司认为一审判决违反"不告不理"原则，赵某主张的履约保证金实际是合同约定的质量保证金，根据赵某主张的保证金数额以及A公司出具的收据，赵某主张返还的应为履约保证金，故A公司该项主张不能成立。同时，由于约定履约保证金在支付工程款时扣除，竣工后返还，而剩余工程款并未支付，故A公司主张对应比例的1639000元履约保证金亦不应当从工程款中扣除。

第四，关于合同约定扣除的各项税费。A公司提交的账务明细中无收据报销款因无有效证据印证符合双方约定应当由赵某承担的费用，A公司应当承担举证不能的不利后果，对其主张从未付工程款中扣除的理由不予支持。综上所述，关于已经支付的工程款数额，一审认定的已付工程款数额17503349.04元（双方无争议的已付款数额17307075.95元＋2016年8月16日"罚款"26273.09元＋派驻项目部人员劳务工资170000元）符合证据认定规则，应予以确认。

三、案涉工程已经竣工并验收合格，付款条件亦已成就。

关于工程款支付条件是否成就的问题。本案案涉合同因赵某未取得建筑施工企业资质而无效，A公司将工程转包给无资质施工人完成施工，其对合同无效存在过错。《2004年建工解释》第二条规定："建设工程施工合同无效，但建设工程经竣工验收合格。承包人请求参照合同约定支付工程价款的，应予支持。"本案中赵某作为实际施工人，完成施工且工程通过竣工验收交付使用。在本案案涉合同无效情形下，赵某完成施工且工程已经竣工验收合格，已符合法定的付款条件，A公司理应按照合同约定的价款支付工程款。关于A公司认为应当等发包人支付工程款后再向赵某付款的理由，由于分包合同无效，对该理由二审法院不予支持。

四、原告赵某未诉请第三人（发包人）承担连带付款责任，A公司工程款发票开具请求与建设工程施工合同不属于同一法律关系，本案中法院对其均不予审查。

关于第三人承担连带付款责任的问题。《2004年建工解释》第二十六条第二款规定："实际施工人以发包人为被告主张权利的，人民法院可以追加转包人或者违法分包人为本案当事人。发包人只在欠付工程价款范围内对实际施工人承担责任。"该法律规定的权利人为实际施工人，赵某为实际施工人，其并未提出该项主张，本案不作审查。另，一审为查明案件事实，根据A公司申请追加B设计院为第三人符合法律规定，未追加业主为当事人参加诉讼不属于程序违法，A公司认为一审违反法定程序的理由不能成立。

关于增值税发票、管理费、利息问题。第一，A公司二审中要求赵某开具工程款发票，但一审时未提出反诉，且该事项与建设工程施工合同不属于同一法律关系，故对其该项请求不予审查。

五、从应付工程款中扣除管理费属赵某一审中自愿认可的内容，赵某二审中针对该问题提出的异议不能成立。

《2004年建工解释》第四条规定："承包人非法转包、违法分包建设工程或者没有资质的实际施工人借用有资质的建筑施工企业名义与他人签订建设工程施工合同的行为无效。人民法院可以根据民法通则第一百三十四条规定，收缴当事人已经取得的非法所得。"《民法通则》第一百三十四条已经由《民法总则》第一百七十九条修改，且一审中，赵某同意扣除4.1%的管理费用，一审判决对该费用予以扣除符合自愿原则，不违反法律规定，赵某二审中针对该问题的理由不能成立。

六、一审自实际交工之日按照同期银行贷款利率计算欠付工程款利息并无不当。

《2004年建工解释》第十七条规定："当事人对欠付工程价款利息计付标准有约定的，按照约定处理；没有约定的，按照中国人民银行发布的同期同类贷款利率计息。"第十八条规定："利息从应付工程款之日计付。当事人对付款时间没有约定或者约定不明的，下列时间视为应付款时间：（一）建设工程已实际交付的，为交付之日……"根据上述法律规定，一审自实际交工之日按照同期银行贷款利率计算欠付工程款利息并无不当。

【二审裁判结果】

驳回上诉，维持原判。

【律师评析】

根据《2020年建工解释（一）》的规定，实际施工人完成工程施工且在工程验收合格的情况下有权主张工程款，转包、分包合同虽约定了发包人支付工程款后再支付给分包人，但因该分包合同无效，此"背靠背"条款约定亦无效。

尽管本案支持实际施工人主张工程价款的请求，但实践中各地法院的裁判观点存在差异。《北京市高级人民法院关于审理建设工程施工合同纠纷案件若干疑难问题的解答》第22条规定："分包合同中约定待总包人与发包人进行结算且发包人支付工程款后，总包人再向分包人支付工程款的，该约定有效。因总包人拖延结算或怠于行使其到期债权致使分包人不能及时取得工程款，分包人要求总包人支付欠付工程款的，应予支持。总包人对于其与发包人之间的结算情况以及发包人支付工程款的事实负有举证责任。"

《安徽省高级人民法院关于审理建设工程施工合同纠纷案件适用法律问题的指导意见（二）》第11条规定："非法转包、违法分包建设工程，实际施工人与承包人约定以发包人与承包人的结算结果作为结算依据，承包人与发包人尚未结算，实际施工人向承包人主张工程价款的，分别下列情形处理：（一）承包人与发包人未结算尚在合理期限内的，驳回实际施工人的诉讼请求；（二）承包人已经开始与发包人结算、申请仲裁或者诉至人民法院的，中止审理；（三）承包人怠于向发包人主张工程价款，实际施工人主张参照发包人与承包人签订的建设工程施工合同确定工程价款的，应予支持。"

【相关案例索引】

① 江苏省第一建筑安装集团股份有限公司与宜昌市皇源建筑劳务有限公司、江苏省第一建筑安装股份有限公司宜昌分公司建设工程施工合同纠纷一案

案号：（2018）最高法民申 2278 号

裁判观点：关于案涉工程款的支付是否以业主湖北江重机械制造有限公司（以下简称江重公司）划拨工程款为前提条件的问题。因《工程承包（协议）责任书》约定江苏省第一建筑安装股份有限公司宜昌分公司将其承包的江重公司办公楼装饰装修工程交由宜昌市皇源建筑劳务有限公司（以下简称皇源公司）承包施工，而皇源公司缺乏相应的施工资质，根据《2004 年建工解释》第一条之规定，《工程承包（协议）责任书》属于无效合同。又因案涉建设工程经竣工验收合格，依据《2004 年建工解释》第二条之规定，皇源公司可以请求参照《工程承包（协议）责任书》的约定支付工程价款，但该司法解释第二条规定的"请求参照合同约定支付工程价款"中的"合同约定"范围，主要指工程款计价方法、计价标准等与工程价款数额有关的约定。江苏省第一建筑安装集团股份有限公司主张还应参照适用《工程承包（协议）责任书》第八条第 1 项、第 2 项关于支付工程价款以业主划拨工程款为前提条件的约定，因该约定是关于工程价款支付条件的约定，并非工程价款确定标准的约定，在《工程承包（协议）责任书》无效的情况下，该约定对双方没有约束力。因此，本案工程价款的支付不应以双方当事人约定的业主划拨工程款为前提条件。

② 华平信息技术股份有限公司、中国电信股份有限公司毕节分公司、毕节市公安局七星关分局建设工程分包合同纠纷一案

案号：（2021）黔 05 民初 32 号

裁判观点：关于责任主体的认定。对于被告中国电信股份有限公司毕节分公司（以下

简称毕节电信公司）而言，其与原告华平信息技术股份有限公司（以下简称华平公司）签订"二、三期代销合同"，虽然合同约定毕节电信公司收到毕节市公安局七星关分局（以下简称七星关公安局）的付款后，再将该款转付给华平公司，即合同中存在毕节电信公司在本案中主张的"背靠背"付款条件，但如前所述，建设工程施工合同无效，仅参照合同关于工程款计价方法、计价标准等条款确定工程款，故毕节电信公司与华平公司关于"背靠背"付款条件的约定对双方并无法律约束力。因此，在案涉工程已经竣工验收、交付使用的情况下，七星关公安局是否依约向毕节电信公司支付工程回购款，不是本案认定案涉工程款支付条件已成就的阻却事由，毕节电信公司作为合同相对人应承担直接支付责任。对于七星关公安局而言，经庭审确认，被告七星关公安局对于原一审认定的基础事实无异议，即截至 2016 年 10 月 27 日，被告毕节电信公司收到被告七星关公安局支付的二期工程款 17053224.00 元、三期工程工程款 1000 万元，被告七星关公安局尚欠二、三期工程款共计 91086625.45 元（2021 年 3 月 10 日第 5 期应付款项 11098098.50 元已到期）。依据《2020 年建工解释（一）》第四十三条第二款"实际施工人以发包人为被告主张权利的，人民法院应当追加转包人或者违法分包人为本案第三人，在查明发包人欠付转包人或者违法分包人建设工程价款的数额后，判决发包人在欠付建设工程价款范围内对实际施工人承担责任"之规定，七星关公安局应在其欠付工程款 91086625.45 元范围内承担补充支付责任。

③ 邹某与广州中安建筑工程有限公司、北京筑品艺装建筑工程有限公司广州分公司、广东康景物业服务有限公司建设工程合同纠纷一案

案号：（2020）粤 06 民终 4350 号

裁判观点：案涉合同虽然因违反法律强制性规定而无效，但双方对于工程款支付条件的约定仍是双方当事人签约时的真实意思表示。作为实际施工人的邹某在签约时清楚地知道承包人向其支付工程款需以发包人支付工程款为前提，若不参照合同约定而直接判决承包人向其支付工程款，则无疑使得实际施工人在合同无效时获得比合同有效时更大的利益，这有悖于法理。

案例 10：实际施工人不享有建设工程价款优先受偿权

【引言】

实际施工人对工程价款是否享有优先受偿权的问题在实践中一直存在争议，甚至连最高人民法院也出现裁判观点不一致的情况。针对该问题，最高人民法院民一庭 2021 年第 21 次法官会议讨论认为：实际施工人不享有建设工程价款优先受偿权，理由是依据《民法典》第八百零七条以及《2020 年建工解释（一）》第三十五条之规定，只有与发包人订立建设工程施工合同的承包人才享有建设工程价款优先受偿权。实际施工人不属于"与发包人订立建设工程施工合同的承包人"，不享有建设工程价款优先受偿权。

【案例来源】

（2020）川 13 民终 1563 号

【诉讼主体】

A 公司：一审原告、二审上诉人

B 公司：一审被告、二审上诉人

C 公司：一审被告、二审被上诉人

【原告起诉请求】

一、B 公司向 A 公司支付已完工程的工程款 16393631.12 元，自 2018 年 5 月 25 日起按中国人民银行同期同类贷款利率支付工程款利息；二、B 公司支付鉴定费 31 万元；三、C 公司在欠付 B 公司工程款范围内，对 A 公司应收工程款本息承担支付责任；四、确认 A 公司对 C 公司应付 B 公司工程款在 16393631.12 元范围内享有优先权；五、本案诉讼费、保全费、鉴定费，由 B 公司、C 公司承担。

【争议焦点】

一、本案是否属于重复起诉问题；二、A 公司施工路段是否合格问题；三、责任承担问题；四、鉴定费问题；五、优先受偿权问题；六、工程款及利息问题。

【基本案情】

一、B 公司（与 D 公司组成之联合体）与 C 公司之间的合同签订及履行情况

2014 年 1 月 28 日，B 公司与案外人 D 公司签订《联合体协议书》，约定：B 公司为案涉工程联合体牵头人；联合体牵头人合法代表联合体成员负责本招标文件编制和合同谈判活动，并代表联合体提交和接收相关的资料、信息及指示，并处理与之有关的一切事务，负责合同实施阶段的主办、组织和协调工作；联合体将严格按照招标文件的约定，递交投标文件，履行合同，并对外承担连带责任；B 公司作为联合体牵头人负责项目实施全过程中的融资、投资及相关管理工作，D 公司作为联合体成员负责完成整个项目中的工程建设任务。

2014 年 2 月 10 日，C 公司向 B 公司发出中标通知，确定 B 公司为案涉工程中标人，中标价为 207967670 元，投资回报率为 11.98%，质量目标为合格。

2014 年 2 月 27 日，C 公司（甲方）与 B 公司、案外人 D 公司（未盖章或签字）（乙方）签订《案涉工程 BT 投资建设合同协议》，约定主要内容为如下。甲方通过招标方式选定乙方为案涉工程 BT 投资建设人。工程名称为案涉工程。工程地点为某市。工程内容：本项目由案涉工程组成，道路长约 5776m、宽 32m，包括路基、路面、排水、照明、交通、绿化工程及给水、燃气、电力等工程量清单、施工图设计所包含的全部内容。建设模式：乙方作为投资人及施工承包方负责上述内容范围内工程的投资、建设施工，以及按另册的协议与三通一平甲方负责的内容移交工程。工程竣工验收后，按照协议，乙方将竣工验收合格的工程移交给甲方，甲方在规定的期限内按约定的金额、方式向乙方支付工程回购款项。合同施工期计划开工日期为 2014 年 6 月 30 日，计划竣工日期为 2015 年 11 月

30 日。工程施工期总日历天数为 500 天，自甲方或监理人发出的开工通知中载明的开工日期起算。质量标准：符合国家工程质量标准及本合同约定。合同形式：本合同采用固定单价、固定投资回报率合同形式。合同价款金额为 20796767 元，其中安全文明施工费 7244856.26 元，暂列金额 24473500 元。投资回报率为 11.98%。乙方项目经理章某，高级工程师，建造师执业资格证号××××。下列文件共同构成合同文本，本合同的文件及优先解释顺序如下：中标通知书；本合同协议书；BT 投资协议主要条款。乙方承诺按照合同约定进行施工、竣工、交付并在缺陷责任期内对工程缺陷承担维修责任。BT 投资协议主要条款对回购结算价款及支付进行了约定。回购结算价款的确定：回购结算价款＝投资结算成本＋投资结算收益＋利息；投资结算成本＝经当地审计局审核确认的结算金额；投资结算收益＝投资结算成本×投资回报率，投资回报率为 11.98%；利息＝未支付投资结算成本的资金利息，从交工验收之日开始支付，按 1～3 年期贷款基准利率计算（利息若有浮动，分段计算）。回购价款的支付及时间：本项目回购期为三年，自交工验收之日开始计算；项目回购结算价款在项目竣工验收后分三次支付，支付比例为 4：3：3。第一次为项目交工验收日后的 12 个月内，首先支付投资结算成本与投资结算收益之和的40%，同时，对本次投资结算成本按中国人民银行公布的同类同期同档贷款基准利率（即 1～3 年期贷款基准利率，利息若有浮动，分段计算）计算和支付利息（本次应付利息＝投资结算成本×回购期利率×时间，时间为交工验收至本次回购时间止）。第二次为项目交工验收日后的 24 个月内，由项目业主支付投资结算成本与投资结算收益之和的 30%，同时，对本次投资结算成本按中国人民银行公布的同类同期同档贷款基准利率（即 1～3 年期贷款基准利率，利息若有浮动，分段计算）计算和支付利息（本次应付利息＝投资结算成本×60%×回购期利率×时间，时间为第一次回购至本次回购的时间）。第三次为项目交工验收日后的 36 个月内，由项目业主支付投资结算成本与投资结算收益之和的 30%，同时，对本次投资结算成本按中国人民银行公布的同类同期同档贷款基准利率（即 1～3 年期贷款基准利率，利息若有浮动，分段计算）计算和支付利息（本次应付利息＝投资结算成本×30%×回购期利率×时间，时间为第二次回购至本次回购的时间）。其中，建设期不计利息。提前回购：若甲方资金充足，甲方可以进行提前回购，提前回购方案由双方另行协商。本工程的质量缺陷责任期为两年。

之后，B 公司进行投资并施工（D 公司未投资并参与建设），因涉及开发区拆迁补偿问题，道路施工被中断，但该工程至今仍在作业中。

二、A 公司（与 E 公司组成之联合体）与 B 公司之间的合同签订及履行情况

2015 年 5 月 15 日，B 公司（发包方，甲方）与 A 公司和案外人 E 公司组成的联合体（承包方，乙方）签订《案涉工程施工合同》，约定主要内容如下。案涉工程内容：建设项目设计施工图所包含的石灰砂砾石垫层、水稳层、封层、透层、粘层、沥青混凝土面层及人行道附属等所有路面工作内容。开工日期为 2015 年 6 月 15 日，竣工日期为 2015 年 11 月 15 日，若甲方或项目业主要求提前，以甲方或项目业主要求的竣工日期为准。合同工

期：满足业主关于本合同段的总工期和阶段性工期要求。如受征地拆迁或重大设计变更影响，由于其他业主或设计单位或监理单位原因，发生自然灾害等，乙方暂时无法进行正常性施工，对受影响部分按项目业主批准的期限顺延。合同造价：根据主合同工程量清单单价（含措施费及规费清单项目）计价，甲方提取1%的管理费，乙方承担税金（由甲方代扣代缴）。工程暂定金额约4100万元（其中甲提供的材料的费用约2100万元），最终结算价以工程完工后实际计量并经审计最终审定的金额为准。乙方结算《工程量清单》中各子目综合单价已包含且不限于完成工程主体及保修期内缺陷修复所发生的临建、队伍调迁、安全文明施工、劳务、材料、设备、机械、水电、物资运输装卸保管、质检、试验、安装、调试、管理、人身险、利润及技术等费用，以及合同明示或暗示的所有责任、义务、风险（包括运距、道路、施工条件等）和由此而可能造成的一切后果。符合合同条件规定的全部费用已计入工程量清单各个细目中，未列出细目的费用已分摊到有关细目的单价或总额价中，未列入部分不再另行计量。质量标准：合格工程。乙方必须按本工程项目业主提供的施工技术规范、施工图及技术资料、文件，精心组织施工，加强质量控制，确保工程质量，按时完成本合同工程质量，按时完成本合同工程及其缺陷的修复。合同结算价款＝经监理、项目业主、审计及甲方认可的结算工程数量×乙方结算单价。结算工程数量＝原设计工程量＋变更增减工程量（以监理、业主及设计等签认的设计变更文件为准，最终以审计结果为准）。工程款支付：按《主合同》BT投资建设协议主要条款的第三条回购结算单价及支付款的约定办理工程款支付。即第一次支付时间为项目交工验收日后的第12个月内，甲方在收到该项目BT项目发包人支付的投资结算成本与投资结算收益之和的40%款项后十日内支付乙方40%的工程款，同时，对本次投资结算成本按中国人民银行公布的同类同期同档贷款基准利率（即1～3年期贷款基准利率，利息若有浮动，分段计算）计算和支付利息（本次应付利息＝投资结算成本×30%×回购期利率×时间，时间为交工验收日至本次回购时间）。第二次支付时间为项目交工验收后第12个月至第24个月，甲方在收到该项目BT项目发包人支付的投资结算成本与投资结算收益之和的30%的款项后十日内支付乙方30%的工程款，同时，对本次投资结算成本按中国人民银行公布的同类同期同档贷款基准利率（即1～3年期贷款基准利率，利息若有浮动，分段计算）计算和支付利息（本次应付利息＝投资结算成本×60%×回购期利率×时间，时间为第一次回购时间至本次回购时间）。第三次支付时间为项目交工验收后第24个月至36个月，甲方在收到该项目BT项目发包人支付的投资结算成本（即审计金额）与投资结算收益之和的30%款项后十日内支付乙方30%的工程款，同时，对本次投资结算成本按中国人民银行公布的同类同期同档贷款基准利率（即1～3年期贷款基准利率，利息若有浮动，分段计算）计算和支付利息（本次应付利息＝投资结算成本×60%×回购期利率×时间，时间为第二次回购时间至本次回购时间）。支付时间与逾期支付问题：主合同的甲方支付给甲方工程款后7日内甲方扣除各种税金管理费后向乙方支付；逾期支付则按中国人民银行基准利率的3.5倍计算逾期利息；如主合同甲方未按时支付，就主合同甲方支付甲方的利息甲方按乙方承担的工程量同比支付乙方。工程竣工后，乙方按甲方要求，清理已完合格工程数量，整理并提供完整的技术资料（包括施工图纸、竣工图、检验证、材料检验和试验报告、设计变更资料、工程照片及音像资料等）。工程缺陷责任期为2年。缺陷责任期自项目业主和监理工程师签发交工验收证书之日起算，在缺陷责任期和保修期内，乙方负责维修，或委托甲方指定的第三方维修，维修费用从乙方的质保金中扣除。若有违约，违约方支付守约方合同总价10%的违约金。本工程双方同意采用联合体经营承包形式，乙方承担投资与债权债务、技术、安全与质量等全过程施工和缺陷责任。详尽条款乙方应与联合体成员单位在联合体协议书中明确。本合同工程单价除按上述内容执行外，最终以审计结论为准。本合同工程要求冷热拌和均采用集中搅拌，全机械作业，不因施工工艺或业主、监理要求的改变而增加单价或费用。本合同总价已包含土路基调平整型费用，甲方确保土路基高层正负20cm时通知乙方交接进场施工。为确保质量，填方地段95区施工时，乙方技术人员进场，挖方段路基强度达到设计标准时通知乙方进场，局部挖填方（10%内）不达标的由乙方整改，材料由甲方提供。土路基调平整型达到设计标准后乙方可进行下一步施工。乙方为甲方提供3000万元的材料发票和1100万元的地材收据。合同工程严禁转包。本合同由甲方法定代表人个人对乙方担保，乙方法定代表人个人对甲方担保。乙方按主合同比例的10%向甲方缴纳履约保证金400万元，双方协议，为体现公平公正，乙方借予甲方600万元供甲方暂作工程投入。履约保证金400万元待业主竣工验收后10日内全额退还，借用金600万元在该项目完工之前分期退还，期间不计资金利息。逾期资金利息按中国人民银行同期贷款基准利率的3.5倍计算。乙方必须在2015年6月10日前交清履约保证金和借用金。

签订该合同时，合同双方将《案涉工程BT投资建设合同协议》所有合同内容作为本合同附件。2015年5月15日至2015年6月29日，A公司向B公司缴纳了保证金400万元，A公司向B公司支付借款600万元，共计向B公司支付1000万元。A公司在签订合同后随即以D公司名义进场施工，后因拆迁等问题，在完成一部分工程后随即停止施工，A公司完成施工的里程分别为四段，按K0、K1、K2、K3、K4编码分为K0＋059～K0＋850段、K1＋059～K0＋850段、K2＋660～K3＋416段、K4＋240～K4＋720段。

就工程款及退还履约保证金及借款事宜，A公司与B公司发生分歧，A公司与案外人E公司遂于2016年7月20日提起诉讼，一审过程中，B公司于2017年春节向A公司支付30万元用于支付民工工资。

三、案涉工程涉诉情况

因A公司系施工过程中提起诉讼，未完成约定工程量，该工程未经验收，经委托，2017年11月7日，F鉴定中心作出《关于对案涉工程的鉴定报告》，该鉴定报告将A公司所施工路段仍按K0、K1、K2、K3、K4编码分为K0＋059～K0＋850段、K1＋059～K0＋850段、K2＋660～K3＋416段、K4＋240～K4＋720段，鉴定结论为：①案涉工程K0＋000.000～K5＋762.332段范围内的K0＋059～K0＋850段、K1＋059～K0＋850段、K2＋660～K3＋416段，共计三段道路路面工程质量满足设计及规范要求；②案涉工

K0+000.000~K5+762.332 段范围内的 K4+240~K4+720 段的沥青面层检测点的厚度超过规范要求的正偏差，该里程段道路路面工程质量不满足设计及规范要求。A 公司称以 G 公司的名义支付鉴定费 25 万元。

经委托，H 造价公司于 2017 年 11 月 20 日作出《关于对案涉（已完）工程造价的鉴定报告》，该造价鉴定报告的初步结论为：①合同内完成工程造价为 14596738.86 元，合同外增加工程造价为 292445.83 元；②根据《施工合同》（详见三条：合同造价 3.1 条款的合同单价确定的原则及 BT 投资建设协议主要条款中第三条：回购结算价款及支付中 3.1 条款回购结算价款的确定），即在计算了 11.98％的投资回报率和提取了 1％的管理费后，该项目路面工程（已完工程）的工程造价为 16393631.12 元，其中合同内完成工程造价为 16072462.30 元，合同外增加工程造价为 321168.82 元。该鉴定书同时认定 A 公司已完路面工程造价为 14889184.69 元（其中合同内完成造价为 14596738.86 元，合同外增加工程造价为 292445.83 元），但根据《路面施工合同》约定的投资回报率 11.98％计算和提取 1％的管理费之后，该项目路面工程（已完工程）的工程造价为 16393631.12 元（其中合同内完成造价为 16072462.3 元，合同外增加工程造价为 321168.62 元）。A 公司以 G 公司的名义支付鉴定费 6 万元，B 公司对该鉴定结论不予认可，但未申请重新鉴定。

经审理，原审法院于 2017 年 12 月 14 日作出判决（以下简称 1673 号判决），判决"一、确认 B 公司于 2015 年 5 月 15 日与 A 公司、E 公司签订的《路面施工合同》无效；二、B 公司于判决生效之日起 30 日内返还 A 公司的履约保证金 800 万元；三、驳回 A 公司的其他诉讼请求；四、驳回 E 公司的全部诉讼请求"，宣判后，A 公司提起上诉，后又于 2018 年 5 月 23 日申请撤回上诉，1673 号判决已发生法律效力。该生效法律文书还确认以下事实：①案外人 E 公司不是施工人，A 公司因无建筑资质，借用 E 公司名义组成联合体，A 公司系实际施工人；②案外人 D 公司与 A 公司无订立合同的合意，且未与 A 公司之间实际发生合同权利义务关系，不应对 A 公司的诉请承担责任；③A 公司可在修复不满足设计及规范要求路段或该路段交工验收后再主张权利。

另查明，B 公司与 C 公司因确认合同效力两次向原审法院提起撤销之诉，原审法院分别作出民事判决，判决撤销了合同相关条款，宣判后，C 公司不服提起上诉，二审法院均驳回了其上诉请求。上述生效法律文书均确认以下事实：①B 公司已完成工程量为 176772520 元；②C 公司向 B 公司所谓借款 5200 万元为 C 公司支付的回购款。

还查明，2015 年 1 月 22 日，当地管委会与 I 公司签订合同，该合同约定管委会无偿提供进场便道，A 公司所承建的案涉工程 K0+000.000~K5+762.332 段范围内的 K4+240~K4+720 段（系鉴定中所认定的道路路面工程质量不满足设计及规范要求部分路段）已被相关单位使用，同时 C 公司所发包的案涉工程均为管委会管辖范围，亦为管委会建设部分。

【一审裁判观点】

一、本案是 A 公司行使另案生效判决确认的"A 公司可在修复不满足设计及规范要求路段或该路段交工验收后再主张权利"的权利，不属于重复起诉。

A公司以鉴定道路路面工程质量不满足设计及规范要求部分路段已被相关单位擅自使用，根据有关司法解释规定，应视为该路段合格为由，再次提起诉讼，是按照1673号判决确认的"A公司可在修复不满足设计及规范要求路段或该路段交工验收后再主张权利"的权利，另行提起的诉讼，不属于《民诉法解释》第二百四十七条规定的重复起诉情形。

二、A公司施工路段部分经鉴定合格，鉴定不合格部分由于发包人擅自使用，应视为质量合格。

A公司所施工的四段路面经F鉴定中心鉴定确认：①案涉工程K0+000.000～K5+762.332段范围内的K0+059～K0+850段、K1+059～K0+850段、K2+660～K3+416段，共计三段道路路面工程质量满足设计及规范要求；②案涉工程K0+000.000～K5+762.332段范围内的K4+240～K4+720段的沥青面层检测点的厚度超过规范要求的正偏差，该里程段道路路面工程质量不满足设计及规范要求。故案涉工程K0+000.000～K5+762.332段范围内的K0+059～K0+850段、K1+059～K0+850段、K2+660～K3+416段道路路面工程质量合格。因C公司所承建的案涉工程均为当地管委会建设，亦为管委会基础建设的一部分，管委会作为最终承受者，其使用案涉道路的行为应视为C公司的使用行为，故管委会在与I公司签订合同时，无偿将案涉不合格路面提供给其他单位（包括相关施工单位）使用，应视为C公司擅自使用。根据《2004年建工解释》第十三条"建设工程未经竣工验收，发包人擅自使用后，又以使用部分质量不符合约定为由主张权利的，不予支持；但是承包人应当在建设工程的合理使用寿命内对地基基础工程和主体结构质量承担民事责任"之规定，案涉不合格路面应视为质量合格。

三、BT合同属于特殊的建设工程施工合同，实际施工人A公司有权要求发包人C公司在欠付工程价款范围内对其承担直接付款责任。

B公司与A公司系合同相对方，B公司对A公司具有直接付款责任。虽B公司与C公司签订的《案涉工程BT投资建设合同协议》系BT合同，但该合同实际属于特殊的建设工程施工合同，A公司作为实际施工人，可以依照《2004年建工解释》第二十六条"实际施工人以转包人、违法分包人为被告起诉的，人民法院应当依法受理。实际施工人以发包人为被告主张权利的，人民法院可以追加转包人或者违法分包人为本案当事人。发包人只在欠付工程价款范围内对实际施工人承担责任"之规定，要求C公司在欠付B公司工程款范围内承担直接支付责任。根据本案查明的事实，B公司完成工程量的工程款价值在1.76亿元以上，而C公司仅向B公司支付5200万元，尚欠B公司的工程款在1.2亿元以上，故C公司应当在欠付B公司工程款范围内向A公司承担直接支付责任。C公司在向A公司支付工程款后，可以在向B公司支付的回购款中直接扣除。

四、已完成工程的质量和造价鉴定属于实际施工人A公司的举证范围，且鉴定费属于诉讼费范畴，法院有权决定由A公司自行承担。

A公司在案涉各方当事人对其已完成部分工程造价无法达成一致结算协议的情形下，根据谁主张谁举证原则，有义务在案涉工程未验收和交付时，对案涉工程的质量和工程款进行举证，对该部分进行鉴定是其举证范围内的事项，不属于其他当事人应承担的范围，更何况案涉工程经鉴定有一段路面不满足设计及规范要求。同时鉴定费属于诉讼费范畴，人民法院可以决定费用承担主体，故根据本案实际情况，确定 A 公司所缴纳的鉴定费 31 万元，由 A 公司自行承担。

五、基于合同无效产生的债权具有普通债权属性，本案实际施工人 A 公司作为无效合同中的承包人，不应享有工程价款优先受偿权。

法律仅在建设工程施工合同合法有效的前提下，才授予承包人优先受偿权。合同被确认无效的，当事人承担的是返还财产和根据过错程度赔偿损失的责任，即具有普通债权属性，故无效合同中的承包人不应享有建设工程价款优先受偿权。本案中，建设工程的承包人是 B 公司，A 公司只是案涉工程的实际施工人，不具有法律及司法解释规定的享有优先受偿权的主体的资格。故 A 公司在现行法律及司法解释未赋予实际施工人享有就建设工程价款优先受偿的权利时，主张优先受偿权，不予支持。

六、A 公司已完成项目路面工程的工程款应按实际完成工程量计算，不应计取投资回报率。1637 号判决生效后，双方一直未对案涉工程款计付问题进行协商解决，A 公司未在本案起诉前主张权利，亦未确定工程质量，故应从本案开庭之日起（2019 年 12 月 13 日起）按全国银行间同业拆借中心公布的贷款市场报价利率计付工程款利息。

H 造价公司于 2017 年 11 月 20 日作出《关于对案涉（已完）工程造价的鉴定报告》鉴定路面工程（已完工程）的工程造价虽为 16393631.12 元，但该工程款已记取了 11.98% 的投资回报价款，因《路面施工合同》无效且 A 公司系提前收取工程款，回报率不应计算，故 A 公司已完项目路面工程的工程款仍应按实际完成工程量计算。B 公司虽对该鉴定结论提出异议，但未申请重新鉴定，经审查该鉴定不存在程序及实体问题，对该鉴定结论中 A 公司实际完成工程量为 14889184.69 元（包括增加工程量）的结论，予以采纳，扣除 B 公司已支付的 30 万元，B 公司应向 A 公司支付工程款 14589184.69 元。同时，对 A 公司要求 C 公司对 B 公司应向其支付的工程款 14589184.69 元承担支付责任的诉请予以支持。1673 号案作出判决后，双方一直未对案涉工程款进行协商解决，A 公司未在本案起诉前主张权利，亦未确定工程质量，故对其利息主张认定为从本案开庭之日起（2019 年 12 月 13 日起）按全国银行间同业拆借中心公布的贷款市场报价利率计付。

【一审裁判结果】

一、B 公司于判决生效之日起十五日内直接向 A 公司支付项目路面工程款（包括增加工程造价）14589184.69 元，并从 2019 年 12 月 13 日起按全国银行间同业拆借中心公布的贷款市场报价利率计付利息至该款付清为止；二、C 公司在欠付 B 公司工程款 14589184.69 元范围内承担支付责任；三、驳回 A 公司的其他诉讼请求。

【A 公司上诉理由】

一、F 鉴定中心作出《关于对案涉工程的鉴定报告》，认定 K4+240～K4+720 段的沥青面层检测点的 480m 道路厚度超过设计规范要求的正偏差，A 公司没有偷工减料，且正偏差不影响使用功能。鉴定所称不符合设计要求，实际是指设计数据与检测数据不同，并非影响使用功能和寿命。只要发包方未能提交证据证明其结构存在问题，就不能要求承包人承担返修工程款。

二、原审认定工程价款支付金额及利息计算方式不当。案涉造价鉴定报告结论为已完成路面工程造价为 16393631.12 元，A 公司是实际施工人，工程价款本身包含了合理利润（案涉 11.98％的回报款），因此工程造价不应扣减 11.98％回报款即 1963857 元。

三、C 公司承担责任的范围应包括利息。一审判决 C 公司在欠付 B 公司工程款范围内承担支付责任，未判决承担相应利息，显属不当。

四、B 公司未支付工程款，具有过错，B 公司、C 公司应承担案涉全部鉴定费 31 万元及全部诉讼费。

【被上诉人答辩】

B 公司辩称：

案涉鉴定结论关于工程造价的认定不当，A 公司请求支付工程款依据不充分；A 公司要求 B 公司承担鉴定费没有事实依据，A 公司应当承担鉴定费用；A 公司称案涉路段正偏差不影响正常使用与客观事实不符，其施工质量不合格；案涉工程系 BT 项目，回报款的权利人系 B 公司，并非 A 公司。

C 公司辩称：

一、A 公司施工路段质量不合格且其拒绝修复，C 公司从未允许使用案涉路段，一审却以当地管委会与 I 公司签订的其他工程 BT 合同认定 C 公司擅自使用案涉工程，显属不当。案涉工程经鉴定质量不合格，在工程未完工且未经竣工验收的情况下，应由 A 公司与 B 公司采取禁止通行的管护措施。

二、案涉造价鉴定报告认定的工程价款结论系在工程质量合格、合同有效、投资施工方未违约的基础上得出的，而案涉工程质量不合格，且未经施工单位修复，投资施工单位擅自转包工程，故按约定应当按下浮合同单价结算。C 公司并未确认 B 公司已完成工程产值达到 1.7 亿元，一审判决据此认定 C 公司在欠付 B 公司工程款 14589184.69 元范围内承担支付责任，证据不充分。

【B 公司上诉理由】

一、案涉造价鉴定报告不应采信。

造价报告未考虑修复 K4＋240～K4＋720 路段及人工病害对工程造价的影响，对相应修复费用既未作鉴定，也未予扣减。造价鉴定报告对案涉工程的安全文明施工费予以全额计算，而案涉工程的安全文明施工费未经任何评审机构评审，规费应按规定计取，由中标单位享有，A 公司不具备享有条件。造价鉴定报告以施工合同约定的单价为依据，但该合同已被确认无效，因而鉴定计价单价应以当时的市场劳务分包单价为准。

二、一审中遗漏必要的诉讼参与人。

虽然当地管委会与 I 公司签订合同约定管委会无偿提供进场便道，案涉工程的 K4＋240～K4＋720 路段被 I 公司使用，但不能视为工程交付使用。I 公司并未参加庭审，因而 B 公司无从得知 I 公司是私自使用还是正当使用案涉路段。管委会与 C 公司并不是同一法人单位，且案涉路段并未开放使用，不合格的 K4＋240～K4＋720 路段也只有 I 公司使用，而另外合格的三路段并未投入使用。故工程未经竣工验收，不能视为合格。即使案涉工程视为合格，A公司的修复义务也不应免除，但A公司拒绝履行修复义务。

综上，A公司在明知案涉工程部分路段不符合设计要求及规范，存在大量的人工病害，却拒绝履行修复义务，只享有权利而不承担义务，对其请求依法不应支持。

【被上诉人答辩】

A公司辩称：

一、案涉K4+240~K4+720路段已被B公司、C公司擅自使用，应视为验收合格，A公司不应承担任何整改维修义务，但为了平息纠纷，A公司已于2020年5月整改完毕，B公司、C公司应当支付相应工程价款及利息，且工程价款应当包含合理利润（即11.98%的回报款）。

二、B公司在一审中并未提出提供有关资料（含发票）的请求，对其该上诉请求，应予驳回。

三、I公司与本案当事人不存在合同关系，其与本案不具关联性，不应追加其参与诉讼。综上，请求驳回B公司的上诉请求。

C公司对B公司的上诉意见不持异议。

【二审裁判观点】

一、调解情况。

二审中，经法院主持调解，B公司与A公司达成如下协议：（1）双方确认欠付案涉项目工程款（包括增加工程造价）为14589184.69元，双方同意由A公司承担5.9%的税费并在该应付工程款中予以扣减，且B公司扣收该税费后不再要求A公司提供相关发票；（2）双方同意前述欠付款项由B公司于2020年12月1日前付清，如未按期支付，则从2021年1月1日起按年利率3.85%标准承担资金利息至付清之日止；（3）A公司已完成的施工工程若存在质量瑕疵，由A公司负责整改维修，且A公司自愿承担维修费用。上述协议不违反法律规定，法院予以确认。

二审中，虽然B公司与A公司达成一致意见，且C公司对此无异议，但C公司称其与B公司尚未进行工程价款结算，并称是否欠付B公司工程款尚不确定，故不同意确定C公司为案涉款项支付主体。

二、BT合同双方当事人系B公司与C公司，A公司应当依据与B公司的合同约定主张工程价款，无权将按照BT合同约定的投资回报率11.98%计得的收益款计入工程价款。

二审法院认为，案涉BT项目工程的投资主体系B公司，依据B公司与C公司的约定，B公司享有该BT项目工程投资回报收益权。B公司将工程分包给A公司承建，A公司完成了部分工程施工，双方事实上终止施工合同关系后，A公司应当依据与B公司的合同约定主张工程价款。A公司关于应将按照BT合同约定的投资回报率11.98%计得的收益款计入工程价款并由A公司享有权利的上诉意见缺乏事实和法律依据。

三、二审中A公司、B公司对欠付工程款额、利息支付、付款期限等均达成一致意见，且不违反法律规定，应予确认。C公司应在欠付B公司工程款范围内承担的责任应包括 B 公司给 A 公司造成的资金占用损失即利息。

二审中，A 公司、B 公司均表示认可原审认定的欠付工程款金额 14589184.69 元，二审法院对此予以确认，双方同意从该欠付工程款中扣减 A 公司应承担的相关税费，按双方确定的 5.9％的比例扣减后，B 公司欠付 A 公司工程款为 13728422.79 元。A 公司实际投资完成了部分案涉工程，B 公司欠付 A 公司工程款，给 A 公司造成资金占用损失，B 公司应当承担相应资金占用利息，二审中，双方确定了付款期限，并同意对于欠付款逾期利息按年利率 3.85％标准计付，不违反法律规定，二审法院对此予以支持。

根据相关生效裁判确认的事实及本案查明的事实，C 公司尚欠付 B 公司的工程回购价款，足以支付案涉欠付工程款及利息，原审判决 C 公司在欠付 B 公司工程款范围内承担支付责任，具有事实和法律依据，但未将利息纳入支付范畴，显属不当，应予纠正。同时，C 公司虽对其承担支付责任持有异议，但并未对此提出上诉。故对 C 公司的抗辩意见，不予支持。

【二审裁判结果】

一、撤销一审判决；二、B 公司于 2020 年 12 月 1 日前向 A 公司支付所欠项目路面工程款（包括增加工程造价）13728422.79 元，如未按期支付，则从 2021 年 1 月 1 日起以欠付款为基数，按年利率 3.85％支付资金利息至款项付清之日止，C 公司就前述款项本息总额在欠付 B 公司工程款范围内承担支付责任；三、驳回 A 公司的其他诉讼请求。

【律师评析】

合同相对性原则是民法的一般原则。司法解释赋予实际施工人突破合同相对性追索工程款的权利已经引发诸多争议，如果进一步允许实际施工人享有工程价款优先受偿权，相当于鼓励挂靠、转包、违法分包等行为，既造成市场混乱，也必然导致矛盾更为突出，导致诉讼案件激增且"案了事未了"。从这一角度来看，对实际施工人的特殊保护不应过度，优先受偿权的主体范围不应扩大至实际施工人。但是，"一刀切"地禁止实际施工人就工程价款优先受偿，又会导致包含建筑工人劳动报酬的工程价款债权难以获得保障，这又与设立实际施工人求偿制度以保护建筑工人利益的立法目的相冲突。

当前，实际施工人对工程价款是否享有优先受偿权的问题尚无标准答案，需要各诉讼参与主体结合案件的具体事实进行充分分析和讨论，既要限制对实际施工人的过度保护，又要兼顾建筑工人获得劳动报酬的利益。

【相关案例索引】

① 蒋某、李某与重庆凯邦房地产开发有限公司等建设工程施工合同纠纷一案

案号：（2021）渝 04 民终 1811 号

裁判观点：关于蒋某、李某主张享有建设工程价款优先受偿权的问题。《合同法》第二百八十六条（现为《民法典》第八百零七条）规定："发包人未按照约定支付价款的，承包人可以催告发包人在合理期限内支付价款。发包人逾期不支付的，除按照建设工程的性质不宜折价、拍卖的以外，承包人可以与发包人协议将该工程折价，也可以申请人民法院将该工程依法拍卖。建设工程的价款就该工程折价或者拍卖的价款优先受偿。"《2018

年建工解释（二）》第十七条（现为《2020 年建工解释（一）》第三十五条）规定："与发包人订立建设工程施工合同的承包人，根据合同法第二百八十六条规定请求其承建工程的价款就工程折价或者拍卖的价款优先受偿的，人民法院应予支持。"

本案中，蒋某、李某与重庆鸿图建筑劳务有限公司之间的《建设工程劳务分包合同》为无效合同，蒋某、李某并非承包人而是实际施工人，故蒋某、李某对其承建的工程拍卖、变卖价款不享有优先受偿权。

②宁夏钰隆工程有限公司与安徽三建工程有限公司、宁夏蓝天房地产开发有限责任公司建设工程施工合同纠纷一案

案号：（2019）最高法民申 6085 号

裁判观点：在"没有资质的实际施工人借用有资质的建筑施工企业名义的"情况下，实际施工人和建筑施工企业谁是承包人，谁就享有工程价款请求权和优先受偿权。合同书上所列的"承包人"是具有相应资质的建筑施工企业，即被挂靠单位；而实际履行合同书上所列承包人义务的实际施工人，是挂靠人。关系到发包人实际利益的是建设工程是否按照合同约定的标准和时间完成并交付到其手中，只要按约交付了建设工程，就不损害发包人的实际利益。但是否享有工程价款请求权和优先受偿权，直接关系到对方当事人的实际利益。事实上，是挂靠人实际组织员工进行了建设活动，完成了合同中约定的承包人义务。所以，挂靠人因为实际施工行为而比被挂靠单位更应当从发包人处得到工程款，被挂靠单位实际上只是最终从挂靠人处获得管理费。因此，挂靠人比被挂靠单位更符合法律关于承包人的规定，比被挂靠单位更应当享有工程价款请求权和优先受偿权。挂靠人既是实际施工人，也是实际承包人，而被挂靠单位只是名义承包人，认定挂靠人享有主张工程价款请求权和优先受偿权，更符合法律保护工程价款请求权和设立优先受偿权的目的。

在建设工程施工合同关系中，优先受偿权是为了保障工程价款请求权得以实现而设立的，而工程价款请求权又是基于合同关系产生的，所以，应受合同相对性的限制。《2018 年建工解释（二）》第十七条"与发包人订立建设工程施工合同的承包人，根据合同法第二百八十六条规定请求其承建工程的价款就工程折价或者拍卖的价款优先受偿的，人民法院应予支持"的规定，即体现了此种精神。在发包人同意或者认可挂靠存在的情形下，挂靠人作为没有资质的实际施工人借用有资质的建筑施工企业（被挂靠单位）的名义，与发包人订立了建设工程施工合同。挂靠人是实际承包人，被挂靠单位是名义承包人，两者与发包人属于同一建设工程施工合同的双方当事人。因此，认定挂靠人享有优先受偿权，并不违反该条的规定。

第三篇　借用资质(挂靠)篇

《建筑法》第二十六条第二款规定，禁止建筑施工企业以任何形式允许其他单位或者个人使用本企业的资质证书、营业执照，以本企业的名义承揽工程。《2020年建工解释（一）》第一条规定，没有资质的实际施工人借用有资质的建筑施工企业名义签订的建设工程施工合同应当认定无效。上述法律、司法解释规定的借用资质的行为即俗称的挂靠。

借用资质（挂靠）情形下实际施工人追索工程款，相较于转包、违法分包情形而言，存在更多特殊的争议。首先是挂靠人的身份认定问题。挂靠人能否被认定为实际施工人，进而适用《2020年建工解释（一）》第四十三条向发包人追索工程款，对此问题最高人民法院民一庭公开的裁判观点存在冲突。最高人民法院民一庭的第一种观点认为挂靠人符合实际投入资金、材料、劳动力并完成工程建设的条件，属于实际施工人的一类，该观点展示于最高人民法院民一庭编著的《最高人民法院新建设工程施工合同司法解释（一）理解与适用》中，认为实际施工人"包括：……（3）缺乏相应资质而借用有资质的建筑施工企业名义与他人签订建设工程施工合同的单位或者个人"。最高人民法院民一庭的第二种观点认为挂靠人无权适用《2020年建工解释（一）》第四十三条起诉发包人，主要依据是最高人民法院民一庭2021年第20次专业法官会议纪要关于《2020年建工解释（一）》第四十三条的意见，即"对该条解释的适用应当从严把握。该条解释只规范转包和违法分包两种关系，未规定借用资质的实际施工人以及多层转包和违法分包关系中的实际施工人有权请求发包人在欠付工程款范围内承担责任"。实践中，采用第一种观点进行裁判的法院属于多数。

其次是挂靠合同的部分条款是否仍应参照适用的问题。例如管理费条款是否属于关于工程价款的约定，进而在施工合同无效的情形下可予参照适用？在建设工程施工合同中约定管理费条款是挂靠行为的重要特征。挂靠合同依法应当认定其无效，但是工程经验收合格，挂靠人可依据《民法典》第七百九十三条第一款请求参照合同关于工程价款的约定折价补偿。一般认为，挂靠合同无效，管理费条款亦无效，被挂靠单位无权请求从应付工程价款中扣减管理费，除非挂靠人在庭审中自认同意缴纳。挂靠行为本身是被挂靠单位通过出借资质以赚取利润的违法行为，这种行为不应鼓励，因此不宜支持被挂靠单位的管理费主张。

此外，在挂靠情形下还应关注挂靠人及被挂靠单位两者行为的效力问题。一是挂靠人是否可以越过被挂靠单位直接与发包人结算？二是挂靠人以被挂靠单位名义对外签订合同，由谁承担合同权利和义务？上述问题都将在本篇四个案例中予以讨论和分析。

案例 1：实际施工人借用资质承揽工程，不能仅以存在挂靠关系而否定其享有的工程价款请求权

【引言】

合同相对性是《民法典》的基本原则，在借用资质（挂靠）情形下，有部分观点认为挂靠人不属于《2020 年建工解释（一）》第四十三条规定的实际施工人可以突破合同相对性向发包人主张工程款的情形，挂靠人直接起诉发包人违背合同相对性原理，对该类案件不应当予以受理。但是，实际施工人借用资质承揽工程，不能仅以存在挂靠关系而否定其享有的工程价款请求权。

【案例来源】

（2019）最高法民终 1350 号

【诉讼主体】

陈某：一审原告、二审上诉人

A 医院：一审被告、二审被上诉人

B 医院：一审被告、二审被上诉人

C 公司：一审第三人

【原告起诉请求】

一、判令两医院共同给付工程款 127909778.5 元及利息；二、判令两医院自欠款之日起按照同类贷款利息的两倍共同支付违约金；三、判令两医院共同赔偿损失延期费用14973922 元；四、判令 C 公司承担连带责任；五、诉讼费用由两医院承担。

【争议焦点】

陈某是否为本案适格原告。

【基本案情】

2015 年 5 月 26 日，被告 B 医院与第三人 C 公司签订一份《建设工程施工合同》，合同约定内容如下。工程名称：B 医院项目。工程地点：某地。工程内容：图纸设计范围内的土建工程、安装工程、初装饰工程（不含市政、绿化、园林景观、电梯、暖通、设备工程内容）。工程承包范围：包工包料（施工总承包），经审查合格的施工图纸内约定的工程内容。合同工期：计划开工日期为 2015 年 6 月 26 日，计划竣工日期为 2017 年 1 月 26 日，

合同工期总日历天数为 570 天。质量标准：工程质量标准合格，确保精品工程，争创某某标准。合同价款：暂定金额（人民币）约 10500 万元。建筑面积：约 7 万 m²（含地下室工程），工程单方造价约 1500 元/m²。综合取费费率：土建工程为 27%，安装工程二类取费费率×80%，装饰工程二类取费费率×80%。合同专用条款部分约定内容如下。项目经理：杨某。合同价款与支付：本合同价款采用可调价格合同。合同价格调整方法：土建工程按 2000 年《全国统一建筑工程基础定额某省综合估价表》确定，装饰工程按 1999 年《某省建筑工程综合估价表》确定，安装工程按 2000 年《全国统一安装工程预算定额某省估价表》确定，补充定额为 2003 年《某省建筑工程补充定额估价表》。合同价款的其他调整因素：材料价格根据当月施工期间某市造价部门发布的当地造价信息价格确定，人工单价按约 68 元/工日计算。政府政策进行调整（人工及税金不下浮）。工程款（进度款）支付：（1）B 医院裙房主体结构（不含二次结构）全部封顶及主楼工程主体结构封顶（不含二次结构）支付已完工程量的 70%，作为工程进度款；（2）内外墙、门窗工程、安装工程施工完毕后支付已完成工程量的 70%，作为工程进度款；（3）完成合同约定工程内容、竣工验收合格，累计支付至已完工程量的 85%；（4）结算审计完成后 1 月内付至结算价的95%（结算审计时间不超过两个月，否则按照施工单位上报的结算单进行支付），余 5% 作为质量保证金，质量保证金保证期限与返还执行现行质量保修条例；（5）所有工程款（含进度款、业主供给材料款、结算款、保修金等）必须进入承包人指定账户，承包人支取合同价款时应提交同等金额的正式发票。合同还就竣工结算、验收及违约责任承担等进行了约定。

合同签订后，案涉工程由陈某以 C 公司的名义进行实际施工。C 公司委派项目经理杨某进行现场管理，两医院支付的工程款均汇入合同约定的 C 公司的账户，再由 C 公司支付给陈某。案涉工程于 2018 年 2 月 24 日开始综合验收，经建设、施工、设计、勘察、监理单位等验收合格，并已交付使用。

庭审中，C 公司、陈某均申明双方系挂靠关系，陈某系案涉工程实际施工人。两医院对此不持异议。

【一审裁判观点】

合同相对性是合同法的基本原则，基于合同产生的权利义务只能在合同当事人之间产生拘束力。案涉《建设工程施工合同》的签订主体是 B 医院和 C 公司，陈某没有参与合同的签订，其仅系挂靠 C 公司进行案涉工程施工的实际施工人，其依据建设工程施工合同关系直接起诉发包人违背合同相对性原则。《2004 年建工解释》第二十六条出于对农民工利益的保护，有限地突破合同相对性，也仅规定在转包和违法分包情形下允许实际施工人以发包人为被告主张权利，发包人只在欠付工程价款范围内对实际施工人承担责任。该条未规定包括挂靠情形。故陈某起诉发包人没有法律依据。另查，施工过程中项目管理人员系C 公司的工作人员，施工均以 C 公司名义进行，工程进度款亦是支付至 C 公司账户，发包人对陈某挂靠施工行为应不知情。因此，两医院与陈某之间亦未形成事实上的建设工程施工法律关系。故陈某起诉两医院也没有事实依据。综上所述，陈某不是本案的适格原告，其起诉两医院支付工程款没有事实和法律依据，对其起诉应予驳回。

【一审裁判结果】

驳回陈某的起诉。

【上诉理由】

一、一审裁定认定陈某与 C 公司系挂靠关系明显不当。

2015 年 5 月 26 日案涉工程由 C 公司作为承包人与发包人两医院签订《建设工程施工合同》，2016 年陈某才与 C 公司建立转包关系。案涉工程从项目招标投标开始，到合同的签订、合同的履行直至价款的结算，C 公司实质性地主导了工程项目运作的全过程。案涉工程垫资建设，其中转包人 C 公司代垫部分施工款项。实际施工人陈某与 C 公司之间没有建立劳动合同关系。案涉工程所使用的主要建筑材料、构配件及工程设备或租赁的施工机械设备由陈某提供。上述内容足以证明发包人明知 C 公司将案涉工程转包给陈某的事实。

二、一审裁定依据《2004 年建工解释》第二十六条驳回陈某的起诉，属适用法律错误。

1. 退一步说，即便陈某与 C 公司之间系挂靠关系，一审裁定驳回起诉亦属错误。对于挂靠方请求支付工程款的主张，《2004 年建工解释》第二十六条对合同相对性进行了淡化处理或者将实际施工人作为例外的合同相对人来看待。挂靠方与发包方之间关于工程质量纠纷和工程款纠纷的案件可以突破合同的相对性原则。只要挂靠方因追索欠付工程款向法院起诉，同时将被挂靠方和发包方列为当事人，法院就不应当驳回起诉。本案陈某作为实际施工人，将发包人、转包人列为案件当事人完全符合上述规定。

2. 陈某作为案涉工程的实际施工人，在承包人、发包人均不积极履行结算义务的情况下，有权依照《2018 年建工解释（二）》第二十五条规定提起代位权诉讼向发包人主张工程款。因此，一审裁定驳回陈某的起诉错误。

【二审裁判观点】

第一，《民事诉讼法》第一百一十九条规定："起诉必须符合下列条件：（一）原告是与本案有直接利害关系的公民、法人和其他组织；（二）有明确的被告；（三）有具体的诉讼请求和事实、理由；（四）属于人民法院受理民事诉讼的范围和受诉人民法院管辖。"本案中，陈某主张其是案涉工程的实际施工人，请求两医院支付案涉工程的欠付工程款。陈某提供的 B 医院与 C 公司所签的《建设工程施工合同》、其本人与 C 公司所签的《承包经营协议》、工程款支付报审表、工程签证单、监理例会会议纪要及双方当事人的当庭陈述等相关证据，能够证明其与案涉工程具有一定的直接利害关系。

第二，一审法院经过初步审查，认为陈某与 C 公司之间形成挂靠关系。在处理无资质的企业或个人挂靠有资质的建筑企业承揽工程时，应进一步审查合同相对人是否善意、在签订协议时是否知道挂靠事实来作出相应认定。如果相对人不知晓挂靠事实，有理由相信承包人就是被挂靠单位，则应优先保护善意相对人，双方所签订的协议直接约束善意相对人和被挂靠单位，此时挂靠人和被挂靠单位之间可能形成转包关系，实际施工人可就案涉工程价款请求承包人和发包人承担相应的民事责任；如果相对人在签订协议时知道挂靠事实，即相对人与挂靠人、被挂靠单位通谋作出虚假意思表示，则挂靠人和发包人之间可能直接形成事实上的合同权利义务关系，挂靠人可直接向发包人主张权利。即无论属于上述何种情形，均不能仅以存在挂靠关系而简单否定挂靠人享有的工程价款请求权。一审法院应当在受理案件后，就各方当事人之间形成何种法律关系、陈某在本案中的法律地位究竟如何、陈某对案涉工程款是否享有实体权利、其诉讼请求能否得到支持等焦点问题进行实体审理后作出判断得出结论。因此，一审法院认为挂靠关系不能适用《2004 年建工解释》第二十六条的规定，进而认定陈某不是本案适格原告并驳回其起诉，系适用法律错误，二审法院对此予以纠正。陈某的起诉符合《民事诉讼法》第一百一十九条的规定，其具备本案原告的诉讼主体资格，一审法院应予受理。陈某的上诉理由成立，二审法院对此予以支持。

【二审裁判结果】

一、撤销一审裁定；二、本案指令安徽省高级人民法院审理。

【律师评析】

一、原告是否适格应依据《民事诉讼法》进行审查。

《2020 年建工解释（一）》第四十三条的规定有限地赋予实际施工人突破合同相对性的权利，该规定仅明确在转包和违法分包情形下允许实际施工人以发包人为被告主张权利，发包人只在欠付工程价款范围内对实际施工人承担责任。该条未规定包括挂靠情形。因此，挂靠人是否属于实际施工人，在实践中存在争议。部分法院认为挂靠人不应被认定为实际施工人，不享有直接起诉发包人的权利。但如果被挂靠单位只是收取管理费而未组织施工，挂靠人和发包人形成事实上的施工合同关系，挂靠人可以起诉要求发包人支付工程价款。

本案中，一审法院认为，挂靠人依据司法解释的规定不享有突破合同相对性的权利，且挂靠人与发包人之间未形成事实上的建设工程施工法律关系，故裁定驳回原告起诉。但事实上，判断原告是否适格是在案件进入实体审理前的程序要求，此时应当适用《民事诉讼法》进行判断，如果原告符合《民事诉讼法》规定的四个条件，法院即应当予以受理，受理后可对挂靠人是否享有追讨工程价款的权利进行实体审查并作出判决。

二、关于挂靠人是否享有工程价款请求权的问题，实践中如何操作？

在处理无资质的企业或个人挂靠有资质的建筑企业承揽工程时，应进一步审查合同相对人是否善意、在签订协议时是否知道挂靠事实来作出相应认定。如果相对人不知晓挂靠事实，有理由相信承包人就是被挂靠单位，则应优先保护善意相对人，双方所签订协议直接约束善意相对人和被挂靠单位，此时挂靠人和被挂靠单位之间可能形成转包关系，实际施工人可就案涉工程价款请求承包人和发包人承担相应的民事责任；如果相对人在签订协议时知道挂靠事实，即相对人与挂靠人、被挂靠单位通谋作出虚假意思表示，则挂靠人和发包人之间可能直接形成事实上的合同权利义务关系，挂靠人可直接向发包人主张权利。即无论属于上述何种情形，均不能仅以存在挂靠关系而简单否定挂靠人享有的工程价款请求权。

【相关案例索引】

① 淮安市天瑞房地产开发有限公司、淮安市鹏腾建筑工程有限公司建设工程施工合同纠纷一案

案号：（2019）最高法民申 6732 号

裁判观点：淮安市天瑞房地产开发有限公司（以下简称天瑞公司）在一、二审中主张已付的工程款既有向淮安市鹏腾建筑工程有限公司（以下简称鹏腾公司）直接支付的款项，也有向实际施工人项某支付的款项，亦有根据项某委托向第三人支付的款项。天瑞公司申请再审提出的应当认定为本案已付工程款的 4657631 元均不是直接支付至鹏腾公司名下。天瑞公司认为根据《2004 年建工解释》第二十六条第二款"发包人只在欠付工程价款范围内对实际施工人承担责任"的规定，其有权向实际施工人支付案涉工程款。上述司法解释有关发包人在欠付工程价款范围内对实际施工人承担责任的规定是对合同相对性原则的突破，在适用时应当予以严格限制。

首先，《2004 年建工解释》第二十六条全文是："实际施工人以转包人、违法分包人为被告起诉的，人民法院应当依法受理。实际施工人以发包人为被告主张权利的，人民法院可以追加转包人或者违法分包人为本案当事人。发包人只在欠付工程价款范围内对实际施工人承担责任。"从文义解释来看，该条款直接适用于实际施工人以诉讼方式向发包人主张权利的情形。而对于实际施工人非以诉讼方式向发包人主张权利的情形，并不能直接适用。

其次，挂靠施工情况下，虽然实际施工人直接组织施工，但对外仍然是以承包人的名义，承包人可能会因实际施工人的行为对外承担法律责任，即承包人对建设施工合同的履行具有法律利益。如容许发包人随意突破合同相对性，直接向实际施工人付款，则可能会损害承包人的权益。故在缺乏正当理由的情况下，发包人不能未经承包人同意，违反合同约定直接向实际施工人支付工程款。故在天瑞公司与鹏腾公司在施工协议中明确约定了支付工程款的开户银行及账号的情况下，二审判决认定天瑞公司应当按约定方式支付工程款并无不当。此外，除案涉项目外，项某还为天瑞公司施工附属工程，天瑞公司亦负有向项某支付附属工程款的义务。因此，二审判决认为天瑞公司未经鹏腾公司同意直接向项某或其指定第三人的付款不属于对本案工程款的有效支付，并无不当。

② 天津建邦地基公司、中冶集团公司建设工程施工合同纠纷一案

案号：（2017）最高法民申 3613 号

裁判观点：在挂靠施工情形中，存在两个不同性质、不同内容的法律关系，一为建设工程法律关系，一为挂靠法律关系，根据合同相对性原则，各方的权利义务关系应当根据相关合同分别处理。二审判决根据天津建邦地基公司（以下简称建邦地基公司）认可的事实，认定建设工程法律关系的合同当事人为中冶集团公司和博川岩土公司，并无不当。

建邦地基公司并未提供证据证明其与中冶集团公司形成了事实上的建设工程施工合同关系，因此，即便认定建邦地基公司为案涉工程的实际施工人，其亦无权突破合同相对性，直接向非合同相对方中冶集团公司主张建设工程合同权利。至于建邦地基公司与博川

岩土公司之间的内部权利义务关系，双方仍可另寻法律途径解决。

《2004 年建工解释》第二十六条适用于建设工程非法转包和违法分包情况，不适用于挂靠情形，二审判决适用法律虽有错误，但判决结果并无不当。该解释第二条赋予主张工程款的权利主体为承包人而非实际施工人，建邦地基公司主张挂靠情形下实际施工人可越过被挂靠单位直接向合同相对方主张工程款，依据不足。

③ 浙江鼎泰建设集团陕西有限公司、商南县人民政府城关街道办事处、陕西乾锋实业有限公司建设工程施工合同纠纷一案

案号：（2022）陕民再 34 号

裁判观点：一、二审中，浙江鼎泰建设集团陕西有限公司（以下简称鼎泰陕西公司）明确认为其挂靠鼎泰集团公司施工，其是案涉工程的实际施工人，就所欠工程款享有对发包方直接的起诉权，一、二审对鼎泰陕西公司是否属于案涉工程的实际施工人未审查认定，直接以鼎泰陕西公司非本案适格原告主体，裁定驳回鼎泰陕西公司的起诉，认定事实不清，处理不当。

案例 2：实际施工人与转包人协议约定的管理费条款无效

【引言】

没有资质的实际施工人借用有资质的建筑施工企业名义订立的建设工程施工合同依法应当认定为无效合同。该类建设工程施工合同中，一般会约定由挂靠人向被挂靠单位缴纳一定数额的管理费。在发生争议时，管理费条款往往因合同无效而被认定为自始没有法律约束力。管理费约定有违《民法典》及《建筑法》的规定，故对被挂靠单位支付管理费的请求一般不予支持。实践中，工程建设较为复杂，涉及多方利益，不宜以一刀切的形式进行裁判。人民法院一般会根据案件的实际情况，包括转包人是否实际参与管理、提供协助等因素对管理费条款的效力进行判断。

【案例来源】

（2020）最高法民终 1165 号

【诉讼主体】

葛某：一审原告、二审上诉人

A 公司：一审被告、二审上诉人

B 公司：一审第三人

【原告起诉请求】

一、判令 A 公司支付工程款 83388429.11 元，并支付利息 7733118.90 元（利息暂按中国人民银行公布的同期同类贷款利率计算，自 2015 年 8 月 31 日起至 2017 年 7 月 31 日止，最终请求计算至款清之日止）；二、判令 A 公司支付违约金 11674380 元（违约金按日

万分之二计算，自 2015 年 8 月 31 日起至 2017 年 7 月 31 日止，最终请求计算至款清之日止）；三、诉讼费由 A 公司承担。

【争议焦点】

一、葛某能否向 A 公司主张案涉工程款，即双方是否形成建设工程分包合同关系。二、A 公司应付工程款数额应当如何确定，具体包括：（1）原审判决采信 E 造价公司作出的鉴定意见认定本案工程价款是否正确；（2）案外人 D 公司支付给葛某的 1214 万元应否认定为 A 公司已付工程款；（3）原审判决扣除 5% 创优风险金是否正确；（4）葛某应否向 A 公司支付按工程总造价 5.1% 计算的利润（管理费）。三、A 公司应否支付欠付工程款利息，如支付，具体如何计算（包括起算时间、计算标准）。四、A 公司应否支付逾期付款的损失，如支付，具体如何计算（包括起算时间、计算标准）。

【基本案情】

一、A 公司与 B 公司之间的合同签订及履行情况

2012 年 6 月，B 公司作为招标人，C 监理公司作为招标代理机构，就某工程进行公开招标，A 公司中标。其后，B 公司向 A 公司发出中标通知书，明确由 A 公司中标承建上述工程。

2012 年 7 月 28 日，B 公司作为发包人、A 公司作为承包人，签订《施工合同》。《施工合同》第一部分《协议书》约定内容如下。（1）工程概况：工程名称为某工程（安置房建设工程、市政道路建设工程和案涉工程）；工程地点为某区；资金来源为某市财政拨款。（2）工程承包范围：安置房建设工程，包括土建安装及小区配套工程；市政道路建设工程，包括道路、排水管道、电力电讯、桥梁、绿化、路灯等工程施工；案涉工程，包括青少年、妇女儿童、老年文化活动中心土建安装工程及相关配套工程（以下统称为案涉工程）。（3）合同工期：案涉工程于 2013 年 10 月底前竣工；案涉工程合同工期总日历天数为 365 个日历天。《施工合同》第二部分《通用条款》第 3 条第 14.2 款约定，承包人原因导致工程不能按照《协议书》约定的竣工日期或发包人同意顺延的工期竣工的，承包人承担违约责任。第 6 条第 26.4 款约定，发包人不按合同约定支付工程款（进度款），双方又未达成延期付款协议，导致施工无法进行，承包人可停止施工，由发包人承担违约责任。第 9 条第 33.3 款约定，发包人收到竣工结算报告及结算资料后 28 天内无正当理由不支付工程竣工结算价款，从第 29 天起按承包人同期向银行贷款的利率支付拖欠工程价款的利息，并承担违约责任。《施工合同》第三部分《专用条款》就各项细则进行了约定。其中，第 6 条合同价款与支付条款的第 23.2 款约定，本工程采用固定价格合同，合同控制价为案涉工程建设下浮 3%；该条第 26 款工程款（进度款）支付约定，案涉工程按 7∶3 的比例付款，即工程竣工验收后付至工程发包价 70%（其中基础工程完工后付 20%，主体工程完工后付 20%，竣工验收后付 20%，办理工程结算后付 10%），工程竣工验收合格后第二年内除留 5% 作创优风险金外，其余全部付清。创优风险金和创优奖励在取得省优工程证书或批文后 30 个工作日内一次付清，未取得省优工程的，5% 风险金不予支付。第 9 条竣

工验收与结算条款约定，发包人收到承包人递交的竣工结算报告及结算资料后7天内进行核实，核实后提交审核机构进行工程结算审核，并在28天内审核完毕，审核时间超过28天视为认可承包人提交的竣工结算报告上的结算金额；该条第32.1款承包人提供竣工图条款约定，本工程竣工后，承包人在工程竣工验收合格后7天内向发包人提交完整竣工图纸和技术资料；该条第32.2款中间交工工程的范围和竣工时间条款约定，承包人在完成竣工验收前的自检、资料整理等各项准备工作后以书面报告形式通知发包人组织工程竣工验收（按不同开工顺序可以分别组织单位工程验收），发包人在收到竣工验收书面报告后7天内组织各相关单位进行单位工程竣工验收，逾期不组织验收或发包人未经验收即投入使用，均视为本单位工程已符合合格标准并通过验收，竣工验收节点工程款按合同约定比例进行支付。第10条违约、索赔和争议条款约定，按《通用条款》第26.4款的约定发包人违约应承担的违约责任为每天应支付工程决算总价万分之二的违约金，延误工期顺延；按《通用条款》第14.2款的约定承包人违约应承担的违约责任为每延迟一天，按单位工程决算总价的万分之二进行处罚。

2015年6月9日，A公司某工程项目部致函B公司，对工期延长的原因予以说明，并请求B公司根据实际情况，考虑总承包施工单位延期的客观原因，不向总承包施工单位提出工期延误赔偿。B公司于同日签署"上述情况属实"，并加盖公司印章。

2015年12月2日，A公司向某区管委会（实际使用人）、B公司出具授权委托书，委托A分公司处理施工总承包合同中的一切事宜，包括施工现场管理、工程结算、收款行为等，并指定本项目的所有工程款汇入A分公司在某支行的账户。

二、A公司与葛某之间的合同签订及履行情况

2012年11月26日，A公司某工程项目部作为甲方，葛某作为乙方，签订《经营责任书》。双方约定，A公司委派葛某作为案涉工程项目的经营负责人对工程实施经营承包；工程结构类型及层数为框架结构、地下一层、地上五层；建筑面积为31726.37m²；合同造价约1亿元（最终以审定决算为准）。《经营责任书》第4条第1款约定，乙方（葛某）自愿承担并有能力履行甲方与业主单位（B公司）所签订的合同条款及承诺的全部内容、招标文件、投标文件、投标报价、答疑纪要及工程变更等各项内容确定的义务及责任，并确保工程项目的质量和安全符合强制性标准的规定，并承担与本工程项目有关联的全部责任；该条第2款约定，经营负责人（乙方）应上交公司的利润为工程总造价的5.1%（3.6%＋1.5%），建筑营业税费及有关部门行业规费由甲方代扣代缴，其他相关费用由乙方自行承担并缴纳；该条第5款还约定，工程质量乙方必须保证达到该项目合同要求的质量等级及甲方制定的创优目标，若该项目工程质量达不到合同要求及创优目标，所有建设单位的罚款及责任由乙方承担。《经营责任书》第5条第2款约定，乙方每月按实上报工程进度，甲方确认乙方的工程计量结果，工程进度款应根据实际购买材料的发票数量及实际人工费并按业主支付甲方的进度款的比例支付给乙方。《经营责任书》第6条第11款约定，工程竣工交付使用后，如发现有拖欠民工工资款、拖欠材料款的情况，概由乙方承担

所发生的经济责任和法律责任。本工程项目在经营过程中若发生以甲方为被告的经济诉讼案件，乙方除承担所有经济费用外，甲方给予乙方每次诉讼案件总额5%～10%的罚款；该条第16款约定，甲方预收工程项目总造价3%的保修金，保修期为一年，期满结算后退回乙方。

A公司某工程项目部与葛某订立《经营责任书》后，葛某组织施工班组进场施工。2015年8月30日，案涉工程竣工。2015年11月18日，案涉工程通过竣工验收备案。2015年11月24日，A公司案涉工程项目部正式向B公司和某区管委会（实际使用人）移交案涉工程。

2016年7月7日，A公司某工程项目部致函葛某，因案涉工程项目竣工交付给业主已近一年，但项目部至今未收到本项目正式结算报告，因此要求葛某在2016年7月20日之前将案涉工程项目正式结算报告送达A公司案涉工程项目部，逾期不送达则由葛某承担本工程结算延迟的全部责任。葛某于2016年7月15日在通知接收人一栏中签字确认。2016年7月，A分公司出具收条一份并加盖印章，收条载明：葛某上报三项工程"三个中心"结算书一本；王某；2016年7月份。

2017年9月17日，案外人D公司出具《情况说明》。其内容为：本公司2013年7月开始支付给葛某的1214万元是代A公司支付给葛某在案涉工程中的工程款。

三、葛某与案外人D公司之间的账户往来及诉讼情况

案外人D公司于2013年7月3日、2013年7月19日、2014年1月9日、2014年3月3日、2014年4月9日、2014年4月14日、2014年7月1日、2014年7月29日，分别向葛某通过银行转账500万元、100万元、13.5万元、27万元、13.5万元、100万元、100万元、100万元，合计954万元。上述转款的电子银行交易回单（付款方）中，交易用途一栏均注明为往来款。

F公司于2015年12月25日向人力资源和社会保障局转款240万元，客户收付款入账通知中附言一栏注明"代D公司支付案涉工程人工"。案外人D公司2015年12月25日向人力资源和社会保障局转款20万元，网上银行电子回单摘要一栏注明"支付案涉工程人工工资"。

2013年2月6日至2015年3月17日期间，A分公司通过某支行向葛某转款17笔，共计5030万元，转款用途均为工程款。

葛某曾就其与案外人D公司的民间借贷纠纷向某基层人民法院提起诉讼，后因未交诉讼费，该基层人民法院于2016年1月21日裁定按撤诉处理。

【一审裁判观点】

一、原告葛某与A公司签订的《经营责任书》实为违法分包合同，应属无效。

B公司与A公司签订的《施工合同》系双方真实意思表示，不违反法律强制性规定，应属合法有效合同。葛某与A公司某工程项目部于2012年11月26日签订了《经营责任书》，因A公司某工程项目部系A公司设立的临时部门，不具备法人资格，不能对外独立

承担民事责任，且 A 公司对 A 公司某工程项目部与葛某签订的《经营责任书》予以认可，故《经营责任书》中的权利义务应由 A 公司承担。《经营责任书》约定内容表明，A 公司将其承包的案涉工程约 31726.37m² 的框架结构、地下一层、地上五层以包工包料的方式交由葛某施工（总造价约 1 亿元，以最后结算为准），该责任书实为分包合同。因葛某并不具备相应的施工资质，根据《合同法》第二百七十二条第三款关于"禁止承包人将工程分包给不具备相应资质条件的单位"和《建筑法》第二十九条第三款关于"禁止总承包单位将工程分包给不具备相应资质条件的单位"之规定，葛某与 A 公司案涉工程项目部之间的《经营责任书》违反法律、行政法规的强制性规定，应属无效合同。案涉工程于 2015 年 11 月 18 日通过竣工验收备案，并于同年 11 月 24 日正式移交给工程使用方某区管委会，根据《2004 年建工解释》第二条"建设工程施工合同无效，但建设工程经竣工验收合格，承包人请求参照合同约定支付工程价款的，应予支持"的规定，本案可参照葛某与 A 公司某工程项目部之间签订的《经营责任书》及 A 公司与 B 公司签订的《施工合同》中的约定计算诉争工程价款。

二、对三方经协商一致委托的 E 造价公司出具的鉴定意见予以采信，即案涉工程总造价 117435748.5 元。

葛某、A 公司、B 公司三方就鉴定机构协商一致，将案涉工程造价委托 E 造价公司进行鉴定。E 造价公司于 2019 年 12 月 10 日出具工程造价鉴定意见书（初稿），结论为案涉工程总造价为 115738409 元。各方当事人对工程造价鉴定意见书（初稿）进行了质证，葛某、A 公司、B 公司均提出了质证意见。E 造价公司根据各方当事人的质证意见，对工程价款进行了修正，并于 2020 年 4 月 9 日出具《案涉工程造价鉴定意见书》，案涉工程的工程总造价鉴定结论为 117435748.5 元。该鉴定意见经过各方当事人质证，E 造价公司对葛某、B 公司的书面异议进行了回复，并于 2020 年 5 月 14 日出具《对〈案涉工程造价鉴定意见书〉（2020 年 4 月 9 日稿件）的反馈意见回复》，认为其对各方异议在工程总造价中均已作了核算，故对案涉工程总造价 117435748.5 元不作调整。各方当事人对 E 造价公司的异议回复进行了书面质证。原审法院认为，E 造价公司系各方当事人协商一致确定的鉴定机构，经法院依法委托进行鉴定，E 造价公司两次到案涉工程实地进行核实，鉴定程序合法，鉴定意见经各方当事人质证，E 造价公司对各方当事人的异议也进行了回复，故对 E 造价公司出具的鉴定意见中的案涉工程总造价 117435748.5 元，予以采信。

三、关于 A 公司已付工程价款数额的问题。

A 公司于 2019 年底向原审法院提交的付葛某工程款清单中共有 42 项费用，总金额为 68289596.46 元。2020 年 4 月 22 日庭审时 A 公司认为，其付给葛某工程款共计 88421570.61 元。与 A 公司 2019 年底提交的付葛某工程款金额 68289596.46 元相比，增加了 20131974.15 元，具体为：陈某甲装修款 9993828 元，陈某乙石材干挂款 2307700 元，楼某工程款 2400000 元，A 公司管理费 5430446.15 元。经核实，上述 20131974.15 元款项中的陈某甲、陈某乙、楼某的工程款 A 公司未实际支付，管理费在下文中予以阐释。故对 A 公司 2019 年底提交的付葛某工程款清单（68289596.46 元）进行核实。

葛某在起诉状中认可收到 A 公司工程款 53504950 元。葛某 2020 年 1 月 14 日针对 A 公司 2019 年底提交的付葛某工程款清单中的 68289596.46 元提出异议的金额为 14918617.46 元（1000000 元＋35000 元＋816000 元＋12140000 元＋50000 元＋877617.46 元），葛某认可收到的工程款项为 53370979 元（68289596.46 元－14918617.46 元）；2020 年 4 月 22 日庭审时葛某针对 A 公司 2019 年底提交的付葛某工程款清单增加如下异议：人工工资 28879 元，陈某甲工程款 70 万元，楼某工程款 60 万元。对于双方存在异议的金额，论述如下。

（一）关于 A 公司 2019 年底提交的付葛某工程款清单中第 23～31 项案外人 D 公司代付工程款 1214 万元的问题。

葛某认可收到此款项，但认为该款系案外人 D 公司偿还的借款。A 公司认为此款是案外人 D 公司代付的案涉工程款。原审法院认为，案外人 D 公司 2017 年 9 月 17 日出具的《情况说明》，明确表示此 1214 万元属于代 A 公司支付葛某的工程款。其次，此款项系案外人 D 公司从 2013 年 7 月 3 日开始支付给葛某，但从葛某提供的相关材料看，案外人 D 公司向葛某出具借条时间为 2013 年 11 月 28 日，案外人 D 公司支付的款项相当一部分是发生在葛某主张的借款日之前，未借先还不符合常理。另外，葛某曾就其与案外人 D 公司民间借贷纠纷向某基层人民法院提起诉讼，后因未交诉讼费于 2016 年 1 月 21 日被该院按撤诉处理，说明葛某之前亦认为此 1214 万元系案外人 D 公司代付的工程款，借款未偿还。据此，葛某认为此款项系 D 公司偿还的借款的依据不足，该 1214 万元应认定为 A 公司委托案外人 D 公司支付给葛某的工程款。如葛某与案外人 D 公司的借贷关系成立，葛某可另行主张。

（二）关于 A 公司 2019 年底提交的付葛某工程款清单中第 1 项 A 公司支付的"案涉工程前期开办费"100 万元的问题。

A 公司主张，在案涉工程承包给葛某之前，已完成部分前期准备工作，且双方约定了前期开办费 100 万元由葛某承担。原审法院向 A 公司释明，要求其提交相应凭证，但 A 公司并未提交有葛某签字认可的此 100 万元应由葛某承担的相应证据，故对 A 公司关于案涉工程前期开办费 100 万元应由葛某承担的主张，不予支持。

（三）关于 A 公司 2019 年底提交的付葛某工程款清单中第 22 项 A 公司支付的 81.6 万元的问题。

A 公司主张，市人民政府办公室抄告单、B 公司出具的证明、收条、完税缴款书等可以证明，上述款项应认定为已付工程款。原审法院认为，根据 B 公司出具的证明，此款已由 B 公司代 A 公司支付了案涉工程材料增值税。根据葛某与 A 公司某工程项目部签订的《经营责任书》第 4 条第 2 款"建筑营业税费及有关部门行业规费由甲方代扣代缴"的约定，该笔 81.6 万元应由葛某承担（最终税金的数额，以税务机关认定为准，多退少补）。

（四）关于 A 公司 2019 年底提交的付葛某工程款清单中第 6 项高支模编制认证费 3.5 万元的问题。

葛某认为该款应由 A 公司承担，但其未提供应由 A 公司承担这笔费用的相关证据。根据葛某与 A 公司某工程项目部签订的《经营责任书》第 4 条第 2 款"建筑营业税费及有关部门行业规费由甲方代扣代缴，其他相关费用由乙方（葛某）自行承担并缴纳"的约定，对葛某要求 A 公司承担高支模编制认证费 3.5 万元的主张，不予支持。

（五）关于 A 公司 2019 年底提交的付葛某工程款清单中第 32 项 D 花园酒店消费卡 5 万元的问题。

A 公司主张该款项应从葛某工程款中扣除，葛某则提出该笔款项系案外人 D 公司赠送的消费卡的金额，因 A 公司未提供消费卡金额应抵扣工程款的相关证据，故对 A 公司关于消费卡金额 5 万元应抵扣工程款的主张，不予支持。

（六）关于 A 公司 2019 年底提交的付葛某工程款清单中第 34～42 项案涉工程纠纷中的工程款、诉讼费、案件执行费共计 877617.46 元（101400 元＋61450 元＋68230.82 元＋247090.75 元＋95169.64 元＋205082.25 元＋15924 元＋72088 元＋11182 元）的问题。

葛某认为，案涉工程纠纷产生的诉讼费、执行费不应由葛某承担。法院认为，根据 A 公司某工程项目部与葛某签订的《经营责任书》第 6 条第 11 款"工程竣工交付使用后，如发现有拖欠民工工资款、拖欠材料款的情况，概由乙方（葛某）承担所发生的经济责任和法律责任"的约定，A 公司代付的案涉工程的工程款以及纠纷产生的诉讼费、案件执行费共计 877617.46 元应从应付工程款中抵扣。

（七）关于 A 公司 2019 年底提交的付葛某工程款清单中第 33 项路面人工工资 28879 元的问题。

原审法院认为，A 公司并未提交葛某签字认可的此 28879 元应由葛某承担的证据，因此，对 A 公司提出该 28879 元应由葛某承担的主张，不予支持。

（八）关于葛某提出的陈某甲工程款 70 万元的问题。

原审法院认为，因 A 公司 2019 年底提交的付葛某工程款清单中未涉及以此 70 万元抵扣工程款，故葛某提出的此项异议不成立。

（九）关于 A 公司 2019 年底提交的付葛某工程款清单中第 14 项楼某工程款 60 万元的问题。

葛某承认收到该 60 万元，但认为该款系 A 公司支付给楼某的工程款。原审法院认为，该 60 万元工程款领款单上注明"楼某工程款"，故葛某提出该 60 万元不应当抵扣案涉工程款的异议成立。

综上，A 公司已向葛某支付的工程款为 66610717.46 元（53370979 元＋12140000 元＋816000 元＋35000 元＋877617.46 元－28879 元－600000 元）。

四、关于葛某应承担的案涉工程相关利润、税费及风险金的问题。

（一）关于葛某应上交 A 公司利润的问题。

根据《经营责任书》第 4 条第 2 款的约定，经营负责人应上交公司的利润为工程总造价的 5.1% （3.6%＋1.5%）。据此，葛某应向 A 公司缴纳的利润（管理费）金额为117435748.5 元×5.1%≈5989223.17 元。

（二）关于案涉工程税费的问题。

根据《经营责任书》第 4 条第 2 款的约定，建筑营业税费及有关部门行业规费由甲方代扣代缴，其他相关费用乙方自行承担并缴纳。据此，A 公司代扣代缴的税金 4549195 元应由葛某承担（最终税金的数额，以税务机关认定为准，多退少补）。

（三）关于 5% 风险金的问题。

根据 A 公司与 B 公司签订的《施工合同》的约定，工程竣工验收合格后第二年内除留 5% 作创优风险金外，其余款项全部付清。未取得省优工程的，5% 风险金不予支付。葛某与 A 公司某工程项目部签订的《经营责任书》第 4 条第 1 款进一步约定，乙方自愿承担并有能力履行甲方与业主单位所签订的合同条款及承诺的全部内容。据此，因案涉工程并未获评省优工程，5% 的风险金为 5871787.43 元（117435748.5 元×5%）应予扣除。

综上，葛某应承担的工程税费、利润及风险金为 16410205.6 元（5989223.17 元＋4549195 元＋5871787.43 元）。

因此，A 公司尚欠葛某的工程款为 34414825.44 元（117435748.5 元－66610717.46 元－16410205.6 元）。

五、关于 A 公司应否承担欠款利息及逾期付款违约金的问题。

（一）关于欠付工程价款利息的问题。

法院认为，A 公司案涉工程项目部与葛某签订的《经营责任书》约定，案涉工程总价约 1 亿元；《施工合同》中《专用条款》第 23.2 款约定，合同控制价（工程发包价）以发改委审核价为基数，案涉工程下浮 3%，即案涉工程竣工结算前的合同价约为 9700 万元。案涉工程 2015 年 11 月 18 日通过竣工验收备案后，葛某一直未提交竣工结算资料，2016 年 7 月在 A 公司某工程项目部催促下，葛某提交结算书一本，A 公司认为葛某提交的结算资料不完整，发包人 B 公司陈述至今还未收到施工方完整的竣工结算报告及结算资料，因此 B 公司未对案涉工程进行竣工结算。《施工合同》中《专用条款》第 6 条第 26 款工程款（进度款）支付条款约定，案涉工程按 7：3 的比例付款，即工程竣工验收后付至工程发包价的 70%（其中基础工程完工后付 20%，主体工程完工后付 20%，竣工验收后 20%，办理工程结算后付 10%），A 公司只需要按照案涉工程竣工结算前的合同价（约为 9700 万元）的 60% 即 5820 万元向葛某支付工程款。根据已查明的事实，A 公司已向葛某支付的工程款为 66610717.46 元，超过了 5820 万元的金额。故 A 公司不需要按照《施工合同》中《通用条款》第 9 条第 33.3 款"发包人收到竣工结算报告及结算资料后 28 天内无正当理由不支付工程竣工结算价款，从第 29 天起按承包人同期向银行贷款的利率支付拖欠工程价款的利息，并承担违约责任"的约定，向葛某支付利息。但是根据《施工合同》中《专用条款》第 6 条第 26 款的约定，工程竣工验收合格后第二年内除预留 5% 创优风险金外，其余款项全部付清。案涉工程于 2015 年 11 月 18 日通过竣工验收备案，根据《2004

年建工解释》第十七条"当事人对欠付工程价款利息计付标准有约定的，按照约定处理；没有约定的，按照中国人民银行发布的同期同类贷款利率计息"的规定，A公司应自案涉工程竣工验收备案之日第二年即2016年11月18日起，以34414825.44元为基数，按中国人民银行同期同类贷款利率的计息标准向葛某支付未付工程款的利息。

（二）关于A公司逾期付款违约金的问题。

法院认为，主张违约金的前提是合同有效，因A公司案涉工程项目部与葛某签订的《经营责任书》实为分包合同，违反法律强制性规定，应属无效合同，故葛某向A公司主张违约金表述不当。根据A公司与B公司签订的《施工合同》中《专用条款》第6条第26款的约定，工程竣工验收合格后第二年内除预留5%创优风险金外，其余款项全部付清。《施工合同》中《专用条款》第10条约定，如发包人未按合同约定的时间节点付款，则每天应支付按工程决算总价万分之二的标准计算的违约金。根据A公司某工程项目部与葛某签订的《经营责任书》中葛某关于"自愿承担并有能力履行甲方与业主单位所签订的合同条款及承诺的全部内容"的约定，结合业已查明的事实来看，案涉工程合同约定的竣工日期为2013年10月底，实际通过竣工验收备案的日期为2015年11月18日，按照上述第二年内全部付清的约定，本应自2016年11月18日开始计算逾期付款损失，但因葛某施工的工程实际竣工日期比合同约定的延后了两年，按照公平原则，逾期付款的损失起算点也应相应延后两年即调整至2018年11月18日。因此，A公司应自2018年11月18日开始，以欠付工程款34414825.44元为基数，按日万分之二的标准向葛某支付案涉工程损失。

【一审裁判结果】

一、A公司于判决生效之日起三十日内向葛某支付工程款34414825.44元；二、A公司于判决生效之日起三十日内向葛某支付以34414825.44元为基数，自2016年11月18日起至工程款清偿完毕之日止的利息，2019年8月19日之前按中国人民银行公布的同期同类贷款利率计付，2019年8月20日之后按同期全国银行间同业拆借中心公布的贷款市场报价利率计付；三、A公司于判决生效之日起三十日内以34414825.44元为基数，自2018年11月18日起至工程款清偿完毕之日止按日万分之二的标准向葛某支付因欠付工程款所造成的损失；四、驳回葛某的其他诉讼请求。原审案件受理费555780元、鉴定费680000元、保全费5000元，共计1240780元，由葛某负担124078元，A公司负担1116702元。

【葛某上诉理由】

一、原审判决对葛某实际施工完成工程的造价认定错误。

E造价公司违反鉴定标准和鉴定规范，主要涉及以下情形：未按双方签字确认过的签证单核算；违规下浮不应下浮的造价项目；未按合同约定价款进行核算；部分项目只计算材料价，遗漏人工费、辅材损耗、材料损耗；对部分项目型材的含量计算不足；对发包人已要求变更的项目仍根据变更前核定造价；漏算或错算人工费；部分项目工程量少算；漏算超高支模根据专项方案计算实际增加的费用等。E造价公司出具的工程造价意见书认定案涉工程总造价为117435748.5元，与实际造价相差至少19022162.428元。原审中，葛某对E造价公司出具的鉴定意见书（初稿）提出异议，但该公司未认真审核，其最终调整的金额（170万元左右）与葛某主张的异议金额相差巨大。在葛某提出的异议事项没有查清的情况下，原审法院对鉴定意见予以采信错误。

二、原审判决对5%创优风险金的事实认定错误。

在没有审查案涉工程未达省优具体原因的情况下，原审法院仅凭合同约定就将5%创优风险金从葛某应得款项中予以扣除错误。案涉工程未达省优系发包人未依法办理各项建设手续导致，创优风险金不应在本案中扣除。

1. 参加优良工程奖评选的工程项目，必须是江西省内依法办理了各项建设手续，且已建成投产或使用的新建工程。

2. 根据B公司向当地政府提交的《关于再次请求协调解决案涉工程消防工程等有关手续问题的请示》，案涉工程未能取得建设用地许可证、建筑工程施工许可证等，消防工程也未取得消防部门验收合格证书，并无参加省优工程评选的资格。

3. 根据优质建设工程奖评选规则，评选对象是已建成投产或使用的新建工程。截至本案起诉，案涉工程已投入使用两年多，即使B公司现在取得相关手续，也很难再参与省优工程评选。

三、原审判决将案外人D公司支付的1214万元认定为A公司向葛某支付的工程款错误。

1. 案外人D公司并非葛某与A公司签订的《经营责任书》的相对人。

2. 案外人D公司作为第三人代A公司向葛某支付1214万元工程款属于代为履行，依法须经葛某同意。本案中三方并未达成代为履行的协议，案外人D公司在代为履行时也未通知葛某，直至葛某起诉后该公司才出具《情况说明》，与事实和常理均不符。

3. 葛某与案外人D公司之间有数次还借款关系。2013年5月，案外人D公司向葛某借款500万元，该笔借款为口头约定，案外人D公司于2013年7月归还借款。2013年11月28日，案外人D公司又向葛某借款450万，并出具了借条。原审判决仅凭案外人D公司出具的《情况说明》认定该公司对葛某的还款为A公司支付给葛某的工程款，没有事实依据。

四、原审判决以2018年11月18日作为日万分之二违约金的起算日错误。

1. 原审判决认定，本案工期延误系多种原因造成，主要原因不在于葛某。本案工程工期最少迟延了748天，在没有工程量增减的情况下，葛某应承担的违约金不少于1451万元，若工期延误系葛某所致，B公司免除A公司如此巨额的违约金不合常理。事实上，工期延误的主要原因是B公司存在设计图纸变更、部分工程单独招标的情况。

2. 葛某承建的工程于2015年11月18日经五方主体验收合格，A公司在2015年就拿到了工程款，却迟迟不支付给葛某。工程延误损害的是B公司的利益，并非A公司的利益。A公司既没有遭受工程延期所带来的损失，也没有因此被B公司截留款项，其无权向葛某主张所谓的公平权利。原审判决以"工程实际竣工日期比合同约定延期了两年，按照公平原则，逾期付款的损失起算点也应相应延后两年即调整为 2018 年 11 月 18 日"的理由免除 A 公司两年的违约金责任，无事实和法律依据。

五、原审判决认定葛某须向 A 公司支付管理费，违反法律规定。

1. 挂靠合同无效，A 公司无权主张利润。原审判决依据《经营责任书》的约定认定葛某需向 A 公司上缴利润错误。

2. 即便 A 公司可以取得管理费，因 A 分公司总经理叶某多次向葛某承诺管理费按照 2.5％收取，原审判决按照 5.1％计算管理费也是错误的。

六、A 公司、B 公司关于葛某未及时提交完整的竣工图纸、技术资料、竣工结算报告和结算资料给业主，导致工程竣工结算迟迟未能进行的主张错误。

1. 葛某自 2015 年 7 月份开始整理竣工图纸、技术资料、竣工结算报告和结算资料，向 B 公司代表王某、张某移交，并于当月底提交结束。张某、王某从开工起就是案涉工程的业主代表，根据业主要求，相关竣工验收材料也交给该二人。B 公司代表收到资料后没有再要求提供其他资料，只是让葛某回去等消息。

2. B 公司后续出具的多份文件都是根据葛某提供的材料制作的，主要包括 G 工程咨询事务所出具的《某市青少年与老年文化活动中心工程预算编制说明》、H 工程咨询代理公司出具的《评审报告》和《某市青少年与老年文化活动中心工程预算评审》。葛某提交相关材料后，B 公司多次要求葛某前往相关单位对工程款进行核对，并向葛某提供上述文件。

3. A 公司于 2017 年 4 月 10 日向市人民政府、财政局、B 公司出具的报告中，也提到了上述几个工程造价文件，印证 A 公司早已收到了葛某提交的相关竣工材料。

【被上诉人答辩】

A 公司辩称：

一、原审法院委托的鉴定机构作出的鉴定结论正确，程序合法，且鉴定意见已经法庭质证，应予采信。葛某认为工程造价鉴定结论错误，没有事实和法律依据。

二、A 公司与 B 公司签订的《施工合同》有效，原审法院判决 5％创优风险金由葛某承担有合同依据。案涉工程未获评省优工程，葛某应当依约承担责任，该约定为楼某与葛某双方的真实意思表示。

三、案外人 D 公司的实际控制人为楼某，楼某挂靠 A 公司承接案涉工程，案外人 D 公司受楼某指示向葛某支付工程款符合常理。案外人 D 公司向葛某出具借条的时间为 2013 年 11 月 28 日，而案外人 D 公司代付工程款的时间有相当一部分在葛某主张的借款日期之前，未借先还不合常理。案外人 D 公司出具的《情况说明》明确表示其系向葛某支付的工程款。

四、管理费条款实质上是楼某与葛某双方对工程价款结算方式的约定，与合同是否有效无关。

五、葛某作为实际施工人直接将竣工资料交给 B 公司，A 公司不清楚资料是否完整，但该事实至少可以证明 B 公司对葛某的实际施工人身份是明知和认可的，葛某与 B 公司建立了事实上的施工承包关系。

B公司辩称：

一、鉴定机构由各方当事人共同选定、法院依法委托，独立依法作出鉴定意见，鉴定程序合法。鉴定机构综合考虑了三方意见，并进行实地勘察，鉴定意见合法有效。

二、葛某主张5％创优风险金不应予以扣除，理由不成立。

1.《施工合同》合法有效，该合同《专用条款》约定未取得省优工程的情况下，5％风险金不予支付，且未设定前提条件。目前，案涉工程未取得省优工程，5％创优风险金不应支付。

2. 葛某及A公司至今未向B公司提交完整竣工图纸和技术资料，不具备申报省优工程条件的责任完全在于葛某及A公司。

3. 葛某主张当时无建设手续，以此推责不能成立。案涉工程是政府工程，在承包方申报材料齐全的前提下，相关手续随时可以办理到位。省优工程申报工作由A公司负责，A公司违法将工程分包给没有资质的葛某，造成案涉工程不具备申报省优工程的条件。

三、B公司并未明确免除A公司的违约金，只是证明收到A公司函件。即便B公司有设计图纸变更、部分工程单独招标行为，这些行为也不能成为A公司（或葛某）工程延期的理由。且A公司（或葛某）并未以B公司上述行为为由要求达成延期竣工协议，说明B公司的行为不会影响工期。另，原审判决认定A公司应向葛某赔偿损失有误，葛某无此诉请，应予以纠正。

四、葛某未提交证据证明王某、张某是B公司代表以及B公司收到其提交的完整竣工图纸、技术资料、竣工结算报告和结算资料。如果葛某所述属实，其可依照合同约定，在提交竣工结算材料后第29天直接依照竣工结算报告主张工程价款，无需鉴定。B公司后续出具的多份文件与葛某是否已提交完整的结算资料不具有关联性，且为B公司内部材料，不对外公开，葛某获得上述材料途径不合法。

【A公司上诉理由】

一、原审判决认定事实、适用法律错误。

1. 本案的事实为案外人D公司实际控制人楼某联系好案涉工程后，通过挂靠A公司承接案涉工程。2012年7月28日，楼某以A公司名义与B公司签订《施工合同》。2012年9月15日，楼某与A公司签订《经营责任书》，双方实为挂靠关系。2012年11月26日，楼某与葛某签订转包合同。A公司没有与葛某签订过承包合同，也没有授权楼某以A公司名义与葛某签订《经营责任书》，葛某与楼某签订的转包合同不能约束A公司。A公司原审代理律师由于理解问题和楼某主导的原因，作出了与事实不一致的陈述。A公司已进行纠正，并于二审阶段提交与楼某签订的《经营责任书》以及两份证人证言对上述事实加以证明。

2. 原审法院认定A公司违法分包属于认定事实、适用法律错误。本案中A公司为被挂靠单位，而非转包人或违法分包人，根据《2004年建工解释》第二十六条的规定，葛某应当向楼某、B公司主张工程款。葛某没有向B公司和楼某主张权利，系对其自身权利的处分，A公司只与楼某有合同关系。

二、原审法院判决A公司向葛某支付欠款利息，违反法律规定和合同约定。

违约责任认定应当参照《施工合同》第10条的违约、索赔和争议条款，而非《专用条款》第6条第26款。利息计算应当参照《专用条款》第35.1款中关于《通用条款》第33.3款的违约责任约定，没有完成工程结算的责任主要在于葛某。即使A公司应承担支付工程款的责任，因案涉工程延后两年才竣工验收，根据对等原则，利息起算点也应延后两年，即从2018年11月18日起计算利息。

三、原审法院判决A公司向葛某支付逾期付款违约金，违背事实和法律规定。

1. 原审法院已判决支持葛某收取工程款的利息，足以弥补葛某的损失。未能进行竣工结算的主要责任在于葛某，且《施工合同》中《通用条款》第26.4款约定发包人在未按合同约定支付工程进度款的情况下，才应承担违约责任。本案争议的是工程结算款而非进度款，原审法院认定葛某已足额收到工程进度款，因此该条款并不适用于本案。

2. 葛某未能取得剩余工程款系因其拒绝提供完整的竣工结算资料和结算书，A公司没有过错，葛某不能要求A公司赔偿损失。

四、原审法院有关诉讼费、鉴定费负担的判决违反法律规定。

原审中，葛某诉请的标的额高达1亿多元，其获得支持的数额不到5000万元，但原审法院判令A公司承担的诉讼费、鉴定费占全部诉讼费、鉴定费的90%，违反了《诉讼费用交纳办法》的规定。

五、原审判决在已付工程款和应扣税款的认定上，也存在部分事实认定错误的情形。

【被上诉人答辩】

葛某答辩称：

一、原审中，A公司对其某工程项目部与葛某签订的《经营责任书》予以认可，A公司二审中的陈述与其自认矛盾。本案是A公司与葛某之间的建设工程分包合同纠纷，不是楼某和A公司之间的挂靠合同纠纷。A公司主张楼某提前联系好本案工程，表明本案工程的招标投标都是形式，属违法行为。

二、A公司应当自案涉工程竣工验收之日起向葛某支付工程款，未依约支付的，应当自逾期支付之日起支付逾期付款利息，即应当从2015年8月31日起计算逾期付款利息。即便根据《2004年建工解释》第十八条的规定，当事人对付款时间没有约定或者约定不明，建设工程已实际交付的，利息亦应当自工程交付之日起计算。案涉工程于2015年11月24日移交，A公司应当支付的欠付工程价款利息至迟应当从2015年11月24日起计算。

三、根据《施工合同》中《专用条款》第10条的约定，如发包人未按合同约定的时间节点付款，则应根据工程决算总价按每日万分之二的标准支付违约金。葛某作为实际施工人，承担了B公司与A公司延期支付工程款造成的损失。在B公司与A公司签订的《施工合同》有效，B公司需向A公司支付逾期付款违约金的情况下，若认定A公司无须向葛某支付逾期付款损失，将导致A公司从违法分包中获利，不利于规范建设工程施工市场。因此，原审法院判令 A 公司参照其可获得的违约金向葛某支付损失，符合公平原则，A 公司应当向葛某支付的逾期付款损失最晚也应当自 2016 年 11 月 18 日起算。

四、因葛某对于已付工程款和应扣税款的认定也存在异议，希望诉讼费、鉴定费公平分配。

【二审裁判观点】

一、A 公司与葛某之间形成建设工程分包合同关系，葛某有权向 A 公司主张本案工程款。

首先，本案原审中，葛某和 A 公司均提交了 2012 年 11 月 26 日葛某与 A 公司某工程项目部签订的《经营责任书》，葛某提交证据的目的是证明双方之间形成工程分包关系，A 公司提交证据的证明目的是证明双方之间形成内部承包关系。上述事实表明，A 公司、葛某均认可双方之间形成合同关系，A 公司在二审中主张其与葛某之间未形成合同关系，与其在原审中的陈述不符。其次，原审中，葛某、A 公司分别提交的同一份《葛某支取工程款明细》，以及 A 公司提交的银行转款凭证，证明案涉工程的应付工程款，均由 A 分公司向葛某支付，而 A 分公司系受 A 公司委托全权处理 B 公司与 A 公司签订的《施工合同》项下包括施工现场管理、工程结算、收款行为等事务的主体。最后，案涉工程竣工后，A 公司某工程项目部要求葛某提交工程款结算报告，后葛某向 A 分公司提交了案涉工程的结算书，表明案涉工程的结算亦在 A 分公司与葛某之间进行。据此，原审判决认定 A 公司与葛某之间形成建设工程分包合同关系，葛某可以向 A 公司主张本案工程款，有事实依据，并无不当。A 公司提交的 2012 年 9 月 15 日的《经营责任书》及证人证言即便是真实的，基于本案中葛某与 A 公司已经形成的建设工程分包合同关系，亦不足以证明葛某不能向 A 公司主张本案工程款。

二、A 公司依据无效合同主张葛某应向其支付利润不符合法律规定。

关于原审法院采信 E 造价公司的鉴定意见是否错误的问题。首先，原审中，葛某申请对案涉工程造价进行鉴定，后经葛某、A 公司、B 公司三方协商共同确定鉴定机构为 E 造价公司。E 造价公司接受原审法院委托，两次到工程现场勘察后对本案工程造价作出鉴定意见初稿，葛某、A 公司、B 公司均提出异议，E 造价公司对三方异议分别进行了审查并向原审法院出具了书面回复意见，原审法院组织三方当事人对回复意见进行了质证。其次，葛某上诉主张 E 造价公司存在未按双方签字确认过的签证单核损、违规下浮不应下浮的造价项目等问题，仅为针对鉴定内容的概括性陈述，并未具体指出鉴定意见存在的问题，且相关问题葛某在原审中已经提出，E 造价公司对其异议已进行书面答复，葛某虽对鉴定意见不认可，但未提供足以推翻鉴定意见的证据。据此，原审法院依据 E 造价公司出具的鉴定意见确定本案工程总造价为 117435748.50 元，并无不当。葛某申请重新鉴定，不符合法律规定，二审法院不予准许。

关于案外人 D 公司支付给葛某的 1214 万元应否认定为 A 公司已付工程款的问题。葛某认可收到案外人 D 公司支付的上述款项，但主张该款系案外人 D 公司归还其 950 万元借款的款项。首先，根据案外人 D 公司支付上述款项的银行转账凭证，上述 1214 万元中，有 954 万元由案外人 D 公司直接支付给葛某,银行转款凭证上注明的用途均为往来款;其余 260 万元由案外人 D 公司分两次向人力资源和社会保障局支付,款项用途为"案涉工程人工工资"。由此,上述转款凭证不能证明案外人 D 公司支付的 1214 万元系归还葛某的借款,反而能够证明部分款项为案涉工程的工人工资。其次,葛某主张上述款项系案外人 D 公司归还其 950 万元借款的款项,但是葛某曾就其与案外人 D 公司的民间借贷纠纷向法院提起诉讼,表明葛某认可案外人 D 公司欠款并未经由上述转账归还。再次,案外人 D 公司从 2013 年 7 月 3 日起向葛某支付上述款项,而葛某据以主张其与案外人 D 公司就上述款项发生借款关系的借条的出具日期为 2013 年 11 月 28 日,原审判决据此认定案外人 D 公司未借先还不合常理,并无不当。葛某虽述称其在 2013 年 5 月份与案外人 D 公司形成 500 万元借款的口头合同,但未提交证据证明,其主张缺乏事实依据。最后,若葛某与案外人 D 公司之间确实存在借款关系,则案外人 D 公司出具《情况说明》确认上述款项为代 A 公司支付本案工程款而非归还所欠葛某的借款,系对其不利的陈述。综合以上情形,原审判决认定上述 1214 万元系案外人 D 公司代 A 公司向葛某支付的工程款,并无不当。

关于本案应付工程款中应否扣除 5% 创优风险金问题。本案工程竣工后,未取得省优。A 公司与 B 公司签订的《施工合同》约定:"未取得省优工程的,5% 风险金不予支付。"尽管 A 公司某工程项目部与葛某签订的《经营责任书》无效,但因本案工程事实上未取得省优,依约 B 公司将不向 A 公司支付 5% 风险金。在 A 公司不能得到 5% 风险金的情形下,原审判决在本案应付款中扣除该风险金,并无不当。

关于葛某应否向 A 公司支付按工程总造价 5.1% 计算的利润问题。葛某与 A 公司签订的《经营责任书》因违反法律的强制性规定而无效,合同中有关利润的约定亦无效。A 公司依据无效合同主张葛某应向其支付利润不符合法律规定,原审判决认定葛某应按《经营责任书》的约定向 A 公司支付利润不当,二审法院对此予以纠正。鉴于案涉工程施工过程中,A 分公司向葛某支付了工程进度款并代扣代缴了工程税金,工程竣工后,亦办理了工程资料的交接等,二审法院酌定葛某向 A 公司支付 300 万元实际劳务成本。

庭审中,葛某另提出 B 公司代 A 公司支付的 81.6 万元工程增值税不应当从应付工程款中扣除。根据 B 公司出具的证明、收条以及完税缴款书,B 公司已经代 A 公司缴纳了案涉工程的增值税。原审判决参照《经营责任书》的约定,确定该笔税金由葛某承担并无不当。

三、案涉工程于 2015 年 11 月 18 日竣工验收后,A 公司尚欠葛某工程款未付清,参照《施工合同》约定,A 公司应自案涉工程竣工验收备案一年后即 2016 年 11 月 18 日起,按中国人民银行同期同类贷款利率标准向葛某支付未付工程款的利息。

首先,葛某是案涉工程的实际施工人,负有举证证明其已将案涉工程的竣工图纸、技术资料、竣工结算报告以及结算资料等完整移交给 A 公司或 B 公司的义务。本案中,葛某主张其已向 B 公司移交了相关结算资料,但未提交充分证据证明。B 公司委托其他机构形成的文件系有关工程预算,不足以证明葛某已提交了完整的竣工材料。原审判决据此认定 A 公司无需按照《施工合同》第二部分《通用条款》第 9 条第 33.3 款有关利息支付时间的约定，向葛某支付利息，并无不当。其次，B公司与A公司签订的《施工合同》，以及A公司某工程项目部与葛某签订的《经营责任书》均约定按工程进度支付工程款。《施工合同》第三部分《专用条款》第6条第26款约定，案涉工程按7：3的比例付款，即工程竣工验收合格后第二年内除留5%作创优风险金外，其余工程款全部付清。根据本案事实，案涉工程于2015年11月18日竣工验收后，A公司尚欠葛某工程款未付清，故原审判决参照《施工合同》约定，确定A公司应自案涉工程竣工验收备案一年后即2016年11月18日起，按中国人民银行同期同类贷款利率标准向葛某支付未付工程款的利息，并无不当。A公司以案涉工程迟延竣工两年责任主要在于葛某为由主张利息起算点也应迟延两年的上诉理由，以及葛某关于A公司应自工程竣工之日即2015年8月31日起支付逾期利息的主张，均不能成立，二审法院对此不予支持。

四、葛某未提交证据证明A公司迟延支付工程款给其造成了除工程款利息之外的损失，原审判决确定A公司向葛某支付欠付工程款的损失不当。

《2018年建工解释（二）》第三条规定："建设工程施工合同无效，一方当事人请求对方赔偿损失的，应当就对方过错、损失大小、过错与损失之间的因果关系承担举证责任。损失大小无法确定，一方当事人请求参照合同约定的质量标准、建设工期、工程价款支付时间等内容确定损失大小的，人民法院可以结合双方过错程度、过错与损失之间的因果关系等因素作出裁判。"本案中，葛某未提交证据证明A公司迟延支付工程款给其造成了除工程款利息之外的损失。在此情形下，原审判决确定A公司自2018年11月18日起按日万分之二的标准向葛某支付欠付工程款的损失不当，二审法院对此予以纠正。

【二审裁判结果】

一、撤销一审判决第三项、第四项；二、变更一审判决第一项为A公司于本判决发生法律效力之日起三十日内向葛某支付工程款37404048.61元；三、变更一审判决第二项为A公司于本判决发生法律效力之日起三十日内向葛某支付以37404048.61元为基数，自2016年11月18日起至该款付清之日止的利息（2019年8月19日之前按中国人民银行公布的同期一年期贷款基准利率计付；2019年8月20日起按全国银行间同业拆借中心公布的同期一年期贷款市场报价利率计付）；四、驳回葛某的其他诉讼请求。

【律师评析】

在挂靠合同中约定收取管理费的，该条款因违反强制性规定而无效，被挂靠单位主张管理费不应得到支持。《民法典》第七百九十一条第二款规定："承包人不得将其承包的全部建设工程转包给第三人或者将其承包的全部建设工程支解以后以分包的名义分别转包给第三人。"《2020年建工解释（一）》第一条第二款规定："承包人因转包、违法分包建设工程与他人签订的建设工程施工合同，应当依据民法典第一百五十三条第一款及第七百九十一条第二款、第三款的规定，认定无效。"故建设工程转包合同无效时，因无效的民事法律行为自始没有法律约束力，合同中所约定的管理费条款亦自始无效。最高人民法院民一庭2021年第21次专业法官会议纪要认为，合同无效，承包人请求实际施工人按照合同约定支付管理费的，不予支持。

转包合同、违法分包合同及借用资质合同均违反法律的强制性规定，属于无效合同。前述合同关于实际施工人向承包人或者出借资质的企业支付管理费的约定，应为无效。该管理费实质上并非承包人、出借资质的企业对建设工程施工进行管理的对价，而是一种通过转包、违法分包和出借资质违法套取利益的行为。此类管理费属于违法收益，不受司法保护。因此，合同无效，承包人或者出借资质的建筑企业请求实际施工人按照合同约定支付管理费的，不予支持。

实践中，如转包人有证据证明对施工现场进行了监督管理及协调工作，据此主张管理费，法院会根据查明的案件事实支持其全部或部分管理费的请求，以平衡各方当事人利益。

【相关案例索引】

① 中国建筑第八工程局有限公司、中国建筑第八工程局有限公司海南分公司、海南中伟建筑工程有限公司、陵水中信香水湾开发有限公司建设工程施工合同纠纷一案

案号：（2018）最高法民申 4381 号

裁判观点：案涉工程系非法转包，《劳务施工合同》约定的 9% 总承包管理费实质是转包案涉工程的违法所得，原判决对该部分管理费用未予扣减，并无不当。

② 广州富利建筑安装工程有限公司、胡某、保利（江西）房地产开发有限公司建设工程施工合同纠纷一案

案号：（2017）最高法民再 395 号

裁判观点：广州富利建筑安装工程有限公司（以下简称富利公司）作为有资质的建筑施工企业，在明知胡某无相应建筑施工资质的情形下仍向其转包，存在明显过错，且不能举证证明其实际参与了工程建设的相关管理，胡某作为案涉工程的实际施工人，实际承担了工程项目的管理工作，二审法院对富利公司的管理费的主张不予支持并无不当。

③ 许某、唐山开滦建设（集团）有限责任公司、淮北金石矿业有限责任公司建设工程施工合同纠纷一案

案号：（2017）最高法民申 2153 号

裁判观点：经查，双方签订的《内部承包协议书》第四条第二项约定许某向唐山开滦建设（集团）有限责任公司（以下简称开滦建设公司）缴纳工程总造价的 13% 作为管理费。虽然《内部承包协议书》因许某不具备建筑施工企业资质而无效，但无效的原因在于主体不适格而非意思表示瑕疵，且在许某施工期间，开滦建设公司实施了对账、代付材料款、协调发放工人工资等管理行为。在《内部承包协议书》无效但建设工程已投入使用的情形下，参照合同约定处理双方纠纷，能最大限度平衡各方当事人利益，具有公平与合理性。一、二审判令许某参照协议约定向开滦建设公司支付管理费，并无明显不当。

④ 重庆市基础工程有限公司、新疆生产建设兵团建设工程（集团）有限责任公司、乌苏市卓越房地产开发有限公司、乌苏市园区投资建设有限责任公司建设工程施工合同纠纷一案

案号：（2020）最高法民终 860 号

裁判观点：虽然《分包合同》无效，但新疆生产建设兵团建设工程（集团）有限责任公司在重庆市基础工程有限公司施工过程中配合其与发包方、材料供应商、劳务单位等各方进行资金、施工资料的调配和结算，并安排工作人员参与案涉工程现场管理，对其要求重庆市基础工程有限公司参照原约定支付管理费的主张，一审判决予以支持，并无不当。

⑤ 大连开建市政工程有限公司、大连三和市政工程有限公司、大连长兴岛开发建设投资有限公司建设工程施工合同纠纷一案

案号：（2017）最高法民申 5013 号

裁判观点：本案中，大连开建市政工程有限公司（以下简称开建公司）中标之后，将案涉工程全部转包给大连三和市政工程有限公司（以下简称三和公司）施工。依照《合同法》第五十二条的规定，开建公司与三和公司之间的转包行为，因违反法律的强制性规定而无效。现开建公司主张其与三和公司之间的口头协议有效，应按此约定扣除 3% 的工程款作为管理费，无法律依据。二审法院支持其获得 1.5% 的管理费，系基于开建公司为合同履行做了一定工作，已充分维护了其利益。

⑥ 王某、江某、大庆油田房地产开发有限责任公司、中太建设集团股份有限公司、大庆石油管理局有限公司建设工程施工合同纠纷一案

案号：（2020）最高法民终 79 号

裁判观点：江某提供证据证明其为案涉工程的施工建设雇佣管理人员、组织会议、上下协调、购买保险，江某对案涉工程履行了管理义务，一审法院判决王某向其支付一定的管理费。因江某并不具有建筑工程施工和管理的资质，一审法院认为内部承包合同中约定江某收取工程造价 7% 的管理费标准过高，酌定将管理费率降低至 2%。

案例 3：实际施工人借用被挂靠单位资质承建工程，在没有证据确认属于虚假意思表示的前提下，其与发包人签订的结算文件有效，应当作为结算依据

【引言】

实际施工人借用被挂靠单位资质承建工程，双方形成挂靠关系，若发包人知悉并认可实际施工人的施工内容，应视为发包人与实际施工人形成事实上的施工合同关系，结算工作应当在实际施工人与发包人之间进行，被挂靠单位代为进行结算不具有约束力。

【案例来源】

（2021）最高法民申 3156 号

【诉讼主体】

张某：一审原告、二审上诉人

A 公司：一审被告、二审被上诉人

B公司：一审第三人

【原告起诉请求】

一、请求人民法院判令A公司返还张某垫付的工程资金1603万元，支付对应利润1284万元，共计2887万元，并以该金额为基数，支付自停工之日起（2017年10月26日）至实际给付日止所产生的利息（按照中国人民银行同期同类贷款利率计算）；二、案件受理费由A公司承担。

【争议焦点】

一、张某请求A公司返还垫资款1603万元并支付利润1284万元及利息是否合法有据；二、本案是否遗漏C公司为必要诉讼当事人；三、二审判决是否超出当事人诉讼请求。

【基本案情】

2017年6月27日，张某挂靠B公司以其名义与A公司签订了《建设工程施工合同》，其承包了A公司开发的案涉小区6～9号楼及地库的工程，双方约定了工程承包范围为包工包料，合同工期为2017年7月30日至2018年7月30日等内容。

2018年3月20日，B公司与A公司签订了《合同解除协议》，约定了解除施工合同后相关具体问题如何处理的事宜，其中包括B公司认可承担施工延期、返工等所有损失。

2018年5月，A公司发现，张某施工时所购买并已使用在地库工程中的钢筋存在质量问题。经本市建筑材料质量检测站检测并出具检测报告，张某购买并用于案涉工程中的大部分钢筋不合格。A公司开发的项目工程被质检部门责令停工。

A公司二审陈述2018年5月份张某撤场后其委托其他施工单位对本案工程进行继续施工，现主体已经完工。A公司与B公司均认可双方签订《合同解除协议》时未通知张某。

因张某在施工过程中拖欠施工人员工资，在本市劳动监察大队的要求下，双方于2018年11月20日共同向劳动监察部门作出解决拖欠工资的承诺书。

【一审裁判观点】

张某作为实际施工人有权就案涉工程主张权利，但在《建设工程施工合同》无效的情况下，其主张工程款的前提应为建设工程竣工验收合格。张某挂靠B公司与A公司签订的有关《建设工程施工合同》因违反法律、行政法规的强制性规定而无效，该合同自始无约束力，故对有关的权利、义务应依法认定。按照《2004年建工解释》第二条："建设工程施工合同无效，但建设工程经竣工验收合格，承包人请求参照合同约定支付工程价款的，应予支持。"本案中案涉工程尚未竣工，未经验收，故张某主张工程款，未达到法定条件，故一审法院对此不予支持。但本案中，张某主张要求A公司给付垫付的工程资金、利润及利息，因张某未提供垫付工程款证据，故该主张缺乏证据不能成立，一审法院对此不予支持。现案涉工程尚未竣工，并未交付使用，故张某主张要求A公司给付利润及利息的理由不能成立，一审法院对此不予支持。民事诉讼中，当事人对自己提出的诉讼请求所依据的事实或反驳对方诉讼请求所依据的事实有责任提供证据加以证明。没有证据或证据不足以证明当事人的事实主张的，由负有举证责任的当事人承担不利后果。在本案中，张某对自己的主张没有提供有效、充分的证据予以佐证，其主张不能成立，一审法院对此不予支持。对此，张某应承担举证不能的法律后果。综上所述，张某的诉讼请求不成立，一审法院对此不予支持。

【一审裁判结果】

驳回张某的诉讼请求。

【二审裁判观点】

一、张某作为自然人挂靠有资质的施工单位B公司进行案涉工程施工，B公司与A公司签订的《建设工程施工合同》《合同解除协议》均属无效合同。实际施工人张某与马某签订的《补充协议书》亦因违反相关法律规定而无效。马某为A公司时任执行董事，其与张某签字的《统计表》应视为A公司对张某前期垫付工程款数额的确认。2018年5月张某撤场时，工程尚未完工，A公司委托第三方施工单位对本案工程进行续建前，应首先确定续建前施工的工程情况。由于本案无其他证据证明续建前施工情况，故支持张某依据《统计表》向A公司主张工程垫付款15788760.75元。

二审中张某虽否认挂靠B公司对本案工程进行施工，但结合其在一审庭审笔录中的陈述、马某的《询问笔录》、B公司陈述、《承诺书》《补充协议书》及之后A公司与B公司签订的《建设工程施工合同》和《合同解除协议》，可认定A公司与B公司签订《建设工程施工合同》并在当地建设部门进行备案，对外公示的该项目施工单位为B公司，张某为本案工程的实际施工人，且张某认可表面上的施工单位就是B公司。对外公示具有对外排他效力，且张某未有充分证据证明其实际挂靠C公司履行合同，因此一审法院认定张某挂靠B公司进行施工并无不当。

二审中，法院要求张某明确其诉讼请求中主张的垫付款与本案工程款之间的关系。张某认可其主张的就是工程款，即张某与马某签订的《补充协议书》中约定的工程款，及该协议约定的张某先期垫付的资金对应的应给付的利润。根据A公司企业公示信息，马某在2018年5月7日前，一直担任该公司执行董事。2017年6月27日马某与张某签订《补充协议书》，该《补充协议书》甲方为案涉小区工程项目部，虽甲方处并未盖公司印章，但有时任公司执行董事马某的签字确认，基于马某的身份，可以认定马某系代表A公司。2018年3月21日马某与张某签字的《统计表》应视为A公司对张某前期垫付工程款数额的确认。该《统计表》虽未加盖B公司公章，但不影响A公司对此的确认。A公司与B公司均认可双方于2018年3月20日签订《合同解除协议》时未通知张某，之后张某出具说明，同意A公司与B公司解除《建设工程施工合同》，但不同意依据《合同解除协议》中的结算条款进行结算。因此，A公司与B公司关于《合同解除协议》中的工程结算条款并不能约束实际施工人张某。另，张某作为自然人挂靠有资质的施工单位B公司进行案涉工程施工，B公司与A公司签订的《建设工程施工合同》《合同解除协议》均属无效合同。实际施工人张某与马某签订的《补充协议书》亦因违反相关法律规定而无效。A公司认可2018年5月份张某撤场后其委托第三方施工单位对本案工程进行续建，现主体已经完工。

A 公司在将工程交由第三方施工单位续建前，应首先确定续建前施工的工程情况。关于 A 公司提出的张某提供的钢材存在质量问题，其已另行起诉，本案不再处理。案涉工程已进行续建，对张某根据《统计表》向 A 公司主张工程垫付款的请求二审法院予以支持。《统计表》中双方签字确认的数额为 15788760.75 元，张某起诉主张 1603 万元，其认为是因《统计表》中少计算了三车模板及木方的费用 246760 元。对于少计算 246760 元费用的情况，张某提交的 2017 年 10 月 10 日经办人吴某出具的收条内容可反映出收到木方共计 6820 根，该数量与《统计表》中数量一致。张某提供的未计入《统计表》费用的收条时间均在 2017 年 10 月 10 日之前，其陈述与收条相矛盾，A 公司对此亦不予认可。张某在 2018 年 5 月 5 日出具的说明中要求返还的工程垫付款亦是 15788760.75 元。因此二审法院认定张某工程垫付款为 15788760.75 元。

二、马某与张某约定的利润因《补充协议书》无效而无效，但 A 公司及张某对导致《补充协议书》无效均存在过错，且《合同解除协议》是 A 公司与 B 公司签订，签订时并未通知张某，张某未能按约将工程全部完工并不能归责于张某。虽《补充协议书》无效，但张某因本案工程资金的垫付也确实产生了损失。经综合考虑，A 公司应从张某起诉之日起（即 2018 年 11 月 12 日）至实际给付之日止按照民间借贷月利率 2‰支付利息。

《补充协议书》无效，马某与张某约定的利润因协议书无效而无效，但 A 公司及张某对导致《补充协议书》无效均存在过错，且《合同解除协议》是 A 公司与 B 公司签订，签订时并未通知张某，张某未能按约将工程全部完工并不能归责于张某。张某既为实际施工人，又在其施工期间进行工程资金的垫付。虽《补充协议书》无效，但张某因本案工程资金的垫付也确实产生了损失。本案工程中 A 公司作为发包方也实际使用了张某的垫付款项进行工程建设，属受益方。对于张某利息及存在的损失二审法院综合考虑从张某起诉之日起（即 2018 年 11 月 12 日）至实际给付之日止按照民间借贷月利率 2‰予以支持。

三、C 公司并未在《补充协议书》上盖章，不属于本案必要诉讼当事人。

关于本案是否遗漏 C 公司为必要诉讼当事人问题。二审法院已认定张某挂靠 B 公司进行案涉工程的施工，虽《补充协议书》的乙方标注为 C 分公司，但该协议书未加盖该公司公章，张某并不能代表 C 公司。根据法律规定 C 公司不属于本案必要诉讼当事人，对张某关于追加 C 公司为必要诉讼当事人的上诉请求二审法院不予支持。

【二审裁判结果】

一、撤销一审判决；二、A 公司于本判决生效之日起十日内支付张某工程垫付款 15788760.75 元，并支付相应垫付工程款利息损失（以 15788760.75 元为基数，自 2018 年 11 月 12 日起至实际给付之日止按月利率 2‰计算）；三、驳回张某的其他诉讼请求。

【再审申请理由】

一、二审判决认定事实错误。

张某使用不合格的钢筋，案涉工程质量存在严重问题，监理公司发出整改通知，本市建设工程质量安全监督造价管理站要求停止施工、进行整改，导致 A 公司对工程进行返工拆除，对于不能拆除的，则聘请案外人 D 公司进行加固，B 公司的行为不仅耽误建设项目的工期，而且造成巨大的经济损失。

二、张某严重违反了双方约定，A 公司有权拒绝支付张某工程款。

1. 双方约定张某垫资施工 3000 万元，但张某的施工质量存在严重问题，而且张某在进行了部分施工之后无力继续施工，严重违约。

2. 张某曾严重拖欠农民工工资，充分说明其没有合同履行能力。

三、二审法院判决 A 公司支付工程款严重违反了关于支付工程价款的法定条件的规定，适用法律错误。

按照《2004 年建工解释》第二条"建设工程施工合同无效，但建设工程经竣工验收合格，承包人请求参照合同约定支付工程价款的，应予支持"的规定，本案中案涉工程尚未竣工，未经验收，未达到支付工程款的法定条件。

四、二审法院判决超出张某的诉讼请求，严重违反不告不理的基本原则。

本案中张某关于垫付款利息标准的诉讼请求是按照中国人民银行同期同类贷款利率主张（中国人民银行同期 6 个月至 3 年的贷款利率为 $4.35\%\sim4.75\%$），而二审法院按月利率 2% 计算利息不仅严重过高，也超出张某的诉讼请求。

【被申请人答辩】

二审判决认定事实正确，判决结果正确。

1. 张某起诉依据的是挂靠 C 公司与 A 公司签订的合同以及《补充协议》《统计表》，B 公司与上述协议没有任何关系。B 公司与 A 公司的合同并没有实际履行，2018 年 3 月 20 日 A 公司与 B 公司双方协商解除了该合同，B 公司在本案中不应承担任何责任。

2. 马某在 A 公司一直担任执行董事，因此，马某签订《补充协议》《统计表》的行为系代表 A 公司，二审判决认定《统计表》是 A 公司对张某垫付工资款的确认并无不当。

3. 案涉《建设施工合同》《补充协议》均属无效，但目前案涉工程主体已经完工，二审判决以 A 公司确认的《统计表》为定案依据正确。至于张某为工程垫付的资金损失，法院支持了其部分诉讼请求，合理合法。

【再审裁判观点】

一、结合张某一、二审的诉讼请求及法院判决结果，二审判决并未超出当事人的诉讼请求。

判决超出诉讼请求是指判决对当事人未提出的诉讼请求进行裁判以及超出当事人诉讼请求的范围进行裁判。本案中，张某的一审诉讼请求为：（1）请求人民法院判令 A 公司返还张某垫付的工程资金 1603 万元，支付对应利润 1284 万元，共计 2887 万元，并以该金额为基数，支付自停工之日起（2017 年 10 月 26 日）至实际给付日止所产生的利息（按照中国人民银行同期同类贷款利率计算）；（2）案件受理费由 A 公司承担。一审判决后，张某提起上诉，其上诉请求为：（1）请求撤销一审判决，依法改判支持张某诉讼请求，或将本案发回重审；（2）一、二审案件受理费、保全费由 A 公司承担。结合张某一、二审的诉讼请求及法院判决结果，二审判决并未超出当事人的诉讼请求。

二、二审法院判令 A 公司支付张某工程垫付款 15788760.75 元并无不妥。

根据已查明的事实，张某为案涉工程的实际施工人并依约进行了施工。二审中，A 公司陈述 2018 年 5 月份张某撤场后委托其他施工单位对案涉工程进行继续施工，现主体已经完工。尽管案涉地库工程中的钢筋存在质量问题，但考虑到 A 公司对此已另行诉讼且案涉工程由案外人完成施工，故张某有权就其施工的工程价款向 A 公司主张。2018 年 3 月 21 日，马某、张某在案涉工程投入资金的《统计表》上签字，基于马某在 2018 年 5 月 7 日前一直担任该 A 公司执行董事以及马某在案涉《补充协议书》代 A 公司签字等事实，马某的签字应视为 A 公司对张某前期垫付工程款数额的确认。根据《统计表》的记载，双方签字确认的费用数额为 15788760.75 元。故二审法院判令 A 公司支付张某工程垫付款 15788760.75 元并无不妥。

【律师评析】

实践中，如果发包人知晓挂靠人借用资质承建工程，且认可由实际施工人完成约定施工任务，双方之间直接形成事实上的施工合同关系，挂靠人有权与发包人进行结算，此时，被挂靠单位与发包人之间不存在建设工程施工合同关系，被挂靠单位无权代表实际施工人与发包人进行结算，发包人与被挂靠单位的结算对实际施工人不具有约束力。

另外，在转包、违法分包类型的案件中，如果实际施工人有证据证明发包人与承包人之间的结算结果损害其合法权益，其结算结果不能对抗实际施工人，人民法院可根据实际施工人的申请，依据造价鉴定结论确定实际施工人应得的工程价款。

【相关案例索引】

① 四川堂宏实业集团有限公司、四川堂宏实业集团有限公司房地产开发分公司、牟某、四川鑫玛建设有限公司建设工程施工合同纠纷一案

案号：（2015）民申字第 581 号

裁判观点：由已查明的事实可以得出，表面上是四川鑫玛建设有限公司（以下简称鑫玛建设公司）将涉诉工程转包给牟某，实质上是牟某借用鑫玛建设公司资质承揽四川堂宏实业集团有限公司（以下简称堂宏集团公司）的工程，鑫玛建设公司向牟某收取一定管理费，因此鑫玛建设公司与牟某之间不是转包关系，而是牟某借用鑫玛建设公司资质承建工程，即鑫玛建设公司与牟某为挂靠关系。

而在签订合同及施工过程中，堂宏集团公司、四川堂宏实业集团有限公司房地产开发分公司（以下简称堂宏房地产分公司）知晓牟某借用鑫玛建设公司资质承建工程，且认可由牟某完成案涉工程施工任务，因此堂宏集团公司与牟某之间直接形成权利义务关系，而堂宏集团公司与鑫玛建设公司之间不存在建设工程施工合同关系。根据《2004 年建工解释》第一条第二项的规定，二审判决认定牟某借用鑫玛建设公司资质与堂宏房地产分公司签订的《建设工程施工合同》无效，并无不当。堂宏集团公司、堂宏房地产分公司称二审在未释明的情况下直接确认《建设工程施工合同》无效，剥夺其辩论权利，但对于《建设工程施工合同》效力问题，牟某在一审中即请求法院予以认定，上诉时牟某就合同效力问题也提起了上诉请求，因此堂宏集团公司、堂宏房地产分公司应当针对牟某的诉求主动进

行答辩。此外，堂宏集团公司、堂宏房地产分公司在本案中亦未提起反诉，二审直接确认《建设工程施工合同》无效不影响其具体的诉讼权利，故堂宏集团公司、堂宏房地产分公司该再审申请理由不成立。

如上所述，堂宏集团公司与牟某之间直接形成权利义务关系，而与鑫玛建设公司之间不存在建设工程施工合同关系，因此工程结算应当在牟某与堂宏集团公司之间进行。堂宏集团公司、堂宏房地产分公司主张按照其与鑫玛建设公司诉讼前签订的《结算协议》进行结算，但牟某与鑫玛建设公司仅是借用资质关系，而非转包关系，鑫玛建设公司无权代表牟某与堂宏集团公司进行结算，该二公司签订的《结算协议》对牟某不具有约束力。由于牟某与堂宏集团公司没有结算，故一、二审法院参照《建设工程施工合同》的约定，结合鉴定机构的鉴定意见确认工程价款，并无不当。

② 湖南省永安建筑股份有限公司、萍乡市兴盛房地产开发有限公司、彭某建设工程施工合同纠纷一案

案号：（2019）最高法民申 1307 号

裁判观点：本案中，根据原审查明的事实，《建设工程施工合同》签订后，案涉工程实际由彭某进场进行施工，并向湖南省永安建筑股份有限公司（以下简称永安公司）缴纳保证金，其不仅负责案涉工程的现场管理，而且掌握所有的工程资料，且项目施工过程中，案涉设备租赁费、材料费、工人工资均由彭某直接支付。可见，案涉工程实际是由彭某在进行施工，永安公司并未提交与工程相关的证据材料证明其实际负责案涉工程的施工。永安公司另称彭某系其公司职工，但并未提供能够反映双方劳动关系的直接证据，并不足以证明彭某与永安公司存在劳动关系。在前述证据的基础上，原审法院结合湖南省浏阳市人民法院（2015）浏刑初字第 985 号刑事判决书中陈述的事实以及相关人员询问笔录，综合判定彭某为案涉工程的实际施工人并无不当。因此，彭某借用永安公司建筑资质与萍乡市兴盛房地产开发有限公司（以下简称兴盛公司）签订《建设工程施工合同》，违反法律强制性规定，该合同应认定为无效合同。根据《2004 年建工解释》第二条的规定，建设工程施工合同无效，但建设工程经竣工验收合格，承包人请求参照合同约定支付工程价款的，应予支持。

本案中，《建设工程施工合同》无效，但案涉工程已竣工验收合格，彭某在实际施工完成后，有权要求兴盛公司参照合同约定支付工程价款。在实际履行过程中，兴盛公司法定代表人与彭某签订建安工程结算表，对案涉工程面积、价款以及应付款项进行了结算。结合前述查明的事实，兴盛公司亦有理由相信彭某具有结算的权利，该结算协议应认定为合法有效协议。永安公司主张该结算协议系彭某芳与兴盛公司恶意串通而签订，并未提交充分证据证明，其亦不能证明该结算协议损害了其合法权益，故原审法院认定彭某有权与兴盛公司进行工程款结算正确，永安公司无权要求兴盛公司再进行结算付款。

③ 南通四建集团有限公司、获嘉县岚世纪房地产开发有限公司、黄某建设工程施工合同纠纷一案

案号：（2020）最高法民终 1269 号

裁判观点：南通四建集团有限公司（以下简称南通四建公司）虽然与获嘉县岗世纪房地产开发有限公司（以下简称岚世纪公司）签订《建设工程施工合同》及《补充协议》，实际是将其施工资质出借给黄某用于案涉工程的施工，南通四建公司并无签订、履行合同的真实意思表示；黄某借用南通四建公司的资质承揽案涉工程，是案涉工程的实际施工人。因此，原审依据《2004年建工解释》第二条"建设工程施工合同无效，但建设工程经竣工验收合格，承包人请求参照合同约定支付工程价款的，应予支持"的规定，准许黄某以自己的名义向岚世纪公司主张相应施工价款并无不当。本案黄某与岚世纪公司已于2016年8月27日签订工程结算确认书，对工程施工范围、结算依据、工程造价、岚世纪公司的已付款数额、欠付工程款数额等进行确认。在本案二审庭审中，岚世纪公司与黄某对原审认定的欠付工程款金额也均予以认可，二审法院亦予以确认。因南通四建公司并非施工主体，其虽对岚世纪公司的支付情况提出异议，但未提供证据证明黄某与岚世纪公司之间就工程款结算的确认系虚假的意思表示，故原审认定岚世纪公司欠付黄某工程款数额为959477.84元并无不当，二审法院予以维持。

④ 河南东方建设集团发展有限公司、黄某等建设工程施工合同纠纷一案

案号：（2021）最高法民申3897号

裁判观点：再审法院经审查认为，根据案件基本事实及法律规定，河南东方建设集团发展有限公司（以下简称东方公司）与黄某的申请再审事由均不能成立，理由如下：根据查明的事实，东方公司虽然名义上将承包河南亚星置业集团有限公司（以下简称亚星公司）的工程内部承包给黄某，但实质上是没有资质的实际施工人黄某借用有资质的东方公司名义施工，原审根据《2004年建工解释》第一条第二项的规定，认定《建设工程施工合同》与《工程施工内部承包协议书》无效，具有事实和法律依据。黄某与东方公司之间系借用资质关系，但建设工程领域借用资质的行为违反了法律的强制性规定。故原审不支持东方公司二审上诉请求黄某按照案涉工程价款的1.2%计取收益费，适用法律并无不当。此外，东方公司申请再审时以相关税务部门出具的处罚决定书的《回复》以及相关缴税明细等作为"新证据"的主张，不符合《民事诉讼法》第二百条第一项的规定，不足以推翻原判决，再审法院对此不予支持。

虽然《建设工程施工合同》因亚星公司未取得建设工程规划许可证等规划审批手续及实质上是黄某借用东方公司资质签订而无效，但建设工程质量合格，可以参照合同约定结算工程价款。案涉工程已竣工验收合格并移交业主单位使用，东方公司作为被挂靠单位已与发包人亚星公司签订工程结算协议书对工程价款进行了结算，黄某作为挂靠人，要求由其对工程价款进行结算，没有法律依据。在东方公司与亚星公司双方确认工程项目结算总价基础上，原审根据已支付工程款、已支付的剩余工程款、已支付的社会保险费、黄某国的自认等，结合举证责任分配规则，认定需要向黄某国支付工程款的数额，不缺乏证据证明。

案例 4: 实际施工人以承包人或被挂靠单位名义对外签订合同购买材料，承包人或被挂靠单位对合同债务承担责任

【引言】

实践中，借用资质型实际施工人往往以被挂靠单位的名义对外签订和履行合同，根据合同相对性原则，在实际施工人并非合同缔约方的情形下，合同的权利义务应由合同缔约方承担，与实际施工人无关。

【案例来源】

（2020）最高法民申 4204 号

【诉讼主体】

晏某：一审原告、二审上诉人、再审被申请人

A 公司：一审被告、二审上诉人、再审申请人

B 公司：一审被告、二审上诉人

C 公司：一审被告、二审上诉人

C 设计院：一审被告、二审被上诉人

【原告起诉请求】

一、确认晏某与 C 设计院于 2014 年 1 月 16 日签订的《工程项目经营责任承包合同》无效；二、C 设计院、C 公司共同向晏某支付合同及施工图纸内工程款 62645424.34 元（实际工程造价以评估鉴定为准），扣减 A 公司代垫付农民工工资 863 万元，实际应付工程款共计 54015424.34 元；三、C 设计院、C 公司以应付工程款 54015424.34 元为基数，自晏某起诉之日起按中国人民银行同期同类贷款利率支付利息；四、C 设计院、C 公司赔偿因项目停工给晏某造成的停工损失 600 万元（截至 2015 年 7 月 6 日）；五、C 设计院、C 公司向晏某返还合同工程保证金 150 万元；六、A 公司及 B 公司对 C 设计院、C 公司欠付的上述工程款以及利息等承担连带责任；七、晏某对案涉工程施工的工程享有优先受偿的权利；八、本案的诉讼费用由四被告承担。

【争议焦点】

一、A 公司是否应对 C 公司欠付晏某的工程款承担连带清偿责任；二、二审法院判决 C 公司自 2016 年 5 月 9 日起向晏某支付工程款利息是否正确；三、C 公司的欠付工程款是否应扣减 B 公司因拖欠钢材货款而产生的利息、违约金、迟延履行利息和案件执行费；四、二审判决在采信《鉴定报告》认定工程款中是否存在不当之处。

【基本案情】

一、A公司与B公司之间的合同签订情况

2014年6月5日，A公司向B公司发出中标通知书，确定B公司为案涉工程施工中标单位。同日，作为发包人的A公司与作为承包人的B公司签订《建设工程施工合同》。该《建设工程施工合同》约定，工程名称为案涉工程；工程地点为某地；工程立项批准文号为××号；资金来源为自筹；建筑面积约108236.22m²；工程承包范围为施工范围内的建筑装饰装修、安装工程施工及保修；计划开工日期为2014年6月5日（具体开工时间以开工承诺书上约定的时间为准）；计划竣工日期为2019年6月5日；签约合同价为119971719.68元（以实际结算价为准）；合同价格形式为可调合同价。

二、B公司与C设计院之间的合同签订情况

C设计院是C公司的分支机构，C项目部是C设计院的内设机构。2014年6月12日，B公司（甲方）与C项目部（乙方）签订案涉工程《工程项目经营责任承包合同》。该合同约定，工程名称为案涉工程；工程地点为某地；建筑面积为108236.22m²，结构类型为框剪结构，地下室建筑面积为13007.41m²，住宅面积为84395.74m²，商业建筑面积为10456.61m²，架空层为376.46m²；工程造价为119971719.68元。案涉工程的安全文明施工管理目标为必须获评本市安全文明施工工地。本工程的质量管理目标必须获得一定奖项。

如未全部获得上述奖项，甲方按工程造价的0.2%向乙方另外加收管理费。对就本项目应缴纳的营业税、城市维护建设税、个人所得税以及由税务部门代征的各项税收附加费用等，乙方委托甲方根据税收法律的相关规定予以代扣代缴。

三、A公司与C设计院之间的合同签订情况

2013年4月，A公司与C设计院签订一份《建设工程设计合同》，约定A公司委托C设计院进行案涉工程设计。2013年10月31日，B公司与C项目部签订一份《工程项目经营责任承包合同》，除合同约定工程造价为15000万元整外，其余条款与B公司与C项目部2014年6月12日签订的《工程项目经营责任承包合同》基本一致。

2014年6月12日，A公司（发包人）与C项目部（承包人）签订案涉工程《项目建设合作协议》。该《项目建设合作协议》约定，工程名称为案涉工程；工程地点为某地；工程内容为案涉工程为整体工程，框剪结构，其中总建筑面积约108236.22m²，其中地下室建筑面积为13007.41m²，住宅面积为84395.74m²，商业建筑面积为10456.61m²，架空层为376.46m²；资金来源为自筹；工程承包范围为设计施工图纸及相关技术资料上的全部内容；承包方式为按本案中的承包范围包工包料；开工日期为2014年6月15日（实际开工日期，以具备开工条件时双方签署的开工报告日期为准）；竣工日期为2015年10月31日；合同价款（暂定）为119971719.68元，结算工程量以实际完成的工程量为准。本施工段所有单体（含地下室）主体结构（部分砌体）工程经有关部门预验收合格之日起

30 日内，发包人支付所有单体主体结构（含砌体）工程已完成工程量的 80％工程款。工程竣工并经有关部门验收合格之日起 15 日内，发包人向承包人支付至实际完成工程总价款的 90％；发包人、承包人双方委托审计部门且发包人、承包人双方确认审定造价结果后，出具审计报告之日起 15 日内，发包人向承包人支付至最终竣工结算总价款的 95％，余下 5％作为质保金。质保金从竣工验收之日起分两次在 5 年内返还给乙方（无息）。竣工验收合格满 1 年后 14 天内返还质保金的 90％，竣工验收合格满 5 年后 14 天内返还质保金的 10％。

四、C 设计院与晏某之间的合同签订及履行情况

2013 年 12 月 1 日，晏某（委托人）向钟某（受委托人）出具《授权委托书》，载明"委托人为案涉工程项目承建人，因工程施工需要，项目建设资金由委托人汇入指定账号（户名：B 公司。账号：89×××28。开户行：某区农村信用合作联社东兴信用社）。该款汇入上述指定账户后，委托人特授权受委托人办理接收款项手续，由受委托人接收此款，用于案涉工程项目建设"。2014 年 6 月 25 日，C 项目部向 B 公司出具《印鉴变更通知》，称因业务需要，须将 B 公司在信用社开设的 89×××28 账户中预留的刘某个人印鉴更换为晏某的个人印鉴。2014 年 7 月 15 日，该账户银行预留印鉴由 B 公司财务专用章、文某印、刘某印变更为 B 公司财务专用章、文某印、晏某印。

2014 年 1 月 16 日，C 项目部（甲方）与晏某（乙方）签订案涉工程《工程项目经营责任承包合同》，该合同约定，工程名称为案涉工程；工程地点为某地；建筑面积为 109844.13m²，结构类型为框剪结构。工程造价为 15000 万元整。工期要求为 600 天（不含基础挖土、正负零以下地下室土石方）。乙方确保按工程总造价的 6.8％向甲方上交管理费，该费用不含任何税费（除施工管理人员工资外），不产生任何其他费用。本工程的安全文明施工管理目标为必须获评本市安全文明施工工地。本工程的质量管理目标必须获奖。如未全部获得上述奖项，甲方按工程造价的 0.2％向乙方另外加收管理费。对就本项目应缴纳的营业税、城市维护建设税、个人所得税以及由税务部门代征的各项税收附加费用等，乙方委托甲方根据税收法律的相关规定予以代扣代缴。本施工段所有单体（含地下室）主体结构（部分砌体）工程经有关部门预验收合格之日起 30 日内，发包人支付所有单体主体结构（含砌体）工程已完成工程量的 80％工程款。工程竣工并经有关部门验收合格之日起 15 日内，发包人向承包人支付至实际完成工程总价款的 90％；发包人、承包人双方委托审计部门且发包人、承包人双方确认审定造价结果后，出具审计报告之日起 15 日内，发包人向承包人支付至最终竣工结算总价款的 95％，余下 5％作为质保金。质保金从竣工验收之日起分两次在 5 年内返还给乙方（无息）。竣工验收合格满 1 年后 14 天内返还质保金的 90％，竣工验收合格满 5 年后 14 天内返还质保金的 10％。

2014 年 1 月 16 日，C 项目部（甲方）与晏某（乙方）签订《补充合同》，该《补充合同》第三条约定：为了保证该项目的顺利实施，乙方在项目开工到主体完成过程中分批分次安排 2000 万元进入 B 公司案涉工程账户（不包括辅材费用）。第十一条约定：本项目工

程八栋同时开工，施工过程中乙方的垫资 2000 万元（不含辅材）用完后，资金周转困难，乙方可向甲方融资建设到付款节点，按年利率不超过 15％计息，利息在支付进度款时扣除。

2015 年 2 月，C 项目部出具《情况说明》，主要内容为：由于案涉工程项目承包人晏某及各合伙人未按承诺提供资金到位，并恶意虚报材料付款，拒绝 B 公司对项目进行核算，引起农民工闹事。经劳动监察及有关主管部门核定，年前需发放该项目农民工工资共计 1043 万元整，C 项目部垫付 180 万元整，A 公司垫付 863 万元整。以上垫付款项由案涉工程项目部承担，在工程进度回款后结清。晏某认可该《情况说明》。

2015 年 2 月 12 日至 17 日期间 A 公司代施工方垫付的农民工工资共计 10390413 元，2016 年 1 月 29 日代垫付农民工工资 5 万元。2015 年 2 月 C 项目部垫付农民工工资 180 万元。B 公司已实际缴纳税金 1224270 元。

2015 年 12 月 22 日，A 公司向本市政务服务管理办公室转账支付劳保费 2399434 元。2015 年 12 月 23 日，本地建筑安装工程劳动保险费管理办公室向 B 公司出具两张建筑安装工程劳动保险费统一票据，金额分别为 239943.40 元、2159490.60 元。

某基层法院 2187 号民事判决，判决 B 公司支付案外人 D 公司钢材款 5828068.73 元、利息 312059.89 元（以 5828068.73 元为基数，按年利率 24％计算，自 2015 年 1 月 17 日起计至付清之日止）及违约金，C 设计院对上述债务承担连带责任。B 公司已实际支付 9187298.51 元。某基层法院 1206 号民事判决，判决 B 公司向案外人 E 公司支付货款 6899427.5 元及违约金（违约金计算：以 6899427.5 元为基数，按日利率万分之五计算，从 2015 年 5 月 19 日起计至本案判决生效之日止）。B 公司已实际支付 6899436.9 元。

五、案涉工程鉴定情况

审理过程中，晏某申请法院委托鉴定机构对其在案涉工程项目中的实际施工工程造价进行鉴定。法院依法委托 F 公司进行造价鉴定。2018 年 12 月 18 日 F 公司作出《"案涉工程"实际施工部分工程造价鉴定报告》（以下简称《鉴定报告》），鉴定意见为：案涉工程 1 号、2 号、3 号、5 号、6 号、7 号、8 号、9 号、地下室已完成部分工程的鉴定造价为 45827617.32 元（含建安劳保费 2497673.83 元），含争议部分工程造价为 848342.03 元（含建安劳保费 45236.86 元），未含争议部分工程造价为 3109486.16 元（含建安劳保费 106149.35 元），未列入鉴定造价，但存在争议的《证据目录》24 组争议部分鉴定造价为 963800.62 元（含建安劳保费 6098.00 元）。

【一审裁判观点】

一、晏某不具备施工资质，其与 C 项目部签订的《工程项目经营责任承包合同》应属无效合同。

晏某为自然人，不具有施工资质，其与 C 项目部签订的《工程项目经营责任承包合同》《补充协议》违反法律、行政法规的强制性规定，为无效合同。晏某要求确认《工程项目经营责任承包合同》无效，有事实和法律依据，对此予以支持。

二、晏某实际施工已完成部分工程的鉴定造价为 45827617.32 元（含建安劳保费 2497673.83 元），扣除晏某无权领取的建安劳保费、晏某应缴纳的管理费、A 公司与 C 项目部垫付的农民工工资、B 公司垫付的税金、B 公司支付的钢材款、B 公司支付的混凝土款为 10745438.44 元。工程款利息以 10745438.44 元为基础，自 2018 年 12 月 18 日起按照中国人民银行发布的同期同类贷款利率计算。

根据《2004 年建工解释》第二条关于"建设工程施工合同无效，但建设工程经竣工验收合格，承包人请求参照合同约定支付工程价款的，应予支持"的规定，对晏某参照合同约定支付工程价款的请求，应予支持。因 C 设计院不具有独立法人资格，故应由 C 公司承担民事责任。

关于《鉴定报告》的认证。各方当事人虽对《鉴定报告》提出异议，但均未能提供充分的证据推翻《鉴定报告》，且鉴定人员已出庭接受质询并对各方提出的异议进行了解答，该《鉴定报告》具备证据的真实性、合法性、关联性，予以采纳。根据《鉴定报告》，晏某实际施工已完成部分工程的鉴定造价为 45827617.32 元（含建安劳保费 2497673.83 元）。

关于建安劳保费。根据当地人民政府发布的《建筑安装工程劳动保险费管理办法》的规定，建安劳保费实行由住房和城乡建设主管部门建安劳保费管理机构统一收取，统一向具有建筑业资质的施工企业拨付调剂的管理办法。晏某系个人，并非具有建筑业资质的施工企业，不具有领取建安劳保费的资格，故晏某实际施工已完成部分工程造价应为 45827617.32 元－2497673.83 元＝43329943.49 元。

关于管理费。《2004 年建工解释》第二条规定："建设工程施工合同无效，但建设工程经竣工验收合格，承包人请求参照合同约定支付工程价款的，应予支持。"本案中，C 项目部（甲方）与晏某（乙方）签订的案涉工程《工程项目经营责任承包合同》约定，乙方按工程总造价的 6.8% 向甲方上交管理费，如未获评本市安全文明施工工地，则按工程造价的 0.2% 另外加收管理费。据此，晏某扣除应缴纳的管理费后，工程款应为 43329943.49 元×（100%－6.8%－0.2%）＝40296847.45 元。

关于款项抵扣。（1）垫付农民工工资。A 公司已代垫付农民工工资共计 10440413 元，C 项目部已代垫付农民工工资 180 万元，上述代付款项应予扣除。扣除已垫付农民工工资后，欠付工程款金额为 40296847.45 元－10440413 元－180 万元＝28056434.45 元。（2）关于 B 公司提出的抵扣款项问题。①税金。B 公司主张其已实际缴纳税金 1224270 元，应予抵扣。根据 C 项目部与晏某签订的《工程项目经营责任承包合同》及 B 公司与 C 项目部签订的《工程项目经营责任承包合同》的约定，B 公司要求抵扣税金符合合同约定，对其应予支持。②钢材款、混凝土款。某基层法院 2187 号民事判决、某基层法院 1206 号民事判决所涉钢材、混凝土系用于案涉项目建设，已物化到案涉工程中，该费用本应由实际施工人晏某负担，B 公司要求在晏某主张的工程款中予以抵扣，符合法律规定，对其应予支持。根据 B 公司提交的付款凭证、结案申请书、进账单、收据等，B 公司已实际支付工程款 9187298.51 元、混凝土材料款 6899436.9 元，上述款项应予抵扣工程款。但因 B 公司仅主张抵扣混凝土款 6899427.50 元，不违反法律规定，依法对此予以确认并支持。③检测费。B 公司主张晏某欠付的检测费 45502 元，应抵扣工程款。B 公司尚未实际缴纳该费用，故其要求抵扣缺乏法律依据，对此不予支持。④招标代理费。招标代理并非工程开工、交工所必需的手续，B 公司要求抵扣该款项缺乏事实和法律依据，对此不予支持。⑤其他费用。对于 B 公司主张的其他抵扣项目，因其未提交生效的裁判文书确认，故在本案中不予处理，B 公司可另案主张。扣减可抵扣的款项后，欠付晏某的工程款本金为 28056434.45 元－1224270 元－9187298.51 元－6899427.50 元 = 10745438.44 元。根据《2004 年建工解释》第十八条之规定，工程款利息应以 10745438.44 元为基数，按照中国人民银行发布的同期同类贷款利率，从 2018 年 12 月 18 日起计算至债务清偿之日止。

三、晏某主张因 C 设计院没有向项目注入资金导致停工的理由不成立。

首先，晏某与 C 项目部签订的《工程项目经营责任承包合同》约定为本施工段所有单体（含地下室）主体结构（部分砌体）工程经有关部门预验收合格之日起 30 日内，发包人支付所有单体主体结构（含砌体）工程已完成工程量的 80％工程款。晏某的施工进度尚未达到支付工程进度款的节点。其次，晏某仅自认垫资 1880 万元，未达到《补充合同》约定的施工过程中晏某垫资 2000 万元（不含辅材）用完后，资金周转困难，可向 C 设计院融资建设的节点。因此，晏某主张 C 设计院没有向项目注入资金导致停工，进而主张停工损失 600 万元，理由不成立，对此不予支持。

四、晏某已支付工程保证金的证据不足，应承担举证不能的不后果。

晏某诉请 C 设计院、C 公司返还合同工程保证金 150 万元。晏某提交了两张某农村商业银行的电子交易回单作为其已支付 150 万元的证据，其中 2013 年 12 月 20 日转款 50 万元，2014 年 1 月 22 日转款 100 万元，这两笔款项交易的付款人均为 G 劳务公司，并非晏某；收款人均为 B 公司，也并非 C 设计院、C 公司；C 设计院、C 公司亦否认收到上述款项，故晏某应承担举证不能的不利后果，对于该诉请，不予支持。

五、A 公司系发包人，B 公司系转包人，故应在欠付工程价款范围内对晏某承担责任。晏某要求 A 公司、B 公司对工程款利息承担责任，缺乏法律依据。

《2004 年建工解释》第二十六条规定："实际施工人以转包人、违法分包人为被告起诉的，人民法院应当依法受理。实际施工人以发包人为被告主张权利的，人民法院可以追加转包人或者违法分包人为本案当事人。发包人只在欠付工程价款范围内对实际施工人承担责任。"本案中，A 公司及 B 公司均与 C 设计院存在合同关系，A 公司系发包人，B 公司系转包人，故应在欠付工程价款范围内对晏某承担责任。晏某要求 A 公司、B 公司对工程款利息承担责任，缺乏法律依据，一审法院对此不予支持。

六、晏某主张建设工程优先受偿权，符合法律规定。

晏某主张对其施工的工程享有优先受偿的权利。根据《合同法》第二百八十六条及《最高人民法院关于建设工程价款优先受偿权问题的批复》第四条的规定，晏某主张建设工程优先受偿权，符合法律规定。但因案涉工程 1 号、2 号、3 号、5 号、6 号、7 号、8 号、9 号部分房屋已对外销售，故优先受偿权的范围限于未销售房屋及地下室部分。

【一审裁判结果】

一、确认晏某与 C 设计院于 2014 年 1 月 16 日签订的《工程项目经营责任承包合同》无效;二、C 公司支付晏某工程价款 10745438.44 元及利息(利息以 10745438.44 元为基数,按照中国人民银行发布的同期同类贷款利率,从 2018 年 12 月 18 日起计算至债务清偿之日止);三、A 公司、B 公司在欠付 C 公司工程价款 10745438.44 元范围内对晏某承担责任;四、晏某就案涉工程 1 号、2 号、3 号、5 号、6 号、7 号、8 号、9 号未出售房屋及地下室折价或拍卖的价款享有建设工程优先受偿的权利;五、驳回晏某的其他诉讼请求。

【二审裁判观点】

一、A 公司是案涉工程的发包人,B 公司是案涉工程的承包人,B 公司将案涉工程转包给 C 项目部。C 项目部、C 设计院均无独立的法人资格,故由 C 公司承担其民事责任。晏某是案涉工程的实际施工人,依据《2004 年建工解释》有权向 A 公司、B 公司、C 公司主张权利。A 公司、B 公司与 C 项目部之间尚未结算,故 C 公司应向晏某支付尚欠工程价款及利息,B 公司和 A 公司应对欠付工程价款承担连带责任。

A 公司作为案涉工程项目的业主,于 2014 年 6 月 5 日向 B 公司发出中标通知书,并与 B 公司签订《建设工程施工合同》,约定将案涉工程交由 B 公司承建,故 B 公司应为案涉工程的承包人。2014 年 6 月 12 日,A 公司、B 公司分别与 C 项目部签订《项目建设合作协议》和《工程项目经营责任承包合同》,约定将案涉工程交由 C 项目部承建,故应认定 B 公司承包案涉工程项目后转包给 C 项目部,A 公司作为发包人对该转包事实知晓且同意。在此之前的 2014 年 1 月 16 日,C 项目部与晏某签订《工程项目经营责任承包合同》,将案涉工程交由晏某承建,上述合同签订后,亦由晏某实际施工,故应认定晏某为案涉工程的实际施工人。C 设计院是 C 公司下设的领取营业执照、不具备法人资格的分公司,C 项目部是 C 设计院的内设机构,时任 C 设计院负责人罗某以 C 项目部名义对外签订合同,依据《中华人民共和国公司法》第十四条"公司可以设立分公司。设立分公司,应当向公司登记机关申请登记,领取营业执照。分公司不具有法人资格,其民事责任由公司承担"的规定,本案 C 项目部的民事责任依法应由 C 设计院承担,而 C 设计院是 C 公司的分公司,不具备独立法人资格,其民事责任依法应由 C 公司承担。C 公司上诉主张 C 项目部的行为是时任 C 设计院负责人罗某的个人行为,不应承担本案民事责任的理由不成立,对此依法不予支持。

《2004 年建工解释》第一条规定:"建设工程施工合同具有下列情形之一的,应当根据合同法第五十二条第(五)项的规定,认定无效:(一)承包人未取得建筑施工企业资质或者超越资质等级的……"由于 C 项目部与晏某均无建筑施工企业资质,故 B 公司与 C 项目部以及 C 项目部与晏某签订的《工程项目经营责任承包合同》均应认定无效。案涉工程已竣工交付使用,依据《2004 年建工解释》第二条"建设工程施工合同无效,但建设工程经竣工验收合格,承包人请求参照合同约定支付工程价款的,应予支持"及第二十六条"实际施工人以转包人、违法分包人为被告起诉的,人民法院应当依法受理。实际施工人以发包人为被告主张权利的,人民法院可以追加转包人或者违法分包人为本案当事人。

发包人只在欠付工程价款范围内对实际施工人承担责任"的规定，晏某诉请C公司、B公司、A公司支付其施工部分的工程款，有事实和法律依据，依法应予支持。

根据本案查明的事实，A公司与B公司之间以及B公司与C项目部之间就案涉工程均未进行工程价款的结算与支付，故C公司应向晏某支付尚欠工程价款及利息，B公司和A公司应对欠付工程价款承担连带责任。

二、案涉工程造价应在鉴定结论基础上扣减建安劳保费，同时，未计入鉴定结论的部分争议费用应当计入案涉工程造价。案涉工程造价应扣减管理费、A公司垫付的农民工工资（C项目部垫付部分无证据证明，不予扣减）、B公司垫付的税金、B公司支付的钢材款、B公司支付的混凝土款（但B公司对D钢材公司、E混凝土公司承担的违约责任不应由晏某承担），扣减后为18607613.69元。本案中，晏某施工了部分工程后退出，双方未进行工程价款结算，故工程价款利息应从晏某向法院起诉之日（2016年5月9日）计付，一审判决以鉴定机构作出鉴定报告之日作为价款结算之日，从2018年12月18日起计付利息，没有法律依据。

（一）关于案涉工程造价的认定问题。

各方当事人对案涉工程造价未进行结算，一审法院依据晏某的申请，依法委托F公司对案涉工程造价进行鉴定，2018年12月18日F公司作出《鉴定报告》，鉴定机构及鉴定人员具备鉴定资质，鉴定程序合法，一审诉讼期间鉴定人员亦出庭接受质询，并对各方当事人提出的异议进行了解答，故该鉴定报告依法可以作为本案工程造价的认定依据。根据鉴定结论，晏某已完成部分工程的鉴定造价为45827617.32元（含建安劳保费2497673.83元），其中争议部分工程造价为848342.03元（含建安劳保费45236.86元），未含争议部分工程造价为3109486.16元（含建安劳保费106149.35元），未列入鉴定造价，但存在争议的《证据目录》24组争议部分鉴定造价为963800.62元（含建安劳保费6098.00元）。

关于建安劳保费应否计入工程造价的问题。建安劳保费是指建筑安装工程费用定额所列工程造价中的养老保险费、失业保险费、医疗保险费，以及服务和保障建筑业务工人员合法权益，符合劳动保障政策的其他相关费用。依据当地《建筑安装工程劳动保险费管理办法》的规定，建安劳保费不作为工程价款直接向施工单位支付，实行由建设单位向建安劳保费管理机构统一缴纳，建安劳保费管理机构统一收取后，统一向建筑施工企业拨付调剂的管理办法。根据查明的事实，A公司已按规定向当地建筑安装工程劳动保险费管理办公室缴纳相应的建安劳保费，故案涉工程造价中应扣减建安劳保费。

关于鉴定造价45827617.32元中的争议部分造价应否认定问题。争议部分工程造价为848342.03元（含建安劳保费45236.86元），包括1号、2号楼人工挖孔桩入岩费用78109.56元，1号、2号楼桩承台钢筋工程费用29402.33元，项目暗柱纵向钢筋搭接长度及搭接部分箍筋间距涉及金额740830.14元。A公司和B公司上诉主张上述费用应从工程造价中扣除，理由是全风化岩、强风化岩不列入岩增加费计算，晏某未按施工图纸施工桩承台钢筋及暗柱箍筋间距。根据鉴定机构出具的意见，1号、2号楼人工挖孔桩入岩费用78109.56元是根据三方（建设单位、监理单位、施工单位）现场收方单体现的每根人工挖孔桩的实际入岩深度，同时结合《岩土工程勘察报告》中的岩土等级按中风华岩石类别计算的，A公司和B公司主张不应计费，理由不成立。A公司和B公司主张晏某未按施工图纸施工1号、2号楼桩承台钢筋工程及项目暗柱纵向钢筋搭接长度及搭接部分箍筋间距，但并未提交充分证据证明。故A公司和B公司上诉主张扣减该争议部分造价的理由不成立，依法对此不予支持。

关于未计入工程造价的争议部分工程造价3109486.16元（含建安劳保费106149.35元）。该部分造价分别为：（1）1号、2号楼挖基本土方费用63076.65元；（2）3号楼阳台反边费用11507.99元；（3）地下室、3~9号楼外脚手架及安全网搭设费用324006.94元；（4）基础超深回填毛石混凝土费用49372.83元；（5）其他工程实际施工范围界定争议部分金额47571元；（6）1~9号楼土方开挖方式及费用2280456.67元；（7）3号楼、5~9号楼以及地下室安装工程中阻燃塑料管是否贯通金额157384.11元；（8）3号楼、5~9号楼安装工程中接线盒是否合格金额8172.78元；（9）3号楼、5~9号楼安装工程中阻燃塑料管PC20（可视对讲）是否施工金额31089.28元；（10）3号楼、5~9号楼安装工程中阻燃塑料管PC20进户弱电箱预埋2根金额89702.95元；（11）2号、3号、5号楼以及地下室安装工程中户外接地母线金额15767.83元。对于争议项目（1）和（2），A公司和B公司认为不是晏某施工，但未提交该项工程由他人施工的证据，扣除理由不成立。对于争议项目（3），A公司和B公司主张脚手架及安全网未搭设，不应计费。由于晏某已经完成实体工程，而脚手架及安全网搭设属完成实体工程的必需措施，故该费用应予计算。对于争议项目（4）和（5），无相关签证资料证明且根据现有资料无法判断是否实际施工，故不应计入工程款。对于争议项目（6），鉴定机构根据晏某出具的施工方案显示施工组织设计采用履带式液压破碎机破碎松石，弃碴运距按施工组织设计1.5km计，A公司和B公司认为开挖方式不一致，弃碴运距计算有误，但未提交证据证明，主张扣除理由不成立。对于争议项目（7）和（8），涉及阻燃塑料管是否贯通以及接线盒是否合格的问题，鉴于工程已竣工验收，A公司和B公司未提交证据证明施工存在质量问题，故其主张扣除该两项工程款，理由不成立。对于争议项目（9）、（10）、（11），《案涉工程项目实际施工工程范围界定现场工作记录汇总》记载"公共部分强弱电管线已按图纸预埋至层面层""避雷带已预埋至首层室内地坪标高"，故A公司和B公司主张未施工理由不成立。综上，未计入工程造价的争议部分工程造价为3109486.16元，除应当扣除第（4）、（5）项费用外，余下费用2906392.98元（3109486.16元－建安劳保费106149.35元－基础超深回填毛石混凝土费用49372.83元－其他工程实际施工范围界定争议部分金额47571元）应当计入工程造价。

关于未列入鉴定造价，但存在争议的《证据目录》24组争议部分鉴定造价963800.62元如何认定问题。A公司和B公司上诉主张该部分费用是由于晏某施工的工程质量存在问题及部分未完工程存在遗留问题导致的，包括委托他人返工而产生的费用，以及晏某施工时所欠的水电费。但是A公司和B公司提交的尾工工程及质量不合格工程的相关证明资料上没有晏某一方的签字确认，不能证明该费用是晏某一方的原因导致工程返工产生的费用或晏某拖欠的水电费用，故 A 公司和 B 公司主张将该部分价款从工程造价中扣减，理由不成立，对此依法不予支持。

综上，晏某应得的工程价款为 46236336.47 元（45827617.32 元－建安劳保费 2497673.83 元＋2906392.98 元）。

（二）关于应当从工程造价中扣减的费用问题。

1. 管理费。依据《2004 年建工解释》第二条"建设工程施工合同无效，但建设工程经竣工验收合格，承包人请求参照合同约定支付工程价款的，应予支持"的规定，B 公司与 C 项目部、C 项目部与晏某签订的《工程项目经营责任承包合同》虽然无效，但案涉建设工程已竣工验收合格，鉴定机构亦是根据合同约定的结算条款"工程量按实际发生结算，采用可调价格合同"进行造价鉴定，且晏某认可 B 公司与 C 项目部在实际施工中参与了管理工作，代购了部分材料，代垫了部分农民工工资，故应按合同约定扣除管理费即 46236336.47 元×（6.8%＋0.2%）＝3236543.55 元。

2. 垫付农民工工资。A 公司在一审诉讼中提交证据证明 2015 年 2 月 12 日至 17 日期间 A 公司代施工方垫付的农民工工资共计 10390413 元，2016 年 1 月 29 日代垫付农民工工资 5 万元，共计 10440413 元，该费用应予扣减。本案证据不足以证明 C 项目部垫付了 180 万元农民工工资，一审判决在扣减 A 公司垫付的 10440413 元后，又再扣减 180 万元不当，依法应予纠正。

3. 税金。B 公司与 C 项目部、C 项目部与晏某签订的《工程项目经营责任承包合同》约定"本项目应缴纳的营业税、城市维护建设税、个人所得税以及由税务部门代征的各项税收附加费用等，乙方委托甲方根据税收法律的相关规定予以代扣代缴"，且 B 公司已实际缴纳税金 1224270 元，对该税金应予扣减。晏某主张该税金不是案涉工程的税金，未提交证据证明，对此依法不予支持。

4. 钢材款和混凝土款。根据生效判决的认定，B 公司为案涉工程购买钢材、混凝土支付了钢材款 5828068.73 元及混凝土款 6899427.5 元，晏某认可其已实际使用，故该材料款应从工程造价中扣减。B 公司作为购销合同的买受人，未按合同约定向出卖方支付货款，导致出卖方追究逾期付款利息及违约责任，该违约责任依法应由 B 公司承担。一审判决晏某承担 B 公司因未依约履行购销合同的违约责任，无事实和法律依据，依法应予纠正。

5. 检测费、招标代理费及其他费用。B 公司主张应由晏某承担案涉工程的材料检测费及招标代理费没有事实依据，主张扣除的其他费用没有证据证明实际发生，故其上诉主张将上述费用从工程造价中扣减，理由不成立，对此依法不予支持。

综上，应从工程造价中扣减的费用为：管理费 3236543.55 元、代垫农民工工资 10440413 元、税金 1224270 元、钢材款 5828068.73 元、混凝土款 6899427.5 元，合计 27628722.78 元。

故晏某应得的工程价款为 46236336.47 元－27628722.78 元＝18607613.69 元。

另，《2004 年建工解释》第十八条规定："利息从应付工程价款之日计付，当事人对付款时间没有约定或者约定不明的，下列时间视为应付款时间：（一）建设工程已实际交付的，为交付之日；（二）建设工程没有交付的，为提交竣工结算文件之日；（三）建设工程未交付，工程价款也未结算的，为当事人起诉之日。"本案晏某施了部分工程后退出，双方未进行工程价款结算，故工程价款利息应从晏某向法院起诉之日（2016 年 5 月 9 日）计付，一审判决以鉴定机构作出鉴定报告之日作为价款结算之日，从 2018 年 12 月 18 日起计付利息，没有法律依据，依法应予纠正。

三、晏某施工进度尚未达到合同约定的支付工程进度款的节点，且法律明确规定从事建设工程施工需具备相应的建筑施工资质，对案涉合同无效，晏某自身亦有过错，故晏某无权主张停工损失。

关于停工损失问题。晏某主张 C 项目部未按约定及时支付工程进度款并给予资金支持，故应根据过错责任赔偿晏某的损失。案涉《工程项目经营责任承包合同》及《补充协议》约定本施工段所有单体（含地下室）主体结构（部分砌体）工程经有关部门预验收合格之日起 30 日内，发包人支付所有单体主体结构（含砌体）工程已完成工程量的 80% 工程款。施工过程中晏某垫资 2000 万元（不含辅材）用完后，资金周转困难可向 C 项目部融资建设到付款节点。现晏某施工进度尚未达到合同约定的支付工程进度款的节点，且法律明确规定从事建设工程施工需具备相应的建筑施工资质，对案涉合同无效，晏某自身亦有过错。故晏某以 C 项目部未及时支付工程进度款和未给予资金支持为由，诉请赔偿停工损失，理由不成立，依法不予支持。

四、晏某主张的工程款保证金已纳入其对案涉工程项目进行投资的投资款项，且所谓的保证金汇入账户由晏某与 C 项目部共同管理使用，不应视为工程保证金。

关于退回工程款保证金 150 万元问题。晏某主张其通过 G 劳务公司向 B 公司在某信用社开设的 89×××28 账户先后汇入 150 万元保证金，但根据晏某提交的其对于案涉工程项目进行投资的投资款的相关凭证，该 150 万元已纳入其投资款项，且根据 B 公司二审提交的证据，该账户由晏某和 C 项目部共同管理和使用，故一审判决对晏某主张退还 150 万元保证金的诉请不予支持正确，二审法院予以维持。

五、晏某作为实际施工人不享有案涉工程价款的优先受偿权。

关于工程价款优先受偿权的问题。晏某上诉称一审法院查封房产后依据 A 公司的申请予以解封，导致 A 公司将解封后的房产出售，请求追究相关人员的法律责任。该问题不属于本案审查范围，对其该上诉主张依法不予支持。依据《2018 年建工解释（二）》第十七条"与发包人订立建设工程施工合同的承包人，根据合同法第二百八十六条规定请求其承建工程的价款就工程折价或者拍卖的价款优先受偿的，人民法院应予支持"的规定，只有与发包人签订施工合同的承包人才有权享有工程价款优先受偿权，对实际施工人请求对建设工程行使优先受偿权的，依法不予支持。一审判决晏某就其施工的案涉工程 1 号、2 号、3 号、5 号、6 号、7 号、8 号、9 号未出售房屋及地下室折价或拍卖的价款享有建设工程优先受偿的权利，属适用法律错误，依法应予纠正。

【二审裁判结果】

一、维持一审判决第一项，即确认晏某与 C 设计院于 2014 年 1 月 16 日签订的《工程项目经营责任承包合同》无效；二、撤销一审判决第四项、第五项；三、变更一审判决第二项为 C 公司支付晏某工程价款 18607613.69 元及利息（利息以 18607613.69 元为基数，从 2016 年 5 月 9 日起至 2019 年 8 月 19 日，按中国人民银行同期同类贷款利率计算，从 2019 年 8 月 20 日起至实际清偿之日止，按全国银行间同业拆借中心公布的贷款市场报价利率计算）；四、变更一审判决第三项为 A 公司和 B 公司对 C 公司的上述债务承担连带责任；五、驳回晏某的其他诉讼请求。

【再审申请理由】

一、A 公司和 B 公司不应对 C 公司欠付晏某的工程款及利息债务承担连带责任。

《民法总则》第一百七十八条及《民法典》第一百七十八条均规定："连带责任，由法律规定或者当事人约定。"A 公司与 B 公司签订的《建设工程施工合同》，A 公司与 C 项目部签订的《项目建设合作协议》，B 公司与 C 设计院项目部签订的《工程项目经营责任承包合同》，C 项目部与晏某签订的《工程项目经营责任承包合同》，均未约定 A 公司和 B 公司对 C 公司欠付晏某的工程款及利息债务承担连带责任。

依据《2004 年建工解释》第二十六条第二款"发包人只在欠付工程价款范围内对实际施工人承担责任"之规定，发包人只在欠付承包人的工程价款范围内承担有限代偿责任而非连带责任。

依据《2018 年建工解释（二）》第二十四条"人民法院应当……在查明发包人欠付转包人或者违法分包人建设工程价款的数额后，判决发包人在欠付建设工程价款范围内对实际施工人承担责任"的规定，本案并未查明 A 公司、B 公司欠付 C 公司工程价款数额，在此基础上判定 A 公司、B 公司对 C 公司应付给晏某的全部价款承担连带责任，没有依据。

二、C 公司需向晏某支付的工程款欠款利息不应自 2016 年 5 月 9 日（晏某起诉之日）起算。

《2004 年建工解释》第十八条第三项以"当事人起诉之日"为拟制的应付款时间计算利息起始日的规定，适用的前提条件是"当事人对付款时间没有约定或者约定不明"。本案中，晏某与 C 项目部签订的《工程项目经营责任承包合同》第三条对付款时间有明确约定：主体结构工程预验收合格 30 日内支付已完成工程量的 80% 工程款，工程竣工验收合格 15 日内支付至工程总价款的 90%。至 2015 年 2 月 9 日晏某单方停工时，施工进度尚未达到支付工程进度款的节点，更未达到结算款的支付节点，"应付工程价款之日"尚未届至。案涉工程中途停建，尚未完工，晏某单方停工，擅自退场后拒不配合办理工程及施工资料移交手续，不具备竣工结算或者中途结算的条件。故在鉴定机构出具工程造价鉴定报告之前不能确定晏某应得工程款数额。一审判决从鉴定机构出具工程造价鉴定报告之日（2018 年 12 月 18 日）即工程价款数额确定之日起计算利息，并无不当。

三、C 公司需向晏某支付的工程价款中仅扣减了拖欠的钢材货款本金 5828068.73 元，还应扣减拖欠货款产生的利息、违约金债务利息及案件执行费 3359229.78 元。

B 公司只是钢材购销合同的名义买受人，合同实际由晏某与 C 项目部委派的彭某、文某以 B 公司名义对外签订、履行，合同项下的钢材已经全部由晏某接收使用于案涉工程，物化转变为工程价款的组成部分。晏某是钢材购销合同的实际买受人、受益人，依据合同权利义务相一致的原则，晏某享受了钢材购销合同的全部权利，亦应承担支付拖欠的钢材货款本金及其产生的利息、违约金等全部合同债务。

依据 B 公司与 C 项目部签订的《工程项目经营责任承包合同》、C 项目部与晏某签订的《工程项目经营责任承包合同》第七条材料设备管理条款"2. 材料采购签订合同必须采用甲方统一的合同范本……3. 材料由乙方自行采购……"，第十二条其他条款"11. 乙方在履行本合同过程中，所产生的一切债务均由乙方承担，甲方不承担任何责任"的约定，晏某以 B 公司名义签订钢材购销合同却不按约定支付货款，导致 B 公司被诉并支付9187298.51 元（含货款本金 5828068.73 元，利息、违约金、迟延履行期间加倍支付的债务利息及案件执行费 3359229.78 元），应由晏某全部承担。

四、《鉴定报告》不符合当事人关于工程量据实计算的约定。

关于《鉴定报告》中"已列入鉴定造价，但存在争议的 848342.03 元（含建安劳保费45236.86 元）"，鉴定机构计算该部分费用不符合当事人关于工程量据实计算的计量规则的约定，应当从鉴定造价中剔除。（1）例如"争议2：1 号、2 号楼桩承台钢筋工程量计算方式争议涉及费用金额为 29402.33 元"。《建设工程造价鉴定规范》GB/T 51262—2017 第5.5.1 条规定："当鉴定项目图纸完备，当事人就计量依据发生争议时，鉴定人应现行国家相关工程计量规范规定的工程量计算规则计量；无国家标准时，按行业标准或地方标准计量。但当事人在合同中约定了计量规则的除外。"晏某与 C 项目部签订的《承包合同书》中第十一条第 4 款约定："本合同价款采用下列方式确定：工程量按实际发生计算。"本项目结构施工图（图号为 JG-03-D 和 JG-04-D）已明确标注承台分单桩承台、双桩承台、三桩承台并有相应的配筋详图，除单桩承台为"环形"配筋外，其余均为"梁式"配筋。鉴定机构全部按单桩承台"环形"配筋计算钢筋工程量，与施工图不符，应按本项目施工图纸据实计算钢筋工程量。（2）例如"争议3：案涉工程整个项目暗柱纵向钢筋搭接长度及搭接部分箍筋间距争议涉及费用金额为 740830.14 元"。本项目施工图［图号为 JG-07-C（3 号楼）、JG-07-C（5 号楼）、JG-08-B（6～9 号楼）、JG-10-B（8 号楼）、JG-08-C（地下室）］中已明确标注暗柱箍筋间距为 200mm，实际施工时并未加密。鉴定机构按图集规范加密计算箍筋，与实际施工不相符。

五、鉴定机构直接接受晏某单方提供而非法院移交且无原件核对又未经建设单位或者监理单位质证认可、没有其他证据印证真实性的施工方案复印件计算工程造价，且鉴定机构未按法院通知要求及鉴定规范到现场勘查，导致作出的鉴定意见与施工实际明显不相符，鉴定意见明显依据不足。

《鉴定报告》中"未列入鉴定造价，但存在争议的 3109486.16 元（含建安劳保费106149.35 元）"不应计取列入工程造价。（1）该部分鉴定材料，存在不符合鉴定材料的提交、质证、认定规则以及举证责任分配原则的情况。例如"争议6：1～9 号楼土方开挖方式及运费，此项争议涉及金额为 2280456.67 元"。本项目土石方开挖时，四周还是荒山野岭无建筑物，现场施工场地东、西面 1km 内就有深水沟可供土石方弃置，晏某实际也将土石方弃置在东、西面的深水沟。根据定额计价规定，当土石方弃置实际运距超出定额规定的基本运距 1km 时，应当办理签证，现无任何签证资料反映实际运距超出 1km。又根据土方挖填平衡调配的原则，本项目回填土方部分不存在机械挖土回运回填的情形，且无任何签证资料反映有机械挖土回运回填。鉴定机构仅依据晏某在鉴定过程中单方直接提供而非法院移交且无原件核对又未经建设单位或者监理单位质证认可、没有其他证据印证真实性的施工方案复印件，认定运距按 1.5km 计算，明显违反鉴定规范要求。（2）该部分还存在鉴定机构未按法院要求及鉴定规范到现场踏勘查验，导致作出的鉴定意见与施工实际明显不相符。例如"争议 12：3 号、5 号、6 号、7 号、8 号、9 号楼以及地下室安装工程中涉及过墙、楼板预留孔洞中是否有塑料管 $dn32$、$dn50$、$dn110$、$dn160$ 问题，此项争议涉及金额为 31377.13 元"。六方签字确认的《案涉工程项目实际施工工程范围界定的现场工作记录汇总》中没有记录注明给水排水、消防管洞安装塑料套管，鉴定机构未按法院要求及鉴定规范到现场勘查是否已有套管安装，且此项材料属于施工周转性材料，其费用已包含在措施费中，故此费用不得列入鉴定造价计算。

六、关于《鉴定报告》中"未列入鉴定造价，但存在争议的案涉工程《证据目录》24 组争议部分工程造价 963800.62 元（含建安劳保费 6098.00 元）"，二审判决认定 A 公司和 B 公司提交的尾工工程及质量不合格工程的相关证明资料上没有晏某一方的签字确认，不能证明该费用是晏某一方的原因导致工程返工产生的费用或晏某拖欠的水电费用，故不支持将该部分价款从工程造价中扣减，该认定与在案证据证明的事实不符。

晏某于 2015 年 2 月 9 日停工、撤场，A 公司和 B 公司于 2015 年 12 月 15 日复工，尾工工程及质量不合格工程的相关证明资料上虽然没有晏某一方的签字确认，但是 A 公司和 B 公司提交的证据足以证明该费用是晏某一方的原因导致工程返工产生的费用或晏某拖欠的水电费用"。（1）2014 年 12 月 1 日桩基检测显示桩基为 Ⅲ 类桩、桩身有明显缺陷（《证据目录》24 组序号 5-8），在晏某停工、撤场之前即已发生，A 公司已于 2015 年 2 月 6 日函告 C 设计院，C 设计院亦于 2015 年 2 月 7 日及时补充（变更）设计；（2）2016 年 1 月 16 日本地质监站检查发现负二层地下室梁板柱钢筋锈蚀严重、梁板柱支撑体系模板已腐朽（《证据目录》24 组序号 9-12），虽然该问题在晏某停建撤场之后才被发现，但是 A 公司和 B 公司于复工时就此问题进行了必要整改；（3）场地内的施工围墙及场内施工道路属于安全文明施工（《证据目录》24 组序号 21），晏某实际未施工，但总造价构成中已经包含该项安全文明施工费；（4）水、电费（《证据目录》24 组序号 23）属晏某方施工时所欠的费用，项目复工后由 A 公司代支付。综上，依据《民事诉讼法》第二百条第二项、第六项，请求最高人民法院再审本案。

【被申请人答辩】

晏某辩称：

二审法院判决 C 公司支付其工程款 18607613.69 元正确。工程款 18607613.69 元的利息应自 2015 年 8 月 5 日起算。B 公司是钢材和混凝土的购货人，A 公司无权代 B 公司行使处分权。《鉴定报告》不存在依据晏某单方提供的施工方案复印件的情形。

C公司陈述意见称：

C公司不应承担支付责任，C公司并未转包案涉工程给晏某，卷入本案纠纷是罗某、文某等人假借其名义实施个人行为导致的。A公司的申请再审主张应得到支持。A公司和B公司作为案涉工程的最终价值获益人，应直接承担支付责任。

【再审裁判观点】

一、在扣减A公司、B公司已支付工程款的基础上，由A公司对C公司欠付晏某的工程款承担连带清偿责任，并无不当。

《2004年建工解释》第二十六条第二款规定："实际施工人以发包人为被告主张权利的，人民法院可以追加转包人或者违法分包人为本案当事人。发包人只在欠付工程价款范围内对实际施工人承担责任。"《2018年建工解释（二）》第二十四条规定："实际施工人以发包人为被告主张权利的，人民法院应当追加转包人或者违法分包人为本案第三人，在查明发包人欠付转包人或者违法分包人建设工程价款的数额后，判决发包人在欠付建设工程价款范围内对实际施工人承担责任。"A公司与B公司之间的《建设工程施工合同》约定，签约合同价为119971719.68元（以实际结算价为准），合同价格形式为可调合同价。晏某并未完成案涉工程，一审法院通过委托F公司就案涉工程已完工部分造价作出的鉴定结论不仅可以作为晏某与C公司之间的结算依据，亦可作为A公司和B公司之间的结算依据。因此，二审法院在扣减A公司、B公司已支付工程款的基础上，判令A公司对C公司欠付晏某的工程款承担连带清偿责任，并未加重A公司支付工程款的责任，并无不当。

二、因晏某并未完成全部工程，而是施工了部分工程后退出，双方未对案涉工程进行结算，二审法院认定欠付工程款利息自晏某起诉之日（2016年5月9日）起计付，并无不当。

《2004年建工解释》第十八条规定："利息从应付工程价款之日计付。当事人对付款时间没有约定或者约定不明的，下列时间视为应付款时间：（一）建设工程已实际交付的，为交付之日；（二）建设工程没有交付的，为提交竣工结算文件之日；（三）建设工程未交付，工程价款也未结算的，为当事人起诉之日。"本案中，因晏某并未完成全部工程，而是施工了部分工程后退出，双方未对案涉工程进行结算，二审法院认定欠付工程款利息自晏某起诉之日（2016年5月9日）起计付，并无不当。

三、晏某并非钢材购销合同的当事人，不应承担出卖方追究的逾期付款利息及违约责任，C公司的欠付工程款不应扣减B公司因拖欠钢材货款而产生的利息、违约金、迟延履行利息和案件执行费。

本案中，B公司是钢材购销合同中的买受人，晏某并非该合同的当事人，因此，B公司因未按该合同约定向出卖方支付货款，导致出卖方追究逾期付款利息及违约责任时，不应由晏某承担，二审法院计算欠付工程款未扣除B公司拖欠钢材货款产生的利息、违约金等共计3359229.78元，并无不当。

四、二审判决在采信《鉴定报告》认定工程款中是否存在不当之处。

（一）关于已列入鉴定造价，但存在争议的 848342.03 元（含建安劳保费 45236.86 元）部分。

1. "争议 2：1 号、2 号楼桩承台钢筋工程量计算方式，争议涉及费用金额为 29402.33 元"。鉴定机构按照施工图纸计算出的金额为 29402.33 元，二审法院予以采信，并无不当。A 公司申请再审主张晏某未按施工图纸施工，但未提交证据证明，对此再审法院不予支持。

2. "争议 3：案涉工程整个项目暗柱纵向钢筋搭接长度及搭接部分箍筋间距，争议涉及费用金额为 740830.14 元"。二审法院结合施工图纸和图集《混凝土结构施工图平面整体表示方法制图规则和构造详图》（11G101-1）认定该项金额为 740830.14 元，并无不当。A 公司申请再审主张晏某未按施工图纸施工，但未提交证据证明，对此再审法院不予支持。

（二）关于未列入鉴定造价，但存在争议的 3109486.16 元（含建安劳保费 106149.35 元）部分。

1. "争议 6：1～9 号楼土方开挖方式及运费，此项争议涉及金额为 2280456.67 元"。鉴定机构根据晏某出具的施工方案，计算该项金额为 2280456.67 元，并无不当。A 公司申请再审主张鉴定机构认定的开挖方式和弃碴运距有误，但未提交证据证明，对此再审法院不予支持。

2. "争议 12：3 号、5 号、6 号、7 号、8 号、9 号楼以及地下室安装工程中涉及过墙、楼板预留孔洞中是否有塑料管 $dn32$、$dn50$、$dn110$、$dn160$ 问题，此项争议涉及金额为 31377.13 元"。因鉴定机构认定塑料管为预留孔洞的消耗材料，二审法院据此将鉴定机构计算的该 31377.13 元认定为工程款，并无不当。

（三）关于未列入鉴定造价，但存在争议的案涉工程-《证据目录》24 组争议部分工程造价 963800.62 元（含建安劳保费 6098.00 元）部分。

A 公司主张这部分费用是晏某一方原因导致的工程返工费和晏某拖欠的水电费，但根据鉴定机构的意见，A 公司提交的尾工工程及质量不合格工程的相关证明资料上没有晏某这方的签名，因此，A 公司主张该部分费用应由晏某承担，依据不足，对此再审法院不予支持。

【再审裁判结果】

驳回 A 公司的再审申请。

【律师评析】

本案中，再审申请人认为案涉合同是由实际施工人以 B 公司名义对外签订，合同项下的钢材已经全部由实际施工人接收使用于案涉工程，物化转变为工程价款的组成部分。实际施工人是钢材购销合同的实际买受人、受益人，享有合同权利也应承担合同义务，但该观点并未获得法院支持，理由是：《民法典》第四百六十五条第二款规定了合同相对性原则，判断责任承担的关键在于合同主体的确定，本案中，承包人以自身名义对外签订钢材购销合同，相关的权利义务应由承包人享有，实际施工人并非合同相对人，承包人无权要求实际施工人承担合同违约责任。

实践中，还有一种情况比较常见，即实际施工人以自己名义对外签订合同，此时，实际施工人作为合同相对人，依法应当承担合同义务。如果实际施工人在对外签订、履行合同时形成了足以让相对人相信实际施工人的行为是代表被挂靠单位或承包人的，依据表见代理规则可以认定被挂靠单位或承包人需要对外承担责任。

【相关案例索引】

①中山市恒业商品混凝土有限公司、广东潮通建筑园林工程有限公司、向某买卖合同纠纷一案

案号：（2016）粤 2071 民初 20981 号

裁判观点：庭审中，中山市恒业商品混凝土有限公司（以下简称恒业公司）确认工程项目管理书的真实性，结合工程项目管理书的内容及向某签名的对数表、收款收据，一审法院认定向某挂靠广东潮通建筑园林工程有限公司（以下简称潮通公司）负责案涉工程的施工，向某与潮通公司之间形成挂靠与被挂靠关系。因案涉工程需要混凝土，向某作为负责人以潮通公司的名义与恒业公司签订混凝土购销合同，该合同是双方在平等、自愿的基础上签订，未违反法律法规强制性规定，合法有效，双方均应恪守履行。合同签订后，恒业公司依约向案涉工地输送混凝土，且经向某与恒业公司结算，确认尚欠的混凝土款项为2175577.5 元。向某应对此承担相应的民事责任。挂靠人以被挂靠单位名义对外形成的债务应先以挂靠人的资产承担，不足清偿的，以被挂靠单位的资产补充清偿。本案中，挂靠人向某以潮通公司的名义向恒业公司购买混凝土，由此形成的债务先以向某的资产承担，不足部分，以被挂靠单位潮通公司的财产补充清偿。

② 云南中润建筑工程集团有限公司、昭通斌隆商贸有限公司、金泰房地产开发有限责任公司、陆某、董某买卖合同纠纷一案

案号：（2020）最高法民申 6760 号

裁判观点：再审法院认为，云南中润建筑工程集团有限公司（以下简称中润建筑公司）主张不就本案承担连带责任的理由不能成立。具体分述如下：首先，中润建筑公司就案涉项目与金泰房地产开发有限责任公司签订了《建设工程施工合同》，即使挂靠人董某对案涉项目进行了实际施工，但中润建筑公司仍为该项目关联楼栋的管理人、受益人，应对该项目工程承担相应的法律责任。其次，《建设工程施工合同》承包人落款处，不仅由中润建筑公司法定代表人签字并加盖公章，还由实际施工人董某作为中润建筑公司"委托代表人"签字。昭通斌隆商贸有限公司（以下简称斌隆公司）主张系在董某持有该施工合同并告知其是中润建筑公司代理人的情况下，才签订《钢材买卖合同》，应视其尽到了合理的注意义务，有理由相信董某能代表中润建筑公司签订《钢材买卖合同》且所购钢材用于案涉项目。虽然中润建筑公司申请再审时提交证据拟证明案涉项目具体楼栋还由案外第三人承建，但其提供的证据不足以排除其所承建的楼栋没有使用斌隆公司提供的钢材，应承担举证不能的法律后果。二审法院认定中润建筑公司作为完全民事行为能力主体，应当

知晓收取管理费借用资质给他人使用及倒签合同的法律风险，并无不当。第三，中润建筑公司主张斌隆公司提交的销售单载明的发货单位"董总-金泰南晨上低-《1》号"与案涉项目名称不一致，但是其并未提供证据证明南辰上邸项目与本案南辰 1 号项目存在钢材款混同的具体情况，其据此主张不承担责任的理由，不能成立。虽然部分销售单抬头注明的斌隆公司销售部名称出现前后不一致的情形，但该情形不足以否认斌隆公司已根据《钢材买卖合同》约定向案涉项目履行供货义务的事实。同时，中润建筑公司提交的另案民事裁定书等证据未达到充分、确实的程度，不足以证明斌隆公司与董某恶意串通，虚构债权债务关系，再审法院对此不予支持。综上，原审认定中润建筑公司就案涉钢材款承担连带还款责任并无不当。至于中润建筑公司与董某之间形成的挂靠施工法律关系，中润建筑公司可在向斌隆公司给付货款后，另行向董某主张。

第四篇 工程质量篇

《2020年建工解释（一）》第十五条明确规定："因建设工程质量发生争议的，发包人可以以总承包人、分包人和实际施工人为共同被告提起诉讼。"

发包人可以以总承包人、分包人为被告主张权利，法律依据在于《建筑法》第二十九条 第二款的规定，即"建筑工程总承包单位按照总承包合同的约定对建设单位负责；分包单位按照分包合同的约定对总承包单位负责。总承包单位和分包单位就分包工程对建设单位承担连带责任"。总承包人、分包人在工程质量问题上依法应承担连带责任。

发包人可以以实际施工人为被告主张权利，法律依据在于《民法典》第一百五十七条的规定，即"民事法律行为无效、被撤销或者确定不发生效力后，行为人因该行为取得的财产，应当予以返还；不能返还或者没有必要返还的，应当折价补偿。有过错的一方应当赔偿对方由此所受到的损失；各方都有过错的，应当各自承担相应的责任。法律另有规定的，依照其规定"。实际施工人所签订的施工合同无效，其应当根据过错承担损失赔偿责任。实际施工人多涉及转包、违法分包、借用资质等违法行为，对施工合同无效显然存在过错。《建筑法》第六十七条第二款规定"承包单位有前款规定的违法行为的，对因转包工程或者违法分包的工程不符合规定的质量标准造成的损失，与接受转包或者分包的单位承担连带赔偿责任"。故实际施工人亦应在工程质量问题上与承包单位承担连带责任。

实际施工人应对工程质量问题承担维修责任。工程未经验收合格的，实际施工人亦不能获得折价补偿。《民法典》第八百零一条规定："因施工人的原因致使建设工程质量不符合约定的，发包人有权请求施工人在合理期限内无偿修理或者返工、改建。经过修理或者返工、改建后，造成逾期交付的，施工人应当承担违约责任。"该法第七百九十三条第一款、第二款规定："建设工程施工合同无效，但是建设工程经验收合格的，可以参照合同关于工程价款的约定折价补偿承包人。建设工程施工合同无效，且建设工程经验收不合格的，按照以下情形处理：（一）修复后的建设工程经验收合格的，发包人可以请求承包人承担修复费用；（二）修复后的建设工程经验收不合格的，承包人无权请求参照合同关于工程价款的约定折价补偿。"

应当注意的是，发包人如果擅自使用未经验收的工程，出现质量问题，发包人对擅自使用部分自行承担工程质量风险责任，但承包人应当在建设工程的合理使用寿命内对地基基础工程和主体结构质量承担民事责任。《2020 年建工解释（一）》第十四条规定："建设工程未经竣工验收，发包人擅自使用后，又以使用部分质量不符合约定为由主张权利的，人民法院不予支持；但是承包人应当在建设工程的合理使用寿命内对地基基础工程和主体结构质量承担民事责任。"

本篇四个案例将对上文提到的法律法规、司法解释的适用问题进行具体的展示和分析。

案例 1：实际施工人在工程质量纠纷中的诉讼地位为被告

【引言】

司法解释赋予实际施工人突破合同相对性向发包人追索工程价款的权利，同时也规定因建设工程质量发生争议的，发包人亦可以总承包人、分包人和实际施工人为共同被告提起诉讼。也就是说，建设工程发生质量问题的，总承包人、分包人、实际施工人应就其施工的工程质量对发包人承担连带责任。

【案例来源】

（2012）粤高法审监民提字第 11 号

【诉讼主体】

抗诉机关：某省人民检察院

A 公司：一审原告、二审被上诉人、申诉人

B 公司：一审被告、二审上诉人、被申诉人

C 公司：一审被告、二审被上诉人、被申诉人

【原告起诉请求】

判令两被告 C 公司、B 公司承担：（1）对案涉工程进行结构安全性检测所应支付的费用 172860 元；（2）对案涉工程进行维修或者支付相应维修费用 177100 元及前期准备和后期恢复的费用；（3）鉴定费 23000 元及本案诉讼费用。

一审庭审中，A 公司明确其第二项诉讼请求为支付相应维修费用 177100 元及前期准备和后期恢复的费用。

【争议焦点】

B 公司是否应承担案涉工程的维修费用和结构安全性检测费用。

【基本案情】

一、A公司与C公司之间的合同签订情况

2003年5月9日，A公司为发包人与C公司为承包人签订《建设工程施工合同》，约定C公司为A公司承建案涉工程，工程内容为钢结构、球顶网架、广告牌安装；开工日期为2003年5月20日，竣工日期为2003年6月30日；工程质量标准为合格，合同价款为310万元；按工程进度付款；全部工程完成后，七天内组织竣工验收，验收后十天内进行结算；承包人于全部工程完成后十五天内提供竣工图；发包人同意承包人分包的工程为钢结构和网架构件的加工、制作，分包施工单位为B公司。合同还约定了其他事项。且双方于同月20日签订《房屋建筑工程质量保修书》，对工程质量保修范围、内容和质量保修期作出了约定。

二、C公司与B公司之间的合同签订情况

2003年4月29日，C公司为发包方（甲方）与B公司为承包方（乙方）签订案涉工程《合同书》，约定乙方根据甲方委托制作及安装案涉工程，工程土建部分由甲方承建；本工程由乙方以包工包料的方式承包施工，以总造价2410000元结算；乙方完成本工程安装后七日内向甲方提交竣工资料和书面的验收通知书，甲方在接到乙方验收通知后三日内进场验收，并于三日内出具验收结果报告书，若甲方对工程质量有异议应于验收后三日内提出书面异议；甲方超期验收或逾期提出异议或未经验收开始使用，视为验收合格；乙方对本工程中乙方完成的部分负责保修，在工程验收后一年内，出现工程质量问题的，乙方无条件维修，所需费用由乙方负担。合同还约定了其他事项。

C公司因不按照规定接受年检，已于2011年1月17日被吊销营业执照。

三、A公司与B公司之间的合同签订及履行情况

2003年7月3日，为完成工程的施工报建，A公司以发包人名义与B公司签订《建设工程施工合同》，合同约定，工程名称为案涉工程；工程内容为采光棚、网架及人行天桥；工期100天，合同价款为120万元等。同年9月11日，市建设局颁发建筑工程施工许可证，建设单位为A公司，工程名称为案涉工程（采光棚、网架及人行天桥），施工单位为B公司。

上述合同签订后，B公司组织施工。施工期间，C公司直接支付工程款或通过A公司代付工程款给B公司。

2003年11月26日，B公司向A公司交付案涉工程的《城建档案资料》六本、《竣工验收备案表》五本、《建设工程施工合同》二本、《工程竣工验收报告》三本、《建设工程施工安全评价书》三本、《建设工程保修书》一本。现本案案涉工程已投入使用。

四、案涉工程的质量问题及鉴定情况

2005年1月11日，A公司发函给C公司称，C公司承建的钢构工程已完工，但发现

大堂的钢结构圆拱形棚顶的玻璃出现部分破裂漏水现象，请 C 公司尽快进场修复。同年 1 月 31 日，A 公司再次发函给 C 公司称，钢结构工程完工后一直存在严重质量问题，其已多次口头及发函敦促 C 公司进行修复。经修复后，广场的三个大堂圆拱形玻璃球顶仍发现有玻璃开裂及严重漏水现象，严重影响商场的正常管理及使用。鉴于此，特通知 C 公司尽快派员进场对该工程尚存的质量问题及安全隐患作全面检查并进行修复整改；完成修复后，请 C 公司尽快会同甲方、监理及设计等单位就该工程向市建设工程质量监督站办理单项验收手续。同年 2 月，C 公司发函给 B 公司，敦促 B 公司对其承建的案涉工程三个大堂圆拱形玻璃球顶玻璃开裂及严重漏水现象作检查、修复，并于修复后向市建设工程质量监督站办理单项验收手续。

2007 年 11 月 8 日，本市建设工程质量监督站向 A 公司出具的《关于案涉工程（采光棚、网架、人行天桥）申请监督验收的回复》称，A 公司于 2003 年向其申报质量监督的案涉（采光棚、网架、人行天桥）工程（施工单位 B 公司），因办理质量监督时，隐蔽工程已经完成，大部分安装工作也已完成，导致其无法开展对该工程关键部位的质量监督工作，后抽查施工单位提交的竣工验收资料，发现质量控制资料不完整，对隐蔽工程验收记录设计人员也不予确认。据此，市建设工程质量监督站认为，该工程不具备办理竣工验收条件，建议委托具备相关资质的单位进行质量鉴定，若鉴定合格，该工程可以交付使用，否则，该工程不能投入使用。

A 公司一审提交的《B、C、D 栋钢结构部分结构安全性检测鉴定方案》载明，由于工程验收需要，A 公司委托省建筑科学研究院对 B、C、D 栋建筑物的钢结构部分进行结构安全性检测鉴定，该院工作人员于 2006 年 11 月赴现场进行了初步勘察和资料调查；检测、鉴定目的为：通过对 B、C、D 栋建筑物的钢结构部分分别进行结构工程质量现场检测，以及根据现场检测结果进行结构计算和分析，提出建筑物的结构安全性检测鉴定报告，为工程验收提供依据；检测鉴定费用共计 172860 元；落款日期为 2006 年 11 月 15 日。A 公司称其委托省建筑科学研究院检测后没有支付上述检测鉴定费，故省建筑科学研究院没有在该检测鉴定方案上盖章。B 公司、C 公司对该检测鉴定方案的真实性均不予确认。一审法院根据 A 公司的申请，发函给省建筑科学研究院咨询该检测鉴定方案的真实性以及现在该工程的检测鉴定费用是否变更等。省建筑科学研究院复函称：（1）该院 2006 年 10 月受 A 公司委托拟对案涉工程 B、C、D 栋钢结构部分进行检测鉴定，赴现场进行了初步勘察和资料调查后根据有关规范并结合本工程实际情况于 2006 年 11 月 15 日制定了《B、C、D 栋钢结构部分结构安全性检测鉴定方案》（以下简称方案），后由于委托方原因，未签署相关检测鉴定合同，也未进场进行检测鉴定；（2）方案中 172860 元技术服务费系针对方案中所列全部工作内容的报价，目前收费未变。但需指出的是上述技术服务费不包括检测前期的准备工作（搭建检测所需排栅、钢材取样配合工作、配合人工等）费用和检测完成后的恢复工作（结构、装饰、装修等的恢复）费用。

一审期间，根据 A 公司的申请，一审法院委托案涉司法鉴定所对本案案涉工程是否存在玻璃破裂、漏水等质量问题进行司法鉴定。案涉司法鉴定所于 2008 年 6 月 19 日作出鉴定意见，鉴定结论为，根据检查、检测的结果分析，案涉工程玻璃安装存在以下质量问题：（1）该网架工程玻璃安装无设计图纸，所用建筑材料夹胶玻璃无材料合格证、材料检验报告及出厂合格证等质保资料，施工过程无分部分项工程验收资料，不符合《建筑工程施工质量验收统一标准》GB 50300—2001 中第 3.0.2 条对建筑工程施工质量控制的有关规定；（2）该网架工程玻璃存在破裂的情况，其主要原因是玻璃的安装施工未按《玻璃幕墙工程技术规范》JGJ 102—2003 的有关规定进行施工，玻璃处于非均匀受力的状态，在受到温度等应力的作用下产生开裂；（3）该网架工程玻璃局部存在漏水的情况，其主要原因是玻璃之间装饰条内局部排水不畅，存在积水，积水通过局部存在缝隙处而渗漏，玻璃破裂也是漏水的原因之一。经质证，A 公司对上述鉴定意见没有异议；B 公司认为鉴定意见不真实、不客观，对其不予认可；C 公司经传票传唤，未到庭质证，也未提交书面质证意见。

根据 A 公司的申请，一审法院委托 D 工程咨询公司对本案钢结构网架工程因质量问题进行修复所需费用进行造价鉴定。D 工程咨询公司于 2010 年 1 月 5 日分别作出 2008 年 6 月前和 2009 年 12 月前修复所需费用的造价鉴定报告书各一份，鉴定结果分别为：2008 年 6 月前修复所需费用为 96188.11 元，2009 年 12 月前修复所需费用为 106902.11 元。经质证，A 公司认为本案钢结构网架的修复工程属于维修工程，不能以建筑工程进行造价评估，对部分项目如拆除费、内满堂红脚架、外脚手架等估价过低，应适用《市房屋修缮工程预算定额》的标准对维修费进行估价；B 公司认为两份造价鉴定报告书不具备合法性、真实性、关联性，鉴定程序违法，对其不予认可；C 公司经传票传唤，未到庭质证，也未提交书面质证意见。针对 A 公司提出的异议，D 工程咨询公司作了回复，但 A 公司仍有异议。

五、案涉工程涉诉情况

2005 年 5 月 19 日，B 公司以 C 公司拖欠工程款为由诉至本某市某基层人民法院，要求 C 公司支付工程款 980700 元及逾期付款违约金，A 公司承担连带清偿责任。C 公司提出反诉，要求 B 公司返还其多支付的工程款、代垫费用并支付违约金。一审法院于 2006 年 11 月 20 日作出判决，认定本案的钢结构工程是由 A 公司发包给承包人 C 公司，再由 C 公司转包给实际施工人 B 公司。由于 C 公司不具备建筑施工企业资质，故其与 A 公司之间的合同应被认定无效，基于承包合同无效，C 公司与 B 公司之间的转包合同关系亦应被认定无效。判决确认 B 公司与 C 公司签订的合同为无效合同；C 公司向 B 公司支付工程款 975900 元及违约金；A 公司在尚欠 C 公司工程款 61 万元范围内向 B 公司承担补充清偿责任；驳回 B 公司的其他诉讼请求；驳回 C 公司的反诉请求。B 公司、C 公司不服，提出上诉。某市中级人民法院于 2007 年 7 月 25 日作出判决，驳回上诉，维持原判。其中，该民事判决在论述本案诉争工程款如何认定这一争议焦点时，认定 A 公司在工程未办理竣工验收手续的情况下已经被实际使用，视为工程合格。

2006 年 12 月 15 日，本案的原告 A 公司诉至一审法院。

【一审裁判观点】

一、本案系工程质量纠纷，另案B公司起诉C公司、A公司系工程款追索纠纷，不属于重复起诉。

A公司以案涉工程存在质量问题起诉要求承包人C公司、实际施工人B公司承担相应责任，与之前的B公司起诉C公司、A公司支付工程款案，虽工程相同、当事人相同，但前案处理的是工程款问题，而本案处理的是工程质量问题，故本案不属重复起诉，A公司有权提起本案诉讼。B公司称本案属重复起诉，理据不足，对此不予采纳。

二、B公司作为实际施工人、C公司作为承包人，应就工程在施工过程中因施工产生的质量问题对发包人A公司共同承担责任。

本案案涉工程由A公司发包给承包人C公司，再由C公司转包给实际施工人B公司施工，以及A公司与B公司之间出于报建需要而签订施工合同备案，双方不存在合同关系的事实，有已经发生法律效力的民事判决予以认定，故一审对上述事实予以认定。基于上述事实认定，B公司作为实际施工人、C公司作为承包人，应就工程在施工过程中因施工产生的质量问题对发包人A公司共同承担责任。

三、案涉工程存在质量问题，A公司、C公司均在案涉工程完工后及时向合同相对方反映并要求修复。质量问题产生的原因在于施工方，有鉴定意见予以佐证。另案判决认为A公司未经验收即使用案涉工程，视为工程合格，仅是对工程款支付条件业已成就的法律上的推定，不等于认定案涉工程质量合格。

本案案涉工程完工后，A公司已及时向C公司反映了工程存在玻璃开裂及漏水的现象并要求修复，C公司亦向B公司作了反映并要求修复。可见，本案工程完工后即存在玻璃开裂及漏水的质量问题。而司法鉴定所的鉴定意见亦证实本案案涉工程存在玻璃开裂及漏水的质量问题，存在质量问题的原因在于施工方。该鉴定意见不存在鉴定机构或者鉴定人员不具备相关的鉴定资格、鉴定程序严重违法、鉴定结论明显依据不足、经过质证认定不能作为证据使用的其他情形，故原审予以采信，认定本案案涉工程存在玻璃开裂及漏水的质量问题，存在质量问题的原因在于施工方B公司。生效民事判决有关A公司未经验收使用案涉工程，视为工程合格的认定，是为确定工程款付款条件已经具备，是一种法律上的推定，并不等于已经认定工程质量合格，此亦可从上述鉴定意见认为本案工程存在质量问题得出此结论。

四、本案工程质量问题是由B公司、C公司造成的，应由实际施工人B公司及承包人C公司共同承担。A公司为此支付的鉴定费用由B公司、C公司承担，案涉工程应由B公司、C公司修复，并承担修复费用。

A公司未经验收提前使用工程，因此而发生的质量问题由其承担，但本案工程质量问题是由B公司、C公司造成的，应由实际施工人B公司及承包人C公司共同承担。B公司自身原因导致工程质监部门无法对其施工的案涉工程进行质量监督工作，该工程不具备办理竣工验收的条件，有本市建设工程质量监督站向A公司出具的《关于案涉工程（采光棚、网架、人行天桥）申请监督验收的回复》为证，一审对此予以认定。本案工程不能通过正常验收及存在质量问题，责任在实际施工人 B 公司及承包人 C 公司，应由 B 公司、C 公司共同承担由此产生的法律责任。A 公司因工程存在质量问题及为达到验收目的，必须委托省建筑科学研究院对工程进行结构安全性检测鉴定而必然要支出的技术服务费 172860 元，应由 B 公司、C 公司承担。本案工程存在玻璃开裂及漏水的质量问题，B 公司、C 公司应承担修复义务。A 公司要求 B 公司、C 公司承担修复所需费用，依法有据，对其应予支持。D 工程咨询公司作出的两份造价鉴定报告，均不存在鉴定机构或者鉴定人员不具备相关的鉴定资格、鉴定程序严重违法、鉴定结论明显依据不足、经过质证认定不能作为证据使用的其他情形，故原审予以采信。B 公司、C 公司应向 A 公司支付本案工程于 2009 年 12 月前修复所需的费用 106902.11 元。至于 A 公司要求 B 公司、C 公司支付的前期准备、后期恢复的费用，因该费用尚不确定，故对该费用不予支持。

【一审裁判结果】

一、B 公司、C 公司于本判决发生法律效力之日起五日内向 A 公司支付结构安全性检测费用 172860 元、工程维修费用 106902.11 元，共计 279762.11 元；二、驳回 A 公司的其他诉讼请求。

【二审裁判观点】

一、A 公司在工程未办理竣工验收手续的情况下已经实际使用，应视为 A 公司对工程质量认可，或视为其认可虽然工程质量存在问题但自愿承担风险责任的事实。因此无论该工程质量是否合格，B 公司、C 公司均不再承担质量瑕疵的返工或修缮责任。

建筑工程质量关系到公共安全，关系重大，为确保工程质量，《建筑法》第六十一条和《合同法》第二百七十九条均规定，建筑工程竣工经验收合格后，方可交付使用；未经验收或者验收不合格的，不得交付使用。同时，《2004 年建工解释》第十三条也明确规定："建筑工程未经竣工验收，发包人擅自使用后，又以使用部分质量不符合约定为由主张权利的，不予支持；但是承包人应当在建设工程的合理使用寿命内对地基基础工程和主体结构质量承担民事责任。"根据上述规定，二审认为，除承包人应在建设工程的合理使用寿命内对地基基础工程和主体结构质量承担民事责任外，在建筑工程未经过竣工验收或者验收未通过的情况下，发包方违反法律规定擅自使用，即可视为发包方对建筑工程质量认可，或者虽然工程质量不合格其自愿承担质量责任。本案中，A 公司在工程未办理竣工验收手续的情况下已经实际使用，应视为 A 公司对工程质量认可，或视为其认可虽然工程质量存在问题但其自愿承担风险责任的事实。因此无论该工程质量是否合格，B 公司、C 公司均不再承担质量瑕疵的返工或修缮责任。

二、本案中没有证据证实案涉的建设工程存在地基基础工程和主体结构质量问题而影响安全使用，B 公司、C 公司尚无需承担相应的民事责任。

另外，现在本案中没有证据证实案涉的建设工程存在地基基础工程和主体结构质量问题而影响安全使用的情形下，一审依据案涉司法鉴定所于 2008 年 6 月 19 日就有关案涉工程中玻璃安装、玻璃破裂、玻璃局部漏水等非地基基础工程和主体结构质量问题作出的《案涉工程鉴定意见》，要求 B 公司、C 公司承担相应的责任违反了上述法律规定，应予纠正。当然，如果因为案涉工程的地基基础工程和主体结构存在质量问题，进而在建设工程的合理使用期限内造成人身或财产损害的，B公司、C公司仍然要承担相应的民事责任。B公司上诉认为一审判令其承担责任错误的意见成立，二审对此予以支持。二审判决C公司承担相应民事责任存在错误，本应予以纠正，鉴于C公司并未就此上诉提出异议，视其认可一审判处其向A公司支付检测费用、工程维修费用的处理结果，二审尊重当事人对自身权利的处分，故对A公司要求C公司承担相应民事责任的诉请二审不予调整。由于A公司就案涉工程的质量问题要求B公司、C公司承担责任与B公司要求C公司、A公司支付工程款一案属于不同法律关系，虽所涉工程相同、当事人一样，但一审认定本案不属于一事不再理的范围符合法律规定，二审对此予以认定。一审对事实的陈述以及一审的审理程序等问题的处理并无不妥，对B公司此上诉理由二审不予采信。至于B公司上诉提出的保全错误致其损失的问题，其并未提起反诉，也未提交充分有效的证据予以证实，且不属本案处理范围，二审对此不予支持。

【二审裁判结果】

一、维持一审判决第二项；二、变更一审判决第一项为"C公司于本判决发生法律效力之日起五日内向A公司支付结构安全性检测费用172860元、工程维修费用106902.11元，合计279762.11元"。

【抗诉理由】

一、终审判决以A公司未经验收擅自使用案涉工程视为对工程质量的认可，B公司、C公司不再承担质量瑕疵的返工或修缮责任为由，判决驳回A公司要求B公司承担工程质量保修责任的诉讼请求，系混淆了"质量瑕疵担保义务"与"工程保修义务"，属适用法律错误。

虽然《2004年建工解释》第十三条规定"建设工程未经竣工验收，发包人擅自使用后，又以使用部分质量不符合约定为由主张权利的，不予支持；但是承包人应当在建设工程的合理使用寿命内对地基基础工程和主体结构质量承担民事责任"，但该条只是免除了承包人的质量瑕疵担保义务，并未免除其对工程的保修义务。《建筑法》第六十二条第一款规定："建筑工程实行质量保修制度。"即使建筑工程验收合格，承包人仍需承担保修义务，可见"质量瑕疵担保义务"与"工程保修义务"是两个不同的概念，二者并不矛盾。本案中，A公司虽然与B公司不存在合同关系，但B公司作为实际施工人，仍应对案涉工程承担保修义务。又根据《建筑法》第六十二条第二款"建筑工程的保修范围应当包括地基基础工程、主体结构工程、屋面防水工程和其他土建工程，以及电气管线、上下水管线的安装工程，供热、供冷系统工程等项目；保修的期限应当按照保证建筑物合理寿命年限内正常使用，维护使用者合法权益的原则确定。具体的保修范围和最低保修期限由国务院规定"以及《建设工程质量管理条例》第四十条"在正常使用条件下，建设工程的最低保修期限为……（二）屋面防水工程、有防水要求的卫生间、房间和外墙面的防渗漏，为5年……建设工程的保修期，自竣工验收合格之日起计算"之规定，A公司于2006年12月15日诉至法院请求B公司承担保修义务，明显未超过最低保修期限，且一审法院所作的司法鉴定也明确工程存在的质量问题为施工不当造成。因此，作为施工方的 B 公司依法应承担对工程的保修责任，终审法院判决其无需承担责任显属不当。

二、终审判决遗漏审理 A 公司提出的关于赔偿因施工方过失产生额外检测鉴定费用的诉讼请求。

本案中，B 公司原因导致工程质监部门无法对案涉工程进行质量监督和验收工作，不得不额外采取检测鉴定的方式以保证该工程通过竣工验收。对此，A 公司在诉讼中已提交建设工程质监部门出具的文件予以证实，本案工程不能通过正常验收，责在施工方。A 公司为了通过工程竣工验收，必须按照工程质监部门的要求委托鉴定机构进行建筑安全性鉴定，为此 A 公司支出鉴定技术服务费 172860 元，其在诉讼请求中已主张由 B 公司负责赔偿。因施工方 B 公司存在明显过错，其应当承担赔偿 A 公司该部分损失的民事责任。但终审判决对该诉讼请求遗漏审理或未进行实质审理，直接对一审判决关于该部分的判项进行了改判，明显不当。

【再审裁判观点】

一、由于抗诉机关未就 C 公司承担民事责任提起抗诉，A 公司亦无异议，C 公司的民事责任不属于再审审理范围。

原二审判决已判令 C 公司承担案涉工程的维修费用和结构安全性检测费用，A 公司对 C 公司承担民事责任没有异议，抗诉机关也未对此提出抗诉。根据《最高人民法院关于适用〈中华人民共和国民事诉讼法〉审判监督程序若干问题的解释》第三十三条"人民法院应当在具体的再审请求范围内或在抗诉支持当事人请求的范围内审理再审案件"的规定，C 公司的民事责任不属于法院再审审理范围。本案的争议焦点是 B 公司是否应承担案涉工程的维修费用和结构安全性检测费用。

二、对建设工程的质量保修义务是施工单位的法定义务，案涉工程存在玻璃破裂、漏水等质量问题的原因在于 B 公司，B 公司依法应承担保修责任。

首先，从查明事实看，C 公司（甲方）与 B 公司（乙方）签订的《合同书》约定，乙方根据甲方委托制作及安装案涉工程，本工程由乙方以包工包料的方式承包施工。按照该约定，案涉工程的玻璃由 B 公司负责采购并安装。而根据一审法院委托的司法鉴定所对本案案涉工程是否存在玻璃破裂、漏水等质量问题作出的司法鉴定意见，案涉工程存在玻璃开裂及漏水的质量问题，存在质量问题的原因在于施工方 B 公司未按技术规范安装施工。该鉴定意见不存在依法不能作为证据使用的情形，再审法院予以采信。

其次，对建设工程的质量保修义务是施工单位的法定义务，B 公司依法应承担保修责任。《建筑法》第六十二条规定，"建筑工程实行质量保修制度。建筑工程的保修范围应当包括地基基础工程、主体结构工程、屋面防水工程和其他土建工程，以及电气管线、上下水管线的安装工程，供热、供冷系统工程等项目；保修的期限应当按照保证建筑物合理寿命年限内正常使用，维护使用者合法权益的原则确定。具体的保修范围和最低保修期限由国务院规定。"《建设工程质量管理条例》第四十条规定，"在正常使用条件下，建设工程的最低保修期限为……（二）屋面防水工程、有防水要求的卫生间、房间和外墙面的防渗漏，为5年……其他项目的保修期限由发包方与承包方约定。建设工程的保修期，自竣工验收合格之日起计算。"第四十一条规定："建设工程在保修范围和保修期限内发生质量问题的，施工单位应当履行保修义务，并对造成的损失承担赔偿责任。"而A公司与B公司签订的《房屋建筑工程质量保修书》中也约定"屋面防水工程、有防水要求的卫生间、房间和外墙面的防渗漏保修期限，为5年"。A公司于2006年12月15日诉至法院请求B公司承担保修义务，明显未超过最低保修期限。综上，案涉工程存在玻璃破裂、漏水等质量问题的原因在于B公司，A公司要求B公司承担案涉工程的维修费用有事实依据和法律依据，再审法院对此予以支持。原二审判决认为"无论该工程质量是否合格，B公司、C公司均不再承担质量瑕疵的返工或修缮责任"属适用法律错误，再审法院对此予以纠正。

三、未能完成竣工验收不是B公司的责任，B公司无需承担A公司为通过竣工验收而需支出的结构安全性检测费用。

根据2007年11月8日某市建设工程质量监督站向A公司出具的《关于案涉工程（采光棚、网架、人行天桥）申请监督验收的回复》，案涉工程不能办理竣工验收的原因，一是办理质量监督时，该项目隐蔽工程已经完成，大部分安装工作也已完成，导致无法开展对该工程关键部位的质量监督工作，二是经抽查施工单位提交的竣工验收资料，质量控制资料不完整，对隐蔽验收记录设计人员也不予确认。从本案相关合同对隐蔽工程的约定看，在A公司和B公司签订的合同中，第三部分"专用条款"的第17.1款约定："工程的隐蔽工程需经监理验收签字确认。"在A公司提交的隐蔽工程验收记录中，均记载"预埋件材质、制作及安装等均符合设计及规范要求"，并有施工单位B公司和建设单位A公司委托的监理单位的盖章和相关人员签字，该证据表明B公司已按合同约定履行了对A公司的通知义务。且已生效的民事判决已认定，B公司已提交相关工程竣工验收资料，未能完成竣工验收不是B公司的责任。据此，A公司要求B公司承担为通过竣工验收而需支出的结构安全性检测费用，缺乏依据，再审法院对此不予支持。

【再审裁判结果】

一、维持二审判决第一项；二、撤销二审判决第二项；三、B公司、C公司向A公司支付工程维修费用106902.11元，C公司向A公司支付结构安全性检测费用172860元。

【律师评析】

一般认为，合同的相对性不宜随意扩张。发包人的合同相对方是（总）承包人，一般情况下，不允许发包人突破合同的相对性向非合同缔约方主张权利。在工程质量纠纷中允许发包人直接起诉承包人包括分包人，是由于根据法律规定，总承包人、分包人对工程质量承担连带责任。例如，《建筑法》第二十九条第二款规定："建筑工程总承包单位按照总承包合同的约定对建设单位负责；分包单位按照分包合同的约定对总承包单位负责。总承包单位和分包单位就分包工程对建设单位承担连带责任。"而允许发包人直接起诉实际施工人，是由于按照《民法典》第一百五十七条及《建筑法》第六十七条第二款的规定，实际施工人除应当按照其导致合同无效的过错承担责任外，还应对因转包工程或者违法分包的工程不符合规定的质量标准造成的损失，与接受转包或者分包的单位承担连带赔偿责任。建设工程质量不仅关乎个体，而且关乎公众的安全，应当通过允许发包人以总承包人以外的承包人、分包人、实际施工人为被告提起工程质量纠纷诉讼的方式，倒逼上述施工主体重视工程质量，承担相应责任。

应当注意的是，在以发包人为被告的建设工程施工合同纠纷中，如果发包人以工程质量问题为由要求承包人支付违约金或赔偿金，应当提起反诉。发包人以质量不符合约定为由仅请求拒付或减付工程款的，或者合同中明确约定可以直接将工程质量违约金或赔偿金从应付工程款中扣减的，属于抗辩，无需反诉。

【相关案例索引】

① 成都星月置业有限公司、成都建工集团有限公司（原成都建筑工程集团总公司）建设工程施工合同纠纷一案

案号：（2019）川民终 153 号

裁判观点：2013 年 9 月 16 日，成都星月置业有限公司（以下简称星月公司）向一审法院提起本案诉讼。成都建工集团有限公司（以下简称成都建工）在提交答辩状期间对本案管辖权提出异议。一审法院经审查认为，本案系建设工程施工合同纠纷，星月公司作为本案建设工程的发包人，根据《民事诉讼法》第一百一十九条及《2004 年建工解释》第二十五条"因建设工程质量发生争议的，发包人可以以总承包人、分包人和实际施工人为共同被告提起诉讼"的规定，其以本案建设工程的总承包人、分包人、实际施工人为共同被告提起民事诉讼，符合法定立案受理条件。星月公司与成都建工之间虽然存在仲裁条款，但是该仲裁条款只能约束星月公司与成都建工，其效力不及于第三方当事人，故星月公司与成都建工之间的仲裁条款对四川富德劳务有限公司及张某不产生法律效力，故一审法院对本案有管辖权。

② 池某、泰宁县三友竹业开发有限公司建设工程施工合同纠纷一案

案号：（2017）闽民再 210 号

裁判观点：关于池某作为实际施工人是否对泰宁县三友竹业开发有限公司（以下简称三友竹业）承担工期延误责任。《2004 年建工解释》第二十五条规定："因建设工程质量发生争议的，发包人可以以总承包人、分包人和实际施工人为共同被告提起诉讼。"在发生建设工程质量问题时，发包人可以突破合同相对性，以实际施工人为被告提起诉讼，但工期延误不属于建设工程质量问题，在参照无效合同中工期延误责任条款确定相关责任时，应根据合同相对性原则，以该合同的相对人作为责任义务人。本案中，案涉《钢结构建筑安装合同书》和《补充协议》的合同双方是三友竹业和福建成森建设集团有限公司（以下简称成森建设），具体代表成森建设签订合同的是案外人卓某，生效判决认定池某是从成森建设处转包案涉工程，可见池某并非三友竹业的合同相对方。因此，三友竹业向池某主张工期延误责任，没有事实和法律依据。

案例 2：实际施工人应对工程质量问题承担维修责任

【引言】

施工方依法应对建设工程的施工质量负责，在转包、违法分包的情形下，实际施工人从承包人处承揽工程进行施工并取得工程款对价，相应地，工程质量问题的维修责任也应由实际施工人承担。

【案例来源】

（2022）粤 07 民终 510 号

【诉讼主体】

A 公司：一审原告、二审上诉人

何某：一审被告、二审被上诉人

石某：一审被告、二审被上诉人

【原告起诉请求】

一、判令何某、石某赔偿案涉工程因实际施工与合同约定不符造成的重作损失人民币 50000 元（实际损失以鉴定机构的鉴定意见为准）；二、判令何某、石某赔偿 A 公司逾期竣工损失人民币 104000 元；三、判令何某赔偿案涉工程扩建项目重作损失 20000 元（实际损失以鉴定机构的鉴定意见为准）；四、何某、石某赔偿 A 公司因检测案涉工程及扩建项目发生的检测费用 2750 元；五、判令 A 公司、石某共同承担本案诉讼费、诉讼保全费、鉴定费等全部诉讼费用。

在一审审理过程中，A 公司变更诉讼请求为：一、判令何某、石某按照《案涉工程施工承包合同》的约定对本案鉴定不符合质量要求的道路进行修理直至质量合格；二、判令何某、石某赔偿 A 公司逾期竣工损失人民币 104000 元；三、判令何某按照《案涉工程扩建协议书》的约定对本案鉴定不符合质量要求的道路进行修理直至质量合格；四、何某、石某赔偿 A 公司因检测案涉工程及扩建项目发生的检测费用 2750 元；五、判令 A 公司、石某共同承担本案诉讼费、诉讼保全费、鉴定费等全部诉讼费用。

【争议焦点】

一、一审是否存在程序问题；二、何某、石某应否对案涉工程的质量问题承担修复责任；三、对 A 公司主张逾期竣工损失是否应予支持；四、鉴定费如何负担。

【基本案情】

一、A 公司与石某之间的合同签订情况

2019 年 4 月 18 日，A 公司（甲方）与石某（乙方）签订《案涉工程施工承包合同》，约定工程价格为 90240 元、材料价格为 235000 元，本合同包干价为 325240 元；工程期限

为合同签订之日起到 2019 年 5 月 31 日。工程质量要求：（1）取 52m 宽，100m 场地就地平整，铺 10cm 厚石粉，压路机压实压平；（2）道路用 C30 混凝土铺设，道路①铺 20cm 厚、道路②③铺 10cm 厚；（3）钢结构桥承载力不少于 60t；（4）桥墩用混凝土倒制，长 0.4m、宽 0.6m、高 0.5m 地梁，下挖 0.6m 见方、深 1.5m 基础 2 个，引桥用混凝土倒制长 10m、上底 3.5m、下底 6m、厚 0.2m；（5）货场南北向两边及东西向中间开挖 0.3m 宽、0.5m 深排水沟。工程验收：甲乙双方会同 A 公司代表在完工后三个工作日内同时到现场一次性验收，三方无异议则视为该工程符合合同约定标准。付款方式：乙方进场施工三个工作日内，预付预算工程款 100000 元，场地平整完成后再付工程款 150000 元，验收通过后支付至全部工程款的 95％，余款为保修金，在 5 个月内结算完毕。

二、何某与石某之间的合同签订情况

2019 年 4 月 22 日，何某（乙方）与石某（甲方）签订《案涉工程承包合同》，约定工程价格为 75740 元、材料价格为 214000 元；约定以上单价的有效期至 2019 年 5 月 31 日，逾期甲乙双方另行商议，价格包含税价，为包工包料包安全的总包干价 289740 元（75740 元＋214000 元）；工程期限为合同签订之日起到 2019 年 5 月 31 日。工程质量要求：（1）取 52m 宽，100m 场地就地平整，铺 10cm 厚石粉，压路机压实压平；（2）道路用 C30 混凝土铺设，道路①铺 20cm 厚、道路②③铺 10cm 厚；（3）钢结构桥承载力不少于 60t；（4）桥墩用混凝土倒制长 0.4m、宽 0.6m、高 0.5m 地梁，下挖 0.6m 见方、深 1.5m 基础 2 个，引桥用混凝土倒制，长 10m、上底 3.5m、下底 6m、厚 0.2m；（5）货场南北向两边及东西向中间开挖 0.3m 宽、0.5m 深排水沟。工程验收：甲乙双方会同 A 公司代表在完工后三个工作日内同时到现场一次性验收，三方无异议则视为该工程符合合同约定标准。付款方式：乙方进场施工三个工作日内，预付预算工程款 86922 元，场地平整完成后再付工程款 86922 元，验收通过后支付至全部工程款的 90％，余款为保修金，在 5 个月内结算完毕。

三、A 公司与何某之间的合同签订情况

2019 年 8 月 9 日，A 公司（甲方）与何某（乙方）签订《案涉工程扩建项目协议书》，约定：根据甲方对货场的使用要求，在原工程辅道的基础上，在每条辅道混凝土路面两边各增加宽 1m、厚度为 10cm 混凝土路面，总工程量为面积 400m²，厚度 10cm 的混凝土路面现场倒制；扩建工程甲方出资，乙方包工包料，总工程含税价为 30000 元，工程完工验收合格后十日内一次付清工程款。

A 公司与何某、石某确认上述《案涉工程扩建项目协议书》《案涉工程承包合同》两份合同的案涉工程均在同一施工地点。

四、案涉工程竣工、交付情况

2019 年 9 月 8 日，A 公司与案外人 C 公司签订《货场移交抵扣协议》，约定案外人 C

公司可于 2019 年 9 月 1 日开始堆放管道，2019 年 10 月 1 日起货场正式投入使用，开始计收租金。A 公司确认《案涉工程扩建项目协议书》《案涉工程承包合同》两份合同的案涉工程均已完工，工程于 2019 年 10 月 1 日交付给 A 公司，A 公司即将案涉工程交付给 C 公司使用。

五、案涉工程鉴定情况

A 公司委托某市建设工程质量检测中心对案涉工程的结构层厚度进行鉴定，花费鉴定费 2750 元。

在审理过程中，A 公司申请：（1）请求依据《案涉工程施工承包合同》对何某、石某承建的 A 公司货场道路的厚度及水泥强度进行鉴定；（2）请求依据《案涉工程扩建项目协议书》对何某承建的 A 公司货场扩建道路的厚度及水泥强度进行鉴定。一审法院依法委托 D 检测公司进行鉴定，该公司于 2021 年 9 月 2 日出具《道路工程质量检测鉴定报告》，鉴定结论为：（1）案涉工程道路①路面厚度及水泥混凝土强度不符合《案涉工程施工承包合同》的约定要求；（2）案涉工程道路②部分位置路面厚度不符合《案涉工程施工承包合同》的约定要求，水泥混凝土强度不符合《案涉工程施工承包合同》的约定要求，（3）案涉工程道路③个别位置路面厚度不符合《案涉工程施工承包合同》的约定要求；水泥混凝土强度符合《案涉工程施工承包合同》的约定要求；（4）案涉工程道路②扩建部位、道路③扩建部位路面厚度不符合《案涉工程扩建项目协议书》的约定要求。A 公司已垫付本次鉴定的鉴定费 15100 元给 D 检测公司。

【一审裁判观点】

一、建设工程未经竣工验收，A 公司擅自使用，无权以使用部分质量不符合约定为由主张权利。案涉工程并非建设工程中的地基基础工程和主体结构工程，故何某、石某无须对质量承担民事责任。

本案为建设工程施工合同纠纷。关于何某、石某应否对案涉工程的质量问题承担责任的问题。在本案中，A 公司与石某签订的《案涉工程施工承包合同》、何某与石某签订的《案涉工程承包合同》、何某与 A 公司签订的《案涉工程扩建项目协议书》均为无效合同。但何某、石某分别作为案涉工程的实际施工人和承包人，理应对已完成的案涉工程的质量问题承担责任，且经鉴定，案涉工程的路面厚度和水泥强度的确存在不符合合同约定的质量问题，但鉴于案涉工程未经竣工验收 A 公司即已擅自使用，且案涉工程属厂区内的一般道路工程，不属建设工程中的地基基础工程和主体结构工程，故根据《2004 年建工解释》第十三条"建设工程未经竣工验收，发包人擅自使用后，又以使用部分质量不符合约定为由主张权利的，不予支持；但是承包人应当在建设工程的合理使用寿命内对地基基础工程和主体结构质量承担民事责任"的规定，一审法院对 A 公司对案涉工程的质量不符合约定的主张应不予支持，即 A 公司请求何某、石某按照《案涉工程施工承包合同》的约定对本案鉴定不符合质量要求的道路进行修理直至质量合格及请求何某按照《案涉工程扩建项目协议书》的约定对本案鉴定不符合质量要求的道路进行修理直至质量合格的理据不足，一审法院对此不予支持。

二、案涉工程存在工程量增加，且增加工程未约定完工时间，A公司提供的证据无法证实其有实际逾期竣工损失，故对A公司的逾期竣工损失主张不予支持。

首先，在本案中，A公司与石某签订的《案涉工程施工承包合同》约定的完工日期是2019年5月31日，但A公司于2019年8月9日又与何某签订《案涉工程扩建项目协议书》约定扩建道路，即A公司已增加工程，且并未约定该增加工程的完工时间。其次，A公司与案外人C公司于2019年9月8日签订的《货场移交抵扣协议》约定，案外人C公司可于2019年9月1日开始堆放管道，2019年10月1日起货场正式投入使用，开始计收租金。且A公司在庭审中确认案涉工程于2019年10月1日交付使用，据此可知，A公司可按约交付货场，即A公司没有租金损失。最后，A公司提供的证据无法证实其有实际逾期竣工损失。综上，A公司请求何某、石某赔偿逾期竣工损失104000元的理据不足，一审法院对此不予支持。

三、A公司私自委托鉴定，应自行负担鉴定费。

本案中，A公司委托某市建设工程质量检测中心对案涉道路的结构层厚度进行鉴定，产生鉴定费2750元，鉴于该鉴定是A公司私自委托，由此产生的鉴定费用应由A公司自行负担，故A公司请求何某、石某支付鉴定费2750元的理据不足，一审法院对此不予支持。

【一审裁判结果】

驳回A公司的全部诉讼请求。

【上诉理由】

一、在何某、石某承建的案涉工程以及何某承建的案涉工程扩建项目经一审法院鉴定确实存在质量问题的情况下，一审法院以A公司对案涉工程及扩建项目尚未竣工验收即使用，且何某、石某承建的案涉工程及扩建项目道路不属于地基基础工程和主体工程为由，驳回A公司诉请何某、石某对不符合质量要求的道路进行修理直至质量合格的诉请，属于认定事实和适用法律错误。

1. 根据D检测公司出具的《道路工程质量检测鉴定报告》，一审法院已认定何某、石某承建的案涉工程道路以及何某承建的案涉工程扩建项目道路存在质量问题。基于此，何某作为道路的实际施工人，其所施工的道路厚度、铺设道路的混凝土材料强度均不符合合同要求，属于为实现自身利益，恶意偷工减料的违约违法行为。厂区道路质量瑕疵依法依约应当由何某、石某承担维修责任，所产生的维修费用也应当由何某、石某承担。根据一审法院在2021年9月27日开庭时，对何某所作的询问笔录，何某同意对上述质量不合格的道路进行修理。在何某同意对案涉不符合质量要求的道路进行修理的情况下，一审法院直接驳回A公司诉请，属于认定事实错误。

2. A公司对案涉道路的使用并不构成擅自使用，何某竣工逾期时间达4个月，导致A公司每月损失租金26000元，在A公司对案涉工程进行竣工验收时，何某、石某拒绝对有质量问题的案涉工程进行修理、返工，后期更是直接失联，A公司为防止自身利益损失进一步扩大，不得不交付第三方使用该质量不合格的案涉工程，A公司为保护自身合法利益免受非法侵害的行为，不应该被认定为《2004年建工解释》第十三条中规定的擅自使用行为，不能因此免除何某对案涉工程质量不合格应该承担的法律责任。同时，一审法院应该依据事实查明引起质量问题的原因，以及质量瑕疵的出现是否与A公司的使用存在因果联系或者可能存在因果联系。就本案而言，案涉工程出现质量不合格主要体现在道路的厚度和强度不符合案涉合同的约定，其质量不合格的原因是客观存在的，本案厂区道路质量瑕疵的存在、瑕疵程度与A公司擅自使用行为和范围明显不具有因果关系，本案案涉工程的质量瑕疵并不会因为A公司的使用或者不使用而改变，故本案工程质量问题不应该适用前述司法解释第十三条之规定，不应该由此免除何某承担的质量责任。

3. 一审法院认为本案案涉的厂区道路不属于基础工程及主体工程属于认定事实错误，本案案涉工程中的厂区道路面层，是维持结构和用途的基本元素。

4. A公司要求何某、石某在保修期内对A公司承担厂区道路质量不合格的维修、修理责任。案涉道路工程并未经竣工验收，即使按照《2004年建工解释》第十四条第三项的约定，转移占有建设工程之日为竣工日期，在A公司主张维修责任时，也未超过保修期，在保修期内何某、石某应该对建设工程出现的质量缺陷问题承担保修责任。A公司即使已使用案涉工程，何某、石某也应承担建设工程合理使用寿命内对建设工程质量应承担的民事责任。

二、一审法院未支持A公司的逾期竣工损失错误。

根据A公司与石某的《案涉工程施工承包合同》第二条的约定，案涉工程的工期是2019年4月18日至2019年5月31日。案涉道路被迫使用的时间是2019年的10月1日。根据A公司与C公司签署的《补充协议》的约定，A公司需保证案涉工程在2019年5月8日之前交给C公司，C公司使用货场后即开始冲减货场租金。根据A公司与C公司签署的《货场移交抵扣协议》的约定，由于A公司在2019年5月8日之前未将货场移交给C公司，所以从2019年10月1日方抵扣租金。即使A公司与何某签署了《案涉工程扩建项目协议书》，也不能因为增加工程量就阻却或者豁免何某、石某逾期的违约责任。《案涉工程施工承包合同》与《案涉工程扩建项目协议书》是两个独立的工程项目，2019年8月9日，A公司与何某签署《案涉工程扩建项目协议书》时，何某、石某的违约事实已经发生并存在。因为何某、石某一直拖沓，没有按工期完成案涉工程，逾期竣工时间达到4个月，A公司一直无权抵扣C公司的租金。

三、一审法院程序违法。

A公司在一审起诉时即向一审法院提交申请，要求对何某、石某存在工程质量瑕疵的货场道路进行修复费用鉴定，一审法院以鉴定机构不能鉴定为由不予同意，并要求A公司修改鉴定申请，否则无法判决，致使A公司的权利无法得到保护，鉴定维护费用的诉求不能得到支持。A公司变更诉讼请求后，石某未到庭，一审法院未公告送达即开庭审理宣判，程序违法。

【被上诉人答辩】

何某辩称：

A公司已经使用案涉工程至今近三年，当时并没有提出存在质量问题。

石某二审未作答辩。

【二审裁判观点】

本案系建设工程施工合同纠纷。根据《最高人民法院关于适用〈中华人民共和国民法典〉时间效力的若干规定》第一条第二款"民法典施行前的法律事实引起的民事纠纷案件，适用当时的法律、司法解释的规定，但是法律、司法解释另有规定的除外"的规定，本案法律事实发生在《民法典》施行前，故应适用当时的法律、司法解释的规定。根据《民诉法解释》第三百二十三条"第二审人民法院应当围绕当事人的上诉请求进行审理。当事人没有提出请求的，不予审理，但一审判决违反法律禁止性规定，或者损害国家利益、社会公共利益、他人合法权益的除外"的规定，二审法院仅针对A公司的上诉请求进行审查，对双方当事人没有提出请求的不予审查。

一、一审法院不存在程序违法。

当事人在诉讼中是否变更诉讼请求是其自主选择和处分的权利，A公司未举证证实一审法院强制要求其变更诉讼请求，一审法院对此不存在程序违法。A公司一审中变更诉讼请求，请求判令何某、石某对本案鉴定不符合质量要求的道路进行修理直至质量合格，二审中又向法院申请对案涉道路工程的修复方案及修复费用进行造价鉴定，该鉴定申请与其一审诉讼请求以及上诉请求不符，二审法院对此不予准许。石某向一审法院提交诉讼文书送达地址确认书，一审法院按该确认书上地址以及联系电话向石某送达诉讼文书，亦不存在程序违法。A公司该上诉主张，理据不足，二审法院对此不予支持。

二、石某、何某应当对其负责的建设工程质量承担民事责任。

一审法院委托D检测公司对案涉道路工程的路面厚度及水泥混凝土强度进行鉴定，根据该鉴定机构出具的《道路工程质量检测鉴定报告》可知，案涉厂区道路工程的路面厚度和水泥混凝土强度确实存在不符合合同约定的质量问题。根据《合同法》第二百八十一条第一款"因施工人的原因致使建设工程质量不符合约定的，发包人有权要求施工人在合理期限内无偿修理或者返工、改建"和《2004年建工解释》第十三条"建设工程未经竣工验收，发包人擅自使用后，又以使用部分质量不符合约定为由主张权利的，不予支持；但是承包人应当在建设工程的合理使用寿命内对地基基础工程和主体结构质量承担民事责任"的规定，虽案涉工程未经竣工验收A公司已使用，但前述鉴定报告已反映案涉厂区道路工程的路面厚度和水泥混凝土强度存在不符合合同约定的质量问题，该质量问题并非A公司使用所造成，应属于施工方的施工质量问题。厂区道路属于道路建设工程范围，在没有厂区道路国家标准时，根据《合同法》第六十二条"当事人就有关合同内容约定不明确，依照本法第六十一条的规定仍不能确定的，适用下列规定：（一）质量要求不明确的，按照国家标准、行业标准履行；没有国家标准、行业标准的，按照通常标准或者符合合同目的的特定标准履行……"的规定，案涉厂区道路工程的质量要求可以参照《公路水运工程质量监督管理规定》第七条第二款"公路水运工程施行质量责任终身制"的规定。案涉工程于2019年10月1日开始使用，案涉厂区道路属于本案合同约定的建设工程的主体结构，且亦处于合理使用寿命之内，石某、何某应当对其负责的建设工程质量承担民事责任。另外，何某在一审时表示若法院认定案涉工程存在质量问题，其同意承担修复责任。又根据《2004年建工解释》第二十五条"因建设工程质量发生争议的，发包人可以以总承包人、分包人和实际施工人为共同被告提起诉讼"的规定，A公司与石某签订《案涉工程施工承包合同》，约定A公司将案涉厂区道路工程发包给石某，石某与何某又签订《案涉工程施工承包合同》，约定石某将其向A公司承包的案涉厂区道路工程转包何某，就案涉厂区道路工程而言，石某是承包人，何某是实际施工人，就工程质量问题应共同向发包人A公司承担民事责任。因此，石某和何某应根据前述《道路工程质量检测鉴定报告》对《案涉工程承包合同》内的道路路面厚度及水泥混凝土强度的质量问题共同向A公司承担民事责任。A公司与何某签订《案涉工程扩建项目协议书》，约定A公司将案涉厂区道路扩建工程发包何某，故何某应根据《道路工程质量检测鉴定报告》对《案涉工程扩建项目协议书》内道路路面厚度的质量问题承担修复责任。A公司该项上诉请求，理据充分，二审法院对此予以支持。一审判决对此处理不当，二审法院予以纠正。

三、案涉工程存在增加工程，且未约定完工时间，A公司如期将案涉工程交付案外人使用，其主张的逾期竣工损失证据不足。

A公司与石某签订的《案涉工程施工承包合同》约定的完工日期是2019年5月31日，但A公司于2019年8月9日又与何某签订《案涉工程扩建项目协议书》约定扩建道路，该扩建工程为前一道路工程的增加工程，双方并未约定该增加工程的完工时间，A公司确认其于2019年10月1日使用案涉工程并按其与案外人C公司签订的《货场移交抵扣协议》的约定将货场交付使用，A公司亦未举证证明逾期竣工所造成的实际损失，故其主张石某、何某承担逾期竣工损失，理据不足，二审法院对此不予支持。

四、A公司自行委托鉴定产生的鉴定费，由A公司自行负担；由于案涉工程确实存在质量问题，一审法院委托司法鉴定的鉴定费用由石某、何某承担。

A公司委托某市建设工程质量检测中心对案涉道路的结构层厚度进行鉴定，产生鉴定费2750元，该委托属于单方委托，产生的费用应由其自行承担。一审法院委托D检测公司对案涉工程进行鉴定，产生鉴定费15100元，该费用属于为查明案件事实而发生的费用，且经鉴定，案涉工程质量存在问题，故该笔鉴定费应由石某、何某承担，石某、何某各承担50%，即石某承担7550元，何某承担7550元。

【二审裁判结果】

一、撤销一审判决；二、石某、何某于本判决生效之日起60日内对案涉工程厂区道路路面厚度及水泥混凝土强度的质量问题进行修复；三、何某于本判决生效之日起60日内对案涉工程道路扩建部位路面厚度的质量问题进行修复；四、驳回A公司的其他诉讼请求。

【律师评析】

《民法典》第八百零一条规定："因施工人的原因致使建设工程质量不符合约定的，发包人有权请求施工人在合理期限内无偿修理或者返工、改建。经过修理或者返工、改建后，造成逾期交付的，施工人应当承担违约责任。"《2020年建工解释（一）》第十五条规定："因建设工程质量发生争议的,发包人可以以总承包人、分包人和实际施工人为共同被告提起诉讼。"

对于实际施工人而言,在施工合同无效的情形下,获得工程价款的前提条件是交付符合质量要求的合格建筑物,若建设工程经验收不合格,承包人、实际施工人无权请求参照合同关于工程价款的约定折价补偿。因此,若交付的工程存在质量问题,应由实际施工人承担修复责任。

【相关案例索引】

① 刘某、丽江市建筑工程有限公司建设工程分包合同纠纷一案

案号:(2020)最高法民申 5773 号

裁判观点:《合同法》第二百八十一条规定:"因施工人的原因致使建设工程质量不符合约定的,发包人有权要求施工人在合理期限内无偿修理或者返工、改建。"虽然本案所涉《土建劳务施工合同》因刘某缺乏相应施工资质而无效,但刘某系案涉工程实际施工人,对于案涉工程质量负有直接责任。刘某主张案涉工程质量问题系丽江市建筑工程有限公司技术指导与监督管理不当导致,但未提供充分证据予以证明。二审法院判决由刘某承担全部工程修复费用并无明显不当。

② 广西长洲水电开发有限责任公司、广州市水电建设工程有限公司、广州市水电建设工程有限公司梧州项目经理部、甘肃古典建设集团有限公司、甘肃省永靖古典建筑工程总公司金源公司建设工程施工合同纠纷一案

案号:(2018)最高法民申 2584 号

裁判观点:《2004 年建工解释》第二十五条规定:"因建设工程质量发生争议的,发包人可以以总承包人、分包人和实际施工人为共同被告提起诉讼。"《建筑法》第六十七条规定:"承包单位将承包的工程转包的,或者违反本法规定进行分包的,责令改正,没收违法所得,并处罚款,可以责令停业整顿,降低资质等级;情节严重的,吊销资质证书。承包单位有前款规定的违法行为的,对因转包工程或者违法分包的工程不符合规定的质量标准造成的损失,与接受转包或者分包的单位承担连带赔偿责任。"原判决判令实际施工人甘肃古典建设集团有限公司与甘肃省永靖古典建筑工程总公司金源公司对广州市水电建设工程有限公司、广州市水电建设工程有限公司梧州项目经理部所应承担的40%次要责任负连带清偿责任,符合上述法律规定。

案例 3:实际施工人申请对已完工程进行造价鉴定的前提是工程质量合格

【引言】

根据《民法典》第七百九十三条的规定,在建设工程施工合同无效的情况下,如果建设工程经验收合格,可以参照合同关于工程价款的约定折价补偿承包人。如果建设工程经

验收不合格，承包人应当进行修复，如修复后仍验收不合格，承包人无权要求折价补偿。本案中，在案涉工程存在质量问题的前提下，实际施工人无权主张工程款。

【案例来源】

（2022）湘 04 民终 1290 号

【诉讼主体】

李某：一审被告及反诉原告、二审上诉人

A 公司：一审原告及反诉被告、二审被上诉人

B 公司：一审被告及反诉第三人

【原告起诉请求】

一、确认 A 公司与李某于 2019 年 2 月 28 日所签订的《建筑工程施工承包合同》无效；二、确认 A 公司与 B 公司于 2019 年 1 月 19 日所签订的《建筑工程承包合同》无效；三、判令 B 公司、李某赔偿 A 公司因其过错给 A 公司造成的经济损失 700000 元；四、判令 B 公司、李某将工程分部验收资料交付 A 公司；5、判令 B 公司、李某承担本案的全部诉讼费用。

【被告反诉请求】

一、判令李某与 A 公司签订的《建筑工程施工承包合同》及《2 号、3 号、4 号楼包工包料承包补充协议》无效；二、判令 A 公司与 B 公司签订的《建筑工程施工承包合同》无效；三、判令 A 公司向李某支付建设工程款 320 万元及资金占用利息（以 320 万元为基数，按银行间同业拆借利率 3.58％自 2020 年 11 月计算到实际清偿之日止）；四、本案诉讼费、保全费、鉴定费等由 A 公司承担；五、判令李某在反诉请求第三项范围内对案涉工程 2～4 号楼房拍卖、变卖、折价的价款享有优先受偿权。

【争议焦点】

一、李某诉请 A 公司支付案涉工程款及利息的条件是否成就；二、李某在本案中的过错责任如何承担。

【基本案情】

一、A 公司与 B 公司之间的合同签订情况

2019 年 2 月 28 日，因李某不具备施工资质，A 公司与 B 公司签订了《建设工程施工承包合同》，该合同内容与上述合同内容基本一致，由李某挂靠 B 公司对上述工程进行施工。

二、A 公司与李某之间的合同签订及履行情况

2019 年 1 月 8 日，A 公司与李某签订《建设工程施工承包合同》，约定 A 公司将开发的案涉工程 2～4 号楼的楼层工程交由李某承包施工，建筑总面积约 11000m²，包工包料单价为 908 元/m²，增加工程量只计算 99 定额直接费；工期为 300 天，即 2019 年 1 月 8

日至 2019 年 10 月 8 日。工程款支付方式为：（1）主体工程按总工程款的 55％分三段支付（完成第三层后支付总工程款的 22％，完成第四层至第五层支付总工程款的 15％，完成第六层至顶层支付总工程款的 18％）；（2）内粉外贴完工后支付总工程款的 15％；（3）门窗、扶手、水电、附属工程完工后支付总工程款的 17％；（4）竣工验收、交付资料备案表后支付总工程款的 8％；（5）总工程款的 5％余款作为工程质量保证金，备案满一年后无质量问题即退还。双方还约定了其他权利义务、违约责任、工期、安全事项等。

2019 年 1 月 9 日，A 公司与李某又签订了《2 号、3 号、4 号楼包工包料补充协议》，约定如高压线路不能及时拆除，在不影响施工工期情况下，李某要按期完成工程量；在影响施工工期时，A 公司负责将已施工桩基础按实际 99 定额结算，主体工程按已完成工程量承包单价付款标准结算付款。合同还约定了其他事项。

合同签订后，李某组织了施工。至 2019 年 5 月 20 日，2～4 号楼地基与基础工程建设完工，并经验收合格。之后，李某完成了 2 号、3 号楼主体工程主要工程量，4 号楼部分主体工程。2019 年 11 月 1 日，因 4 号楼建在 11 万伏近松高压线下，存在重大安全隐患，且未按规划许可要求进行建设，某市城乡规划局某分局作出《责令停止违法行为决定书》，责令该工程立即停止建设，听候处理。李某对该工程停止了施工。

三、A 公司已付款情况

A 公司自合同签订后至 2021 年 2 月 9 日共向李某支付了工程款 5087350 元。

2019 年 2 月 26 日，A 公司与 C 监理公司签订《建设工程监理合同》，约定签约酬金按 10 元/m² 计算，暂定 100000 元，最终以实际竣工建筑面积结算支付。同时还约定，若工程延误或暂停，则每延长一个月应支付酬金 10000 元。2019 年 5 月 22 日、2019 年 9 月 17 日、2020 年 1 月 20 日、2020 年 6 月 4 日、2020 年 8 月 28 日，A 公司向 C 监理公司支付监理费 3 万元、2 万元、3 万元、2 万元、1 万元，共计 11 万元。

在法院审理期间，A 公司委托 D 检测公司对诉争的 2～4 号楼的施工质量进行检测，花去检测费 157000 元。D 检测公司于 2021 年 11 月 16 日分别出具了报告编号为 XCBG-21-Z3-0213/0214/0215 的三份《施工质量检测鉴定报告》。

0213 报告结论为："该工程施工质量存在以下问题：1. 构造柱未按照图纸要求设置，存在构造柱缺失及未设置马牙槎现象；2. 部分构造柱混凝土抗压强度未达到混凝土设计强度；3. 部分混凝土板存在开裂、渗水、泛碱现象；4. 场墙体未严格按照图纸要求进行砌筑，存在墙体与图纸不符现象；5. 厨房和卫生间未按图纸要求设置卷边报告编号；6. 部分客厅未按图纸要求圈梁进行满圈设置；7. 部分混凝土构件尺寸与图纸不符；8. 墙体灰缝不顺着、不饱满、宽度过大；9. 墙体垂直度偏差过大；10. 部分墙体转角处及纵横墙交接处未扫描到拉结钢筋；11. 部分混凝土构件存在蜂窝、麻面、爆模、露筋、错台现象；12. 过梁与墙体存在搭接长度不够、少数过梁宽度不够；13. 部分电梯井过梁高度不够、搭接长度不够；14. 屋面及天沟均未按照图纸要求设置 2mm 厚防水卷材；15. 电梯井内存在积水、渗水现象。"

0214 报告结论为："该工程施工质量存在以下问题：1. 构造柱未按照图纸要求设置，存在构造柱缺失及未设置马牙槎现象；2. 部分构造柱混凝土抗压强度未达到混凝土设计强度；3. 板水、泛水现象；4. 现场墙体未严格按照图纸要求进行砌筑，存在墙体与图纸不符现象；5. 厨房和卫生间未按图纸要求设置卷边；6. 部分客厅未按图纸要求圈梁进行满圈设置；7. 部分混凝土构件尺寸与图纸不符；8. 墙体灰缝不顺着、不饱满、宽度过大；9. 墙体垂直度偏差过大；10. 部分墙体转角处及纵横墙交接处未扫描到拉结钢筋；11. 部分混凝土构件存在蜂窝、麻面、爆模、露筋、错台现象；12. 过梁与墙体存在搭接长度不够、少数过梁宽度不够；13. 部分电梯井过梁高度不够、搭接长度不够；14. 电梯井混凝土圈梁中存在红砖；15. 屋面及天沟均未按照图纸要求设置 2mm 厚防水卷材；16. 电梯井内存在积水、渗水现象。"

0215 报告结论为："该工程施工质量存在以下问题：1. 构造柱未按照图纸要求设置，存在构造柱缺失及未设置马牙槎现象；2. 部分构造柱混凝土抗压强度未达到混凝土设计强度；3. 部分混凝土板存在开裂、渗水、泛碱现象；4. 生反坎设置素混凝土反坎或反坎高度不满足设计要求；5. 客厅未按图纸要求圈梁进行满圈设置；6. 部分混凝土构件尺寸与图纸不符；7. 部分墙体灰缝不顺着、不饱满、宽度过大；8. 部分墙体垂直度偏差过大；9. 部分墙体转角处及纵横墙交接处未扫描到拉结钢筋；10. 部分二层梁底用钢筋作垫块；11. 部分混凝土构件存在蜂窝、麻面、爆模、露筋、错台现象；12. 部分过梁与墙体存在搭接长度不够；13. 电梯井过梁高度不够、搭接长度不够；14. 电梯井内存在积水、渗水现象。"

【一审裁判观点】

一、李某与 A 公司签订的《建筑工程施工承包合同》《2 号、3 号、4 号楼包工包料补充协议》、B 公司与 A 公司签订的《建设工程施工承包合同》均属无效合同，A 公司、李某、B 公司应承担的缔约过失责任比例分别为 20%、60%、20%。

李某没有建筑施工资质，其与 A 公司签订的《建筑工程施工承包合同》《2 号、3 号、4 号楼包工包料补充协议》违反了法律禁止性规定，应属无效合同。B 公司与 A 公司签订《建设工程施工承包合同》后，由无资质的挂靠人李某负责施工，该合同也违背了法律法规的禁止性规定，也属无效合同。缔约过程中，李某明知自己没有施工资质，仍与 A 公司签订施工合同并径行挂靠 B 公司，应承担主要过错责任；A 公司明知李某无资质，仍与其签订建设施工合同，并将工程交付其施工，也有一定的过错责任；B 公司明知李某无资质，允许其挂靠，在与 A 公司签订合同后又将工程交付李某施工，亦应承担相应的过错责任。该院对 A 公司、李某、B 公司应承担的缔约过失责任比例分别确定为 20%、60%、20%。

二、案涉工程因质量不合格尚需修复，修复合格后方可进行造价鉴定。李某在该工程修复并经验收合格后，可另行主张工程款等权利。

由于该工程被 D 检测公司鉴定为工程存在质量问题，工程质量不合格需要修复，待修复后经验收合格，才能对工程造价进行评估鉴定确认该工程的总造价，该工程未进行修复，也未经验收合格，不能进行工程造价评估鉴定，故李某反诉请求 A 公司支付工程款 320 万元及资金占用利息的条件未成就，对此应予以驳回。李某在该工程修复并经验收合格后，可另行主张权利。

三、A 公司是否超付李某工程价款尚未确定，A 公司要求支付资金占用利息证据不足。

到目前为止，A 公司共付李某工程款 5087350 元，由于工程总价款未确定，A 公司应付李某的工程款也无法确定，是否超付处于不确定状态，现 A 公司要求支付资金占用利息 763102 元没有证据支持，一审法院对此不予采纳。

四、工程未经验收，无法确认监理费数额，对 A 公司要求李某承担监理费的请求不予支持。

A 公司与 C 监理公司签订合同时约定"按 10 元/m² 计算，暂定 100000 元，最终以实际竣工建筑面积结算支付"，现该工程未经验收，无法确定工程的建筑面积，也无法确定 A 公司是否多交了监理费 60000 元，故对 A 公司要求李某承担 60000 元的监理费的请求，一审法院亦不予采纳。

五、鉴定费是 A 公司支付的合理费用，应由 A 公司、李某、B 公司按照缔约过失责任比例分担。

A 公司就李某已建工程是否合格，是否存在质量问题，委托 D 检测公司进行鉴定并支付了鉴定费 157000 元，该费用是 A 公司支付的合理费用，应由 A 公司、李某、B 公司按照缔约过失责任比例分担，即 A 公司、李某、B 公司分别承担 31400 元、94200 元、31400 元，李某与 B 公司相互承担连带赔偿责任。

【一审裁判结果】

一、确认 A 公司与李某签订的《建筑工程施工承包合同》及《2 号、3 号、4 号楼包工包料补充协议》无效；二、确认 A 公司与 B 公司签订的《建筑施工承包合同》无效；三、限李某、B 公司在本判决发生法律效力后五日内共同支付 A 公司 125600 元；四、驳回 A 公司的其他诉讼请求；五、驳回李某的反诉诉讼。

【上诉理由】

一、一审法院一方面停止在先进行的由双方共同参与的案涉工程造价鉴定程序，另一方面却采信被上诉人此后单方委托的工程质量鉴定报告，有失公允，且程序违法。

1. 上诉人在一审提起反诉后已于 2021 年 10 月 12 日申请案涉工程司法造价鉴定，一审法院司法技术处组织本案当事人共同摇号确定了鉴定机构，但之后迟迟不推进司法造价鉴定程序，导致造价鉴定最终不了了之。

2. 被上诉人在上诉人提起司法造价鉴定申请后单方委托鉴定机构对案涉工程施工质量作出鉴定报告，其目的是规避上诉人共同参与到质量鉴定过程中，且鉴定所需的图纸、材料的真实性、合法性、关联性未经质证核实，鉴定人员的工作程序和鉴定方法没有接受上诉人的监督，由此形成的鉴定意见不具有客观性。

3. 被上诉人的质量鉴定报告应属无效。该鉴定报告中的主检人、审核人、批准人落款处只有签字没有鉴定人员的检测专用章，且报告没有附任一鉴定人员的资质证书，故该鉴定报告在被上诉人没有补正并经上诉人质证的情况下，依法应不被采信。

4. 一审法院没有向上诉人释明是否申请重新鉴定的情况下，采信被上诉人的质量鉴定报告，径行判决，程序违法。

5. 一审法院在送达判决书时才告知不同意上诉人申请的造价鉴定，剥夺了上诉人的辩论权。

二、一审法院判决上诉人承担 60% 的缔约过失责任错误。被上诉人应承担本案主要的缔约过失责任。

首先，被上诉人作为案涉工程建设方，对施工单位的选择具有绝对的话语权，其明知上诉人没有资质仍与上诉人签订案涉合同。其次，案涉工程没有完工的原因是被上诉人没有实现拆除高压线的承诺，导致上诉人无法继续施工。最后，被上诉人在案涉工程被行政部门叫停后没有履行补充协议中约定的基础工程付款义务，导致本案纠纷产生。

三、原审判决驳回上诉人反诉请求错误。

被上诉人的质量鉴定报告不能作为上诉人请求支付的工程款结算条件不成就的依据。退一步讲，即使采信该质量鉴定报告，案涉工程存在的质量瑕疵是可能通过修补处理的，被上诉人不能因此抗辩拒付工程款。

【被上诉人答辩】

原审程序合法。上诉人与被上诉人签订的《建筑工程施工承包合同》以及被上诉人与原审被告签订的《建设工程承包合同》均系无效合同，被上诉人提交的质量鉴定报告可证明案涉工程质量不合格，上诉人亦未申请重新鉴定。根据法律规定，案涉工程质量经验收不合格，上诉人诉请被上诉人支付工程价款于法无据，原审未继续进行上诉人申请的工程造价鉴定并无不当。从质量鉴定报告载明的内容中，可看出上诉人在施工过程中未按图施工，已完工程存在严重的质量问题，原审驳回上诉人的诉讼请求并无不当。上诉人无施工资质，挂靠 B 公司承包案涉工程，在本案中存在重大过错，原审判令上诉人承担 60% 的过错责任并无不当。综上，请求驳回上诉，维持原判。

【二审裁判观点】

一、案涉施工合同虽属无效，如已完工部分工程已经竣工验收合格，李某仍有权请求 A 公司支付相应工程款。但在李某未对案涉工程质量问题修复合格的情况下，李某诉请 A 公司支付相应工程款及利息的条件尚未成就。

《民法典》第七百九十三条规定："建设工程施工合同无效，且建设工程经验收不合格的，按照以下情形处理：（一）修复后的建设工程经验收合格的，发包人可以请求承包人承担修复费用；（二）修复后的建设工程经验收不合格的，承包人无权请求参照合同关于工程价款的约定折价补偿。发包人对因建设工程不合格造成的损失有过错的，应当承担相应的责任。"本案中，李某无施工资质，其挂靠 B 公司承包案涉工程，但因种种原因未能按照案涉《建筑工程施工承包合同》及《2 号、3 号、4 号楼包工包料承包补充协议》约定完成全部施工内容。现李某请求 A 公司支付已完工部分的工程款及利息，根据法律规定，虽然案涉施工合同属无效合同，但如已完工部分工程已经竣工验收合格，李某仍有权请求 A 公司支付相应工程款。A 公司在一审审理过程中单方委托 D 检测公司对案涉工程施工质量进行检测，该鉴定机构出具的三份《施工质量检测鉴定报告》载明的内容可证明案涉已完工程存在质量问题。在李某未对该鉴定报告载明的问题修复合格的情况下，原审认定李某诉请 A 公司支付相应工程款及利息的条件尚未成就，由此驳回李某的该项请求，于法有据。

二、申请对已完工程进行司法造价鉴定，应以案涉工程质量合格为前提。

李某在一审审理过程中申请对案涉已完工程进行司法造价鉴定，应以案涉工程质量合格为前提。如前所述，案涉工程存在质量问题，在李某未对案涉工程存在的问题进行修复并达到合格的情况下，原审未予继续进行司法造价鉴定，程序合法，处理结果并无不当。李某事后如能补足相关证据，亦可另行主张权利，保护其合法权益。

关于李某在本案中过错责任的承担问题。A 公司进行质量鉴定支出了鉴定费 157000 元，该费用属于 A 公司因无效合同产生的合理费用，A 公司、李某、B 公司作为案涉无效合同的当事人应对该费用承担相应的民事责任。李某作为案涉工程的实际施工人，即使案涉合同无效，也应对其已完成工程的质量承担主要责任。根据 D 检测公司出具的三份《施工质量检测鉴定报告》载明的内容，原审判令李某对质量鉴定费承担 60% 的过错责任并无不当。李某主张其应承担次要责任的理由不能成立，二审法院对此不予支持。

【二审裁判结果】

驳回上诉，维持原判。

【律师评析】

建设工程质量是否合格直接关系到社会公共利益，建设工程质量是否合格是建设工程施工合同纠纷中必须审查的问题，法律赋予实际施工人突破合同相对性主张工程价款的前提是工程质量合格。本案中，实际施工人借用资质进行施工，且经鉴定了解到其并未按合同约定完成施工任务，在此前提下，实际施工人主张发包人支付已完部分的工程款没有事实依据。本案法院认为，实际施工人李某在一审审理过程中申请对案涉已完工程进行司法造价鉴定，应以案涉工程质量合格为前提，在李某未对案涉工程存在的问题进行修复并达到合格的情况下，原审未予继续进行司法造价鉴定，程序合法，处理结果并无不当。

当然，根据《民事诉讼法》的规定，发包人主张已完工程质量不合格而拒付工程款时，需要提交证据予以证明，包括但不限于提交工程质量鉴定意见书、现场缺陷照片、现场签证单等，在证据不充分的前提下，发包人还可以向法院申请对工程质量缺陷及修复费用进行鉴定。

【相关案例索引】

范某、李某、刘某、莱州市夏邱镇泰和石材厂建设工程施工合同纠纷一案

案号：（2022）鲁 07 民终 2543 号

裁判观点：根据《民法典》第七百九十三条规定"建设工程施工合同无效，但是建设工程经验收合格的，可以参照合同关于工程价款的约定折价补偿承包人。建设工程施工合

同无效，且建设工程经验收不合格的，按照以下情形处理：（一）修复后的建设工程经验收合格的，发包人可以请求承包人承担修复费用；（二）修复后的建设工程经验收不合格的，承包人无权请求参照合同关于工程价款的约定折价补偿。发包人对因建设工程不合格造成的损失有过错的，应当承担相应的责任"及《民诉法解释》第九十条第二款"在作出判决前，当事人未能提供证据或者证据不足以证明其事实主张的，由负有举证证明责任的当事人承担不利的后果"之规定，本案中，范某、李某仅提供了案外人王某出具的工程量明细单，未提供工程竣工验收合格的证据，同时，依据双方签订的《施工合同》，付款时间也明确约定为工程竣工验收合格三个月内，现原告提供的证据不足以证实案涉工程已经验收合格，因此，对原告要求被告支付工程款及违约金的诉讼请求，法院不予支持。

案例 4：实际施工人中途退场，发包人交由第三人施工，应视为对已完工部分质量无异议

【引言】

因发包人原因导致实际施工人中途退场，发包人另行寻找第三人完成施工的，对于实际施工人已完工的部分工程，视为发包人对质量无异议，发包人应根据实际完成的工程量进行结算。

【案例来源】

（2019）青民终 149 号

【诉讼主体】

A 公司：一审原告、二审被上诉人

B 学校：一审被告、二审上诉人

C 公司：一审第三人

C 分公司：一审第三人

李某甲：一审第三人

【原告起诉请求】

一、依法判令被告向原告支付工程款 9361727.21 元，并按中国人民银行同期同类贷款利率支付利息；二、诉讼费用由被告承担。

庭审中变更诉讼请求为：一、依法判令被告向原告支付工程款 8181951.33 元，并按 2014 年中国人民银行同期同类贷款利率支付利息；二、诉讼费、鉴定费全部由被告承担。

【争议焦点】

【基本案情】

2014 年 3 月 30 日，B 学校与 C 分公司签订《建设工程施工合同》，约定 C 分公司承建

B学校土建、水电暖、附属工程，合同采用一次包定合同形式（图纸变更除外），工期为2014年4月1日至8月15日，合同价款为3500万元。李某甲（系A公司法定代表人李某乙的配偶）在承包方代表处签字，C分公司未实际履行该合同。同日，C分公司向B学校出具《声明》一份，载明："为保证学校建设工期和现场采购需要，工程款可按乙方需求汇入指定账户。"

2014年4月，李某甲与D公司商洽其在当地开展项目，D公司遂设立D分公司并任命李某甲为负责人。2014年7月22日，D分公司领取营业执照。B学校施工现场所立工程概况牌标注施工单位为D分公司。D公司及D分公司未授权李某甲承建B学校工程，并对工地告示牌标注施工方为"D分公司"一事不知情。

2014年7月底工程停工，各方未对在建工程进行交接与验收。

2014年4月至7月期间，B学校向李某甲个人账户支付300万元，向A公司账户支付1110万元，共计1510万元。2014年9月6日，A公司单方委托F公司对已完工程量作出决算，工程决算总价为24461727.21元。工地聘用负责人王某制作的《B学校各项开支汇总表》显示，2014年4至7月，案涉工程费用总支出为12688695.2元。

2015年3月18日，B学校与E公司就未完工程签订《建设工程施工合同》，合同暂估总价款为2500万元。

本案审理过程中，A公司申请对已完工程造价进行鉴定，法院依法委托某司法鉴定所进行鉴定。鉴定人员依据委托事项并结合当事人提交的鉴定资料、现场勘验记录、相关定额等，作出鉴定意见：（1）若依据A公司确定的标的物已完工程施工范围进行计算，B学校已完工程造价鉴定价格为23281915.33元；（2）若依据B学校确认的标的物已完工程施工范围，扣除综合实验楼、综合教学商品混凝土、水泥、砂石费用以及人工费进行计算，B学校已完成工程造价鉴定价格为15760168.33元。

【一审裁判观点】

一、A公司是案涉工程的实际施工人，系本案适格的原告。

B学校发包的工程项目属于应当招标投标建设的工程，但案涉工程未经招标投标程序，违反了法律、行政法规的强制性规定，依照《合同法》第五十二条第五项的规定，应当认定发包无效。B学校所发包工程项目部分完成系不争的事实，但与该案涉工程相关的C分公司、D分公司、李某甲均否认对该工程的施工，结合B学校将工程款实际支付给A公司这一事实，能够认定A公司系该工程的实际施工人，B学校的抗辩理由不能成立，一审法院不予采纳。

二、实际施工人撤场后，发包人另寻施工单位完成未完工程，视为认可实际施工人已完工程质量，对已完工程可据实结算。

A公司撤场后，B学校就未完工程与E公司签订《建设工程施工合同》，由该公司对未完工程继续进行施工，该行为视为B学校认可A公司已完工程质量，A公司对其已完工程的工程款可据实结算，即依据案涉工程第一种鉴定意见主张工程款；B学校向A公司已付工程款1510万元。对B学校提交的商品混凝土材料款128万元、塔式起重机租赁费

15.6 万元、工地管理人王某借款 20 万元的证据予以认定，上述款项应计入已付工程款；关于支付利息的问题，案涉工程于 2014 年 7 月底停工，A 公司撤离工地时未与 B 学校进行工程交接和结算，根据《2004 年建工解释》第十八条第三项的规定，应付款时间为当事人起诉之日，故利息起算时间为起诉之日。

综上，A 公司已完工程总造价为 23281915.33 元，扣除已支付工程款 1510 万元，商品混凝土材料款、塔式起重机租赁费、借款共计 1636000 元，B 学校应向 A 公司支付剩余工程款 6545915.33 元。

【一审裁判结果】

一、B 学校于本判决生效后十五日内给付 A 公司工程款 6545915.33 元及相应利息（自 2014 年 11 月 14 日起至实际付清之日止，以中国人民银行同期同类贷款利率为标准计息）；二、驳回 A 公司的其他诉讼请求。

【上诉理由】

一、B 学校与 A 公司未签订《建设工程施工合同》，A 公司不是合同的相对方，亦不是本案的实际施工人。

现有证据无法证明 C 分公司将该案涉工程转包或分包给 A 公司，A 公司的相关工作人员也未进驻现场施工。一审法院以工程款收款账户是 A 公司为由认定 A 公司为实际施工人，缺乏事实依据。另外，A 公司出具的《声明》经司法鉴定后，确认其落款处的"C 分公司"印章系伪造形成。一审法院仅凭借该《声明》认定 A 公司为实际施工人，系事实认定错误。

二、司法鉴定意见书不应作为定案依据。

首先，案涉工程实际施工图纸与原始图纸不同，该院以原始图纸为鉴定依据作出的鉴定意见不准；其次，B 学校提供工程承包合同、甲供材料书证以及向农民工支付工资的收据等证据，用于证明 B 学校自行承建完工的部分工程，而在 A 公司未提交任何反驳证据的情形下，一审法院采纳第一种鉴定意见确定工程造价为 23281915.33 元，系事实认定错误。

综上，请求二审法院在查明事实的基础上，依法改判驳回被上诉人 A 公司的诉讼请求。

【被上诉人答辩】

一、A 公司为案涉工程的实际施工人。

C 分公司与 B 学校签订《建设工程施工合同》后，A 公司立即安排人员进场施工，上诉人已向 A 公司支付 1510 万元工程款，并在付款通知单中明确说明该款项为工程款。法院民事裁定书也已确认 A 公司为本案实际施工人，B 学校应当据实结算工程款。

二、案涉工程应当以鉴定意见（一）为依据认定应付工程款。

首先，设计公司向 B 学校发出《设计变更通知》的落款日期为 2014 年 10 月，而 A 公司撤离工地停止施工的时间是 2014 年 7 月底，因此即使发生图纸变更也是在 A 公司撤离现场之后；其次，《设计变更通知》是依据某省住房和城乡建设厅《关于 2014 年度全省工程勘察设计市场监督检查结果的通报》中的相关内容作出的，而该通报的发文日期却迟于《设计变更通知》，因此该《设计变更通知》的真实性存疑；再次，本案司法鉴定和庭审过程中，上诉人均未对鉴定图纸提出异议，并且上诉人在现场勘验时已对案涉工程的完工情况签字确认；最后，上诉人关于自行承建部分工程的抗辩理由不能成立。

综上，请求二审法院依法驳回上诉，维持原判。

【二审裁判观点】

一、A公司与B学校已形成事实上的施工关系，其退场后B学校又将未完工程承包第三方，对由A公司完成的已完工程未提出质量异议，应视为工程质量合格，A公司向B学校主张欠付工程款的条件已成就，故A公司作为原告主体适格。

第一，本案中，B学校与C分公司签订《建设工程施工合同》，李某甲在承包方代表处签字。但C分公司未实际履行该合同，李某甲也认可其未进行施工。虽然A公司与发包方B学校未签订合同，但从工程款的流向看，A公司收到1110万元工程款，该款项在已付工程款中占比较大，李某甲也收到B学校转付的300万元，对此A公司、B学校均未提出异议并认可。第二，案涉工程"B学校"工程概况牌内容中有"施工单位为D分公司"，一审法院就此内容向D公司及D分公司调查，D公司称，D分公司仅是因案涉工程而成立，李某甲为负责人，但分公司成立后李某甲也未开展业务。2014年11月，D公司将分公司负责人变更为张某，但D公司、D分公司均未施工案涉工程，两公司对工程概况牌的上述内容不知情。对此，B学校、A公司、C分公司、C公司及李某甲均不持异议。第三，C分公司、C公司在一、二审诉讼中多次自认从未对案涉工程进行施工，A公司及李某甲亦认可。B学校亦主张C分公司的《声明》系伪造，其只是按照C分公司的付款要求将工程款汇入指定账户。但该《声明》中并未明确接收工程款的指定账户。而工程款的实际接收账户为A公司账户和李某甲个人账户，A公司收到的工程款系七次转账累计，故B学校作为案涉工程的发包方，理应对案涉工程由A公司实际施工知情，且其支付工程款的时间和进度均与案涉工程的施工日期相吻合。第四，关于王某书写的《证明》，结合本案已形成的一、二审庭审笔录内容，王某系A公司指派的项目负责人，于2014年4月开始负责B学校项目的施工工作。对此，C分公司、C公司、A公司及李某甲在一审庭审笔录中均认可。B学校主张王某不是A公司委派的，而系C分公司项目经理，但从本案工程款的流向来看，王某多次将A公司转付的工程款用于购买原材料、支付工人工资，并在大量支出单据中署名，其是在履行施工方项目负责人的职责。根据谁主张谁举证的民事证据规则，B学校未能举示反驳证据证明王某系C分公司委派。综上所述，A公司与B学校形成实际施工关系，对案涉工程进行部分施工，其有权取得相应工程款。故上诉人B学校主张A公司不是适格原告的上诉理由不能成立。故，A公司与B学校已形成事实上的施工关系，其退场后B学校又将未完工程发包给第三方，对由A公司完成的已完工程未提出质量异议，应视为工程质量合格，A公司向B学校主张欠付工程款的条件已成就，故A公司作为原告主体适格。

二、关于B学校是否应当向A公司给付工程款6545915.33元及相应利息的问题。

（一）A公司就已完成工程造价于2018年9月3日提出鉴定申请，同日一审法院委托鉴定。鉴定机构为案涉司法鉴定所，该所取得某省司法厅颁发的司法鉴定许可证，相应鉴定人员亦取得中华人民共和国司法鉴定人员执业证，并在有效期限内执业，该鉴定程序合法，不存在上诉人B学校所提鉴定组织不合法的情形。

（二）关于B学校就第一种鉴定意见所提异议是否成立的问题。

鉴于B学校在一、二审期间多次对鉴定意见提出不同异议，二审期间法院向B学校释明，要求其明确对案涉工程鉴定意见中第一种结论提出最终的所有异议，B学校共提出三点异议，其又在二审庭审时提出该鉴定意见是鉴定机构依据其在踏勘现场时提出的视频资料作出第一种鉴定结论，有失客观。现针对上述异议逐条分析认定。

1. 关于B学校主张案涉工程中综合实验楼、综合教学楼二次结构中商品混凝土、水泥、砂石以及人工费均由该学校采购或支付是否成立。

二审法院认为，2018年9月11日，鉴定机构踏勘现场形成的《当事人完成情况现场确认表》由李某丙（B学校校长）、任某（B学校委托诉讼代理人）签名，虽然A公司未参加此次踏勘现场，但事后对该确认表中已完工程表示认可。同日形成的《现场勘验记录》也能证明各方对案涉工程中由A公司完成的工程量进行确认。该确认表显示综合教学楼的二次结构已完成，综合实验楼的二次结构完成二层。B学校虽提出上述主张，但未能提供已完成二次结构中商品混凝土、水泥、砂石以及人工费的相关票据或购买合同，其二审期间提交的采购票据原件38份及《供暖设备采购安装合同》原件1份也仅是针对采购钢材、电线电缆及锅炉等，并无采购商品混凝土、水泥、砂石以及支付人工费的内容。故已有证据不足以证明B学校的此项主张，其该项主张不能成立。

2. 关于B学校主张案涉工程《当事人完成情况现场确认表》中1～7各分项工程土方外运造价是否应予扣减的问题。

二审法院认为，经向鉴定机构询问，就案涉工程中的土方外运造价一节，鉴定期间该机构未收到B学校及A公司提出的异议。根据《当事人完成情况现场确认表》中载明的已完工程情况来看，双方当事人已确认1～6项的基础均已完成，故相应土石方工程也已完成。根据谁主张谁举证的民事证据规则，B学校虽主张上述土石方外运系自行完成，但无证据证明其将土石方外运发包给A公司以外的施工单位。故已有证据不足以证明B学校的此项主张，其该项主张不能成立。

3. 关于B学校主张案涉工程《当事人完成情况现场确认表》中1～7各分项工程均不存在地面装饰，但第一种鉴定结论中均予以计算，1778458.14元的工程造价是否应予扣减的问题。

二审法院认为，案涉工程是以《某省建设工程消耗量定额装饰装修工程》（2004版）作为鉴定依据来计算相应工程造价的，就B学校有异议的楼地面装饰造价，经二审法院向案涉工程鉴定人调查，鉴定人称案涉工程的鉴定意见中的"楼地面装饰工程"不能仅以字义来理解并确定，其造价实际是根据图纸设计中已完成的地沟垫层、基础垫层、地梁梁底及地梁两侧的保温、正负零以下基础的墙面抹底灰及屋面找平层的相应造价确定的，上述造价被套用在楼地面工程的名录下。就此节经二审法院向 B 学校释明，B 学校不持异议。后 B 学校又变更主张称案涉工程《当事人完成情况现场确认表》中 1～7 各分项工程中综合办公楼、教师公寓楼、学生公寓楼及综合实验楼所包含的内墙抹灰单列和地沟单列的分项工程由 B 学校施工完成，就地沟单列而言其仅对地沟工程设计施工图中的垫层造价提出异议，称学生公寓和综合实验楼的地沟单列中地沟工程设计施工图中的垫层系其自行完成，A 公司未施工，其相应造价应从第一种鉴定意见中扣除。A 公司为未完工程的施工方，双方又未形成已完工程量的确认表，A 公司退场后又由第三方施工，A 公司无施工资料证明其已完工程量，故在发包人提出异议的情况下，A 公司应证明自己的已完工程量，证明相应工程由其施工完成。根据民事证据规则，二审法院将施工完成学生公寓和综合实验楼地沟单列中的地沟工程设计施工图中垫层证据的举证责任分配给 A 公司，并向 A 公司释明要求其限期举证，该公司未能举证。从我国建设工程施工领域中的客观规律来看，B 学校仅对学生公寓和综合实验楼地沟单列中的地沟工程设计施工图中垫层造价提出异议，而未对该垫层以上的施工工序地沟壁、地沟盖板等造价提出异议，不符合建工领域中发包方发包工程的客观规律，即发包方不会将地沟单列中的地沟工程设计施工图中垫层部分和该垫层以上的地沟壁、地沟盖板等施工工序进行支解分包，且 B 学校作为工程发包方未能提交将地沟工程支解发包的证据，按照客观规律能认定学生公寓和综合实验楼地沟单列中的所有工序均由 A 公司施工完成。结合鉴定机构接受二审法院委托出具的《函》载明的内容，B 学校存在异议的教师公寓等六项分项工程造价均包括以下子目录。如学生公寓楼的造价为 342341.40 元，包括（1）灰土（3∶7）地沟、（2）炉（矿）渣干铺、（3）垫层沥青混凝土、（4）水泥砂浆混凝土或硬基层上 20mm 增加子目 1-268、（5）水泥砂浆在填充材料上 20mm 增加子目 1-268、（6）加气混凝土墙面、墙裙抹混合砂浆 12+8mm 共计六个分项造价，对此鉴定人称根据性质分类（1）灰土（3∶7）地沟是地沟垫层的造价，（2）（3）（4）（5）均是主体结构的附属设计造价，与地沟无关联，（6）是内墙抹灰的造价。根据谁主张谁举证的民事证据规则，A 公司应承担举证不能的法律后果。综上，二审法院认定现有证据不足以证明以下工程造价由 A 公司完成：（1）综合办公楼内墙抹灰单列造价为 103567.7 元；（2）教师公寓楼内墙抹灰单列造价为 150430.44 元；（3）学生公寓楼内墙抹灰单列造价为 223913.77 元。以上三项合计造价为 477911.91 元，该造价应从案涉工程的第一种鉴定意见中予以扣除。故综合办公楼、教师公寓楼、学生公寓楼及综合实验楼中的单列项目造价 477911.91 元应从第一种鉴定意见中扣除。故 B 学校欠付的工程款为 23281915.33 元（第一种鉴定意见）－15100000（已付款）－1280000 元（商品混凝土材料款）－156000 元（塔式起重机租赁费）－200000 元（王某借款）－477911.91 元（内墙抹灰造价）＝6068003.42 元。B 学校的其余上诉请求于法无据，不能成立，应予驳回。

4. 关于 B 学校提出案涉工程的鉴定意见中的第一种鉴定结论是鉴定机构依据其在踏勘现场时提出的视频资料作出，有失客观的问题。

二审法院认为，案涉工程的鉴定意见中第三项为鉴定资料摘要，分为法律法规、委托方提供的有关资料及评估方收集的有关资料三个部分。上述三个部分共罗列10个分项，共同组成鉴定的资料，其内容不包含B学校提交的视频资料。且根据谁主张谁举证的民事证据规则，B学校未能举证证明鉴定机构将该视频资料作为鉴定依据。故B学校的此项主张不能成立。综上所述，B学校针对案涉工程的鉴定意见中的第一种鉴定意见所提异议均不能成立。

5. 关于B学校对第一种鉴定意见所依据图纸的异议是否成立的问题。

二审法院认为，B学校对鉴定图纸提出异议的理由是案涉工程发生图纸变更，该图纸不足为据。在案证据显示，设计公司向B学校发出《设计变更通知》的时间是2014年10月，而A公司在同年7月底已撤离现场施工，因此即使发生设计变更也是在A公司撤场后，A公司对图纸变更并不知情。据此，经询问案涉工程鉴定人，确定鉴定所依据的是A公司提交的32卷图纸，在鉴定意见形成初稿后及听证时，B学校从未对图纸提出异议。现B学校未能提交反驳证据证明在A公司施工期间图纸发生变化的情况，故B学校就图纸所提异议不能成立。

（三）关于B学校是否应当支付A公司工程款6068003.42元的利息的问题。

二审法院认为，根据《2004年建工解释》第十八条"利息从应付工程价款之日计付。当事人对付款时间没有约定或者约定不明的，下列时间视为应付款时间：（一）建设工程已实际交付的，为交付之日；（二）建设工程没有交付的，为提交竣工结算文件之日；（三）建设工程未交付，工程价款也未结算的，为当事人起诉之日"的规定，案涉工程自A公司退场后未结算，亦未竣工验收。现有证据能证明2014年7月底为A公司退场时间，该时间可视为A公司将未完工程交付给B学校的时间，故案涉工程的应付工程价款之日应从2014年8月1日起计算。B学校上诉时对该时间节点并未提出上诉，对一审判决认定的付款终止时间即"至实际付清之日止"也未提出上诉，对此，A公司亦无异议，故二审法院对计算案涉工程欠付工程款利息的起点与终点均不再调整，以一审判决认定的时间为准。

综上所述，二审法院认为，作出案涉工程鉴定意见中第一种鉴定意见的程序合法，B学校就综合办公楼、教师公寓楼、学生公寓楼所列内墙抹灰单列的工程造价应予扣除的主张有事实依据，符合法律规定，二审法院予以采纳。B学校的上诉请求部分成立，二审法院对此予以支持，对一审相应部分予以改判。B学校所提其余上诉理由无事实和法律依据，均不能成立，二审法院不予采纳。

【二审判决结果】

一、撤销一审判决第一项"B学校于本判决生效后十五日内给付A公司工程款6545915.33元及相应利息（自2014年11月14日起至实际付清之日止，以中国人民银行同期同类贷款利率为标准计息）"和第二项"驳回A公司的其他诉讼请求"；二、B学校于本判决生效后十五日内给付A公司工程款6068003.42元及相应利息，利息以6068003.42元为本金，自2014年11月14日起至2019年8月19日按中国人民银行同期同类贷款利率计付，之后至实际付清时止，按同期全国银行间同业拆借中心公布的一年期贷款市场报价利率计付；三、驳回 A 公司的其他诉讼请求。

【律师评析】

中途停工及退场的事实，代表了实际施工人中止履行施工义务或者单方面解除合同的意思表示。对于发包人而言，实际施工人系代表施工企业进行施工，实际施工人中途退场的行为也等同于施工企业中途退场，施工企业很可能也需要向发包人承担违约责任。

但是，实际施工人中途退场，如果发包人接收实际施工人已经完成的工程且未对质量提出异议，根据司法解释的相关规定，将被视为是对实际施工人已完工程质量的认可，应当根据实际施工完成的工程量支付工程价款。

实际施工人中途退场的原因通常是发包人不能按约及时支付工程款，但中途退场的行为存在较大风险，会导致争议扩大，故实际施工人在决定停工前，要履行好书面催告义务，作好已完工部分的工程量签证，保留好证据后再行使该行为，防止因自身停工导致发包人损失而被起诉。

【相关案例索引】

周某、谢某、贾某、钱某与南通建工集团股份有限公司、澄迈天浙房地产开发有限公司、何某建设工程施工合同纠纷一案

案号：（2017）琼民终 46 号

裁判观点：2012 年 5 月，澄迈天浙房地产开发有限公司（以下简称天浙公司）（发包人）与南通建工集团股份有限公司（以下简称南通公司）（承包人）签订《建设工程施工合同》，约定将老城商业广场的土建及水电安装工程分包给南通公司进行施工。2012 年 10 月，南通公司与周某等人签订《施工管理责任书》，将案涉工程再转包给周某等人进行施工。2013 年 10 月，因天浙公司屡屡拖欠工程款，南通公司老城项目部向其发出《停工报告》，要求赔偿因停工而产生的误工费、机具租借费和水电费等损失和费用。2016 年 11 月，周某等人将南通公司及天浙公司列为共同被告并向法院提起诉讼，要求支付工程款及利息，赔偿停工、窝工损失，以及主张案涉工程的优先受偿权等。经法院审理后认定，在转包合同无效的情形下，案涉工程未能完成的原因不在于周某等人，其作为实际施工人有权向转包人及发包人主张权利。法院在综合全案的证据情况下，最终判决：南通公司向周某等人支付工程款及利息，天浙公司在欠付工程款范围内就工程款及利息对周某等人承担给付责任，支持原告索赔的部分停工、窝工损失等。

第五篇 程序篇

　　建筑工程领域的诉讼案件往往案情复杂、涉及标的大、审理时间长。实际施工人参与有关工程建设的诉讼时，除了关注案件的实体审理，还应充分了解自身享有何种程序权利、应当关注何种程序问题。

　　在立案阶段，实际施工人面临列谁为被告、选择哪一法院管辖、适用何种案由等问题。《民事诉讼法》第一百二十二条规定："起诉必须符合下列条件：（一）原告是与本案有直接利害关系的公民、法人和其他组织；（二）有明确的被告；（三）有具体的诉讼请求和事实、理由；（四）属于人民法院受理民事诉讼的范围和受诉人民法院管辖。"

　　关于列谁为被告的问题，《2020 年建工解释（一）》第四十三条规定："实际施工人以转包人、违法分包人为被告起诉的，人民法院应当依法受理。实际施工人以发包人为被告主张权利的，人民法院应当追加转包人或者违法分包人为本案第三人……"也就是说，在建设工程施工合同纠纷中，实际施工人既可以将转包人、违法分包人、发包人全部列为被告，也可以单独列发包人为被告，由法院依职权追加转包人、违法分包人为第三人参与诉讼。实际施工人已经将发包人、转包人、违法分包人等列为被告的，在审理阶段也允许实际施工人撤回对转包人、违法分包人的起诉，法院准许撤回后，将依职权追加转包人、违法分包人为第三人。

　　关于选择哪一法院管辖的问题，《民诉法解释》第二十八条第二款规定："农村土地承包经营合同纠纷、房屋租赁合同纠纷、建设工程施工合同纠纷、政策性房屋买卖合同纠纷，按照不动产纠纷确定管辖。"而《民事诉讼法》第三十四条规定："下列案件，由本条规定的人民法院专属管辖：（一）因不动产纠纷提起的诉讼，由不动产所在地人民法院管辖……"因此，实际施工人若以建设工程施工合同纠纷为由向法院提起诉讼，应当由案涉工程所在地法院管辖。需要注意的是，在建设工程施工合同纠纷案件中，发包人、承包人之间若有仲裁条款的，发包人、承包人往往会提出管辖权异议，要求法院驳回实际施工人的起诉，以拖延诉讼。但是，当前主流观点认为，按照《中华人民共和国仲裁法》（以下简称《仲裁法》）第四条的规定，"当事人采用仲裁方式解决纠纷，应当双方自愿，达成仲裁协议。没有仲裁协议，一方申请仲裁的，仲裁委员会不予受理"，实际施工人与发包人没有直接的合同关系，若其与前手之间未约定有仲裁条款的，即便发、承包人之间约定有仲裁条款，该仲裁条款亦不对实际施工人发生效力。

关于适用何种案由的问题。实际施工人视具体案情可以依据《2020 年建工解释（一）》第四十三条以建设工程施工合同纠纷为案由提起诉讼，也可以依据《2020 年建工解释（一）》第四十四条提起代位权之诉，在执行阶段还可以提起案外人执行异议之诉。实际施工人需要关注的是，适用的案由不同，举证责任亦不相同，对实际施工人所主张之权利的限制情况也不一样。例如，在代位权诉讼中，实际施工人能主张的债权数额受制于其对债务人的债权数额、债务人对次债务人的债权数额两个因素，以两个债权中较小的数额为准。

在审理阶段，实际施工人享有申请鉴定等权利。《民事诉讼法》第七十九条规定："当事人可以就查明事实的专门性问题向人民法院申请鉴定。当事人申请鉴定的，由双方当事人协商确定具备资格的鉴定人；协商不成的，由人民法院指定。当事人未申请鉴定，人民法院对专门性问题认为需要鉴定的，应当委托具备资格的鉴定人进行鉴定。"工程造价问题是建设工程类案件中最常见也最具争议的问题。如果在具体案件中，未有证据证明各方当事人对工程造价达成一致，法院为查明事实，可以依当事人申请或者主动依职权委托鉴定。一般情况下，如果委托鉴定程序合法，鉴定依据经过双方当事人质证，鉴定人员亦到庭接受质询，即便当事人对鉴定结论仍有异议，法院亦将参考鉴定结论作出判决。

本篇六个案例将对上述问题进行具体的展示和分析。

案例1：实际施工人不受发包人与承包人约定的仲裁条款的约束

【引言】

实际施工人与发包人之间通常没有合同关系，为保护实际施工人的利益，《2020 年建工解释（一）》第四十三条第二款规定："实际施工人以发包人为被告主张权利的，人民法院应当追加转包人或者违法分包人为本案第三人，在查明发包人欠付转包人或者违法分包人建设工程价款的数额后，判决发包人在欠付建设工程价款范围内对实际施工人承担责任。"

商事仲裁的基本原则是双方自愿，当事人采用仲裁方式解决纠纷，应当自愿达成仲裁协议。没有仲裁协议，一方申请仲裁的，仲裁委员会不予受理，但另一方书面同意仲裁的除外。实际施工人并非合同相对人，不应受到仲裁条款的约束。实际施工人能否向发包人主张权利，取决于发包人是否存在欠付承包人或者违法分包人工程款的事实。

【案例来源】

（2020）皖民终 1334 号

【诉讼主体】

蒋某：一审原告、二审上诉人

A公司：一审被告、二审被上诉人

B公司：一审被告、二审被上诉人

C公司：一审被告、二审被上诉人

【原告起诉请求】

一、判令A公司、B公司立即支付欠付工程款本金18646712.07元、逾期付款违约金3356408.16元（2017年10月31日至2020年10月31日，按照年利率6％计算），合计为22003120.23元，后期逾期付款违约金，按照年利率6％标准计至款付清之日止；二、判令C公司在22003120.23元欠付工程款范围内向其承担给付责任；三、本案诉讼费用由A公司、B公司、C公司承担。

【争议焦点】

实际施工人同时向发包人、承包人、转包人主张工程款请求权的，是否受发包人与承包人之间合同仲裁条款的约束。

【基本案情】

2017年2月9日，C公司和B公司签订的《合同协议书》专用合同条款部分第20.4条约定，因合同及合同有关事项发生的争议，按下列第（2）种方式解决：（1）向S市仲裁委员会申请仲裁；（2）向项目所在地人民法院起诉。2017年2月22日，B公司与A公司签订《建设工程施工分包合同》，该分包合同的第14.1条载明：双方约定，履行合同过程中产生争议时，双方协商调解。第14.2条载明：采取第一种方式不能解决的，向M市仲裁委员会申请仲裁。同年10月11日蒋某作为项目部的负责人与A公司签订内部施工承包责任书，该责任书第二条项目部承包责任目标条款载明：全面履行集团公司与B公司签订的该工程项目《建设工程施工合同》及其组成该合同的所有文件（包括协议条款）。第十七条约定：未尽事宜，双方另行协商；协商不成，双方因履行本合同发生纠纷，由集团公司所在地人民法院管辖或所在地仲裁委员会仲裁。

【一审裁判观点】

《仲裁法》第十六条规定："仲裁协议包括合同中订立的仲裁条款和以其他书面方式在纠纷发生前或者纠纷发生后达成的请求仲裁的协议。仲裁协议应当具有下列内容：（一）请求仲裁的意思表示；（二）仲裁事项；（三）选定的仲裁委员会。"本案中，2017年2月22日，B公司与A公司签订《建设工程施工分包合同》，该分包合同的第14.1条载明：双方约定，履行合同过程中产生争议时，双方协商调解。第14.2条载明：采取第一种方式不能解决的，向M市仲裁委员会申请仲裁。同年10月11日蒋某作为项目部的负责人与A公司签订内部施工承包责任书，该责任书第二条"项目部承包责任目标条款"载明：全面履行集团公司与B公司签订的该工程项目《建设工程施工合同》及其组成该合同的所有文件（包括协议条款），并在考核责任目标完成的同时，按公司有关奖惩办法兑现。由此可见，基于B公司与A公司签订合同时已明确约定若产生争议应协商解决，协商不成的应向 M 市仲裁委员会申请仲裁。况且蒋某与 A 公司签订内部施工承包责任书约定全面执行前述的《建设工程施工合同》内容，上述合同关于仲裁的约定不存在无效情形，该条款的效力亦不受蒋某与 A 公司签订合同效力的影响。因此，本案应交由 M 市仲裁委员会仲裁。蒋某作为原告提起诉讼与约定的内容不符，故本案不属于人民法院的管辖范围。

【一审裁判结果】

驳回蒋某的起诉。

【上诉理由】

一、根据本案各方当事人之间签订的合同，及法律规定各当事人之间的法律关系，足以认定 C 公司为项目发包人。相对于 A 公司而言，B 公司为项目违法分包人。相对于蒋某而言，A 公司为转包人。蒋某系项目的实际施工人。蒋某将发包人、转包人、违法分包人都作为被告向工程所在地法院提起诉讼，符合法律规定。

1. 根据《2004 年建工解释》的相关规定，实际施工人以转包人、违法分包人为被告起诉的，人民法院应当依法受理。实际施工人以发包人为被告主张权利的，人民法院可以追加转包人或者违法分包人为本案当事人，发包人只在欠付工程价款范围内对实际施工人承担责任。

2. 根据最高人民法院（2015）民申字第 3268 号民事裁定书所确定裁判精神，根据公平原则，转包方、违法分包方在对实际施工人承担责任方面，比照《2004 年建工解释》第二十六条发包人承担责任的规定，认定违法分包人、转包人应在欠付工程价款的范围内对实际施工人承担责任。因此，蒋某作为项目的实际施工人向 B 公司主张权利，要求在欠付工程款范围内承担付款责任，符合法律规定，符合最高人民法院的裁判要旨。

3. 根据该条规定及最高人民法院（2014）民申字第 1575 号民事裁定书所确定的裁判精神，实际施工人在一定条件下可以向与其没有合同关系的相关方主张权利，该实际施工人突破合同相对性起诉发包人的权利的为法定权利，其性质不等同于代位权诉讼。在欠付承包人的工程价款数额内承担责任，不是对实际施工人权利范围的界定，更不是对实际施工人程序性诉讼权利的限制。同时实际施工人向发包人主张权利，不能简单地理解为是对承包人权利的承继，当然不受承包人与发包人之间仲裁条款的约束。故蒋某作为项目的实际施工人向发包人、违法分包人、转包人发起诉讼，符合法律规定，S 市中级人民法院当然具有管辖权。

二、一审法院以蒋某与 A 公司签订分包合同约定，"全面履行集团公司与 B 公司签订的该工程项目《建设工程施工合同》及其组成该合同的所有文件"，来推定 B 公司与 A 公司管辖条款的约定适用于蒋某，蒋某应当向 M 市仲裁委员会提起仲裁。一审法院该推定，于法无据。

1. 根据《仲裁法》第四条的规定，当事人采用仲裁方式解决纠纷，应当双方自愿，达成仲裁协议。没有仲裁协议，一方申请仲裁的，仲裁委员会不予受理。根据该条规定，达成仲裁协议条款，应为双方当事人之间的行为，应当为明确约定同意接受仲裁管辖，该约定仅对双方当事人有效。蒋某未与 B 公司签订任何协议，未达成任何仲裁条款，故蒋某无权向 M 市仲裁委员会提起仲裁。

2. 一审法院实质上将实际施工人的诉讼权利，认定为代位权诉讼或债权转让，明显与司法解释赋予实际施工人突破合同相对性进行诉讼的权利性质相违背，同时与最高人民法院裁判要旨相违背。

综上，原审法院对本案是否享有管辖权，取决于案件的诉讼当事人，如果B公司与A公司之间发生纠纷，当然适用仲裁条款。本案系实际施工人蒋某依据《2004年建工解释》第二十六条规定，对B公司提起诉讼，因蒋某与B公司无仲裁条款，蒋某只能依据《民事诉讼法》的相关规定，向工程所在地法院提起诉讼。

【二审裁判观点】

内部施工承包责任书第十七条是蒋某与A公司之间对纠纷解决途径的约定，依据《最高人民法院关于适用〈中华人民共和国仲裁法〉若干问题的解释》第七条"当事人约定争议可以向仲裁机构申请仲裁也可以向人民法院起诉的，仲裁协议无效。但一方向仲裁机构申请仲裁，另一方未在仲裁法第二十条第二款规定期间内提出异议的除外"的规定，蒋某与A公司的约定应无效。实际施工人向发包人主张权利，不能简单地理解为是对承包人权利的承继，也不应受承包人与发包人之间仲裁条款的约束。蒋某与B公司和C公司无明确的仲裁协议，在蒋某与A公司并未明确同意的情况下，根据合同相对性原则，B公司与A公司签订合同约定的仲裁条款，不能约束作为非合同当事人的蒋某。故对于蒋某请求人民法院受理其起诉的主张，二审法院予以支持。

【二审裁判结果】

一、撤销一审裁定；二、本案指令其他中级人民法院审理。

【律师评析】

实际施工人不应受发包人与承包人之间的仲裁条款约束。发包人与承包人签订的施工合同约束合同双方当事人，实际施工人虽然可以依据《2020年建工解释（一）》突破合同相对性向发包人主张工程价款，但该规定的主要目的在于解决农民工工资拖欠问题，该特殊制度并非赋予实际施工人替代承包人地位的权利，不是承继或依附于承包人对发包人享有的权利，故实际施工人不是施工合同的相对方，承包人与发包人之间约定的仲裁条款无法约束实际施工人。仲裁适用一裁终局，对于实际施工人而言，如果发包人与承包人约定的仲裁条款对其产生约束力，则意味着如果裁决结果不利于实际施工人，则实际施工人背后农民工的权益无法得到保障，也使实际施工人制度的立法目的落空。

【相关案例索引】

① 中国水利水电第八工程局有限公司、邓某建设工程施工合同纠纷一案

案号：（2021）湘03民辖终109号

裁判观点：二审法院经审查认为，中国水利水电第八工程局有限公司与湖南省长沙湘华建筑工程有限公司和湘潭市政科技集团有限公司签订的相关合同中虽然约定因合同及合同有关事项产生争议，合同当事人应友好协商，若不能协商一致，合同双方均有权向长沙仲裁委员会提起仲裁。但邓某不是相关合同中的当事人，故合同约定的仲裁条款效力不及于邓某。本案系建设工程施工合同纠纷，工程所在地为湘潭市岳塘区，因此原审法院对本

案依法享有管辖权。经报湖南省高级人民法院复核，上诉人的上诉理由不能成立，二审法院不予采纳。

② 吕某、济南瑞正地矿工程勘察有限公司建设工程施工合同纠纷一案

案号：（2020）鲁03民终798号

裁判观点：存在于双方当事人之间的、合法有效的仲裁协议，是当事人排除人民法院管辖采取仲裁方式解决纠纷的必要条件。本案上诉人以实际施工人的身份向两被上诉人主张权利，其与两被上诉人之间均没有书面合同，其诉讼权利亦无法受承包人与发包人之间仲裁条款的约束，即上诉人也无权依据两被上诉人之间的仲裁条款向仲裁机构提起仲裁申请。原审法院裁定驳回上诉人吕某的起诉不当，二审法院予以纠正。

③ 王某、福州耀隆化工集团公司、北京中寰工程项目管理有限公司、湖北远升建筑工程有限公司宜昌分公司、湖北远升建筑工程有限公司、赛鼎工程有限公司建设工程施工合同纠纷一案

案号：（2017）闽民辖终159号

裁判观点：二审法院经审查认为，根据王某起诉的诉讼请求、所述的事实理由及提交的讼争合同文本，本案系王某以工程实际施工人身份提起的一并向工程发包人、承包人及分包人请求支付工程款之纠纷。结合福州耀隆化工集团公司（以下简称耀隆公司）的上诉主张和王某的答辩意见，本案管辖权的争议焦点为：当实际施工人同时向发包人、承包人、转包人及分包人等主张工程款请求权时，是否受发包人与承包人之间合同仲裁条款的约束。《2004年建工解释》第二十六条规定："实际施工人以转包人、违法分包人为被告起诉的，人民法院应当依法受理。实际施工人以发包人为被告主张权利的，人民法院可以追加转包人或者违法分包人为本案当事人。发包人只在欠付工程价款范围内对实际施工人承担责任。"该条规定涉及两层的法律关系，即实际施工人与转包人、违法分包人之间的合同关系和转包人、违法分包人与发包人（业主）之间的合同关系；其中第二款明确了实际施工人在特定情形下得以突破合同相对性而以发包人为被告向人民法院起诉主张权利之例外情形，及在此情形下可追加转包人或者违法分包人为共同被告或者第三人。但是，该规定在明确了实际施工人对发包人、转包人、违法分包人享有诉权的同时，也将实际施工人的权利作了限定，即准许实际施工人以发包人为被告提起追索工程价款的诉讼，应以实际施工人作为转包合同、违法分包合同关系中的承包人，已经全面实际履行承包人与发包人（业主）签订的建设工程施工合同并形成事实上的权利义务关系，事实上已经取代第一手的承包人与发包人形成合同关系作为前提，亦据此，上述司法解释才规定"发包人只在欠付工程价款范围内对实际施工人承担责任"。因此，这种情况下，实际施工人在向发包人主张合同项下权利时，应受发包人与承包人之间的合同的约束，包括合同中约定的争议解决方式条款。本案中，发包人耀隆公司与承包人赛鼎工程有限公司（以下简称赛鼎公司）签订的《福州耀隆化工集团公司搬迁改造项目合成氨、硝酸及公用工程装置工程合同协议书》第一部分第14条约定："……若双方仍有争议，提请北京仲裁委员会进行仲裁。"该仲裁条款经福州市中级人民法院（2017）闽01民特6号民事裁定认定为有效的仲裁协

议。据此，因该合同的履行发生争议时，争议各方当事人应当将纠纷提请北京仲裁委员会进行仲裁。

综上，王某以实际施工人身份并以耀隆公司、北京中寰工程项目管理有限公司（以下简称中寰公司）、湖北远升建筑工程有限公司宜昌分公司（以下简称远升宜昌分公司）、湖北远升建筑工程有限公司、赛鼎公司为共同被告主张工程款之起诉，应受上述有效仲裁条款之约束，其无权单方改变仲裁条款的约定。然而，王某作为其与中寰公司、远升宜昌分公司之间合同关系的一方当事人，若仅起诉中寰公司、远升宜昌分公司，则可不受上述仲裁条款的约束，王某亦可另案主张。据此，人民法院对本案起诉不享有管辖权。耀隆公司关于人民法院对本案没有管辖权的上诉理由成立，对其上诉请求，二审法院予以支持；原审裁定以王某不应受总承包合同仲裁条款约束及本案属不动产专属管辖为由，认定一审法院对本案享有管辖权不当，二审法院对此予以纠正。

案例 2：实际施工人可单独起诉发包人

【引言】

实际施工人因工程款纠纷将承包人和发包人起诉至法院，审理过程中，实际施工人申请撤回对承包人的诉讼请求，法院经查明后认为其申请符合《民事诉讼法》规定的，可予准许，同时可以根据案件需要将承包人列为第三人，在查明案件事实后结合实际施工人的诉讼请求作出相应判决。

【案例来源】

（2018）最高法民终 128 号

【诉讼主体】

陈某：一审原告、二审被上诉人

A 公司：一审被告、二审上诉人

B 公司：一审第三人

【原告起诉请求】

依法判令 A 公司支付工程款 47170043.58 元。

【争议焦点】

一、一审判决认定陈某为案涉工程实际施工人并据此判决 A 公司向其支付剩余工程款 47170043.58 元是否正确；二、一审法院审理程序是否违法。

【基本案情】

陈某挂靠 B 公司承接案涉工程情况

2010 年 7 月 7 日，B 公司与陈某签订《挂靠协议》，约定 B 公司同意陈某挂靠在其公司名下，承接 A 公司投资建设的案涉工程的建设施工。陈某挂靠期间以 B 公司项目经理部名义自主经营、独立核算、自负盈亏。B 公司按工程总造价的 0.5% 收取管理费。挂靠期间陈某按工程进度收取的 A 公司的工程进度款必须转入 B 公司与陈某在建设银行开设的共管账户，待扣除管理费后其余工程款 B 公司需在 3 天内转入陈某指定账户。

2010 年 8 月 4 日，B 公司中标案涉工程，并于同年 8 月 6 日与 A 公司签订《建设工程施工合同》，约定 B 公司承揽案涉工程，合同价款为 107587026.41 元；工程款按照工程形象进度按月结算，承包人应根据每月工程形象进度计算已完工程价款，每月 20 日前报监理单位审批后，报建设单位办理结算手续；工程进度达 80% 时，工程价款停付，待工程交工验收后，自承包合同价款中扣除 5% 保修金，其余款项全部付清；每次工程进度款支付时，按进度款的 5% 预留工程质量保证金，预留质量保证金直至达到合同总金额的 5%，工程竣工验收（初验）合格交付使用一年后，承包人已全部履行完合同义务的，发包人应于六个月内按规定返还质量保证金，返还时不计银行利息。

2013 年 11 月 8 日，A 公司与 B 公司又签订了《工程施工合同补充协议》，约定建设规模为高层建筑 6 栋，建筑面积 68583.38m²；工程造价变更为 124065185.76 元。2014 年 6 月 27 日，6 栋住宅楼工程竣工验收合格，2014 年 11 月 7 日商铺及地下室工程竣工验收合格。经核算，各方当事人对案涉建设工程总造价 162550043.58 元、已付工程款 115380000 元均无异议。

一审法院依陈某申请调取了陈某与 B 公司设立共管账户时的相关资料，设立共管账户时 B 公司提供了该公司的组织机构代码证、税务登记证、企业法人营业执照、开户许可证及法定代表人王某的身份信息，同时陈某提供了其个人身份信息，该账户预留印鉴中有 B 公司法定代表人王某的印章及签名，同时有陈某私人印章及签名。且从《企业活期明细信息》表中可以看出，A 公司将案涉工程款项均打入该共管账户。

【一审裁判观点】

一、陈某是案涉工程的实际施工人。

首先，B 公司与陈某签订《挂靠协议》，约定陈某挂靠在 B 公司名下承揽案涉工程，B 公司按工程总造价的 0.5% 收取管理费。B 公司对陈某实际施工人的身份予以认可，亦述称其并未参与案涉工程的施工建设，其只收且已收取相应管理费，并同意 A 公司将剩余工程款直接支付给陈某。其次，《挂靠协议》约定挂靠期间陈某按工程进度收取的 A 公司的工程进度款必须转入 B 公司与陈某在建设银行开设的共管账户，待扣除管理费后其余工程款 B 公司需在 3 天内转入陈某指定账户。根据查明的事实可知，共管账户预留印鉴中有陈某私人印章及签名，且 A 公司将工程款打入该共管账户。综上，对陈某的实际施工人身份应予认定。

二、某基层法院划扣 2033329.32 元作为已付工程款无事实及法律依据。

陈某对某基层法院划扣 A 公司 2033329.32 元款项的事实予以认可，但认为与本案无关，该款项不应作为已付工程款予以扣减。对此 A 公司仅举示法院划扣回单一份，该证据仅能证明法院划扣了 A 公司的款项，无法证明此笔扣款与案涉工程及陈某具有关联性，故 A 公司主张将该笔扣款作为已付工程款无事实及法律依据，一审法院对此不予支持。

三、质保金应依约于 2016 年 5 月 7 日前返还，不应在 A 公司欠付工程款中予以扣减。

A 公司与 B 公司所签《建设工程施工合同》约定，每次工程进度款支付时，按进度款的 5％预留工程质保金，预留质量保证金直至达到合同总金额的 5％，工程竣工验收（初验）合格交付使用一年后，承包人已全部履行完合同义务的，发包人应于六个月内按规定返还质量保证金，返还时不计银行利息。案涉工程于 2014 年 11 月 7 日全部竣工验收合格并交付使用，A 公司应依约于 2016 年 5 月 7 日前返还质量保证金，故对 A 公司主张扣减质量保证金的辩解，一审法院不予支持。

综上，陈某与 B 公司签订《挂靠协议》，以 B 公司的名义承揽案涉工程，《2004 年建工解释》第一条规定："建设工程施工合同具有下列情形之一的，应当根据合同法第五十二条第（五）项的规定，认定无效……（二）没有资质的实际施工人借用有资质的建筑施工企业名义的……"故 A 公司与 B 公司所签《建设工程施工合同》无效。《2004 年建工解释》第二条规定："建设工程施工合同无效，但建设工程经竣工验收合格，承包人请求参照合同约定支付工程价款的，应予支持。"虽陈某以 B 公司名义与 A 公司所签《建设工程施工合同》无效，但案涉工程经竣工验收合格并交付使用，故 A 公司应按合同约定支付相应工程款。《2004 年建工解释》第二十六条规定："实际施工人以发包人为被告主张权利的……发包人在欠付工程价款范围内对实际施工人承担责任。"陈某作为案涉工程的实际施工人，有权要求 A 公司在欠付工程款的范围内承担责任，且 B 公司亦同意将欠付工程款直接支付给陈某，故 A 公司应向陈某支付剩余工程款。经核算，各方当事人对案涉工程总造价 162550043.58 元及已付工程款 115380000 元均无异议，故对 A 公司尚欠工程款 47170043.58 元，应予认定。A 公司辩解应扣减某基层法院划扣的 2033329.32 元，无事实及法律依据，一审法院不予支持。因合同约定工程竣工验收合格交付使用一年后，发包人应于六个月内按规定返还质量保证金，故现返还条件成就，对 A 公司扣减质量保证金的主张不予支持。

【一审裁判结果】

A 公司于判决生效后 10 日内支付陈某工程款 47170043.58 元。

【上诉理由】

一、一审程序违法。

一审法院未查明 B 公司的诉讼地位、陈某的曾用名且未确认该部分的事实证据，亦未判决 B 公司承担法律责任，导致诉讼参与人无法合理行使诉权。

二、一审判决认定事实错误。

陈某系 B 公司的委托代理人，而非实际施工人；案外人 C 公司与陈某为不同法律主体，陈某认为工程款从共管账户转入案外人 C 公司账户即为陈某收取错误。

三、一审法院未扣减案涉工程的质量保证金及某基层法院划扣的 2033329.32 元执行款错误。

【二审裁判观点】

一、A 公司系因拖欠 B 公司本案工程款而被执行法院划扣 2033329.32 元，应视为 A

公司已经支付了该部分工程款，该款项应从 A 公司欠付的工程款中予以扣除。

经审理查明，2010 年 7 月 7 日，B 公司与陈某签订《挂靠协议》，约定陈某挂靠 B 公司，以 B 公司名义承接 A 公司投资建设的案涉工程，陈某负责具体施工，B 公司按工程总造价的 0.5% 收取管理费。随后，B 公司中标该工程，陈某组织人员具体施工，现该工程已竣工验收合格并交付使用。另外，根据《挂靠协议》约定，陈某与 B 公司设立共管账户，A 公司将相关工程款项打入该账户，B 公司在扣除管理费后将剩余款项转入陈某另外指定的账户。对此，B 公司并无异议，且一审法院调取了陈某与 B 公司共管账户的相关信息，各方的账务往来情况亦与陈某陈述一致，据此，一审判决认定陈某为案涉工程的实际施工人证据充分，并无不妥。A 公司认为陈某并非案涉工程实际施工人的主张缺乏证据证明，二审法院不予支持。一审中，A 公司作为发包人，对案涉建设项目总造价 162550043.58 元，已付工程款 115380000 元的事实并无异议，其欠付工程款应为 47170043.58 元。但某基层法院的执行裁定及银行回单显示，A 公司被划扣的 2033329.32 元执行款系 B 公司在另案诉讼败诉后所应承担的判决义务，因 A 公司拖欠 B 公司本案工程款，执行法院直接从 A 公司账户进行划扣，现款项已被划扣至执行法院的账户。二审法院认为，A 公司系因拖欠 B 公司本案工程款而被执行法院划扣上述款项，应视为 A 公司已经支付了该部分工程款，该款项应从 A 公司欠付的工程款中予以扣除。故 A 公司拖欠款项应为 45136714.26 元（47170043.58 元－2033329.32 元）。《2004 年建工解释》第二十六条第二款规定："实际施工人以发包人为被告主张权利的，人民法院可以追加转包人或者违法分包人为本案当事人。发包人只在欠付工程价款范围内对实际施工人承担责任。"据此，A 公司应在其欠付工程款 45136714.26 元范围内向实际施工人陈某支付款项。就执行法院划扣的 2033329.32 元，由于本案中陈某未对 B 公司主张权利，可与 B 公司另行解决。

根据 A 公司与 B 公司签订的《建设工程施工合同》约定，按工程进度款的 5% 预留质量保证金，预留质保证金直至达到合同总金额的 5%，工程竣工验收（初验）合格交付使用一年后，承包人已全部履行完合同义务的，发包人应于六个月内按规定返还质量保证金，返还时不计银行利息。案涉工程于 2014 年 11 月 7 日竣工验收合格并交付使用，A 公司依约应于 2016 年 5 月 7 日前返还质量保证金，A 公司以案涉工程仍在质保期内主张扣减的理由无事实及合同依据，一审法院对该请求未予支持，并无不当，对 A 公司关于工程款中应扣除质量保证金的主张二审法院不予支持。

二、一审中，陈某撤回对承包人 B 公司的诉讼请求，符合法律规定，并无不妥。一审法院将 B 公司列为本案第三人，在查明案件事实后，结合陈某的诉讼请求作出相应判决，符合法律规定，审理程序并无不当。

本案系实际施工人陈某依据《2004 年建工解释》第二十六条的规定，向发包人 A 公司、承包人 B 公司主张拖欠工程款所产生的纠纷，一审中，陈某撤回对承包人 B 公司的诉讼请求，属于其对自身权利的处分，一审法院予以准许，符合法律规定，并无不妥。但为了查明案件事实，厘清各方当事人的权利义务，一审法院将 B 公司列为本案第三人，在查明案件事实后，结合陈某的诉讼请求作出相应判决，符合法律规定，审理程序并无不当。

A 公司认为一审判决对第三人 B 公司的法律责任以及在本案中的诉讼地位未予查明，未判决其承担任何责任，属程序违法的上诉理由不能成立，二审法院对此不予支持。

【二审裁判结果】

变更一审判决"A 公司于本判决生效后 10 日内支付陈某工程款 47170043.58 元"为：A 公司于本判决生效后十日内支付陈某工程款 45136714.26 元。

【律师评析】

本案涉及的数个问题，在实践中均颇有争议。在前文中，我们曾经讨论过挂靠的情形下实际施工人能否直接起诉发包人的问题。部分观点认为司法解释规定的实际施工人突破合同相对性直接起诉发包人的情形不包括挂靠的实际施工人，此处不再赘述。本案中，法院采纳的观点是只要工程验收合格并交付使用，实际施工人的投入已经物化为建筑设施，其就有权适用司法解释的规定起诉发包人，故陈某有权向发包人 A 公司主张工程款。

那么，陈某可否在撤回对承包人 B 公司诉讼请求的情况下继续本案诉讼？换句话说，是否可以仅以发包人为单独被告提起诉讼？本案中，法院的观点是，实际施工人未将被挂靠单位列为当事人的，为了查明案件事实，厘清各方当事人的权利义务，可以将被挂靠单位列为第三人，即陈某可以单独以发包人为被告提起诉讼。

【相关案例索引】

① 张某与淳化县住房和城乡建设局、陕西义合房地产开发有限公司建设工程施工合同纠纷一案

案号：（2019）陕 04 民终 2348 号

裁判观点：根据《2004 年建工解释》第二十六条的规定，上诉人张某以实际施工人身份起诉被上诉人陕西义合房地产开发有限公司（以下简称陕西义合公司）、淳化县住房和城乡建设局，符合法定起诉条件，应当依法受理。另根据《2018 年建工解释（二）》第二十四条的规定，上诉人张某撤回对被上诉人陕西义合公司的诉讼请求，但坚持不撤回对其起诉，人民法院可以变更陕西义合公司的诉讼参与人地位，将其列为本案第三人参与本案诉讼。

② 何某与梁某、佛山市顺德区富桥实业有限公司、湛江市建筑工程集团公司建设工程分包合同纠纷一案

案号：（2020）粤 06 民终 9346 号

裁判观点：关于佛山市顺德区富桥实业有限公司（以下简称富桥公司）的责任。何某起诉时将富桥公司列为第三人，未要求富桥公司对案涉工程款承担连带清偿责任。一审审理过程中，2020 年 3 月 18 日，何某要求富桥公司在欠付工程款范围内承担责任；2020 年 5 月 21 日，何某申请撤回对富桥公司的诉讼请求，不要求其承担连带责任。现何某提起上诉要求富桥公司承担连带责任。根据《民诉法解释》第三百二十八条"在第二审程序中，原审原告增加独立的诉讼请求或者原审被告提出反诉的，第二审人民法院可以根据当事人自愿的原则就新增加的诉讼请求或者反诉进行调解；调解不成的，告知当事人另行起诉。

双方当事人同意由第二审人民法院一并审理的，第二审人民法院可以一并裁判"之规定，因富桥公司未明确同意何某提出的富桥公司承担连带清偿责任的上诉请求由二审法院审理，故二审法院对何某关于其对富桥公司的上诉请求在本案中不予处理。

案例 3：实际施工人有权提起代位权诉讼

【引言】

代位权诉讼是指因债务人怠于行使对次债务人的债权，对债务人享有到期债权的债权人有权以自己的名义向次债务人主张权利，但是相应权利专属于债务人自身的除外。2019年2月1日正式施行的《2018 年建工解释（二）》第二十五条（后由《2020 年建工解释（一）》第四十四条承袭）以特别规定的形式，明确了实际施工人可以基于代位权向发包人主张到期债权，实际施工人提起代位权诉讼有了明确的法律依据。

【案例来源】

（2020）最高法民再 231 号

【诉讼主体】

陈某：一审原告、二审上诉人、再审被申请人

A 公司：一审被告、二审被上诉人、再审申请人

B 公司：一审被告、二审被上诉人

宋某：一审第三人

【原告起诉请求】

一、判令 A 公司、B 公司在宋某欠付陈某的款项范围内承担支付责任，即向陈某支付 12487420 元；二、诉讼费用由 A 公司、B 公司承担。

【争议焦点】

一、应收工程款是否为专属于宋某自身的债权；二、宋某对 A 公司、B 公司的债权是否已到期；三、陈某行使代位权的具体金额与责任主体；四、本案与宋某作为债务人的其他案件的协调。

【基本案情】

一、案涉工程的合同签订、实际施工及结算情况

2012 年 3 月 20 日，B 公司（发包人）与 A 公司（承包人）签订《建设工程施工合同》，约定 A 公司承揽案涉工程，按工程实际决算工程量进行结算。协议第六部分"合同价款与支付"下第 14 条约定："双方约定的工程款（进度款）支付的方式和时间：工程形象进度按成巷的工程量报监理工程师审核，经建设单位认可，于次月 15 日前，支付本月工作量的 80％；如未完成当月作业计划，则按 70％拨付工程进度款。单位工程竣工，办

理完各种竣工手续、审批完竣工结算 5 日内，拨付至竣工结算工作量的 95%，余 5% 作为质保金，待工程质量保证期满经验收合格后，3 个月内无息付清。"

同日，A 公司（发包方）与宋某签订《项目管理目标责任书》，约定 A 公司将 B 公司案涉工程的施工任务交由承包人宋某组织实施。双方约定："工程进度款由建设单位汇入发包方银行账号，发包方收取工程结算值 4.5% 的管理费；管理费由发包方在业主拨付的工程款中按比例扣除，其余部分及时向承包方支付。"第六部分"双方的权利和义务"下第 2 条第六项约定："本项目有关税、费及各种罚款均由承包方自行缴纳，包括业主、政府有关部门就本项目对发包方进行的罚款。"第八项约定："项目进行工程结算并经财务决算审计，确认的利润为承包人个人所有，承包人可自主分配。"

2017 年 8 月 3 日，A 公司财务部出具《清理情况》，载明："1. 实际应收债权：截至 2017 年 7 月 25 日，宋某施工期间 B 公司欠付 A 公司案涉工程工程款 82244368.76 元。2. 就案涉工程及另一工程 A 公司账面欠付宋某 40262766.7 元。""二、工程回款情况：截至 2017 年 7 月 31 日，宋某施工期间的应收账款回款及 B 公司转代垫费用抵账共计减少 149633086.17 元。""三、B 公司尚欠拨工程款情况：截至 2017 年 7 月 31 日，由宋某投资组织施工的另一工程已结清，B 公司尚欠付案涉工程工程款 82244368.76 元。""四、期末预付款项清理情况：自进场施工以来，由于宋某一直未开具发票与 A 公司进行内部结算，公司为其垫付费用一直以预付账款形式列支，截至 2017 年 7 月 31 日，公司共计预付宋某各项费用 69157595.22 元，无票列支费用情况，该部分预付款即可清理。""五、欠缴税款合计 13470721.1 元，具体情况如下。1. 欠缴税务机关工程税金及附加：宋某经营期间共计欠缴工程税金及附加 6015164.67 元；2. 无票列支整改所需税费：宋某经营期间共计确认无票列支成本及费用 96050670.81 元（其中未结算的人工费为 43256100 元，材料费为 52794570.81 元），经预测，若开票完善所需税款为 6502470.41 元（暂时按 6.77% 的税率预测，最终以实际发生金额为准）。""内部往来款主要是公司拨付给项目部的各类款项、应收上交指标以及代垫费用，截至 2017 年 7 月 31 日，占用公司资金 28510880.96 元，综上所述：宋某经营案涉工程期间欠付 A 公司资金 41981602.06 元（13470721.1 元＋28510880.96 元），A 公司可收回工程款 82244368.76 元，则就该工程实际欠付宋某结算款 40262766.7 元。"

B 公司在一审中自认尚欠 A 公司 87065000 元工程款，A 公司认可其中 82244368.76 元的工程量是由宋某组织施工。A 公司未通过诉讼或仲裁方式向 B 公司主张过债权。

2017 年 8 月 3 日，A 公司财务部出具《清理情况》后，至 2020 年 12 月 10 日再审询问时，B 公司向 A 公司支付了 13985000 元，其中 5038758 元由 A 公司代付了宋某施工部分的相关费用。宋某、A 公司、B 公司一致确认，截至 2020 年 12 月 10 日，B 公司欠付 A 公司工程款 73614624.28 元。B 公司主张上述欠款除了包含欠付宋某施工部分的工程款之外，还包含欠付 A 公司自行施工部分的工程款。A 公司、宋某主张该 73614624.28 元全部是欠付宋某施工部分的工程款。

2020 年 3 月 30 日，A 公司与宋某签章确认《宋某投资组织施工的案涉工程及另一工程与 A 公司财务账面往来清理情况》，该文件载明，在 B 公司将 73614624.28 元支付给 A 公司的前提下，工程实际欠付宋某结算款 13597156.27 元，包括扣减宋某欠缴的税款合计 29154757.05 元，宋某占用 A 公司的资金 30862710.96 元。其中，宋某欠缴税款具体包括：（1）宋某经营期间欠缴工程税金及附加合计 8092523.18 元；（2）宋某施工产值扣除应缴税务机关相关税费及按 4.5％收取的管理费后，剩余部分 207553509.91 元应由宋某开具合法发票与 A 公司结算，若开票完善所需税款为 19590867.52 元（人工费暂按税率 6.77％预测，材料费及其他费用按照税率 13％预测）；（3）2015 年 1 月退场移交设备及材料 12789569 元，若开票完善所需税款为 1471366.35 元（按税率 13％预测）。

A 公司再审庭审中陈述，在解封其账户的前提下，同意由 B 公司直接向宋某先行支付 13597156.27 元，后续视结算结果而定，放弃如宋某无法完税则应向 A 公司付款的主张。陈某再审庭审认可该份清理情况中列明的部分税款应予扣除，但对于该份清理情况与 2017 年《清理情况》计税基数不一致的部分提出异议。

B 公司再审庭审陈述，案涉工程现由 B 公司自行组织施工，预计工期还有大概三个月，余下工程量占整个工程量的比例不足 10％。宋某应当提交的结算资料已经基本提交给 B 公司，工程量审计环节不需要宋某或者 A 公司提供完税发票。

二、案涉工程的涉诉情况

当地中级人民法院及当地某区基层法院自 2015 年起陆续受理宋某作为被执行人的多起执行案件，执行标的数额巨大。其中部分债权人提起代位权诉讼，包括陈某在内的 7 位债权人取得原生效判决后申请强制执行 A 公司、B 公司财产，B 公司再审陈述因该 7 位债权人申请执行而被查封、扣押、冻结财产 3600 余万元。

2016 年 7 月 20 日，经当地中级人民法院进行民事调解确认，宋某、案外人甲与陈某自愿达成偿还陈某借款本金 950 万元以及 2014 年 4 月至 2016 年 5 月期间的利息 475 万元，本息合计 1425 万元的协议；2016 年 8 月起至 2017 年 5 月止的 10 个月还款期间，宋某、案外人甲向陈某支付 190 万元的利息；案件受理费 59650 元，由宋某、案外人甲自愿负担。该民事调解书还确定了还款方式等内容。因宋某未履行该民事调解书确定的义务，陈某向当地中级人民法院申请强制执行。2016 年 12 月 30 日，当地中级人民法院作出执行裁定，将上述民事调解书交由当地某区基层法院执行。2017 年 3 月 21 日，当地某区基层法院作出执行裁定，将案外人甲所有的房屋及房屋内物品作价 38029975 元，抵偿案外人甲欠陈某等人的债务，其中陈某的债权份额为 11.9654％，剩余支付义务，宋某、案外人甲未履行。陈某遂以宋某对 A 公司、B 公司享有到期债权，但 A 公司、B 公司不予支付导致陈某的债权不能实现，而宋某不向 A 公司、B 公司提起诉讼解决为由，依据关于代位权的法律规定提起诉讼。

【一审裁判观点】

一、2017 年《清理情况》系对工程价款的预估，案涉工程款具体数额及该工程款是否符合支付条件尚不能确定。B 公司、A 公司与宋某三者之间的关系尚未厘清，三者之间的纠纷亦不是单纯的具有金钱给付内容的争议，且该争议不宜在本案中一并审理。因此，现有证据不足以证明宋某对A公司、B公司享有到期的、以准确数额金钱为给付内容的债权。

第一，陈某和宋某虽然主张A公司、B公司欠付宋某工程款，但案涉工程并未经过竣工验收，且宋某与A公司均认可2017年《清理情况》载明的40262766.7元是预估数，因为涉及税款等问题，该欠款数额并不确定，且A公司并未完全收到该《清理情况》载明的B公司欠付的工程款82244368.76元，B公司亦认可还欠付A公司工程款，故上述工程款具体数额及该工程款是否符合支付条件尚不能确定。

第二，上述工程款系发包人B公司将其案涉工程项目发包给承包人A公司建设施工，A公司又作为发包方与承包人宋某签订《项目管理目标责任书》，将该工程项目发包给宋某建设施工所产生。关于B公司、A公司与宋某三者之间在案涉工程项目中是何关系，从各方当事人在本案中的陈述，再结合本案现有证据来看，该三者之间可能存在着建设工程施工合同、转包合同或者分包合同关系，但上述合同关系是否合法有效，直接决定了案涉工程款的付款义务人及收款权利人是谁，欠付工程款数额是多少及是否符合工程款的支付条件等因素，即宋某与A公司、B公司三者之间的债权债务关系在本案中不能厘清，故宋某与A公司、B公司三者之间的纠纷亦不是单纯的具有金钱给付内容的争议，且该争议不宜在本案中一并审理。为此，现有证据不足以证明宋某对A公司、B公司享有到期的、以准确数额金钱为给付内容的债权。

二、陈某满足代位权行使的部分条件，即其对宋某享有到期债权，但就宋某对A公司、B公司是否享有到期债权的问题需进一步举证证明。因在本案中不能确认宋某对A公司、B公司享有到期债权及到期债权的准确数额，故陈某的诉讼请求缺乏事实根据和法律依据，一审法院对此不予支持。

根据《最高人民法院关于适用〈中华人民共和国合同法〉若干问题的解释（一）》（法释〔1999〕19号，以下简称《合同法解释（一）》）第十一条"债权人依照合同法第七十三条的规定提起代位权诉讼，应当符合下列条件：（一）债权人对债务人的债权合法；（二）债务人怠于行使其到期债权，对债权人造成损害；（三）债务人的债权已到期；（四）债务人的债权不是专属于债务人自身的债权"的规定，代位权的行使必须满足上述四个条件，缺一不可。已经生效的民事调解书确认陈某对宋某享有到期债权，仅表明陈某具备了行使代位权的部分条件，而就宋某对A公司、B公司是否享有到期债权的问题需进一步举证证明。因在本案中不能确认宋某对A公司、B公司享有到期债权及到期债权的准确数额，故陈某的诉讼请求缺乏事实根据和法律依据，一审法院对此不予支持。

【一审裁判结果】

驳回陈某的诉讼请求。

【二审裁判观点】

一、案涉工程虽未进行竣工验收，但已由业主B公司自行组织后续施工，符合工程结算条件。在双方约定A公司收到B公司支付的工程款才对宋某进行支付的前提下，A公司怠于向业主 B 公司主张债权，宋某对 A 公司行使债权的阻却条件成就，依法应当视为宋某对 A 公司债权已经到期。基于 B 公司、A 公司均认可 B 公司尚欠付 A 公司工程款，A 公司应当在收到 B 公司支付的工程款后，对陈某承担付款义务。

行使代位权的条件之一是欲代位的债权已到期。陈某主张宋某对 A 公司、B 公司的债权已经到期，所依据的证据为《支付情况说明》《清理情况》《项目管理目标责任书》。

第一，《支付情况说明》系 B 公司向当地某基层法院出具，载明"自 2011 年 10 月至 2015 年 11 月，我公司应向 A 公司支付工程进度款 21107.32 万元（总工程未结算），已支付其工程款共计 11500.06 万元（包括材料款），未付款 9607.26 万元（其中 186.07 万元为 2011 年前建总基建期间欠款）"。该《支付情况说明》已证明截至说明作出之日即 2016 年 1 月 12 日，B 公司对 A 公司的未付款为 96072600 元。后 B 公司在一审答辩中自认尚欠 A 公司 87065000 元，并称尚欠款项正在逐步支付，A 公司予以认可并自认 87065000 元工程款中宋某的施工金额为 82244368.76 元。由上可知，B 公司已自认对 A 公司的工程款已到期，并明确款项在双方主管部门的协调下正在逐步拨付。

第二，关于宋某对 A 公司的债权是否到期的问题。A 公司称，《清理情况》载明的金额因涉及税费缴纳，并不是最终结算金额，且 A 公司尚未收到 B 公司支付的工程款，根据合同约定，A 公司只在收到 B 公司工程款后才向宋某付款，因此，宋某对 A 公司的债权尚未期。经查，宋某组织施工的案涉工程虽未进行竣工验收，但业主 B 公司已自行组织案涉工程的后续施工，符合工程结算条件，A 公司可向业主 B 公司主张债权但其并未主张。在双方约定 A 公司收到发包人支付的工程款才对宋某进行支付的前提下，A 公司怠于向业主 B 公司主张债权，宋某对 A 公司行使债权的阻却条件成就，根据《中华人民共和国合同法》第四十五条第二款"当事人为自己的利益不正当地阻止条件成就的，视为条件已成就；不正当地促成条件成就的，视为条件不成就"的规定，应当视为宋某对 A 公司债权已经到期。另，宋某和 A 公司约定，A 公司收到 B 公司支付的工程款，扣除管理费之后支付给宋某。本案中，B 公司和 A 公司均认可，B 公司尚欠付 A 公司工程款，因此，A 公司在收到 B 公司支付的工程款后，在 12487420 元范围内，对陈某承担付款义务。

二、A 公司以税费无法确定为由主张债权金额无法确定缺乏依据。宋某也主张税费不确定的原因是应税行为发生在"营改增"之前，但现行税率比预估税率低，所以宋某对 A 公司的债权金额只会多于《清理情况》预估的数额，亦可印证本案税费尚未清理并不是双方债权无法确定的最终原因。

A 公司出具了《清理情况》，预估其与宋某之间的债权数额为 40262766.7 元，该款项系双方根据《项目管理目标责任书》的约定确定的结算金额，且 A 公司同时也在庭审中自认宋某施工的工程金额为 82244368.76 元，A 公司在《清理情况》中以税率 6.77％为标准对税费进行核算预估，因应税行为发生在 2017 年以前，宋某已退场，应税行为已固定，A 公司现完全可以计算出最终税费，A 公司以税费无法确定为由主张债权金额无法确定缺乏依据。此外，宋某也主张税费不确定的原因是应税行为发生在"营改增"之前，但现行税率比预估税率低，所以宋某对 A 公司的债权金额只会多于《清理情况》预估的数额，亦可印证本案税费尚未清理并不是双方债权无法确定的最终原因。A公司拒不对税费进行计算，以税费无法确定为由主张债权不确定、不到期，因而陈某无权行使代位权的主张不能成立，二审法院对此不予支持。

三、B公司已自认欠付A公司工程款，现有证据并不能证明A公司、宋某曾以诉讼或仲裁方式向发包人B公司主张过权利。宋某作为实际施工人有权要求发包人结算工程款。现宋某怠于行使其对发包人的债权，陈某作为实际施工人宋某的债权人有权要求B公司在欠付工程款范围内承担还款责任。

本案中，B公司在答辩状中自认，对A公司尚有87065000元工程款尚未支付，A公司、宋某共同在一审中认可B公司欠付的87065000元工程款中，有82244368.76元是宋某组织施工部分的工程款，剩余部分是A公司施工部分的工程款，现有证据并不能证明A公司、宋某曾以诉讼或仲裁方式向发包人B公司主张过权利。《2018年建工解释（二）》第二十四条规定："实际施工人以发包人为被告主张权利的，人民法院应当追加转包人或者违法分包人为本案第三人，在查明发包人欠付转包人或者违法分包人建设工程价款的数额后，判决发包人在欠付建设工程价款范围内对实际施工人承担责任。"第二十五条规定："实际施工人根据合同法第七十三条规定，以转包人或者违法分包人怠于向发包人行使到期债权，对其造成损害为由，提起代位权诉讼的，人民法院应予支持。"本案中，宋某是实际施工人，虽然其承揽的工程未竣工结算，但B公司自认未完成工程已由其自身继续组织施工，因此宋某作为实际施工人有权要求发包人结算工程款。现宋某怠于行使其对发包人的债权，陈某作为实际施工人宋某的债权人有权要求B公司在欠付工程款范围内承担还款责任。陈某要求代位行使的债权金额为12487420元，未超出欠付工程款金额。因此，在A公司未向陈某履行付款义务的情况下，B公司应当在欠付工程款的范围内，对陈某承担付款义务。

【二审裁判结果】

A公司、B公司于判决发生法律效力之日起十五日内向陈某支付12487420元。

【再审申请理由】

一、宋某借用A公司的资质施工，自担风险，自负盈亏，B公司知情。

A公司仅出借资质，不是工程的最终受益人，不应承担向宋某支付工程款的责任。

二、A公司与宋某在《项目管理目标责任书》中约定，A公司向宋某付款的前提是B公司支付A公司工程款。B公司经济困难，无法支付，导致A公司付款条件未成就。

三、2017年8月3日A公司财务部作出的《清理情况》记载，B公司欠付A公司财务账面挂账工程款82244368.76元，减去A公司与宋某之间的内部往来款项及宋某可能承担的税费后，预估A公司欠宋某40262766.7元。其中税费数额的确定是以宋某提供完整发票为前提，宋某至今未提供任何发票。《项目管理目标责任书》约定宋某承担案涉项目全部税费，宋某能否提供发票及提供多少发票对实际税费数额影响重大。新证据《支付款项情况》《往来清理情况》能够证明，2017年《清理情况》作出后，A公司又代宋某支付民工工资等5038758元，双方清理账面后预估债权数额，在宋某能够及时开票完税的前提下，数额已降为 13597156.27 元。

四、实际施工人的工程款债权，是专属于自身的债权，不能由其债权人代位行使。根据《合同法解释（一）》第十二条的规定，劳动报酬是专属于债务人自身的债权。原审法院适用《2018 年建工解释（二）》第二十四条、第二十五条的规定，直接认定陈某有权就工程款提起代位权诉讼，属于适用法律错误。

五、除本案外，还有多起涉及宋某的代位权诉讼，总涉诉金额高达 5100 万元，远超宋某对 A 公司的预估债权数额。

六、原审判决未明确 A 公司、B 公司承担的支付责任是连带责任还是按份责任，二审法院认定承担连带责任缺乏法律依据；未撤销一审判决即改判，程序违法。

【被申请人答辩】

陈某辩称：

一、A 公司与 B 公司签订《建设工程施工合同》在先，与宋某签订《项目管理目标责任书》在后，无证据证明 B 公司知道或应当知道宋某挂靠 A 公司取得案涉工程。A 公司作为承包人对宋某负有工程款支付义务。

二、一审诉讼中 B 公司、A 公司自认，宋某对 B 公司、A 公司享有到期债权。A 公司出具的 2017 年《清理情况》明确其欠付宋某工程款 40262766.7 元，宋某享有的债权数额已明确。A 公司提交的《往来清理情况》上仅有 A 公司印章而无法定代表人签字确认，不足以证明 A 公司与宋某之间的债权债务关系。不能排除该证据系原审判决作出后宋某与 A 公司为逃避债务恶意串通形成的可能。宋某已退场，现 B 公司自行组织施工，宋某对已施工完的部分有权主张工程款。A 公司怠于要求 B 公司支付工程款，系为自己利益不正当阻止付款条件成就。

三、工程款不具有人身属性，陈某可对该债权行使代位权。

综上，请求驳回 A 公司的再审请求。

B 公司陈述称：

一、陈某作为民间借贷的借款人，既不是实际施工人也不是材料供应商，无权突破合同相对性向 B 公司主张工程款。

二、B 公司因宋某所涉的多起民间借贷纠纷被人民法院强制执行，被冻结银行账户及各项财产价值 3565 万元，远超宋某挂靠 A 公司从 B 公司处承建工程的预估债权。如本案陈某的诉讼请求得到支持，将引发系列案件连锁反应，对 B 公司极不公平，且将造成国有资产重大流失。

三、宋某、A 公司陆续退场，转由 B 公司自行施工。由于 A 公司退场后未出具有效税务票据，导致工程未能进入固定资产移转流程。案涉项目属于中央预算内投资项目，建设资金部分属于中央财政资金，项目完工后需经国家发展和改革委员会验收备案。B 公司支付给 A 公司的款项属于工程进度款，在未经相关审计部门审计转为固定资产前，整个账目数据为不确切数，仅属于年度核算项目资产考核。截至目前账目显示的 74314624.28 元欠款，既包括宋某实际施工部分，也包括宋某退场后 A 公司组织队伍施工的部分。

四、2018 年 1 月至今，B 公司为协助 A 公司解决农民工工资问题，分七次向 A 公司案涉工程项目账户支付工程进度款约 1400 万元。B 公司还积极与 A 公司商定，每月按 B 公司销售收入的 2%～5%支付 A 公司工程进度款，当前的实际进度款金额较代位权诉讼期间的金额发生了很大变化。

五、按照合同约定，在案涉项目竣工验收后方可支付总工程价款的 95%，否则只能按照 80%的比例支付进度款，扣除 A 公司未提供所完工工程的建安税务发票产生的约 1400 万元费用，B 公司在有条件支付的情况下也仅有约 2000 余万元的支付空间。

综上，陈某行使债权人代位权不具有明确的事实和法律依据，请求法院判令 B 公司对陈某不承担付款义务，案件审理过程中产生的费用及损失由陈某自行承担，以严厉打击扰乱市场经济秩序的非法行为，切实保护劳动者利益，维护社会安宁。

【再审裁判观点】

《合同法》第七十三条第一款规定："因债务人怠于行使其到期债权，对债权人造成损害的，债权人可以向人民法院请求以自己的名义代位行使债务人的债权，但该债权专属于债务人自身的除外。"《合同法解释（一）》第十一条规定："债权人依照合同法第七十三条的规定提起代位权诉讼，应当符合下列条件：（一）债权人对债务人的债权合法；（二）债务人怠于行使其到期债权，对债权人造成损害；（三）债务人的债权已到期；（四）债务人的债权不是专属于债务人自身的债权。"本案中，陈某对宋某的债权经生效民事调解书确认合法，宋某未通过诉讼或者仲裁方式向 A 公司或 B 公司主张过工程款，各方当事人对此均无异议，故确认陈某代位权是否成立尚需解决次债权是否到期及次债权是否专属于债务人的问题。由于本案次债权是建设工程价款，次债务人涉及承包人与发包人两个主体，且债务人宋某对外还有多笔债务进入执行程序，本案亦需一并解决陈某代位权的具体责任主体与行使方式、陈某与宋某的其他债权人之间利益的平衡等问题。故本案再审争议的焦点是：（1）应收工程款是否为专属于宋某自身的债权；（2）宋某对 A 公司、B 公司的债权是否已到期；（3）陈某行使代位权的具体金额与责任主体；（4）本案与宋某作为债务人的其他案件的协调。

一、劳动报酬系承包人或实际施工人需要支付给建筑工人的工资，最终受益主体并非本案被代位的实际施工人。不能因为建设工程价款中可能包含建筑工人工资，就得出其属于《合同法》第七十三条第一款规定的"专属于债务人自身的债权"的结论。

《合同法解释（一）》第十二条规定："合同法第七十三条第一款规定的专属于债务人自身的债权，是指基于扶养关系、抚养关系、赡养关系、继承关系产生的给付请求权和劳动报酬、退休金、养老金、抚恤金、安置费、人寿保险、人身伤害赔偿请求权等权利。"该条司法解释规定的"专属于债务人自身的债权"，具有较强的人身属性，其中包括的劳动报酬类债权是与"退休金、养老金、抚恤金"并列、专属于被代位主体的劳动所得。通常诉讼主张的建设工程价款因可能包含建筑工人工资而具有一定劳动报酬色彩，但该劳动报酬系承包人或实际施工人需要支付给建筑工人的工资，最终受益主体并非本案被代位的实际施工人。故不能因为建设工程价款中可能包含建筑工人工资，就得出其属于《合同法》第七十三条第一款规定的"专属于债务人自身的债权"的结论。即使宋某所欠债务中包含法定优先保护的工人工资，也可以在执行程序中依法妥善处理。A公司关于应收工程款专属于宋某自身、陈某不能提起代位权诉讼的主张，不能成立。

二、宋某对B公司的债权已到期，但一审法院认定A公司不正当阻止宋某对A公司行使债权的条件成就、宋某对A公司的债权到期错误。

（一）在司法解释仅要求"次债权到期"的情况下，次债权是否确定原则上不应成为行使代位权的前提条件。

代位权制度的主要目的，在于解决债务人怠于行使次债权时如何保护债权人权利的问题。如果行使代位权需要以次债权确定为前提，则在债务人怠于确定次债权的情况下，债权人就无法行使代位权，代位权制度的目的将完全落空。因此，根据《合同法解释（一）》第十一条第三项的规定，行使代位权要求次债权到期，而未要求次债权确定。实践中关于行使代位权是否要求次债权确定，存在一定争议。主张次债权应当确定的一个原因是，有的债权人通过代位权诉讼试图用小额债权撬动大额债权。比如在建设工程价款到期未结算时，一个小额民间借贷债权人通过代位权诉讼介入到他人的合同关系中，要求审理一个繁杂的建设工程价款纠纷，无论在理论还是实践层面都难谓合理。再审法院认为，在司法解释仅要求"次债权到期"的情况下，次债权是否确定原则上不应成为行使代位权的前提条件，而应是在代位权诉讼中予以解决的问题。本案中，陈某向宋某主张的12487420元债权与B公司、A公司自认欠付宋某的工程款数额相比，也不属于用小额债权撬动大额债权的情形，如宋某对A公司、B公司的债权已到期，则不应以宋某对B公司、A公司的债权未确定为由直接否定陈某提起代位权诉讼的权利。

案涉工程尚未竣工验收，但宋某已退场并提交了结算资料，现由B公司自行组织后续施工，宋某有权就其施工部分向A公司、B公司主张工程款。由于宋某与A公司就付款问题约定为A公司收到B公司款项后及时转给宋某，故宋某对A公司与B公司的债权是否到期，应当分别讨论。

（二）发包人对实际施工人的责任具有一定独立性，不以承包人先承担支付义务为前提。A公司、B公司均自认欠付工程款，A公司同意由B公司向宋某直接给付，宋某可要求B公司在欠付工程款范围内承担责任，故宋某对B公司的债权已经到期。

根据合同相对性，宋某原则上只能向与其具有合同关系的A公司主张工程款，但是基于保护处于弱势地位的建筑工人权益的目的，司法解释突破合同相对性原则，赋予实际施工人直接向发包人追索工程款的权利。《2018年建工解释（二）》第二十四条规定："实际施工人以发包人为被告主张权利的，人民法院应当追加转包人或者违法分包人为本案第三人，在查明发包人欠付转包人或者违法分包人建设工程价款的数额后，判决发包人在欠付建设工程价款范围内对实际施工人承担责任。"实际施工人可以根据该规定越过承包人直接向发包人主张工程款债权，说明发包人对实际施工人的责任具有一定独立性，不以承包人先承担支付义务为前提。如前所述，宋某有权就其施工部分向A公司、B公司主张工程款。A公司、B公司均自认欠付工程款，A公司同意由B公司向宋某直接给付，宋某可依据上述司法解释要求 B 公司在欠付工程款范围内承担责任，故宋某对 B 公司的债权已经到期。A 公司与宋某关于 A 公司收到 B 公司付款后及时转付的内部约定，不影响 B 公司向宋某履行付款义务。

（三）本案没有证据显示 B 公司明知宋某借用资质承揽施工，故 A 公司无法据以免责。但 A 公司遵守了与宋某在《项目管理目标责任书》中关于收到 B 公司付款后及时转付的约定，在陈某一并起诉 B 公司与 A 公司，且法院在已认定 B 公司的支付条件已经具备的情况下，同时认定 A 公司因 B 公司未支付而欠付宋某的工程款到期其应承担支付责任，有违合同约定和公平原则。A 公司可依约在转付工程款时抽取管理费，且有证据证明其曾经向 B 公司主张过债权，故不存在阻止代位权行使条件成就的动机和行为，一审法院认定 A 公司不正当阻止宋某对 A 公司行使债权的条件成就、宋某对 A 公司的债权到期错误。

A 公司主张，B 公司明知宋某借用资质承揽案涉工程，应当自行向宋某承担付款义务。再审法院认为，在实际施工人存在借用资质事实的情况下，区分借用资质与非法转包，应当结合项目实施全过程，考察实际施工人介入项目的阶段及实际施工人在项目实施中的地位和作用。如有证据证明实际施工人在建设工程施工合同订立之前即直接联系发包人，实际参与了招标投标过程和建设工程施工合同的订立，在合同履行直至结算阶段实质性主导了工程项目运作的全过程，则应当认定为实际施工人属于借用资质。本案中，虽然 B 公司、A 公司与宋某一致认可"案涉工程是宋某联系的"，但是没有证据显示宋某实际参与了 A 公司与 B 公司订立《建设工程施工合同》的过程；结合 A 公司在宋某施工期间代其支付了大量款项，宋某退场后 A 公司又自行组织了施工等事实，也无法得出宋某实质性主导了项目运作全过程的结论。故 A 公司关于 B 公司明知宋某借用资质承揽施工、A 公司因而免责的主张，不能成立。

期限和条件是法律中的两个重要概念，两者的区别在于观察问题的角度，前者基于时间维度，后者基于逻辑视角，但在外延上，两者并非泾渭分明，而是存在交叉重叠。作为代位权行使条件的次债权到期，是指客观上具备了债务人请求次债务人偿付债务的条件，在此意义上，次债权到期与次债权符合支付条件效果相同。本案中，宋某对 A 公司的债权是否到期，取决于如何看待 A 公司与宋某在《项目管理目标责任书》中关于付款条件的特别约定，即 A 公司在 B 公司支付的工程款中，扣除 4.5% 的管理费，其余部分及时向宋某支付。关于此类条款的效力，实践中亦有合同自由应予尊重与违反建筑市场准入规定应否定两种观点，个案中应结合具体案情予以判断，不宜一概而论。本案中，A 公司主张其收取的 B 公司所付宋某施工部分的款项已全部支付给宋某或代宋某对外支付，宋某对此无异议，陈某亦未举证证明 A 公司存在收取了 B 公司款项而未向宋某支付的情形，故 A 公司遵守了与宋某在《项目管理目标责任书》中关于收到 B 公司付款后及时转付的约定。此外，宋某还认可 A 公司已代宋某对外支付了约 3000 万元的工程款。在陈某一并起诉 B 公司与 A 公司，且再审法院已认定 B 公司的支付条件已经具备的情况下，同时认定 A 公司因 B 公司未支付而欠付宋某的工程款到期并承担支付责任，有违合同约定和公平原则。

此外，由于 B 公司向 A 公司付款，A 公司可以收取一定比例的管理费，不存在为自己利益阻止条件成就的动机，且各方当事人均无异议的《往来欠款支付协议书》可以证明，A 公司曾向 B 公司主张过债权。原审法院适用《合同法》第四十五条第二款"当事人为自己的利益不正当地阻止条件成就的，视为条件已成就"的规定，认为 A 公司不正当阻止宋某对 A 公司行使债权的条件成就、宋某对 A 公司的债权到期错误，再审法院对此予以纠正。

三、陈某可以在 12487420 元的范围内行使代位权，责任主体为 B 公司。

（一）根据 B 公司、A 公司的自认，宋某享有的无争议债权金额为 13597156.27 元，大于宋某对陈某的欠款 12487420 元，故陈某可以在 12487420 元的范围内行使代位权。

金钱债权代位权诉讼中，债权人可以主张的债权数额，受债权人对债务人的债权数额、债务人对次债务人的债权数额两个因素影响，以两个债权中较小数额的债权为准。本案中，陈某对宋某的债权已被生效法律文书确定，陈某据此要求代位行使的债权金额是 12487420 元。B 公司再审自认尚欠 A 公司 73614624.28 元，A 公司再审自认如 B 公司实际支付 73614624.28 元到 A 公司，扣减宋某欠缴税款及宋某占用的 A 公司资金后，A 公司应付宋某 13597156.27 元。A 公司同时自认，可以在 13597156.27 元的范围内由 B 公司直接向宋某付款。根据 B 公司、A 公司的自认，宋某享有的无争议债权金额为 13597156.27 元，大于宋某对陈某的欠款 12487420 元。综上，陈某可以在 12487420 元的范围内行使代位权。

（二）综合全案考虑，仅能确认宋某对 B 公司的债权到期，不能认定 A 公司的债务到期，在已经认定 B 公司负有 12487420 元支付义务的情况下，不宜认定 A 公司也负有 12487420 元的支付义务。

根据《2018 年建工解释（二）》第二十四条的规定，实际施工人可以发包人为被告提起诉讼，发包人在欠付建设工程价款范围内对实际施工人承担责任。本案中，B 公司自认欠付 A 公司 73614624.28 元，A 公司自认宋某享有的无争议债权金额为 13597156.27 元，且同意在此范围内由 B 公司直接向宋某付款，故不论 B 公司欠付 A 公司的款项中是否包含 A 公司自行施工的部分，判令 B 公司在 12487420 元范围内承担责任都未超过原审确定的、B 公司未申请再审的责任范围。

就 A 公司而言，如上所述，根据 A 公司与宋某关于付款条件的约定，以及综合 B 公司欠款数额与 A 公司付款数额等全案情况考虑，不能认定 A 公司的债务到期。故在已经认定 B 公司负有 12487420 元支付义务的情况下，不宜认定 A 公司也负有 12487420 元的支付义务。

同时需要说明，A 公司在本案中不承担支付义务，只是基于合同约定享有暂时性抗辩权，这并非对其付款责任的免除。待案涉工程最终结算后，A 公司如收到 B 公司支付的案涉工程款，扣除应付税款、代宋某垫付的款项等之后仍欠付工程款，依然应当按照法律及司法解释规定承担相应责任。

此外，原审判决先要求"A公司在收到B公司支付的工程款后，在12487420元范围内，对陈某承担付款义务"，又载明"在A公司未向陈某履行付款义务的情况下，B公司应当在欠付工程款的范围内，对陈某承担付款义务"，逻辑矛盾；判决A公司、B公司共同作为责任主体，结果不当；未撤销一审判决径行改判，程序有误。再审法院对上述错误一并予以纠正。

四、在宋某的财产不足以清偿全部债务的情况下，执行程序中应当根据《民法典》第五百三十七条蕴含的法理，将B公司应向陈某支付的12487420元作为宋某的责任财产，按照参与分配制度的相关规定处理。

除本案外，还有其他取得生效判决的代位权人申请强制执行A公司和B公司的财产，另有宋某的其他债权人在执行程序中也未获足额清偿。再审诉讼中，A公司与B公司均提出，申请执行人的总债权额大于其欠付宋某的工程款。再审法院认为，《合同法解释（一）》第二十条"债权人向次债务人提起的代位权诉讼经人民法院审理后认定代位权成立的，由次债务人向债权人履行清偿义务，债权人与债务人、债务人与次债务人之间相应的债权债务关系即予消灭"，规定了一次清偿同时消灭两个债务关系的一般规则，简化了程序，有利于纠纷的一次性解决。但是在债务人资不抵债时，如果不管债务人的其他债权人的利益，直接由次债务人向债权人清偿，可能破坏债权平等原则，也与无代位权介入时对债务人适用参与分配制度、破产制度的法律效果迥异。该问题在理论上的反映是代位权诉讼中应否采取"入库"原则的争论，在立法上则引发了将于2021年1月1日施行的《民法典》对代位权制度的完善。该法第五百三十七条规定："人民法院认定代位权成立的，由债务人的相对人向债权人履行义务，债权人接受履行后，债权人与债务人、债务人与相对人之间相应的权利义务终止。债务人对相对人的债权或者与该债权有关的从权利被采取保全、执行措施，或者债务人破产的，依照相关法律的规定处理。"

根据《民法典》第五百三十七条的规定体现出的兼顾代位权人保护与债权平等的法理，在债务人资不抵债时，应当将代位权的实现与参与分配制度、破产制度予以衔接，以实现代位权人与债务人的其他债权人的平衡保护。本案债权人宋某为自然人，不具备破产资格，但是当其财产不足以偿付全部债务时，有类似于破产程序的参与分配制度来保障债权的公平受偿。对于B公司负有的向陈某支付12487420元的义务，根据现行法律的规定在判决主文中表述为B公司直接向陈某支付，但在已查明宋某的财产不足以清偿全部债务的情况下，执行程序中应当根据《民法典》第五百三十七条蕴含的法理，将该款项作为宋某的责任财产，按照参与分配制度的相关规定处理，以兼顾建筑工人、代位权人、宋某的其他债权人等各类权利主体的利益，其中亦需要考虑代位权人通过代位权诉讼实现对债务人债权的保全效果而作出的贡献。此外，B公司在代位权诉讼与执行程序中实际履行给付义务后，宋某应负债务在已实际履行范围内相应消灭。后续如宋某或其他代位权人再行对B公司就本案所涉工程款提起诉讼，B公司可以本案履行事实进行抗辩。

【再审裁判结果】

一、撤销二审判决和一审判决；二、B公司于本判决发生法律效力之日起十五日内向陈某支付 12487420 元，上述给付义务履行完毕，宋某与 A 公司、B 公司相应数额的债权债务关系即告消灭；三、驳回陈某的其他诉讼请求。

【律师评析】

《民法典》规定，因债务人怠于行使其到期债权，对债权人造成损害的，债权人可以向人民法院请求以自己的名义代位行使债务人的债权，但该债权专属于债务人自身的除外。实践中，关于行使代位权是否需要次债权金额确定的问题存在争议，但普遍认为，代位权制度的主要目的，在于解决债务人怠于行使次债权时如何保护债权人权利的问题，如果行使代位权需要以次债权确定为前提，则在债务人怠于确定此债权的情况下，债权人就无法行使代位权，代位权制度的目的将完全落空，因此，代位权诉讼，债权人与债务人之间债权债务确定即可，不应要求债务人与次债务人之间的债权确定。

【相关案例索引】

① 浙江花园建设集团有限公司、吕某债权人代位权纠纷一案

案号：（2020）浙 11 民再 11 号

裁判观点：基于相关分析，可以认定案涉工程的实际施工人为徐某。债权人提起代位权诉讼的前提在于债务人怠于行使其到期债权。本案中，吕某作为代位权人向浙江花园建设集团有限公司（以下简称花园建设集团）、缙云县博尔置业有限公司主张权利的基础系案涉项目的建设工程价款请求权，该请求权应以实际施工人徐某对花园建设集团享有到期债权为前提。但吕某提起诉讼时，徐某与花园建设集团就案涉工程款项并未进行结算。且从花园建设集团与一审第三人徐某于 2018 年 3 月 15 日签署的项目结算表所载内容来看，上诉人花园建设集团所付款项（含垫付款、借款等）已远超原审第三人徐某应得的总工程款，故根据现有证据尚不足以认定一审第三人徐某对花园建设集团享有到期债权。因此，吕某提起本案债权人代位权诉讼，依据不足，原一、二审就此认定有误，应予纠正。

② 金堂县兴金开发建设投资有限责任公司、凤冈县交通运输局债权人代位权纠纷一案

案号：（2019）黔民终 770 号

裁判观点：根据《合同法》第七十三条"因债务人怠于行使其到期债权，对债权人造成损害的，债权人可以向人民法院请求以自己的名义代位行使债务人的债权，但该债权专属于债务人自身的除外。代位权的行使范围以债权人的债权为限。债权人行使代位权的必要费用，由债务人负担"之规定，债权人提起代位权诉讼的请求能够得到支持需满足债务人享有到期债权、债务人怠于主张权利及由此对债权人造成了损害等条件。本案中，根据凤冈县交通运输局提交的（2019）黔民初 14 号民事判决书查明认定的案件事实及判决结果，金堂县兴金开发建设投资有限责任公司（以下简称兴金公司）提起诉讼主张四川华海建设集团有限公司（以下简称华海公司）对凤冈县交通运输局享有的工程款到期债权实为实际施工人秦某借用华海公司资质签订合同施工产生，该案判决已确认工程款到期债权由秦某享有，且已经判决凤冈县交通运输局向秦某支付工程款。因此，兴金公司主张华海公司对凤冈县交通运输局享有到期债权的主张不成立，其提起的债权人代位权诉讼缺乏事实

依据，二审法院不予支持。

案例 4：实际施工人可针对工程款提起案外人执行异议之诉

【引言】

依据《民事诉讼法》第二百三十四条的规定，执行过程中，案外人有权对执行标的提出书面异议，其异议被法院裁定驳回的，案外人有权提起诉讼。该条规定即案外人执行异议之诉的规定。《保障农民工工资支付条例》第三十三条规定："除法律另有规定外，农民工工资专用账户资金和工资保证金不得因支付为本项目提供劳动的农民工工资之外的原因被查封、冻结或者划拨。"本案中，当工程进度款作为执行标的被冻结，实际施工人作为工程款的实际权利人，在有证据证明工程款用于支付农民工工资的情况下，可以通过执行异议之诉阻却人民法院对工程款的执行。

【案例来源】

（2019）最高法民申 2147 号

【诉讼主体】

A 经营部：一审原告、二审上诉人、再审申请人

B 公司：一审被告、二审被上诉人、再审被申请人

刘某：一审被告、二审被上诉人、再审被申请人

【原告起诉请求】

一、请求在某市中级人民法院（20××）×13 执 116 号执行案件中准许对 B 公司账户（05×××04）内 3894970 元资金进行强制执行；二、本案诉讼费用由刘某、B 公司承担。

【争议焦点】

刘某对案涉 2016 年 12 月 6 日 C 公司转入 B 公司 05×××04 账户内的款项是否享有足以排除人民法院强制执行的民事权益。

【基本案情】

一、刘某借用 B 公司资质承包案涉工程的情况

2016 年 9 月，C 公司与 B 公司签订建筑施工合同，约定由 B 公司承建案涉工程，B 公司与刘某于 2016 年 9 月 10 日签订《内部挂靠承包合同》，约定刘某以 B 公司名义承建该工程，刘某须全面履行 B 公司与业主方签订的建筑施工合同，刘某自主经营、独立核算、自负盈亏，并约定工程款自 B 公司账户转出，由刘某或受托人到 B 公司办理工程款领取。C 公司知晓刘某借用 B 公司资质与其签订施工合同，并认可刘某系合同项下建设工程实际施工人。根据合同约定，案涉工程开工时间为 2016 年 9 月 20 日，预计竣工时间为 2017

年 3 月 10 日。2016 年 12 月 6 日，C 公司向 B 公司账户拨付工程进度款 3894970 元，当时案涉工程尚未竣工结算。因该账户被冻结，B 公司无法将该款向刘某拨付。由于未能及时支付民工工资，引发上访事件。

2016 年 12 月 16 日，当地人力资源和社会保障局《劳动保障监察投诉登记表》载明：投诉人为"纪某"；被投诉单位为"B 公司"；项目负责人为"刘某"；主要诉求为"讨要工资"；投诉内容为"在 B 公司承建案涉小区钢筋，未领到工资约 9 万元，其余民工未领到工资约 160 万元"；证据材料为"公司盖章的工资表"。该局于当日作出《劳动保障监察限期改正指令书》，并送达给刘某，指出 B 公司存在拖欠劳动者劳动报酬的行为，指令 B 公司全额支付所承建的案涉小区复合地基与基础项目拖欠的劳动报酬，否则将予以依法处罚。同日，B 公司向该局复函表示其会在规定时间之前想办法立即支付民工工资。

二、A 经营部与 B 公司之间的诉讼情况

A 经营部诉 B 公司及案外人周某钢材买卖合同纠纷一案，该院作出民事判决后，B 公司不服提出上诉，当地高级人民法院作出民事判决，判决 B 公司向 A 经营部支付钢材货款 3797682.41 元并计付利息，并判决案外人周某对上述货款承担连带清偿责任。该案审理过程中，该院于 2015 年 12 月 24 日作出民事裁定，裁定对 B 公司及案外人周某价值 7532568 元的财产予以查封。

在 A 经营部诉 B 公司及案外人周某买卖合同纠纷一案执行过程中，刘某提出执行异议，该院于 2016 年 12 月 30 日作出（20××）×13 执异 15 号执行裁定，认定刘某对 C 公司打入 B 公司账户的 3894970 元（扣除 1.5％的管理费）的工程款享有所有权，裁定中止对 C 公司于 2016 年 12 月 6 日打入 B 公司账户（05×××04）的工程款 3894970 元扣除 1.5％的管理费的部分即 3836545.45 元的执行。申请执行人 A 经营部不服该裁定，遂提起诉讼。

一审法院根据该院 2015 年 12 月 24 日作出的民事裁定，于 2016 年 1 月 8 日冻结了 B 公司 05×××04 账户。该账户的业务交易账单显示：2016 年 3 月 21 日活期结息 8.32 元，账户余额 8268.55 元；2016 年 6 月 21 日活期结息 7.4 元，账户余额 8275.95 元；2016 年 9 月 21 日活期结息 7.4 元，账户余额 8283.35 元；2016 年 12 月 6 日入账 3894970 元，账户余额 3903253.35 元；2016 年 12 月 19 日扣款 3900000 元，账户余额 3253.35 元；2016 年 12 月 21 日活期结息 499.51 元，账户余额 3752.86 元。

【一审裁判观点】

案涉工程系以 B 公司名义承建，刘某与 B 公司签订《内部挂靠承包合同》，约定该项目工程实际施工人为刘某，且刘某自主经营、独立核算、自负盈亏。工程款系由发包方拨付至 B 公司账户，扣除管理费后由刘某领取。本案中，刘某提交了相关合同、施工打桩记录、缴纳税费的完税证明、现场签证单及工程进度款拨付依据等证据，足以证明刘某挂靠 B 公司实际承建案涉项目工程的事实。刘某作为实际施工人，对案涉项目工程的工程款事实上享有所有者权益。发包方 C 公司于 2016 年 12 月 6 日向 B 公司拨付的 3894970 元款项

系工程进度款，拨款时工程尚未竣工结算，且该款项系在发生欠付民工工资事件后，由相关行政管理部门协调发包方向承建方所拨付。故刘某属于该工程款的实际权利人，具有独立的请求权且权利具有排他性，能够阻却人民法院在另案中对该款项的执行。综上，A经营部诉称的理由不能成立，对其诉讼请求，不予支持。

【一审裁判结果】

驳回A经营部的诉讼请求。

【二审裁判观点】

一、争议款项是案涉工程的工程进度款，刘某是案涉工程的实际施工人，对争议款项享有独立的请求权。

案涉2016年12月6日C公司转入B公司在四川天府银行开立的05×××04账户内的款项3894970元，系C公司支付的案涉工程的工程进度款。

B公司与C公司签订建筑施工合同，约定由B公司承建该项目工程。根据B公司与刘某签订的《内部挂靠承包合同》的约定内容，刘某以B公司名义承建该工程，且刘某自主经营、独立核算、自负盈亏；工程款由发包方拨付至B公司账户，扣除管理费后由刘某领取。本案诉讼中，刘某提交的《××管桩销售及委托代办运输合同》及转账凭证、收条，《案涉工程管桩施工合同》及收条，《土石方工程施工合同》及转账凭证、收条，《现场签证单》及《打桩施工记录》，缴纳税费的完税证明及银行交易凭证等证据，能够形成证据链，足以证明刘某系借用B公司名义承建案涉工程。因此，刘某是案涉工程的实际施工人。

本案中，刘某借用B公司名义承建案涉工程的行为因违反法律强制性规定，应属无效行为。依照《2004年建工解释》第二条关于"建设工程施工合同无效，但建设工程经竣工验收合格，承包人请求参照合同约定支付工程价款的，应予支持"，以及第二十六条第二款关于"实际施工人以发包人为被告主张权利的，人民法院可以追加转包人或者违法分包人为本案当事人。发包人只在欠付工程价款范围内对实际施工人承担责任"之规定，即便认定建设工程施工合同无效，实际施工人在工程竣工验收合格的情况下仍有权主张工程价款。案涉款项是C公司拨付的案涉工程的工程进度款，根据前述司法的解释规定及"谁投入谁享有"的原则，刘某作为案涉工程实际施工人自行投入资金承建该工程，其对发包方应支付的工程款享有独立的请求权。换言之，刘某作为案涉工程的实际施工人，是案涉工程款的实际权利人。

二、刘某提供的现有证据能够证明争议款项已经特定化。

货币作为种类物，通常情况下，占有即所有，应当以占有状态确定货币的权利人。但从本案中刘某提供的B公司在四川天府银行的05×××04账户的交易明细看，该账户被人民法院冻结后，除C公司拨付的案涉工程的工程进度款外，并无其他款项转入，故案涉款项并未因进入案涉B公司的前述账户而与B公司的其他款项混同。同时，刘某提供的证据能够证明其确因案涉款项不能及时拨付而无法支付民工工资，引发民工向相关行政部门投诉，相关行政部门已作出限期改正指令书。因此，刘某提供的现有证据能够证明案涉款项已经特定化。

综上，刘某作为案涉工程的实际施工人，其对 C 公司拨付的案涉工程进度款享有独立的请求权，且该款项已特定化，故刘某对案涉款项所享有的权利能够阻却人民法院在另案中的强制执行。上诉人 A 经营部关于刘某提供的证据不足以证明其系案涉款项的实际权利人，且即使案涉款项是刘某挂靠 B 公司承建案涉工程所得的工程款项，因挂靠行为违法，也不应受到法律保护的上诉主张，与本案查明的事实不符，且法律依据不充分，二审法院对此不予支持。

【二审裁判结果】

驳回上诉，维持原判。

【再审申请理由】

一、原审认定刘某为案涉款项的实际权利人错误。

1. 刘某并未对其系案涉款项的实际权利人尽到举证责任。刘某所举证据只能证明其参与了案涉工程的施工建设或从 B 公司承包了部分工程，是项目管理人，不能证明其实际投入资金进行了施工并取得了工程款。

2. 从合同关系的相对性上，刘某不是案涉款项的合法债权人。B 公司与发包人就案涉工程签订施工合同，发包人负有向 B 公司支付工程款的义务，即使刘某是通过项目承包的形式挂靠 B 公司承建该工程，对外也是以 B 公司名义施工，刘某并非该工程款的合法债权人。本案冻结的是 B 公司账户内 3894970 元的工程款，B 公司对汇入其账户内的资金享有所有权。刘某只可依据《挂靠承包合同》向 B 公司请求转付工程款，享有的是向 B 公司追索债务的债权请求权。

3. 从货币的归属及属性上，刘某不是案涉款项的实际权利人。根据《中华人民共和国物权法》第二十三条关于"动产物权的设立和转让，自交付时发生效力，但法律另有规定的除外"的规定，金钱作为种类物，具有不特定化的特性，一般情况下，应当遵循占有即所有原则，以占有判断其所有权的归属。一般存款账户不具有将货币这一种类物特定化的功能，即便刘某与 B 公司有合同关系，相互之间可能产生债权请求权，但其对 B 公司账户内的款项主张所有权仍无法律依据。C 公司汇款时并没有特别加注款项性质也没有采取其他措施将该款项特定化。

二、即使认定刘某系挂靠人（实际施工人），其挂靠行为违法，其对工程款项的请求权也不足以阻却人民法院的强制执行。

1. 刘某对案涉款项并不享有建设工程价款优先受偿权，无权取得案涉款项。建设工程价款优先受偿权针对的是建设工程拍卖、变卖所得价款，是承包人对发包人享有的权利，在有权利冲突的情况下，需经过司法确认，本案中的款项是 C 公司支付给 B 公司的工程款，是 B 公司对 C 公司享有的权利，而不是刘某对 B 公司所享有的权利，刘某是否享有案涉工程款以及是否享有优先权，均未经司法确认。

2. 挂靠行为违反法律的禁止性规定，挂靠人即使享有工程款请求权，也不能排除法院的强制执行。《挂靠承包合同》约定的内容实为施工企业资质租赁或有偿使用，是法律及司法解释禁止的行为。《2004 年建工解释》第二条、第二十六条明确了实际施工人对承包人和发包人享有的是工程款请求权，因此，案涉工程款并不是挂靠人所有。

3. 刘某明知借用资质承包工程违法，应当承担由此违法行为可能带来的法律风险。

4. 从法律保护的价值及次序上，A 经营部对 B 公司的债权基于合法买卖合同产生，刘某对 B 公司的债权基于挂靠合同关系产生，A 经营部的债权应得到优先保护。

三、案涉款项并不是应付农民工工资，不具有优先权属性。

关于案涉款项的转账时间及投诉时间问题，纪某的投诉时间是 2016 年 12 月 16 日，而案涉款项的转账及查封时间为 2016 年 12 月 6 日。刘某提供的《情况说明》称 2016 年 10 月 26 日，纪某等人到劳动监察大队进行举报，而《情况说明》的出具时间是 2018 年 10 月 24 日，劳动监察大队在没有书面记录的情况下还能记住时隔 2 年的事情，不符合常理。《情况说明》称 2016 年 10 月 26 日，纪某等人举报被欠薪长达 8 个月，则应发工资时间为 2016 年 2 月，而 B 公司与刘某所签《内部挂靠承包合同》的时间为 2016 年 9 月 20 日，案涉款项用于支付的农民工工资说法不成立。从工资表上，纪某持有所有民工工资表不合常理，工资表也没有载明基本工资、做工天数等基本信息，工资表上显示的工种只有木工，与案涉工程涉及的旋挖施工不符。从投诉的时间和改正指令书作出及领取的时间上，人力资源和社会保障局在纪某投诉当日就作出限期改正指令书，B 公司在收到指令书当日即发函表示会发工资，这些文书均在一天内作出，是为了制造欠付工资的假象。投诉登记表上的内容为欠薪共计 169 万元，而案涉款项为 360 余万元，二者金额不一致。

综上，A 经营部根据《民事诉讼法》第二百条第二项、第六项的规定申请再审。

【被申请人答辩】

刘某辩称：

C 公司与刘某有事实上的合同关系，刘某是案涉工程实际投资人，案涉款项已经特定化，刘某对案涉工程进度款享有足以排除执行的民事权利。

B 公司辩称：

原审认定事实清楚，适用法律正确，A 经营部的再审理由不能成立。刘某是案涉工程的实际施工人，所享有的权利包括工程款请求权、处分权。刘某对工程投入资金，工程收益也应由刘某享有，其对工程款享有的权利不仅是请求权，还可以排除强制执行。B 公司并没有就案涉工程投入资金，案涉账户是 B 公司为案涉工程提供给刘某使用的专门账户，账户资金是特定的。

【再审裁判观点】

一、本案真实的施工合同关系存在于 C 公司与刘某之间，C 公司与刘某才是施工合同权利享有者和义务承担者。

B 公司与刘某均认可刘某系借用 B 公司资质承揽案涉工程。根据 C 公司出具的《情况说明》，C 公司在与 B 公司签订案涉施工合同时，就知晓刘某系借用 B 公司资质与其签订合同，C 公司也认可刘某是案涉施工合同项下建设工程的施工人。这表明，C 公司对刘某作为案涉施工合同实际履行人是明知且认可的，也意味着 B 公司与 C 公司之间并没有订立施工合同的真实意思表示。C公司在《情况说明》中也表示"2016年12月6日，我司将本应支付刘某的工程进度款3894970元转入了B公司的账户，该3894970元系我方拨付的工程进度款"。在案涉账户被冻结后，C公司又直接向刘某支付工程进度款。以上事实说明，本案真实的施工合同关系存在于C公司与刘某之间，C公司与刘某才是施工合同权利享有者和义务承担者。建设工程价款是施工人投入劳务、材料等到建设工程中所获得的对价。刘某提供了其与案外人签订的土石方工程施工合同、管桩施工合同、转账凭证、收条等证据证实其对工程的投入情况，作为投入对价的工程款应由刘某享有，即刘某是案涉工程进度款的实际权利人和给付受领人。

二、案涉款项进入B公司账户时，该账户已被人民法院冻结，不受B公司的支配和控制，B公司因而未实际占有该款项，且未与B公司其他款项混同。本案有证据证实案涉款项的拨付用途与支付农民工工资有关，可认定案涉款项不属于B公司可供执行的责任财产范围。

B公司与C公司虽然签订了施工合同，但因合同双方均欠缺订立合同的真实意思表示，施工合同关系未能在双方之间订立，B公司不是施工合同权利人，不具有享有C公司所拨付的3894970元工程进度款的权利基础。同时，案涉款项进入B公司账户时，该账户已被人民法院冻结，不受B公司的支配和控制，B公司因而未实际占有该款项，故不能仅凭账户名义外观即认定该款项属B公司所有。从案涉账户业务交易单可以看出，除案涉款项外，该账户被冻结后没有其他款项进入，案涉款项并未与B公司其他款项混同。而且，刘某提供的劳动保障监察大队出具的《情况说明》、人力资源和社会保障局出具的《劳动保障监察投诉登记表》及《劳动保障监察限期改正指令书》可以形成证据链证实案涉款项的拨付用途与支付民工工资有关。综上，可认定案涉款项不属于B公司可供执行的责任财产范围。

三、借用资质一方在其施工的建设工程符合法定条件的情况下仍有权获得建设工程价款，不能否认刘某获得工程价款的权利。

本案属于执行异议之诉，并非当事人间的建设工程合同纠纷，故不宜对当事人间的建设工程合同效力进行评述。刘某与B公司均认可双方签订《内部挂靠承包合同》，系刘某借用B公司资质承揽工程，B公司收取管理费，双方并未因该合同形成以建设工程价款为标的的合同权利义务关系。因此，刘某对B公司享有工程款债权这一前提并不存在，A经营部关于其对B公司享有的债权应优先于刘某对B公司享有的工程款债权进行保护的理由不能成立。法律虽然禁止借用资质承揽建设工程，但借用资质一方在其施工的建设工程符合法定条件的情况下仍有权获得建设工程价款。故虽然刘某借用B公司资质承揽工程的行为违法，但不能以此否定其获得工程价款的权利，A经营部关于挂靠行为违法，工程款请求权不能排除强制执行的再审申请理由不能成立。

【再审裁判观点】

驳回A经营部的再审申请。

【律师评析】

在司法实践中，借用资质的实际施工人无法以其对工程款享有的债权阻却承包人之债权人对工程价款的强制执行，理由在于：借用资质承揽工程是《建筑法》明令禁止的行为，司法解释赋予实际施工人突破合同相对性的权利是对农民工等弱势群体的保护，并非对借用资质行为的认可，实际施工人在借用资质时也应当知悉该行为的违法性和工程价款可能被执行的风险，如果允许其排除强制执行，相当于赋予了实际施工人以优于其他债权人的权利，是对该违法行为的间接认可，直接损害了其他债权人的合法权益。

也有观点认为，在案外人执行异议之诉中不宜对实际施工人身份进行认定，在执行异议之诉中如果允许实际施工人突破合同相对性向发包人主张工程款，容易导致发包人向实际施工人和承包人承担重复的工程款债务。即便认定发包人应当对实际施工人承担欠付责任，实际施工人对发包人享有的仅是一般意义上的债权请求权，不具有优先受偿性，而且在发包人未实际支付前，该债权并未特定，实际施工人也不享有足以排除强制执行的民事权益。故实际施工人不能以其享有工程款债权为由主张排除强制执行。

本案中，最高人民法院支持实际施工人的主要原因在于发包人对实际施工人借用资质施工的事实是知悉并认可的，在发包人与实际施工人之间已经形成了事实的建设工程施工的法律关系，且经法院查明，案涉款项的拨付用途与支付民工工资有关，案涉款项不属于承包人可供执行的责任财产范围，故认定实际施工人对案涉工程进度款享有足以排除强制执行的民事权益。

司法解释创设实际施工人制度的本意在于保护农民工合法权益，解决农民工无法越过承包人主张权利的障碍，因此，工程款债权具有一定的专属性，法院在查明实际施工人身份及应付工程款项数额的前提下，应允许排除该部分款项的执行，以达到保护实际施工人的目的。否则，将导致实际施工人制度丧失意义。江苏省高级人民法院于 2019 年 3 月 5 日发布的《执行异议及执行异议之诉案件审理指南（三）》第三十条规定："建设工程承包人为被执行人的，执行法院对案涉到期工程款债权采取强制执行措施，案外人以其系实际施工人为由提出执行异议，请求排除执行的，适用《民事诉讼法》第二百二十七条规定进行审查。因此引发的执行异议之诉案件，同时符合下列情形的，对案外人的主张应予以支持：（1）案外人符合最高人民法院关于审理建设工程施工合同纠纷案件适用法律问题的相关解释中实际施工人身份；（2）案外人提供的证据能够支持其所主张的债权数额，包括但不限于发包人欠付建设工程价款的数额以及承包人欠付其工程款数额等；（3）案外人主张的工程价款数额覆盖案涉债权的，对其超过案涉债权部分的主张不予支持。"

【相关案例索引】

① 戚某、扬州扬子建筑市政工程有限公司等案外人执行异议之诉一案

案号：（2021）最高法民申 5771 号

裁判观点：关于王某、毕某、扬州扬子建筑市政工程有限公司（以下简称扬子建筑公司）对案涉工程款债权是否享有足以排除强制执行的民事权益问题。《2018 年建工解释（二）》第二十四条规定："实际施工人以发包人为被告主张权利的，人民法院应当追加转包人或者违法分包人为本案第三人，在查明发包人欠付转包人或者违法分包人建设工程价

款的数额后，判决发包人在欠付建设工程价款范围内对实际施工人承担责任。"上述司法解释基于保护处于弱势地位的建筑工人的权益，突破债的相对性原则，规定实际施工人可以以发包人为被告主张权利。扬子建筑公司、王某、毕某系案涉工程实际施工人，案涉工程已竣工验收合格，扬子建筑公司、王某、毕某提交的证据能够证明其有权向扬州优世房地产开发有限公司主张的工程款债权数额能覆盖本案执行法院冻结的 2400 万元工程款债权，原审法院综合本案实际情况，对王某、毕某、扬子建筑公司关于不得执行案涉工程款债权的诉讼请求予以支持，并无不妥。

② 青岛富广通投资咨询有限公司、内江市兴森商贸有限公司案外人执行异议之诉一案

案号：（2020）川民终 1557 号

裁判观点：内江市兴森商贸有限公司（以下简称兴森商贸公司）对自贡市第一建筑工程有限公司（以下简称自贡一建公司）应向内江市兴元实业集团有限责任公司（以下简称兴元实业公司）收取的工程款，以 1600 万元为限享有实际的民事权益，其系该债权的实际权利人，依照《2018 年建工解释（二）》第二十四条的相关规定，该权益足以阻却强制执行。具体理由为，《民诉法解释》第五百零一条规定："人民法院执行被执行人对他人的到期债权，可以作出冻结债权的裁定，并通知该他人向申请执行人履行。利害关系人对到期债权有异议的，人民法院应当按照民诉法第二百二十七条规定处理。"本案所涉冻结工程款具有到期债权性质，依据前述司法解释，作为利害关系人的兴森商贸公司有权对该到期债权的权属以及能否阻却执行提出异议。

《2004 年建工解释》第二条规定："建设工程施工合同无效，但建设工程经竣工验收合格，承包人请求参照合同约定支付工程价款的，应予支持。"《2018 年建工解释（二）》第二十四规定："实际施工人以发包人为被告主张权利的，人民法院应当追加转包人或者违法分包人为本案第三人，在查明发包人欠付转包人或者违法分包人建设工程价款的数额后，判决发包人在欠付建设工程价款范围内对实际施工人承担责任。"上述规定体现了我国法律和司法解释对实际施工人权益给予的特殊关注和保护，虽然实际施工人借用资质承揽工程违反我国建筑法相关法律规定，应受到相关行政法规的相应处罚，但在工程竣工验收合格情况下，其作为工程施工者对工程价款享有的合法权益仍应得到法律保护，否则建筑工人和材料商等的合法权益无法保障。本案中，虽然兴森商贸公司借用自贡一建公司的施工资质承建并实际施工完成案涉工程的行为因违反法律强制性规定而无效，但根据其与自贡一建公司签订的《工程项目内部承包责任合同》的约定以及案涉工程由兴森商贸公司自行垫资修建并已经竣工验收合格的实际情况，兴森商贸公司对案涉发包方兴元实业公司应支付的工程款享有独立的请求权。换言之，兴森商贸公司作为案涉项目工程的实际施工人，是案涉兴元实业公司应付工程款的实际权利人，对此，作为承包人的自贡一建公司和发包人的兴元实业公司均无异议，故兴森商贸公司对案涉应收工程款即兴元实业公司自认的欠付工程款 19014199.68 元享有实际的权益，且该权益能够阻却人民法院在另案中的强制执行。

青岛富广通投资咨询有限公司（以下简称富广通公司）上诉主张，即使兴森商贸公司系案涉工程的实际施工人，对案涉工程债权享有实际权益，因不能证明该债权中包含民工工资等优先权益，亦不能支持其债权的优先性。对此，二审法院认为，依据前述查明的案件事实，案涉工程系兴森商贸公司垫资修建，农民工工资、材料款以及垫资成本等均包含在工程价款中，兴森商贸公司系案涉工程款债权的实际权利人，则不论发包人兴元实业公司欠付的该19014199.68元工程款中是否包含农民工工资，农民工工资所占比例多少，是否包含投资回报，均属于实际施工人兴森商贸公司应得的工程总价款，而不应被认定为承包人自贡一建公司的执行责任财产，故兴森商贸公司对兴元实业公司欠付的工程款享有全部的实际权利，足以阻却另案对该款项的强制执行。

案涉申请执行的债权发生于中国信达资产管理公司成都办事处与自贡一建公司之间，且债权经人民法院判决确认于2002年，明显早于案涉工程施工时间，已经查明的案件事实表明自贡一建公司并非案涉工程的实际施工方，该执行债权与案涉工程之间并无直接联系，案涉执行债权的债权人并非基于对自贡一建公司的案涉执行标的的信赖利益而发放贷款并形成执行债权，本案确认执行标的的实际权利人为兴森商贸公司，符合案涉工程施工实际情况，亦未损害申请执行人富广通公司的信赖利益及合法权益。

③ 秦某、邹某案外人执行异议之诉一案

案号：（2021）川民再51号

裁判观点：秦某作为实际施工人，对发包人凤冈县交通运输局享有的工程款付款请求权，与承包人四川华海建设集团有限公司（以下简称华海公司）基于建设工程施工合同关系对发包人凤冈县交通运输局的付款请求权，理论上同属债权，但是，为了保护特定的法益，在特定情形下对不同债权进行顺位排序仍存在一定的必要性与正当性。首先，从债权形成原因来看，建设工程价款是施工人将劳务、材料等投入到建设工程中所获得的对价。华海公司只收取管理费，并未参与实际施工，实际施工人秦某才是工程的实际投入方，工程款债权的形成主要源于实际施工人的施工行为，这也是司法解释赋予实际施工人直接向发包人主张工程款权利的司法政策考量所在。其次，从过错程度来看，承包人与实际施工人在挂靠事实上的主观过错程度相当，不能仅以实际施工人违法在先、风险自担为由，而否定实际施工人的权利主张。最后，从执行申请人的合理信赖来看，申请执行的对象只是承包人责任财产范围中的应收工程款债权，申请执行人并不是基于该工程款应收债权而与承包人建立的债权债务关系，不存在需要特别关注和保护的合理信赖。因此，秦某作为实际施工人，就案涉工程对发包人凤冈县交通运输局享有的应收款债权可以排除邹某的强制执行，符合"谁投入谁享有"的基本法理。

④ 薛某、徐某案外人执行异议之诉一案

案号：（2019）鲁民终2280号

裁判观点：关于薛某对工程款是否享有排除执行的民事权益问题。第一，一审法院所执行的债权是天津久缘建设工程集团有限公司（以下简称久缘公司）对内蒙古磴口县巴彦高勒镇人民政府（以下简称巴彦高勒镇政府）享有的债权，此二者为合同相对方。因本案并非建设工程施工合同纠纷，二审法院对《建设工程施工合同》的效力不予评判。如《建设工程施工合同》有效，久缘公司作为合同主体，可向巴彦高勒镇政府主张债权。如合同无效，根据《2004 年建工解释》第二条关于"建设工程施工合同无效，但建设工程经竣工验收合格，承包人请求参照合同约定支付工程价款的，应予支持"之规定，久缘公司亦可参照《建设工程施工合同》向巴彦高勒镇政府主张债权。即无论合同是否有效，均可依据不同的法律规定，要求巴彦高勒镇政府支付工程款。

第二，薛某依据相关法律规定取得的权利不得排除执行。薛某与巴彦高勒镇政府并不存在合同关系，不能基于合同关系向巴彦高勒镇政府主张权利。实际施工人可向发包人主张权利的依据是《2004 年建工解释》第二十六条的规定，内容为"实际施工人以转包人、违法分包人为被告起诉的，人民法院应当依法受理。实际施工人以发包人为被告主张权利的，人民法院可以追加转包人或者违法分包人为本案当事人。发包人只在欠付工程价款范围内对实际施工人承担责任"。该条规定是最高人民法院出于保护农民工合法权益的目的，赋予实际施工人突破合同相对性原则向发包人主张工程款的权利。但该条亦作出限制性规定，即发包人只在欠付承包人工程款范围内对实际施工人承担责任，且并未赋予实际施工人取代承包人合同地位的权利。巴彦高勒镇政府向薛某支付工程款，是依据久缘公司的委托，根据合同相对性原则，久缘公司仍为合同的相对方、工程款的权利人。

第三，法律作为一种约束各项行为之规范的综合，其中一项重要价值即在于保护合法权益。一审法院认为并倡导，遵法守法依法行事者，其合法权益必将受到法律保护；反之，不遵法守法甚至违反法律者，因其漠视甚至无视法律规则，就应当承担不受法律保护或者受到法律追究的风险。《建筑法》第二十六条规定："承包建筑工程的单位应当持有依法取得的资质证书，并在其资质等级许可的业务范围内承揽工程。禁止建筑施工企业超越本企业资质等级许可的业务范围或者以任何形式用其他建筑施工企业的名义承揽工程。禁止建筑施工企业以任何形式允许其他单位或者个人使用本企业的资质证书、营业执照，以本企业的名义承揽工程。"《中华人民共和国招标投标法》（以下简称《招标投标法》）第五十四条规定："投标人以他人名义投标或者以其他方式弄虚作假，骗取中标的，中标无效。"《2004 年建工解释》第一条第二项规定："建设工程施工合同具有下列情形之一的，应当根据合同法第五十二条第（五）项的规定，认定无效……（二）没有资质的实际施工人借用有资质的建筑施工企业名义的。"第四条规定："承包人非法转包、违法分包建设工程或者没有资质的实际施工人借用有资质的建筑施工企业名义与他人签订建设工程施工合同的行为无效。"可见，法律对挂靠行为是作否定性评价的。薛某应当知道国家有关建设工程施工方面的法律法规规定，亦应当知道法律对于借用资质从事施工行为的态度。但是，薛某坚持选择以久缘公司的名义从事经营活动，坚持选择借用久缘公司的资质对外承揽建筑工程，坚持选择实施此种为法律所不容之行为并获取收益，其亦应当承担由此可能带来的不受法律保护的法律风险。

⑤ 庆阳能源化工集团钻采工程服务有限公司与金某案外人执行异议之诉一案

案号：（2020）甘民终 76 号

裁判观点：关于中国石油天然气股份有限公司长庆油田分公司（以下简称中石油长庆分公司）是否应付庆阳百纳工程技术有限公司（以下简称百纳公司）工程款800万元中下剩的253.09万元及中石油长庆分公司陇东石油评价项目组应付该账号中的520000元工程款是否归金某所有的问题。金某主张因其挂靠百纳公司对中石油长庆分公司工程进行施工，其是该工程的实际施工人，中石油长庆分公司应支付的工程款应该归其所有，故其享有足以排除强制执行的民事权益。百纳公司与中石油长庆分公司是施工合同的签订主体，根据合同的相对性原则，合同的权利义务都由百纳公司享有承担。金某以百纳公司开立的银行账户就工程款项进行结算的行为，则能证实工程款项的结算主体是百纳公司与中石油长庆分公司，中石油长庆分公司向百纳公司结算工程款项并非向金某个人结算工程款项，且应付的款项仅是基于债权债务关系产生，并不具有物权属性，中石油长庆分公司结算工程款项进入百纳公司的账户后，从银行账户名称来判断该账户内的资金也属于百纳公司所有，故能认定中石油长庆分公司应支付到百纳公司账户的款项归百纳公司所有并非金某所有。在申请人为庆阳能源化工集团钻采工程服务有限公司（以下简称能源公司）与被申请人为百纳公司的执行案件中，作为非施工合同主体的实际施工人金某，其与百纳公司也仅是因挂靠行为而形成债权债务关系，该关系属于内部法律关系，不能对外产生对抗效力，金某不能以与百纳公司形成的内部债权债务关系排除百纳公司与能源公司之间债权债务关系，金某与百纳公司之间的债权债务关系应另行解决。故金某诉请将中石油长庆分公司应付百纳公司的款项确认为其所有，并排除一审法院的执行缺乏事实依据和法律依据，一审法院对此处理不当，应予纠正。

⑥ 毕某、中国银行股份有限公司平原支行案外人执行异议之诉一案

案号：（2017）鲁民终45号

裁判观点：二审法院认为，本案争议焦点为一审判决驳回毕某的诉讼请求是否正确。首先，一审判决认定毕某系案涉工程实际施工人，中国银行股份有限公司平原支行（以下简称中国银行平原支行）对此并未提出上诉，对于中国银行平原支行在二审中关于毕某并非案涉工程实际施工人的主张，二审法院不予审查。其次，根据《2004年建工解释》第二十六条的规定，建设工程实际施工人可以在发包人欠付工程款范围内向发包人主张工程款。该条规定突破了合同相对性，其适用应当限于实际施工人向发包人主张工程款的范围。中国银行平原支行申请一审法院执行生效民事调解书，一审法院依法查封德州纵横市政公用工程有限公司对德州市公路工程总公司的到期债权，并无不当。现毕某以案涉工程实际施工人身份，主张其系实际债权人，对一审法院的查封提出异议，超出了实际施工人在发包人欠付工程款范围内向发包人主张工程款的范围。毕某关于其对案涉债权享有足以排除强制执行的民事权益的上诉主张缺乏事实和法律依据，二审法院对此不予支持。最后，一审法院已经释明，毕某可另行主张工程欠款，一审判决并未剥夺毕某实现债权的权利。

⑦ 郭某甲、江苏通源房地产开发有限公司等申请执行人执行异议之诉一案

案号：（2021）最高法民申5427号

裁判观点：《民诉法解释》第三百一十一条规定："案外人或者申请执行人提起执行异议之诉的，案外人应当就其对执行标的享有足以排除强制执行的民事权益承担举证证明责任。"本案中，郭某甲主张其享有排除人民法院对案涉 6 套房产执行的民事权益，主要依据为其系案涉项目的实际施工人，而案涉 6 套房产已用于冲抵 B 公司欠其的工程款。再审法院认为，实际施工人一般是指，对相对独立的单项工程，通过筹集资金、组织人员机械等进场施工，在工程竣工验收合格后，与业主方、被挂靠单位、转承包人进行单独结算的自然人、法人或者其他组织。本案中，郭某甲提交了两份《瓦工协议书》《安装工程协议书》《木工协议书》《钢筋安装合同书》《脚手架协议书》、一份《外墙油漆施工协议书》，欲证明其实际组织人员进场施工、日常管理案涉项目；提交了《案涉项目竣工结算会议记录》，证明其参与案涉项目的开发商润泰公司召开的结算会议，从而证明其向 B 公司内部承包了案涉工程，履行了《建设工程内部承包协议书》，并实际进行了施工。但郭某甲未能提供案涉项目的施工记录、工程签证单、领款单、工程请款单、月进度款支付申请单、材料报验单、工程验收单等施工过程中产生的凭证材料，以证明其进行施工、请款并与 B 公司独立进行工程结算等事实。另外，虽然郭某甲提供的 107 份付款凭证上均有"同意支付：郭某甲"字样，但其中大部分付款凭证"核准人"或"主管"处只有 B 公司大股东郭某乙签名，因此，郭某甲支付案涉项目的工人工资、材料款时大部分均需要 B 公司的批准，且依据原审查明的事实，该部分款项大部分由 B 公司支付，因此，依据郭某甲提供以其名义签订的《瓦工协议书》《安装工程协议书》《木工协议书》《钢筋安装合同书》《脚手架协议书》《外墙油漆施工协议书》以及 107 份付款凭证，均难以认定其参与案涉项目施工系作为实际施工人的个人行为还是作为 B 公司员工的职务行为，其提交的两份《建设工程内部承包协议书》亦不足以证明其系案涉项目的实际施工人。依据《民诉法解释》第一百零八条第二款的规定，郭某甲应当承担举证不能的不利后果，原审法院未认定其是案涉项目实际施工人具有相应的法律依据。综上，因郭某甲未能证明其是案涉项目的实际施工人，原审对其主张未予支持，并无不当。

案例 5：实际施工人以承包人、发包人等为被告主张工程款，法院未判决承包人或发包人承担责任的，承包人或发包人提起上诉或申请再审缺乏诉的利益

【引言】

诉的利益是指所提出的诉讼请求所具有的通过判决使纠纷得以解决的必要性和实效性。一般认为，当事人提起民事诉讼，必须有诉的利益，作为诉讼要件的"诉的利益"是人民法院审判案件的前提。若法院未判令当事人承担责任，当事人提起上诉或再审，缺乏诉的利益，则该上诉或再审请求存在被驳回的可能性。

【案例来源】

（2020）最高法民申 4897 号

【诉讼主体】

A 公司：一审原告、二审上诉人

B 公司：一审被告、二审被上诉人

李某：一审第三人（有独立请求权）、二审上诉人

【原告起诉请求】

A 公司请求：一、判令 B 公司支付工程款 1.2 亿元；二、判令 B 公司赔偿自 2014 年 9 月 15 日起算的利息损失 1567.5 万元；三、案件受理费由 B 公司承担。

李某请求：一、判令 B 公司、A 公司支付工程款 1.2 亿元；二、判令 B 公司、A 公司赔偿利息损失 1567.5 万元；三、案件受理费由 B 公司、A 公司承担。

【争议焦点】

一、哪一方当事人有权主张案涉工程款；二、案涉工程款如何确定。

【基本案情】

一、李某与 B 公司之间的合同签订及履行情况

（一）李某以案外人 C 公司名义签订合同的情况

2011 年 7 月 27 日，李某以案外人 C 公司名义与 B 公司签订《补充协议》，约定：工程名称为案涉工程，承包范围为土建（包括××商场）、装饰、水暖、电气；开工日期为 2011 年 8 月 1 日，竣工日期为 2013 年 7 月 30 日；质量标准为合格。该协议关于合同价款约定：依据施工图、变更单及 B 公司监理签字认可的经济签证可以进入结算等内容。该协议尾部加盖 B 公司合同专用章并有 B 公司法定代表人签字、李某签字，未加盖 C 公司印章。李某于 2011 年 9 月 1 日进场施工。

（二）李某借用 A 公司资质签订合同的情况

2012 年 3 月 1 日，李某借用 A 公司资质与 B 公司签订《建设工程施工合同》，约定：工程名称为案涉工程；工程内容为 108290m²、框剪结构；承包范围为施工图纸全部施工内容；开工日期为 2012 年 3 月 8 日，竣工日期为 2013 年 10 月 30 日；工程质量标准为合格；暂定金额为 129051278.44 元，最后结算价款以双方实际结算为准。该合同专用条款约定：合同价款采用可调价格方式确定，执行现行本省计价依据及有关计价规定；材料价差的调整方法执行工程施工同期本市建设工程造价信息及年度结算文件，价格信息中没有规定的以双方协商价格为准进行结算，对于 B 公司指定价格的材料，按其价格计入材料费进入结算；合同价款的调整因素包括工程变更、工程造价管理机构发布的造价调整等；合同还约定了各项费率的具体标准；支付期间以形象进度为准，A 公司施工至±0.00 后开始付进度款，主体按当月形象进度总造价的 80％付款，水电部分按形象进度总造价的 60％付款，装饰按进度工程量总造价的 80％付款；结算的程序和时限按合同通用条款第

64.2~64.7 款的规定执行；拨款至合同款的 80％时停止拨款，余款待竣工结算完、留足 3％保修金后 14 日内一次结清；质量保证金的金额按通用条款的规定，为合同价款的 3％。补充条款约定：安全生产措施费支付、使用、管理按×建发〔2010〕11 号及×建发〔2011〕20 号文件执行。通用条款第 65.3 款约定：工程竣工验收合格满 2 年后的 28 天内，发包人应将剩余的质量保证金和利息返还给承包人。该合同加盖 B 公司、A 公司合同专用章及法定代表人名章。该合同已于 2012 年 5 月 31 日备案。

2012 年 3 月 5 日，A 公司中标案涉工程，中标通知书载明：中标工期为 2012 年 3 月 8 日至 2013 年 10 月 30 日，中标价为 129051278.44 元（其中安全文明施工费为 707.02 万元），建设规模为 108290m^2。

2014 年 9 月 15 日，案涉工程经过竣工验收并交付使用。

二、案涉工程已付工程款情况

B 公司主张已付工程款为 173591108.31 元，至案涉工程于 2014 年 9 月 15 日竣工验收，已付工程款为 163632603.66 元，其后 B 公司支付的款项包括 2014 年 9 月 16 日 94926.75 元、9 月 23 日 200 万元、9 月 28 日 16 万元、10 月 9 日 8.7 万元、10 月 21 日 16 万元、10 月 28 日 6.4 万元、11 月 3 日 30 万元、11 月 11 日 30 万元、11 月 13 日 7500 元、11 月 14 日 26 万元、11 月 19 日 300 万元，2015 年 1 月 27 日 210 万元、2 月 11 日 8 万元、5 月 8 日 10 万元，2016 年 1 月 14 日 100 万元、3 月 7 日 14.4 万元、12 月 7 日 10 万元，2017 年 4 月 20 日 1077.90 元。李某除对 2017 年 4 月 20 日的税金 1077.90 元不予认可外，对其他款项无异议。

A 公司、B 公司及李某均认可维修费用按照 35 万元计算。

三、案涉工程的造价鉴定情况

一审审理期间，李某申请对案涉工程的工程造价进行司法鉴定，经公开摇号，确定 D 公司为鉴定单位。2020 年 4 月 29 日，鉴定单位向一审法院发送《鉴定咨询缴费情况告知》，请法院协助催缴剩余鉴定费。其后，一审法院对李某进行催缴，但其未能在指定期限内缴纳鉴定费。

关于案涉工程的工程价款，B 公司主张未计取规费为 182619259.44 元，计取规费则为 194713376.60 元。

四、A 公司涉诉情况

另查明，案外人张某于 2015 年 2 月 15 日起诉 A 公司，要求 A 公司给付工程款 229.6 万元。2015 年 12 月 4 日，某市中级人民法院作出判决，判决 A 公司给付案外人张某人工费 229.6 万元，案件受理费 25168 元由 A 公司负担。后某市中院扣划 A 公司共计 2481655 元。2017 年 4 月 16 日，李某向 A 公司出具两份承诺，因某市中院案件产生的债务，李某应按裁判文书确定的金额立即付款给 A 公司。

【一审裁判观点】

一、李某与B公司签订的合同均无效。

李某在B公司对案涉工程招标前即借用C公司资质与该公司签订《补充协议》,在A公司中标前即借用该公司资质与B公司签订《建设工程施工合同》,并在案涉工程招标前已实际进场施工,李某与B公司之间的行为属未招先定的串通投标行为,依照《招标投标法》第四十三条关于"在确定中标人前,招标人不得与投标人就投标价格、投标方案等实质性内容进行谈判"以及第五十三条关于"投标人相互串通投标或者与招标人串通投标的……中标无效"的规定,A公司中标案涉工程无效。依照《2004年建工解释》第一条关于"建设工程施工合同具有下列情形之一的,应当根据合同法第五十二条第(五)项的规定,认定无效……(二)没有资质的实际施工人借用有资质的建筑施工企业名义的;(三)建设工程必须进行招标而未招标或者中标无效的"的规定,上述《补充协议》《建设工程施工合同》因违反法律的效力性强制性规定而无效。

二、B公司明知并认可李某作为案涉工程的实际施工人身份,故B公司与李某之间已经形成事实上的施工合同关系,李某有权请求B公司给付工程款。A公司并非案涉工程的权利主体,李某请求A公司给付工程款缺乏事实依据。

B公司明知李某以C公司名义与其签订《补充协议》,并借用A公司资质与其签订《建设工程施工合同》,明知并认可李某作为案涉工程的实际施工人,故B公司与李某之间已经形成事实上的施工合同关系。《2004年建工解释》第二条规定:"建设工程施工合同无效,但建设工程经竣工验收合格,承包人请求参照合同约定支付工程价款的,应予支持。"因案涉工程已经竣工验收合格,故李某请求B公司给付工程款,具有事实和法律依据。本案中,李某系借用A公司资质,该公司并非案涉工程的权利主体,亦未实际参与案涉工程的施工,且李某曾于庭审中表示放弃对A公司的诉讼请求,故李某请求A公司给付工程款,缺乏事实依据。

三、李某不支付鉴定费,应承担举证不能的不利后果。案涉工程的工程价款应计取规费,根据B公司自认,认定案涉工程的工程价款为194713376.60元。

李某主张其施工完成的案涉工程造价近3亿元,但未能举证证明其主张成立。李某申请对案涉工程的工程造价进行司法鉴定,在鉴定程序基本完成,一审法院依据鉴定机构的通知向李某催缴鉴定费用后,李某未在指定期限内缴纳鉴定费用,并于2020年7月16日以鉴定机构违规收费为由,申请变更鉴定机构,重新进行鉴定。一审法院系依照法定程序确定鉴定机构,鉴定机构具有相关鉴定资质,且鉴定过程中并不存在程序违法等更换鉴定机构的法定情形,故对李某的该项申请,未予准许。鉴于李某未在指定期限内缴纳鉴定费用,依照《2018年建工解释(二)》第十四条第一款关于"当事人对工程造价、质量、修复费用等专门性问题有争议,人民法院认为需要鉴定的,应当向负有举证责任的当事人释明。当事人经释明未申请鉴定,虽申请鉴定但未支付鉴定费用或者拒不提供相关材料的,应当承担举证不能的法律后果"的规定,其应承担举证不能的不利后果。

B公司主张未计取规费的案涉工程价款为182619259.44元,计取规费的案涉工程价款为 194713376.60 元，根据已查明的事实，案涉工程的安全文明施工费确未经建设行政主管部门评价核定，但该费用属工程施工过程中必然发生的费用，且案涉《补充协议》约定安全文明施工费按照规定计取，《建设工程施工合同》还约定了安全文明施工费的具体数额，故安全文明施工费应予计取。关于规费，B 公司在明知李某为其施工合同的实际相对方的情况下，并未在案涉《补充协议》《建设工程施工合同》中约定工程结算时不予计取规费，亦无证据证实其曾就此与李某达成过合意，故对案涉工程的工程价款应计取规费。综上，因李某对案涉工程价款的主张证据不足，根据 B 公司自认，认定案涉工程的工程价款为 194713376.60 元。

四、案涉工程纳税人为 A 公司，李某无异议，故 B 公司垫付税金应计入已付工程款，B 公司已给付李某工程款 173591108.31 元。

B 公司主张已付工程款为 173591108.31 元，李某除对 2017 年 4 月 20 日税金 1077.90 元不予认可外，对其他款项无异议。鉴于 B 公司为证明其支付税金 1077.90 元提交的税收完税证明载明纳税人为 A 公司，而李某对该完税证明无异议，且其认可 B 公司已付工程款中包括多笔工程税金，故该笔款项应计入已付工程款。据此，B 公司已给付李某工程款 173591108.31 元。

五、扣除已付工程款、维修费用，欠付工程款为 20772268.29 元。

如上所述，案涉工程的工程价款为 194713376.60 元，扣除 B 公司已付工程款 173591108.31 元，A 公司、B 公司及李某均认可的维修费用为 35 万元，欠付工程款为 20772268.29 元。

六、案涉施工合同无效，关于工期延误赔偿的约定亦无效，B 公司未能证明其实际损失，故对其工期延误损失赔偿主张不予支持。合同约定的质量保证金返还期限已至，欠付工程款中亦不应扣减质保金。

对于 B 公司主张因李某延误工期 319 天，按照案涉《建设工程施工合同》专用条款第 55.2 款关于每延误一日应赔付 1 万元的约定，应从欠付工程款中扣除 319 万元。因该施工合同无效，该合同的上述约定亦无效，且 B 公司未能举证证明工期延误给其造成的实际损失，故 B 公司的该项主张无事实和法律依据，对此不予支持。

B 公司还主张欠付工程款应扣除质量保证金。因案涉施工合同专用条款未约定质量保证金的返还期限，故参照通用条款第 65.3 款的约定，B 公司应于案涉工程竣工验收合格满二年后的 28 天内，即 2016 年 10 月 13 日前将质量保证金和利息返还给李某，故 B 公司的该项主张亦无事实依据，对此不予支持。

七、A 公司主张 B 公司给付工程款 2481655 元及利息，李某出具承诺书承诺给付，一审法院对此予以支持，将该笔款项自 B 公司应付李某的工程款中扣除。

关于 A 公司主张 B 公司给付其工程款 2481655 元及利息 2125794.80 元的问题。因 A 公司主张的工程款系因案涉工程而产生，且李某承诺给付该笔款项，故对 A 公司主张 B 公司给付工程款 2481655 元，予以支持，该笔款项自 B 公司应付李某工程款中扣除。对于利息，因 A 公司系依据李某出具的承诺书而主张按照月利率 2‰ 计息，依据合同相对性，该利息应由李某给付A公司，但为减少当事人诉累，且A公司主张的利息确系案涉工程的工程款产生，故可在本案中一并解决，自B公司应给付李某的工程款中相应扣除。对于利息数额，A公司主张利息自某市中院扣划其银行存款之日起算，但依据李某出具的承诺书，其应于十日内赔付，故利息应自某市中院扣划其存款十日后起算，数额相应调整为2109189.09元。据此，B公司应给付A公司4590844.09元，应给付李某欠付工程款16181424.20元（20772268.29元－4590844.09元）。

八、因案涉《补充协议》《建设工程施工合同》无效，故应视为当事人对欠付工程价款利息计付标准没有约定，应按照中国人民银行发布的同期同类贷款利率计息，自2014年9月15日案涉工程经竣工验收并交付使用之日起算。

《2004年建工解释》第十七条规定："当事人对欠付工程价款利息计付标准有约定的，按照约定处理；没有约定的，按照中国人民银行发布的同期同类贷款利率计息。"因案涉《补充协议》《建设工程施工合同》无效，故应视为当事人对欠付工程价款利息计付标准没有约定，应按照中国人民银行发布的同期同类贷款利率计息。

依据《2004年建工解释》第十八条关于"利息从应付工程价款之日计付。当事人对付款时间没有约定或者约定不明的，下列时间视为应付款时间：（一）建设工程已实际交付的，为交付之日……"的规定，因案涉工程已于2014年9月15日经竣工验收并交付使用，故李某主张利息自此时起算，具有事实和法律依据，应予支持。

【一审裁判结果】

一、B公司于判决生效后十日内给付A公司4590844.09元；二、B公司于判决生效后十日内给付李某工程款16181424.20元；三、B公司于判决生效后十日内给付李某欠付工程款利息（2014年9月15日至2014年9月16日计息基数为31080772.94元，2014年9月17日至2014年9月23日计息基数为30985846.19元，2014年9月24日至2014年9月28日计息基数为28985846.19元，2014年9月29日至2014年10月9日计息基数为28825846.19元，2014年10月10日至2014年10月21日计息基数为28738846.19元，2014年10月22日至2014年10月28日计息基数为28578846.19元，2014年10月29日至2014年11月3日计息基数为28514846.19元，2014年11月4日至2014年11月11日计息基数为28214846.19元，2014年11月12日至2014年11月13日计息基数为27914846.19元，2014年11月14日计息基数为27907346.19元，2014年11月15日至2014年11月19日计息基数为27647346.19元，2014年11月20日至2015年1月27日计息基数为24647346.19元，2015年1月28日至2015年2月11日计息基数为22547346.19元，2015年2月12日至2015年5月8日计息基数为22467346.19元，2015年5月9日至2016年1月14日计息基数为22367346.19元，2016年1月15日至2016年3月7日计息基数为21367346.19元，2016年3月8日至2016年12月7日计息基数为21223346.19元，2016年12月8日至2017年4月20日计息基数为21123346.19元，2017年4月21日至2017年10月31日计息基数为21122268.29元，2017年11月1日至判决确定的给付日期的计息基数为20772268.29元，判决确定的给付日期至实际给付期间计息基数为

16181424.20 元；2019 年 8 月 19 日前按照中国人民银行同期同类贷款利率计算，自 2019 年 8 月 20 日起按照同期全国银行间拆借中心公布的贷款市场报价利率计算）；四、驳回 A 公司的其他诉讼请求；五、驳回李某的其他诉讼请求。

【上诉理由】

一、一审判决以 B 公司单方提交的结算数据作为认定工程价款的依据，事实认定不清。B 公司自认的工程每平方米造价约 1632.5 元，低于某市住房和城乡建设局印发的棚户区改造项目中高层工程造价，该项认定违反工程造价常识；一审判决认定的工程价款，与李某委托的具有鉴定资质的第三方机构出具的鉴定结论差距太大，也表明该项认定不符合客观实际；案涉工程商品楼门窗为李某承揽，总面积为 6 万余平方米，按照每平方米 350 元计算总价为 2100 万元，该项费用并未列入 B 公司自认的工程款中。

二、一审程序中，鉴定机构与李某在鉴定范围、鉴定费用等方面未达成一致的情况下即开始鉴定，严重违反鉴定程序；鉴定机构收费不明，存在违规重复收费嫌疑；鉴定机构要求补交的鉴定费用可以推算出鉴定的结论，属于提前向当事人公布鉴定结果；鉴定机构在鉴定过程中违反了关于回避的规定。在鉴定存在前述诸多问题的情况下，一审法院未重新组织鉴定，径行作出对李某不利的认定，适用法律错误。

【被上诉人答辩】

李某及 A 公司在提起诉讼前并未提交竣工结算的资料，致使案涉工程没有竣工结算，其应当提供证据证明案涉工程所增加的工程量及工程款。李某在一审中提出司法鉴定申请，但拒不缴纳鉴定费用，应当承担由此产生的不利后果。李某在一审中认可向 B 公司出具了收款收据，B 公司已经完成了已付款数额的证明责任。B 公司在一审中提交的《竣工结算总价》中包含了李某主张的门窗费用，并不存在遗漏工程项目的情况。本案双方签订的相关协议明确约定，李某承建的工程仅为土建施工，李某提供的棚户区改造造价指标在本案中不具有参考性。综上，一审判决认定事实清楚、适用法律正确，李某、A 公司的上诉请求缺乏事实和法律依据，依法应予驳回。

【二审裁判观点】

一、在一审判决未判令 A 公司承担责任的情况下，其提出的上诉请求缺乏诉的利益。

本案中，李某以 A 公司的名义与 B 公司签订案涉建设工程施工合同，系案涉建设工程施工合同的实际施工人，依照《2018 年建工解释（二）》第二十四条有关"实际施工人以发包人为被告主张权利的，人民法院应当追加转包人或者违法分包人为本案第三人，在查明发包人欠付转包人或者违法分包人建设工程价款的数额后，判决发包人在欠付建设工程价款范围内对实际施工人承担责任"的规定，李某有权请求 B 公司支付欠付的建设工程价款。A 公司对此不仅不持异议，而且在庭审中明确表示应向李某支付工程价款，在一审判决未判令 A 公司承担责任的情况下，其提出的上诉请求缺乏诉的利益，二审法院予以驳回。

二、李某申请对案涉工程进行造价鉴定，但在人民法院指定期间内无正当理由拒不缴纳鉴定费用，致使案涉增加的工程量和工程价款无法查明，应承担举证不能的法律后果，一审法院依据 B 公司认可的工程造价认定欠付的工程价款数额并无不当。

关于案涉工程价款应当如何确定问题。《证据规定》第三十一条第二款规定："对需要鉴定的待证事实负有举证责任的当事人，在人民法院指定期间内无正当理由不提出鉴定申请或者不预交鉴定费用，或者拒不提供相关材料，致使待证事实无法查明的，应当承担举证不能的法律后果。"案涉建设工程施工合同约定，合同暂定金额为 129051278.44 元，最后结算价款以双方实际结算为准。根据"谁主张谁举证"的举证责任分配原则，李某应当提供证据证明其实际完成的工程量以及应获得的工程价款。一审中，李某申请对于上述争议事项进行司法鉴定，但在人民法院指定期间内无正当理由拒不缴纳鉴定费用，致使案涉增加的工程量和工程价款无法查明，应承担举证不能的法律后果，一审法院依据 B 公司认可的工程造价认定欠付的工程价款数额并无不当。李某以一审鉴定程序违法等为由主张人民法院应当重新组织鉴定，进而认为人民法院以举证不能为由径行认定案涉工程造价系适用法律错误，且对其不公。经查，一审法院准许李某的司法鉴定申请后，依法通过公开摇号方式选定了具有鉴定资质的鉴定机构，并向鉴定机构出具了鉴定委托书，李某对此予以确认，故一审鉴定程序并无违法之处。本案中李某仅预交了部分鉴定费用，此后鉴定机构向一审法院发送缴费告知书，一审法院要求其补交剩余鉴定费用，不存在重复收费问题。鉴定机构虽然向一审法院发送缴费告知书，但并未提前将鉴定意见向当事人公布，亦不存在鉴定人员应当回避的事由，李某有关一审鉴定机构存在重复收费、提前公布鉴定结论以及未履行回避程序等主张，均缺乏事实和法律依据，二审法院对此不予支持。至于李某提交的在诉讼前单方委托第三方机构出具的所谓工程价款鉴定意见，因 B 公司在诉讼中对其不予认可，一审法院未认可该鉴定意见的证据效力不违反法律规定。

三、李某主张漏算的工程款已列入工程结算中，且其提出的造价指标与本案无关联。

李某主张，B 公司未将门窗造价列入工程总量导致漏算工程价款。经核实，该部分费用已经列入 B 公司提供的工程结算书中，双方仅是对于具体的工程量存在争议。至于李某依据本市公布的棚户区改造相关造价指标，主张一审法院错误认定案涉工程造价的问题，根据案涉补充协议的约定，李某实际承包的项目仅为土建项目，且本案并非棚户区改造工程，故上述工程造价指标和本案并不具有关联性。

【二审裁判结果】

驳回上诉，维持原判。

【律师评析】

何为诉的利益，法学界对此尚无统一认识，但在具体的司法实践中，已经有法院适用诉的利益这一概念进行裁判。简单来说，诉的利益即当事人利益处于不安状态，而法院对此进行确认和裁判的必要性。关于是否适用以及如何适用诉的利益，目前法院仍拥有较大的自由裁量权。在上诉或再审案件中，法院会审查上诉人或再审申请人是否具备诉的利益，对于实体权益未受判决结果影响的当事人，由于诉的利益的缺失，人民法院有可能驳回其上诉请求或再审申请。

【相关案例索引】

① 青岛海工园投资有限公司、陈某建设工程施工合同纠纷一案

案号：（2020）最高法民申 4897 号

裁判观点：青岛海工园投资有限公司（以下简称海工园公司）与山东奥华建筑安装工程有限公司（以下简称奥华公司）的工程款纠纷已经过另案生效判决确认，海工园公司应依据另案生效判决履行对奥华公司的付款义务，奥华公司的再审申请已被另案驳回，海工园公司作为本案生效判决的无义务方对本案申请再审，缺乏诉的利益。

② 大庆龙安建筑安装有限公司、大庆建筑安装集团有限责任公司等建设工程施工合同纠纷一案

案号：（2021）最高法民终 985 号

裁判观点：对大庆建筑安装集团有限责任公司（以下简称建安集团）关于撤销其与大庆龙安建筑安装有限公司（以下简称龙安建筑公司）系挂靠关系认定的上诉请求应否予以支持问题。一审判决认定建安集团与龙安建筑公司为挂靠关系具有充足的事实和法律依据，建安集团有关其与龙安建筑公司之间并非挂靠关系的上诉理由缺乏依据。况且，龙安建筑公司未请求建安集团承担责任，一审判决也未判令建安集团承担责任，在此情况下，建安集团仅对一审判决认定的事实提起上诉，缺乏诉的利益，二审法院对此不予审查。

案例6：实际施工人有权对工程造价申请鉴定

【引言】

实际施工人提起诉讼主张工程款时，对主张的工程价款负有举证责任，在案涉工程尚未结算或金额存在争议的情况下，实际施工人有权在诉讼中向法院申请进行鉴定。鉴定费用由实际施工人预交，最终由败诉方承担，部分胜诉的，人民法院可以根据案件的具体情况决定当事人各自负担的费用数额。

【案例来源】

（2020）豫民终 1186 号

【诉讼主体】

范某：一审原告、二审上诉人

A公司：一审被告、二审上诉人

B寺庙管委会：一审被告、二审上诉人

【原告起诉请求】

一、判令A公司支付工程款 2900 万元及利息 600 万元（从 2012 年 6 月 9 日起按中国人民银行同期同类贷款利率计算至还清欠款之日止）；二、依法判令B寺庙管委会对上述工程款本息在欠付A公司工程款本息范围内承担清偿责任。

诉讼过程中，范某变更诉讼请求为：一、依法判令A公司立即支付工程款 24494141.59 元及利息（从 2012 年 6 月 9 日起至 2019 年 8 月 19 日按照中国人民银行同期同类贷款利率计

算，自 2019 年 8 月 20 日起至还清欠款之日止按照同期全国银行间同业拆借中心公布的贷款市场报价利率计算）；二、依法判令 B 寺庙管委会对上述工程款本息在欠付 A 公司工程款本息范围内承担清偿责任；三、诉讼费及鉴定费 20 万元由 A 公司、B 寺庙管委会共同承担。

【被告反诉请求】

一、判令范某和 A 公司连带赔偿 B 寺庙管委会工程修复和重建费用暂计 800 万元（待工程质量司法鉴定结果作出后，变更工程修复和重建费用数额），以及因工程质量瑕疵给 B 寺庙管委会造成的损失 30 万元；二、判令范某和 A 公司连带支付 B 寺庙管委会违约金 664 万元；三、判令本诉及反诉的诉讼费由范某和 A 公司承担。

B 寺庙管委会申请缓交、免交诉讼费未获批准，在一审法院依法送达缴纳诉讼费用通知后，其未在七日内预交案件受理费。一审法院于 2019 年 12 月 3 日作出裁定，本案按 B 寺庙管委会撤回反诉处理。

【争议焦点】

一、B 寺庙管委会是否具备诉讼主体资格；二、范某和 A 公司之间是借用资质的挂靠关系还是非法转包关系；三、鉴定意见能否被采纳，原审依据鉴定意见认定的工程款数额是否正确；四、A 公司应否承担还款责任；五、B 寺庙管委会应否对欠付工程款及利息承担责任，其反诉请求能否成立。

【基本案情】

一、A 公司与 B 寺庙管委会之间的合同签订及履行情况

经公开招标投标，A 公司中标 B 寺庙管委会发包的 B 寺庙大悲正殿、天王殿建设项目，2010 年 1 月 13 日公示中标结果，公示期至 2010 年 1 月 21 日。

发包人 B 寺庙管委会与承包人 A 公司于 2010 年 3 月 16 日签订《建设工程施工合同》一份。该合同第一部分为合同协议书，协议内容为："一、工程概况。工程名称：B 寺庙大悲正殿、天王殿建设项目。工程地点：×××市××区北部 B 寺院内。工程内容：该项目均为保护性仿古建筑工程，结构形式为钢混、砖、木混合结构。其中大悲正殿总建筑面积约 3900m²，建筑总高度为 33.96m，重檐庑殿。天王殿总建筑面积约 1100m²，建筑总高度为 21m，重檐歇山（具体均以施工图纸为准）。二、工程承包范围。B 寺庙大悲正殿建设项目（除放生池不作）、天王殿建设项目发包范围内的全部工程内容。三、合同工期。开工日期：2010 年 3 月 16 日。竣工日期：2011 年 1 月 16 日。合同工期总日历天数：各单位工程均为 300 个日历天。四、质量标准。工程质量标准：合格。五、合同价款。合同总价 38563432.84 元（其中含预留金 363 万元和放生池）。六、组成合同的文件。组成本合同的文件包括：1. 本合同协议书及补充协议书、招标文件及招标答疑；2. 中标通知书；3. 投标书及其附件；4. 本合同专用条款；5. 本合同通用条款；6. 标准、规范及有关技术文件；7. 图纸；8. 工程量清单；9. 工程报价单或预算书。双方有关工程的洽商、变更等书面协议或文件视为本合同的组成部分。七、本协议书中有关词语含义与本合同第二部分

《通用条款》中分别赋予它们的定义相同。八、承包人向发包人承诺按照合同约定进行施工、竣工并在质量保修期内承担工程质量保修责任。九、发包人向承包人承诺按照合同约定的期限和方式支付合同价款。十、合同生效。合同订立时间：2010年3月16日。合同订立地点：×××市。本合同经双方签字盖章后生效。"B寺庙管委会主任释某在该协议书落款发包人法定代表人处签名且该协议书加盖B寺庙管委会印章，A公司董事长梁某在承包人法定代表人处签名且该协议书加盖A公司印章。

该《建设工程施工合同》第二部分通用条款主要内容为："一、词语定义及合同文件……1.8 工程师：指本工程监理单位委派的总监理工程师或发包人指定的履行本合同的代表，其具体身份和职权由发包人承包人在专用条款中约定……25.工程量的确认。25.1 承包人应按专用条款约定的时间，向工程师提交已完成工程量的报告。工程师接到报告后7天内按设计图纸核实已完工程量（以下称计量），并在计量前24小时通知承包人，承包人为计量提供便利条件并派人参加。承包人收到通知后不参加计量，计量结果有效，作为工程价款支付的依据。25.2 工程师收到承包人报告后7天内未进行计量，从第8天起，承包人报告中开列的工程量即视为被确认，作为工程价款支付的依据。工程师不按约定时间通知承包人，致使承包人未能参加计量，计量结果无效。25.3 对承包人超出设计图纸范围和因承包人原因造成返工的工程量，工程师不予计量……八、工程变更。29.工程设计变更。29.1 施工中发包人需对原工程设计变更，应提前14天以书面形式向承包人发出变更通知。变更超过原设计标准或批准的建设规模时，发包人应报规划管理部门和其他有关部门重新审查批准，并由原设计单位提供变更的相应图纸和说明。承包人按照工程师发出的变更通知及有关要求，进行下列需要的变更：（1）更改工程有关部分的标高、基线、位置和尺寸；（2）增减合同中约定的工程量；（3）改变有关工程的施工时间和顺序；（4）其他有关工程变更需要的附加工作。因变更导致合同价款的增减及造成的承包人损失，由发包人承担，延误的工期相应顺延。29.2 施工中承包人不得对原工程设计进行变更。因承包人擅自变更设计发生的费用和由此导致的发包人的直接损失，由承包人承担，延误的工期不予顺延。29.3 承包人在施工中提出的合理化建议涉及对设计图纸或施工组织设计的更改及对材料、设备的换用，须经工程师同意。未经同意擅自更改或换用时，承包人承担由此发生的费用，并赔偿发包人的有关损失，延误的工期不予顺延。工程师同意采用承包人的合理化建议，所发生的费用和获得的收益，发包人和承包人另行约定分担或分享。30.其他变更。合同履行中发包人要求变更工程质量标准及发生其他实质性变更，由双方协商解决。31.确定变更价款。31.1 承包人在工程变更确定后14天内，提出变更工程价款的报告，经工程师确认后调整合同价款。变更合同价款按下列方法进行：（1）合同中已有适用于变更工程的价格，按合同已有的价格变更合同价款；（2）合同中只有类似于变更工程的价格，可以参照类似价格变更合同价款；（3）合同中没有适用或类似于变更工程的价格，由承包人提出适当的变更价格，经工程师确认后执行。31.2 承包人在双方确定变更后14天内不向工程师提出变更工程价款报告时，视为该项变更不涉及合同价款的变更。31.3 工程师应在收到变更工程价款报告之日起14天内予以确认，工程师无正当理由不确认时，自变更工程价款报告送达之日起 14 天后视为变更工程价款报告已被确认。31.4 工程师不同意承包人提出的变更价款，按本通用条款第 37 条关于争议的约定处理。31.5 工程师确认增加的工程变更价款作为追加合同价款，与工程款同期支付。31.6 因承包人自身原因导致的工程变更，承包人无权要求追加合同价款……34. 质量保修。34.1 承包人应按法律、行政法规或国家关于工程质量保修的有关规定，对交付发包人使用的工程在质量保修期内承担质量保修责任。34.2 质量保修工作的实施。承包人应在工程竣工验收之前，与发包人签订质量保修书，作为本合同附件（附件 3 略）。34.3 质量保修书的主要内容包括：（1）质量保修项目内容及范围；（2）质量保修期；（3）质量保修责任；（4）质量保修金的支付方法……37. 争议。37.1 发包人承包人在履行合同时发生争议，可以和解或者要求有关主管部门调解。当事人不愿和解、调解或者和解、调解不成的，双方可以在专用条款内约定采用以下一种方式解决争议。第一种解决方式：双方达成仲裁协议，向约定的仲裁委员会申请仲裁。第二种解决方式：向有管辖权的人民法院起诉。37.2 发生争议后，除非出现下列情况，否则双方都应继续履行合同，保持施工连续，保护好已完工程：（1）单方违约导致合同确已无法履行，双方协议停止施工；（2）调解要求停止施工，且为双方接受；（3）仲裁机构要求停止施工；（4）法院要求停止施工……"

该《建设工程施工合同》第三部分合同专用条款主要内容为："……二、双方一般权利和义务。5. 工程师。5.1 监理单位委派的工程师。姓名：符某。职务：总监理工程师。单位：C 监理公司。发包人委托的职权：详见本工程《建设工程委托监理合同》约定以及发包人以书面形式委托的其他职权。需要取得发包人批准才能行使的职权：工程变更、签证；工期顺延、费用索赔的认可或确认；开工、停工、复工指令；工程款拨付。以上职权的形式以发包人的书面通知为准，行使后形成的文件经发包人签字确认后生效。5.2 发包人派驻的工程师。姓名：释某。职务：发包方代表。6. 承包人的项目经理和技术负责人。6.1 项目经理。姓名：梁某。职务：项目经理。姓名：韦某。职务：项目副经理。6.2 技术负责人。姓名：杨某。职务：技术负责人。项目经理和技术负责人的职责：执行项目经理的合同责任，严格按照发包人的要求进行工作，不得同时在两个或者两个以上项目中担任职务。中途不得调换人员，有事要请假，若发现项目经理和技术负责人离岗，每离岗一次罚款 5000 元，忽视工程质量、进度，或者难以胜任职务的，有权要求更换……11.2 工程施工中地下工程、结构工程必须具有隐蔽验收签证、试压、试水、抗渗等记录，工程竣工质量经当地质量监督部门的验收。屋面需保证在 5 年保修期内不出现渗漏……11.8 工程质量。必须严格按照施工图纸、说明文件和国家颁发的建筑规范、规格和标准进行施工，并接受发包人派驻监理的监督，工程质量达到合格标准。若工程质量获'××杯'奖项，发包人奖励承包人本工程总造价的 1%。若工程质量获'××奖'奖项，发包人奖励承包人本工程总造价的 2%。以上申报费用均由承包人承担……六、合同价款与支付。12. 合同价款及调整。12.1 本合同价款采用固定总价合同方式确定。（1）固定总价合同价款中包括的风险范围。A. 合同价款是由承包人根据施工图、招标文件、招标补遗书中包括的工作内容、工地现场条件、企业自身水平、施工组织设计等因素的报价以及经发包人确认的包干总价，并按招标文件有关内容执行。B. 按照招标文件执行：根据×建设标〔2008〕11号××省建设厅《关于建设工程材料价格风险处理办法的通知》精神，承包人承担材料价格±5％（包括±5％）的风险，即施工期间该工程所用的主要材料发生的价格涨跌幅度在反映投标时材料价格的《×××市工程造价》2009年第5期中的相应材料价格的±5％（包括±5％）范围内时，材料价格风险由承包人承担；施工期间主要材料价格涨跌幅度超过在反映投标时材料价格的《×××市工程造价》2009年第5期中的相应材料价格的±5％以外部分，材料价格风险由发包人承担。C. 承包人在报价及签订本合同前已清楚并考虑了工地周围环境、交通道路、现场地质资料、周围地下管网、现场条件、招标文件、承包范围、施工图纸、施工组织设计，并已考虑了施工技术措施、安全维护、文明工地施工措施等因素。D. 按照国家和地方政府规定由承包人缴纳的各种其他费用已包含在本合同价款内，由承包人向有关部门缴纳。12.2 当设计图纸发生重大变更（分项工程变更造价浮动超过分项工程量总价的15％）时，根据甲方认可的设计部门出具的设计变更通知单，按清单中标价进行调整；清单未包括的项目，按15％优惠；其他条件下均不再调整承包价。13. 工程款支付。13.1 工程预付款。发包人向承包人预付工程款的时间：在合同签订生效，施工、机械设备和人员全部进场后，向承包人支付30万的工程预付款并抵顶第一次工程进度支付款。13.2 本工程开工后按施工节点拨付工程进度款。每次支付完成节点造价的85％。具体节点设置如下：施工至±0.000；外廊红石柱安装完毕验收合格；钢筋混凝土结构施工至15.395m时；钢筋混凝土施工完毕，斗拱一层安装完毕，斗拱二层安装完毕；瓦屋面完工。工程进度款拨付至合同价款的90％时停止拨付。工程竣工验收合格，办理完一切手续后，扣除结算款的5％作为质量保证金，余款一次性付清。其中：外廊红石柱、木材、黄色琉璃瓦供货合同签订后5日内支付该部分材料采购合同约定定金的65％；外廊红石柱到场验收后支付该部分材料款的70％；木材到场支付该部分材料款的70％；黄色琉璃瓦到场支付该部分材料款的70％。大悲正殿、天王殿分别按完成工程量的节点进度支付。七、材料设备供应。14. 发包人供应材料设备。14.1 本工程发包范围内所需材料均由承包人自行采购。主要建筑原材料必须经过发包人、监理人、承包人共同确定，并到厂家选购。如：钢筋、水泥、木材、石材、黄色琉璃瓦、砖及其他设备类等。建筑全部用材必须符合国家规定要求，承包人负责按有关规定提供相关资料手续和验质报告等。钢筋用安钢、济钢、邯钢公司生产的产品；水泥用河南大地水泥有限公司生产的产品；琉璃瓦用北京门头沟琉璃瓦厂的产品；中轴线台阶，采用当地的红石材；大殿外廊红石柱须用甲方提供的标本和质量指标要求的天罗红石柱。14.2 承包人采购材料及设备时必须根据施工图纸提出采购清单，由三个以上厂家比较，经过发包人、监理现场考察厂家及品牌并确认后再进行采购，进场后经监理单位验收合格后方可使用。对所订物资厂家、品种、规格、型号、质量等不符合国家规定要求的，发包人有权拒绝使用。14.3 发包人接受捐赠的建筑材料，经承包人、发包人、监理单位对规格、型号、价值、数量进行验收合格后，承包人无条件接受使用，按投标价抵扣工程款……九、违约、索赔和争议。16. 违约。本合同中关于发包人、承包人违约的具体责任如下：A. 未按合同约定按期支付工程款，发包人从约定应付之日起向承包人支付应付款银行同期利息；B. 因承包人原因不能按照工程施工承包合同约定的工期完工的，每拖延一天，扣工程款 1000 元；C. 因承包人原因工程质量达不到合同约定的质量标准，承包人应无条件返工并承担一切经济损失。因返工导致工程延期的，按本条 B 项处理。17. 争议。本合同在履行过程中发生的争议，由双方当事人协商解决，协商不成的依法向项目所在地人民仲裁委员会申请仲裁。十、其他。18. 工程分包。本工程严禁分包和转包，如确认有未经发包人批准的第三方施工单位进场，发包人有权责令承包人终止该分包合同和承包人合同，并罚款 500 万元。因此引发的责任由承包人承担……22.9 本合同未明确事项按招标文件要求、投标文件承诺等执行。22.10 本合同未约定事项双方将另行协商。22.11 本合同通用条款与专用条款不相符的，按专用条款执行。" 该《建设工程施工合同》附件 3《房屋建筑工程质量保修书》内容为："一、工程质量保修范围和内容。质量保修范围包括地基基础工程、主体结构工程、屋面防水工程和双方约定的其他土建工程，以及电气管线、上下水管线的安装工程，供热、供冷系统工程，监控系统工程等项目。对具体质量保修内容双方约定如下：承包范围内的土建及安装工程。二、质量保修期。质量保修期从工程实际竣工之日算起。分单项竣工验收的工程，按单项工程分别计算质量保修期。双方根据国家有关规定，结合具体工程约定质量保修期如下：1. 土建工程为设计文件规定的该工程合理使用年限，房屋主体工程为 3 年，屋面防水工程为 5 年；2. 电气管线、上下水管线安装工程为 2 年；3. 供热及供冷为 2 个采暖期及供冷期；4. 室外的上下水和小区道路等市政公用工程为 1 年；5. 其他约定：无。工程质量保修期为 2 年。满 1 年后，无质量问题返还 50％质量保证金；2 年期满后，再返还 40％质量保证金；剩余 10％质量保证金待屋面保修期满后不出现质量问题，15 日内全部返还。若出现质量问题，承包人保证在 3 日内赶到现场维修，并承担责任和费用。3 日内未赶到现场维修的，发包人有权另找施工队进行维修，费用从质保金中扣除。三、质量保修责任。1. 属于保修范围和内容的项目，承包人应在接到修理通知之日后 7 天内派人修理。承包人不在约定期限内派人修理，发包人可委托其他人员修理，保修费用从质量保修金内扣除。2. 发生须紧急抢修的事故，承包人接到事故通知后，应立即到达事故现场抢修。非承包人施工质量问题引起事故的，抢修费用由发包人承担。3. 在国家规定的工程合理使用期限内，承包人确保地基基础工程和主体结构的质量。承包人原因致使工程在合理使用期限内造成人身和财产损害的，承包人应承担损害赔偿责任。四、质量保修金的支付。工程质量保修金一般不超过施工合同价款的 5％，本工程约定的工程质量保修金为施工合同价款的 5％。五、质量保修金的返还。双方签订的质量保修书上规定的各单项工程的保修期期满后 15 天内，将各单体工程保修金返还给承包人。六、其他。双方约定的其他工程质量保修事项：无……"

发包人 B 寺庙管委会与承包人 A 公司于 2010 年 3 月 16 日签订《〈建设工程施工合同〉补充协议书》一份，该补充协议书内容为："一、专用合同条款第六项 13.2 中工程款支付规定的外廊红石柱、木材、黄色琉璃瓦到场验收后支付该部分材料款的 70％中包含原支付的定金部分。二、经承包人同意，大悲正殿、天王殿外廊红石柱不再由承包人负责，合同中外廊红石柱支付款项不再支付给承包人。三、大悲正殿、天王殿外廊红石柱承包人同意由发包人负责采购安装,费用从承包人的承包价中扣除(分别按承包人投标中标价的单价计算:大悲正殿外廊红石柱单价为 17.8 万元/根,天王殿外廊红石柱单价为 13 万元/根)。承包人需负责施工现场安装的配合工作、竣工资料整理及整体验收等,并按照国家规定给予施工配合费。四、主合同的其他条款不变。五、本协议壹式拾贰份,双方各执陆份,经双方签字盖章后生效,与主合同具有同等的法律效力。"

需方(甲方)B寺庙管委会与供方(乙方)D建材公司于 2010 年 7 月 12 日签订《天然中国红花岗石柱供货合同》一份,主要内容为:"一、经甲乙双方协商,甲方向乙方订货的总值为人民币伍佰伍拾肆万柒仟贰佰元整(5547200.00 元)。其产品名称、规格、技术指标、单价、总价等如下:1. 大悲正殿外廊柱,天然中国红花岗石实心圆柱 36 根,单价 105200 元,合计 3787200 元;2. 天王殿外廊柱,天然中国红花岗石实心圆柱 24 根,单价 65000 元,合计 1560000 元;3. 大悲正殿和天王殿外廊柱打孔、开槽、安装等所有费用共计贰拾万元(200000 元);4. 合计伍佰伍拾肆万柒仟贰佰元整(5547200 元)。二、质量要求……3. 加工、打孔、开槽、装卸、运输、安装等事宜和费用由乙方负责……"

B寺庙管委会至今未取得案涉工程建设工程规划许可证等规划审批手续。

案涉工程开工后,A公司项目经理梁某、技术负责人杨某常驻案涉工地,参与了案涉工程施工管理。

2011 年 7 月 8 日,B寺庙大悲正殿、天王殿工程被评为××省结构××杯工程。

2012 年 6 月 9 日,B寺庙举行观音圣像暨祈福迎祥法会,案涉大悲正殿、天王殿工程未经竣工验收即擅自使用。

自 2013 年 5 月 26 日开始至今,B寺庙管委会持续向施工方反映大悲正殿屋面漏水等问题,施工方一直未彻底解决。

二、A 公司与范某之间的合同签订情况

甲方 A 公司与乙方范某于 2010 年 3 月 16 日签订《协议书》一份,主要内容为:"经乙方要求,甲方将 B 寺庙大悲正殿、天王殿工程(下称项目)交由乙方承包施工。为明确双方权利义务,经双方充分协商,特签订如下协议,以共同信守。一、工程概况及主要指标(根据甲方与建设单位,即业主签订的建设工程施工合同)。1. 工程名称:B寺庙大悲正殿、天王殿建设工程。2. 工程地点:B寺庙。3. 工程内容:大悲正殿、天王殿工程。4. 质量等级:达到合格,符合国家验收标准。二、乙方必须履行和承担甲方与建设单位(业主)于 2010 年 3 月 16 日签订的建设工程施工合同中承包方应履行的全部义务及应承担的责任。乙方承包本项目所需的资金和产生的民事、安全、债务等一切风险和责任均由乙方承担和处理。三、严禁乙方进行转包、分包本项目,如有违反,一切责任及后果均由乙方承担。四、乙方应以工程造价的总额(若工程量增加,以最终决算审计价为准)为计算基数,向甲方缴纳工程款的 2.7%〔其中包括配合费 1.2%,外经证费、企业所得税 1.5%(不需提供材料发票)〕和印花税 0.03%。工程所在地各种税费及规费由乙方承担

并自行缴纳。如有关部门规定另有前述税费以外需缴纳的税费，该税费也由乙方承担。五、为保证本协议顺利履行，在每笔工程款进账后，乙方自愿向甲方缴纳工程进度款的2％作为工程保证金。保证金自乙方完成下列各事项并经甲方确认，乙方对外不存在任何债权债务，经结算后归还乙方（保证金不计息）：1. 工程竣工验收完毕（质量符合施工合同要求）；2. 工程所有资料齐全并交甲方存档；3. 工程承包时，缴存建设单位的质量保证金已结清；4. 工程审计完毕；5. 工程移交结束。六、在工程实施中，乙方自行负责工程所需的施工人员、设备、资金等人力、物力、财力的组织和筹备，以便工程顺利实施，满足业主、招标文件和甲方提出的目标、计划及工期要求。乙方应精心组织、科学施工，严格执行建筑施工操作规范，无条件满足施工中的安全、质量、环保、文明施工要求。甲方将对工程项目进行定期和不定期检查，检查乙方是否全面履行承包协议书规定的义务和应承担的责任，乙方应全力配合，不足事项限期整改。甲方在业主检查时尽量向乙方提供投标文件中的五大员。七、乙方应按规定要求及时、正确、全面、积极整理各种技术资料、安全资料，并按甲方规定要求按时上报各种报表。工程竣工资料在竣工验收后一个月内上交甲方存档。八、乙方应把工程款的发票和税金单据一星期内交给甲方会计作财务凭证汇总处理，外经证在到期后一星期内交还甲方予以缴销，否则甲方有权从工程款中扣除实际发生的费用；同时，乙方应根据有关财务制度处理好会计凭证和会计账户，按工程单独装订，每月及工程结束时上报工程收支明细表壹份。九、业主工程款应汇入甲方指定账号（户名：A 公司。账号：×××01。开户银行：中国银行某支行）。甲方保障工程款专款专用，业主支付的工程款扣除 4.73％的配合费、税金、保证金等后，余下的工程款甲方应在三个工作日内全额汇入乙方账户〔(1) 账号：×××92。开户行：建行某支行。户名：范某。(2) 账号：6000×××8062。开户行：中行某营业部。户名：范某〕由乙方支配。乙方不得私自向业主领取工程款。如有违反，乙方应按私自领取工程款额 10％的比例向甲方支付违约金。乙方必须保证工程款专款专用，甲方有权清楚资金流向。乙方应对本工程账户资金管理人和材料收发管理人出具授权委托书。十、乙方必须保证工程款专款专用；保证生产工人工资的全额发放。工资发放时必须每人建卡发放；一律发放到实际施工人员，严禁代领（特别严禁小包工头代领实际施工人员工资）。坚决杜绝工人因工资等问题到公司或上级有关部门上访，如有发生乙方应向甲方支付 10000～100000 元的违约金。乙方应保证及时支付工程材料款等应付款项。如有拖欠施工人员工资及工程材料款等应付款项的，甲方经调查核实后，甲方有权监督、督促乙方付清本项目工程所欠债务。甲方有权随时随地对乙方的支付情况进行查询和调查核实，乙方应当予以全力配合。若乙方未支付上述款项而引起仲裁或诉讼，乙方必须在二天内妥善解决，否则，乙方应按拖欠人工费的50％、材料费的 20％向甲方支付违约金。由于甲方其他工程的原因，造成本工程账户冻结而带来的乙方损失，由甲方承担；由乙方原因造成甲方账户被冻结，乙方承担甲方的损失。十一、严禁乙方私刻甲方公章、法人章、财务专用章、项目部专用章等印章。严禁乙方以甲方名义或本工程项目名义、甲方法定代表人名义、甲方外派驻该工程施工员名义，与其他任何单位或个人签订任何协议和发生任何交易（包括材料采购、借款、欠款、担保等行为），如有违反，一切责任及后果均由乙方承担……十五、对需要甲方出面联系的有关事宜，甲方应予协助，所发生的一切费用（包括甲方派出人员的工资、津贴、差旅费等）均由乙方承担。为了便于甲方规范管理，甲方派出参与施工和相关管理人员的工资、差旅费等费用，均由甲方按规定向乙方收取，乙方不得与甲方所派人员直接发生经济往来，如有发生，甲方概不承认。十六、乙方在工程施工期间和工程保质期内所发生的债权债务、质量安全事故，不论拖延几年，均由乙方自行处理解决并承担责任。若引起诉讼，乙方自愿为第一被告。由此造成甲方经济损失的，乙方应负赔偿责任。十七、特别条款：无论本协议是否有效，乙方自愿承诺，对涉及本工程的一切工伤事故、人身和财产损害赔偿、业主索赔、施工人员追索劳动报酬、材料款支付等事宜均承担全部赔付责任。本特别条款独立于本协议。十八、周某自愿为乙方履行本协议提供连带责任保证，即使主合同无效，担保合同仍然有效。十九、如因履行本协议发生纠纷，则将该纠纷提交甲方住所地人民法院管辖……"

一审中，A公司提交了同时参与案涉工程投标的另外两家公司出具的证明、图纸会审记录、地基验槽记录及2010年3月2日《商品混凝土买卖合同》及录音资料等证据，A公司申请证人王某出庭作证。经当事人质证及一审法院认证，上述证据已形成证据链条，证明了范某在与A公司签订合同之前就以A公司的名义参与了招标投标活动、支付了投标费用并进行了商品混凝土的采购及前期施工活动。

三、案涉工程鉴定情况

（一）造价鉴定情况

诉讼过程中，范某申请对B寺庙天王殿、大悲止殿工程及附属工程造价进行鉴定（工程变更签证，施工范围内所有工程量和材料的量差价差，商品混凝土调整，人工费调整，安全文明施工措施费，规费，措施费，配合费，××杯奖励款，合同外工程，税金），一审法院依法委托E工程公司进行鉴定。E工程公司于2020年8月6日作出E司鉴字〔2020〕第5号司法鉴定意见书，载明："（五）费用调整说明。1.依据×建设标〔2011〕5号文、〔2011〕45号文，主体验收前人工费单价不再调整；主体验收后人工费单价按53元/工日执行。2.依据×建定〔2010〕31号文《关于B寺庙大悲殿、天王殿工程有关问题的批复》进行相关调整。3.材料费依据《建设工程施工合同》12.1.B，承包人承担材料价格±5%（包括±5%）的风险，即施工期间该工程所用的主要材料发生的价格涨跌幅度在反映投标时材料价格的《×××市工程造价》2009年第5期中的相应材料价格的±5%（包括±5%）范围内时，材料价格风险由承包人承担；施工期间主要材料发生的价格涨跌幅度超过在反映投标时材料价格的《×××市工程造价》2009年第5期中的相应材料价格的±5%（包括±5%）以外部分，材料价格风险由发包人承担。施工同期材料价格见2010年第2期至2012年第3期。4.木材数量及价格，根据×××市×××风景名胜区保护建设指挥部办公室出具的《关于×××风景名胜区主区域保护建设资金木材增加超出预算原因》和《关于×××风景名胜区主区域大悲正殿、天王殿木材追加款项的说明》，据实计入，其中木材材料单价扣除5%的风险费。"E工程公司于2020年9月15日作出《补充鉴定意见书》，鉴定意见为："一、无争议部分。1.《工程造价汇总表》中配合费1429200元现单列，不包含在工程造价合计内。2. 扣除《工程造价汇总表》××杯奖励费514181.47元。3. 放生池部分造价单列，工程造价为148065.89元，不包含在工程造价合计内。二、有争议部分。扣除《工程造价汇总表》××杯奖励费10736.14元。三、工程造价汇总。（一）无争议部分工程造价。1. 合同价34933432.84元。2. 工程变更签证1629258.12元。3. 量差及价差12118595.33元。4. 商品混凝土调整1736538.67元。5. 人工费调整931480.98元。6. 安全文明施工措施费422912.88元，规费1664101.05元，措施费3663253元。7. 配合费1429200元（单列，不包含在工程造价合计内）。8.××杯奖励款0元。9. 税金1782660.72元（单列，不包含在工程造价合计内）。10. 安全文明施工措施调减75100.76元（合同内安文费）。11. 放生池部分148065.89元（单列，不包含在工程造价合计内）。12. 工程造价合计51274205.18元（合同价34933432.84元＋工程变更签证1629258.12元＋量差及价差12118595.33元＋商品混凝土调整1736538.67元＋人工费调整931480.98元－安全文明施工措施调减75100.76元）。（二）有争议部分工程造价。1. 大悲正殿小计375476.37元（施工方和监理方签字盖章，含该部分人工调整及材料差价）。2. 天王殿小计121055.45元（施工方和监理方签字盖章，含该部分人工调整及材料差价）。3. 红石路、红石路土方、山门前场平453510.64元（含该部分人工调整及材料差价）。4. 外网安装123571.91元（含该部分人工调整）。5.××杯奖励款0元。6. 税金37329.57元。7. 工程造价合计1073614.37元（大悲正殿小计375476.37元＋天王殿小计121055.45元＋红石路、红石路土方、山门前场平453510.64元＋外网安装123571.91元）。综上所述，B寺庙天王殿、大悲正殿工程及附属工程无争议部分工程造价为51274205.18元；有争议部分工程造价为1073614.37元。其中，社会保障费1308708.48元（其中无争议部分社会保障费1270244.74元，有争议部分社会保障费38463.74元）；税金单列1819990.29元（其中无争议部分税金1782660.72元，有争议部分税金37329.57元）；配合费单列1429200元；放生池部分单列，工程造价为148065.89元，其中社会保障费2489.25元，税金单列5148.25元。"

对于范某提交的《竣工结算资料》中《山门前自然地貌标高》方格网图，施工方、监理方均签字盖章，且该方格网图载明，释某交代广场坡度以山门前第一个踏步上平面下翻300mm，牌坊上表面下翻1000mm为广场坡度。测量时间2010年4月16日下午1点30分，监理陈某、逯某读数，韦某、贾某扶塔尺、作记录。

范某自认外网安装项目中所载明的4套广场灯系B寺庙管委会居士捐赠并安装。

各方当事人均认可B寺庙管委会已支付A公司工程款31781000元；A公司、范某均认可A公司扣除2.73%费用后，将余款支付给了范某；A公司自认其未对案涉工程投资。

《B寺庙大悲正殿、天王殿建设项目工程施工招标文件》第九章第3.2条约定：根据《宗教事务条例》（国务院第426号令）第三十六条的规定，"按照国家有关税收的规定享受税收减免优惠"，本项目不计取税金。

（二）质量鉴定情况

诉讼过程中，B寺庙管委会于2019年9月24日申请对B寺庙大悲正殿、天王殿的工程质量是否存在瑕疵，是否存在质量缺陷，是否存在重大安全隐患，以及修复或者重建同等合格合约的大慈悲殿、天王殿将产生多少费用进行鉴定。经一审法院释明，B寺庙管委会于2020年1月7日申请变更鉴定事项为：对B寺庙大悲正殿、天王殿地基基础工程和主体结构质量进行工程质量鉴定。一审法院依法委托F建设工程检测技术中心进行鉴定。B寺庙管委会于2020年3月26日再次提交申请，变更鉴定事项为：一、房屋屋面与设计是否相符，房屋屋面缺陷是否系施工原因造成；二、大悲正殿前挡堵墙施工与设计是否相符；三、红石柱下基础施工是否与设计相符；四、地面沉陷、墙体裂缝、木制品掉落是否系施工缺陷所致。G建设工程检测技术中心于2020年5月14日以工程质量鉴定需要大型登高设备进场，因新冠疫情B寺庙管委会尚未开放等原因，将该鉴定退回。B寺庙管委会于2020年6月2日再次提交工程质量鉴定申请，申请鉴定事项为：一、房屋屋面与设计是否相符，房屋屋面缺陷是否系施工原因造成；二、大悲正殿前挡堵墙施工与设计是否相符；三、红石柱下基础施工是否与设计相符；四、地面沉陷、墙体裂缝、木制品掉落是否系施工缺陷所致。B寺庙管委会提请人民法院委托司法鉴定机构对上述申请事项涉及主体结构及地基基础工程的内容进行司法鉴定。B寺庙管委会提出因其对本案管辖权提出异议，待管辖权异议案件审结，最终确定本案由一审法院主管后，再依法选择鉴定机构。B寺庙管委会于2020年9月4日提交《撤回工程质量鉴定申请书》，申请撤回工程质量鉴定申请。同日，B寺庙管委会又提交鉴定申请，申请鉴定事项为：对B寺庙大悲正殿屋面进行施工质量和房屋安全鉴定，以及对房顶木结构损坏、房顶升裂、顶层整体滑坡、屋内漏水等维修费用进行评估鉴定。

【一审裁判观点】

一、范某是案涉工程的实际施工人。

经查，甲方A公司与乙方范某于2010年3月16日签订的《协议书》第二条约定，乙方必须履行和承担甲方与建设单位（业主）于2010年3月16日签订的建设工程施工合同中承包方应履行的全部义务及应承担的责任；乙方承包本项目所需的资金和产生的民事、安全、债务等一切风险和责任均由乙方承担和处理。且A公司认可案涉工程系范某垫资并实际组织施工，A公司亦自认其未对案涉工程投资。从已支付工程款的流向看，B寺庙管委会已支付A公司的工程款为31781000元，A公司、范某均认可A公司扣除2.73%费用后，将余款均支付给了范某。综上，应当认定范某是案涉工程的实际施工人，B寺庙管委会所提范某不是符合司法解释条件的"实际施工人"的答辩理由不能成立。

二、B寺庙管委会具有独立享有民事权利和承担民事义务的资格和能力，是本案适格被告。

经查，B寺庙管委会刻制有印章，在×××市××区农村信用合作联社开设有户名为

"B寺庙管委会"、账号为"×××12"的银行账户，案涉工程招标投标信息系B寺庙管委会发布，案涉《建设工程施工合同》及《补充协议书》系B寺庙管委会作为发包人与承包人A公司所签订，依据《民事诉讼法》第四十八条关于"公民、法人和其他组织可以作为民事诉讼的当事人"之规定，以及《民诉法解释》第五十二条关于"民事诉讼法第四十八条规定的其他组织是指合法成立、有一定的组织机构和财产，但又不具备法人资格的组织"之规定，结合B寺庙管委会工程自建、经费自理、人事自治、场所固定等情况，可以认定B寺庙管委会具有独立享有民事权利和承担民事义务的资格和能力，是本案适格被告。故B寺庙管委会所提其不是本案适格被告的主张不能成立，对此不予采信。

三、B寺庙管委会将A公司列为反诉被告并无不当。

经查，本案本诉的当事人为原告范某，被告为A公司和B寺庙管委会。依据《民诉法解释》第二百三十三条关于"反诉的当事人应当限于本诉的当事人的范围。反诉与本诉的诉讼请求基于相同法律关系、诉讼请求之间具有因果关系，或者反诉与本诉的诉讼请求基于相同事实的，人民法院应当合并审理。反诉应由其他人民法院专属管辖，或者与本诉的诉讼标的及诉讼请求所依据的事实、理由无关联的，裁定不予受理，告知另行起诉"之规定，B寺庙管委会将A公司列为反诉被告并无不当。

四、B寺庙管委会与A公司之间构成建设工程施工合同关系，A公司与范某之间构成转包关系。

经查，与B寺庙管委会签订案涉《建设工程施工合同》及《补充协议书》的合同相对人系A公司，该公司法定代表人梁某在上述合同上签字且上述合同上加盖了公司印章；就上述合同的实际履行情况来看，A公司项目经理梁某、技术负责人杨某常驻案涉工地，全程参与了案涉工程施工管理；B寺庙管委会已支付的工程款也均支付给了A公司，而非直接支付给范某。综上，应当认定与B寺庙管委会构成建设工程施工合同关系的是A公司。A公司承包案涉工程后，又与范某签订《协议书》，将案涉工程交由范某施工，故本案应认定B寺庙管委会与A公司之间构成建设工程施工合同关系，A公司与范某之间构成转包关系。综上，A公司所提其与范某系借用资质的挂靠关系的主张不能成立，对此不予采信。

五、B寺庙管委会与A公司签订的《建设工程施工合同》及《补充协议书》、A公司与范某签订的《协议书》均为无效合同。

经查，B寺庙管委会至今未取得案涉工程建设工程规划许可证等规划审批手续，依据《2018年建工解释（二）》第二条关于"当事人以发包人未取得建设工程规划许可证等规划审批手续为由，请求确认建设工程施工合同无效的，人民法院应予支持，但发包人在起诉前取得建设工程规划许可证等规划审批手续的除外"之规定，B寺庙管委会与A公司签订的《建设工程施工合同》及《补充协议书》应被认定为无效合同。范某并非A公司工作人员，范某未提供证据证明其具有案涉工程施工的法定资质，A公司与范某签订《协议书》，将案涉工程交由范某施工，从中提取管理费，违反了《建筑法》第二十八条关于禁止转包的规定，故A公司与范某签订的《协议书》也应被认定为无效合同。

六、案涉工程造价司法鉴定意见书及补充鉴定意见应被采信，可以作为本案定案依据。

关于本案工程造价司法鉴定意见书及补充鉴定意见应否作为本案的定案依据的问题。经查，本案诉讼过程中，范某申请对 B 寺庙天王殿、大悲正殿工程及附属工程所涉及的工程变更签证、施工范围内所有工程量和材料的量差价差、商品混凝土调整、人工费调整、安全文明施工措施费、规费、措施费、配合费、××杯奖励款、合同外工程、税金等进行工程造价鉴定。案涉《建设工程施工合同》第二条约定的工程承包范围为 B 寺庙大悲正殿建设项目（除放生池不作）、天王殿建设项目发包范围内的全部工程内容。《建设工程施工合同》通用条款第 31.5 款约定："工程师确认增加的工程变更价款作为追加合同价款，与工程款同期支付。"《建设工程施工合同》第三部分合同专用条款第 12.1 款虽约定："本合同价款采用固定总价合同方式确定。"但合同专用条款第 12.1.B 款亦约定："按照招标文件执行：根据×建设标〔2008〕11 号××省建设厅《关于建设工程材料价格风险处理办法的通知》精神，承包人承担材料价格±5%（包括±5%）的风险，即施工期间该工程所用的主要材料发生的价格涨跌幅度在反映投标时材料价格的《×××市工程造价》2009年第 5 期中的相应材料价格的±5%（包括±5%）范围内时，材料价格风险由承包人承担；施工期间主要材料价格涨跌幅度超过在反映投标时材料价格的《×××市工程造价》2009 年第 5 期中的相应材料价格的±5%以外部分，材料价格风险由发包人承担。"合同专用条款第 12.2 款约定："当设计图纸发生重大变更（分项工程变更造价浮动超过分项工程量总价的 15%）时，根据甲方认可的设计部门出具的设计变更通知单，按清单中标价进行调整；清单未包括的项目，按 15%优惠；其他条件下均不再调整承包价。"故范某申请对涉及工程变更签证、工程量和材料的量差价差、商品混凝土调整、人工费调整、配合费、××杯奖励款、合同外工程、税金等进行工程造价鉴定符合合同约定。一审法院依法组织当事人对送鉴材料进行了质证，当事人协商一致选择了鉴定机构，一审法院依法委托 E 工程公司进行鉴定。该鉴定机构及司法鉴定人均具有相应鉴定资质，鉴定程序合法。该鉴定机构作出司法鉴定征求意见稿一、司法鉴定征求意见稿二后，先后两次征求各方当事人意见并逐项给予回复，在此基础上出具司法鉴定意见书。司法鉴定意见书对费用调整专门作出说明，依据×建设标〔2011〕5 号文、〔2011〕45 号文，主体验收前人工费单价不再调整；主体验收后人工费单价按 53 元/工日执行；材料费依据《建设工程施工合同》合同专用条款第 12.1.B 款的约定进行调整；木材数量及价格，根据×××市×××风景名胜区保护建设指挥部办公室出具的《关于×××风景名胜区主区域保护建设资金木材增加超出预算原因》和《关于×××风景名胜区主区域大悲正殿、天王殿木材追加款项的说明》，据实计入，其中木材材料单价扣除 5%的风险费。司法鉴定意见书送达各方当事人后，鉴定人到庭接受各方当事人质询，鉴定机构根据当事人所提异议出具补充鉴定意见。案涉工程造价司法鉴定意见书及补充鉴定意见系对涉及工程变更签证等进行的工程造价鉴定，B 寺庙管委会、A 公司虽对司法鉴定意见书及补充鉴定意见提出异议，但未提供相反证据足以推翻上述司法鉴定意见书及补充鉴定意见，B 寺庙管委会、A 公司亦未申请重新鉴定。故案涉工程造价司法鉴定意见书及补充鉴定意见应被采信，可以作为本案定案依据。

七、关于范某应得工程款数额应如何认定，对其所主张的利息是否应支持，如应支持，该如何支持的问题。

（一）关于范某应得工程款数额应如何认定的问题。

1. 关于补充鉴定意见中无争议部分工程造价51274205.18元（合同价34933432.84元＋工程变更签证1629258.12元＋量差及价差12118595.33元＋商品混凝土调整1736538.67元＋人工费调整931480.98元－安全文明施工措施调减75100.76元）的认定问题。经查，对该部分工程造价所依据的相关工程变更签证等资料，发包方、监理方、建设方均签字盖章，故应予认定。

2. 关于配合费1429200元的认定问题。经查，案涉《补充协议书》约定："……二、经承包人同意，大悲正殿、天王殿外廊红石柱不再由承包人负责，合同中外廊红石柱支付款项不再支付给承包人。三、大悲正殿、天王殿外廊红石柱承包人同意由发包人负责采购安装，费用从承包人的承包价中扣除（分别按承包人投标中标价的单价计算：大悲正殿外廊红石柱单价为17.8万元/根，天王殿外廊红石柱单价为13万元/根）。承包人需负责施工现场安装的配合工作、竣工资料整理及整体验收等，并按照国家规定给予施工配合费。"需方（甲方）B寺庙管委会与供方（乙方）C建材公司于2010年7月12日签订的《天然中国红花岗石柱供货合同》约定：（1）大悲正殿外廊柱，天然中国红花岗石实心圆柱36根，单价105200元，合计3787200元；（2）天王殿外廊柱，天然中国红花岗石实心圆柱24根，单价65000元，合计1560000元；（3）大悲正殿和天王殿外廊柱打孔、开槽、安装等所有费用共计200000元；（4）合计5547200元；（5）加工、打孔、开槽、装卸、运输、安装等事宜和费用由乙方负责。《建设工程工程量清单计价规范》GB 50500—2008第2.0.9条对总承包服务费予以界定：总承包人为配合协调发包人进行的工程分包自行采购的设备、材料等进行管理、服务以及施工现场管理、竣工资料汇总管理等服务所需的费用。但该计价规范未对总承包服务费的比率作出规定，参照建筑行业的习惯做法：（1）发包人仅要求总承包人对分包的专业工程进行总承包管理和协调时，按分包的专业工程造价的1.5%计算；（2）发包人要求总承包人对分包的专业工程进行总承包管理和协调，并同时要求提供配合服务时，按分包的专业工程造价的3%～5%计算；（3）发包人自行供应材料的，按发包人供应材料价值的1%计算。本案中，红石柱的加工、打孔、开槽、装卸、运输、安装等事宜和费用由C建材公司负责，但案涉工程实际施工人范某需提供配合服务，综合考虑红石柱的高度、直径、重量、数量等配合服务的难易程度（其中，大悲正殿外廊红石柱高7.05m，直径900mm；天王殿外廊红石柱高6.27m，直径600mm），一审法院酌定按照《天然中国红花岗石柱供货合同》约定的合同价款5547200元的5%计算配合费，即配合费为277360元（5547200元×5%）。范某主张配合费按照红石柱原中标价952.8万元的15%计算，不符合行业习惯及本案实际，发包人B寺庙管委会亦不认可，对此一审法院不予采信。

3. 关于××杯奖励款的认定问题。经查，"××省结构××杯"与"××省建设工程

××杯"系不同的奖项。B寺庙大悲正殿、天王殿工程于 2011 年 7 月 8 日被评为××省结构××杯工程。而《建设工程施工合同》合同专用条款第 11.8 款约定若工程质量获"××杯"奖项，发包人奖励承包人本工程总造价的 1%。故本案工程总造价不应计算××杯奖励款。

4. 关于补充鉴定意见中有争议部分大悲正殿小计 375476.37 元、天王殿小计 121055.45 元的认定问题。经查，对上述工程的变更签证等资料监理方、建设方均签字盖章，发包方虽未签字盖章，但经一审法院工作人员、司法鉴定机构工作人员及各方当事人于 2020 年 4 月 17 日共同参与进行现场勘查，上述大悲正殿、天王殿所涉及的施工项目均实际施工，故应计入工程总造价中。

5. 关于山门前广场平整场地工程造价的认定问题。经 2020 年 4 月 17 日现场勘查，山门前广场平整场地已实际施工，且对范某提供的山门前广场平整场地施工现场签证单所附《山门前自然地貌标高》方格网图施工方、监理方均签字盖章。该方格网图载明，释某交代广场坡度以山门前第一个踏步上平面下翻 300mm，牌坊上表面下翻 1000mm 为广场坡度；测量时间为 2010 年 4 月 16 日下午 1 点 30 分，监理陈某、逯某读数，韦某、贾某扶塔尺、作记录。监理方签字盖章表明对上述施工内容及工程量予以认可，故对山门前广场平整场地工程量应予认定。山门前广场平整场地的单位工程费汇总为 82154.59 元，加上相应的人工及材料费调整 7290 元，工程造价为 89444.59 元。综上，山门前广场平整场地工程造价 89444.59 元应计入工程总造价中。

6. 关于放生池，红石路、红石路土方，外网安装工程造价的认定问题。

（1）关于放生池工程造价的认定问题。经查，《建设工程施工合同》第二条明确约定放生池不作。经 2020 年 4 月 17 日现场勘查，放生池虽已实际施工，但范某并未提供充分有效的证据证明当事人对《建设工程施工合同》第二条约定的放生池不作又达成新的合意，且其提供的施工现场签证单仅有施工方项目部签章，发包方、监理方均未签字盖章，依据《民事诉讼法》第六十四条第一款关于"当事人对自己提出的主张，有责任提供证据"之规定，以及《民诉法解释》第九十条关于"当事人对自己提出的诉讼请求所依据的事实或者反驳对方诉讼请求所依据的事实，应当提供证据加以证明，但法律另有规定的除外。在作出判决前，当事人未能提供证据或者证据不足以证明其事实主张的，由负有举证证明责任的当事人承担不利的后果"之规定，范某应承担举证不能的不利后果，故放生池工程 148065.89 元不应计入工程总造价中。

（2）关于红石路、红石路土方工程造价的认定问题。经 2020 年 4 月 17 日现场勘查，虽然红石路、红石路土方已实际施工，但对于范某提供的中轴线红石路施工现场签证单不但发包方、监理方均未签字盖章，而且施工方亦未签章，范某提供的证据不足以证明其事实主张，故红石路、红石路土方工程造价不应计入工程总造价中。

（3）关于外网安装工程造价的认定问题。范某自认外网安装项目中所载明的 4 套广场灯系 B 寺庙管委会居士捐赠并安装。经 2020 年 4 月 17 日现场勘查，外网安装所涉及的电线电缆穿管、给水管道铺设、埋地消防管道等大多为隐蔽工程，且范某未提供施工现场签证单，其提供的证据不足以证明其事实主张，故外网安装工程造价不应计入工程总造价中。

综上所述，范某提供的证据不足以证明其事实主张，对于放生池、外网安装、红石路、红石路土方所涉及的工程款项，范某可待证据充分后另行主张。

7. 关于税金的认定问题。经查，《B 寺庙大悲正殿、天王殿建设项目工程施工招标文件》第九章第 3.2 条明确约定：根据《宗教事务条例》（国务院第 426 号令）第三十六条规定，"按照国家有关税收的规定享受税收减免优惠"，本项目不计取税金。A 公司进行投标，系真实意思表示，视为接受上述约定，且案涉《建设工程施工合同》及《补充协议书》亦未对税金作出约定。故税金不应计入应付工程款。

8. 关于社会保障费 1308708.48 元的认定问题。经查，案涉《建设工程施工合同》及《补充协议书》既未约定缴纳社会保障费的主体，B 寺庙管委会也未提供充分有效的证据证明其已向当地建设劳保费管理机构缴纳相应费用。社会保障费属不可竞争费用，依据《关于废止〈加强建设工程费用计价项目中社会保障费管理的意见〉的通知》（×建建〔2016〕62 号）关于"凡已招标但未计取建设工程计价项目中社会保障费（简称建设劳保费），也未向当地建设劳保费管理机构缴纳相应费用的项目，由发包人按照建设劳保费计价标准直接支付给承包方。对于已办理分期缴纳手续的项目，尚未缴纳的部分，由发包人直接支付给承包方"之规定，社会保障费应当计入应付工程款。

综上所述，案涉大悲正殿、天王殿工程虽未经竣工验收，但因发包人于 2012 年 6 月 9 日擅自使用，应视为已经竣工验收合格。依据《2004 年建工解释》第二条关于"建设工程施工合同无效，但建设工程经竣工验收合格，承包人请求参照合同约定支付工程价款的，应予支持"之规定，上述案涉工程总价款为 52137541.59 元，扣除各方当事人均认可 B 寺庙管委会已支付 A 公司的工程款 31781000 元，则 B 寺庙管委会欠付 A 公司工程款为 20356541.59 元（52137541.59 元－31781000 元），扣除 A 公司与范某签订的《协议书》所约定的 2.73% 税费后，范某应得工程款数额应认定为 19800808 元（20356541.59 元－20356541.59 元×2.73%）。

（二）关于范某所主张的利息应否被支持，如应支持，该如何支持的问题。

经查，案涉大悲正殿、天王殿工程于 2012 年 6 月 9 日投入使用。依据《2004 年建工解释》第十七条关于"当事人对欠付工程价款利息计付标准有约定的，按照约定处理；没有约定的，按照中国人民银行发布的同期同类贷款利率计息"之规定，以及第十八条关于"利息从应付工程价款之日计付。当事人对付款时间没有约定或者约定不明的，下列时间视为应付款时间：（一）建设工程已实际交付的，为交付之日；（二）建设工程没有交付的，为提交竣工结算文件之日；（三）建设工程未交付，工程价款也未结算的，为当事人起诉之日"之规定，利息应从 2012 年 6 月 9 日计付。案涉《建设工程施工合同》附件 3《房屋建筑工程质量保修书》约定，本工程约定的工程质量保修金为施工合同价款的 5%。工程质量保修期为两年。满一年后，无质量问题返还 50% 质量保证金；两年期满后，再返还 40% 质量保证金；剩余 10% 质量保证金待屋面保修期满后不出现质量问题，15 日内全部返还。则案涉工程质量保修金应为 2606877.08 元（52137541.59 元×5%）。故利息应计算为：1. 以 17193930.93 元（19800808 元－2606877.08 元）为基数，自 2012 年 6 月 9 日起至 2013 年 6 月 8 日，按照中国人民银行发布的同期同类贷款利率计算；2. 以 18497369.46 元（17193930.93 元＋2606877.08 元×50%）为基数，自 2013 年 6 月 9 日起至 2014 年 6 月 8 日，按照中国人民银行发布的同期同类贷款利率计算；3. 以 19540120.3 元（18497369.46 元＋2606877.08 元×40%）为基数，自 2014 年 6 月 9 日起至 2017 年 6 月 23 日，按照中国人民银行发布的同期同类贷款利率计算；4. 以 19800808 元为基数，自 2017 年 6 月 24 日起至 2019 年 8 月 19 日，按照中国人民银行发布的同期同类贷款利率计算；5. 以 19800808 元为基数，自 2019 年 8 月 20 日起按照全国银行间同业拆借中心公布的贷款市场报价利率计算至应付工程款支付完毕之日止。

八、关于 B 寺庙管委会应付工程款及已付工程款数额应如何认定的问题。

经查，各方当事人均认可 B 寺庙管委会已支付 A 公司工程款 31781000 元，故 B 寺庙管委会应付工程款为 20356541.59 元（52137541.59 元－31781000 元）。

九、因 A 公司确实派出项目经理、技术负责人等人全程参与案涉工程的工程管理，A 公司应当获得相应的报酬。A 公司扣除其应得的管理费后，应承担向范某支付欠付工程款及利息的责任。B 寺庙管委会作为发包人，应在欠付案涉工程承包人暨非法转包人 A 公司工程款的范围内对实际施工人范某承担责任。

首先，案涉工程系 A 公司非法转包给范某，作为合同相对方，A 公司应当向范某支付欠付的工程款。依据双方所签订的《协议书》，范某向 A 公司支付 2.73% 的管理费后，相应的工程款应由范某享有。虽然双方签订的《协议书》依法应认定为无效，但因 A 公司确实派出项目经理梁某、技术负责人杨某等人全程参与案涉工程的工程管理，A 公司应当获得相应的报酬。且 A 公司、范某均认可 A 公司将其收到的 B 寺庙管委会支付的工程款扣除 2.73% 费用后全部支付给了范某，故 A 公司应承担向范某支付欠付工程款 19800808 元及利息的责任。其次，依据查明的事实及《2018 年建工解释（二）》第二十四条之规定，B 寺庙管委会作为发包人，应在欠付案涉工程承包人暨非法转包人 A 公司工程款的范围内对实际施工人范某承担责任。而本案已查明 B 寺庙管委会尚欠 A 公司案涉工程款 20356541.59 元，故 B 寺庙管委会应在欠付工程款 20356541.59 元的范围内对范某承担责任。对范某的其他诉讼请求不予支持。

十、A 公司、范某应当对 B 寺庙大悲正殿质量保修期内出现且持续至今的房顶木结构损坏、房顶开裂、顶层整体滑坡、屋内漏水履行保修义务。

经查，案涉《建设工程施工合同》第三部分合同专用条款第 11.2 款约定，屋面需保证在 5 年保修期内不出现渗漏。案涉《房屋建筑工程质量保修书》约定，工程的合理使用年限如下：房屋主体工程为 3 年，屋面防水工程为 5 年；电气管线、上下水管线安装工程为 2 年；供热及供冷工程为 2 个供暖期及供冷期；室外的上下水和小区道路等市政公用工程为 1 年。案涉大悲正殿、天王殿工程于 2012 年 6 月 9 日投入使用。B 寺庙管委会提交的大悲正殿屋面漏水照片及视频、短信截图、通话详单可以证实自 2013 年 5 月 26 日开始至今，B寺庙管委会持续向施工方反映B寺庙大悲正殿屋面漏水等问题，施工方虽履行了一定的维修义务，但并未彻底修复，导致屋面漏水处于持续状态，该问题系在保修期内产生的问题，应当属于保修范围。故A公司、范某应当对B寺庙大悲正殿质量保修期内出现且持续至今的房顶木结构损坏、房顶开裂、顶层整体滑坡、屋内漏水履行保修义务。B寺庙管委会申请对B寺庙大悲正殿屋面进行施工质量和房屋安全鉴定，以及对房顶木结构损坏、房顶开裂、顶层整体滑坡、屋内漏水等维修费用进行评估鉴定，不再准许。综上，对B寺庙管委会其他反诉请求一审法院不予支持。

【一审裁判结果】

一、A公司于判决生效之日起十日内支付范某工程款19800808元及利息（利息以17193930.93元为基数，自2012年6月9日起至2013年6月8日，按照中国人民银行发布的同期同类贷款利率计算；以18497369.46元为基数，自2013年6月9日起至2014年6月8日，按照中国人民银行发布的同期同类贷款利率计算；以19540120.3元为基数，自2014年6月9日起至2017年6月23日，按照中国人民银行发布的同期同类贷款利率计算；以19800808元为基数，自2017年6月24日起至2019年8月19日，按照中国人民银行发布的同期同类贷款利率计算；以19800808元为基数，自2019年8月20日起按照全国银行间同业拆借中心公布的贷款市场报价利率计算至应付工程款支付完毕之日止）；二、B寺庙管委会在欠付A公司建设工程价款20356541.59元范围内对范某承担责任；三、A公司、范某于判决生效后九十日内对B寺庙大悲正殿质量保修期内出现且持续至今的房顶木结构损坏、房顶开裂、顶层整体滑坡、屋内漏水履行保修义务；四、驳回范某的其他诉讼请求；五、驳回B寺庙管委会的其他反诉请求。

【范某上诉理由】

一、一审判决对范某施工的"红石路及土方、放生池、外网安装"费用没有认定错误。

1. 范某虽然没有提供发包方、监理方的签证，但提供由A公司加盖项目部印章、项目经理签字的签证单，A公司认可范某完成该项施工。

2. 鉴定机构与法院在现场勘验时，这三项工程均已完工。

3. B寺庙管委会虽然辩称这些工程是由其他人施工完成的，但没有提供任何依据。

4. 范某提交的新证据即监理方和A公司共同签字盖章的"工程报验表"，以及范某购买红石柱材料的预算单、收款单、转账记录，红石柱花岗岩检验的检验报告，以及放生池外网安装的工程报验单，可以证明上述项目是由范某完成施工的。A公司和B寺庙管委会应支付该项费用。

二、一审法院对经监理方认可的"配合费"予以调整，缺少法律依据和事实依据。

双方协议约定配合费按照国家标准计取，因无国家标准，监理方根据施工任务工作量确定按工程造价的15%给予配合费是正确的。范某配合施工情况复杂，难度大，红石柱工程原造价为900万元，现500余万元即完成，发包人是综合多种因素答应给付15%配合费，并非监理方私自决定。一审法院仅按5%支持27万余元配合费不能弥补范某的支出，应按照红石柱工程承包价的 15% 确认 832080 元的配合费。

三、B 寺庙管委会应在欠付 A 公司工程款本金及利息范围内承担清偿责任。

一审仅判决 B 寺庙管委会在本金范围内承担责任，适用法律不当。

四、一审法院判决范某和 A 公司对 B 寺庙大悲正殿房顶木结构损坏、房顶开裂、顶层整体滑坡、屋内漏水履行保修义务，无法律和事实依据。

B 寺庙管委会在工程未经验收时就已经使用该工程，其无权主张质量问题。退一步讲，即使存在质量问题，也是 B 寺庙管委会改变设计造成的，法院也应区分质量责任形成的原因，妥善划分施工参与方责任，范某不应承担维修义务。

五、B 寺庙管委会反诉请求没有事实和法律依据，一审法院关于 A 公司应承担维修责任的判决有误。

综上，请求二审法院依法改判。

【B 寺庙管委会上诉理由】

一、一审判决"以鉴代审"，违法委托鉴定，将鉴定结论作为认定事实的依据，认定 B 寺庙管委会欠付工程款的事实严重背离了合同约定和法律规定，损害了 B 寺庙管委会的合法权益。

1. 鉴定结论不能作为定案依据。本案合同工程价款计算采取的是固定价款＋设计变更的方式。《建设工程施工合同》专用条款第 12 条对工程价款作出明确约定。除去范某未施工的红石柱、放生池工程外，工程价款应为 25257366.95 元。变更工程量需要重新鉴定。

2. 工程施工过程中，设计图纸没有发生重大变更事宜，个别变更由发包人、承包人、监理公司三方签署签证单，鉴定单位出具的《工程造价汇总表》显示变更工程价款为 1629258.12 元，不符合合同约定的计价范围。一审法院认定的欠付工程款数额错误。

3. 一审法院委托程序不合法。范某申请鉴定的内容及法院委托鉴定的内容是将案涉工程施工范围内所有工程量和材料差价款、商品混凝土调整及人工费调整全部进行鉴定，不符合合同约定。鉴定范围、依据和方法错误，背离了合同约定及法律规定，鉴定结论不能作为定案依据。故 B 寺庙管委会申请重新鉴定。

二、一审法院有关费用计算错误。

1. 范某未对红石柱安装工程施工提供任何施工配合，不应获得配合费。一审认定 5% 配合费缺乏依据。

2. 鉴定意见中有争议的大悲殿、天王殿两项费用涉及的签证没有 B 寺庙管委会盖章，签证中有的没有监理单位签章，个人签字不能代表监理公司。项目虽然已经施工，但并不表明是由范某施工，该部分费用不应计入总造价中。

3. 范某不应计取山门前广场平整费用，该部分由其他企业施工。

4. 合同总价包含的住房公积金、意外伤害保险、社会保险共计 1312370.28 元，范某没有缴纳该三项费用，B 寺庙管委会不应支付。

5. 一审认定本案工程存在质量问题，质量保证金及相应利息应从应付工程款中扣除，用于工程维修。一审判决范某、A公司对工程质量承担维护义务，就应准许B寺庙管委会提出的维护费用评估鉴定申请，请求二审法院支持该项鉴定申请。

6. 既然法院认定案涉施工合同、补充协议无效，工程款一直没有决算，工程质量存在问题，就不能按照有效合同计算利息。

综上，请求二审法院驳回范某对B寺庙管委会的诉讼请求，公平处理本案。

【A公司上诉理由】

一、B寺庙管委会不具本案适格诉讼主体资格，且其不能向同为被告的A公司提出反诉。

B寺庙管委会没有独立的财产，没有提供宗教经营场所法人登记证，不能对外独立承担民事责任。

二、案涉工程系范某借用A公司古建一级资质承揽的工程，双方之间系借用资质的挂靠关系。

A公司提交的证据证明，范某借用包括A公司在内的三家建筑公司的资质参与投标，投标后直接与建设单位洽谈合同，参与了图纸会审、材料采购、工程建设，范某对借用资质并无异议，其与A公司之间没有劳动或隶属关系。范某在签订合同前后，均以A公司名义独立施工、核算，独立承担责任，工程所需的材料费、设备费、人工费等费用均由范某支付，A公司除对B寺庙管委会支付的工程款收取管理费外，将其余款项全部转给了范某。故一审认定范某与A公司系建设工程转包合同关系错误。

三、工程造价司法鉴定意见书及补充鉴定意见不应作为本案的定案依据。

该鉴定意见违反鉴定方法和当事人的招标投标文件及合同约定。案涉招标投标文件和施工合同中关于工程款采用的是固定总价，只有当设计图纸发生重大变更可适当调整，其他条件下均不再调整承包价。而鉴定部门对未涉及可调整情况的工程承包价均进行了调整，违反合同约定。范某提出的×××市建设工程标准定额站所作的文件答复，其内容是"采用清单计价可调量差"，该文件答复出具的时间为2010年1月5日，早于投标时间、中标时间和合同签订时间，也不是合同附件，不能作为合同补充内容。

四、A公司不负有向范某支付工程款及利息的义务。

范某与A公司之间系挂靠关系，A公司不存在拖欠、克扣范某工程款的事实，对此范某予以认可，故依照《合同法》及最高法的司法判例，范某不能向A公司主张工程款。一审法院判决A公司支付范某工程款及利息没有事实和法律依据。

五、B寺庙管委会的反诉请求没有事实和法律依据，一审法院关于A公司应承担维修责任的判决有误。

1. B寺庙管委会在工程未经验收合格的情况下擅自使用，使用之日即应认定工程已经验收合格，范某不再负有维修义务。

2. B寺庙管委会缺乏通知保修的证据，也没委托他人修理，现保修期届满，B寺庙管委会不再享有范某或施工单位承担保修责任的权利。一审法院在不支持B寺庙管委会保修鉴定的情况下，又支持其保修请求，又驳回其返修请求，不利于纠纷的解决。

【被上诉人答辩】

范某辩称：

1. B寺庙管委会具有诉讼主体资格。B寺庙是经宗教管理机构审批成立的服务信徒的专业服务机构，B寺庙管委会作为B寺庙的决策管理执行机构，对外公开代表B寺庙从事民事活动，其行为和主体符合《民法总则》规定的其他组织的民事主体条件，其印章也是在公安机关备案的。因此，B寺庙管委会可以对外办理招标投标手续订立建设工程施工合同。

2. 范某与A公司转让施工权利义务的行为应当认定为转包行为，而不是借用资质。

3. 鉴定意见程序合法，依据是充分的。按照建设工程施工合同专用条款第六条合同价款与支付条款第12.1款约定，除专用条款第12.1款对财产调整范围有约定的以外，招标答疑也是合同组成部分，招标答疑第一条第五项明确说明对工程量清单与图纸不符时，应当按照工程量清单计价，规范执行，鉴定机构也是依照合同约定的风险范围根据工程量清单计价规范的规定对工程价款进行调整的。计价方法选用可以作为结算依据。按照2013版工程量清单计价规范，工程施工招标发包可采用多种形式。本案所涉工程由发包人编制工程量清单，其中存在错项、漏项，工程量应该据实结算，变更签证经监理公司、A公司、B寺庙管委会三方签字认可，既有合同内的变更也有合同外的变更，因此鉴定意见可以作为定案依据。

4. 配合费应该计取。双方签订的补充协议有约定，也有监理的签字，范某在石材的施工过程中进行了多项配合，支出80余万元。

5. 社会保障费是工程价款组成部分，应该按照施工合同约定和计价办法规定进行计取，而无需考虑承包人和实际施工人是否缴纳，也并不增加B寺庙管委会的负担。

6. 利息属于法定孳息，应与工程款一并支付。B寺庙管委会称广场平整由其他企业施工是错误的。屋顶质量问题不是由范某施工造成的，是由多种因素造成的，范某不应该对屋顶进行维修。

B寺庙管委会辩称：

1. 范某不应该收取配合费，工程存在质量问题，范某应承担维修责任。

2. B寺庙管委会具有诉讼资格。

3. B寺庙管委会不知道范某与A公司是借用资质还是转包关系，只知道承包方、施工方是A公司。

A公司答辩称：

意见同上诉理由。

【二审裁判观点】

一、B寺庙管委会具有独立享有民事权利和承担民事义务的资格和能力，是本案适格被告。

B寺庙是经宗教行政管理部门审批成立的服务机构，其为建设案涉工程成立了B寺庙管委会，B寺庙管委会是B寺庙依法设立的决策、管理、执行机构，对外可以代表B寺庙从事民事活动。B 寺庙管委会刻制有印章，开立有银行账户，具体负责案涉工程的招标投标及合同的签订工作，其作为发包人就案涉工程与 A 公司签订了《建设工程施工合同》及《补充协议书》，依据《民事诉讼法》第四十八条关于"公民、法人和其他组织可以作为民事诉讼的当事人"之规定，以及《民诉法解释》第五十二条关于"民事诉讼法第四十八条规定的其他组织是指合法成立、有一定的组织机构和财产，但又不具备法人资格的组织"之规定，结合 B 寺庙管委会工程费用有来源、人事自治、场所固定等情况，可以认定 B 寺庙管委会具有独立享有民事权利和承担民事义务的资格和能力，是本案适格被告。故 A 公司上诉称 B 寺庙管委会不是本案适格被告的主张不能成立，对此不予采纳。

二、范某系借用 A 公司的资质对案涉工程进行施工，一审认定范某与 A 公司系非法转包关系不当，对此应予纠正。A 公司违法出借资质违反法律规定，应受到行政管理部门的处罚，但一审判决 A 公司承担还款责任及维修义务缺乏事实和法律依据。

经查，范某在与 A 公司签订施工合同前后，均以 A 公司名义独立施工、核算，独立承担责任，工程所需的材料费、设备费、人工费等费用均由范某支付，A 公司除对 B 寺庙管委会支付的工程款收取管理费外，将其余款项全部转给了范某，没有截留工程款的行为，其派驻的人员工资也是由范某发放。结合一审中 A 公司提交的同时参与投标的其他两家公司证明、图纸会审记录、商品混凝土买卖合同、证人王某出庭情况及录音资料等证据，可以认定在合同签订前范某作为施工人就借用 A 公司的资质参与了招标投标及图纸的会审活动，并进行了购买材料及前期施工工作等活动，从项目的招标开始，到合同的签订、合同的履行直至价款的结算，实质性主导了工程项目运作的全过程，工程各项成本由范某承担，A 公司只收取管理费不承担任何费用。综合以上分析，可以认定范某系借用 A 公司的资质对案涉工程进行施工，一审认定范某与 A 公司系非法转包关系不当，应予纠正。范某借用 A 公司资质从事工程施工活动，系违法行为，一审法院认定范某与 A 公司签订的施工合同系无效合同正确，应予确认。关于 A 公司应否承担向范某支付工程款的义务问题。范某作为实际施工人没有施工资质，借用 A 公司的资质进行施工，双方系借用资质的挂靠关系，而非转包关系，双方之间不存在发、承包关系。按照协议约定，B 寺庙管委会已支付工程款 31781000 元，A 公司在扣除管理费后将剩余款项全部支付给了范某，没有截留工程款的行为。双方签订的施工协议也没有约定 A 公司有向范某直接支付工程款的义务，而是约定将发包人 B 寺庙管委会支付的工程款扣除管理费后的其余工程款转给范某，故范某主张 A 公司向其支付工程款缺乏事实依据。A 公司违法出借资质违反法律规定，应受到行政管理部门的处罚，但一审判决 A 公司承担还款责任及维修义务缺乏事实和法律依据，二审法院予以纠正。

三、鉴定部门据实对工程造价作出结论具有事实和法律依据，应作为定案依据。

一审中，范某申请对 B 寺庙天王殿、大悲正殿工程及附属工程造价进行鉴定，一审法院依法委托 E 工程公司进行鉴定。E 工程公司依据双方签订的施工合同、合同附件及国家政策、行业规定，结合施工资料、施工图纸等证据，经鉴定作出了鉴定意见书。当事人对该鉴定意见书提出异议后，鉴定部门根据异议情况对鉴定意见作出两次修改，并且鉴定人员也在庭审中接受了双方当事人的咨询。该鉴定的鉴定程序合法，鉴定结论具有事实依据，鉴定意见书可以作为证据使用，应予采信。A公司与B寺庙管委会上诉提出合同价款为固定总价，不应调整价款。但根据施工合同、补充协议及合同的组成部分等内容的约定，施工中工程量及材料价格确有变更的事实，对材料价格的上涨及预算款的增加有关部门也予以了确认，一审中，B寺庙管委会对部分工程的变更和材料价差的调整也予以认可，其虽然否认鉴定意见，但未申请重新鉴定，故鉴定部门据实对工程造价作出结论具有事实和法律依据。综上，B寺庙管委会上诉称鉴定意见不能作为定案依据的理由不能成立，其申请对工程变更量重新鉴定，不符合法定程序，二审法院对此不予支持。

四、一审判决认定工程款包含社保费错误。

1. 社保费属于规费，属于不可竞争的费用，施工企业是缴纳该费用的主体，范某作为实际施工人不具有施工资质，不是缴纳社保费的主体，其与A公司签订的《施工协议》第四条明确约定，工程所在地区各种税费及规费由范某承担并自行缴纳，在协议履行过程中，范某也没有证据证明其已经实际缴纳了该社保费，故范某关于社保费的主张缺乏事实和法律依据，二审法院对此不予支持。一审判决支持范某主张的社保费缺乏事实和法律依据，应予纠正。社保费1308708.48元应从欠付工程款中扣除。

2. 范某主张案涉工程红石路及土方、放生池、外网安装等三项工程系其施工。一审中，对其提交的该三项工程的签证单发包方和监理方均未签字认可。二审中，范某虽提交了有监理单位及人员签字的《工程报验单》及验收记录等证据，但其对在一审中提交的签证单上未有发包人和监理单位的签章不能作出合理解释，故其二审中提交的证据真实性存疑，其主张施工了上述三项工程证据不足，二审法院对此不予采信。一审法院未支持该三项工程的工程款并无不当。

3. 关于配合费问题。施工合同中约定了范某有配合施工的义务，本案红石柱安装工程不是范某施工，但范某认为其配合了施工应收取配合费，其提交的证据是2011年7月的签证单，B寺庙管委会对此不予认可，认为范某没有配合施工的行为。二审中，B寺庙管委会提交了2011年1月19日红石柱《工程款支付审批表》及2011年4月25日红石柱工程竣工验收报告。证明了2011年4月之前红石柱已经安装、工程款已经支付完毕，故范某提交的证据不能充分证明范某有配合施工的行为，故一审支持5%的配合费277360元证据不足，对此应予纠正。范某及B寺庙管委会对鉴定意见及工程款计算提出的其他上诉理由均缺乏证据支持，二审法院对此不予采纳。

五、B寺庙管委会应在扣除A公司管理费后直接向范某支付欠付工程款及利息。

关于B寺庙管委会的责任。B寺庙管委会是发包人，虽然其与A公司签订施工合同，二者形成合同的相对方，但在履行合同过程中其对范某实际施工人的身份及实际进行施工的情况是明知的，与范某已形成事实上的建设工程施工合同关系，因此，为了保护实际施工人的合法权益，B寺庙管委会应在扣除A公司管理费后直接向范某支付欠付工程款18214740元（19800808元－1308708.48元－277360元）及利息。

六、案涉工程在保修期内确实存在质量问题，一审判决范某负有维修义务并无不当。

案涉《建设工程施工合同》附件 3《房屋建筑工程质量保修书》虽然约定本工程约定的工程质量保修金为施工合同价款的 5％，工程质量保修期为两年，满一年后，无质量问题返还 50％质量保证金，两年期满后，再返还 40％质量保证金，剩余 10％质量保证金待屋面保修期满后不出现质量问题，15 日内全部返还，但根据一审查明的事实，案涉工程在保修期内确实存在质量问题，范某也进行了维修，其自认维修已花费 40 余万元，案涉工程在合同约定的 5 年屋面防水保修期内仍出现屋面漏水现象，需要继续维修。故一审判决范某负有维修义务并无不当。根据工程质量保修金的性质及工程实际状况，质量保证金应在保修期届满后予以退还。一审判决按照合同约定返还质量保证金并结算利息不当。质保金 2606877.08 元的利息应从工程实际交付之日的 2012 年 6 月 9 日开始计算至屋面防水工程 5 年保修期届满之日的 2017 年 6 月 10 日。故范某上诉称不应承担维修义务的理由不能成立，二审法院对此不予支持。B 寺庙管委会一审中提出反诉请求，要求范某承担工程修复、重建费用及损失、违约金，但未缴纳该反诉费用，故一审法院作出民事裁定，按 B 寺庙管委会撤回反诉处理符合法律规定。二审中 B 寺庙管委会申请对案涉工程损坏、开裂、漏水等维修费用进行评估鉴定，并根据鉴定结论要求范某进行赔偿，因该请求属于一审反诉内容，B 寺庙管委会未缴纳反诉费用，一审法院已经裁定按照撤回反诉处理，故 B 寺庙管委会在二审中又申请鉴定，不符合法定程序，二审法院对此不予采纳，该反诉请求 B 寺庙管委会可以另行主张，本案不予处理。

【二审裁判结果】

一、维持一审判决第四项、第五项；二、撤销一审判决第一项即 A 公司承担还款责任部分；三、变更一审判决第二项为 B 寺庙管委会于本判决生效之日起三十日内支付范某工程款 18214740 元及利息（利息以 15607863 为基数，自 2012 年 6 月 9 日起至 2017 年 6 月 10 日按照中国人民银行发布的同期同类贷款利率计算；以 18214740 元为基数自 2017 年 6 月 11 日至 2019 年 8 月 19 日按照中国人民银行发布的同期同类贷款利率计算；以 18214740 元为基数，自 2019 年 8 月 20 日起按照全国银行间同业拆借中心公布的贷款市场报价利率计算至应付工程款支付完毕之日止）；四、变更一审判决第三项为范某于判决生效后九十日内对 B 寺庙大悲正殿质量保修期内出现且持续至今的房顶木结构损坏、房顶开裂、顶层整体滑坡、屋内漏水履行保修义务。

【律师评析】

实践中，建设工程施工合同纠纷案件，各方当事人往往对是否需要支付工程款争议不大，双方的最大争议焦点在于欠付的工程款金额是多少，实际施工人与承包人之间的合同往往不够明确，此时实际施工情况与合同约定存在很大的出入，法院也无法通过合同约定确认被告应当支付的工程款数额，便需要依靠司法鉴定程序进行认定，实际施工人有权主张工程款并针对争议部分申请鉴定。

本案中，实际施工人申请对施工项目的工程造价进行鉴定，法院依法委托鉴定机构进行鉴定。鉴定意见书经过双方质证、修订，并且鉴定人员也在庭审中接受了双方当事人的咨询。该鉴定意见书鉴定程序合法，鉴定结论具有事实依据，可以作为证据使用，应予采信。

【相关案例索引】

① 山东大瑞建筑工程有限公司、陶某建设工程合同纠纷一案

案号：（2020）鲁民终 3055 号

裁判观点：李某、陶某申请对其施工部分工程造价进行鉴定。一审法院委托法正项目管理集团有限公司进行工程造价鉴定。2020 年 6 月 10 日，法正项目管理集团有限公司作出法正咨字〔2020〕0180 号工程造价鉴定意见书，李某、陶某以及山东大瑞建筑工程有限公司（以下简称大瑞建筑公司）、大瑞地产公司对鉴定意见书无异议，即双方对于案涉工程中李某、陶某施工工程量意见一致，虽然大瑞建筑公司、大瑞地产公司对李某、陶某施工的工程质量提出异议，但其未提交证据证实质量问题亦未提交工程质量鉴定申请，且大瑞建筑公司认可李某、陶某停工后，大瑞建筑公司已另行委托其他公司继续施工。故李某、陶某作为案涉工程实际施工人，可以主张工程欠款。

② 昌吉州荣达建筑安装有限责任公司、向某建设工程施工合同纠纷一案

案号：（2018）最高法民申 4611 号

裁判观点：关于《审核报告》还是司法鉴定报告为案涉工程款结算依据的问题。《审核报告》系根据巩留县审计局委托对巩留县高级中学建设项目进行的竣工结算审核，巩留县教育局与荣达建筑公司对此均予以认可。但《审核报告》仅系荣达建筑公司与巩留县教育局之间的结算，荣达建筑公司没有证据证明向某参与结算并认可《审核报告》的结算结果，且《审核报告》存在前述问题，也不能根据该《审核报告》区分向某实际完成工程的造价。至于荣达建筑公司与向某签订的《协议书》中约定的，工程结算根据建设单位与荣达建筑公司签订的施工合同执行，而不是根据建设单位与荣达建筑公司的工程结算内容执行，并非表明向某放弃参与工程结算的权利。荣达建筑公司与向某就案涉工程的结算未达成一致意见，在工程造价争议较大的情况下，一审法院通过司法鉴定程序予以解决并无不当。本案中，司法鉴定报告应为案涉工程款结算依据。

关于《鉴定报告》是否合法的问题。一审庭审中，荣达建筑公司、向某均同意由法院委托司法鉴定机构对案涉工程造价进行鉴定。选择鉴定机构时各方当事人均参与，未对鉴定机构建行新疆区分行的鉴定资质、出具鉴定结论的效力提出异议。鉴定依据经过双方当事人质证，鉴定人员亦到庭接受质询，鉴定程序合法。根据《工程造价咨询企业管理办法》第二十四条"分支机构从事工程造价咨询业务，应当由设立该分支机构的工程造价咨询企业负责承接工程造价咨询业务、订立工程造价咨询合同、出具工程造价成果文件"的规定，建行新疆区分行具备鉴定资格，案涉司法鉴定报告由建行新疆区分行鉴定中心承接，建行新疆分行作出鉴定意见，符合法律规定。虽然《鉴定报告》送达当事人时未加盖公章和签名，但在一审庭审中，建行新疆分行向法庭申请补盖公章和签名，该行为不影响《鉴定报告》内容的真实性。故《鉴定报告》的鉴定依据全面真实，鉴定主体、鉴定程序合法有效，荣达建筑公司的主张没有依据。

第六篇　刑事犯罪篇

　　实际施工人可能承担刑事责任，其部分行为可能构成串通投标罪、伪造公司印章罪、拒不支付劳动报酬罪等犯罪。所谓串通投标行为，是指明知自己串通投标的行为会破坏公平、竞争、择优的市场经济秩序，损害招标人和其他投标人的利益，仍然实施在投标人之间协商投标报价、约定中标人、约定部分投标人放弃投标或者中标等行为。所谓伪造公司印章行为，是指明知自己无权制作公司印章但为了某种目的而实施了伪造公司印章的行为。所谓拒不支付劳动报酬行为，是指有义务支付劳动报酬的主体以转移财产、逃匿等方法逃避支付劳动者的劳动报酬或者有能力支付而不支付劳动者的劳动报酬。上述行为在建筑工程领域屡见不鲜，实际施工人应当意识到上述行为涉嫌刑事犯罪，不要令自己身陷囹圄。

　　本篇三个案例将对上述问题进行具体的展示和分析。

案例 1：实际施工人实施串通投标行为构成刑事犯罪

【引言】

　　串通投标行为违反了法律、行政法规的禁止性规定，不仅会导致施工合同无效，严重者还将构成串通投标罪。实践中，以行贿等手段谋取中标、借用资质进行投标或围标等行为均属违法行为。本案中，被告为谋取中标等不正当利益，向副县长行贿，并通过挂靠的形式与其他投标人串通投标报价，损害招标人利益，构成串通投标罪。

【案例来源】

（2019）湘 01 刑终 164 号

【诉讼主体】

公诉机关：某市人民检察院

钟某：一审被告、二审上诉人

【公诉机关指控罪名】

行贿罪、串通投标罪

【争议焦点】

一、钟某的行为是否构成行贿罪、串通投标罪；二、原审量刑是否过重。

【基本案情】

一、行贿的犯罪事实

2006年3月15日，刘某甲担任××省××县××乡党委书记，负责全面工作。2008年1月8日，经过××县第十五届人民代表大会第一次会议选举，任命刘某甲担任××县人民政府副县长。2012年9月20日，经过××市委同意，任命刘某甲担任中共××县委常委、政法委书记。2016年上半年，刘某甲担任××县委常委、常务副县长，分管项目工程等工作。

在刘某甲担任上述职务期间，被告人钟某为了谋取不正当利益，多次向刘某甲及其妻子李某给予财物共计价值人民币125111元。具体犯罪事实如下：

1. 2008年4月份的一天刘某甲为了给情人鲁某购买××酱油公司原始股，从被告人钟某处借款人民币5万元。事后，刘某甲提出归还时，被告人钟某表示免除其债务，并提出希望刘某甲继续关照其承接工程的请托，获得刘某甲同意。

2. 李某购买"马自达"轿车，并让被告人钟某代为办理车辆上牌手续及缴纳费用，被告人钟某于2008年6月20日缴纳车辆购置税人民币15111元。后李某提出归还其垫付费用时，被告人钟某表示不需归还，同时要李某向刘某甲转达关照其承接工程的请托，事后，李某将此事告知了刘某甲。刘某甲利用其××县县长职权的便利条件，通过向时任××县烟办主任赵某打招呼的方式，将××县××镇现代烟草农业示范片烟水配套工程的主体及附属工程发包给被告人钟某施工，并于2009年2月23日签订合同。

3. 2014年10月28日，被告人钟某向李某借款人民币100万元并出具借条，双方口头约定月息为1.5％。2015年、2016年，被告人钟某向李某支付利息时，在应支付年息人民币18万元的基础上共计多支付人民币4万元给李某，并要李某向刘某甲转达关照其承接工程的请托。

2015年10月30日，被告人钟某向陈某借款人民币50万元，约定月息为1.5％并出具借条。后陈某告知被告人钟某该笔款项系李某所有，要被告人钟某向李某还款及支付利息。2016年年底、2017年年底，被告人钟某在向李某支付利息时，在应支付年息人民币9万元的基础上共计多支付人民币2万元给李某，并要李某向刘某甲转达关照其承接工程的请托。

李某将以上两次借款及多支付利息的事情告知了刘某甲，并转达了被告人钟某的请托。刘某甲则利用其担任××县常务副县长主管项目工程的职务便利，指示××县国资公司时任董事长潘某、××县城建投公司时任董事长姚某，帮助被告人钟某承接到了Ａ项目、B 项目。

上述事实，有下列经过庭审举证、质证的证据予以证明：

1. 中共××县城郊乡委员会×城发〔2006〕22 号《中共××县××乡委员会、××县××乡人民政府关于调整领导分工、机构设置、办公室主任和带村联村人员的通知》，中共××县委×发干〔2006〕107 号《关于中共××县××乡委员会选举结果的通报》，证明刘某甲担任××县城××党委书记的时间及工作职责，喻某甲、喻某乙、唐某的任命职务、时间及具体工作职责的事实。

2. 中共××市委长发组〔2008〕4 号《关于××县第十五届人民代表大会第一次会议和政协××县第十届委员会第一次会议选举结果的通报》，××县人民政府办公室×政办函〔2007〕17 号《关于调整县人民政府领导分工的通知》，××县人民政府《关于调整县人民政府领导分工的通知》，证明刘某甲担任××县副县长的时间及具体任命单位的事实，同时证明刘某甲具体分管工作职责的事实。

3. 中共××市委×发干〔2012〕64 号《关于易某等同志职务任免的通知》，中共××县委办公室×办〔2013〕8 号的通知，证明刘某甲担任××县委常委、政法委书记的任命机关、时间的事实，同时证明刘某甲具体分管工作职责的事实。

4. 中共××市委长发组〔2016〕49 号《关于中共××县委、县纪委换届候选人预备人选的批复》，中共××市委长发组〔2016〕63 号《关于中共××县第十二次代表大会和第十二届委员会第一次全会、纪律检查委员会第一次全会选举结果的批复》，××县人民政府×政函〔2016〕289 号《关于明确县人民政府领导工作分工的通知》，××县人民政府×政函〔2016〕213 号《关于调整县人民政府领导工作分工的通知》，××市人民政府×政函〔2017〕195 号《关于明确市人民政府领导工作分工的通知》，证明刘某甲担任××县委常委、常务副县长的任命机关、时间等事实，同时证明刘某甲的具体工作职责中包括分管项目工程的事实。

5.《建设工程招标代理合同》《烟叶生产基础设施建设项目工程施工承包合同》《××县 2008 年烟叶生产基础设施建设项目工程工序核准单》《2009 年度××县烟叶生产基础设施建设项目施工承包合同》，证明 2009 年 2 月 23 日，被告人钟某作为实际施工人承接××县××镇现代烟草农业示范片烟水配套工程及附属工程的事实，×××乡烟叶生产基础设施建设项目工程情况的事实。

6.《车辆购置税纳税申报表》《税收通用完税证》《机动车销售统一发票发票联》《机动车销售统一发票报税联》，证明李某购买"马自达"CA7201AT3 轿车（发动机号码761897，车辆识别代号 LFPH4ABC881A26133），2008 年 6 月 20 日缴纳车辆购置税人民币 15111 元的事实。

7. 借条，证明被告人钟某向李某两次借款的时间、金额、约定利率等事实。

8. 证人刘某甲的证言，证明（1）2006 年 3 月，其担任××县××乡党委书记，4 月，赵某介绍其认识钟某。钟某在上一任党委书记任职期间承接了土方工程，其在结算和工程款支付方面给予了关照。2006 年上半年，经过其与乡长喻某甲、×××办公室的同志商量后，将××乡×××大道的土方工程交给了钟某来做。2006年下半年，其授意×××的办公室主任唐某将棚屋基地的土方工程交给钟某做。2007年下半年，其授意唐某把××路土方工程交给钟某来做。期间，钟某将50条黄"芙蓉王"香烟、50条软蓝"芙蓉王"香烟送至其家中。妻子李某告知其钟某送来了烟，并转告了钟某想让其多介绍工程给钟某做的想法。（2）其担任××县副县长期间，通过向时任县烟办主任赵某打招呼，帮助钟某承接了××镇烟水工程项目、×××乡烟水工程项目。2008年左右，李某购买了1辆马六轿车，钟某支付了车辆购置税、上牌费用大约2万元，李某也告知其该事。2008年的一天，钟某给其5万元现金，用于鲁某购买××酱油公司股改股。2014年、2015年，李某共借了150万元给钟某，钟某在2015年、2016年、2017年共计多支付利息6万元给李某。（3）其担任常务副县长期间，钟某多次向其送了烟酒。2016年9月，应钟某的要求，其邀请××国资公司董事长潘某、××县城建投公司董事长姚某到钟某家吃中饭。并向2人招呼关照钟某。潘某把A项目交给了钟某承接。姚某将B项目交给钟某承接。钟某之所以送其烟酒，是希望得到其支持，在其职权范围内介绍工程项目。

9. 证人李某的证言，证明2008年6月，其购买马六轿车，钟某帮其办理上牌手续并支付了大约1.5万元，其要求付钱被钟某拒绝。事后，其将该事告诉了刘某甲。2014年、2015年其借款150万元给钟某，钟某多给了利息6万元，其告知了刘某甲。钟某之所以这么做，是为了让其在刘某甲面前说好话，让刘某甲关照他承接工程，其也转告了请托。刘某甲告知其，钟某的×××乡的排水项目和A项目都是在刘某甲帮助下中标的。

10. 证人鲁某的证言，证明2000年10月至今，其在××食品集团有限公司上班。2008年4月，其和刘某甲认识。2008年上半年，刘某甲给其5万元用于购买公司原始股。

11. 证人周某的证言，证明其为C公司法定代表人，钟某并非其公司员工，2009年，钟某挂靠其公司中标××县×××学校项目。

12. 证人王某甲的证言，证明其在刘某甲担任政法委书记时，开始担任刘某甲专职司机。2016年10月，刘某甲担任常务副县长后，钟某多次通过其向刘某甲送了烟酒。

13. 被告人钟某的供述，被告人钟某对公诉机关指控的犯罪事实供认不讳。

二、串通投标的犯罪事实

2016年上半年，刘某甲担任××县常务副县长，利用其分管项目工程的职务便利，指示××县国资公司董事长潘某、××县城建投公司董事长姚某将两家公司开发的A项目、B项目交给被告人钟某承接。被告人钟某在没有项目投标资质的情况下，通过挂靠D公司参加投标，找到多家公司陪标并控制投标报价、递交投标信誉资料的方式进行串通投标，并最终以D公司的名义中标以上两个项目。具体事实如下：

1. 经过××县政府批准，××县国资公司在××县城城区东南部、北临319国道、南接二环线的位置占地304000m² 修建A项目，项目资金来源为自筹和银行贷款。且项目的勘察、设计、施工及主要设备材料的采购都采取委托招标形式公开招标，并采用综合评估法。2016年12月1日，E公司与××县国资公司签订招标代理合同，具体负责招标事宜。

2016 年 11 月左右，潘某告知被告人钟某 A 项目即将招标，刘某甲已指示其尽量关照被告人钟某，并安排被告人钟某具体操作事项。被告人钟某找到 D 公司董事长陈某，取得陈某对其挂靠 D 公司投标 A 项目的同意后，又找到 E 公司负责人王某乙商量投标事宜，王某乙让其多找几家公司一起投标，提高中标概率。被告人钟某找到 D 公司负责投标的廖某，商定由廖某联系其余公司参加投标，并负责投标保证金的缴纳、投标报价及投标文件的制作等事宜，同时约定事后由被告人钟某支付各家投标公司的投标费用。

2016 年 12 月 13 日，××县国资公司、E 公司在××省招标投标监管网、××市公共资源交易监管网、××县公共资源交易监管网发布 A 项目招标公告，确定招标事项、投标文件递交要求及期限、投标保证金等事项。2016 年 12 月 29 日，在规定的网站上发布 A 项目招标控制价为人民币 19983984.09 元。廖某邀请其他 3 家公司与 D 公司一起参加投标，同时，被告人钟某邀请 5 家公司参加投标，并将该 5 家公司的名称及联系方式告知廖某，由廖某具体指挥投标。2016 年 12 月 29 日、30 日，以上 9 家投标公司通过各自公司账户向××县公共资源交易中心招商银行××支行 73×××77 账户转账缴纳投标保证金人民币 38 万元。廖某指示其余 8 家参加投标的公司在招标控制价的基础上具体报价并制作投标文件、递交投标资料。

2017 年 1 月 3 日 9 时 30 分，A 项目在××县公共资源交易中心开标，且只有 D 公司等 9 家公司参加投标。经过评标，确定 D 公司和另外两家公司为中标候选人，并于 2017 年 1 月 4 日在规定网站公布予以公示，最终确定 D 公司为中标人，2017 年 1 月 9 日，××县国资公司向 D 公司发放中标通知书，中标金额为人民币 19584565.28 元。

2017 年 1 月 12 日，××县公共资源交易中心向未中标的 8 家公司通过转账全额退还投标保证金。

2017 年 2 月 6 日，D 公司与国资公司签订 A 项目施工合同。2017 年 2 月 9 日，被告人钟某指示其女儿、女婿与 D 公司签订内部承包协议。

2. 经过××县政府批准，××县城建投公司开发 B 项目，项目资金来源为国开行提供的贷款。且项目的勘察、设计、施工、重要设备及材料的采购实行委托招标形式公开招标，并采取综合评估法。2017 年 10 月 17 日，F 公司与城建投公司签订招标代理合同，具体负责招标事宜。

2017 年 10 月左右，××县城建投公司董事长姚某告知被告人钟某 B 项目即将招标，刘某甲已指示其尽量关照被告人钟某，并安排被告人钟某具体操作事项。被告人钟某找到 D 公司董事长陈某，取得陈某对其挂靠 D 公司投标 B 项目的同意后，又找到 F 公司负责人刘某乙，刘某乙让其多找几家公司一起投标，提高中标概率。被告人钟某找到 D 公司负责投标的廖某，商定由廖某联系其余公司参加投标，并负责投标保证金的缴纳、投标报价及投标文件的制作等事宜，同时约定事后由被告人钟某支付各家投标公司的投标费用。

2017 年 11 月初，××县城建投公司、F 公司在××省招标投标监管网、××市公共资源交易监管网、××县公共资源交易监管网发布 B 项目招标公告，确定招标事项、投标文件递交要求及期限、投标保证金等事项。2017 年 10 月 23 日，B 项目在规定网站上公布招标控制价为人民币 15398855.37 元。廖某邀请其他 7 家公司与 D 公司一起参加投标。2017 年 11 月 10 日，8 家投标公司各向××县公共资源交易中心招商银行××市××支行 73×××77 账户转账缴纳投标保证金人民币 307900 元。廖某指示其余 7 家投标公司在招标控制价的基础上具体报价、递交资料及制作投标文件。

2017 年 11 月 13 日 9 时 10 分，B 项目在××县公共资源交易中心开标，且只有 D 公司等 8 家公司参加投标。经过评标，确定 D 公司和另外两家公司为中标候选人，并于 2017 年 11 月 14 日在规定网站上予以公示。最终确定 D 公司为中标人，2017 年 11 月 20 日，××县城建投公司向 D 公司发放中标通知书，中标金额为人民币 15091628.06 元。

2017 年 12 月 1 日，××县公共资源交易中心向上述各未中标公司分别通过转账全额退还投标保证金。

2017 年 12 月 15 日，D 公司与城建投公司签订 B 项目施工合同。2018 年 1 月 10 日，被告人钟某指示其女儿、女婿与 D 公司签订内部承包协议。

被告人钟某在被采取留置措施期间，主动交代了监察机关尚未掌握的涉嫌行贿、串通投标的犯罪事实。

上述事实，有下列经过庭审举证、质证的证据予以证明：

1. ××县发展和改革局×发改投〔2010〕165 号《关于审批 B 项目可行性研究报告的批复》，××县城乡规划局×规函〔2015〕208 号《××县城乡规划局关于××大道（K1＋980－K2＋700）规划调整的批复》，××县城乡规划建设局×规建审〔2016〕23 号《关于××大道南延线（K1＋900－K2＋700 段）工程初步设计的批复》，《××县建设工程设计概算审批备案表》，《××省房屋建筑和市政基础设施工程施工图设计文件审查备案表》，××县财政预决算（投资）评审中心×评审预函字〔2016〕1584 号《关于××大道南延线 K1＋900－K2＋700 工程招标控制价的确认函》，证明 A 项目的批准机关、资金来源、勘察设计备案情况及招标投标方案，以及招标控制价的具体数额等事实。

2. ××大道南延线（K1＋900－K2＋700 段）工程施工《招标公告》《招标代理合同》《评标专家抽取情况登记表》《开标会议业主、专家、来宾签到表》《投标文件递交签收表》《投标文件》《开标记录表》《评标报告》《中标候选人公示》《中标结果公示》《中标通知书》《施工合同》，证明 A 项目的招标人、招标代理公司及具体职责内容，招标公告的具体内容，招标文件的发布时间及网站，投标、开标、评标情况，中标候选人、中标人公示情况及中标通知书的发放、中标金额情况以及施工合同签订情况等事实。

3. 银行转账记录，中标人投标保证金退还通知书，非中标人投标保证金退还通知书，证明 A 项目、B 项目投标人转账缴纳投标保证金及中标后退还情况的事实。

4. 《D 公司建设工程内部责任承包合同书》，证明被告人钟某与 D 公司签订 A 项目、B 项目内部承包协议的时间、具体内容等事实。

5. 转账记录，证明 2016 年 12 月 27 日，廖某账户转入人民币 8 万元的事实。

6. ××市住建委×住建发〔2014〕259 号文件，证明综合评估法的具体内容的事实。

7. ××县国土资源局《B 项目用地审查意见》，××县发展和改革局×发改投〔2017〕

71 号《关于 B 项目可行性研究报告的批复》，××县城市规划服务办公室×规函〔2017〕031 号《关于 B 项目规划设计的批复》，××县城乡规划建设局×规建审〔2017〕28 号《关于 B 项目初步设计的批复》，××县城市建设投资集团有限公司出具的《关于 B 项目资金来源说明》，《××县政府投资项目招标基本情况》，××县财政预决算（投资）评审中心×评审预函字〔2017〕1041 号《关于 B 项目预算的评审报告》，《B 项目招标代理合同》，《B 项目施工招标文件》，《B 项目施工招标控制价公示》，《投标文件》，《投标文件接受登记表》，《评标报告》，《B 项目施工第三标段开标记录表》，《中标候选人表》，《B 项目中标候选人公示》，《中标通知书》，《××省建设工程施工合同》，证明 B 项目的批准情况，招标人、投标人、中标人情况，招标公告、文件的发布情况，投标文件情况，开标评标情况，中标候选人、中标人的公示情况，中标通知书发放情况以及施工合同签订情况等事实。

8. 证人潘某、罗某、王某乙的证言，证明 2015 年 10 月至 2017 年 8 月，潘某担任××国资公司董事长。2016 年 8 月份，常务副县长刘某甲将潘某、姚某叫到钟某家中吃饭，让 2 人关照钟某做工程。后在 A 项目中，刘某甲向潘某打招呼让其尽量将工程交给钟某来做。潘某告知钟某后，指示副经理罗某、C 公司负责人王某乙落实刘某甲指示。

证人罗某、王某乙对上述相关事实予以印证。证人王某乙同时证实钟某联系其后，其建议钟某多找几家公司一起投标。2 人对钟某挂靠 D 公司知情。

9. 证人姚某、刘某丙、刘某乙的证言，证明 2016 年 8 月至今，姚某担任××县城建投公司董事长、党组书记。2016 年 8 月，刘某甲担任××县常务副县长，分管××县城建投公司。2016 年 10 月，刘某甲叫上姚某、潘某一同去钟某家中吃饭，要 2 人关照钟某做工程。在 B 项目中，刘某甲指示姚某尽量将工程给钟某做一个标段。姚某指示前期部部长刘某丙落实刘某甲指示，刘某丙联系招标代理公司负责人刘某乙，并转告姚某关于刘某甲的指示。刘某乙建议钟某多找几家公司投标，并最终挂靠 D 公司中标三标段。

10. 证人陈某的证言，证明其担任 D 公司的法定代表人。钟某挂靠其公司中标了 A 项目、B 项目。其让廖某与钟某具体对接，中标后，由钟某的女儿、女婿与其公司签订管理协议，缴纳管理费。

11. 证人廖某的证言，证明 2013 年至今，其在 D 公司经营部负责项目投标工作。钟某找到老总陈某商谈挂靠公司投标 A 项目、B 项目的事情，陈某指示其具体负责。其与钟某联系后，钟某要其保证中标。两个项目最后都是 D 公司中标，之后由钟某和公司签订管理协议。（1）A 项目中，招标公告公布后，钟某叫上其、陈某、王某乙一起吃饭，王某乙建议钟某多找几家公司参与投标。钟某让其联系公司并负责所有费用。其联系了 3 家公司，钟某联系了 5 家公司，最后 A 项目就是该 9 家公司参加投标。其接到钟某的指示后指导各家公司报价及提交信誉评标资料，从而控制了投标基准价。钟某向其转账 8 万元就是 4 家公司的投标费用。（2）B 项目中，参加投标的 8 家公司都是其找来的，并且与钟某商量了投标报价和策略，其具体指导各家投标公司投标。最后 B 项目只有该 8 家公司投标。开标前几天，钟某到其办公室给其现金人民币 164800 元，后分发给各公司。

12. 证人宋某、袁某、谢某甲、胡某、彭某、谢某乙、杨某的证言，证明宋某担任某公司经营部经理。2016 年 12 月，廖某联系宋某陪标 A 项目，并指示宋某按下浮 1% 投标报价支付费用；陪标 B 项目并按下浮 1.5% 投标报价支付费用。（1）胡某担任某公司经营部副总经理，袁某担任某公司副经理，廖某联系各家公司陪标 A 项目，并在招标控制价的基础上按下浮不等比例投标报价支付费用。（2）谢某甲担任某公司总经理、法定代表人，彭某担任某公司工程部经理，谢某乙担任某公司经营部部长，杨某担任某公司商务部经理，廖某联系各家公司陪标 B 项目，并在招标控制价的基础上按下浮不等比例投标报价支付费用。

13. 证人何某、钟某的证言，证明 2 人与 D 公司签订的内部责任承包合同是针对钟某挂靠 D 公司中标的 A 项目、B 项目。

14. 被告人钟某的供述，证明 2016 年，刘某甲担任××县常务副县长之后，介绍其认识了分管的××县国资公司董事长潘某、××县城建投公司董事长姚某，并向 2 人打招呼关照其做了 A 项目、B 项目。在其挂靠 D 公司投标该两个项目的过程中，潘某、姚某都告知其刘某甲已经打过招呼，并让其找具体承办人，具体安排其找到招标代理公司，其与 D 公司的廖某沟通后，由廖某具体负责投标文书的制作、投标价格的确定，保证 D 公司中标。事后，其将各投标公司先期缴纳投标保证金的利息及标书费用等支付给廖某，由廖某支付给各家投标公司。2 个项目中标后，D 公司与××县国资公司、××县城建投公司签订施工合同，其女儿、女婿与 D 公司签订内部承包协议。

认定全案事实的证据如下：

1. ××市××区监察委员会立案决定书，证明××市××区监察委员会于 2018 年 4 月 27 日对被告人钟某涉嫌行贿案件进行立案审查的事实。

2. 被告人钟某的身份、现实表现材料，证明被告人钟某已满完全刑事责任年龄、具备完全刑事责任能力及之前未受刑罚处罚的事实。

钟某 2018 年 5 月 3 日被××市××区监察委员会采取留置措施，因涉嫌犯行贿罪、串通投标罪，于 2018 年 7 月 27 日被逮捕。

2018 年 12 月，钟某向××市公安局揭发他人犯罪，经公安机关查证属实。

【一审裁判观点】

被告人钟某为了谋取不正当利益，给予国家工作人员以财物，其行为已构成行贿罪；违反招标投标国家管理规定，与其他投标人相互串通投标报价，损害招标人利益，情节严重，其行为已构成串通投标罪，均应予以处罚。被告人钟某一人犯数罪，应当数罪并罚。被告人钟某在留置期间，主动供述监察机关尚未掌握的行贿、串通投标犯罪事实，构成自首，且属在被追诉前主动交代行贿行为，依法可以从轻处罚。

【一审裁判结果】

被告人钟某犯行贿罪，判处有期徒刑六个月，并处罚金人民币十万元；犯串通投标罪，判处有期徒刑十个月，并处罚金人民币十万元。合并执行判处有期徒刑一年一个月，并处罚金人民币二十万元。

【上诉理由】

上诉人钟某上诉提出：原审判决量刑过重。

上诉人钟某的辩护人辩护提出：上诉人钟某有立功情节，请求从轻处罚。

【二审裁判观点】

上诉人钟某为了谋取不正当利益，给予国家工作人员以财物，其行为已构成行贿罪。上诉人钟某与其他投标人相互串通投标报价，损害招标人利益，情节严重，其行为已构成串通投标罪。上诉人钟某一人犯数罪，应当数罪并罚。上诉人钟某到案后主动供述监察机关尚未掌握的行贿、串通投标犯罪事实，构成自首，可以从轻处罚。上诉人钟某在一审判决后被羁押期间有揭发他人犯罪的行为，经公安机关查证属实，有立功表现，可以从轻处罚。

经审查，上诉人钟某在一审判决后有揭发他人犯罪的行为，经公安机关查证属实，有立功表现；综合考虑上诉人钟某的犯罪事实、性质、情节及对社会的危害程度等，对上诉人钟某的量刑可在一审判决的基础上予以从轻处罚。

【二审裁判结果】

一、维持一审判决中对上诉人钟某犯行贿罪的定罪部分及犯串通投标罪的定罪量刑部分；二、撤销一审判决中对上诉人钟某犯行贿罪的量刑部分及并罚后决定执行刑期部分；三、上诉人钟某犯行贿罪，判处拘役五个月，并处罚金人民币十万元；犯串通投标罪，判处有期徒刑十个月，并处罚金人民币十万元，决定执行有期徒刑十个月，并处罚金人民币二十万元。

【律师评析】

根据《中华人民共和国刑法》（以下简称《刑法》）第二百二十三条的规定，串通投标罪，是指投标人相互串通投标报价，损害招标人或者其他投标人利益，情节严重，或者投标人与招标人串通投标，损害国家、集体、公民的合法利益的行为。福建省高级人民法院、省检察院、省公安厅、省建设厅等部门联合发布《办理串通投标犯罪案件有关问题座谈会纪要》认为："挂靠其他单位或者盗用其他单位名义进行串通投标犯罪的，追究挂靠者、盗用者的刑事责任；被挂靠单位明知挂靠者串通投标而接受其挂靠，为挂靠者实行串通投标犯罪提供便利条件的，按共同犯罪处理。"故即使实际施工人是自然人，只要借用有资质的施工企业实施串通投标犯罪，就可以成为构罪的适格主体。

【相关案例索引】

① 周某、滕某、孙某等串通投标罪一案

案号：（2018）浙06刑终630号

裁判观点：上诉人滕某和原审被告人周某、孙某、李某甲、赵某、丁某、章某、李某乙的行为均已构成串通投标罪，情节严重。被告人丁某根在前罪缓刑考验期限内被发现还有其他犯罪没有判决，应当撤销缓刑，数罪并罚。在共同犯罪中，被告人周某、滕某、孙某、李某甲、赵某起主要作用，系主犯；被告人丁某、章某、李某乙起次要作用，系从犯，应从轻处罚。上诉人滕某和原审被告人周某有犯罪前科，酌情从重处罚。上诉人腾某和各原审被告人认罪态度较好，可酌情从轻处罚。上诉人滕某和原审被告人周某、孙某等人的供述能相互印证，证实在二都村和春晖村招标投标结束后，上诉人滕某借了三家建筑公司的资质委托朋友去报名投标杨梅村、杨溪村、新横塘村、白马湖村工程，通过赵某做工作接受了孙某的相关费用后退出，其和周某等人对该四个工程的串通投标行为构成共同犯罪。原判已就上诉人滕某的认罪态度及退赃情节在量刑时予以体现，对其判罚符合法律规定。原判认定事实清楚，定罪和适用法律正确，量刑适当。审判程序合法。

② 陈某甲、陈某乙、辛某串通投标罪一案

案号：（2015）泉刑终字第 320 号

裁判观点：原判认定 2011 年 12 月间，上诉人陈某甲、陈某乙及原审被告人辛某在晋江市金井镇敬老院一期配套工程施工招标投标过程中，相互串通投标报价的相关犯罪事实清楚，认定事实的证据均经原审法院庭审举证质证，并在原审判决书中逐项列明，证据确实、充分。上诉人陈某甲、陈某乙、原审被告人辛某在招标投标过程中，相互串通投标报价，损害招标人利益，情节严重，其行为均已构成串通投标罪。在共同犯罪中，上诉人陈某甲起主要作用，是主犯；上诉人陈某乙、原审被告人辛某起次要作用，是从犯，应当从轻处罚。上诉人陈某甲、陈某乙及原审被告人辛某主动投案，如实供述自己的罪行，构成自首，可以从轻处罚。原审法院认定事实清楚，定罪准确，且根据本案的事实、情节已对上诉人陈某甲、陈某乙及原审被告人辛某体现较大幅度从轻处罚，量刑适当，审判程序合法。

案例 2：实际施工人伪造印章构成刑事犯罪

【引言】

借用资质的实际施工人承揽工程后，为了工程建设便利需要或者出于其他目的，私刻承包人公司项目部印章、资料专用章，甚至公司印章的行为已屡见不鲜。由于善意第三人难以区分实际施工人与承包人之间的身份关系，若实际施工人使用伪造的印章损害承包人利益，善意第三人向承包人提出索赔时，法院通常会判令承包人承担付款责任。但从保护公司合法利益的角度出发，对于伪造项目部印章、资料专用章的行为，应认定构成伪造公司印章罪。

【案例来源】

（2021）苏 08 刑终 261 号

【诉讼主体】

公诉机关：某市人民检察院

许某：一审被告人、二审上诉人

【公诉机关指控罪名】

伪造公司印章罪、非国家工作人员受贿罪

【争议焦点】

对许某的行为应如何定罪量刑。

【基本案情】

一、伪造公司印章

2017年至2019年，被告人许某在任A公司常务副董事长助理期间，在负责拓展公司省外市场过程中，先后私自刻制A公司及法人印章，交给挂靠在A公司名下的纪某、孔某、孙某等人用于招标投标等活动。具体事实如下：

1. 2017年5月18日，××省纪某通过被告人许某挂靠到A公司名下，同年6月，被告人许某私自刻制A公司印章及法定代表人印章交给纪某用于招标投标使用。案发后，涉案伪造的印章已被××县公安局扣押。

2. 2017年8月8日，××省孙某通过被告人许某挂靠到A公司名下，后被告人许某私自刻制A公司印章及法定代表人印章交给孙某用于招标投标使用。经鉴定，孙某提交的招标投标文件上的"A公司320826000012256"字样的印模印文与A公司提供的"A公司320826000012256"两枚章印文不是同一枚印章盖印形成。

3. 2017年8月1日，××省孔某通过被告人许某挂靠到A公司名下，后许某刻制A公司印章及法人代表印章交给孔某使用。孔某用上述公章进行招标投标，并与相关公司签订工程承包、设备租赁、材料购销等合同；与个人签订借款协议，致A公司涉诉19起，涉诉标的额超亿元。案发后，涉案伪造的印章已被××县公安局扣押。

2020年6月29日，被告人许某被抓获归案。

认定上述事实的证据有，A公司提交的印章二枚、孔某提交的印章一枚、纪某提交的印章二枚，证人纪某、林某、孙某、孔某、王某甲、王某乙、王某丙、李某、邵某、贡某、巴某、冯某甲等人的证言，被告人许某在侦查阶段的供述，内部承包合同、投标项目明细表、收据，微信聊天记录，盖有A公司印章的内部承包协议及空白A4纸张，A公司涉诉材料，A公司印章使用管理制度、印章使用登记表，调取于B公司的A公司投标文件封面10份，××市公共资源交易中心出具的情况说明，发破案经过、抓获经过等。

二、非国家工作人员受贿

2017年至2018年，被告人许某在任A公司常务副总经理、董事长助理期间，利用职务之便，先后向挂靠A公司的纪某、杨某、孙某、刘某等人，索要财物共计人民币29.5万元，并为上述人员谋取利益。具体事实如下：

1. 2017年5月15日，被告人许某利用职务之便，向纪某索要人民币10万元，并为纪某谋取利益。

2. 2017年8月至2018年，被告人许某利用职务之便，先后三次向孙某索要人民币2.5万元，并为孙某谋取利益。

3. 2018年1月3日至19日，被告人许某利用职务之便，先后两次向杨某索要人民币

7 万元，并为杨某谋取利益。

4. 2018 年 3 月 27 日，被告人许某利用职务之便，向刘某索要人民币 10 万元，并为刘某谋取利益。

认定上述事实的证据，有任职文件、杨某银行账户对账单、被告人许某银行卡流水、A 公司提供的许某在公司期间的报销明细、证人杨某、孙某、纪某、刘某、冯某乙、王某甲等人的证言，被告人许某在侦查机关的供述等。

【一审裁判观点】

被告人许某伪造公司印章；身为公司管理人员，利用职务之便，索取他人财物，为他人谋取利益，数额较大，其行为分别构成伪造公司印章罪、非国家工作人员受贿罪。被告人许某一人犯数罪，依法应当数罪并罚。

【一审裁判结果】

一、被告人许某犯伪造公司印章罪，判处有期徒刑一年六个月，并处罚金人民币一万元，犯非国家工作人员受贿罪，判处有期徒刑一年，并处罚金人民币十万元，决定执行有期徒刑二年，并处罚金人民币十一万元；二、对被告人许某未退违法所得人民币二十九万五千元继续追缴，上缴国库。对案涉的伪造印章三枚，予以没收。

【上诉理由】

一、许某刻制公章的行为得到公司的明确授权，原审法院认定其构成伪造公司印章罪的证据不足；二、许某与所谓的行贿人均属于公司员工，且没有为行贿人谋取利益，不构成非国家工作人员受贿罪；三、一审法院拒绝调取证明许某无罪的关键证据，程序违法。

许某辩护人申请二审法院调取 B 公司留存的 A 公司的全部备案、投标、合同等资料，并提出如下辩护意见：一、《内部承包合同》上的公章不是许某私自加盖的，A 公司准许许某给各分公司刻制公章并在招标投标业务中使用，这也是 A 公司的习惯做法。孔某使用并提交在案的公章，不是许某提供的；二、许某与纪某、孙某等人之间的资金往来，属于正常市场行为，不符合非国家工作人员受贿罪的构成要件；三、一审法院未予调取关键证据材料，程序违法。

【二审裁判观点】

上诉人许某擅自伪造公司印章给他人使用；身为公司管理人员，利用职务之便，索取他人财物，为他人谋取利益，数额较大，其行为分别构成伪造公司印章罪、非国家工作人员受贿罪。许某一人犯数罪，依法应当数罪并罚。

对于上诉人许某及其辩护人所提认定其构成伪造公司印章罪证据不足的上诉理由和辩护意见，经查：（1）上诉人许某在侦查阶段有过多次稳定有罪供述，结合证人王某甲、王某乙、王某丙、贡某、纪某、孙某、孔某等人的证言以及鉴定意见等证据，能够证实许某未经公司许可，私刻公司公章给他人使用的事实；（2）对于私刻公司印章有无经过公司授权的情况，上诉人许某在侦查阶段供述，该《内部承包合同》是其私自制作，公司里面没人知道，其也知道刻章这个事情是不对的，但是觉得也是用在拓展公司业务上，怕以后要是出事了公司不认，就做了这个假的合同，也算是对自己的一种保护，合同上盖的章是公司里真实的印章，记不清自己是怎么盖上去的；(3)上诉人许某的供述证实，其找人私刻A公司公章并邮寄给孔某，孔某亦证实许某邮寄A公司的印章给自己，后来实际使用的印章就是这些印章，没有再另行私刻印章。综上，原审认定许某未经公司许可，私刻公司公章给他人使用的事实清楚，证据确实充分，对该上诉理由及辩护意见，不予采信。

对于上诉人许某及其辩护人所提许某的行为不构成非国家工作人员受贿罪的上诉理由和辩护意见，经查：(1)公司、企业或者其他单位的工作人员，利用职务上的便利，索取他人财物或者非法收受他人财物，为他人谋利益，数额较大的，构成非国家人员受贿罪，本案中，公司入职登记表、任职通知、许某银行卡流水、许某在公司期间的报销明细等书证以及王某甲等A公司人员证言，证实许某在2017年至2018年期间，担任A公司常务副总经理等职务，符合非国家人员受贿罪的主体要件，对于行贿方的主体身份，本罪并无限制，行贿人是否为本单位职工不影响定罪；(2)许某在侦查阶段的多次有罪供述，与证人杨某、孙某、纪某、刘某等人证言相互印证，能够证实挂靠人挂靠A公司后在招标投标过程中及后续保证金归还等诸多事项中，需要许某提供便利，许某利用职务之便，先后向纪某、杨某、孙某、刘某等人，索要财物共计人民币29.5万元，并为上述人员提供帮助，其行为符合非国家工作人员受贿罪的构成要件，故该上诉理由和辩护意见不能成立，二审法院对此不予采纳。

对于上诉人许某及其辩护人申请法院调取B公司留存的A公司的全部备案、投标、合同等资料，一审法院未予调取上述证据材料程序违法的上诉理由和辩护意见，综合全案现有的证据材料，足以证实许某伪造公司印章的行为，辩护人申请调取的材料不影响本案事实的认定，不属于影响上诉人定罪量刑的关键证据，故对该上诉理由和辩护意见，不予采纳。

【二审裁判结果】

驳回上诉，维持原判。

【律师评析】

实际施工人伪造印章的动机是多样的，可能是为了伪造授权委托书、介绍信、项目部成立通知等公司文件，可能是用于委托收款书上或用于建立银行账户，也可能是用于建设工程消防验收等。由于被伪造的印章对外代表着被伪造印章的建筑企业，产生纠纷后，往往导致相关企业被起诉，给企业造成重大损失。纠纷未发生时，被伪造印章的企业放任不管，实际施工人亦抱有侥幸心理，而纠纷发生后，企业往往选择向公安机关报案，伪造印章的实际施工人由此面临牢狱之灾。因此，无论是企业还是个人都应该关注伪造印章的法律风险，一方面，个人应当意识到伪造印章的行为涉嫌违法犯罪，制作印章应当取得企业的授权许可；另一方面，存在被伪造印章风险的企业应当建立完善的印章管理制度，对印章保管、使用登记、审批、注销等要进行严格管控，以避免诉累。

【相关案例索引】

季某伪造公司、企业、事业单位、人民团体印章罪一案

案号：(2018)闽0982刑初186号

裁判观点：经审理查明，2010 年 9 月，被告人季某在山西省平朔市，私刻了印文为"福建华星建设工程有限公司"、印章识别码为"35220360000150"的印章两枚。2010 年至 2014 年间，被告人季某在先后担任福建华星建设工程有限公司（以下简称华星公司）驻中煤平朔集团有限公司（以下简称中煤平朔公司）井工三矿项目部、潘家窑煤业项目部负责人期间，多次以华星公司名义对外签订合同，并在合同上加盖其伪造的华星公司印章，分别为：2010 年 10 月 28 日与徐州鑫亚煤矿技术服务有限公司（以下简称徐州鑫亚公司）签订《采煤工费承包协议》；同年 11 月 18 日与徐州鑫亚公司签订《综采面设备安装协议》；2011 年 2 月 22 日与中煤平朔公司签订《安全生产管理协议书》《廉洁承诺书》《安全生产管理协议书》；同月 26 日与中煤平朔公司签订《9105 综采放顶煤工作面安装工程施工合同》；同年 8 月 3 日向中煤平朔公司出具《承诺书》；同月 15 日与中煤平朔公司签订《井工三矿 9101 综采工作面 8-12 月隐蔽工程合同》；2013 年 8 月 28 日及 2014 年 5 月 18 日与中煤平朔公司先后签订《潘家窑煤业有限公司 4 煤辅运大巷工程、4 煤胶带大巷工程补充合同（潘家窑（2011）014-1）》《潘家窑煤业有限公司 4 煤辅运大巷工程、4 煤胶带大巷工程补充合同（潘家窑（2011）014-2）》。因被告人季某伪造华星公司印章与徐州鑫亚公司签订工程合同，致工程竣工后，华星公司被徐州鑫亚公司以拖欠工程余款人民币 120 万元为由提起民事诉讼，并于 2017 年 5 月 12 日，被山西省朔州市中级人民法院判决给付相关欠款。

一审法院认为，被告人季某违反国家印章管理法规，伪造了"福建华星建设工程有限公司"印章，其行为已构成伪造公司印章罪，公诉机关指控罪名成立。被告人季某具有吸毒劣迹表现，酌情从重处罚；案发后能自动投案，并如实供述犯罪事实，属自首，可从轻处罚。

案例 3：实际施工人拒不支付劳动报酬构成刑事犯罪

【引言】

人们在日常生活中所称的"包工头"，大多属于实际施工人，即不具备建筑资质和用工主体资格的自然人。"包工头"违法用工拒不支付劳动报酬，且经政府有关部门责令支付后逃匿的，即使工程总承包人垫付劳动报酬，也不影响追究其拒不支付劳动报酬罪的刑事责任。

【案例来源】

最高人民法院 2014 年发布的第七批指导性案例 28 号

【诉讼主体】

公诉机关：某区人民检察院

胡某：一审被告人

【公诉机关指控罪名】

拒不支付劳动报酬罪

【争议焦点】

胡某作为不具备用工主体资格的自然人，违法用工拒不支付劳动报酬，且其他单位已垫付工人工资，是否还可追究其拒不支付劳动报酬罪的刑事责任。

【基本案情】

被告人胡某于 2010 年 12 月分包了位于××市××县××镇的案涉工程的部分劳务工程，之后聘请了多名民工入场施工。2011 年 6 月 5 日工程完工后，胡某以工程亏损为由拖欠李某等 20 余名民工工资 12 万余元未支付。

2011 年 6 月 6 日，××省××县劳动保障监察机构接到一些农民工的投诉，反映其在该县案涉工程施工期间被拖欠工资的情况，××县人力资源和社会保障局依法受理该投诉案件后积极开展调查协调工作。2011 年 6 月 9 日，××县局劳动保障监察机构依法对案涉工程项目包工头胡某进行了调查询问，经查，胡某承认了拖欠该项目农民工工资 137919 元的事实。××县人力资源和社会保障局责令胡某支付拖欠的民工工资，胡某于当晚订购机票并在次日早上携妻乘飞机逃匿。

2011 年 6 月 10 日，××县局向胡某下达了《责令改正通知书》，其后，××县局劳动保障监察机构多次联系胡某，督促其限期改正拖欠工资的违法行为，但胡某均未履行支付工资的义务。按照《刑法》第二百七十六条之一和国务院《行政执法机关移送涉嫌犯罪案件的规定》，××县局依法将该案移送××县公安局。经审查，××县公安局决定立案侦查，对案件嫌疑人胡某进行网上追逃并迅速抓获胡某。2011 年 6 月 30 日，A 公司代胡某垫付民工工资 12 万余元。2011 年 7 月 12 日，被告人胡某在外市被抓获。2011 年 7 月 18日，胡某被××县人民检察院批捕。同时，在××县局将案件移送公安机关期间，案涉工程项目施工单位向农民工足额支付了工资款。

对于上述事实，被告人胡某在开庭审理过程中亦无异议，并有公安机关出具的接受刑事案件登记表，立案决定书，被告人抓获经过，被告人胡某在公安机关的供述，证人李某等 21 名民工的证言，证人李某、贺某某、廖某某、杨某某的证言，被告人胡某向民工出具的工资单，劳务承包合同，被告人胡某与李某签订的工程劳务单价表，被告人胡某签字确认的工程量清单及工程款借支单，××县人力资源和社会保障局对被告人胡某作的询问笔录，××县人力资源和社会保障局出具的责令改正通知书，××县城乡建设局及××县保障监察大队出具的胡某拖欠工资的情况说明，20 余名民工向 A 公司出具的领款收条及工资登记表，公安机关出具的 A 公司垫付民工工资的情况说明，被告人胡某的常住人口信息表等证据证实。

【一审裁判观点】

被告人胡某以逃匿的方法逃避支付劳动者的劳动报酬，数额较大，经政府有关部门责令支付后仍不支付，其行为已构成拒不支付劳动报酬罪，即使 A 公司已垫付工资款，亦不影响依法追究胡某的刑事责任。公诉机关起诉指控成立，予以支持。鉴于被告人胡某系初犯，认罪态度好，酌情予以从轻处罚。

【一审裁判结果】

被告人胡某犯拒不支付劳动报酬罪，判处有期徒刑一年，并处罚金人民币二万元。

【律师评析】

"包工头"虽然不具有合法的用工资格，又没有相应建筑工程施工资质而承包建筑工程施工项目，且违法招用民工进行施工，但上述情况不影响以拒不支付劳动报酬罪追究其刑事责任。"包工头"逃匿后，工程总承包企业按照有关规定清偿了"包工头"拖欠的民工工资，其清偿拖欠民工工资的行为属于为包工头垫付，这一行为虽然消减了拖欠行为的社会危害性，但并不能免除包工头应当支付劳动报酬的责任，因此，对包工头仍应当以拒不支付劳动报酬罪追究刑事责任。

按时支付劳动者的劳动报酬，是企业、个体经济组织等用工主体的法定义务。用工主体在有支付能力的情况下，应及时向劳动者支付劳动报酬。如果暂时确实没有支付能力，也绝不能通过转移财产、玩失踪、隐匿或者销毁、篡改劳动报酬相关材料等方法进行逃避。"包工头"在被政府有关部门责令支付拖欠劳动者的劳动报酬后，一定要尽快支付，如果还没有在限期内支付，存在被移送公安机关追究拒不支付劳动报酬罪的风险。公安机关一旦立案，即使将拖欠劳动者的劳动报酬全额支付，也难以逃脱被追究刑事责任的命运。

【相关案例索引】

黄某拒不支付劳动报酬罪一案

案号：（2020）粤 14 刑终 162 号

裁判观点：被告人黄某有能力支付劳动者的劳动报酬而不支付，数额较大，经政府有关部门责令支付后仍不支付，其行为已构成拒不支付劳动报酬罪。本案中，被告人黄某拖欠工人工资的事实有被告人黄某的供述，被欠薪被害人的陈述，证人黄某、张某的证言，黄某提供的单据字条及工资表等证据予以证实，且《大埔翰林华府二期工程黄某施工班组劳务分包合同补充协议》显示，大埔县建筑工程有限公司已支付黄某工程款 90656429 元，被告人黄某在有能力支付工人工资的情况下，在大埔县人力资源和社会保障局向其发出《劳动保障监察限期改正指令书》后仍不支付，被告人黄某及其辩护人提出的无罪的辩解、辩护意见，理由不成立，二审法院对此不予采纳。鉴于被告人黄某在提起公诉前已支付劳动者报酬，给予其从轻处罚。

第七篇 其他篇

没有无权利的义务，也没有无义务的权利。由前文可知，实际施工人享有突破合同相对性向发包人主张工程款的权利，同时也应对工程质量问题承担维修责任。除了承担维修责任以外，实际施工人在一定情形下还可能需要承担其他民事法律责任。比较常见的是实际施工人作为挂靠人使用被挂靠单位项目部专用章与第三人签订合同，如果构成无权代理，而被挂靠单位又不进行追认的，合同责任将由实际施工人自行承担。除此之外，实际施工人因工伤亡，有权请求建筑施工企业承担工伤保险责任，与此同时，实际施工人雇佣工人进行施工，工人因工受伤的，工人亦可选择向实际施工人主张雇主赔偿责任或向承包人主张工伤保险责任。在诉讼过程中，若实际施工人错误保全了非义务主体的财产，给对方造成损失的，很可能需要承担侵权责任。

本篇四个案例将对上述问题进行具体的展示和分析。

案例 1： 实际施工人以项目部的资料专用章与班组 签订的合同，对承包人不具有拘束力

【引言】

在挂靠的情形下，被挂靠单位在承接工程项目后一般会刻制项目部专用章供挂靠人即实际施工人使用。在施工过程中，实际施工人以项目部名义对外签订合同的行为属于职务行为还是个人行为？承包人是否需要承担合同责任？本案中，实际施工人与第三人签订施工合同，由于未获得承包人授权或追认，属于无权代理，对承包人不具有约束力。

【案例来源】

（2021）豫民再 673 号

【诉讼主体】

刘某：一审原告、二审上诉人、再审申请人

吴某：一审被告、二审被上诉人、再审被申请人

A 公司：一审被告、二审被上诉人、再审被申请人

B 公司：一审被告、二审被上诉人、再审被申请人

【原告起诉请求】

一、吴某支付刘某工程款 65 万元及迟延支付工程款的利息（自 2015 年 7 月 15 日起至 2019 年 8 月 19 日按照中国人民银行同期同类贷款利率计算；自 2019 年 8 月 20 日起至实际付清之日按照全国银行间同业拆借中心公布的贷款市场报价利率计算）；二、A 公司对上述款项承担连带责任；三、B 公司在对 A 公司未支付工程款范围内承担连带责任；四、本案的诉讼费由吴某、A 公司、B 公司承担。

【争议焦点】

一、刘某是否系建设工程施工法律关系中的实际施工人，即刘某能否依据实际施工人的身份突破合同相对性而直接向 A 公司和 B 公司主张工程价款；二、案涉工程款利息起算时点的认定问题。

【基本案情】

一、B 公司与 A 公司之间的合同签订情况

2013 年 1 月 9 日，B 公司作为发包方、A 公司作为承包方签订《×小区项目建筑安装工程施工协议》，协议约定 A 公司承包付庄城中村改造"×小区"工程中 A2、A3、A7、B1、B2、B3、B5、B6、B7、B8 号楼及 B 系列地下车库及联体地下车库的土建安装工程。后双方签订《建设工程施工协议补充协议》将 A 公司的承包范围变更为付庄城中村改造"×小区"工程中的 A2、A3、A7 号楼。

二、A 公司与吴某之间合同签订情况

2013 年 3 月 6 日，吴某甲（吴某甲委托被告吴某）作为乙方、A 公司作为甲方签订了《×小区项目 A2、A3、A7 号楼工程内部承包施工合同》，约定吴某甲（委托吴某）为×小区项目 A2、A3、A7 号楼工程承包人。根据工程建设需要，乙方提出书面申请后，甲方为乙方刻制所需工程项目印章和技术资料印鉴，工程项目印章须由甲方统一保管，技术资料印鉴由乙方相关人员保管。乙方与第三方签订分包合同时，必须按照规定加盖甲方合同专用章，盖章后合同方可生效。同公司签订内部协议后成为公司合作方（即乙方），乙方不得以 A 公司名义同第三方签订任何施工合同，如果签订则该合同视为无效合同，由乙方承担因此而发生一切后果。庭审中，刘某与 A 公司均认可，吴某系从 A 公司承包案涉项目。

三、案涉工程项目部（吴某）与刘某之间的合同签订及履行情况

2013 年 4 月 3 日签订的《施工合同》约定，工程名称为×小区三期第三标段 A7 号

楼，工程内容为水、电、暖安装及预埋工程，结算办法为在据实决算总价款的基础上，乙方包干给甲方优惠 17％（含管理费和税金等其他费用，吴某指定材料不参加优惠）。付款办法：主体封顶，付已完工程量的 80％，乙方在上下水安装过程中按现实情况拨款，乙方电、暖主材进场后经监理验收合格付已进材料费的 70％，单项安装完工，暖按 12 元/m² 支付工人工资，电按 8 元/m² 支付工人工资，水、电、暖安装完成付已完工程量的 80％，经验收合格，决算完成，付至总价款的 95％，余 5％作为本项目的质量保修金，按国家标准退还，保修期满后一个月内吴某付清。合同甲方处盖有 A 公司×小区第三标段项目部技术资料专用章并有吴某的签字，乙方处有刘某的签字捺印。

2013 年 8 月 1 日签订了《补充协议》，协议约定工程内容为消防前期预埋工程，承包方式为包工包料，结算方式为在据实决算总价款的基础上，刘某包干给吴某优惠 11％（含管理费和税金等其他费用，吴某指定材料不参与优惠），付款方式为主体封顶，付已完成工程量的 95％。协议甲方处有吴某的签字且印有 A 公司×小区第三标段项目部技术资料专用章，乙方处有刘某的签字捺印。

2015 年 10 月 22 日，吴某委托刘某收取 A 公司支付的 A 公司×小区第三标段项目部的工程款 5 万元，A 公司于同日将 5 万元转入刘某上海浦东发展银行的账户。2015 年 11 月 6 日，吴某委托刘某收取 A 公司支付的 A 公司×小区第三标段项目部的工程款 35 万元。同日，A 公司将 35 万元转入刘某上海浦东发展银行的账户。2017 年 11 月 16 日，吴某授权薛某、刘某办理 A 公司×小区第三标段项目部所有工程款、账目核对及签字确认事宜，对薛某、刘某签字的所有文件，吴某全部认可，并承担全部法律责任。2018 年 1 月 17 日、20 日，薛某与刘某参与吴某项目人工付款核对及罚款和分摊款项核对，且在确认单上签字捺印。2017 年 12 月 30 日的工程合同定案表载明：合同名称为×小区项目建筑安装工程施工协议（吴某），工程名称为×小区项目开发区 A2、A3、A7 号楼，地库及大门工程，开工日期为 2013 年 8 月 15 日，竣工日期为 2015 年 7 月 15 日，扣款后造价 119097301.8 元。施工单位处有吴某的签字及 A 公司的印章。

案涉项目于 2015 年 7 月 15 日竣工。B 公司、A 公司均认可双方之间案涉工程款项已全部结清。刘某提交的 2017 年 12 月的 A7 号楼结款情况说明载明：总造价（税后）为 2218614.23 元，经协商下余 650000 元。刘某认可以上金额，并签字捺印，吴某认可以上金额，同意支付，并签字捺印。刘某于 2020 年 8 月 18 日向一审法院提起诉讼。

就案涉×小区项目建设工程，A 公司因与吴某发生工程施工合同纠纷，另案提起诉讼，请求判令吴某返还 A 公司多支付的工程款 12882444.63 元。2021 年 6 月 7 日，××市中院作出（20××）×01 民终 6362 号民事判决，认定 A 公司向吴某多支付工程款 6408253.39 元，判令吴某予以返还。

【一审裁判观点】

一、案涉工程竣工验收合格，实际施工人刘某有权参照合同约定主张工程款。

本案工程由 A 公司承包后交由自然人吴某甲、吴某施工，双方签订了内部承包施工合同。后刘某与吴某签订《施工合同》，但因本案刘某没有施工资质，故其与吴某之间系违法分包关系，所签合同应属无效合同。但根据《2004 年建工解释》第二条的规定，因本案所涉工程已竣工，故刘某有权参照双方签订的《施工合同》的约定，就其已施工工程向吴某主张相应的工程价款。刘某请求吴某支付工程款 65 万元，有吴某认可的 A7 号楼结款情况说明为证，一审法院对此予以支持。关于刘某请求的利息，支持以未支付款项为基数，自起诉之日即 2020 年 8 月 18 日起按照全国银行间同业拆借中心公布的贷款市场报价利率计算至清偿之日。

二、A 公司与实际施工人刘某不存在直接的合同关系，刘某明知案涉工程系吴某承包，但未能提交证据证明 A 公司欠付吴某工程款，故无权请求 A 公司承担连带责任。

《施工合同》中所加盖的印章并非《×小区项目 A2、A3、A7 号楼工程内部承包施工合同》中约定的合同专用章，A 公司向刘某支付工程款项均需经过吴某委托授权，故 A 公司与刘某并不存在直接的合同关系；刘某在吴某项目罚息和分摊款项核对确认单、吴某项目人工付款情况核对确认单上签字，对上述项目系由吴某承包应系明知；刘某未提交相应证据证明 A 公司尚欠吴某到期案涉工程款未支付，且 A 公司与 B 公司均认可关于案涉工程的工程款已经付清，故刘某请求 A 公司与 B 公司承担连带责任，证据不足，一审法院对此不予支持。

【一审裁判结果】

一、吴某于判决生效之日起十日内支付刘某工程款 65 万元及利息（以未支付款项为基数，自 2020 年 8 月 18 日至实际付清之日按照全国银行间同业拆借中心公布的贷款市场报价利率计算）；二、驳回刘某的其他诉讼请求。

【二审裁判观点】

一、刘某是吴某的施工班组，并非法律意义上的实际施工人，其在并非实际施工人的情况下，请求 A 公司、B 公司承担本案民事责任，缺乏事实基础和法律依据。

合同的相对性，指合同仅在合同当事人之间发生拘束力，合同的效力仅及于合同当事人；包括主体的相对性、内容的相对性与责任的相对性。除非法律另有规定，合同债权人仅有权请求合同债务人为特定行为，无权请求合同当事人以外的民事主体履行合同义务或承担违约责任。本案诉讼过程中，刘某陈述"从吴某处承接的工程"，吴某对此在答辩状及庭审中亦予认可；同时，刘某与吴某均陈述"刘某是吴某的施工班组"；案涉《×小区项目 A2、A3、A7 号楼工程内部承包施工合同》约定的施工范围为×小区项目 A2、A3、A7 号楼，《施工合同》约定刘某的施工范围为×小区三期第三标段 A7 号楼，对此事实刘某与吴某在庭审时亦予以认可。2017 年 12 月 3 日吴某出具的委托书中载明，"此委托经项目部所有班组研究同意并承担相应的法律责任。被委托人为各班组及项目部代表"；在案涉《工程合同结算定案表》中吴某亦签字认可造价总金额；确定下欠款项的《A7 号楼结款情况说明》也是由刘某与吴某签订的。由上可知，刘某是吴某的施工班组，并非法律意义上的实际施工人。《2018 年建工解释（二）》第二十四条规定："实际施工人以发包人为被告主张权利的，人民法院应当追加转包人或者违法分包人为本案第三人，在查明发包人欠付转包人或者违法分包人建设工程价款的数额后，判决发包人在欠付建设工程价款范围内对实际施工人承担责任。"刘某在其并非实际施工人的情况下，请求 A 公司、B 公司承担本案民事责任，缺乏事实基础和法律依据。刘某应根据合同相对性，请求债务人履行合同义务或承担违约责任。

二、刘某并未举示证据证明向债务人主张权利的时间，一审法院认定自起诉之日即 2020 年 8 月 18 日起计算利息至清偿之日，并无不当。

刘某并未举示证据证明 2017 年 12 月《A7 号楼结款情况说明》形成后向债务人主张权利的时间，其至 2020 年 8 月才提起本案诉讼，一审法院认定自起诉之日即 2020 年 8 月 18 日起按照全国银行间同业拆借中心公布的贷款市场报价利率计算利息至清偿之日，并无不当。综上所述，刘某的上诉请求不能成立，应予驳回；一审判决认定事实清楚，适用法律正确，应予维持。

【二审裁判结果】

驳回上诉，维持原判。

【再审申请理由】

一、A 公司与吴某事实上应为挂靠关系，原审法院在没有认定 A 公司与吴某之间法律关系的基础上进行判决，致使 A 公司不承担责任，从而使原判决流于形式，刘某至今未得到任何偿付，实属错误。

二、原审判决对于刘某并非真正实际施工人的认定属于基本事实不清，认定错误。

司法实践中的实际施工人一般是指建设工程施工合同无效情形下实际完成建设工程施工、实际投入资金、材料和劳动力承包工程的单位和个人，其包括转承包人、借用资质的承包人（挂靠承包人）以及多次转承包的承包人。根据最高人民法院及各地法院的审判实践，对于实际施工人一般应从以下这几方面进行实质审查后予以确认：是否参与了合同的订立（包括是否是挂靠合同或转包、违法分包合同的签约主体）；是否有实际施工行为；是否参与了工程的结算；是否有投资或收款行为；是否与转包方、违法分包方或与出借资质方存在劳动关系等。本案中刘某为工程最后的承接方以及"包工包料，自主经营、自负盈亏"形式的施工合同的最后签订主体（即吴某劳务分包后的实际承包人），且在 A 公司与吴某的合同因违反法律的强制性规定而无效的情况下，刘某已经符合实际施工人的表象特征。2017 年 12 月 3 日吴某向 A 公司出具的《授权委托书》中载明刘某亲自参与了与 A 公司的对账结算，吴某在《A7 号楼结款情况说明》中对于 A 公司和吴某自己向刘某直接多次大额转款收款进行了确认，以及 A 公司出具的多份证据包括《收到条》《借据》中载明了其直接向刘某实际转款的凭证。另外，刘某作为独立的施工个体与各方并没有任何劳动关系。根据以上情况，足以认定刘某属于案涉的实际施工人。另外，吴某与刘某间的《施工合同》《补充协议》施工范围所示的"水电暖安装及预埋工程""消防前期预埋工程"，明显属于纯劳务性质的作业工程，吴某与刘某之间为劳务分包关系，而非原一审法院所述的违法分包关系。综上，案涉当事人之间的实质关系应当是：吴某挂靠 A 公司（总承包人）承接了 B 公司（建设单位）发包的全部工程，而后吴某再将案涉工程的劳务一部分分包给刘某进行实际施工并竣工，该事实清楚明确，应当得到确认。

三、在发包人 B 公司、被挂靠单位 A 公司以及劳务分包人吴某（挂靠人）是否要向实际施工人承担连带责任问题上，原审法院在适用法律方面存在明显错误。

在吴某挂靠 A 公司导致施工合同无效的情况下，作为劳务分包合同（被拖欠的工程款属于劳务分包费用）的承包人刘某，为了农民工的工资支付问题（该 A 公司项目下农民工针对该工程拖欠工资问题曾多次上访并致信原省委书记王某甲，后省信访局转××市信访局督办，×信信督〔2018〕576 号）以案涉各当事人为被告提起诉讼，实际施工人刘某可以要求发包人 B 公司在欠付工程价款范围内承担责任。而原一审法院却仅以"因原告与被告吴某存在直接合同关系，合同相对方应为吴某"，原二审法院以"合同作为债的发生原因之一，亦遵循债的相对性这一规范要求"为由认定 A 公司及 B 公司不承担支付工程款的责任是错误的。在司法实践中，不仅允许实际施工人可以向发包人主张工程欠款，而且依据公平原则还可以由转包方、违法分包方在欠付工程价款的范围内对实际施工人承担责任。原审法院没有判定 A 公司和 B 公司在欠付工程款的范围内向实际施工人刘某承担责任实属错误。

四、在举证责任分配方面，原审法院也适用法律错误。

一审法院认为"刘某未提交相应证据证明 A 公司尚欠吴某到期案涉工程款未支付，且 A 公司与 B 公司均认可关于案涉工程的工程款已经付清"从而不支持刘某诉请的 A 公司、B 公司承担连带责任的法律适用是错误的。（1）原审中，法院在已经查明案涉工程自 B 公司处发包、吴某取得案涉工程后继而承包给刘某，且吴某已多次表示与 A 公司之间的工程款并未结清的情况下，仍旧将举证责任强加给刘某明显错误，且刘某根本不可能掌握财务往来状况，并且根据"证有不证无"的基本逻辑，原一审法院应当要求 A 公司对其是否付清工程款项进行举证，而非要求刘某承担证明欠付工程款存在的举证责任，更不应该依据《民事诉讼法》第六十四条来判定再审申请人未举证而承担不利后果。（2）对于"吴某、A 公司和 B 公司、A 公司之间是否存在工程欠款及其具体范围和数额"的举证问题，根据《证据规定》第九十五条的规定，应当由发包人 B 公司、承包人 A 公司分别举证证明其不拖欠合同相对人任何款项。据此，发包人和转包人应当承担举证不能的不利后果，即应当推定 B 公司和 A 公司均拖欠工程款。

五、A 公司和 B 公司之间属关联公司关系，而一、二审未予认定明显错误。

依据工商登记信息以及实地走访进行视频录像取证等可以证实，A 公司和 B 公司在同一地点办公，且两者的关键部门（财务部）及负责人高度混同，即 A 公司的法定代表人李某曾是 B 公司的财务总监，而 B 公司的财务人员孔某又曾是 A 公司的财务总负责人，另外工商登记显示，在两公司结算本案案涉工程（2017 年 12 月 30 日结算）时 A 公司的法定代表人李某，同时是 B 公司和 A 公司两家公司的控股股东（现在仍是）。即便刘某未能充分证明吴某、A 公司和 B 公司、A 公司之间是在工程欠款，B 公司、A 公司也应当承担相应的不利后果，而非归责于刘某。

六、对于原审中 130 万元欠款利息起算时间的问题，原审法院也适用法律错误，应当自该竣工结算之日即 2015 年 7 月 15 日起算欠付的工程款利息。

【被申请人答辩】

A公司辩称：

一、A公司的合同相对方是吴某，不欠付工程款、违约金，且××市中院生效判决已经确认，A公司不仅已经足额支付了案涉项目的工程款，且超付吴某工程款640万余元。刘某是吴某的施工班组，其施工范围为A7号楼，若存在未结劳务款的事实，由吴某承担付款责任。

二、原审的庭审情况，以及刘某于2015年签署的保证书、2017年对账过程中产生的授权委托书、2018年吴某委托王某乙结算一笔工程款过程中产生的授权委托书，均可以证明刘某是吴某的班组。2015年到2018年之间，刘某是吴某的施工班组的事实是明确的，刘某并非司法解释中所述的实际施工人，不能突破合同相对性，直接向A公司主张权利。A公司请求驳回刘某的再审申请，维持原审判决。

B公司辩称：

原审判决程序合法，适用法律正确，应予维持。同时，B公司同刘某无合同关系，刘某系吴某自行雇佣的人员。B公司将案涉工程承包给具有资质的A公司，符合法律规定，案涉工程的结算已经办理完毕，相应款项B公司已经付清。

被申请人吴某未到庭，未答辩。

【再审裁判观点】

一、吴某对刘某不构成表见代理，吴某与刘某签订合同属于无权代理行为，对A公司不发生法律上的约束力。刘某虽然在施工中存在垫资行为，但并非法律意义上的实际施工人。

（一）关于案涉合同的签订问题。

B公司系案涉工程发包人，案外人吴某甲借用A公司的资质，以A公司名义与B公司签订总承包合同，其后，案外人吴某甲又将案涉工程项目中的A2、A3、A7号楼施工项目，转包给吴某，吴某以"吴某甲"（吴某甲委托吴某）名义，与A公司签订《建筑安装工程内部承包施工合同》，对案涉工程进行承揽建设施工。吴某在组织施工过程中，就本案争议的A7号楼等施工项目，与刘某签订施工合同。上述吴某、刘某作为没有建设施工资质的自然人，其承揽施工的行为违反法律的禁止性规定，故原审认定其签订的合同无效，处理适当。因案涉工程已实际交付，没有证据证明该工程属于不合格工程，故就工程价款结算及工程价款支付责任发生争议的，可对上述合同中的部分条款内容予以参照适用。

（二）吴某与刘某签订的施工合同，对A公司不发生约束力。

该施工合同虽然载明甲方为"A公司"，但签字人是吴某，加盖的是项目部的资料专用章，未加盖A公司印章；同时，吴某也没有取得A公司授权，吴某与A公司之间所签订的合同中亦明确约定禁止吴某以A公司名义签订合同。吴某借用A公司资质，与A公司并不具有劳动关系，不构成职务行为，其基于合同约定，也不具有委托代理人资格，其与刘某签订合同属于无权代理行为。因刘某在合同签订过程中，就吴某是否能够代表A公司负有审查义务，其陈述看到过吴某与A公司签订的合同，但该合同约定明确禁止吴某以

A公司名义签订合同，其加盖的项目部资料专用章，也明确显示不符合合同签订的用途，案涉当事人不具有建设施工资质而承揽施工的行为具有违法性，故刘某未尽到合理审慎的审查义务，其签订施工合同的行为不具有合法性，其不属于合同中的善意相对人，故吴某对刘某也不构成表见代理。综上，刘某持有的施工合同，对A公司不发生法律上的约束力。

（三）刘某虽然在施工中存在垫资行为，但并非法律意义上的实际施工人。

吴某在案涉工程的施工过程中，实际组织实施管理和以自己名义与A公司组织结算，其间，刘某与A公司之间并没有直接发生结算的事实，即使收到A公司的直接转款，也是A公司基于吴某出具委托支付的授权书后，按照吴某指定的收款人进行支付，该委托支付的行为并不产生直接结算的法律后果。在刘某施工队伍追索款项中过程，曾以施工班组的名义向劳动监察机构投诉，并以施工班组名义签订文书材料，在劳动监察机构的介入下，由A公司代付所拖欠的农民工工资，刘某追索农民工劳动报酬的行为，符合劳务施工班组的特征，其虽有垫资行为，但所欠款项主要为农民工劳动报酬，故其并非法律意义上的实际施工人，原审认定其为劳务施工班组，并无不当。

（四）另案生效的民事判决查明，案涉工程的实际施工人为吴某，吴某组织实施了案涉项目的建设施工，A公司对吴某的工程款已经支付完毕，且超额支付的6408253.39元应当退还。故刘某主张其为实际施工人、A公司承担欠付工程款支付责任、B公司在欠付范围内承担连带责任的理由，与生效判决所认定的事实不符。

《2018年建工解释（二）》第二十四条规定："实际施工人以发包人为被告主张权利的，人民法院应当追加转包人或者违法分包人为本案第三人，在查明发包人欠付转包人或者违法分包人建设工程价款的数额后，判决发包人在欠付建设工程价款范围内对实际施工人承担责任。"施工过程中刘某虽然存在垫资行为，但综合其合同签订、实际履行、结算行为来看，其并非实际施工人，其主张依据实际施工人的身份请求A公司、B公司向其直接承担付款责任，违反了合同相对性原则，原审对该项主张不予支持，处理适当。

二、刘某提交的《工程合同结算定案表》显示案涉工程于2015年7月15日竣工，其主张以该竣工结算文件形成日期即2015年7月15日作为应付利息的起付时点，具有事实和法律依据。

根据《2004年建工解释》第十八条的规定，利息从应付工程款之日计付，当事人对付款时间没有约定或约定不明的，自交付之日或结算之日或起诉之日计算。本案中，就施工量和价款，吴某和刘某于2017年12月签署《A7号楼结款情况说明》，该文件具有工程价款结算性质，确定了应付工程款的具体数额和欠付事实。刘某提交的《工程合同结算定案表》显示案涉工程于2015年7月15日竣工，其主张以该竣工结算文件形成日期即2015年7月15日作为应付利息的起付时点，具有事实和法律依据，再审法院对此予以支持。原审以刘某行使追索工程款权利的时间不明为由，自起诉之时计息，不利于债权人的权益保护，也与法律规定不符，再审法院对此予以纠正。

三、举证责任分配无误。

经查，原审判决认为刘某未提交相应证据证明A公司尚欠吴某案涉工程款，是对刘某诉讼行为的一种陈述，依法该欠款关系不应由刘某举证。但属一种可以证明的事实，并不属于刘某主张的"证无"情形。

四、刘某提供的证据不能证明 B 公司和 A 公司存在混同。

根据刘某提出的理由，A 公司的法定代表人李某也曾是 B 公司的财务总监，B 公司的财务人员孔某曾是 A 公司的财务总负责人，仅能证明相关人员的工作经历，该举证行为并不能达到刘某的证明目的。A 公司和 B 公司的注册地址并不相同，即使两公司存在于同一地点办公的情形，也不能证明存在人员混同，不能证明公司混同。所以，刘某依此要求 B 公司、A 公司对其承担民事责任的理由不成立。

【再审裁判结果】

一、撤销二审判决；二、维持一审判决第二项和诉讼费负担部分；三、变更一审判决第一项为吴某于本判决生效后十日内向刘某支付工程款 65 万元及利息（以 65 万元为基数，自 2015 年 7 月 15 日起至 2020 年 8 月 19 日按照中国人民银行同期同类贷款利率计算；自 2020 年 8 月 20 日起至付清之日按照全国银行间同业拆借中心公布的贷款市场报价利率计算）。

【律师评析】

本案中，实际施工人与第三人签订的施工合同，虽然载明甲方是承包人，但仅加盖了项目部资料专用章，并未加盖承包人印章，实际施工人也并未取得承包人授权，实际施工人亦不属于承包人员工，不构成职务行为，实际施工人的行为属于无权代理，加之第三人未尽到合理审慎的审查义务，不属于合同中的善意相对人，实际施工人的行为亦不构成表见代理。综上，第三人持有的施工合同对承包人不具有约束力。

实践中，建设工程施工企业为项目承包人，一般不会由实际施工人对外签订合同，法院在认定实际施工人行为是否构成表见代理时会严格审查法律规定的三个构成要件，避免出现利用职权侵害承包人公司利益的情形。表见代理的构成要件包括：行为人实施了无权代理行为；客观上存在使相对人有正当理由相信无权代理人有代理权的情形；相对人主观上须为善意且无过失。

【相关案例索引】

① 李某、新疆天瑞圣源建设工程有限公司等建设工程施工合同纠纷一案

案号：（2021）最高法民申 2345 号

裁判观点：在处理无资质企业或个人挂靠有资质的建筑企业承揽工程问题时，应区分内部和外部关系，挂靠人与被挂靠单位之间的协议因违反法律禁止性规定，属无效协议。而挂靠人以被挂靠单位名义对外签订合同的效力，应根据合同相对人在签订协议时是否善意、是否知道挂靠事实来作出认定。首先，本案中李某与张某、奚某签订施工合同，张某、奚某作为承包方，将案涉工程外墙保温部分转包给李某施工，该合同上落款处只有李某与张某、奚某签名摁手印，并无新疆天瑞圣源建设工程有限公司（以下简称天瑞圣源公司）公章。其次，李某实际施工期间，从未向天瑞圣源公司主张支付案涉工程款，也未在天瑞圣源公司处取得任何工程款。最后，天瑞圣源公司在与示范区管委会签订的《工程合

同协议书》上盖章及在其与王建成的建筑工程施工合同案中事后追认的行为，并不能代表其认可张某、奚某与李某的转包行为，且李某在得知案涉工程农民工上访追讨工资事件发生后，仍与张某、奚某签订案涉施工合同，未尽到合理审查义务。因此，李某并非善意且无过失，原审据此认定张某、奚某的行为不能构成表见代理，继而驳回李某对天瑞圣源公司的诉讼请求，并无不当。

② 郑某、长沙洞井建筑股份有限公司建设工程施工合同纠纷一案

案号：（2022）湘 04 民终 1373 号

裁判观点：关于游某以长沙洞井建筑股份有限公司（以下简称洞井公司）雁城•国际公馆工程项目部的名义与郑某签订《木工班组劳务分包合同》的行为是否构成表见代理的问题。郑某主张游某系案涉项目的项目经理及实际负责人，合同上有其签名且盖了项目部的公章，游某的行为构成表见代理。业经查明，游某不是洞井公司员工，该公司也没有授权游某将工程转包给他人，显然游某将工程转包并不是职务行为或有权代理。表见代理是无权代理人具有某些有权代理的外表授权特征，使相对人有理由相信其有代理权，而产生有权代理的法律效果。构成表见代理需要具备四个要件：其一，须是无权代理，即代理人没有代理权、超越代理权或者代理权终止后实施代理行为；其二，须在代理行为外观上存在使相对人相信行为人具有代理权的理由；其三，须相对人与无权代理人实施了民事法律行为；其四，须相对人善意且无过失。本案洞井公司与湖南国天蓝光建筑劳务有限公司（以下简称国天蓝光公司）签订的《建设工程施工劳务分包合同》载明洞井公司委派的项目经理为万某，国天蓝光公司委派的项目经理为陈某，而游某仅是案涉工程分包人国天蓝光公司的法定代表人，并不是洞井公司委派的项目经理。而与郑某签订《木工班组劳务分包合同》的代表人为游某。从外观上分析，游某的身份关系并不足以使郑某相信其系洞井公司的有权代理人。该合同虽加盖了"长沙洞井建筑股份有限公司雁城•国际公馆工程项目部"印章，但该印章刻有"签订合同除外"，可见，该印章不具有代表洞井公司对外缔约的效力。郑某作为合同一方，其对合同相对方至少从形式上应考量其是否具有代表洞井公司签订合同的权利，即使不属于明知，也是明显没有尽到应有的谨慎注意义务。故郑某与游某签订案涉合同在主观上不属于善意且无过失。因此，本案游某与郑某签订《木工班组劳务分包合同》的行为并不符合表见代理构成要件，游某的行为不构成表见代理，郑某主张洞井公司系《木工班组劳务分包合同》合同相对方，并要求洞井公司支付工程款的上诉理由不成立，二审法院不予采纳。

案例 2：实际施工人因工伤亡，有权请求建筑施工企业承担工伤保险责任

【引言】

《工伤保险条例》第十八条第一款第二项规定，提出工伤认定申请应当提交与用人单

位存在劳动关系（包括事实劳动关系）的证明材料。实践中，一部分实际施工人是以订立内部承包合同等方式承接工程，而未与建筑施工企业订立书面的劳动合同，同时，亦未从建筑施工企业领取工资，难以提供与建筑施工企业存在劳动关系的其他有效证据。因此，实际施工人因工伤亡，难以得到社会保险行政部门的工伤认定，进而无法获得工伤保险待遇。本案作为最高人民法院第 34 批 191 号指导性案例于 2022 年 12 月 8 日正式公布，今后有望成为实际施工人争取工伤保险待遇的有力参考。

【案例来源】

（2020）最高法行申 5851 号

【诉讼主体】

刘某：一审原告、二审上诉人、再审申请人

A 市政府：一审被告、二审被上诉人、再审被申请人

A 市人社局：一审第三人

B 公司：一审第三人

【原告起诉请求】

撤销 A 市政府作出的 A 府复决〔2018〕2 号《A 市政府行政复议决定书》，维持 A 市人社局作出的 A 人社工认〔2017〕194 号《关于梁某视同工亡认定决定书》。

【争议焦点】

一、B 公司应否作为承担工伤保险责任的单位；二、B 公司应否承担梁某的工伤保险责任；三、A 市人社局工伤认定程序是否合法。

【基本案情】

2016 年 3 月 31 日，朱某与 B 公司签订《××省建设工程标准施工合同》，发包人为朱某，承包人为 B 公司。工程名称为朱某商住楼，工程地点在 A 市。2016 年 8 月 7 日，朱某又与梁某签订《建筑工程承包合同》，发包人为朱某，承包人为梁某，工程名称为朱某商住楼，工程地点在 A 市。两份合同所指向的建设（建筑）工程为同一工程，即朱某商住楼，梁某为实际施工人。原告在庭审中称就相关工程量与朱某进行结算，结算款由朱某打给梁某。

2017 年 6 月 9 日，梁某死在××宾馆背后的出租屋内，其妻子刘某于 2017 年 7 月 25 日向 A 市人社局递交了《工伤认定申请表》进行工伤认定。经查，死者梁某生前是第三人 B 公司承建的"朱某商住楼"工地的"包工头"，事发时，梁某在工地旁边的出租屋内等待 A 市住房和城乡建设局的工作人员前来检查。下午 3 时许，梁某被发现躺在出租屋内，A 市中医院出具的《居民死亡医学证明（推断）书》载明其死亡原因为猝死。A 市人社局受理后于 2017 年 9 月 25 日作出《关于梁某视同工亡认定决定书》（A 人社工认〔2017〕194 号），认定梁某是在工作时间和工作岗位，突发疾病在四十八小时之内经抢救无效死亡的，据此，认定梁某死亡属视同因工死亡。《关于梁某视同工亡认定决定书》载明的用人单位为 B 分公司。

B 分公司不服该决定，于 2017 年 11 月 13 日向 A 市政府申请行政复议，提出 A 市人社局认定用人单位主体错误。A 市人社局于 2017 年 11 月 29 日作出《关于梁某视同工亡认定决定书更正说明》，将《关于梁某视同工亡认定决定书》中梁某的用人单位更正为"B 公司"。B 分公司据此于 2017 年 12 月 10 日向 A 市政府递交《撤销行政复议申请书》，A 市政府于 2018 年 1 月 9 日作出《A 市政府行政复议终止决定书》（A 府复决〔2017〕27 号），准予其撤回行政复议申请，终止行政复议。

随后，第三人 B 公司于 2018 年 1 月 15 日向 A 市政府申请行政复议，A 市政府认为 A 市人社局作出的《关于梁某视同工亡认定决定书》认定事实不清，证据不足，适用依据错误，程序违法，遂于 2018 年 3 月 12 日作出《A 市政府行政复议决定书》（A 府复决〔2018〕2 号）撤销了 A 市人社局作出的《关于梁某视同工亡认定决定书》。

原告刘某不服 A 市政府作出的《A 市政府行政复议决定书》，向原审法院提起诉讼，请求：撤销 A 市政府作出的 A 府复决〔2018〕2 号《A 市政府行政复议决定书》，维持 A 市人社局作出的 A 人社工认〔2017〕194 号《关于梁某视同工亡认定决定书》。

B 公司为朱某商住楼工程项目向保险机构投保了建筑工程施工人员团体人身意外伤害保险，保险单载明被保险人 30 人，未附人员名单。

【一审裁判观点】

《中华人民共和国行政诉讼法》（以下简称《行政诉讼法》）第六条规定："人民法院审理行政案件，对行政行为是否合法进行审查"。第二十六条第二款规定："……复议机关改变原行政行为的，复议机关是被告。"因此，本案主要对被告 A 市政府作出的英府复决〔2018〕2 号《A 市政府行政复议决定书》认定事实是否清楚，适用法律是否正确，程序是否合法进行审查。

一、工伤认定程序中，劳动行政部门有权认定职工与企业之间是否存在劳动关系。

根据《××省工伤保险条例》第二条的规定，认定工伤应当以用人单位与劳动者建立或者存在劳动关系为前提。第三人 A 市人社局未就 B 公司与梁某之间是否存在劳动关系进行认定，直接认定梁某死亡属视同因工死亡属于认定事实不清，依法应予撤销。《最高人民法院行政审判庭关于劳动行政部门在工伤认定程序中是否具有劳动关系确认权请示的答复》载明："根据《劳动法》第九条和《工伤保险条例》第五条、第十八条的规定，劳动行政部门在工伤认定程序中，具有认定受到伤害的职工与企业之间是否存在劳动关系的职权。"被告 A 市政府认为认定工伤应当先行申请劳动争议仲裁，在仲裁确认存在劳动关系后方可申请工伤认定有误，一审法院对此予以纠正。据此，第三人 A 市人社局在工伤认定程序中，应直接对梁某与 B 公司是否存在劳动关系进行认定，再对梁某是否属于视同工亡进行认定。

二、梁某作为实际施工人、"包工头"，在出租屋内死亡，应与其他受聘用劳动者在工伤认定中区分开来。本案中梁某并未与 B 公司签订任何合同或协议，亦未领取相应工资，不应认定其为 B 公司的职工，其死亡不能适用《工伤保险条例》。

关于实行承包经营情况下工伤责任的认定问题。《××省工伤保险条例》第四十二条第二款规定，用人单位实行承包经营，使用劳动者的承包方不具备用人单位资格的，由具备用人单位资格的发包方承担工伤保险责任。本案中，发包人朱某就同一工程朱某商住楼先与 B 公司签订《××省建设工程标准施工合同》，后又与梁某签订《建筑工程承包合同》，而梁某与 B 公司之间未签订任何相关合同或协议。在庭审中，原告自认梁某就所施工的相关工程量与朱某直接进行结算，结算款由朱某打给梁某，没有证据证明 B 公司与梁某之间存在分包、管理与聘用的事实。梁某作为实际施工人、"包工头"，在出租屋内死亡，应与其他受聘用劳动者在工伤认定中区分开来。被告 A 市政府认为梁某不属于上述法律规定的情形，不应认定其视同因工亡理据充分，一审法院对此予以维持。第三人 A 市人社局根据该规定，作出认定梁某死亡属视同工亡的决定，适用法律错误，一审法院对此不予采纳。另根据《工伤保险条例》第十四条"职工有下列情形之一的，应当认定为工伤……"的规定，《工伤保险条例》适用的对象为职工，本案中梁某并未与 B 公司签订任何合同或协议，亦未领取相应工资，不应认定其为 B 公司的职工，其死亡不能适用《工伤保险条例》。

三、第三人 A 市人社局在作出《关于梁某视同工亡认定决定书》后发现主体不适格，直接用补正的形式变更当事人，剥夺了 B 公司在认定程序中申辩与陈述的权利，属于程序严重违法。

无论在行政处理程序还是在诉讼程序中，主体是否适格，事关公民、法人或者其他组织的合法权益。行政机关对主体不适格一般在三个阶段处理，在受理前发现主体不适格的不予受理，受理后发现主体不适格的予以驳回，作出决定后发现主体不适格的要启动纠错程序对决定予以撤销。本案中，第三人 A 市人社局在作出《关于梁某视同工亡认定决定书》后发现主体不适格，直接用补正的形式变更当事人，剥夺了 B 公司在认定程序中申辩与陈述的权利，属于程序严重违法。一般来说，行政行为应当予以补正或者更正的情形包括：（1）未说明理由且事后补充说明理由，当事人、利害关系人没有异议的；（2）文字表述错误或者计算错误的；（3）未载明决定作出日期的；（4）程序上存在其他轻微瑕疵或者遗漏，未侵犯公民、法人或者其他组织合法权利的。而且，补正应当以书面决定的方式作出。第三人 A 市人社局作出的《关于梁某视同工亡认定决定书更正说明》更正的内容是"用人单位主体"，是确定的或者不确定的工伤赔偿责任主体，事关公民、法人或者其他组织合法权利，明显不属于可以补正、更正的情形。被告 A 市政府认定该补正、更正行为程序违法，一审法院对此予以支持。

【一审裁判结果】

驳回原告刘某的诉讼请求。

【二审裁判观点】

一、被诉行政复议决定认定本案中没有直接、充分的证据证明梁某是 B 公司的职工、B 公司实行承包经营而将案涉工程发包给梁某承包，A 市人社局作出的《关于梁某视同工亡认定决定书》认定事实不清、证据不足，适用依据错误，该认定具有充分的理据支持。

《劳动和社会保障部关于确立劳动关系有关事项的通知》（劳社部发〔2005〕12 号，

以下简称《关于确立劳动关系有关事项的通知》）第四点规定："建筑施工、矿山企业等用人单位将工程（业务）或经营权发包给不具备用工主体资格的组织或自然人，对该组织或自然人招用的劳动者，由具备用工主体资格的发包方承担用工主体责任。"《最高人民法院关于审理工伤保险行政案件若干问题的规定》（法释〔2014〕9号，以下简称《关于审理工伤保险行政案件若干问题的规定》）第三条规定："社会保险行政部门认定下列单位为承担工伤保险责任单位的，人民法院应予支持……（四）用工单位违反法律、法规规定将承包业务转给不具备用工主体资格的组织或者自然人，该组织或者自然人聘用的职工从事承包业务时因工伤亡的，用工单位为承担工伤保险责任的单位……"《人力资源和社会保障部关于执行〈工伤保险条例〉若干问题的意见》（人社部发〔2013〕34号，以下简称《关于执行〈工伤保险条例〉若干问题的意见》）第七点规定："具备用工主体资格的承包单位违反法律、法规规定，将承包业务转包、分包给不具备用工主体资格的组织或者自然人，该组织或者自然人招用的劳动者从事承包业务时因工伤亡的，由该具备用工主体资格的承包单位承担用人单位依法应承担的工伤保险责任。"《××省工伤保险条例》第四十二条第二款规定："用人单位实行承包经营，使用劳动者的承包方不具备用人单位资格的，由具备用人单位资格的发包方承担工伤保险责任。"本案中，刘某主张B公司是朱某商住楼工程的承包方，B公司将该工程违法发包给不具备用工主体资格的梁某，故B公司应当承担梁某的工伤保险责任。A市人社局主张梁某是在工作时间和工作岗位突发疾病在48小时内经抢救无效死亡，依据《××省工伤保险条例》第四十二条第二款以及《关于确立劳动关系有关事项的通知》的规定，梁某的工伤保险责任应当由朱某商住楼工程承建单位B公司承担。本案证据显示，朱某于2016年3月31日与B公司签订《××省建设工程标准施工合同》，将朱某商住楼工程发包给B公司，后朱某于2016年8月7日与梁某签订《建筑工程承包合同》，将朱某商住楼工程发包给梁某；原审庭审中，刘某及B公司均称梁某是朱某商住楼的实际施工人，刘某还承认该工程的相关工程量由梁某与朱某直接进行结算，结算款由朱某支付给梁某。上述证据均不能证明B公司与梁某之间存在工程转包、分包的事实，亦不能证明梁某与B公司存在劳动关系。刘某向A市人社局就梁某死亡申请工伤认定时，未提供证据证明梁某与B公司签订有工程转包、分包合同，亦未提供劳动合同、工作证明、工资发放凭据等能够证明梁某与B公司存在劳动关系的证据。A市人社局受理刘某的工伤认定申请后，在未对B公司与梁某是否存在工程转包、分包事实进行调查核实的情况下，直接认定梁某是B公司承建的朱某商住楼工地的"包工头"，作出《关于梁某视同工亡认定决定书》，缺乏证据支持。另外，根据上述规定，具备用工主体资格的承包单位违反法律法规规定，将承包业务转包、分包给不具备用工主体资格的自然人，具备用工主体资格的承包单位承担工伤保险责任的范围是，该自然人招用的劳动者从事承包业务时因工伤亡，而本案中梁某作为朱某商住楼的实际施工人，显然不属于上述规定界定的享受工伤保险待遇的劳动者的范畴。基于上述事实和理由，被诉行政复议决定认定本案中没有直接、充分的证据证明梁某是B公司的职工，B公司实行承包经营而将案涉工程发包给梁某承包，A市人社局作出的《关于梁某视同工亡认定决定书》认定事实不清，证据不足，适用依据错误，该认定具有充分的理据支持。刘某上诉主张 B 公司为朱某商住楼工程施工工人投保了建筑工程施工人员人身意外险，保险单上、被保险人处均注明梁某是 B 公司聘请的建设案涉工程的建筑工人，并提交了号码为×××00000001 的建筑工程施工人员团体人身意外伤害保险保险单，但是，根据该保险单的内容，B 公司为朱某商住楼施工人员投保了建筑工程施工人员团体人身意外伤害保险，被保险人一栏内容为"共 30 人"，该保险单不能证明梁某系保险承保范围的被保险人，亦不能证明梁某是 B 公司聘用的建设朱某商住楼的施工人员。对于刘某的该项主张，二审法院不予支持。

二、A 市人社局作为工伤认定行政部门，具有认定梁某与 B 公司之间是否存在劳动关系的职权。

被诉行政复议决定认为在梁某与 B 公司存在劳动关系争议的情况下，A 市人社局没有中止工伤认定程序，告知刘某先行向有管辖权的劳动争议仲裁委员会申请仲裁，待劳动争议解决后再行恢复工伤认定程序，明显属于程序违法。根据《最高人民法院行政审判庭关于劳动行政部门在工伤认定程序中是否具有劳动关系确认权请示的答复》有关"根据《劳动法》第九条和《工伤保险条例》第五条、第十八条的规定，劳动行政部门在工伤认定程序中，具有认定受到伤害的职工与企业之间是否存在劳动关系的职权"的内容，A 市人社局作为工伤认定行政部门，具有认定梁某与 B 公司之间是否存在劳动关系的职权，因此，被诉行政复议决定以 A 市人社局应当在劳动争议仲裁委员会仲裁确定梁某与 B 公司是否存在劳动关系后再进行工伤认定为由，认定 A 市人社局作出《关于梁某视同工亡认定决定书》程序违法，缺乏法律依据，二审法院依法予以指出。

还需要指出的是，被诉复议决定未能查明 A 市人社局在工伤认定程序中存在违反法定程序的情形。本案中，A 市人社局作出的《关于梁某视同工亡认定决定书》认定承担梁某工伤保险责任的主体是 B 分公司，后 A 市人社局发现该认定错误，遂作出《关于梁某视同工亡认定决定书更正说明》，将梁某的用人单位更正为 B 公司。B 公司不服，遂向原审法院提起本案诉讼。A 市人社局以补正的形式更正承担工伤责任的主体，剥夺了 B 公司在工伤认定程序中依法享有的陈述、申辩的权利，属于程序违法，但是，被诉复议决定未能查明 A 市人社局在工伤认定程序中存在该违反法定程序的情形。基于前述内容，被诉复议决定认定 A 市人社局作出的《关于梁某视同工亡认定决定书》程序违法，其理由因缺乏法律依据而不成立，而对于 A 市人社局在工伤认定中存在的确实违反法定程序的情形却未能查明，鉴于被诉复议决定认定 A 市人社局作出的《关于梁某视同工亡认定决定书》属事实不清，证据不足，适用依据错误，该认定具有充分理据支持，而程序违法仅是被诉复议决定撤销 A 市人社局作出的《关于梁某视同工亡认定决定书》的理由之一，根据《中华人民共和国行政复议法》第二十八条第一款第三项有关"具体行政行为有下列情形之一的，决定撤销、变更或者确认该具体行政行为违法；决定撤销或者确认该具体行政行为违法的，可以责令被申请人在一定期限内重新作出具体行政行为：1. 主要事实不清、证据不足的；2. 适用依据错误的；3. 违反法定程序的……"的规定，虽然被诉复议决定未能查明 A 市人社局在工伤认定程序中存在的程序违法的问题，但对被诉复议决定撤销 A 市人社局作出的《关于梁某视同工亡认定决定书》这一结果的正确性没有实质影响。基于上述事实和理由，原审法院判决维持被诉复议决定并无不当，二审法院对此依法予以支持。

【二审裁判结果】

驳回上诉，维持原判。

【再审申请理由】

一、朱某是案涉工程项目发包人，B 公司是承包人，梁某是 B 公司承建朱某商住楼的施工管理者，原审法院认定梁某为实际承包人错误。

二、A 市人社局受理申请后，到 A 市住房和城乡建设部门调取了朱某与 B 公司签订的施工合同、报建登记表等资料，到施工现场调查拍摄了照片，足以证明朱某商住楼的承建单位是 B 公司。

三、A 市人社局进行工伤认定时，派员到现场进行了勘查，询问了证人，并收集了证据材料，程序合法，原审认定 A 市人社局工伤认定存在程序错误，于法无据。综上，B 公司应承担工伤保险责任，请求撤销一、二审判决，撤销 A 市政府作出的《A 市政府行政复议决定书》，维持 A 市人社局作出的《关于梁某视同工亡认定决定书》。

【被申请人答辩】

A 市政府辩称：

一、工伤认定程序中存在劳动关系争议的应当先申请劳动争议仲裁；二、本案没有直接、充分的证据证明梁某是 B 公司职工或者 B 公司将工程业务发包给梁某承包；三、本案是梁某本人而不是其招用的劳动者死亡，因此，无论梁某是"包工头"还是实际施工人，均不适用《关于确立劳动关系有关事项的通知》第四点的规定。综上，本案不应由 B 公司承担工伤保险责任，A 市政府行政复议程序合法，适用法律准确，复议结论正确，请求驳回刘某的再审申请。

A 市人社局辩称：

一、梁某是在工作时间和工作岗位，突发疾病四十八小时之内经抢救无效死亡，符合视同工亡的情形；二、案涉工程项目的承建单位为 B 公司，应由其承担工伤保险责任。

B 公司辩称：

一、梁某是案涉工程项目的实际施工人（即"包工头"），与 B 公司之间不存在劳动关系，也不存在违法转包、分包关系或工程内部承包关系，"包工头"不属于享受工伤保险待遇的劳动者范畴；二、A 市人社局工伤认定程序违法，剥夺了 B 公司的陈述、申辩权利。综上，请求驳回刘某的再审申请。

【再审裁判观点】

一、B 公司允许梁某利用其资质并挂靠施工，理应承担被挂靠单位的相应责任。在工伤保险责任承担方面，B 公司与梁某之间虽未直接签订转包合同，但其允许梁某利用其资质并挂靠施工，可以视为两者间已经形成事实上的转包关系，B 公司可以作为承担工伤保险责任的单位。

《建筑法》第二十六条规定："承包建筑工程的单位应当持有依法取得的资质证书，并在其资质等级许可的业务范围内承揽工程。禁止建筑施工企业超越本企业资质等级许可的业务范围或者以任何形式用其他建筑施工企业的名义承揽工程。禁止建筑施工企业以任何形式允许其他单位或者个人使用本企业的资质证书、营业执照，以本企业的名义承揽工程。"第二十八条规定："禁止承包单位将其承包的全部建筑工程转包给他人，禁止承包单位将其承包的全部建筑工程肢解以后以分包的名义分别转包给他人。"同时，《最高人民法院关于行政诉讼证据若干问题的规定》第五十四条规定："法庭应当对经过庭审质证的证据和无需质证的证据进行逐一审查和对全部证据综合审查，遵循法官职业道德，运用逻辑推理和生活经验，进行全面、客观和公正地分析判断，确定证据材料与案件事实之间的证明关系，排除不具有关联性的证据材料，准确认定案件事实。"

本案中，《××省建设工程标准施工合同》、案涉工程项目报建资料、施工许可证和现场照片均能证明朱某商住楼的承建单位为B公司；以施工人员为被保险人的建筑工程人身意外团体险，投保人也是B公司；B公司与朱某签订的补充协议载明陆某账户为工人工资账户；根据在案的证人证言和对陆某的询问笔录，陆某实际参与了项目的施工管理，且事发当天与梁某一同在工地等候住建部门检查。上述证据已经能够证实，B公司实际以承建单位名义办理了工程报建和施工许可手续，并在一定程度上参与施工管理。B公司知道、应当知道朱某又与梁某另行签订施工合同，未提出异议或者主张解除之前的施工合同，反而配合梁某以B公司名义施工，委派工作人员参与现场施工管理并约定经手工人工资。B公司在2017年8月11日的答辩状中虽不承认其与梁某之间存在劳动关系，但也认可梁某与其是挂靠关系，梁某是实际施工人。而无论挂靠关系、借用资质关系还是违法转包关系，B公司仅以梁某与朱某另行签订施工承包合同为由，主张其与梁某之间不存在任何法律关系，与在案证据证明的事实明显不符，也违反《建筑法》的相关规定。

综上，B公司与朱某签订建设工程施工合同后，作为具备用工主体资格的承包单位，既然享有承包单位的权利，就应当履行承包单位的义务。B公司允许梁某利用其资质并挂靠施工，理应承担被挂靠单位的相应责任。在工伤保险责任承担方面，B公司与梁某之间虽未直接签订转包合同，但其允许梁某利用其资质并挂靠施工，可以视为两者间已经形成事实上的转包关系，B公司可以作为承担工伤保险责任的单位。而且，就朱某、B公司、梁某三者之间形成的施工法律关系而言，由B公司作为承担工伤保险责任的单位，符合《关于确立劳动关系有关事项的通知》第四点、《关于执行〈工伤保险条例〉若干问题的意见》第七点的规定以及《关于审理工伤保险行政案件若干问题的规定》第三条第一款第四项、第五项规定的立法精神，亦在上述规定的扩张解释边界之内。

二、建设工程领域具备用工主体资格的承包单位承担其违法转包、分包项目中因工伤亡职工的工伤保险责任，并不以存在法律上的劳动关系或事实上的劳动关系为前提条件，现行工伤保险制度确立了因工伤亡职工与违法转包、分包的承包单位之间推定形成拟制劳动关系的规则。将"包工头"纳入工伤保险范围，并在其因工伤亡时保障其享受工伤保险待遇的权利，由具备用工主体资格的承包单位承担用人单位依法应承担的工伤保险责任，符合工伤保险制度的建立初衷，也符合《工伤保险条例》及相关规范性文件的立法目的。

《关于确立劳动关系有关事项的通知》第四点规定："建筑施工、矿山企业等用人单位将工程（业务）或经营权发包给不具备用工主体资格的组织或自然人，对该组织或自然人招用的劳动者，由具备用工主体资格的发包方承担用工主体责任。"《关于执行〈工伤保险条例〉若干问题的意见》第七点规定："具备用工主体资格的承包单位违反法律、法规规定，将承包业务转包、分包给不具备用工主体资格的组织或者自然人，该组织或者自然人招用的劳动者从事承包业务时因工伤亡的，由该具备用工主体资格的承包单位承担用人单位依法应承担的工伤保险责任。"《关于审理工伤保险行政案件若干问题的规定》第三条第一款规定："社会保险行政部门认定下列单位为承担工伤保险责任单位的，人民法院应予支持……（四）用工单位违反法律、法规规定将承包业务转包给不具备用工主体资格的组织或者自然人，该组织或者自然人聘用的职工从事承包业务时因工伤亡的，用工单位为承担工伤保险责任的单位；（五）个人挂靠其他单位对外经营，其聘用的人员因工伤亡的，被挂靠单位为承担工伤保险责任的单位。"

本案中，A市政府和B公司认为，即使B公司与梁某之间存在项目转包或者挂靠关系，但相关法律规范仅规定"包工头"招用的劳动者或者"包工头"聘用的职工因工伤亡的，B公司才可能承担工伤保险责任；梁某作为"包工头"，而非"招用的劳动者"或"聘用的职工"，其因工伤亡不应由B公司承担工伤保险责任。再审法院认为，对法律规范的解释，应当结合具体案情，综合运用文义解释、体系解释、目的解释等多种解释方法。

首先，建设工程领域具备用工主体资格的承包单位承担其违法转包、分包项目中因工伤亡职工的工伤保险责任，并不以存在法律上劳动关系或事实上劳动关系为前提条件。根据《关于执行〈工伤保险条例〉若干问题的意见》第七点等的规定，认定工伤保险责任或用工主体责任，已经不以存在法律上的劳动关系为必要条件。根据《关于审理工伤保险行政案件若干问题的规定》第三条的规定，能否进行工伤认定和是否存在劳动关系，并不存在绝对的对应关系。从前述规定来看，为保障建筑行业中不具备用工主体资格的组织或自然人聘用的职工因工伤亡后的工伤保险待遇，加强对劳动者的倾斜保护和对违法转包、分包单位的惩戒，现行工伤保险制度确立了因工伤亡职工与违法转包、分包的承包单位之间推定形成拟制劳动关系的规则，即直接将违法转包、分包的承包单位视为用工主体，并由其承担工伤保险责任。

其次，将"包工头"纳入工伤保险范围，符合建筑工程领域工伤保险发展方向。《国务院办公厅关于促进建筑业持续健康发展的意见》（国办发〔2017〕19号）强调要"建立健全与建筑业相适应的社会保险参保缴费方式，大力推进建筑施工单位参加工伤保险"，明确了做好建筑行业工程建设项目农民工职业伤害保障工作的政策方向和制度安排。《人力资源社会保障部办公厅关于进一步做好建筑业工伤保险工作的通知》（人社厅函〔2017〕

53号）等规范性文件还要求，完善符合建筑业特点的工伤保险参保政策，大力扩展建筑企业工伤保险参保覆盖面，推广采用按建设项目参加工伤保险的制度。即针对建筑行业的特点，建筑施工企业对相对固定的职工，应按用人单位参加工伤保险；对不能按用人单位参保、建筑项目使用的建筑业职工特别是农民工，按项目参加工伤保险。因此，为包括"包工头"在内的所有劳动者按项目参加工伤保险，扩展建筑企业工伤保险参保覆盖面，符合建筑工程领域工伤保险制度的发展方向。

再次，将"包工头"纳入工伤保险对象范围，符合"应保尽保"的工伤保险制度立法目的。考察《工伤保险条例》相关规定，工伤保险制度目的在于保障因工作遭受事故伤害或者患职业病的职工获得医疗救治和经济补偿，促进工伤预防和职业康复，分散用人单位的工伤风险。《工伤保险条例》第二条规定："中华人民共和国境内的企业、事业单位、社会团体、民办非企业单位、基金会、律师事务所、会计师事务所等组织和有雇工的个体工商户应当依照本条例规定参加工伤保险，为本单位全部职工或者雇工缴纳工伤保险费。中华人民共和国境内的企业、事业单位、社会团体、民办非企业单位、基金会、律师事务所、会计师事务所等组织的职工和个体工商户的雇工，均有依照本条例的规定享受工伤保险待遇的权利。"显然，该条强调的"本单位全部职工或者雇工"，并未排除个体工商户、"包工头"等特殊的用工主体自身也应当参加工伤保险。易言之，无论是从工伤保险制度的建立本意，还是从工伤保险法规的具体规定，均没有也不宜将"包工头"排除在工伤保险范围之外。"包工头"作为劳动者，处于违法转包、分包利益链条的最末端，参与并承担着施工现场的具体管理工作，有的还直接参与具体施工，其同样可能存在在工作时间、工作地点因工作原因而伤亡的情形。"包工头"因工伤亡，与其聘用的施工人员因工伤亡，就工伤保险制度和工伤保险责任而言，并不存在本质区别。如人为限缩《工伤保险条例》的适用范围，不将"包工头"纳入工伤保险范围，将形成实质上的不平等；将"包工头"等特殊主体纳入工伤保险范围，则有利于实现对全体劳动者的倾斜保护，彰显社会主义工伤保险制度的优越性。

最后，"包工头"违法承揽工程的法律责任，与其参加社会保险的权利之间并不冲突。《中华人民共和国社会保险法》第一条规定："为了规范社会保险关系，维护公民参加社会保险和享受社会保险待遇的合法权益，使公民共享发展成果，促进社会和谐稳定，根据宪法，制定本法。"第三十三条规定："职工应当参加工伤保险，由用人单位缴纳工伤保险费，职工不缴纳工伤保险费。"工伤保险作为社会保险制度的一个重要组成部分，由国家通过立法强制实施，是国家对职工履行的社会责任，也是职工应该享受的基本权利。不能因为"包工头"违法承揽工程违反建筑领域法律规范，而否定其享受社会保险的权利。承包单位以自己的名义和资质承包建设项目，又由不具备资质条件的主体实际施工，从违法转包、分包或者挂靠中获取利益，由其承担相应的工伤保险责任，符合公平正义理念。当然，承包单位依法承担工伤保险责任后，在符合法律规定的情况下，可以依法另行要求相应责任主体承担相应的责任。

总之，将"包工头"纳入工伤保险范围，并在其因工伤亡时保障其享受工伤保险待遇的权利，由具备用工主体资格的承包单位承担用人单位依法应承担的工伤保险责任，符合工伤保险制度的建立初衷，也符合《工伤保险条例》及相关规范性文件的立法目的。A市人社局认定梁某在工作时间和工作岗位突发疾病死亡，应由B公司承担工伤保险责任，具有事实和法律依据，再审法院对此予以支持。

三、A市政府关于工伤认定程序中存在劳动关系争议的应当先申请劳动争议仲裁的观点错误。

A市人社局依法受理工伤申请后，向B公司发出英人社工举〔2017〕23号《工伤认定举证通知书》，要求其在规定期限内举证。B公司也向A市人社局提交了书面答辩意见，故不存在未听取B公司意见的情形。虽然A市人社局在《视同工亡认定书》中误将责任主体表为B分公司，但事后已经更正为B公司，且此行为也未影响B公司行使其陈述、申辩权利。A市人社局还依照法定程序派员到施工现场进行现场勘查、询问了证人，并收集了相关证据材料，符合法定程序。此外，劳动行政部门在工伤认定程序中，具有认定受到伤害的职工与企业之间是否存在劳动关系的职权，A市政府关于工伤认定程序中存在劳动关系争议的应当先申请劳动争议仲裁的观点错误，对此原一、二审判决已作充分阐释，再审法院予以认可，不再赘述。需要指出的是，根据《行政诉讼法》第二十六条第二款的规定，经复议的案件，复议机关决定维持原行政行为的，作出原行政行为的行政机关和复议机关是共同被告；复议机关改变原行政行为的，复议机关是被告。原审法院为全面查清案件事实，将A市人社局列为第三人参加诉讼，亦无不可。

【再审裁判结果】

一、撤销一审判决；二、撤销二审判决；三、撤销A市政府作出的英府复决〔2018〕2号《行政复议决定书》；四、恢复A市人社局作出的英人社工认〔2017〕194号《关于梁某视同工亡认定决定书》的效力。

【律师评析】

对于"包工头"能否认定工伤，当前司法实践中存在争议，主要有两种相反意见。一种意见认为，相关法律规范仅规定"包工头"招用的劳动者或者"包工头"聘用的职工因工伤亡的，建筑施工企业才可能承担工伤保险责任，"包工头"自身并非其招用的劳动者或聘用的职工，不符合认定工伤的对象范围。这也是本案中A市政府、B公司的主要抗辩意见，以及一、二审判决的主要理由。另一种意见认为，包工头也是劳动者，《工伤保险条例》等相关法律法规确立的工伤保险制度，立法目的在于让工伤职工获得应有的救济，同时也让具备用人资格的单位承担相应的法律责任，实现权责统一。承包人将工程转包给不具备用工主体资格的自然人即"包工头"后，"包工头"聘用的职工施工时伤亡，与"包工头"本人从事承包业务时因工伤亡，并不存在本质区别。本案再审法院即持后一种观点。同时，本案作为指导性案例，亦体现出建筑工程领域工伤保险制度以及司法裁判理念进一步向保护实际施工人利益方向倾斜的发展趋势。

案例 3: 实际施工人雇佣的劳动者因工受伤，劳动者可选择向实际施工人主张雇主赔偿责任或向承包人主张工伤保险责任

【引言】

建设工程施工过程中，没有资质的实际施工人雇佣的劳动者因工受伤，能否以该劳动者和承包人之间存在劳动关系为由要求承包人承担责任呢？实践中，在上述情形下，实际施工人作为接受劳务一方，依据《民法典》第一千一百九十二条的规定应当对提供劳务一方因第三人的行为所受的损害承担补偿责任。而依据《关于确立劳动关系有关事项的通知》，具备用工主体资格的单位即承包人依法应当对实际施工人招用的劳动者承担用工主体责任。据此，劳动者有权向实际施工人主张雇主赔偿责任，也有权向承包人主张工伤保险责任。本案中，法院认定承包人应承担劳动者因工受伤的工伤保险待遇。

【案例来源】

（2018）粤 08 民终 2146 号

【诉讼主体】

A 公司：一审原告、二审上诉人

蓝某：一审被告、二审被上诉人

吴某：一审被告、二审被上诉人

肖某：一审被告、二审被上诉人

李某：一审被告、二审被上诉人

【原告起诉请求】

一、判决确认 A 公司与蓝某之间不存在雇佣关系或劳动关系，并判决 A 公司无需向蓝某支付工伤赔偿金 79082.8 元；二、本案的一切诉讼费用由蓝某、吴某、肖某、李某负担。

【争议焦点】

一、A 公司与蓝某是否存在劳动关系或雇佣关系；二、A 公司应否承担蓝某经仲裁确认的工伤保险待遇。

【基本案情】

2015 年 10 月 15 日 15 时左右，蓝某在案涉工程工地 9 号楼 23 层进行拆除电梯井钢管工作时，脚下的钢管滑动，其失去平衡跌落在电梯井内防护铁网上，被另一条坠落的钢管击伤左脚。当天送入××市康复医院救治，2015 年 10 月 15 日办理入院，共住院 63 天。出院诊断为：左胫腓骨远端粉碎性骨折术后；左侧多肋陈旧性骨折；腰椎退行性改变。2016 年 9 月 8 日××市人力资源和社会保障局作出×人社工认字〔2016〕13 号《认定工伤决定书》，认定蓝某受伤为工伤。2017 年 3 月 9 日××市劳动能力鉴定委员会作出×劳

鉴初字〔2017〕67号《初次鉴定（确认）结论书》鉴定蓝某工伤伤残为九级伤残。就上述决定书、结论书A公司未在法定期限内提出异议，也未在法定期限内申请复议、提起诉讼和申请再次鉴定。

由于A公司未能按照有关规定落实蓝某工伤待遇，蓝某向劳动人事争议调解仲裁委员会提出申诉，××市劳动人事争议调解仲裁委员会于2017年9月14日将×劳人仲裁字〔2017〕第16号《仲裁裁决书》送达A公司，裁决A公司支付蓝某一次性伤残补助金、一次性工伤医疗补助金、一次性伤残就业补助金、停工留薪期工资共计79082.8元。A公司于2017年9月25日提交民事起诉状，不服××市劳动人事争议调解仲裁委员会作出的上述裁决书，要求判决确认A公司与蓝某之间不存在任何雇佣关系或劳动关系，不需支付蓝某工伤保险待遇79082.8元。

【一审裁判观点】

一、社会保险行政部门已认定蓝某受伤为工伤，工伤认定已生效，故可认定A公司与蓝某存在事实劳动关系。

A公司诉称"其将承接的案涉建设工程分包给肖某、李某，肖某、李某将案涉建设工作的外脚手架搭设拆除工程分包给吴某，吴某雇佣蓝某在该项目工地从事架子工岗位工作"。根据《××省高级人民法院、××省劳动人事争议仲裁委员会关于审理劳动人事争议案件若干问题的座谈会纪要》第十三条关于"发包单位将建设工程非法发包给不具有用工主体资格的实际施工人或者承包单位将承包的建设工程非法转包、分包给不具有用工主体资格的实际施工人，实际施工人招用的劳动者请求确认其与具有用工主体资格的发包单位或者承包单位存在劳动关系的，不予支持，但社会保险行政部门已认定工伤的除外……"的规定，A公司将承包的建设工作转包、分包给不具有用工主体资格的实际施工人，蓝某在进行该建设工程作业时受伤，虽A公司与蓝某没有签订合同，但社会保险行政部门已认定蓝某受伤为工伤，工伤认定已生效，故可认定双方存在事实劳动关系，A公司请求判决与蓝某之间不存在任何雇佣关系或劳动关系，证据不充分，一审法院对此不予支持。

二、A公司未在法定期限内申请行政复议和提起行政诉讼，故××市劳动人事争议调解仲裁委员会依据已生效的决定书作出的本次事故属于工伤的事实认定赔偿，没有不当。

本次工伤事故发生后，××市人力资源和社会保障局依据蓝某的申请和报送材料，对该事故作出属于工伤事故的决定书，并在决定书中交代了双方当事人享有不服决定书提起复议和诉讼的权利，由于A公司未在法定期限内申请行政复议和提起行政诉讼，故××市劳动人事争议调解仲裁委员会依据已生效的决定书确认的本次事故属于工伤的事实认定赔偿，没有不当。因蓝某未提供有效证据证明和原件证明本人工资金额，按照其工伤事故发生时的上一年度××市职工平均工资计算，可认定作为计算基数的本人工资为3748元。根据《××省工伤保险条例》第二十六条、第三十四条，蓝某应享受的停工留薪和工伤待遇为：住院期间停工留薪工资3748元÷30天×63天≈7870.8元；九个月本人工资一次性伤残补助金3748元×9个月＝33732元、两个月本人工资一次性工伤医疗补助金3748元

×2个月＝7496元、八个月本人工资一次性伤残就业补助金 3748 元×8 个月＝29984 元，以上合计人民币 79082.80 元。因 A 公司与蓝某存在事实劳动关系，A 公司应支付工伤保险待遇 79082.80 元，A 公司请求不需支付上述款项，证据不足，一审法院对此不予采纳。

【一审裁判结果】

一、限 A 公司于判决生效之日起十日内支付给蓝某一次性伤残补助金、一次性工伤医疗补助金、一次性伤残就业补助金、住院期间停工留薪期工资等合计 79082.80 元；二、驳回 A 公司的诉讼请求。

【上诉理由】

一、原审判决认定事实明显错误，应当依法予以纠正。

1. 原审法院所确定的案由为确认劳动关系纠纷。所谓"确认劳动关系纠纷"，是指劳动者与用人单位就劳动关系存在与否、劳动关系终止与否和劳动关系有效与否等问题发生的争议。而确认劳动者与用人单位是否存在劳动关系的主要标准包括：（1）有无签订书面劳动合同；（2）用人单位有无按时支付劳动报酬；（3）劳动者有无实际提供劳动，用人单位有无实际用工。原审庭审中，蓝某明确自认且××市人力资源和社会保障局在吴人社工认字〔2016〕13 号《认定工伤决定书》中载明了事实：A 公司将承接的案涉建筑工程分包给肖某和李某，肖某和李某将案涉建筑工程的外脚手架搭设拆除工程分包给吴某，吴某在 2014 年 5 月雇佣蓝某在该项目工地从事架子工岗位工作。可见，蓝某是由吴某雇佣，而不是由 A 公司招用的。A 公司既没有选聘过蓝某，也没有与其签订过任何劳动合同或协议，更没有直接对其进行管理和指挥，根本不具有与其建立劳动关系的合意。蓝某虽在原审庭审中表示其与 A 公司之间存在事实上的劳动关系，但是蓝某没有提供任何证据予以证实。因此，蓝某对 A 公司不存在任何身份上的从属和依附关系，双方不可能存在劳动关系。

2. 《全国民事审判工作会议纪要》（法办〔2011〕442 号）第五十九条规定："建设单位将工程发包给承包人，承包人又非法转包或者违法分包给实际施工人，实际施工人招用的劳动者请求确认与具有用工主体资格的发包人之间存在劳动关系的，不予支持。"

最高人民法院 2014 年 4 月 11 日在中华人民共和国最高人民法院网上发布的《对最高人民法院〈全国民事审判工作会议纪要〉第 59 条作出进一步释明的答复》指示："第一种观点认为，实际施工人与其招用的劳动者之间应认定为雇佣关系，但实际施工人的前一手具有用工主体资格的承包人、分包人或转包人与劳动者之间既不存在雇佣关系，也不存在劳动关系。理由是：建筑施工企业与实际施工人之间只是分包、转包关系，劳动者是由实际施工人雇佣的，其与建筑施工企业之间并无建立劳动关系或雇佣关系的合意……我们同意第一种观点。"因此，吴某是实际施工人，与其招用的劳动者即蓝某之间存在雇佣关系；A 公司作为实际施工人的前一手具有用工主体资格的承包人，与蓝某既不存在雇佣关系，也不存在劳动关系。据此，A 公司根本无需向蓝某支付工伤保险待遇。

二、原审判决明显违法，导致判决结果严重损害 A 公司的合法权益，应当依法撤销原审判决。

1.《最高人民法院关于审理人身损害赔偿案件适用法律若干问题的解释》第十一条规定："雇员在从事雇佣活动中遭受人身损害，雇主应当承担赔偿责任……雇员在从事雇佣活动中因安全生产事故遭受人身损害，发包人、分包人知道或者应当知道接受发包或者分包业务的雇主没有相应资质或者安全生产条件的，应当与雇主承担连带赔偿责任……"吴某是蓝某的雇主，应对蓝某受到的人身损害承担赔偿责任。肖某和李某作为吴某的前手分包人，存在违法分包情形，应承担连带赔偿责任。A公司与蓝某及其雇主吴某不存在任何法律关系，只与肖某和李某存在合同法律关系。A公司只有在肖某和李某承担责任的前提下，才有可能与肖某和李某承担连带赔偿责任。结合《××省工伤保险条例》第四十二条第三款的规定："非法承包建筑工程发生工伤事故，劳动者的工伤待遇应当由分包方或者承包方承担，分包方或者承包方承担工伤保险责任后有权向发包方追偿。"蓝某的工伤保险待遇应当由分包方吴某承担，吴某承担工伤保险责任后有权向肖某和李某追偿，肖某和李某承担责任后有权向A公司追偿。但是，原审判决在未查明A公司与蓝某之间是否存在劳动关系的情况下，径行判决仅由A公司向蓝某支付工伤保险待遇，而吴某、肖某和李某无需承担任何赔偿责任，明显违法。

2.蓝某在仲裁庭审过程中提供的《××省医疗收费票据》可以证实，医疗费用已由肖某支付，且蓝某在仲裁庭审过程中自认相关费用已由肖某报销这一事实。但是，A公司自始至终对肖某和李某将案涉建筑工程的外脚手架搭设拆除工程分包给吴某，事故发生后蓝某的医疗等相关费用是否已经支付完毕，蓝某与吴某、肖某和李某是否已协商解决补偿等情况均不知情。原审庭审对这一关键问题未作任何调查核实，径行判决A公司向蓝某支付工伤保险待遇79082.80元，明显违反常理和客观事实。

综上所述，请求二审法院依法审查并判如所请。

【被上诉人答辩】

蓝某辩称：

一、原审判决认定蓝某和A公司存在劳动关系正确。

1.A公司作为案涉的承包人，负责案涉的全部建筑工作。蓝某是在该项目中从事脚手架搭设拆除工作的架子工，该工作是该项目不可缺少的部分，蓝某是向A公司提供劳动工作。因此，A公司和蓝某存在劳动关系。

2.蓝某因为工作受伤的事实已被××市人力资源和社会保障局认定为工伤。A公司在收到××市人力资源和社会保障局送达的《认定工伤决定书》后，既没有在60天内申请行政复议，也没有在6个月内提起行政诉讼。也就是说A公司对《认定工伤决定书》没有异议。根据《工伤保险条例》第十八条的规定，认定工伤的前提是受伤工人与用人单位存在劳动关系，所以A公司和蓝某存在劳动关系。

3.如果A公司否认与蓝某存在劳动关系，应首先推翻××市人力资源和社会保障局认定蓝某受伤为工伤的决定。A公司在法定的时间内没有行使自己的权利，已经放弃自己的程序性权利。现在，A公司否认与蓝某存在劳动关系没有事实和法律依据。

4.根据《××省高级人民法院、××省劳动人事争议仲裁委员会关于审理劳动人事争议案件若干问题的座谈会纪要》第十三条的规定，"发包单位将建设工程非法发包给不具有用工主体资格的实际施工人或者承包单位将承包的建设工程非法转包、分包给不具有用工主体资格的实际施工人，实际施工人招用的劳动者请求确认其与具有用工主体资格的发包单位或者承包单位存在劳动关系的，不予支持，但社会保险行政部门已认定工伤的除外……"，A公司为案涉的承包单位，所以与蓝某存在劳动关系。

二、原审判决A公司向蓝某支付工伤待遇正确。

A公司作为用人单位，在蓝某的受伤事实被认定为工伤的情况下，有义务向蓝某支付工伤待遇。根据《××省工伤保险条例》第二十六条、第三十四条，结合2015年度××市职工月平均工资3748元计算，蓝某应享受停工留薪和工伤待遇为：住院期间停工留薪工资7870.8元，九个月本人工资一次性伤残补助金33732元（3748元×9），两个月本人工资一次性工伤医疗补助金7496.00元（3748元×2），八个月本人工资一次性伤残就业补助金29984元（3748元×8）。因此，A公司应该支付蓝某工伤保险待遇79082.8元。

综上所述，请法院依法驳回A公司的上诉请求，维持原审判决。

吴某、肖某、李某没有提交书面答辩意见。

【二审裁判观点】

本案中，A公司将案涉建设工程分包给肖某、李某，肖某、李某又将工程的外脚手架搭设拆除工程分包给吴某，吴某雇佣蓝某在该项目工地从事架子工岗位工作。虽然没有证据证明A公司知晓了肖某、李某将工程外脚手架搭设拆除工程分包给吴某，但A公司对转包行为应承担管理上的责任。根据《关于确立劳动关系有关事项的通知》第四点"建筑施工、矿山企业等用人单位将工程（业务）或经营权发包给不具备用工主体资格的组织或自然人，对该组织或自然人招用的劳动者，由具备用工主体资格的发包方承担用工主体责任"的规定，A公司将工程分包给不具备相应资质的自然人，应当对肖某、李某、吴某招用的蓝某承担用工主体责任。

根据人力资源和社会保障部《部分行业企业工伤保险费缴纳办法》第三条"建筑施工企业可以实行以建筑施工项目为单位，按照项目工程总造价的一定比例，计算缴纳工伤保险费"及《关于执行〈工伤保险条例〉若干问题的意见》第七点"具备用工主体资格的承包单位违反法律、法规规定，将承包业务转包、分包给不具备用工主体资格的组织或者自然人，该组织或者自然人招用的劳动者从事承包业务时因工伤亡的，由该具备用工主体资格的承包单位承担用人单位依法应承担的工伤保险责任"的规定，A公司应承担蓝某的工伤保险责任。A公司主张不应承担蓝某工伤保险责任的上诉理由于法无据，二审法院不予采纳。

综上，原审判决认定事实清楚，实体处理正确，应予维持。A公司上诉理据不足，依法应予以驳回。

【二审裁判结果】

驳回上诉，维持原判。

【律师评析】

本案中,一、二审法院均认为虽然承包人与实际施工人雇佣的劳动者没有签订劳动合同,但鉴于社会保险行政部门已认定劳动者因工受伤为工伤,应认定实际施工人招用的劳动者与具有用工主体资格的承包单位存在劳动关系。

实践中,关于上述问题仍然存在争议。有观点认为,如劳动者是由实际施工人聘请,不受承包人直接管理,那么劳动者与承包人之间不存在劳动关系。理由是:实际施工人聘用之劳动者的工作均由实际施工人安排,报酬也由实际施工人发放,实际施工人又不具备用工主体资格,因此劳动者与实际施工人构成劳务关系。加之劳动者与承包人之间没有管理关系,又缺乏建立劳动关系的合意,劳动者与承包人之间不构成劳动关系。

【相关案例索引】

① 吴某与江苏中冶建设工程有限公司、陈某工伤保险待遇纠纷一案

案号:(2018)苏 0111 民初 1777 号

裁判观点:具备用工主体资格的承包单位违反法律法规规定,将承包业务转包、分包给不具备用工主体资格的组织或自然人,该组织或自然人招用的劳动者从事承包业务时因工伤亡的,由该具备用工主体资格的承包单位承担用人单位依法应承担的工伤保险责任。本案中,江苏中冶建设工程有限公司(以下简称中冶建设)将其承包工程中的劳务作业转包给陈某。在转包过程中,中冶建设具有用工主体资格,应由中冶建设承担用工主体责任。应当参加工伤保险而未参加的用人单位职工发生工伤的,由该用人单位按照《工伤保险条例》规定的工伤保险待遇项目和标准支付费用。因中冶建设与陈某均未为吴某缴纳工伤保险费,故吴某的工伤保险待遇应由中冶建设支付。《中华人民共和国劳动合同法》第九十四条规定:"个人承包经营违反本法规定招用劳动者,给劳动者造成损害的,发包的组织与个人承包经营者承担连带赔偿责任。"吴某系陈某招用的劳动者,陈某并不具有用工主体资格,故陈某应与中冶建设承担连带赔偿责任。

② 郑某与开化县顺风爆破有限公司、吕某等工伤保险待遇纠纷一案

案号:(2014)衢民初字第 32 号

裁判观点:原被告之间虽然不存在劳动关系,但根据《关于确立劳动关系有关事项的通知》第四点的规定,具备相应资质的用人单位将工程发包给无资质的自然人或将资质借用给无资质的自然人使用,当该自然人所招用的劳动者权利受到损害时,由具备用工主体资格的用人单位承担用工主体责任,相应的法律精神在《浙江省高级人民法院关于审理劳动争议案件若干问题的意见(试行)》中也得到了体现,2014 年《浙江省高级人民法院民事审判第一庭、浙江省劳动人事争议仲裁院关于审理劳动争议案件若干问题的解答(二)》对于此类案件也明确作出"受害人请求承包单位参照工伤的有关规定进行赔偿的,人民法院应当予以支持"的解答,上述规定主要考虑实践中"包工头"对于农民工在施工中所遭受的伤害往往缺乏赔偿能力,故将最近的上一层转包、分包关系中具备合法用工主体资格的单位作为赔偿义务人,并参照工伤的相关规定予以赔偿,旨在充分保护农民工的人身损害赔偿权利。现原告根据上述规定请求被告开化县顺风爆破有限公司承担用工主体

责任，参照工伤的有关规定对已经产生的医疗费用等损失予以先行赔偿，符合法律规定，二审法院对此予以支持。

案例 4：实际施工人申请法院冻结非义务主体财产，构成诉讼保全不当，应对被申请人承担侵权责任

【引言】

《民事诉讼法》第一百零八条规定："申请有错误的，申请人应当赔偿被申请人因保全所遭受的损失。"在建设工程施工合同纠纷案件中，实际施工人向法院申请对被告方的财产进行保全，可以更好地保障生效判决的执行，但这并不意味着申请人可以无条件地对所有被告都申请财产保全。如果法院最终认定被申请人在本案中无需承担责任，实际施工人作为申请人主观上存在过错且给被申请人造成损失的，属于保全错误，申请人需要承担侵权责任。

【案例来源】

（2021）最高法民申 1241 号

【诉讼主体】

A 公司：一审原告、二审上诉人、再审被申请人

B 保险机构：一审被告、二审被上诉人、再审申请人

侯某：一审被告、二审被上诉人、再审申请人

龙某：一审被告、二审被上诉人、再审申请人

谭某：一审被告、二审被上诉人、再审申请人

【原告起诉请求】

一、依法判决侯某、龙某、谭某承担 A 公司经济损失 619200 元（2018 年 10 月 31 日至 2019 年 10 月 31 日期间以 258 万元为基数，按月利率 2% 计算得出的利息）；二、依法判决 B 保险机构对前述经济损失承担担保责任；三、依法判决本案全部诉讼费由 B 保险机构、侯某、龙某、谭某承担。

【争议焦点】

案涉财产保全申请是否有错误。

【基本案情】

一、侯某、龙某、谭某与 C 公司、A 公司之间的建设工程施工合同纠纷案件的判决理由及结果

2018 年 8 月 29 日，侯某、龙某、谭某作为原告向本案一审法院起诉被告 C 公司、第三人 A 公司，请求：一、判令 C 公司、A 公司连带向侯某、龙某、谭某支付工程欠款

27342865.78 元及利息 2660872.8562 元（利息暂计至 2016 年 8 月 26 日，以后的另行计算，至偿付完毕为止，月利率 2％），合计 30003739 元；二、判令侯某、龙某、谭某对第一项诉讼请求即工程欠款、利息款 30003739 元以及后期利息就该工程的折价或者拍卖款享有优先受偿权；三、本案诉讼费、保全费、保函费用由 C 公司、A 公司共同承担。本案一审法院于 2019 年 6 月 30 对该案作出（20××）×××民初 322 号民事判决书，已发生法律效力。

该判决认定位于××省××县广场的"C 天地"商住楼项目由 C 公司开发。2012 年 9 月 29 日，C 公司为该项目的建设单位，由其作为甲方与作为乙方的 A 公司签订了两份《建设工程施工合同》。其中一份合同约定履约保证金为 430 万元，合同落款甲方处由李某签名并盖章，乙方落款处由谭某甲、谭某签名并盖章；另一份合同约定履约保证金为 470 万元，合同落款甲方处由李某签名并盖章，乙方落款处由谭某甲、陈某签名并盖章。除此之外，双方在两份合同中对工程概况、承包范围、承包方式、合同工期、工程质量标准、合同价款、工程款支付、双方的权利与义务、违约责任等均进行了约定。合同内容包含：本工程建筑工程部分的钢筋、水泥、砌体材料、河砂、碎石由甲方提供，但材料款已包含在合同价款中，在支付工程款时，甲方按协议价格根据实际使用量从工程款中扣除；乙方申请竣工验收 60 天内报送结算书、竣工结算报告和完整的竣工结算资料；甲方收到竣工结算报告和完整的竣工结算资料之日起 60 天审查审定完毕；甲方如未按合同约定的期限和方式支付工程款，逾期超过 30 日，每逾期一日按 3‰向乙方支付违约金等。

上述合同签订后，谭某、侯某组织人员就 D、E 栋工程进行施工，龙某组织人员就 A、B、C 栋工程进行施工。2013 年 9 月 28 日，C 公司作为甲方与作为乙方的谭某、侯某（A 公司施工一队）签订了《C 天地建设工程施工合同补充协议》，同时与作为乙方的龙某（A 公司施工二队）也另行签订了《C 天地建设工程施工合同补充协议》。该两份补充协议均约定：结算资料、备案资料完成并交付，甲方拨付工程决算总价款的 95％；保修期满 2 年后退付保修金 3％，期满 5 年退付保修金 2％。上述工程完工后，2016 年 4 月 28 日，C 公司完成了 C 天地 A、B、C、D、E 栋的验收，作出了验收合格的《建设工程竣工验收报告》，该竣工验收报告资料由谭某乙作为 A 公司项目负责人参与制作并签字盖章，且经过了监理单位和质监站的共同确认，而谭某乙系 A 公司工作人员。此后，侯某、龙某、谭某与 C 公司就工程款结算问题进行协商。2017 年 9 月，侯某、龙某、谭某作出了结算书，2017 年 10 月 12 日，C 公司收到了 A、B、C 三栋的工程结算书，2017 年 10 月 13 日收到了 D、E 栋的工程结算书，但 C 公司未予审核回复，亦未支付工程价款。侯某、龙某、谭某遂诉至法院，请求判如所请。

关于 A 公司是否承担该案工程款支付责任问题，该判决认为，案涉建设工程施工合同系由侯某、龙某、谭某借用 A 公司名义与 C 公司签订，A 公司出借资质，由侯某、龙某、谭某自行组织人员实际施工，在人员管理、资金来源、工程款收付等方面均系侯某、龙某、谭某与 C 公司直接发生关系或直接往来，且侯某、龙某、谭某亦直接与 C 公司签订了补充协议。依照《2004 年建工解释》第一条第二项"建设工程施工合同具有下列情形之一的，应当根据合同法第五十二条第（五）项的规定，认定无效……（二）没有资质的实际施工人借用有资质的建筑施工企业名义的"的规定，案涉建设工程施工合同及补充协议均无效。侯某、龙某、谭某作为资质借用人请求出借人 A 公司对本案债务承担连带责任依据不足，应不予支持。据此，一审法院判决驳回侯某、龙某等要求 A 公司承担连带责任的诉讼请求。

二、侯某、龙某、谭某与 C 公司、A 公司之间建设工程施工合同纠纷案件的财产保全情况

侯某、龙某、谭某就上述建设工程施工合同纠纷一案起诉后，向本案一审法院申请财产保全，B 保险机构于 2018 年 8 月 24 日出具保函，为侯某、龙某、谭某的财产保全申请提供担保。2018 年 9 月 4 日，侯某、龙某、谭某与 B 保险机构签订保险合同，约定 B 保险机构为前述财产保全申请提供担保，若申请人财产保全申请错误，致被申请人遭受损失，依法应由申请人承担的损害赔偿责任，B 保险机构在担保金额范围内承担赔偿被保险人因保全所遭受损失的责任；保险标的为请求依法冻结被申请人 30003739 元银行的存款或查封、扣押其他价值相当的财产，保险期限为自被保险人向法院提出诉讼财产保全申请之日开始至保全损害之债诉讼时效届满时终止；保险费为 45005.61 元。侯某、龙某、谭某向 B 保险机构支付了保险费。2018 年 9 月 5 日，本案一审法院作出（20××）×××执保 31 号执行裁定书，裁定查封、冻结、扣押被申请人 C 公司、A 公司银行存款 30003739 元或其他价值相当的财产。后 A 公司向本案一审法院申请解除冻结，案外人郑某向本案一审法院提交抵押担保书，自愿以其个人所有的商业用房为 A 公司账户的解除提供财产抵押担保。2018 年 10 月 24 日，本案一审法院作出（20××）×××执保 31 号之一执行裁定书，裁定扣划 A 公司银行账户内存款至该院单位账户内，查封郑某的前述担保房产，解除 A 公司交通银行某支行账户 43×××28、上海浦东发展银行某分行账户 14×××07 的冻结。2018 年 10 月 26 日，本案一审法院分别向交通银行某支行、上海浦东发展银行某分行送达协助扣划存款通知书，扣划 A 公司交通银行某支行账户 43×××28 内存款 1195365.19 元、上海浦东发展银行某分行账户 14×××07 内存款 1376160.54 元至该院银行账户。

上述建设工程施工合同纠纷一案判决生效后，A 公司向本案一审法院申请解除对上述财产的保全措施。本案一审法院根据 A 公司的申请，于 2019 年 10 月 16 日作出（20××）×××执保 52 号执行裁定书，裁定将扣划至该院账户的银行存款 2571525.73 元退还给 A 公司，并解除对担保人郑某房产的查封。2019 年 10 月 29 日，A 公司收到本案一审法院退还的银行存款。

三、A 公司因账户冻结而发生的借款情况

2018 年 10 月 16 日，A 公司股东会决议，因公司基本账户、某项目临时共管账户被法

院冻结，为解决公司其他项目资金周转困难，拟向陈某借款 258 万元用于公司运营，按每月 2% 的比例支付借款利息。2018 年 10 月 29 日，A 公司与陈某签订借款协议，约定 A 公司向陈某借款 258 万元，月利率为 2%，借款期限为一年；协议还约定了其他事项。次日，陈某按借款协议约定，向 A 公司指定账户汇款 258 万元。2019 年 10 月 29 日，A 公司在收到法院退款后，偿还陈某借款 258 万元。在此期间，A 公司按借款协议约定，每月支付陈某利息 51600 元，共支付陈某 12 个月利息 619200 元。

【一审裁判观点】

一、因申请财产保全引发的损害赔偿应适用过错责任归责原则。

《民事诉讼法》第一百零五条规定："申请有错误的，申请人应当赔偿被申请人因保全所遭受的损失。"可见，因申请诉中财产保全引起的损害赔偿纠纷，属于侵权损害赔偿纠纷。《中华人民共和国侵权责任法》第六条规定："行为人因过错侵害他人民事权益，应当承担侵权责任。根据法律规定推定行为人有过错，行为人不能证明自己没有过错的，应当承担侵权责任。"我国现行法律并无明文规定对于因申请财产保全引发的损害赔偿应适用无过错原则，故应当适用上述法律规定的一般侵权的过错责任归责原则，即认定构成侵权，应当以申请人主观上具有故意或重大过失为前提，而不能仅以申请人起诉的诉讼请求未能得到法院的支持作为认定存在过错的依据。

二、侯某、龙某、谭某并不能预知 A 公司是否应承担支付工程款的责任，其已选择保险机构承保并支付保险费，申请财产保全不具有过错。

根据本案查明的事实，侯某、龙某、谭某借用 A 公司的资质承包了 C 公司发包的建设工程，并以 A 公司的名义与 C 公司签订了建设工程施工合同，因工程款的结算与支付问题，双方产生纠纷，侯某、龙某、谭某起诉 C 公司并将 A 公司列为第三人，符合《2018 年建工解释（二）》第二十四条"实际施工人以发包人为被告主张权利的，人民法院应当追加转包人或者违法分包人为本案第三人"的规定，侯某、龙某、谭某主观上不存在过错，该诉讼并不属于恶意诉讼。侯某、龙某、谭某申请对 A 公司进行财产保全时，并不能预知 A 公司是否应承担支付工程款的责任，其申请财产保全是出于自身对法律关系的认知和理解，且已通过 B 保险机构对保全行为进行承保，还为此支付了相应的保险费。因此，A 公司起诉认为侯某、龙某、谭某申请保全错误，依据不足，对其要求侯某、龙某、谭某承担损害赔偿责任的诉讼请求，一审法院不予支持。

三、侯某、龙某、谭某申请财产保全不具有过错，不应承担赔偿责任，故 B 保险机构亦无需承担保险责任。

侯某、龙某、谭某与 B 保险机构签订保险合同，约定 B 保险机构为侯某、龙某、谭某的财产保全提供担保，如保全错误，承担担保赔偿责任，因侯某、龙某、谭某申请财产保全不具有过错，B 保险机构承担保险责任的条件不成立，故对 A 公司要求 B 保险机构承担担保责任的诉请，一审法院亦不予支持。

【一审裁判结果】

驳回原告 A 公司的诉讼请求。

【二审裁判观点】

本案侯某、龙某、谭某在其起诉的建设工程施工合同纠纷案中，对其挂靠施工的事实已在起诉状中自认，最终该案判决也认定其行为系挂靠，那么在挂靠施工情形下：（1）挂靠人与被挂靠人形成挂靠合同关系，挂靠人对被挂靠人的权利义务是明确的，即被挂靠人的义务是提供施工资质，而不是向挂靠方支付工程款，这一点挂靠人是明知的；（2）在挂靠施工情形下，被挂靠人与发包人是否对挂靠人就工程款支付承担连带责任，法律对此没有明确规定，故在挂靠情形下，被挂靠人对挂靠人的义务应依据挂靠合同约定；（3）在建设工程施工合同纠纷案中，从侯某、龙某、谭某的起诉状看，其并没有提出任何A公司违反挂靠合同义务的事实；（4）生效判决也已确认A公司不承担责任，侯某等人没有上诉，这说明侯某、龙某、谭某也认可A公司不用担负支付工程款的义务。因此，侯某、龙某、谭某在明知A公司没有直接向其支付工程款的合同义务的情况下，申请法院冻结非义务主体A公司的财产，显然构成诉讼中的保全不当，其主观上存在过错，应对A公司承担侵权责任。现A公司因其错误申请保全导致需对外借款维系正常经营，A公司的借款利息619200元当属损失，应由侯某、龙某、谭某承担赔偿责任。B保险机构为侯某、龙某、谭某提供财产保全担保，理应承担连带赔偿责任。

【二审裁判结果】

一、撤销一审判决；二、限侯某、龙某、谭某在本判决生效之日起十日内赔偿A公司损失619200元；三、B保险机构对上述619200元债务承担连带赔偿责任。

【B保险机构再审申请理由】

一、原审认定侯某等三人申请财产保全错误缺乏基本证据证明且与事实不符。

A公司没有证明侯某等三人申请保全存在何种错误，二审在没有任何新证据的情况下否定一审判决，认定侯某等三人申请保全错误。

A公司隐瞒为解封其基本账户而申请将冻结的资金2574525.73元划扣至法院账户的事实，A公司的资金被划扣是其自身行为导致的。

二、原审认定A公司因保全行为遭受损失缺乏证据证明。

A公司主张以月利率2%借贷258万元，但该借款的性质、用途及资金流向均不明确，且A公司在账户被冻结后立刻向他人借款的金额与保全冻结的金额高度一致，系故意为之。

三、原审仅以挂靠关系就认定侯某等三人申请财产保全错误，属于适用法律明显错误。

侯某等三人起诉A公司和C公司有充分的事实基础和法律依据，其诉求是否获得支持并非认定申请保全是否错误的唯一标准。

因保全引起的损害赔偿案件应当适用过错责任归责原则，侯某等三人申请保全不存在主观恶意或过错行为，A公司主张的损失与保全行为亦无因果关系。

【侯某等三人再审申请理由】

一、A公司主张向案外人陈某借款并产生了利息损失，与客观实际不符。

A 公司在法院冻结其账户资金后没有提出异议，其在没有重大支出的情况下借款 258 万元并承担利息，且没有提供证据证明借款用于缴纳税费和员工保险费，该借款有虚假之嫌。

二、原审认定侯某等三人申请财产保全在主观上存在过错，缺乏证据证明。

案涉 C 天地建设工程发包给 A 公司施工，侯某等三人系挂靠 A 公司名下的实际施工人，在发包方既不办理工程结算，又不支付工程款的情况下，A 公司作为合同主体和施工管理者拒不行使结算和诉讼的权利，侯某等三人有权申请财产保全。

【被申请人答辩】

一、侯某等三人在明显缺乏依据的情形下对 A 公司提出诉讼请求，在申请诉讼保全时未尽到审慎义务，未采取措施降低和减少损失。

二、在诉讼保全过程中，侯某等三人和 B 保险机构拒绝 A 公司以不动产查封代替账户资金查封的申请，对 A 公司损失的发生和扩大有过错。

三、侯某等三人与 C 公司建设工程施工合同纠纷案生效判决已确认 A 公司不承担责任，侯某等三人没有上诉，说明其认可该判决是正确的。

请求驳回 B 保险机构和侯某等三人的再审申请。

【再审裁判观点】

一、法律没有规定被挂靠单位应承担工程款支付责任，原审认定侯某等三人主观上存在过错，有证据证明。

C 天地建设工程施工合同系由侯某等三人借用 A 公司名义与 C 公司签订，A 公司出借资质，由侯某等三人自行组织人员实际施工，在人员管理、资金来源、工程款收付等方面均系三人与 C 公司直接发生关系或直接往来，三人还与 C 公司签订了建设工程施工合同补充协议，故侯某等三人与 A 公司之间为挂靠关系。在法律没有规定被挂靠单位应承担工程款支付责任，或对发包人支付工程款承担连带责任，且侯某等三人亦没有主张 A 公司违反挂靠合同义务的情形下，侯某等三人明知 A 公司没有直接向其支付工程款的合同义务，仍申请法院冻结非义务主体 A 公司的财产，原审认定三人主观上存在过错，有证据证明。

二、原判决认定侯某等三人申请财产保全使 A 公司遭受支付利息的损失 619200 元。

侯某等三人向一审法院申请财产保全后，A 公司的基本账户、某临时共管账户被法院冻结，为解决资金周转困难，A 公司向陈某借款 258 万元，每月按 2‰ 的比例支付借款利息 51600 元，共支付陈某 12 个月利息 619200 元。A 公司提交的股东会决议、借款协议、收据、银行回单等证据，可相互印证其向陈勇军借款并支付利息的事实。侯某等三人认为 A 公司该笔借款有虚假之嫌，但没有提供证据证明其主张。因此，原审认定侯某等三人申请财产保全使 A 公司遭受了损失，并无不当。

三、侯某等三人申请保全错误，应当赔偿 A 公司因此所遭受的损失 619200 元，B 保险机构为前述财产保全申请提供担保，应当承担连带赔偿责任。

根据《民事诉讼法》第一百零五条关于"申请有错误的，申请人应当赔偿被申请人因保全所遭受的损失"的规定，侯某等三人申请保全错误，应当赔偿 A 公司因此所遭受的损失 619200 元。B 保险机构为前述财产保全申请提供担保，应当承担连带赔偿责任。原审认定侯某等三人构成诉讼中的保全不当，应对 A 公司承担侵权责任，有法律和事实依据。

【再审裁判结果】

驳回 B 保险机构、侯某、龙某、谭某的再审申请。

【律师评析】

本案中，实际施工人借用被挂靠单位资质进行施工，因工程款纠纷诉至法院，在明知被挂靠单位无需承担工程款支付义务的前提下，还对被挂靠单位采取财产保全措施，导致被挂靠单位资金周转困难而产生借款利息损失，法院判决实际施工人对被挂靠单位承担赔偿责任。

实践中，法院一般会从申请人主观上是否存在过错，申请人诉讼主体是否适格，被申请人是否存在损失，因果关系是否存在等角度认定申请保全是否错误。故在此提醒实际施工人，在申请财产保全时要仔细研究案件法律关系，结合客观事实进行保全，避免得不偿失。

【相关案例索引】

① 宜兴市兰山房地产开发有限公司沐阳分公司与刘某因申请诉中财产保全损害责任纠纷一案

案号：（2016）苏 13 民终 3971 号

裁判观点：根据《2004 年建工解释》第二十六条 "实际施工人以发包人为被告主张权利的，人民法院可以追加转包人或者违法分包人为本案当事人。发包人只在欠付工程价款范围内对实际施工人承担责任" 的规定，刘某作为实际施工人可以起诉工程发包人宜兴市兰山房地产开发有限公司沐阳分公司（以下简称兰山公司沐阳分公司）及工程转包人宿迁市现代工程建筑有限公司（以下简称现代公司）要求给付工程款，兰山公司沐阳分公司仅在欠付工程款范围内对刘某承担责任，而刘某在诉讼过程中对兰山公司沐阳分公司的财产申请保全，是行使法律赋予其的诉讼权利的表现，虽然最终人民法院生效裁判驳回了刘某对兰山公司沐阳分公司的诉讼请求，但因兰山公司沐阳分公司是否存在尚欠现代公司工程款未付的情形需经人民法院生效裁判予以确认，故刘某的诉讼请求与财产保全申请，并不存在明显的恶意，故不能据此认定刘某申请财产保全错误。

关于刘某申请财产保全的数额是否存在明显超过诉讼请求范围的问题。二审法院认为，刘某起诉要求兰山公司沐阳分公司、现代公司共同给付工程款 3192382 元及利息，并申请保全兰山公司沐阳分公司所有的位于沐阳县沃德嘉园二期 G 区共价值 350 余万元的房屋，但因刘某申请保全的兰山公司沐阳分公司所有的房屋中存在已办理销售备案或暂未办理房屋预售许可证，无备案登记的情形，故宿迁市中级人民法院实际仅对兰山公司沐阳分公司所有的位于沐阳县沃德嘉园二期 G 区 5 号楼一单元 401 室房屋进行了查封，刘某又申请保全兰山公司沐阳分公司银行账户内资金 3000000 元。因兰山公司沐阳分公司在本案二审审理过程中自述位于沐阳县沃德嘉园二期 G 区 5 号楼一单元 401 室房屋在 2012 年时价值约为四五十万元，故刘某亦不存在申请财产保全数额明显超过其诉讼请求范围的问题。

因刘某于 2014 年 6 月 5 日收到江苏省高级人民法院作出的（2014）苏民终字第 0109 号民事判决书后，应知晓其对于兰山公司沭阳分公司的诉讼请求不能成立，但刘某并未主动向人民法院提出解除对该公司的财产保全措施，而是主观上放任兰山公司沭阳分公司银行账户仍被冻结的事实发生，故刘某对于兰山公司沭阳分公司自刘某收到江苏省高级人民法院作出的（2014）苏民终字第 0109 号民事判决书至兰山公司沭阳分公司银行账户于 2014 年 7 月 21 日因冻结期间届满自动解封期间所受损失应承担赔偿责任。最终认定按照中国人民银行同期同类贷款利率计算赔偿数额，经计算，刘某应向兰山公司沭阳分公司赔偿损失的数额为 21466.67 元。

② 宁夏供销社日杂鞭炮有限公司与马某因申请诉前财产保全损害责任纠纷一案

案号：（2016）宁 01 民终 1692 号

裁判观点：关于马某对于保全金额 6601138.17 元与生效判决确定的 2146686.14 元（及利息）的差额部分是否属于申请保全错误。对于《民事诉讼法》第一百零五条规定的"申请有错误"如何理解，法律、司法解释没有更为明确的规定，实践中也有不同意见。本案中，在马某作为实际施工人起诉宁夏石油化工建设有限公司第三分公司、宁夏石油化工建设有限公司、宁夏供销社日杂鞭炮有限公司（以下简称鞭炮公司）建设工程施工合同纠纷案中，马某主张其施工的工程造价为 18448088.89 元并提交由宁夏石油化工建设有限公司组织编制的工程预（决）算汇总表为证，但马某施工的工程经过了司法鉴定，在依照合同约定减去马某应当承担的各种费用后，其施工的工程最终鉴定造价为 7891926 元，与其主张的金额相差 10556082.89 元。该案的生效判决并未全部支持马某的诉讼请求，该案中马某并未败诉，但终审判决确定的金额远远小于马某申请保全的金额。对此，二审法院认为马某作为工程施工人员，应当具有工程施工及工程造价的一般常识，即便其计算的工程造价与专业鉴定机构作出的鉴定造价存在合理出入属于正常现象，一项具体的工程造价也不会相差一千万元有余，二审法院依据事实推定及生效判决确定的金额，推定马某在申请诉前财产保全时未周全考虑保全金额过大给鞭炮公司造成损失需要承担责任的诉讼风险，认定马某存在过错，应当承担因其超额申请诉前财产保全给鞭炮公司造成的损失。

第八篇

各省(市)人民法院关于实际施工人裁判规则

注：下列裁判观点按各省（市）名称首字拼音顺序展示，不视为明示或隐含所列裁判观点的效力位阶。

【安徽省】

《安徽省高级人民法院关于审理建设工程施工合同纠纷案件适用法律问题的指导意见》（2009 年 5 月 4 日起施行；现行有效）

一、建设工程施工合同纠纷诉讼主体的确定

1. 因转包、分包建设工程发生纠纷，实际施工人起诉承包人索要工程款的，一般不追加发包人为案件当事人，但为查明案件事实需要，人民法院可追加发包人为第三人。

因建设工程质量发生纠纷，发包人仅起诉承包人或仅起诉实际施工人的，人民法院可依当事人申请，将实际施工人或承包人追加为共同被告。

2. 实际施工人以被挂靠单位名义签订建设工程施工合同，实际施工人或被挂靠单位单独起诉发包人索要工程款的，发包人可申请人民法院追加被挂靠单位或实际施工人为案件当事人；发包人起诉实际施工人或被挂靠单位的，人民法院可依被挂靠单位或实际施工人的申请，追加被挂靠单位或实际施工人为案件当事人。

二、建设工程施工合同效力的认定

4. 同时符合下列情形的，应认定为挂靠经营，所签订的建设工程施工合同无效：

（1）实际施工人未取得建筑施工企业资质或者超越资质等级；

（2）实际施工人以建筑施工企业的分支机构、施工队或者项目部等形式对外开展经营活动，但与建筑施工企业之间没有产权联系，没有统一的财务管理，没有规范的人事任免、调动或聘用手续；

（3）实际施工人自筹资金，自行组织施工，建筑施工企业只收取管理费，不参与工程施工、管理，不承担技术、质量和经济责任。

5. 符合下列情形之一的，应认定为违法分包，所签订的建设工程施工合同无效：

（1）承包人将建设工程主体结构的施工分包给他人完成；

（2）分包单位不具备相应的资质条件；

（3）分包未经建设单位认可；

（4）分包单位将其承包的工程再行分包。

6. 同时符合下列情形的，应认定为劳务分包，所签订的合同有效：

（1）实际施工人具备劳务分包企业资质等级标准规定的一种或几种项目的施工资质，承包的施工任务仅是整个工程的一道或几道工序，而不是工程的整套工序；

（2）承包的方式为提供劳务，而非包工包料。

三、建设工程价款的确定

11. 建设工程施工合同无效，但工程经竣工验收合格的，应当参照合同约定确定工程价款。

12. 建设工程施工合同终止履行，工程未完工但质量合格的，应参照合同约定确定工程价款。

13. 非法转包、违法分包建设工程，实际施工人与承包人约定以承包人与发包人之间的结算价款作为双方结算依据的，应按该约定确定实际施工人应得的工程价款；实际施工人举证证明承包人与发包人之间的结算结果损害其合法权益的，人民法院可根据实际施工人的申请，依据承包人与发包人之间的合同及相关签证确定实际施工人应得的工程价款。

14. 建设工程施工合同无效，但工程经竣工验收合格并交付发包人使用的，承包人应承担相应的工程保修义务和责任，发包人可参照合同约定扣留一定比例的工程款作为工程质量保修金。

四、违约责任的确定

18. 分包人或实际施工人完成了合同约定的施工义务且工程质量合格的，在总包人或非法转包人怠于主张工程价款优先受偿权时，就其承建的工程在发包人欠付的工程款范围内主张工程价款优先受偿权，可予支持。

《安徽省高级人民法院关于审理建设工程施工合同纠纷案件适用法律问题的指导意见（二）》（2014 年 1 月 1 日起施行；现行有效）

第一条 建筑施工企业的内部人员对外以企业名义承包工程，对内与企业签订承包协议，企业只收取管理费，不在资金、技术、设备、人力等方面提供支持，不承担技术、质量监管和经济责任的，应当认定为借用资质，以建筑施工企业名义与发包人签订的建设工程施工合同无效。

第二条 依法必须进行招标的建设工程，招标人与投标人在履行招投标程序前，以签订补充协议等形式对建设工程的施工范围、工期、计价方式、总价款等内容进行约定的，属串通投标，所签订的建设工程施工合同无效。

第八条 当事人就同一建设工程订立的数份施工合同均被认定无效，应当参照当事人实际履行的合同结算工程价款。

第十一条 非法转包、违法分包建设工程，实际施工人与承包人约定以发包人与承包人的结算结果作为结算依据，承包人与发包人尚未结算，实际施工人向承包人主张工程价款的，分别下列情形处理：

（一）承包人与发包人未结算尚在合理期限内的，驳回实际施工人的诉讼请求。

（二）承包人已经开始与发包人结算、申请仲裁或者诉至人民法院的，中止审理。

（三）承包人怠于向发包人主张工程价款，实际施工人主张参照发包人与承包人签订的建设工程施工合同确定工程价款的，应予支持。

第十二条 非法转包、违法分包建设工程的当事人未签订书面合同，又无法查明双方的计价方法或者计价标准，一方主张参照承包人与发包人签订的建设工程施工合同确定工程价款的，可予支持。

第十三条 实际施工人根据《2004 年建工解释》第二十六条第二款的规定要求发包人承担责任，发包人对其已支付的工程价款数额负有举证责任。

【北京市】

《北京市高级人民法院关于审理建设工程施工合同纠纷案件若干疑难问题的解答》（京高法发〔2012〕245 号；2012 年 8 月 6 日起施行；现行有效）

2.《2004 年建工解释》第一条第（二）项规定的"没有资质的实际施工人借用有资质的建筑施工企业名义"承揽建设工程（即"挂靠"）具体包括哪些情形？

具有下列情形之一的，应当认定为《2004 年建工解释》规定的"挂靠"行为：

（1）不具有从事建筑活动主体资格的个人、合伙组织或企业以具备从事建筑活动资格的建筑施工企业的名义承揽工程；

（2）资质等级低的建筑施工企业以资质等级高的建筑施工企业的名义承揽工程；

（3）不具有施工总承包资质的建筑施工企业以具有施工总承包资质的建筑施工企业的名义承揽工程；

（4）有资质的建筑施工企业通过名义上的联营、合作、内部承包等其他方式变相允许他人以本企业的名义承揽工程。

4. 劳务分包合同的效力如何认定？

同时符合下列情形的，所签订的劳务分包合同有效：

（1）劳务作业承包人取得相应的劳务分包企业资质等级标准；

（2）分包作业的范围是建设工程中的劳务作业（包括木工、砌筑、抹灰、石制作、油漆、钢筋、混凝土、脚手架、模板、焊接、水暖、钣金、架线）；

（3）承包方式为提供劳务及小型机具和辅料。

合同约定劳务作业承包人负责与工程有关的大型机械、周转性材料租赁和主要材料、设备采购等内容的，不属于劳务分包。

5. 如何认定建筑企业的内部承包行为？

建设工程施工合同的承包人将其承包的全部或部分工程交由其下属的分支机构或在册的项目经理等企业职工个人承包施工，承包人对工程施工过程及质量进行管理，对外承担施工合同权利义务的，属于企业内部承包行为；发包人以内部承包人缺乏施工资质为由主张施工合同无效的，不予支持。

17. 无效建设工程施工合同中的工程价款如何确定？

建设工程施工合同无效，但工程经竣工验收合格，当事人任何一方依据《2004 年建工解释》第二条的规定要求参照合同约定支付工程折价补偿款的，应予支持。承包人要求发包人按中国人民银行同期贷款利率支付欠付工程款利息的，应予支持。发包人以合同无效为由要求扣除工程折价补偿款中所含利润的，不予支持。

18. 《2004 年建工解释》中"实际施工人"的范围如何确定？

《2004 年建工解释》中的"实际施工人"是指无效建设工程施工合同的承包人，即违法的专业工程分包和劳务作业分包合同的承包人、转承包人、借用资质的施工人（挂靠施工人）；建设工程经数次转包的，实际施工人应当是最终实际投入资金、材料和劳力进行工程施工的法人、非法人企业、个人合伙、包工头等民事主体。法院应当严格实际施工人的认定标准，不得随意扩大《2004 年建工解释》第二十六条第二款的适用范围。对于不属于前述范围的当事人依据该规定以发包人为被告主张欠付工程款的，应当不予受理，已经受理的，应当裁定驳回起诉。

建筑工人追索欠付工资或劳务报酬的，按照工资支付的相关法律、法规规定及《北京市高级人民法院关于依法快速处理建设领域拖欠农民工工资相关案件的意见》妥善处理。

19. 违法分包合同、转包合同的实际施工人主张欠付工程款的，诉讼主体如何确定？发包人的责任如何承担？

实际施工人以违法分包人、转包人为被告要求支付工程款的，法院不得依职权追加发包人为共同被告；实际施工人以发包人为被告要求支付工程款的，应当追加违法分包人或转包人作为共同被告参加诉讼，发包人在其欠付违法分包人或转包人工程款范围内承担连带责任。发包人以其未欠付工程款为由提出抗辩的，应当对此承担举证责任。

注：本条与《2020 年建工解释（一）》第四十三条第二款的规定冲突，根据效力位阶，应优先适用《2020 年建工解释（一）》的规定。

20. 不具有资质的挂靠施工人主张欠付工程款的，如何处理？挂靠人又将工程分包、转包给他人施工，施工人主张欠付工程款的，如何处理？

不具有资质的实际施工人（挂靠施工人）挂靠有资质的建筑施工企业（被挂靠人），并以该企业的名义签订建设工程施工合同，被挂靠人怠于主张工程款债权的，挂靠施工人可以以自己名义起诉要求发包人支付工程款，法院原则上应当追加被挂靠人为诉讼当事人，发包人在欠付工程款范围内承担给付责任。因履行施工合同产生的债务，被挂靠人与挂靠施工人应当承担连带责任。

挂靠人承揽工程后，以被挂靠人名义将工程分包、转包给他人施工，施工人主张欠付工程款的，按照《北京市高级人民法院审理民商事案件若干问题的解答之五》第四十七条规定处理。

注：《北京市高级人民法院审理民商事案件若干问题的解答之五》第四十七条

在建筑行业的挂靠经营中，挂靠者以被挂靠者的名义从事对外经济活动的，被挂靠者是否承担民事责任？

合同相对人同时起诉挂靠者和被挂靠者的，如果合同相对人对于挂靠事实不明知，由挂靠者与被挂靠者承担连带民事责任；如果合同相对人对于挂靠事实明知，首先由挂靠者承担责任，被挂靠者承担补充的民事责任。

合同相对人只起诉被挂靠者的，被挂靠者对外应先行承担民事责任。

在被挂靠者对外承担责任的范围内，被挂靠者对挂靠者享有追偿权。

21. 发包人主张将其已向合法分包人、实际施工人支付的工程款予以抵扣的，如何处理？

承包人依据建设工程施工合同要求发包人支付工程款，发包人主张将其已向合法分包人、实际施工人支付的工程款予以抵扣的，不予支持，但当事人另有约定、生效判决、仲裁裁决予以确认或发包人有证据证明其有正当理由向合法分包人、实际施工人支付的除外。

32. 当事人申请对工程造价进行鉴定的，如何处理？

当事人对工程价款存在争议，既未达成结算协议，也无法采取其他方式确定工程款的，法院可以根据当事人的申请委托有司法鉴定资质的工程造价鉴定机构对工程造价进行鉴定；当事人双方均不申请鉴定的，法院应当予以释明，经释明后对鉴定事项负有举证责任的一方仍不申请鉴定的，应承担举证不能的不利后果。

鉴定过程中，一方当事人无正当理由在规定期限内拒绝提交鉴定材料或拒不配合，导致鉴定无法进行，经法院释明不利后果后其仍拒绝提交或拒不配合的，应承担举证不能的不利后果。

33. 当事人在诉前共同委托鉴定的效力如何认定？

当事人诉前已经共同选定具有相应资质的鉴定机构对建设工程作出了相应的鉴定结论，诉讼中一方当事人要求重新鉴定的，一般不予准许，但有证据证明该鉴定结论具有《证据规定》第二十七条第一款规定情形除外。

34. 工程造价鉴定中法院依职权判定的事项包括哪些？

当事人对施工合同效力、结算依据、签证文件的真实性及效力等问题存在争议的，应由法院进行审查并作出认定。法院在委托鉴定时可要求鉴定机构根据当事人所主张的不同结算依据分别作出鉴定结论，或者对存疑部分的工程量及价款鉴定后单独列项，供审判时审核认定使用，也可就争议问题先做出明确结论后再启动鉴定程序。

《北京市第一中级人民法院对民事审判中部分执法不统一问题的规范意见》（2011 年）

第三部分　建设工程施工合同案件中的问题

2. 承包人不具备建设所承包工程的相应资质，是否合同一律应确定为无效？（有补充）

基本意见：对于资质的要求是《建筑法》的规定，在《2004 年建工解释》中明确规定没有取得资质、超越资质等级、借用他人资质签订的合同为无效。在审判实务中有以下几种情形，需要予以特别考虑：（1）不属于《建筑法》调整范围内的工程项目，如小型房屋建筑工程（各省有相应规定）、农民自用的低层住宅等，不宜因施工人无资质而认定合同无效。（2）承包人在签订合同时具备资质，但在合同履行过程中丧失了资质，属于合同在履行过程中发生情势变更，属于合同无法继续履行，不应按合同无效处理。（3）承包人在签订合同时不具备相应资质，但竣工前取得相应资质，这时仍应认定合同有效。（4）工程项目虽不属于《建筑法》调整范围，但有关地方一级政府行政部门的文件规定要求施工人具有一定的资质，因该规定不属于法律、法规，故该规定，在民事审判中不宜将其作为因资质问题而认定无效的根据。

5. 建设工程施工合同被认定为无效后，工程价款如何结算？

问题说明：合同无效后，双方应当返还财产或者折价补偿，有过错的一方要赔偿损失。对于建设工程合同，由于履行中承包方提供的财产物化于工程本身，不适用返还方式，只能适用折价补偿的方式，因此如何结算成为问题。

基本意见：在双方没有签订备案合同的情况下，建设工程施工合同无效但工程经竣工验收合格或已交付使用，承包人可以请求参照合同约定支付工程款。（1）如果双方签订了结算协议，可以依据结算协议确定工程总价款。（2）双方没有签订结算协议，则应通过造价鉴定来确定工程总价款。此时仍应当以双方签订的无效合同作为鉴定依据，除非双方均同意不以该合同为鉴定依据。（3）此时发包人仍应支付拖欠工程款的利息。

11. 转包、违法分包、劳务分包对合同效力的影响？

问题说明：在建设工程的承发包关系中，经常有转包和分包的情况出现，这时如何判断合同的效力？

基本意见：（1）转包是指承包人将其承包的全部工程都交由第三人完成；违法分包是指承包人将其承包的部分工程肢解为若干部分后，全部交由若干单位或个人完成。转包、违法分包的合同无效。（2）对于将全部工程劳务都分包给第三人的，只要第三人具有劳务资质，则劳务分包合同有效。但如是将整个工程肢解分包给若干劳务队伍，则属违法分包，分包合同无效。

13.《2004 年建工解释》第四条规定了因违法分包、转包、出借资质等情形而认定合同无效后收缴当事人已经取得的非法所得。如何适用？（增加）

基本意见：在审判实践中，出现因违法分包、转包、出借资质等情形而认定合同无效，可以给违法一方所在地的建设行政主管部门提出司法建议，建议由建设行政主管部门按照《建筑法》的规定进行处罚，不宜在案件中直接涉及。

注：《2004 年建工解释》第四条规定已随《2004 年建工解释》废止而失效。

《北京市高级人民法院关于印发〈北京市高级人民法院审理民商事案件若干问题的解答之五（试行）〉的通知》（京高法发〔2007〕168 号；2007 年 05 月 18 日起施行；现行有效）

46. 建筑行业中的挂靠经营行为是否无效？

建筑行业中的挂靠经营行为并不都是当然无效，在下列情形下挂靠行为有效：

（1）挂靠者虽然以被挂靠者的名义签订建设工程施工合同，但其本身具备建筑等级资质，且实际承揽的工程与其自身资质证书等级相符；

（2）被挂靠者提供工程技术图纸、进行现场施工管理，并由开发单位直接向被挂靠者结算。

47. 在建筑行业的挂靠经营中，挂靠者以被挂靠者的名义从事对外经济活动的，被挂靠者是否承担民事责任？

合同相对人同时起诉挂靠者和被挂靠者的，如果合同相对人对于挂靠事实不明知，由挂靠者与被挂靠者承担连带民事责任；如果合同相对人对于挂靠事实明知，首先由挂靠者承担责任，被挂靠者承担补充的民事责任。

合同相对人只起诉被挂靠者的，被挂靠者对外应先行承担民事责任。

在被挂靠者对外承担责任的范围内，被挂靠者对挂靠者享有追偿权。

【重庆市】

《重庆市高级人民法院关于当前民事审判若干法律问题的指导意见》（2007 年 11 月 22 日起施行；现行有效）

二、关于建设工程施工合同纠纷案件的处理

14. 挂靠施工的结算。根据《2004 年建工解释》第二十六条的规定，实际施工人可以直接起诉发包人，请求发包人在拖欠工程款的范围内承担清偿工程款的责任，并追加承包人、转包人或者违法分包人为共同被告或者第三人。此种保护实际施工人的规定在实践中不应过于泛化。如实际施工人未向发包人主张权利，被挂靠的施工企业基于合同关系向发包人请求支付工程款，发包人以施工企业不是实际施工人为由提出抗辩并拒绝支付工程款的，人民法院不必然追加实际施工人为第三人，但应将诉讼情况通知实际施工人；发包人要求扣除其向实际施工人的已付款，经审查确已支付且付款正当的，可以支持。

《重庆市高级人民法院民一庭关于建设工程施工合同纠纷案件若干问题的解答》（2019 年 10 月 16 日发布）

4. 如何认定内部承包合同关系及其效力？

答：内部承包合同是指建筑施工企业将其自身承包的工程交由与其建立了劳动关系的企业职工经营管理，并就利用建筑施工企业特定的生产资料完成工程施工、相关经营管理权以及利润分配达成的约定。对企业职工与建筑施工企业之间是否存在劳动关系，人民法院可以根据《中华人民共和国劳动合同法》《中华人民共和国劳动合同法实施条例》《关于确立劳动关系有关事项的通知》（劳社部发〔2005〕12 号）等规定进行审查。对双方的约定是否符合内部承包合同的特征，根据前述内容进行审查。

当事人以《2004 年建工解释》第一条第二项规定主张内部承包合同无效的，人民法院不予支持。

6. 实际施工人借用建筑施工企业资质与发包人签订建设工程施工合同的，如何处理？

答：实际施工人借用建筑施工企业资质与发包人签订建设工程施工合同的，实际施工人与建筑施工企业签订的挂靠合同、建筑施工企业与发包人签订的建设工程施工合同均应认定为无效，各方当事人应当根据"合同相对性原则"向合同相对方主张权利，但法律、行政法规、司法解释另有规定的除外。

实际施工人借用建筑施工企业资质与发包人签订的建设工程施工合同被认定为无效，发包人请求借用资质的实际施工人、出借资质的建筑施工企业对因出借资质造成的损失承担连带责任的，人民法院应予支持。但发包人在签订合同时明知实际施工人借用资质的，应当由其因合同无效造成的损失承担相应的责任；发包人在合同签订后得知实际施工人借用资质的，应当采取合理措施避免损失扩大，否则由其就扩大的损失承担相应的责任。

7. 未在承包合同上显名的实际施工人的合伙人、实际出资人等，能否请求结算工程价款？

答：未在承包合同上显名的实际施工人的合伙人、实际出资人等请求结算工程价款的，人民法院不予受理；已经受理的，裁定驳回起诉。实际施工人与其合伙人、实际出资人等之间的关系属于内部关系，各自的权利义务按照合伙协议等约定确定。

9. 实际施工人以转包人、分包人、出借资质的建筑施工企业名义向发包人报送工程结算资料，转包人、分包人、出借资质的建筑施工企业在结算资料上签字或盖章的行为，可否认定为与实际施工人的结算行为？

答：实际施工人以转包人、分包人、出借资质的建筑施工企业名义向发包人报送工程结算资料的行为，实系代转包人、分包人、出借资质的建筑施工企业与发包人进行结算的行为，而非实际施工人与转包人、分包人、出借资质的建筑施工企业之间的结算行为。实际施工人以转包人、分包人、出借资质的建筑施工企业在结算资料上签字或者盖章为由主张以结算资料载明的工程造价作为其与转包人、分包人、出借资质的建筑施工企业的结算依据的，人民法院不予支持。

15. 建设工程施工合同无效，且承包人有权请求参照合同约定支付工程价款的，合同中关于工程价款的付款条件、付款时间、付款方式等约定可否参照适用？

答：建设工程施工合同无效，且承包人有权请求参照合同约定支付工程价款的，合同中关于工程价款的付款条件、付款时间、付款方式等约定可以参照适用。

16. 无效建设工程施工合同中约定的管理费如何处理？

答：转包人、违法分包人、出借资质的建筑施工企业已经收取了管理费，实际施工人以建设工程施工合同无效为由请求返还的，人民法院不予支持。

实际施工人请求转包人、违法分包人、出借资质的建筑施工企业支付的工程款中包含管理费的，人民法院应当对其中包含的管理费予以扣除。

无效建设工程施工合同约定的管理费已被实际施工人实际取得，转包人、违法分包人、出借资质的建筑施工企业请求实际施工人按照无效建设工程施工合同约定支付的，人民法院不予支持。

19. 实际施工人请求发包人在欠付工程价款范围内承担责任的，欠付工程价款范围的举证证明责任由谁承担？

答：实际施工人请求发包人在欠付工程价款范围内承担责任的，应由实际施工人就发包人与转包人或者违法分包人已经办理结算、实际施工人未得到清偿的工程价款数额等事实承担举证证明责任。

实际施工人能够举证证明发包人与转包人或者违法分包人已经办理结算的，应由发包人对欠付转包人或者违法分包人工程价款金额承担举证证明责任。

发包人与转包人或者违法分包人尚未办理结算，导致人民法院不能查明发包人欠付转包人或者违法分包人工程价款数额的，人民法院对实际施工人主张发包人在欠付工程价款范围内承担责任的请求不予支持。转包人或者违法分包人怠于与发包人办理结算的，实际施工人可以根据《2008 年建工解释（二）》第二十五条之规定提起代位权诉讼。

21. 劳务班组长、劳务班组成员请求支付劳务费用的，如何处理？

答：劳务班组长、劳务班组成员请求支付劳务费用的，按照以下情形分别处理：

（1）劳务班组长、劳务班组成员与实际施工人、分包人、转包人、总承包人等存在劳务分包合同关系的，应当由劳务班组长、劳务班组成员根据劳务分包合同、劳务费用结算清单等向与其存在劳务分包合同关系的实际施工人、分包人、转包人、总承包人等请求支付劳务费用；

（2）劳务班组长、劳务班组成员与分包人、转包人、总承包人等存在事实劳动关系，劳务班组长、劳务班组成员请求支付劳动报酬的，按照劳动争议处理；

（3）劳务班组长、劳务班组成员以工资欠条为证据直接向人民法院起诉，诉讼请求不涉及劳动关系其他争议的，按照普通民事纠纷处理。

《重庆市高级人民法院民一庭关于当前民事审判疑难问题的解答》（2014）

二、建设工程施工合同纠纷

7. 不具备劳动关系的建筑企业与自然人之间签订的工程承包合同能否认定为内部承包合同？

答：建筑企业与自然人不具备劳动关系，双方签订的工程承包合同不能认定为内部承包合同。建筑企业与自然人是否存在劳动关系，应当根据劳动关系的构成要件进行判断。

10. 实际施工人向与其没有合同关系的发包人、承包人、转包人、分包人主张欠付工程价款的，如何处理？

答：根据《2004 年建工解释》第二十六条以及《2011 年全国民事审判工作会议纪要》精神，在审理建设工程施工合同纠纷案件时，对于实际施工人向与其没有合同关系的发包人、承包人、转包人、分包人提起的诉讼，应当从严审查。实际施工人可以请求发包人在欠付工程价款范围内承担责任。除此之外，实际施工人向与其不具有合同关系的承包人、转包人、分包人主张欠付工程价款的，不予支持。

14. 实际施工人以承包人名义向发包人报送工程结算资料，实际施工人、承包人在该结算资料上签字或者盖章的行为，能否认定为承包人与实际施工人的结算行为？

答：发包人与承包人之间的合同关系与承包人与实际施工人的合同关系是两个不同的法律关系。实际施工人以承包人名义向发包方报送工程结算资料，表明结算的双方是发包人和承包人。承包人和实际施工人在结算资料上签字或者盖章，该行为不能认定为实际施工人与承包人之间的结算行为，也不能认定为实际施工人与发包人之间的结算行为，仅表明承包人是资料的报送方。承包人与实际施工人应当按照合同约定或实际施工情况另行依法结算。

15. 实际施工人是否享有建设工程价款优先受偿权？

答：我国《合同法》第二百八十六条规定："发包人未按照约定支付价款的，承包人可以催告发包人在合理期限内支付价款。发包人逾期不支付的，除按照建设工程的性质不宜折价、拍卖的以外，承包人可以与发包人协议将该工程折价，也可以申请人民法院将该工程依法拍卖。建设工程的价款就该工程折价或者拍卖的价款优先受偿。"该条赋予承包人享有建设工程价款优先受偿权的立法目的旨在解决工程款的拖欠问题，保障包括广大农民工在内的建筑工人的基本生活需要。但是，现实生活中，承包人非法转包和违法分包的情形较为普遍，承包人往往并不实际施工，拖欠的工程款通常是实际施工人的。如果承包人怠于行使权利，则实际施工人的利益无法得到保护。因此，在与发包人具有直接合同关系的承包人没有起诉发包人的情况下，实际施工人诉请发包人在欠付工程款范围内支付工程价款并依照我国《合同法》第二百八十六条主张建设工程价款优先受偿权的，应当予以支持。

18. 建设工程施工合同中存在多重合同关系时，各合同之间的效力是否具有关联性？

答：建设工程施工合同纠纷案件中可能存在多重合同关系，包括发包人与承包人、承包人与分包人、转包人与转承包人等主体之间的合同关系。每个合同均有各自不同的主体、权利义务关系，影响每个合同效力的因素也各不相同。根据合同相对性原则，每个合同的效力是各自独立的。前一合同无效并不必然导致后一合同无效，前一合同有效也并不必然引起后一合同有效，人民法院应当根据合同的有效要件分别进行审查。

【福建省】

《福建省高级人民法院关于审理建设工程施工合同纠纷案件疑难问题的解答》（2007年11月22日起施行；现行有效）

1. 问：如何认定施工企业内部承包合同的性质与效力？

答：建设工程施工合同的承包人与其下属分支机构或职工就所承包的全部或部分工程施工所签订的承包合同为企业内部承包合同，属建筑施工企业的一种内部经营方式，法律和行政法规对此并不禁止，承包人仍应对工程施工过程及质量等进行管理，对外承担施工合同的权利义务。当事人以内部承包合同的承包方无施工资质为由主张合同无效的，不予支持。

2. 问：如何区分劳务分包与转包、违法分包？

答：劳务分包是指建设工程的总承包人或者专业承包人将所承包的建设工程中的劳务作业（包括木工、砌筑、抹灰、石制作、油漆、钢筋、混凝土、脚手架、模板、焊接、水暖、钣金、架线等）发包给劳务作业承包人完成的活动。转包是承包人将所承包的全部建设工程转由第三人施工完成。分包是承包人将所承包的建设工程的某一部分施工项目交由第三人施工建设，其中《建筑法》与《建设工程质量管理条例》第七十八条所列的四种行为属违法分包。劳务分包既不是转包，也不是分包；转包及违法分包为法律所禁止，劳务分包则不为法律所禁止。

3. 问：被挂靠单位（出借名义的建筑施工企业）是否应对挂靠人在施工过程中的转包、购买施工材料等行为承担责任？

答：挂靠人以自己的名义将工程转包或者与材料设备供应商签订购销合同，实际施工人或者材料设备供应商起诉要求被挂靠单位承担合同责任的，不予支持；挂靠人以被挂靠单位的名义将工程转包或者与材料设备供应商签订购销合同的，一般应由被挂靠单位承担合同责任，但实际施工人或者材料设备供应商签订合同时明知挂靠的事实，并起诉要求挂靠人承担合同责任的，由挂靠人承担责任。

4. 问：发包人与无相应施工资质的承包人签订建设工程施工合同，承包人依合同取得的工程价款超过其实际施工成本的，超过部分是否应予收缴？承包人非法转包、违法分包、出借资质而依合同约定取得的"挂靠费""管理费"等是否应当收缴？

答：承包人无相应施工资质，所签订的建设工程施工合同虽然无效，但《2004 年建工解释》第二条规定："建设工程施工合同无效，但建设工程经竣工验收合格，承包人请求参照合同约定支付工程价款的，应予支持。"因此，对承包人依合同取得的工程价款不应予以收缴。

对承包人因非法转包、违法分包建设工程而已经取得的利益，或者建筑施工企业因出借施工资质而已经取得的利益，例如，"挂靠费""管理费"等，人民法院可以根据我国《民法通则》第一百三十四条的规定予以收缴，但建设行政机关已经对此予以行政处罚的，人民法院不应重复予以制裁。

福建省高级人民法院《当前我省涉建工纠纷审判调研 问答·案例·白皮书》（2022 年9 月发布）

3. 如何认定挂靠？

住房和城乡建设部《建筑工程施工发包与承包违法行为认定查处管理办法》（2019 年1 月 1 日实施）第九条规定："本办法所称挂靠，是指单位或个人以其他有资质的施工单位的名义承揽工程的行为。前款所称承揽工程，包括参与投标、订立合同、办理有关施工手续、从事施工等活动。"第十条规定："存在下列情形之一的，属于挂靠：（一）没有资质的单位或个人借用其他施工单位的资质承揽工程的；（二）有资质的施工单位相互借用资质承揽工程的，包括资质等级低的借用资质等级高的，资质等级高的借用资质等级低的，相同资质等级相互借用的；（三）本办法第八条第一款第（三）至（九）项规定的情形，有证据证明属于挂靠的。"

实务中，挂靠法律关系的认定应重点审查：投标保证金的缴纳主体和资金来源；实际施工人是否以承包人的委托代理人身份签订合同；实际施工人是否与发包人就合同事宜直接磋商；实际施工人是否全程参与投标、保证金的支付、合同的订立、实际施工等；是否以劳务分包形式来掩盖挂靠行为等，以此来确定法律关系的性质是否为挂靠。

以下情况一般认定为挂靠：

（1）假借内部承包名义，但没有人员聘用合同、没有缴纳社保、没有工资发放记录，办公场所是各自独立的。

（2）挂靠协议签订后，挂靠人再以被挂靠人的名义与发包人签订建设工程施工合同的；在没有挂靠协议的情况下，挂靠人以被挂靠人代理人的身份签订合同的。

（3）工程款直接流向挂靠人，被挂靠人仅收取管理费，无实质参与工程管理，各自财务独立的。

（4）从履行合同看。现场管理人员由挂靠人聘请、发放工资，挂靠人实际出资，以自己的名义或以被挂靠人的名义对外聘用人员、购买机械、材料或租赁设备的。

4. 在挂靠情况下，如何认定承包人与发包人签订的建设工程施工合同效力？

实践中，对于挂靠人与被挂靠人签订的挂靠协议无效并无争议。但是对于承包人与发包人签订的建设工程施工合同的效力认定存在争议。

实际施工人以被挂靠人的名义与发包人签订的建设工程施工合同。在发包人明知挂靠的情况下，发包人与承包人签订的建设工程施工合同无效。

发包人对借用资质的事实不知情，即使在施工过程中发现挂靠的，亦应当认定建设工程施工合同有效。

5. 在挂靠情况下，如何认定合同的相对人？

在发包人明知挂靠的情况下，发包人与挂靠人之间形成事实上的建设工程施工合同关系。建设工程经验收合格，实际施工人有权请求发包人参照合同关于工程价款的约定折价补偿。

承包人对合同无效后果应当承担相应的责任。

实际施工人未完成施工任务，承包人继续履行合同，完成施工任务后。有权与发包人进行结算，并主张相应的建设工程价款。

发包人对挂靠的事实不知情，发包人与被挂靠人签订的建设工程施工合同有效。根据合同相对性原则和信赖利益保护原则，实际施工人无权向发包人主张权利，但实际施工人可以基于合同相对性原则向被挂靠人主张权利。

6. 在挂靠情况下，如何认定发包人明知？

对"发包人明知"可以从以下方面认定：（1）挂靠人直接向发包人支付投标保证

金，或者二者存在出借款项、保证金支付、工程款支付等其他直接款项往来；（2）发包人在工程项目招标、合同签订、履行等过程中对挂靠人是实际履行主体情况知情；（3）挂靠人与发包人就合同事宜直接进行磋商，或者发包人知悉挂靠人与被挂靠人之间挂靠事实。

7. 如何认定以分公司名义挂靠？

实践中，施工企业与挂靠人约定，专门设立施工企业的分公司，交由挂靠人负责经营，并由该挂靠人对外通过某分公司以施工企业的名义承揽工程项目。这种情形与挂靠人直接与施工企业签订挂靠协议。而后在具体的项目中，通过项目部这一载体实施具体的挂靠经营活动无异。只不过采取了设立分公司这一更为隐蔽的形式。同样属于"没有资质的单位或个人借用其他施工单位的资质承揽工程的"挂靠情形。认定标准参照本答疑第 3 条。该分公司和施工企业之间因挂靠而引起的纠纷实际仍是挂靠人与施工企业之间的纠纷，属于人民法院受理案件的范围。

12. 建设工程施工合同被认定无效后，合同中约定的"管理费"是否支持？

建设工程施工合同因转包、违法分包或挂靠行为无效时，对于该合同中约定的由转包方收取"管理费"的处理，应结合个案情形，根据合同目的等具体情况，作出判断。如该"管理费"属于工程价款的组成部分，承包人举证证明其实际参与了施工组织管理协调的，可参照合同约定处理；对于承包人纯粹通过转包牟利，未实际参与施工组织管理协调，合同无效后主张"管理费"的，应不予支持。合同当事人以作为合同价款的"管理费"应予收缴为由主张调整工程价款的，不予支持。基于合同的相对性，非合同当事人不能以承包人与实际施工人之间有关"管理费"的约定主张调整应支付的工程款。

13. 建设工程施工合同无效，建设工程价款支付条件和各类违约金是否可以参照合同约定适用？

《民法典》第七百九十三条第一款规定，建设工程施工合同无效，但建设工程经验收合格的，可以参照合同关于建设工程价款的约定折价补偿承包人。《2020 年建工解释（一）》第六条第二款规定："损失大小无法确定，一方当事人请求参照合同约定的质量标准、建设工期、工程价款支付时间等内容确定损失大小的，人民法院可以结合双方过错程度、过错与损失之间的因果关系等因素作出裁判。"除此之外，当事人主张参照合同约定的建设工程价款支付条件、违约金等确定支付条件、计算违约金的，没有法律依据，不予支持。

14. 实际施工人和承包人都向发包人主张建设工程价款并都获得支持的情况下，如何协调两个债权之间的关系？

根据《2020 年建工解释（一）》第四十三条规定，实际施工人以发包人为被告主张建设工程价款的，人民法院应当追加承包人为本案第三人。承包人在参加诉讼的同时向发包人请求支付建设工程价款的，根据《民事诉讼法》第五十九条规定，可以作为有独立请求权的第三人加入诉讼。在查明承包人是否欠付实际施工人建设工程价款，发包人是否欠付承包人建设工程价款事实和实际施工人施工部分款项后，一并作出判决。在承包人、实际施工人的诉讼请求都应当支持的情况下，承包人基于转包、分包合同和发包人基于司法解释的规定而同样对于实际施工人负有给付义务，因发包人或承包人的履行而使欠付实际施工人的债务均归于消灭。因此，发包人在欠付工程款范围内向实际施工人支付建设工程价款义务与承包人向实际施工人支付建设工程价款义务构成不真正连带债务案件判决主文可分二项：1. 发包人向承包人支付欠付的建设工程价款；2. 发包人在欠付承包人工程款范围内对实际施工人承担责任，发包人向实际施工人支付后，发包人对承包人的债务相应消灭。

承包人已经向发包人主张建设工程价款的，实际施工人又向发包人主张工程款，因涉及欠付建设工程价款数额的认定，实际施工人又向发包人主张工程款案件应中止审理，待前案欠付工程款数额确定后，根据前案认定的数额判决发包人在欠付工程款范围内对实际施工人承担责任。

15. 在发包人明知挂靠情况下，挂靠人是否享有建设工程价款优先受偿权？

依据《民法典》第八百零七条以及《2020 年建工解释（一）》第三十五条的规定，只有与发包人订立建设工程施工合同的承包人才享有建设工程价款的优先受偿权。尽管在发包人明知挂靠情况下，挂靠人与发包人形成事实上的建设工程施工合同关系，但挂靠人仍不属于"与发包人订立建设工程施工合同的承包人"，不享有建设工程价款优先受偿权。

22. 实际施工人是否可以直接与发包人结算工程价款？

实际施工人与发包人没有合同关系，双方无权结算建设工程价款。《2020 年建工解释（一）》第四十三条关于实际施工人可以向发包人主张建设工程价款的规定，仅是在特定情况下、一定范围内为实际施工人提供的特殊救济途径，应当严格依照法定条件适用。发包人直接与实际施工人结算工程价款的，对承包人不发生效力。发包人明知实际施工人挂靠承包人承揽工程的除外。

40. "发包人在欠付建设工程价款范围内对实际施工人承担责任"，是否包括建设工程价款的利息或违约责任？

《2020 年建工解释（一）》第四十三条规定实际施工人可以向发包人主张支付欠付建设工程价款的范围仅限定为建设工程价款，不包括工程价款利息、违约金、损失赔偿金等。实际施工人依据本条规定，向发包人主张支付欠付建设工程价款的利息、违约金、工程奖励金、损失赔偿金等款项的，不予支持。

41. 多层转包、多层违法分包、挂靠后再转包、再分包的实际施工人能否请求发包人在欠付工程款范围内承担责任？

单层转包、单层违法分包的实际施工人可以依据《2020 年建工解释（一）》第四十三条规定请求发包人在欠付工程款范围内承担责任。借用资质及多层转包和违法分包的实际施工人不能请求发包人在欠付工程款范围内承担责任。

42. 承包人已经与发包人结算完毕并领取了工程款，实际施工人再向发包人主张遗漏结算的工程款是否成立？

发包人与实际施工人不存在合同关系，在承包人已经与发包人结算完毕并领取工程款后，即不存在欠付建设工程价款的事实，实际施工人无权向发包人主张权利，亦无权直接向发包人主张遗漏结算工程价款。

43. 个人合伙作为实际施工人时，部分合伙人能否单独以实际施工人身份起诉？

二人以上共同作为实际施工人签订建设工程施工合同的，对外共同享有权利、共同承担义务，应当适用《民法典》关于合伙合同的相关规定认定民事权利义务，适用《民事诉讼法》第五十五条关于必要共同诉讼的规定认定民事诉讼权利义务。部分合伙人单独以实际施工人起诉请求合同权利的，应依据《民诉法解释》第七十四条规定追加其他合伙人作为共同诉讼当事人。应当追加的原告，已明确表示放弃实体权利的，可不予追加；既不愿意参加诉讼，又不放弃实体权利的，仍应追加为共同原告，其不参加诉讼，不影响案件的审理并依法作出判决。

【广东省】

《广东省高级人民法院关于审理建设工程施工合同纠纷案件若干问题的意见》（粤高法发〔2006〕37 号，2021 年 1 月 1 日起废止）

（三）建设工程施工合同无效，但按照《2004 年建工解释》第二条的规定可参照合同约定计算工程价款的，如承包人存在延期完工或者发包人存在延期支付工程款的情形，当事人应参照合同约定赔偿对方因此造成的损失。

《广东省高级人民法院关于审理建设工程施工合同纠纷案件若干问题的指导意见》（粤高法发〔2011〕37 号，2021 年 1 月 1 日起废止）

十四、挂靠人以被挂靠人的名义与发包人订立建设工程施工合同，被挂靠人与挂靠人应当对施工合同债务承担连带责任，但建设工程施工合同明确约定被挂靠人不承担责任的除外。

十五、承包人将建设工程施工合同约定的工程款债权依法转让，债权受让方主张其对建设工程享有优先受偿权的，可予支持。承包人在转让工程款债权前与发包人约定排除优先受偿权的，该约定对承包人以外的实际施工人不具有约束力。

《广东省高级人民法院全省民事审判工作会议纪要》（粤高法〔2012〕240 号；2012 年 6 月 26 日起施行，2021 年 1 月 1 日起废止）

16. 借用资质的实际施工人以自己的名义独立向第三人购买建筑材料等商品的，出借资质方无需对实际施工人的欠付货款承担民事责任。

23. 工程款的结算和支付，原则上应当在合同相对人之间进行，并符合合同约定。如果没有合同依据或者承包人的授权，发包人直接向没有合同关系的转包人、违法分包人和实际施工人结算和付款，一般不构成有效的结算和支付。

【河北省】

《河北省高级人民法院关于印发〈建设工程施工合同案件审理指南〉的通知》（冀高法〔2018〕44 号；2018 年 6 月 13 日起施行；现行有效）

一、建设工程施工合同的效力认定问题

4. 建筑施工企业与其下属分支机构或在册职工签订合同，将其承包的全部或者部分工程分包给其下属分支机构或职工施工，并在资金、技术、设备、人力等方面给予支持的，可以认定为企业内部承包合同。判断是否为企业的在册职工应以书面劳动合同、社保缴纳凭证、工资发放证明等证据综合予以认定。企业内部职工和下属分支机构不得单独主张工程款。

建筑施工企业与无施工资质的承包人签订的合同名为企业内部承包实为借用资质，当事人主张合同有效的，人民法院不予支持。

5. 以下情形可以认定为非法劳务分包：

（1）总承包人、专业分包企业将建筑工程的劳务作业分包给不具备相应资质条件的企业和个人；

（2）总承包人、专业分包企业将建筑工程的劳务作业分包给具备相应资质条件的企业，但分包的内容包括提供大型机械、周转性材料租赁和主要材料、设备采购等；

（3）劳务作业承包人将承包的劳务作业再分包的。

二、工程价款结算及相关问题

6. 建设工程施工合同无效，发包人与承包人均有权请求参照合同约定支付工程价款；承包人要求另行按照定额结算或者据实结算的，人民法院不予支持。

7. 当事人就同一建设工程订立的数份施工合同均被认定为无效的，在结算工程价款时，应当参照当事人真实意思表示并实际履行的合同约定结算工程价款。当事人已经基于其中一份合同达成结算单的，如不存在欺诈、胁迫等撤销事由，应认定该结算单应有效。

无法确定当事人真实意思并实际履行的合同的，可以结合缔约过错、已完工程质量、利益平衡等因素合理分配当事人之间数份合同的差价确定工程价款。

14. 建设工程施工合同无效，当事人一方依照《合同法》第 58 条规定，请求对方赔偿其因合同无效所受到的损失，人民法院应当综合过错程度、损失大小、损失与对方的过错之间是否存在因果关系等因素，依照诚实信用原则和公平原则，作出认定和裁决。

五、实际施工人的认定及权利行使问题

29. 实际施工人与名义上的承包人相对，一般是指非法转包合同、违法分包合同、借用资质（挂靠）签订合同的承包人。具有下列情形可认定为实际施工人：（一）存在实际施工行为，包括在施工过程中购买材料、支付工人工资、支付水电费等行为；（二）参与建设工程承包合同的签订与履行过程；（三）存在投资或收款行为。

具有下列情形的，不能认定为实际施工人：（一）属于施工企业的内部职工；（二）与非法转包人、违法分包人无施工合同关系的农民工、建筑工人或者施工队、班组成员。上述人员不能直接向发包人主张权利，只能依据劳动关系或劳务关系向实际施工人（承包人）主张权利。

建设工程经数次转包的，实际施工人为最终的承包人。

30. 对于工程项目多次分包或转包的，实际施工人起诉合同相对方、发包人支付工程款的，为查明发包人欠付工程款的数额应追加总承包人为第三人，其余违法分包人、转包人未参与实际施工，不影响案件事实查明的，可以不追加为案件诉讼主体。

31. 实际施工人向与其没有合同关系的转包人、分包人、总承包人、发包人提起的诉讼，发包人与承包人就工程款问题尚未结算的，原则上仍应坚持合同相对性，由与实际施工人有合同关系的前手承包人给付工程款。

如果发包人与承包人已就工程款进行结算或虽尚未结算，但欠款范围明确，可以确定发包人欠付承包人的工程款数额大于承包人欠付实际施工人的工程款数额，可以直接判决发包人对实际施工人在承包人欠付实际施工人的工程款数额范围内承担连带给付责任。

欠付工程款范围明确是指判决中必须明确发包人承担连带责任的范围和数额，不能简单表述为发包人在欠付工程款范围内承担连带责任。

32. 承包人请求发包人支付工程款，发包人以向实际施工人支付工程款抗辩的，应当举证证明支付工程款数额及支付理由，对付款有特殊约定、承包人予以授权、生效裁决予以确定，或者有其他正当理由，人民法院应当予以支持。

七、工程质量、质保金返还及保修责任

40. 建设工程经过竣工验收合格后，承包人主张工程款的发包人又以工程质量不合格主张付款条件不成就或者拒付工程款的，人民法院不予支持。

41. 建设工程未经竣工验收或未经验收合格，发包人擅自使用后，承包人主张工程款的，发包人又以使用部分质量不合格主张付款条件不成就或者拒付工程款的，人民法院不予支持。但确因承包人原因导致建设工程的地基基础工程和主体结构存在质量问题的除外。

44. 发包人擅自使用未经验收或验收不合格工程，视为该工程已经竣工验收，但不能排除工程保修期内承包人的保修责任。

八、承包主体的对外责任承担

49. 挂靠人以自己名义与材料设备供应商签订买卖合同，材料设备供应商起诉要求被挂靠单位承担合同责任的，不予支持。挂靠人以被挂靠单位名义签订合同，一般应由被挂靠单位和挂靠人共同承担责任，但材料设备供应商签订合同时明知挂靠的事实，并起诉要求被挂靠人承担合同责任的，人民法院不予支持。

非法转包人、违法分包人未经施工企业授权，以施工企业项目部名义对外签订买卖、租赁等合同，施工企业是否承担民事责任适用《合同法》第四十九条的规定。有证据证实合同标的用于工程或施工合同履行过程中施工企业对项目部的行为进行过认可的，可以认定债权人有理由相信非法转包人、违法分包人有代理权。

非法转包人、违法分包人未经施工企业授权，以施工企业项目部名义对外签订借款合同，应按照《最高人民法院关于民间借贷案件适用法律若干问题的规定》严格审查借贷的基础事实，包括借款的数额、利息等，并审查借款的用途。有证据证实借款实际发生且用于工程或施工合同履行过程中施工企业对项目部的行为进行过认可的，可以认定债权人有理由相信非法转包人、违法分包人有代理权。

53. 实际施工人与施工企业之间存在挂靠关系，行为人私刻施工企业印章的，施工企业不能证明合同相对人对私刻印章的情形是明知的，施工企业应承担相应的民事责任。

【河南省】

《河南省高级人民法院关于实际施工人相关问题的会议纪要》(2021 年)

一、实际施工人的内涵是什么？

答：实际施工人是指建设工程施工合同无效情形下实际完成建设工程施工、实际投入资金、材料和劳动力违法承包的单位和个人，具体包括违法的专业工程分包和劳务作业分包合同的承包人、转承包人、借用资质的承包人（挂靠承包人）以及多次转（分）包的承包人。

二、认定实际施工人应把握什么原则？

答：认定实际施工人，应从以下五个方面综合审查：一是审查是否参与合同签订，如是否直接以被挂靠人名义与发包人签订合同，是否是转包、违法分包合同签约主体；二是审查是否存在组织工程管理、购买材料、租赁机具、支付水电费等实际施工行为；三是审查是否享有施工支配权，如对项目部人财物的独立支配权，对工程结算、工程款是否直接支付给第三人（材料供应商、机具出租人、农民工等）的决定权等；四是审查是否存在投资或收款行为；五是审查与转包人、违法分包人或出借资质的建筑施工企业之间是否存在劳动关系。

三、审判实践中哪些情形不能认定为实际施工人？

答：以下两种情况不能认定为实际施工人：

1. 与转包人、违法分包人无施工合同关系的农民工不能认定为实际施工人。

2. 建筑行业俗称的包工头（施工队、施工班组）是否是实际施工人要区分情况：如包工头既向转包人、违法分包人承担施工合同义务，又负责招工，对招来的农民工承担支付工资义务，应认定为实际施工人。如包工头只负责招工和管理，与农民工都直接从转承包人、违法分承包人处领取工资或由包工头代领、代发工资，就不应认定为实际施工人。

四、借用资质的实际施工人向出借资质的建筑施工企业主张工程款能否得到支持？

答：借用资质的实际施工人明知其与出借资质的施工企业是借用资质（挂靠）关系且常签有挂靠或内部承包协议，双方之间不存在发、承包关系，实际施工人向出借资质的施工企业主张工程款应不予支持。但如果因合同约定或实际履行过程中发包人将工程款支付到出借资质的施工企业账户，出借资质施工企业截留工程款不予支付的，实际施工人可向出借资质的施工企业主张被截留部分的工程款。

五、被挂靠企业（承包人）是否可以起诉发包人要求支付工程款？

答：无论是被挂靠企业起诉发包人还是实际施工人以被挂靠企业名义起诉发包人，均符合合同相对性原则，均不违反程序法的规定。但如果实际施工人不同意被挂靠企业单独起诉发包人主张工程款，要求参加诉讼，人民法院应当追加实际施工人为有独立请求权第三人，一体解决纠纷。实际施工人和被挂靠企业同时参加诉讼的，经审理查明涉案工程确由实际施工人施工或实际施工人与发包人已形成事实上建设工程施工合同关系的，应当判决发包人直接向实际施工人支付工程款，不宜再以合同相对性为由判决发包人向被挂靠企业支付工程款，以免损害实际施工人合法权益。

六、工程多次转包或违法分包的，实际施工人能否向所有转（分）包人主张工程款？

答：在工程多次转包或违法分包的情况下，实际施工人向所有转（分）包人主张工程款的，审判实践中应严格适用《建设工程施工合同司法解释》第二十六条第二款的规定，一般情况下不能支持其主张，仅在实际施工人构成表见代理的情况下除外。具体应把握以下几点：

1. 严守合同相对性。合同仅对合同当事人产生拘束力，不能约束合同之外的人。实际施工人只能向与其有合同关系的当事人主张权利，除非法律有特别规定。《2004 年建工解释》第二十六条第一款的规定旨在重申严守合同相对性原则。《2008 年建工解释（二）》第二十四条将转包人、违法分包人的诉讼地位由《2004 年建工解释》第二十六条"本案当事人"明确为"本案第三人"，以及增加第二十五条代位权诉讼的规定，表明了最高法院坚持合同相对性，倡导实际施工人代位权诉讼的态度。

2. 不应对《2004 年建工解释》第二十六条随意扩大解释。《2004 年建工解释》第二十六条第二款仅规定实际施工人可以突破合同相对性向发包人主张工程款，并未规定其可以向转（分）包人主张工程款。在审判实践中，依据《2004 年建工解释》第二十六条规定判决与实际施工人没有合同关系的转（分）包人承担支付工程款责任，随意扩大了该条第二款的适用范围，应当予以纠正。

3. 防止对实际施工人的过度保护。实际施工人是非法承包人，对于施工合同无效具有过错。如果允许实际施工人不仅对发包人还对所有转（分）包人都可以主张权利，则是对非法承包人的过度保护，使其获得比合同有效更大的非法利益，不利于遏制转包、违法分包和借用资质等扰乱建筑市场的行为。

4. 贯彻诉讼经济原则。转包和违法分包涉及多重合同法律关系，实践中因转（分）包人工程利益基本实现等原因，导致当事人缺席情况严重，不仅造成查清多层转包或违法分包中层层欠付的事实极为困难，而且造成审理周期普遍较长，加之实际施工人举证难，导致此类案件审判效率低下，反而不利于实际施工人权利的保护。

七、发包人、承包人的身份是否可以相互转换？

答：实践中层层转包、违法分包的情形较为常见，一些判决将施工合同的承包人因转包或违法分包而随意扩大解释为发包人，从而适用《2004年建工解释》第二十六条第二款规定，判令承包人在欠付工程款范围内承担责任，不仅不符合发包人的法律规定造成逻辑混乱，而且导致合同相对性原则形同虚设。

八、发包人在欠付工程款范围内承担何种责任？

答：《2004年建工解释》第二十六条第二款、《2008年建工解释（二）》第二十四条均规定发包人在欠付建设工程价款范围内对实际施工人承担责任。《民法典》第一百七十八条第三款规定：连带责任，由法律规定或者当事人约定。因此，在法律没有规定和当事人约定的情况下，不应将发包人的责任认定为连带责任或者共同责任。对于发包人责任的表述应按照上述两个司法解释条款的表述为宜。审判实践中对于构成表见代理的转包人、违法分包人责任的认定也应比照处理。

九、《保障农民工工资支付条例》是否对合同相对性原则再次进行了突破，对建设工程施工合同纠纷案件审理有什么影响？

答：国务院《保障农民工工资支付条例》（以下简称《条例》）于2020年5月1日起施行，该《条例》规定了建设单位对拖欠农民工工资的先行垫付和清偿责任、施工总承包单位对拖欠农民工工资的（先行）清偿责任及施工单位因出借资质拖欠农民工工资的清偿责任。对此应把握以下几点：

1. 农民工是为用工单位提供劳动的农村居民，农民工工资是农民工为用工单位提供劳动后应得的劳动报酬，该《条例》和《2004年建工解释》创设实际施工人制度的初衷和目的具有一致性。

2. 实际施工人与农民工是两个法律概念，《建设工程施工合同司法解释》是通过对实际施工人的特殊保护间接保护农民工合法权益，《条例》则是直接保护农民工合法权益。

3. 建设工程领域的农民工工资纠纷严格意义上属于农民工追索劳动报酬的劳务合同纠纷，不属于建设工程合同纠纷。因此，该《条例》的施行对于建设工程施工合同纠纷案件的审理没有实质性影响，也不是对合同相对性原则的再次突破，认为依据该《条例》不仅发包人要在欠付工程款范围内承担责任，（总）承包人、施工单位均要承担清偿责任的观点不正确。

十、如何认定建设工程施工合同中的表见代理？

答：准确认定建设工程施工合同中的表见代理应把握以下几点：

1. 根据《民法典》第一百七十二条的规定，审理建设工程施工合同纠纷案件，应着重审查主张构成表见代理的合同相对人的举证责任是否完成，即不仅要严格审查代理人的无权代理行为在客观上是否形成具有代理权的表象，而且要审查相对人在主观上善意且无过失地相信行为人有代理权。审判实践中主张构成表见代理的合同相对人常是包工头，应当了解建设工程领域中存在借用资质、转包、违法分包乱象，应当负有更高的注意和审查义务。因此，审判实践中要避免仅审查客观上是否形成表见代理的表象，而忽视审查主张构成表见代理的合同相对人是否善意且无过失。

2. 在（总）承包人没有授权借用资质人、转承包人和违法分承包人代表其对外缔约的情况下，"项目经理"或者"工程项目部"的行为构成无权代理；合同相对方主张构成表见代理的，应当承担举证责任。项目经理是受施工企业委托对工程项目全面负责的项目管理者，在签订合同时应获得授权或任命。审判实践中，要着重审查合同相对人举证的项目经理任命是否在签订合同时就已经取得，而非诉讼前或诉讼中取得，从而判断是否形成表见代理。工程项目部是不需要登记的临时机构，其印章不需要在公安机关备案，只能在工程项目内部使用，用于图纸会审、申请付款、工程签证、移送施工资料等环节，不能对外签订合同。在证明表见代理的证据中，以"项目经理"或"工程项目部"名义对外签订合同并非构成表见代理的排他性证据。根据《民法典》第一百七十二条规定，合同相对人还应举证证明其有理由相信"项目经理"或者"工程项目部"有代理（总）承包人对外缔约的权利，即证明自己善意无过失。

3. "项目经理"的行为与职务代理。《民法典》第一百七十条规定，执行法人或者非法人组织工作任务的人员，就其职权范围内的事项，以法人或者非法人组织的名义实施民事法律行为，对法人或者非法人组织发生效力。职务代理的代理人是被代理人的工作人员，具有稳定、持续的劳动法律关系和内部隶属关系，就其职权范围内事项实施的法律行为，无须法人或者非法人组织的特别授权。"项目经理"多是实际施工人，通常存在借用资质或转包关系，与承包人之间不存在劳动合同关系和隶属关系，享有人、财、物支配权，独自享有工程款利益。审判实践中，一旦查明"项目经理"就是实际施工人，再简单依据通常意义上项目经理的概念认定"项目经理"的行为构成职务行为，不仅与事实不符，而且会导致概念混乱。

【湖北省】

《湖北省高级人民法院民事审判工作座谈会会议纪要》（2013 年 9 月 1 日起施行；现行有效）

四、关于建设工程施工合同纠纷案件

33. 建设工程施工合同无效，但建设工程经竣工验收合格，发包人或承包人请求参照合同约定支付工程价款的，应予支持。

36. 建设工程施工合同无效，且工程未经竣工验收，施工人主张支付工程款的，若涉案工程已被发包人使用或发包人同意支付工程款，可以参照双方签订的建设工程施工合同计算工程价款，但工程质量不合格的除外。

37. 实际施工人为无资质个人，工程经竣工验收合格的，可参照合同约定计算工程价款。若无合同约定，可通过鉴定确定工程价款，对于直接费和实际发生的间接费按最低标准计算。工程经竣工验收不合格的，待实际施工人对工程修复合格后方可主张工程价款。

【湖南省】

《湖南省高级人民法院印发〈关于审理建设工程施工合同纠纷案件若干问题的解答〉的通知》（湘高法〔2022〕102号；2022年11月17日起施行；现行有效）

一、建设工程施工合同纠纷案件专属管辖的范围应如何理解？

下列案件，由建设工程所在地人民法院管辖：

（一）建设工程施工合同纠纷、装饰装修合同纠纷、建设工程价款优先受偿权纠纷、建设工程监理合同纠纷、农村建房施工合同纠纷，建设工程分包合同纠纷及建设工程劳务分包合同纠纷；

（二）建设工程勘察合同纠纷、建设工程设计合同纠纷。

（三）工程款债权转让，债务人与受让人因债务履行发生的纠纷。

（四）建设工程总承包合同纠纷。

二、建设工程施工合同中仲裁条款涉及管辖等相关问题应如何认定？

发包人与承包人在建设工程施工合同中约定仲裁条款的，除非实际施工人表示认可或表示受发包人与承包人之间的仲裁条款约束，否则仲裁条款仅对合同双方具有约束力。实际施工人、合法分包人起诉承包人或直接起诉发包人的，人民法院应当审理。如果本案诉讼需要以发包人与承包人之间的仲裁结果作为依据的，可中止审理，待仲裁程序结束后再恢复审理。人民法院对已为仲裁机构的生效裁决所确认的事实应根据《证据规定》第十条之规定予以认定。

实际施工人、合法分包人与承包人约定了仲裁条款，又以发包人为被告提起诉讼的，不予受理，已经受理的，裁定驳回起诉。实际施工人、合法分包人与承包人之间的仲裁已终结后，又起诉发包人的（包含发包人与承包人在建设工程施工合同中亦约定了仲裁条款情形），人民法院应当审理。

十一、建设工程施工合同无效，当事人之间约定的管理费如何处理？

建设工程施工合同无效，合同约定的管理费原则上不予支持。当事人主张的，法院可以根据合同系借用资质或转包、违法分包等不同类型，结合出借资质人、转包人、违法分包人是否履行管理职责因素予以适当支持，一般不宜超过总工程款的3%。

十二、合同均无效情形中总包合同与转包、违法分包合同关于工程款的差额应如何处理？

建设工程施工合同均无效情形中，承包合同高于转包、违法分包合同的工程款差额的性质属非法利益，转包、违法分包人与实际施工人按转包、违法分包合同结算后又以承包合同向发包人主张支付工程款，发包人对超出部分的工程款提出不予支付抗辩的，人民法院应综合合同履行情况、施工工程内容及行业惯例等情形予以调整，一般不宜超过差额部分工程款的8%（包含税金、管理费在内）。但发包人明知且认可的，该抗辩不能成立。

十七、建设工程施工合同无效，欠付工程款的逾期利息应如何认定？

建设工程施工合同无效，因欠付工程款产生的损失一般应认定为资金占用损失，资金占用费应以全国银行间同业拆借中心公布的贷款市场报价利率为计算依据，但当事人能够证明其资金占用损失高于全国银行间同业拆借中心公布的贷款市场报价利率的，可以结合过错程度、过错与损失之间的因果关系等因素予以适当调整。

二十三、挂靠人直接起诉发包人应如何处理？

借用资质的实际施工人起诉发包人要求支付工程款的，人民法院可在查明事实的基础上按以下两种情形处理：

（一）发包人明知实际施工人借用资质而未提出异议的，根据《民法典》第一百四十六条、第四百九十条规定处理，实际施工人可直接向发包人主张权利。人民法院应追加被挂靠人为第三人。

（二）发包人对借用资质不知情的，出借资质方怠于向发包人主张权利，实际施工人可参照《2020 年建工解释（一）》第四十四条规定行使代位权。人民法院应追加被挂靠人为第三人。

二十四、层层转包中转包人、违法分包人的责任如何认定？

实际施工人向层层转包人或层层分包人主张给付工程价款，转包人或者违法分包人能够证明已经付清工程价款的，其前手转包人或违法分包人一般不再承担给付责任。

二十八、《2020 年建工解释（一）》出台后措辞方面有何需要注意的问题？

不再使用"非法转包""肢解分包"措辞，改为"转包""支解分包"。

【江苏省】

《江苏省高级人民法院关于审理建设工程施工合同纠纷案件若干问题的意见》（苏高法审委〔2008〕26 号；2008 年 12 月 17 日起施行，2020 年 12 月 31 日起废止）

第三条　具有下列情形之一，当事人要求确认建设工程施工合同无效的，人民法院应予支持：

（一）承包人未取得建筑施工企业资质或者超越资质等级的；

（二）没有资质的实际施工人借用有资质的建筑施工企业名义的；

（三）建设工程必须进行招标而未招标或者中标无效的；

（四）承包单位将工程进行转包或者违法分包的；

（五）中标合同约定的工程价款低于成本价的；

（六）法律、行政法规规定的其他情形。

第四条　有以下情形之一的，应当认定为没有资质的实际施工人借用有资质的建筑施工企业名义承揽建设工程（即通常所称的"挂靠"）：

（一）不具有从事建筑活动主体资格的个人、合伙组织或企业以具备从事建筑活动资格的建筑企业的名义承揽工程；

（二）资质等级低的建筑企业以资质等级高的建筑企业的名义承揽工程；

（三）不具有工程总包资格的建筑企业以具有总包资格的建筑企业的名义承揽工程；

（四）有资质的建筑企业通过其他违法方式允许他人以本企业的名义承揽工程的情形。

第五条 承包人之间具有下列情形之一的，可以认定为本意见第四条规定的"挂靠"：

（一）相互间无资产产权联系，即没有以股份等方式划转资产的；

（二）无统一的财务管理，各自实行或者变相实行独立核算的；

（三）无符合规定要求的人事任免、调动和聘用手续的；

（四）法律、行政法规规定的其他情形。

第十四条 承包人根据建设工程施工合同要求发包人支付工程款，发包人要求对已经向实际施工人支付的部分进行抵扣的，人民法院应予支持，但承包人有证据证明发包人与实际施工人恶意串通的除外。

第二十三条 实际施工人以发包人为被告要求支付工程款的，人民法院一般应当追加转包人或者违法分包人为被告参加诉讼。

建设工程因转包、违法分包导致建设工程施工合同无效的，实际施工人要求转包人、违法分包人和发包人对工程欠款承担连带责任的，人民法院应予支持，但发包人只在欠付的工程款范围内承担连带责任。

实际施工人要求发包人给付工程款，发包人以实际施工人要求给付的工程款高于其欠付的工程款进行抗辩的，应当由发包人承担举证责任。

第二十五条 挂靠人以被挂靠人名义订立建设工程施工合同，因履行该合同产生的民事责任，挂靠人与被挂靠人应当承担连带责任。

第二十八条 承包人转包、违法分包建设工程所获得的利润以及实际施工人支付的管理费，人民法院可以收缴。

《江苏省高级人民法院关于审理建设工程施工合同纠纷案件若干问题的解答》（审委会会议纪要〔2018〕3 号；2018 年 6 月 26 日起施行，2020 年 12 月 31 日起废止）

一、建设工程合同案件的管辖

1. 建设工程合同案件专属管辖如何理解？

《民诉法解释》第 28 条规定建设工程施工合同案件按照不动产专属管辖确定受诉法院，即建设工程施工合同纠纷一律由建设工程所在地人民法院管辖。"建设工程施工合同纠纷"还包括建设工程价款优先受偿权纠纷、建设工程分包合同纠纷、建设工程监理合同纠纷、装饰装修合同纠纷、建设工程勘察合同纠纷、建设工程设计合同纠纷。

尚未开工建设的建设工程施工合同纠纷，以及达成结算协议的建设工程施工合同纠纷，均适用专属管辖。

工程款债权转让的，债务人与受让人因债务履行发生纠纷的，由于该债权源于建设工程施工合同，按建设工程施工合同纠纷适用专属管辖。

三、工程价款结算

4. 建设工程施工合同无效，建设工程经竣工验收合格的，发包人或承包人请求参照合同约定支付工程价款的，如何处理？

建设工程施工合同无效，建设工程经竣工验收合格的，发包人和承包人均可以请求参照合同约定支付工程价款。

（备注：最高人民法院 2011 年 6 月 29 日给我院的关于常州长兴集团房地产开发有限公司与南通新华建筑集团公司建设工程施工合同纠纷请示一案的答复指出：《2004 年建工解释》第 2 条确立了建设工程施工合同无效，但建设工程经竣工验收合格时的折价补偿原则，即参照合同约定支付工程价款。该条的本意并不是赋予承包人选择参照合同约定或工程定额标准进行结算的权利。根据该条规定精神，建设工程施工合同无效，但建设工程经竣工验收合格，发包人也可以请求参照合同约定支付工程价款。）

5. 建设工程施工合同无效，建设工程经竣工验收合格的，合同约定的哪些条款可以参照适用？

建设工程施工合同无效，建设工程经竣工验收合格的，当事人主张工程价款或确定合同无效的损失时请求将合同约定的工程价款、付款时间、工程款支付进度、下浮率、工程质量、工期等事项作为考量因素的，应予支持。

6. 出借资质的一方或者转包人要求按照合同约定支付管理费的，如何处理？

出借资质的一方或者转包人要求按照合同约定支付管理费的，根据《2004 年建工解释》第 4 条的规定，不予支持。

11. 欠付工程款利息标准如何确定？

当事人对欠付工程价款利息计付标准有约定的，按照约定处理，但不得超过年利率 24%。

没有约定的，参照《最高人民法院关于审理买卖合同纠纷案件适用法律问题的解释》第 24 条第 4 款的规定，可以中国人民银行同期同类人民币贷款基准利率为基础，参照逾期罚息利率标准计算。

16. 实际施工人是否享有建设工程价款优先受偿权？

实际施工人在总承包人或者转包人不主张或者怠于行使工程价款优先受偿权时，就其承建的工程在发包人欠付工程价款范围内可以主张优先受偿权。

五、民事责任承担

21. 发包人主张挂靠人与被挂靠人对工程质量承担连带责任的如何处理？

挂靠人以被挂靠人名义订立建设工程施工合同，发包人要求挂靠人与被挂靠人就工程质量承担连带责任的，应予支持。

22. 实际施工人起诉发包人主张工程款的，发包人的责任如何认定？

实际施工人依据《2004 年建工解释》第 26 条第 2 款的规定起诉发包人主张工程款的，发包人应举证证明已向总承包人支付的工程款数额。发包人未能举证已付工程款数额的，应当与承包人对工程欠款承担连带责任。

23. 层层转包中，实际施工人要求所有转包人、违法分包人均承担责任的，如何处理？

建设工程因转包、违法分包导致建设工程施工合同无效的，实际施工人要求转包人、违法分包人对工程欠款承担连带责任的，应予支持。前手转包人、违法分包人举证证明其已付清工程款的，可以相应免除其给付义务。发包人在欠付的工程款范围内承担连带责任。

【山东省】

《山东高院民一庭关于审理建设工程施工合同纠纷案件若干问题的解答》（2020 年 8 月 16 日起施行；现行有效）

1. 施工合同无效，当事人主张参照合同约定结算工程价款，如何处理？

施工合同无效，建设工程经竣工验收合格的，可以将合同中关于工程价款、付款时间、工程款支付进度、下浮率、质保金等约定条款作为折价补偿的依据。

2. 施工合同无效，当事人主张以另行签订的结算协议作为工程价款结算依据，如何处理？

当事人在施工合同之外签订的结算协议具有独立性，施工合同的效力不影响结算协议的效力，结算协议可以作为确定工程价款的依据。

3. 欠付工程款利息的计付标准如何确定？

当事人对欠付工程款利息计付标准有约定的，按照约定处理，但不得超过民间借贷的最高保护利率。没有约定的，对于 2019 年 8 月 19 日以前的利息，按照中国人民银行同期同类贷款基准利率计算；对于 2019 年 8 月 20 日以后的利息，按照全国银行间同业拆借中心公布的贷款市场报价利率（LPR）计算。

5. 借用资质的施工人直接向发包人主张工程款，如何处理？

通常情况下，借用资质的施工人只有在出借资质人怠于履行权利时，才能提起代位权诉讼。但发包人明知借用资质事实存在的，借用资质的施工人可以直接向发包人主张权利。

6. 《2018 年建工解释（二）》第二十四条中"发包人欠付转包人或者违法分包人建设工程价款的数额"如何查明处理？

发包人主张已经与承包人进行结算的，由发包人承担举证证明责任。发包人未与承包人进行结算的，发包人应当举证证明已付工程款数额，人民法院根据实际施工人的施工量占总工程量的比重、已付款项涵盖的范围、转包或者违法分包的情形等具体情况合理分配举证证明责任，并根据查明的欠付工程款数额作出判决。

7. 施工班组以实际施工人身份主张权利，如何处理？

建设工程承包人与其雇佣的施工班组之间是劳务合同法律关系，施工班组不属于法律意义上的实际施工人。

8. 在多层转包或者违法分包情况下，实际施工人主张各转包人或者违法分包人均承担付款责任，如何处理？

在多层转包或者违法分包情况下，实际施工人原则上仅可以要求与其有直接合同关系的转包人或者违法分包人对工程欠款承担付款责任。

实际施工人向发包人主张权利的，为查明发包人欠付转包人或者违法分包人工程款的数额，人民法院可以追加与其无合同关系的转包人或者违法分包人为第三人。

《山东高院关于审理建设工程施工合同纠纷案件若干问题的解答》（2020 年 11 月 4 日起施行；现行有效）

1. 建设工程施工合同纠纷案件中，实际施工人如何认定？

实际施工人是指依照法律规定被认定为无效的施工合同中实际完成工程建设的施工主体，包括转承包人、违法分包的承包人等。当事人以实际施工人身份主张权利的，应当对其实际投入工程的资金、设备、材料、人工等事实进行举证。

15. 借用资质签订建设工程施工合同后分包、转包工程，与借用资质人订立施工合同的实际施工人能否向出借资质人主张工程价款？

没有施工资质的施工主体借用有资质的建筑施工企业名义签订的建设工程施工合同无效，借用资质人以自己名义将工程分包、转包他人施工，实际施工人原则上仅可以向借用资质人主张工程价款。

【陕西省】

《陕西省高级人民法院关于审理建设工程施工合同纠纷案件若干问题的解答》（2020 年）

1. 建设工程施工合同无效，当事人对于建设工程折价补偿时可参照合同的哪些约定。

建设工程施工合同无效，建设工程经验收合格的，承包人和发包人均可主张参照合同关于工程价款的约定折价补偿承包人。合同中关于工程价款计价方法、计价标准等与工程价款数额有关的约定可以作为折价补偿的依据。

7. 欠付工程款利息的计付标准如何确定。

当事人对欠付工程款利息计付标准有约定的，按照约定处理，但计算标准不得超过依法应保护的民间借贷的最高利率。当事人对欠付工程款利息计付标准没有约定的，对于 2019 年 8 月 19 日以前的利息，按照中国人民银行同期同类贷款基准利率计算；对于 2019 年 8 月 20 日以后的利息，按照全国银行间同业拆借中心公布的贷款市场报价利率（LPR）计算。

发包人是机关、事业单位和大型企业的，承包人是中小企业的，对逾期利息的约定利率低于《保障中小企业款项支付条例》规定的，按照《保障中小企业款项支付条例》规定的约定逾期利息的最低利率计算；对逾期利息没有约定的，按照《保障中小企业款项支付条例》规定的，每日利率万分之五计算。

10. 关于建设工程已实际交付的理解。

建设工程交付，包括已完工程交付，也包括未完工程交付。案涉工程包括数个单项工程的，应以最后子项目交付时间为整体工程交付之日。

双方当事人没有明确的交付行为和交接手续的，以涉案工程实际投入使用之时，视为交付之日。

未完工工程的交付，不限于工程向发包人进行交付，承包人根据发包人指示将工程交由后续施工方进行施工的也属于工程交付。

13. 借用资质的施工人直接向发包人主张工程款，如何处理。

通常情况下，借用资质的施工人只有在出借资质人怠于履行权利时，才能提起代位权诉讼。但发包人明知借用资质事实存在的，借用资质的施工人可以直接向发包人主张权利。

14. 在多层转包或者违法分包情况下，实际施工人主张各转包人或者违法分包人均承担付款责任，如何处理。

在多层转包或者违法分包情况下，实际施工人原则上仅可以要求与其有直接合同关系的转包人或者违法分包人对工程欠款承担付款责任。

实际施工人向发包人主张权利的，为查明发包人欠付工程款的数额，应追加总承包人作为第三人。其余违法分包人、转包人如未参与实际施工，不影响案件事实查明的，可以不追加为案件诉讼主体。

【四川省】

《四川省高级人民法院关于审理涉及招投标建设工程合同纠纷案件的有关问题的意见》（2010年6月22日起施行；现行有效）

第三条　合同实际履行过程中因设计变更导致工程量（价）增加的，且履行了约定的或规定的报批、审查程序，承包人与发包人就中标合同的内容协商作了修订和补充的，人民法院可以按照《2004年建工解释》第十六条第一款的规定，以当事人实际履行的合同作为结算工程价款的依据；当事人对发生变化部分的工程价款不能协商一致的，可以按照《2004年建工解释》第十六条第二款的规定，参照建设行政主管部门发布的计价方法或者计价标准结算工程价款。

《四川省高级人民法院关于审理建设工程施工合同纠纷案件若干疑难问题的解答》（川高法民一〔2015〕3号；2015年3月16日起施行；现行有效）

一、建设工程施工合同效力的认定

1. 哪些情形下的建设工程施工合同无效？

具有下列情形之一的建设工程施工合同，人民法院应当根据《合同法》第五十二条第

（五）项的规定，认定无效：（一）承包人未取得建筑施工企业资质或者超越资质等级的；（二）没有资质的实际施工人借用有资质的建筑施工企业名义的；（三）建设工程必须进行招投标而未招投标或者中标无效的；（四）转包、违法分包建设工程的；（五）法律、行政法规规定的其他情形。

承包人超越资质登记许可的业务范围签订建设工程施工合同，在建设工程竣工前取得相应资质等级，当事人请求按照无效合同处理的，不予支持。

3. 如何认定转包？

转包是指建筑施工企业承包工程后，不履行合同约定的责任和义务，将其承包的全部工程或者将其承包的全部工程肢解后以分包的名义分别转给其他企业或个人施工的行为。

存在下列情形之一的，一般可以认定为转包：

（一）建筑施工企业未在施工现场设立项目管理机构或未派驻项目负责人、技术负责人、质量管理负责人、安全管理负责人等主要管理人员，不履行管理义务，未对该工程的施工活动进行组织管理的；

（二）建筑施工企业不履行管理义务，只向实际施工企业或个人收取费用，主要建筑材料、构配件及工程设备由实际施工企业或个人采购的；

（三）劳务分包企业承包的范围是建筑施工企业承包全部工程，劳务分包企业计取的是除上缴给建筑施工承包企业管理费之外的全部工程价款的；

（四）建筑施工企业通过采取合作、联营、个人承包等形式或名义，直接或变相将其承包的全部工程转给其他企业或个人施工的；

（五）法律、行政法规规定的其他转包情形。

4. 如何认定违法分包？

违法分包是指建筑施工企业承包工程后违反法律法规规定或者施工合同关于工程分包的约定，把单位工程或分部分项工程分包给其他企业或个人施工的行为。

存在下列情形之一的，一般可以认定为违法分包：

（一）建筑施工企业将工程分包给个人的；

（二）建筑施工企业将工程分包给不具备相应资质的企业的；

（三）施工合同中没有约定，又未经建设单位认可，建筑施工企业将其承包的部分工程交由其他企业施工的；

（四）施工总承包企业将除钢结构工程以外的房屋建筑工程的主体结构的施工分包给其他企业的；

（五）专业分包企业将其承包的专业工程中非劳务作业部分再分包的；

（六）劳务分包企业除计取劳务作业费用外，还计取主要建筑材料款、周转材料款和大中型施工机械设备费用的；

（七）法律、行政法规规定的其他违法分包情形。

5. 如何认定借用资质（挂靠）？

借用资质（挂靠）是指没有建筑施工资质的企业或个人以其他建筑施工企业的名义，

资质等级低的建筑施工企业以资质等级高的建筑施工企业名义，没有施工总承包资质的建筑施工企业以具有施工总承包资质的建筑施工企业名义承揽工程的行为，或者有资质的建筑施工企业通过名义上的联营、合作、内部承包等其他违法方式允许他人以本企业的名义承揽工程的行为。

前述所称承揽工程，包括参与投标、订立合同、办理有关施工手续、从事施工等活动。

审判实践中，可以结合下列情形综合认定是否属于借用资质（挂靠）：

（一）借用资质（挂靠）人通常以出借资质（被挂靠）人的名义参与招投标、与发包人签订建筑施工合同，借用资质（挂靠）人与出借资质（被挂靠）人之间没有产权联系，没有劳动关系，没有财务管理关系的；

（二）借用资质（挂靠）人在施工现场派驻的项目负责人、技术负责人、质量管理负责人、安全管理负责人中一人以上与出借资质（被挂靠）人没有订立劳动合同，或没有建立劳动工资或社会养老保险关系的；

（三）借用资质（挂靠）人承揽工程经营方式表现为自筹资金，自行组织施工，自主经营，自负盈亏。出借资质（被挂靠）人只收取管理费（包括为确保管理费收取为目的的出借账户），不参与工程施工、管理，不承担工程技术、质量和经济责任的；

（四）出借资质（被挂靠）人与发包人之间没有实质上工程款收付关系，均是以"委托支付""代付"等其他名义进行工程款支付，或者仅是过账转付关系的；

（五）施工合同约定由出借资质（被挂靠）人负责采购主要建筑材料、构配件及工程设备或租赁施工机械设备，实际并非由出借资质（被挂靠）人进行采购、租赁，或者出借资质（被挂靠）人不能提供有关采购、租赁合同及发票等证明，又不能进行合理解释并提供证据证明的；

（六）法律、行政法规规定的其他借用资质（挂靠）情形。

6. 如何认定内部承包？

建筑施工企业将其承包的全部或部分工程交由其下属分支机构或在册的项目经理等本企业职工个人承包施工，建筑施工企业对工程施工过程及质量进行管理，并在资金、技术、设备、人力等方面给予支持的，属于内部承包。

审判实践中，可以结合下列情形综合认定是否属于内部承包：

（一）合同的发包人为建筑施工企业，承包人为建筑施工企业下属分支机构或在册的项目经理等本企业职工，两者之间存在管理与被管理的行政隶属关系的；

（二）发包给个人的，发、承包人之间有合法的劳动关系以及社会保险关系的；

（三）承包人使用建筑施工企业的建筑资质、商标及企业名称等是履行职责行为，在建筑施工企业的管理和监督下进行项目施工，承包人根据承包合同约定向建筑施工企业交纳承包合同保证金的；

（四）施工现场的项目经理或其他现场管理人员接受建筑施工企业的任免，调动和聘用的；

（五）承包人组织项目施工所需的人、财、物及资金，由建筑施工企业予以协调支持的；

（六）承包人在建筑施工企业统一管理和监督下独立核算、自负盈亏，承包人与建筑施工企业按照承包合同约定对经营利润进行分配的。

内部承包的对外民事权利义务主体为该合同发包人建筑施工企业。

7. 如何认定劳务分包？

劳务分包是指建设工程的总承包人或者专业承包人将其包工程中的劳务作业（包括木工、砌筑、抹灰、石制作、油漆、钢筋、混凝土、脚手架、模板、焊接、水暖、钣金、架线等）发包给具有相应劳务资质的劳务作业承包人完成的行为。

审判实践中，可以结合下列情形综合认定是否属于劳务分包：

（一）劳务作业承包人具有劳务分包企业资质；

（二）分包内容是劳务作业而不是工程本身；

（三）劳务作业承包人一般仅提供劳务作业，施工技术、工程主要材料、大型机械、设备等均由总承包人或者专业承包人负责；

（四）劳务费用一般是通过工日的单价和工日的总数量进行费用结算，不发生主要材料、大型机械、设备等费用的结算，不收取管理费。

二、诉讼主体的确定

12. "实际施工人"的范围如何确定？

《2004年建工解释》中的"实际施工人"是指转包、违法分包以及借用资质的无效建设工程施工合同的承包人。建设工程经数次转包或分包的，实际施工人应当是实际投入资金、材料和劳力进行工程施工的企业或个人。对于不属于前述范围的当事人依据《2004年建工解释》第二十六条第二款规定以发包人为被告主张欠付工程款的，应当不予受理，已经受理的，应当裁定驳回起诉。

建筑工人追索欠付工资或劳务报酬的，按照劳动关系或雇佣关系妥善处理。

13. 实际施工人主张欠付工程款的诉讼主体如何确定？发包人、转包人、违法分包人的责任如何承担？

《2004年建工解释》第二十六条中的"发包人"应当理解为建设工程的业主，不应扩大理解为转包人、违法分包人等中间环节的相对发包人。

建设工程因转包、违法分包导致建设工程施工合同无效的，实际施工人以转包人、违法分包人为被告主张权利的，人民法院一般不主动依职权追加发包人作为共同被告参加诉讼。

实际施工人以发包人为被告主张权利的，人民法院应当追加与实际施工人存在直接合同关系的转包人、违法分包人作为共同被告参加诉讼，发包人在欠付工程价款范围内对实际施工人承担责任。

发包人以其未欠付工程价款为由提出抗辩的，应当承担举证责任。

实际施工人可以以发包人、转包人，违法分包人为共同被告主张权利，当事人之间依据相应的合同关系承担法律责任。

建设工程施工合同无效，实际施工人要求未与其建立合同关系的转包人、违法分包人对工程欠款承担支付责任的，不予支持。

14. 如何确定借用资质（挂靠）人主张欠付工程款的诉讼主体及责任承担？

发包人知晓并认可实际施工人借用资质施工，能够认定发包人实际与实际施工人建立建设工程施工合同关系，实际施工人要求发包人直接承担工程价款支付责任的，应予支持。

三、建设工程价款的确定及交付

19. 被确认无效的建设工程施工合同工程价款如何确定？

建设工程施工合同被确认无效，但工程经竣工验收合格，当事人依据《2004 年建工解释》第二条的规定要求参照合同约定支付工程价款的，应予支持。

实际施工人以转包或违法分包合同无效，主张按照转包人或违法分包人与发包人之间的合同作为结算依据的，不予支持。但实际施工人与转包人或违法分包人另有约定的除外。

20. 当事人就同一建设工程订立的数份施工合同均被认定无效的，如何结算工程价款？

当事人就同一建设工程订立的数份施工合同均被认定无效，但工程经竣工验收合格，当事人请求按照合同约定结算工程款，应当参照当事人实际履行的合同结算工程价款。不能确定实际履行合同的，可以参照签订建设工程施工合同时当地建设行政主管部门发布的计价方法或者计价标准结算工程价款。

30. 对转包、违法分包、借用资质非法所得如何处理？

承包人转包、违法分包建设工程或者没有资质的实际施工人借用有资质的建筑施工企业名义与他人签订的建设工程施工合同被认定无效后，人民法院可以根据《民法通则》第一百三十四条的规定，对承包人转包、违法分包建设工程已经取得的非法所得、出借资质的建筑施工企业因出借行为已经取得的非法所得，实际施工人因承建工程已经取得的非法所得予以收缴。

五、建设工程价款的优先受偿

37. 如何确定享有优先受偿权的主体？

建设工程施工合同有效，发包人未按照约定支付价款的，承包人可以催告发包人在合理期限内支付价款，发包人逾期不支付的，承包人可以向人民法院提起诉讼，并有权依据《合同法》第二百八十六条之规定，要求建设工程的价款就该承建的建设工程折价或拍卖的价款优先受偿。

建设工程施工合同无效，但建设工程经竣工验收合格，或者未经竣工验收但已经实际使用，实际施工人请求其工程价款就承建的建设工程折价或拍卖的价款优先受偿的，应予支持。

装饰装修工程属于建设工程，可以适用《合同法》第二百八十六条的规定，但装饰装修工程的发包人不是该建筑物的所有权人或者承包人与该建筑物的所有权人之间没有合同关系的除外。享有优先受偿权的承包人只能在建筑物因装饰装修而增加价值的范围内优先受偿。

39. 承包人、实际施工人不享有优先受偿权的情形有哪些？

具有下列情形之一，承包人、实际施工人请求工程价款就承建的建设工程折价或拍卖的价款优先受偿的，不予支持：

（一）经竣工验收不合格的工程；

（二）建设工程属于为公益目的建设的教育设施、医疗设施及其他社会公益设施；

（三）建设工程属于国家机关已投入使用的办公用房或者军事建筑；

（四）建设工程属于设备安装等附属工程；

（五）消费者购买承包人承建的商品房，并已经办理商品房产权变更或预告登记，或者消费者已交付购买商品房的全部或者大部分款项的。

注：本条在适用过程中与《2020 年建工解释（一）》发生冲突的，根据效力位阶，应当优先适用《2020 年建工解释（一）》的相关规定。

【天津市】

《天津市高级人民法院关于审理建设工程施工合同纠纷案件相关问题的审判委员会纪要》（2020 年 12 月 9 日起施行；现行有效）

2.【请求发包人支付工程价款的主体】

在建设工程施工合同纠纷案件中，当事人可依据不同法律关系依法请求发包人支付工程价款：

（1）与发包人订立合法有效施工合同的承包人，可依据合同约定请求发包人支付工程价款；

（2）借用总承包人资质（挂靠）的实际施工人，可依据《2004 年建工解释》第 2 条规定，参照施工合同约定请求发包人支付工程价款；

（3）与发包人没有直接合同关系的分包人，可通过提起代位权之诉，请求发包人支付工程价款；

（4）转包或者违法分包关系中的实际施工人，可依据《2008 年建工解释（二）》第 24 条规定，请求发包人支付工程价款；

（5）与总承包人订立合法有效劳务分包合同的分包人，可参照《2008 年建工解释（二）》第 24 条规定，请求发包人支付工程价款。

【浙江省】

《浙江省高级人民法院民事审判第一庭关于审理建设工程施工合同纠纷案件若干疑难问题的解答》（浙法民一〔2012〕3 号；2012 年 4 月 10 日起施行；现行有效）

一、如何认定内部承包合同？如何认定其效力？

建设工程施工合同的承包人与其下属分支机构或在册职工签订合同，将其承包的全部或部分工程承包给其下属分支机构或职工施工，并在资金、技术、设备、人力等方面给予支持的，可认定为企业内部承包合同；当事人以内部承包合同的承包方无施工资质为由，主张该内部承包合同无效的，不予支持。

十三、建设工程施工合同无效，但工程竣工验收合格的，谁有权利请求参照合同约定确定工程价款？

建设工程施工合同无效，但工程竣工验收合格，按照《2004年建工解释》第二条的规定精神，承包人或发包人均可以请求参照合同约定确定工程价款。

二十、合同无效是否影响关于工程质量的约定、承诺的效力？

建设工程施工合同无效，不影响发包人按合同约定、承包人出具的质量保修书或法律法规的规定，请求承包人承担工程质量责任。

二十二、建设工程施工合同无效情形下，谁有权行使优先受偿权？

建设工程施工合同无效，但工程经竣工验收合格，承包人可以主张工程价款优先受偿权。分包人或实际施工人完成了合同约定的施工义务且工程质量合格，在总承包人或转包人怠于行使工程价款优先受偿权时，就其承建的工程在发包人欠付工程价款范围内可以主张工程价款优先受偿权。

二十三、实际施工人可以向谁主张权利？

实际施工人的合同相对人破产、下落不明或资信状况严重恶化，或实际施工人至承包人（总承包人）之间的合同均为无效的，可以依照《2004年建工解释》第二十六条第二款的规定，提起包括发包人在内为被告的诉讼。

《浙江省高级人民法院民二庭关于审理涉建筑施工企业项目部纠纷的疑难问题解答》（2020年12月17日起施行；现行有效）

3. 审理涉建筑施工企业项目部的案件时，应当如何认定表见代理行为？

在认定行为人（项目经理、实际施工人或项目部其他人员等）的行为是否构成表见代理时，要按照《最高人民法院关于当前形势下审理民商事合同纠纷案件若干问题的指导意见》的有关规定，依法审查无权代理行为在客观上是否具有代理权的表象，以及相对人在主观上是否善意且无过失地相信行为人有代理权。

在认定行为人是否具有代理权表象时，要结合行为人的身份、权限、行为模式、交易惯例等予以综合认定。有下列情形之一的，可以认定行为人具有代理权的表象：

（1）项目经理同时是实际施工人或者实际对实际施工人负责的，在项目部权限范围内以建筑施工企业或项目部的名义签订合同的；

（2）行为人持有建筑施工企业的空白或权限不明的介绍信、委托书、合同，以建筑施工企业的名义签订合同的；

（3）行为人在项目部权限范围内签订合同时，加盖了项目部印章，或实际作为项目部印章使用的专用印章的；

（4）虽未与第三人签订书面合同，但建筑施工企业知道或应当知道该民事行为而未作反对表示的；或者从事该民事行为属于项目部权限范围，项目部知道或应当知道而未作反对表示的。

在判断相对人是否属于善意且无过失时，应当结合合同缔结与履行过程中的各种因素予以综合判断。存在以下情形之一的，一般不认定相对人为善意且无过失：

（1）签订的合同明显损害建筑施工企业利益的；

（2）相对人明知行为人与建筑施工企业之间是挂靠、非法转包、非法分包关系，仍然与其签订合同的；

（3）合同项下货物、机器设备、劳务未实际向工程项目提供的；

（4）交易的金额与实际需求、规模等明显不相称的。

6. 合同上的印章是项目经理、实际施工人或其他人伪造或私刻，签订的合同是否对建筑施工企业发生法律效力？

一般情况下，合同上加盖项目经理、实际施工人或其他人伪造或私刻的印章，其不代表建筑施工企业的真实意思表示，不对建筑施工企业发生法律效力。但是，如果综合全案其他证据，能够认定行为人的行为构成有权代理行为或表见代理行为的，仍应由建筑施工企业承担相应的合同责任。

9. 相对人依据项目经理或实际施工人出具的结算凭证主张权利，人民法院是否还应当对合同的具体交易情况进行审查？

相对人依据项目经理、实际施工人出具的结算凭证，要求建筑施工企业承担合同责任的，人民法院应当就合同的具体履行情况一并进行审查。如建筑施工企业就合同标的物的使用工地、使用时间、价格、标准、数量、签约时间等内容提出合理性怀疑的，人民法院可以要求相对人提供除结算凭证外的其他证据予以佐证；也可以向有关部门和人员主动进行调查取证。相对人能够提供而拒不提供结算凭证以外的其他证据，人民法院也无法通过调查取证予以查明的，由相对人承担不利后果。

相对人与项目经理、实际施工人或其他人恶意串通，伪造签证单、结算单等结算资料或合同、借条、债权转让协议等文书故意损害建筑施工企业合法权益的，人民法院应当按照《民事诉讼法》的有关规定，予以训诫、罚款或拘留；可能构成刑事犯罪的，依法移送公安机关查处。

第九篇 大数据报告

检索工具：Alpha 数据库
关键词：实际施工人、建设工程施工合同纠纷
时间范围：2020 年 1 月 1 日至 2022 年 12 月 31 日

总体来看，2020—2022 年最高人民法院涉实际施工人的建设工程施工合同纠纷案件呈现以下特点。

一、从诉讼主体看

实际施工人作为原告提起诉讼的占大多数。实际施工人作为原告时，一般将其前手（包括但不限于转包人、违法分包人、发包人等）列为被告。但亦有实际施工人直接起诉发包人的情况，在该类案件中，人民法院将依据《2020 年建工解释（一）》的规定及案件具体情况，追加转包人、违法分包人等作为第三人参加诉讼。除此之外，根据具体的案件事实，发包人的担保人、股东、实际控制人、后加入的共同债务人以及承包人的工程款债权受让人等也有可能被列为被告。

直接与发包人订立合同的承包人作为原告提起诉讼的案件中，一般以发包人为被告。根据案件具体情况，人民法院可能追加实际施工人作为第三人参与诉讼。尤其是在被挂靠单位作为原告提起诉讼的案件中，被挂靠单位是否具有原告主体资格即被挂靠单位是否有权主张工程款的问题往往成为案件的争议焦点。

发包人作为原告提起诉讼的案件中，一般以承包人为被告，但也存在以实际施工人为被告的情形。在以承包人为被告的案件中，根据案件具体情况，人民法院可能追加实际施工人作为第三人参与诉讼。

二、从诉讼请求看

实际施工人、承包人提起诉讼（或者作为有独立请求权的第三人）的案件，诉讼请求

一般为要求其前手支付工程款及利息、要求发包人在欠付建设工程价款范围内承担责任、要求法院确认其承建工程的价款就工程折价或者拍卖的价款优先受偿等；发包人提起诉讼（或者提起反诉）的案件，诉讼请求一般为要求合同相对方赔偿经济损失、返还超付工程款等。

三、从争议焦点看

（一）涉管辖权异议比例较大

检索结果中发现大量涉及管辖权异议的裁判文书。根据《民诉法解释》第二十八条的规定，建设工程施工合同纠纷按照不动产纠纷确定管辖，即由不动产所在地人民法院专属管辖。但是司法实践中被告提出管辖权异议的情况仍然大量存在，导致诉讼期限拉长、诉讼成本增加。提出管辖权异议的常见理由包括：合同纠纷应当由被告住所地管辖；实际施工人前手之间已约定仲裁条款；建设工程分包合同纠纷不应适用专属管辖；等等。其中，对于实际施工人是否受前手之间（尤其是发包人与承包人之间）仲裁条款约束的问题争议较大。关于这一问题，当前存在两种裁判观点：一是实际施工人并非前手之间合同的缔约方，不应受到仲裁条款的约束；二是实际施工人在向发包人主张合同项下权利时，事实上已经取代第一手的承包人与发包人形成合同关系，故应受发包人与承包人之间的合同的约束，包括合同中约定的争议解决方式条款。在司法实践中，被告以实际施工人应受仲裁条款限制提出管辖权异议，结果受到不同人民法院裁判观点的影响。

（二）合同违法情况比较常见

由于实际施工人的特点之一是其所签订的建设工程施工合同无效，以"实际施工人""建设工程施工合同纠纷"为关键词的检索结果中，约九成案件存在合同无效的情形，但合同无效的原因比较复杂。主要有以下情形。

1. 招标投标违法

（1）建设工程必须进行招标而未招标

建设工程具有显著的公共性。《招标投标法》第三条第一款规定："在中华人民共和国境内进行下列工程建设项目包括项目的勘察、设计、施工、监理以及与工程建设有关的重要设备、材料等的采购，必须进行招标：（一）大型基础设施、公用事业等关系社会公共利益、公众安全的项目；（二）全部或者部分使用国有资金投资或者国家融资的项目；（三）使用国际组织或者外国政府贷款、援助资金的项目。"根据这一规定，部分具有公共性质的工程项目属于必须招标的项目。但在实践中，仍然有发包人、承包人忽视这一规定而径行磋商订立施工合同。《2020年建工解释（一）》第一条第一款第三项明确规定建设工程必须进行招标而未招标或者中标无效的，应当认定合同无效。

（2）先定后招、明招暗定（串通投标）

《招标投标法》第四十三条规定："在确定中标人前，招标人不得与投标人就投标价格、投标方案等实质性内容进行谈判。"但在实践中，部分发包人、承包人在招标前便已确定合作关系，通过串通招标代理机构、邀请其他建筑企业陪标、围标等方式进行虚假招标，这种行为属于先定后招、明招暗定的串通投标行为。《招标投标法》第五十五条规定："依法必须进行招标的项目，招标人违反本法规定，与投标人就投标价格、投标方案等实质性内容进行谈判的，给予警告，对单位直接负责的主管人员和其他直接责任人员依法给予处分。前款所列行为影响中标结果的，中标无效。"结合《2020年建工解释（一）》第一条第一款第三项的规定，串通投标的施工合同应当认定为无效合同。

上述违法违规的招标投标行为，参与者轻则需承担民事责任，如中标无效、赔偿招标人损失、投标保证金和履约保证金不被退还等，重则需要承担刑事责任，如因构成串通投标罪、行贿罪等受到刑事处罚。

2. 缺少规划审批手续

工程建设一般应当取得"三证一书"，即建设用地规划许可证、建设工程规划许可证、乡村建设规划许可证及《建设项目选址意见书》。发包人未办理上述规划审批手续的，承包人等其他案件当事人可以以此为由主张合同无效。《2020年建工解释（一）》第三条规定："当事人以发包人未取得建设工程规划许可证等规划审批手续为由，请求确认建设工程施工合同无效的，人民法院应予支持，但发包人在起诉前取得建设工程规划许可证等规划审批手续的除外。发包人能够办理审批手续而未办理，并以未办理审批手续为由请求确认建设工程施工合同无效的，人民法院不予支持。"

3. 缺乏资质、超越资质等级以及借用资质

建筑领域中，缺乏资质或者超越资质等级承揽工程的现象十分普遍，通常情况是不具备工程建设资质的自然人通过挂靠具备相应资质的法人来承包、分包工程，被挂靠的建筑企业通过收取管理费、定额利润等方式出借资质。常见的方式有：挂靠人与被挂靠单位订立内部承包合同；被挂靠单位设立分公司并任命挂靠人为负责人；被挂靠单位聘任挂靠人为项目经理并出具授权委托书；等等。《建筑法》第二十六条规定："承包建筑工程的单位应当持有依法取得的资质证书，并在其资质等级许可的业务范围内承揽工程。禁止建筑施工企业超越本企业资质等级许可的业务范围或者以任何形式用其他建筑施工企业的名义承揽工程。禁止建筑施工企业以任何形式允许其他单位或者个人使用本企业的资质证书、营业执照，以本企业的名义承揽工程。"《2020年建工解释（一）》第一条第一款明确规定承包人未取得建筑业企业资质或者超越资质等级，以及没有资质的实际施工人借用有资质的建筑施工企业名义签订合同的，应当认定合同无效。

4. 转包或违法分包

转包、违法分包是《建筑法》明文禁止的行为。在建筑领域，转包、违法分包往往会导致层层盘剥，最终影响建筑领域的最弱势群体——农民工合法权益的实现，进而易引发群体性社会事件。《建筑法》第二十九条规定："建筑工程总承包单位可以将承包工程中的部分工程发包给具有相应资质条件的分包单位；但是，除总承包合同中约定的分包外，必须经建设单位认可。施工总承包的，建筑工程主体结构的施工必须由总承包单位自行完成。建筑工程总承包单位按照总承包合同的约定对建设单位负责；分包单位按照分包合同

的约定对总承包单位负责。总承包单位和分包单位就分包工程对建设单位承担连带责任。禁止总承包单位将工程分包给不具备相应资质条件的单位。禁止分包单位将其承包的工程再分包。"但是，在实践中，转包、违法分包的情况仍然普遍存在，而且往往与借用资质等其他违法行为同时发生。检索结果中，因转包、违法分包、借用资质导致合同无效的情况的比例占近八成。

（三）工程价款结算争议较大

1. 计价方式的争议

由于涉实际施工人的建设工程施工合同纠纷中，施工合同往往无效，当事人之间的首要争议是工程结算应当参照哪份合同的问题。尽管《2020 年建工解释（一）》第二十四条第一款已经规定"当事人就同一建设工程订立的数份建设工程施工合同均无效，但建设工程质量合格，一方当事人请求参照实际履行的合同关于工程价款的约定折价补偿承包人的，人民法院应予支持"，但在司法实践中，尤其是在"先定后招、明招暗定"的情形中，人民法院仍要考虑备案合同的效力是否具有优先性。此外，关于哪一份合同是实际履行的合同，当事人之间往往争议颇大，人民法院将视具体情形决定是否适用《2020 年建工解释（一）》第二十四条第二款参照最后签订的合同关于工程价款的约定结算工程价款。

确定了结算依据往往难以平息当事人关于工程款的争议。争议的原因主要有：当事人在订立合同时并未作好预算和分析，以及在合同实际履行的过程中发生建筑原材料受供给紧张、大宗商品期货价格持续高位攀升等未能预见的情况，导致工程实际投入远超预算；在垫资施工的案件中，当事人之间或者当事人与第三方又存在民间借贷关系，导致工程款付款关系混乱，实际付款金额难以认定；等等。除此之外，当事人对于具体的工程款构成也有争议。

2. 付款条件是否成就的争议

在建设工程施工合同纠纷中，尤其是实际施工人作为原告的建设工程施工合同纠纷中，工程款是否达到付款条件，几乎可以决定实际施工人诉讼的成败。在建设工程施工合同被认定为无效情况下，工程经验收合格交付使用的，实际施工人有权依照《2020 年建工解释（一）》的相关规定，要求发包人参照合同约定的标准支付工程价款。但是，在具体的案件中，为转移工程欠款的风险，总承包人在将工程分包给分包人或转包给其他承包人时，会在双方所签订的分包、转包协议中约定以业主向总承包人支付工程款作为其向分包人、转包关系中的承包人支付工程款的前提条件，即实践中俗称的"背靠背"条款。在这种情况下，"背靠背"条款成为当事人拒绝向实际施工人支付工程价款的重要抗辩理由。当前司法实践中，关于"背靠背"条款的效力有两种裁判观点，一是建设工程施工合同无效，仅参照合同关于工程款计价方法、计价标准等条款确定工程款，"背靠背"付款条件的约定对当事人并无法律约束力；二是在实际施工人订立合同时知悉承包人向其支付工程款需以发包人支付工程款为前提的情况下，应当适用合同"背靠背"条款的约定支付工程款，否则实际施工人将在合同无效时获得比有效时更大的利益。因此，是否应当参照适用

"背靠背"条款，需要具体结合案件证据进行综合认定。

（四）优先受偿权争议占比大

实际施工人请求承包人、发包人等支付工程款时，往往会一并请求人民法院确认其对涉案工程折价或者拍卖的价款享有优先受偿权。当事人争议的主要焦点问题有合同效力对优先受偿权的影响，优先受偿权主体的确定，优先受偿权的行使条件及程序，优先受偿权的行使对象及受偿范围，优先权受偿权行使期间起算点的确定，优先受偿权的转让等。但是首要的焦点问题仍是实际施工人的优先受偿权是否成立。根据《2020年建工解释（一）》第三十五条的规定，与发包人订立建设工程施工合同的承包人方享有优先受偿权，但实践中实际施工人与发包人往往不具有直接的合同关系，并非享有优先受偿权的主体。但是根据案件的具体情形，法院有可能根据证据认定实际施工人与发包人之间存在直接的合同关系，进而认定实际施工人享有优先受偿权，譬如在挂靠的情形下，实际施工人可能同时借用被挂靠单位的名义以及以自己的名义与发包人订立施工合同，在这种情形下人民法院根据具体证据可能确认实际施工人享有优先受偿权。

四、从审理结果来看

（一）对司法鉴定的依赖较重

建设工程施工合同纠纷涉及工程建设的专业知识，对裁判者的专业性要求较高。但是实践中，裁判者往往欠缺相应建设工程专业知识，对建筑行业规范、交易习惯和运行规则了解不多、掌握不够，对司法鉴定的依赖比较严重，在查明工程造价、工程质量等问题时，"以鉴代审"现象普遍存在。"以鉴代审"所存在的主要问题包括：未经裁判认定采信的鉴定资料（证据），由鉴定人自行决定是否采信；鉴定人以效力尚未经裁判认定的合同作为鉴定依据；鉴定人在鉴定报告中直接或者间接确认当事人责任或者在当事人之间进行责任分配；等等。

（二）发回重审、改判概率大

根据已公开的司法裁判文书，2020—2022年最高人民法院共审理涉实际施工人的建设工程施工合同纠纷案件610件，其中518件为再审案件，92件为二审案件。再审案件中，有473件驳回再审申请，28件改判或发回重审；二审案件中，44件维持原判，47件改判或发回重审。再审案件的改判、发回重审比例约为5.4%，二审案件的改判、发回重审比例约为51.1%，远高于该院同期合同纠纷案件的改判、发回重审比例（再审案件改判、发回重审比例约为3.3%，二审案件改判、发回重审比例约为30.9%）。通过上述数据可知，涉实际施工人建设工程施工合同纠纷的发回重审、改判概率较大。从具体的判决结果来看，改判的内容大部分为对判决金额的改判，即人民法院对发包人、承包人应付工程款数额或者其他款项的认定发生改变，由此也可以看出该类案件中工程价款结算的争议性较大。

可以预见的是，在未来的一段时间内，实际施工人仍然是建设工程施工的重要参与者。实际施工人的存在一方面证明我国建设工程领域的合同违法等现象仍然有待规制，一方面也提示我们仍需重点关注实际施工人及其背后材料供应商及建筑工人等群体合法利益的保护。建设工程合同纠纷案情复杂、审理难度大，未来仍需通过裁判者、当事人、代理人以及鉴定人等诉讼参与者的共同努力，让涉实际施工人的建设工程施工合同纠纷的审理和裁判体现更多公平正义。

第十篇　高频法条

注：以下高频法条按便于读者理解、查询的顺序展示，不视为明示或隐含所列法律法规、规范性文件的效力位阶。

一、《中华人民共和国民法典》（2021 年 1 月 1 日起施行；现行有效；简称《民法典》）

第七百九十一条　发包人可以与总承包人订立建设工程合同，也可以分别与勘察人、设计人、施工人订立勘察、设计、施工承包合同。发包人不得将应当由一个承包人完成的建设工程支解成若干部分发包给数个承包人。

总承包人或者勘察、设计、施工承包人经发包人同意，可以将自己承包的部分工作交由第三人完成。第三人就其完成的工作成果与总承包人或者勘察、设计、施工承包人向发包人承担连带责任。承包人不得将其承包的全部建设工程转包给第三人或者将其承包的全部建设工程支解以后以分包的名义分别转包给第三人。

禁止承包人将工程分包给不具备相应资质条件的单位。禁止分包单位将其承包的工程再分包。建设工程主体结构的施工必须由承包人自行完成。

第七百九十三条　建设工程施工合同无效，但是建设工程经验收合格的，可以参照合同关于工程价款的约定折价补偿承包人。

建设工程施工合同无效，且建设工程经验收不合格的，按照以下情形处理：

（一）修复后的建设工程经验收合格的，发包人可以请求承包人承担修复费用；

（二）修复后的建设工程经验收不合格的，承包人无权请求参照合同关于工程价款的约定折价补偿。

发包人对因建设工程不合格造成的损失有过错的，应当承担相应的责任。

建设工程竣工经验收合格后，方可交付使用；未经验收或者验收不合格的，不得交付使用。

二、《中华人民共和国建筑法》（2019年4月23日起施行；现行有效；简称《建筑法》）

第二十六条 承包建筑工程的单位应当持有依法取得的资质证书，并在其资质等级许可的业务范围内承揽工程。

禁止建筑施工企业超越本企业资质等级许可的业务范围或者以任何形式用其他建筑施工企业的名义承揽工程。禁止建筑施工企业以任何形式允许其他单位或者个人使用本企业的资质证书、营业执照，以本企业的名义承揽工程。

第二十八条 禁止承包单位将其承包的全部建筑工程转包给他人，禁止承包单位将其承包的全部建筑工程肢解以后以分包的名义分别转包给他人。

第二十九条 建筑工程总承包单位可以将承包工程中的部分工程发包给具有相应资质条件的分包单位；但是，除总承包合同中约定的分包外，必须经建设单位认可。施工总承包的，建筑工程主体结构的施工必须由总承包单位自行完成。

建筑工程总承包单位按照总承包合同的约定对建设单位负责；分包单位按照分包合同的约定对总承包单位负责。总承包单位和分包单位就分包工程对建设单位承担连带责任。

禁止总承包单位将工程分包给不具备相应资质条件的单位。禁止分包单位将其承包的工程再分包。

三、《最高人民法院关于审理建设工程施工合同纠纷案件适用法律问题的解释》（法释〔2004〕14号；2021年1月1日起废止；简称《2004年建工解释》）

第一条 建设工程施工合同具有下列情形之一的，应当根据合同法第五十二条第（五）项的规定，认定无效：

（一）承包人未取得建筑施工企业资质或者超越资质等级的；

（二）没有资质的实际施工人借用有资质的建筑施工企业名义的；

（三）建设工程必须进行招标而未招标或者中标无效的。

第二条 建设工程施工合同无效，但建设工程经竣工验收合格，承包人请求参照合同约定支付工程价款的，应予支持。

第三条 建设工程施工合同无效，且建设工程经竣工验收不合格，按照以下情形分别处理：

（一）修复后的建设工程经竣工验收合格，发包人请求承包人承担修复费用的，应予支持；

（二）修复后的建设工程经竣工验收不合格，承包人请求支付工程价款的，不予支持。

因建设工程不合格造成的损失，发包人有过错的，也应承担相应的民事责任。

第四条 承包人非法转包、违法分包建设工程或者没有资质的实际施工人借用有资质的建筑施工企业名义与他人签订建设工程施工合同的行为无效。人民法院可以根据民法通则第一百三十四条规定，收缴当事人已经取得的非法所得。

第十三条　建设工程未经竣工验收，发包人擅自使用后，又以使用部分质量不符合约定为由主张权利的，不予支持；但是承包人应当在建设工程的合理使用寿命内对地基基础工程和主体结构质量承担民事责任。

第十七条　当事人对欠付工程价款利息计付标准有约定的，按照约定处理；没有约定的，按照中国人民银行发布的同期同类贷款利率计息。

第十八条　利息从应付工程价款之日计付。当事人对付款时间没有约定或者约定不明的，下列时间视为应付款时间：

（一）建设工程已实际交付的，为交付之日；

（二）建设工程没有交付的，为提交竣工结算文件之日；

（三）建设工程未交付，工程价款也未结算的，为当事人起诉之日。

第二十五条　因建设工程质量发生争议的，发包人可以以总承包人、分包人和实际施工人为共同被告提起诉讼。

第二十六条　实际施工人以转包人、违法分包人为被告起诉的，人民法院应当依法受理。

实际施工人以发包人为被告主张权利的，人民法院可以追加转包人或者违法分包人为本案当事人。发包人只在欠付工程价款范围内对实际施工人承担责任。

四、《最高人民法院关于审理建设工程施工合同纠纷案件适用法律问题的解释（二）》（法释〔2018〕20 号；2021 年 1 月 1 日起废止；简称《2018 年建工解释（二）》）

第十一条　当事人就同一建设工程订立的数份建设工程施工合同均无效，但建设工程质量合格，一方当事人请求参照实际履行的合同结算建设工程价款的，人民法院应予支持。

实际履行的合同难以确定，当事人请求参照最后签订的合同结算建设工程价款的，人民法院应予支持。

第二十四条　实际施工人以发包人为被告主张权利的，人民法院应当追加转包人或者违法分包人为本案第三人，在查明发包人欠付转包人或者违法分包人建设工程价款的数额后，判决发包人在欠付建设工程价款范围内对实际施工人承担责任。

第二十五条　实际施工人根据合同法第七十三条规定，以转包人或者违法分包人怠于向发包人行使到期债权，对其造成损害为由，提起代位权诉讼的，人民法院应予支持。

五、《最高人民法院关于审理建设工程施工合同纠纷案件适用法律问题的解释（一）》（法释〔2020〕25 号；2021 年 1 月 1 日起施行；现行有效；简称《2020 年建工解释（一）》）

第一条　建设工程施工合同具有下列情形之一的，应当依据民法典第一百五十三条第一款的规定，认定无效：

（一）承包人未取得建筑业企业资质或者超越资质等级的；

（二）没有资质的实际施工人借用有资质的建筑施工企业名义的；

（三）建设工程必须进行招标而未招标或者中标无效的。

承包人因转包、违法分包建设工程与他人签订的建设工程施工合同，应当依据民法典第一百五十三条第一款及第七百九十一条第二款、第三款的规定，认定无效。

第十四条 建设工程未经竣工验收，发包人擅自使用后，又以使用部分质量不符合约定为由主张权利的，人民法院不予支持；但是承包人应当在建设工程的合理使用寿命内对地基基础工程和主体结构质量承担民事责任。

第十五条 因建设工程质量发生争议的，发包人可以以总承包人、分包人和实际施工人为共同被告提起诉讼。

第二十四条 当事人就同一建设工程订立的数份建设工程施工合同均无效，但建设工程质量合格，一方当事人请求参照实际履行的合同关于工程价款的约定折价补偿承包人的，人民法院应予支持。

实际履行的合同难以确定，当事人请求参照最后签订的合同关于工程价款的约定折价补偿承包人的，人民法院应予支持。

第二十八条 当事人约定按照固定价结算工程价款，一方当事人请求对建设工程造价进行鉴定的，人民法院不予支持。

第二十九条 当事人在诉讼前已经对建设工程价款结算达成协议，诉讼中一方当事人申请对工程造价进行鉴定的，人民法院不予准许。

第三十五条 与发包人订立建设工程施工合同的承包人，依据民法典第八百零七条的规定请求其承建工程的价款就工程折价或者拍卖的价款优先受偿的，人民法院应予支持。

第四十三条 实际施工人以转包人、违法分包人为被告起诉的，人民法院应当依法受理。

实际施工人以发包人为被告主张权利的，人民法院应当追加转包人或者违法分包人为本案第三人，在查明发包人欠付转包人或者违法分包人建设工程价款的数额后，判决发包人在欠付建设工程价款范围内对实际施工人承担责任。

第四十四条 实际施工人依据民法典第五百三十五条规定，以转包人或者违法分包人怠于向发包人行使到期债权或者与该债权有关的从权利，影响其到期债权实现，提起代位权诉讼的，人民法院应予支持。

六、《中华人民共和国民事诉讼法》（2022年1月1日起施行；现行有效；简称《民事诉讼法》）

第六十七条 当事人对自己提出的主张，有责任提供证据。

当事人及其诉讼代理人因客观原因不能自行收集的证据，或者人民法院认为审理案件需要的证据，人民法院应当调查收集。

人民法院应当按照法定程序，全面地、客观地审查核实证据。

第七十九条 当事人可以就查明事实的专门性问题向人民法院申请鉴定。当事人申请鉴定的，由双方当事人协商确定具备资格的鉴定人；协商不成的，由人民法院指定。

当事人未申请鉴定，人民法院对专门性问题认为需要鉴定的，应当委托具备资格的鉴定人进行鉴定。

第一百二十二条 起诉必须符合下列条件：

（一）原告是与本案有直接利害关系的公民、法人和其他组织；

（二）有明确的被告；

（三）有具体的诉讼请求和事实、理由；

（四）属于人民法院受理民事诉讼的范围和受诉人民法院管辖。

七、《最高人民法院关于适用〈中华人民共和国民事诉讼法〉的解释》（2022年4月10日起施行；现行有效；简称《民诉法解释》）

第九十条 当事人对自己提出的诉讼请求所依据的事实或者反驳对方诉讼请求所依据的事实，应当提供证据加以证明，但法律另有规定的除外。

在作出判决前，当事人未能提供证据或者证据不足以证明其事实主张的，由负有举证证明责任的当事人承担不利的后果。

第一百零八条 对负有举证证明责任的当事人提供的证据，人民法院经审查并结合相关事实，确信待证事实的存在具有高度可能性的，应当认定该事实存在。

对一方当事人为反驳负有举证证明责任的当事人所主张事实而提供的证据，人民法院经审查并结合相关事实，认为待证事实真伪不明的，应当认定该事实不存在。

法律对于待证事实所应达到的证明标准另有规定的，从其规定。

第一百二十一条 当事人申请鉴定，可以在举证期限届满前提出。申请鉴定的事项与待证事实无关联，或者对证明待证事实无意义的，人民法院不予准许。

人民法院准许当事人鉴定申请的，应当组织双方当事人协商确定具备相应资格的鉴定人。当事人协商不成的，由人民法院指定。

符合依职权调查收集证据条件的，人民法院应当依职权委托鉴定，在询问当事人的意见后，指定具备相应资格的鉴定人。

八、《最高人民法院关于民事诉讼证据的若干规定》（法释〔2019〕19号；2020年5月1日起施行；现行有效；简称《证据规定》）

第三十一条 当事人申请鉴定，应当在人民法院指定期间内提出，并预交鉴定费用。逾期不提出申请或者不预交鉴定费用的，视为放弃申请。

对需要鉴定的待证事实负有举证责任的当事人，在人民法院指定期间内无正当理由不提出鉴定申请或者不预交鉴定费用，或者拒不提供相关材料，致使待证事实无法查明的，应当承担举证不能的法律后果。

第三十二条 人民法院准许鉴定申请的，应当组织双方当事人协商确定具备相应资格的鉴定人。当事人协商不成的，由人民法院指定。

人民法院依职权委托鉴定的，可以在询问当事人的意见后，指定具备相应资格的鉴定人。

人民法院在确定鉴定人后应当出具委托书，委托书中应当载明鉴定事项、鉴定范围、鉴定目的和鉴定期限。

第三十四条 人民法院应当组织当事人对鉴定材料进行质证。未经质证的材料，不得作为鉴定的根据。

经人民法院准许，鉴定人可以调取证据、勘验物证和现场、询问当事人或者证人。

九、《最高人民法院办公厅关于印发〈全国民事审判工作会议纪要〉的通知》（法办〔2011〕442 号；2011 年 10 月 9 日起施行；现行有效；简称《审判会议纪要》）

四、关于建设工程合同纠纷案件

（三）关于实际施工人的权利行使对象问题

对实际施工人向与其没有合同关系的转包人、分包人、总承包人、发包人提起的诉讼，要严格依照法律、司法解释的规定进行审查；不能随意扩大《关于审理建设工程施工合同纠纷案件适用法律问题的解释》第二十六条第二款的适用范围，并且要严格根据相关司法解释规定明确发包人只在欠付工程价款范围内对实际施工人承担责任。